Çözümlemeli
OSMANLI TÜRKÇESİ
Metinleri

Eski Harfli Metinler • Yeni Harfli Metinler • Sözlük

Hazırlayanlar:

Prof. Dr. Mustafa ÖZKAN

Enfel DOĞAN - Fatih KEMİK - Mustafa ULUÇAY

ÇAĞRI YAYINLARI

Divanyolu Cad. Işık Sok. No: 10

34400 Sultanahmet - İSTANBUL - TÜRKİYE

Tel: (212) 516 20 80 -81 Fax: (212) 516 20 82

www.cagriyayinlari.com

e-mail: cagri@cagriyayinlari.com

Çağrı Yayınları: 79
Yardımcı ders kitapları: 2

ISBN: 975-454-089-6

Kapak: Ferhat ÇINAR
Sayfa Tasarım: Sevim KURT
Baskı: Yaylacık Matbaacılık San. Ve Tic. Ltd. Şti
2003 İstanbul

İÇİNDEKİLER

ÖNSÖZ

Osmanlı Türkçesi, Türkçesi Türkçenin gelişim sürecinde tarihî bir dönemdir. Bu dönem, XIV. yüzyıldan başlayıp XX. yüzyıla kadar sürmüş ve imparatorluk sınırları içinde gelişme göstermiştir. Anlatım gücü de devletin heybet ve ihtişamına paralel olarak zenginleşmiştir. Bu zenginleşme, biraz da, Türkçenin, ihtiyaç duyduğu dil malzemesini kendi içinde bulamayınca, onu, aynı kültür dairesi içinde bulunan öteki dillerden karşılama ve üç dilin imkânlarından yararlanma yoluyla olmuştur. Bu bakımdan Osmanlı Türkçesi, ortak İslâm uygarlığına ait pek çok kelime ya da terkibi Türkçenin doğal kelime ve terkipleri gibi kullanmış ve bunların birçoğunu doğal olarak Türkçeleştirmiştir. Bu dille yalnızca edebî eserler değil, bir milletin beş yüz yıllık tarihi boyunca sosyal hayatının her alanına (edebiyat, tarih, tıp, hukuk, iktisat vs.) ait binlerce eser meydana getirilmiştir. Bugün kütüphanelerimiz bu eserlerle doludur.

Osmanlı Türkçesini bilmeden, ortaya konmuş bu eserleri okuyup anlama olanağı yoktur. Ayrıca geçmişin bilgi ve kültür birikiminin gelecek kuşaklara aktarılması için de Osmanlı Türkçesini bilmeye ihtiyaç vardır.

Osmanlı Türkçesi dersleri üniversitelerimizin Türk Dili ve Edebiyatı, Türkçe Öğretmenliği, Tarih, Tarih Öğretmenliği, Sanat Tarihi, Bilgi ve Belge Yönetimi gibi bölümleri ile, İnkılâp Tarihi Enstitülerinde okutulmaktadır. Ayrıca Hukuk, İktisat, İletişim fakültelerinden de pek çok öğrenci, Osmanlı Türkçesi öğrenmek üzere, bu derslerin okutulduğu bölümlere "dinleyici öğrenci" olarak devam etmektedir.

Çözümlemeli Osmanlı Türkçesi Metinleri adıyla sunduğumuz bu çalışma, Osmanlı Türkçesini öğrenmek isteyenlere ve bu alandaki bilgisini ilerletmek isteyenlere yardımcı olmak amacıyla hazırlanmıştır.

Kitap hazırlanırken, okuyucuların kolayca yararlanabilecekleri bir yöntem izlenmiştir. Kitapta yer alan metinlerin hem eski harfli şekilleri hem de günümüz alfabesiyle okunmuş biçimleri verilmiştir. Böylece metinleri eski harflerden izleyen okuyucu, okumakta zorlandığı yerlerde metnin okunmuş biçiminden yararlanabilecektir. Metinlerin eski harfli biçimleri, metnin yayımlandığı yerdeki şekliyle kitaba alınmıştır. Bundaki amaç, okuyucunun değişik yazı karakterleriyle yazılmış metinleri tanımasına olanak sağlamaktır.

Metinlerde geçen bütün kelime ve tamlamalar, bir sözlük biçiminde düzenlenmiş ve kullanıldıkları yerlere göre anlamlandırılmıştır. Böylece okuyucu, başka bir kaynağa gereksinme duymaksızın kitaptan yararlanabilecektir.

Kitapta ağırlıklı olarak edebî metinlere yer verilmiştir. Bunlar da, daha çok, Yenileşme Devri Osmanlı Türkçesine ait olup, Cumhuriyet, Millî Edebiyat, Fecr-i Ati, Servet-i Fünun ve Tanzimat dönemi şair ve yazarlarından yapılmış seçkilerdir. Bununla birlikte Baki, Fuzuli, Nedim, Neşati, Taşlıcalı Yahya gibi, kimi klasik dönem şairlerinden örneklere de yer verilmiştir (Kitabımızın, klâsik dönemin daha ağırlıklı olduğu ve öteki bilim dallarına ait metinlerin de yer alacağı ikinci cildi hazırlık aşamasındadır).

Bu çalışmanın, dil aracılığıyla kültürümüzün derinliklerine inerek onu daha yakından tanımak isteyen herkese, özellikle genç kuşaklara yararlı olmasını dileriz.

Kitabın yayımını gerçekleştiren Çağrı Yayınları'nın sahibi, değerli dost Şaban Kurt'a ve Yayınevinin güleryüzlü çalışanlarına, özellikle dizgi işlerini titizlikle gerçekleştiren Sevim Kurt'a içten teşekkürlerimizi sunarız.

Prof. Dr. Mustafa Özkan

İstanbul, Ekim 2003

OSMANLI TÜRKÇESİ ÜZERİNE

Diller başlangıçta ortak bir kaynağa dayanmakla birlikte, zaman içinde, özellikle coğrafî alanlarda dağılma meydana geldiği anlarda, bir takım lehçelere ayrılıp yeni özellikler kazanmaktadır. Türkçe ilk ortaya çıktığı zaman bu günkü gibi dağınık bir durumda değildi; Orta Asya'da sınırlı bir bölgedeydi. Orta Asya'nın Türklüğe dar gelip Türklerin bu havzanın dışına çıkmasından itibaren Türk dilinde de bazı farklılaşmalar başlamıştır.

XI. yüzyıl ve sonrası Orta Asya Türklüğü için devamlı bir göç devridir. Bir kısım Türk kolları orada kendilerini muhafaza ederlerken bir kısım Türk boyları da batıya göç ettiler. Batıya göç edenler de çeşitli yönlere ayrıldılar. Kimisi kuzeyi takip etti ve Karadeniz'in kuzeyine gitti. Bir kol Kafkaslar'da konakladı; bir kol güneye indi, bir başka kol Anadolu'ya girdi. Böylece büyük kitleler hâlinde Anadolu'ya göç eden Türk boyları, İran, Azerbaycan, Kafkasya, Suriye, Irak, Mısır, Anadolu ve Rumeli'ye yayıldılar. Bu geniş coğrafî yayılış, o zamana kadar Orta Asya'da tek bir yazı dili hâlinde devam eden Türk dilinde bazı farklılaşmalara sebep oldu. Böylece Türkçe bir takım dallanmalara uğradı. Ancak her kol bir yazı dili kurma imkânı bulamadı, bu yüzden dilleri sadece konuşma dili olarak kaldı. Bazı sahalarda ise meydana getirilen yazı dilleri gelişme imkânı bularak günümüze kadar devam etti. Ancak gelişme imkânı bulan Türk dili kolları da taşıdıkları özellikler bakımından birbirinin aynı olmadı.

Anadolu Türklüğünün büyük bir kısmını Oğuz boyları oluşturmaktaydı. Oğuzlar Anadolu'ya kendileriyle birlikte edebî geleneklerini de getirmişlerdi. Böylece Anadolu'da Oğuz lehçesine dayalı yeni bir yazı dili gelişmeye başladı. Ne var ki bu yazı dilinin gelişip edebî bir dil hüviyetini kazanması pek kolay olmadı. Anadolu Selçukluları'nda XII. yüzyıl sonlarına kadar ilim ve edebiyat dili olarak Farsçanın kullanılması, çeşitli savaşlar, Moğollar ve Haçlı seferlerinin yıkıcı akınları sonucunda bir çok kütüphanenin yakılıp yıkılması gibi olumsuz etkiler, Türk yazı dilinin oluşumunu bir süre geciktirdi. Anadolu Selçuklu Devleti'nin Moğol baskısıyla zayıflamasından sonra ortaya çıkan Anadolu beylikleri döneminde Türkçeye daha çok değer verildi; daha çok Türkçe eser meydana getirildi. Beylikler dönemi Türk dili yadigârlarının en zengin eserleri Osmanlı Beyliği devrinde ve Osmanlı topraklarında yazıldı.

Beylikler arasındaki siyasî mücadele Osmanlılar lehine sonuçlandı. Böylece Osmanlılar yeni bir devlet kurarak Türkmenler ve Azeriler dışında bütün güney batı Türklerini kurdukları devletin sınırları içinde toplayarak Anadolu ve Balkanlar'da Türk birliğini sağladılar; Türkçeyi de resmî dil hâline getirdiler. Türkçe bir yazı dili olarak teşekkül etmiş oldu. XIII. yüzyılın ilk yarısından başlayıp günümüze kadar gelen ve Anadolu'da, Balkanlar'da Adalar'da, Irak ve Suriye'de, Güney ve Kuzey Azerbaycan'da hâlâ devam etmekte olan bu yazı diline ilim dilinde "Batı Türkçesi" adı verilir. Batı Türkçesi içerisinde de saha bakımından zamanla iki daire oluştu. Bunlardan birini Azeri sahasını içine alan Azeri Türkçesi, ötekini de Osmanlı sahasını içine alan Türkiye Türkçesi teşkil etti.

Osmanlıların kurmuş olduğu devlete, hanedanın adına nispetle Osmanlı Devleti denildiği gibi, bu devletin hakimiyet sahasında kullanılmış olan dile de "Osmanlıca", "Osmanlı Dili" veyahut "Lisân-ı Osmânî" denildi. Ancak bu adlandırma sonradan ortaya çıkmıştır. Tanzimat'a gelinceye kadar dil yadigârlarımızda lisân-ı Osmânî ya da Osmanlıca tabirine rastlanmaz. Bu dilin adı Türkî, lisân-ı Türkî veya Türkçe'dir. Osmanlıca, Tanzimat'ın ortaya attığı deyimlerdendir. Siyasî bütünlüğü korumak amacıyla "millet-i Osmâniyye" tamlamasını uyduran Tanzimatçılar, Osmanlı ülkesinde konuşulup yazılan Türkçeye de Osmanlıca, lisân-ı Osmânî dediler. Bu dönemden sonra yazılan gramer kitaplarına "kavâid-i lisân-ı Osmânî" adını verdiler ve Türk dilini de Arapça, Farsça ve Türkçeden meydana gelmiş bir dil olarak tanımladılar. Osmanlıca terimi bu güne kadar farklı anlam ve nüanslarda kullanılmıştır:

a) 1299'da kurulan ve 1923'te Cumhuriyet'in ilânıyla son bulan Osmanlı Devleti sınırları içinde yaşayan Türklerin konuşup yazdıkları dil.

b) Osmanlı İmparatorluğu zamanında gittikçe konuşma dilinden uzaklaşmış; Arapça, Farsça kelime ve terkiplerle yüklü, sadece yüksek zümreye hitap eden yazı dili.

c) "Sadece Türkçe" ve "Öz Türkçe" görüşüne uymayan, içinde Arapça, Farsça kelimeler kullanılan dil.

d) Arap harfleri ile yazılmış Türkçe.

Osmanlıca biçimindeki bu adlandırma doğru ve isabetli olmamakla birlikte, bugün artık yaygın olarak kullanılmakta ve yanlış da olsa bu kullanılış yerleşmiş görünmektedir. Türkçenin bir Osmanlı sahasının ve safhasının varlığı herkesçe benimsendiğine göre bu döneme "Osmanlı Türkçesi" adını vermek daha doğru bir tercihtir.

Osmanlı Türkçesi, Türkiye Türkçesinin gelişme sürecinde Eski Anadolu Türkçesi diye adlandırılan ilk devresini de içine alarak, XIV. yüzyıldan başlayıp XX. yüzyılın başlarına kadar devam eden devredir. Bu süre zarfında Osmanlı Türkçesi hep aynı kalmamış, dilin iç (gramer yapısı) ve dıs (kelime hazinesi) bünyesi bakımından çeşitli aşamaları olmuştur.

Anadolu Selçukluları'nın son devirlerini, Beylikler dönemini ve imparatorluk hâline gelmeden önceki Osmanlı dönemini içine alan Eski Anadolu Türkçesi devresinde, yabancı öğelerin fazla karışmadığı sade bir Türkçe kullanıldı. Bu devrede meydana getirilen eserlerde de Arapça öğeler yer almaktaydı, ancak bunların oranı pek fazla değildi. Yabancı kelimelerin oranı XIV. yüzyıldan XV. yüzyıla doğru gittikçe çoğaldı ve XV. yüzyıldan sonra dildeki sadelik kayboldu. Yazı dili konuşma dilinden uzaklaşarak bir aydın zümre dili hâlini almaya başladı. Osmanlı Türkçesi içindeki bu gelişme öylesine değişik bir hüviyet kazandı ki Türk dili içerisinde Osmanlıca'nın ayrı bir dil gibi değerlendirilmesine sebep oldu.

XV. yüzyılın sonlarından itibaren İstanbul ve bazı illerin kültür merkezi hâline gelmesiyle sarayda Farsçanın, medreselerde ise Arapçanın önem kazanması, şair ve yazarların bu dillere olan ilgilerini arttırdı. Ayrıca edebî anlayışta İran edebiyatı modellerine uyulması yüzünden Türk şairleri İran örneklerine benzeyen eserler yazmakta birbirleriyle âdeta yarıştılar. Sanatı da, kendilerine örnek olarak aldıkları bu edebiyatı taklitte aradılar. Bunun sonucu olarak da İran edebiyatında kullanılan bütün mazmunları Türk edebiyatına taşıdılar. Böylece bu mazmunlara esas olan tüm Farsça kelime ve deyimler Türkçeye girdi. Bundan başka aruz ölçüsünün Türkçenin yapısına uymaması da şairleri Arapça, Farsça kelime ve tamlamaları kullanma kolaylığına yöneltti.

Osmanlı Türkçesi, Türkçenin gelişmesinde tarihî bir devredir. XIV. yüzyıldan başlayıp XX. yüzyıla kadar devam etmiş ve imparatorluk sınırları içinde gelişme göstermiştir. İfade gücü de devletin heybet ve ihtişamına paralel olarak zenginleşmiştir. Dilin bu şekilde bir gelişme göstermesi sadece Arapça, Farsça ve yabancı hayranlığına bağlanamaz. Bu durumu biraz da Türkçenin, ihtiyaç duyduğu dil malzemesini kendi içinde bulamayınca, onu aynı kültür dairesi içinde bulunan öteki dillerden temin etme ve üç dilin imkânlarından yararlanma yolunun bir sonucu olarak değerlendirmek gerekir. Bu bakımdan Osmanlı Türkçesi, ortak İslâm uygarlığına ait bir takım kelime ve terkipleri Türkçenin doğal kelime ve terkipleri gibi kullanmş ve bunların bir çoğunu doğal olarak Türkçeleştirmiştir. Bu dille yalnızca edebî eserler değil, bir milletin beş yüz yıllık tarihi boyunca sosyal hayatının her alanına (edebiyat, tarih, tıp, hukuk, iktisat vs.) ait binlerce eser meydana getirilmiştir. Bugün kütüphanelerimiz bu eserlerle doludur.

Osmanlı Türkçesinin Değişim Süreci

Osmanlı Türkçesinin gelişmesi ve değişmesi, içerisindeki Arapça ve Farsça öğeler bakımından olmuştur. Yabancı öğeler yönünden Osmanlı Türkçesi içinde şu devreler vardır:

a) Başlangıç Devri Osmanlı Türkçesi: Anadolu Selçukluları, Beylikler devri ve Osmanlı Devleti'nin kuruluş çağlarına rastlayan devri. Bu devre için "Eski Anadolu Türkçesi" terimi kullanılır. XIII-XV. yüzyılları içine alan bu dönemde Türkçe, gramer şekilleri ve kelime hazinesi bakımından oldukça sade ve katıksız bir dil durumundadır. Siyasî varlıklarını, 1077 yılından başlayıp XIII. yüzyılın sonuna kadar devam ettirmiş olan Anadolu Selçukluları'nda medrese dili, ilim dili ve resmî yazışma dili olarak Arapça, edebiyat dili olarak da Farsça kullanılmaktaydı. Bu dillerin her türlü üstünlüğüne rağmen halkın konuşma dili Türkçe idi ve devletin halkla olan münasebetlerinde Türkçe kullanılıyordu. Ayrıca halka hitap eden bir kısım basit içerikli edebî eserlerin de Türkçe ile yazılmış olduğu, eldeki mevcut eserlerden anlaşılmaktadır. Ancak bu eserlerin sayısı XIV. ve XV. yüzyılların eserlerine oranla çok azdı.

Selçuklulardan sonraki Beylikler dönemi eser sayısı bakımından çok daha verimlidir. Ayrıca Beylikler devri, Selçuklulardaki dil tutumuna karşı bir uyanma ve yerli dile dönüş devridir. Selçuklu hükümdarları daha çok Farsçaya ve İran edebiyatına değer veriyorlardı. Çünkü kendileri bu dile vâkıftılar. Hâlbuki Anadolu Beyliklerini kuran Türk beyleri Arap ve Fars kültürüne yabancıydılar. Bu bakımdan kendi millî dillerine değer vererek pek çok Türkçe eser yazılmasına ve Arap, Fars edebiyatlarındaki önemli eserlerin Türkçeye çevrilmesine sebep oldular. Ayrıca yapılan tercümelerde ve meydana getirilen eserlerde, yazarların ve mütercimlerin sade bir dil kullanmalarını istediler. Bu bakımdan XIV. ve XV. yüzyılın ilk zamanlarında yazılan eserlerin çoğu, hem beylerin bu arzusu doğrultusunda; hem de geniş halk kitlesine hitap etmelerinden dolayı sade bir dille kaleme alınıyorlardı. Bu devirde yazılan bazı eserlerin yalnızca mukaddime kısımlarında ağır, külfetli ifadelere rastlanmaktaydı. Bu bakımdan XIV. ve XV. yüzyılın başlarında meydana getirilen en sanatlı manzum eserlerde bile dil basit ve sade idi.

XV. yüzyılın ortalarına doğru Osmanlı Devleti'nin sınırlarının genişlemesi ve siyasî birliğin kurulmasıyla yazı dili birliği de kurulmuştu. Türkçe bu yüzyılda büyük bir imparatorluğun devlet dili, bilim ve sanat dili olarak kudretini kazanmış ve en olgun edebî ürünlerini de vermeye başlamıştı. Önceki devirlerde Türk saraylarının bulunduğu merkezler ile İstanbul ve bazı iller bu yüzyılda birer kültür merkezi hâline geldi. Buralarda Arapça ve Farsça yeniden önem kazanarak medreselerdeki öğrenime Arapça ve Farsça eserler örneklik etmeye başladı. Türk saraylarında yabancı şairlere daha çok değer verildi. Bu durum Türk yazı dilinin gidişinde kısa zamanda büyük değişikliklere sebep oldu. İlim ve edebiyat dilinde Arapça ve Farsça kelimeler rağbet görmeye başladı; bir eserin Arapça, Farsça yazılması âdeta övünç vesilesi sayıldı. Bununla birlikte, daha sonraki yüzyıllara göre dilde henüz nisbî bir sadelik görülmekteydi. Yabancı kelime ve terkiplerin sayısı gittikçe artmakla beraber henüz son haddine varmış değildi.

b) Klasik Devir Osmanlı Türkçesi: XVI. yüzyıldan başlayıp XIX. yüzyılın ortalarına kadar devam eden devredir. XVI. yüzyıl Osmanlı İmparatorluğu'nun yükseliş devridir. Bu yüzyılda imparatorluğun sınırları genişledi ve devlet, dünyanın üç kıtasına hâkim bir kudret ve azamet kazandı. İmparatorluğun maddî, manevî bütün kurumlarında görülen bu gelişme dil ve edebiyatta da kendini gösterdi. Ülkenin değişik yerlerinde bir çok nesir yazarı, şair, mütercim, tezkire yazarı, tarihçi vb. yetişti. Türk dili büyük bir imparatorluğun 'ilim ve sanat dili" olmak bakımından Arapça ve Farsça ile rekabet edebilecek bir seviyeye erişti. Türk şairleri bu devirde İran örneklerinden hiçbir şekilde aşağı kalmayan eserler meydana getirdiler.

Bu gelişmeler Türkçenin bünyesinde de bir takım değişikliklere yol açtı. Çok önceden beri Türkçeye girmeye başlayan Arapça, Farsça kelimeler İstanbul'un fethinden sonra gittikçe arttı. XVI. yüzyılda ise bu artış doruk noktasına ulaştı. Edebiyat dili, Arapça, Farsça ve Türkçenin karışımından meydana gelen zengin bir dil hâlini aldı.

Ancak yabancı dillerden kelime almakta aşırı gidilince bu zenginlik yerini bir tür özentiye bıraktı. Bununla birlikte, bu kelimeler gittikçe daha fazla nüfus tarafından bilinir ve kullanılır olmuştu. Ancak yine de dildeki bu aşırılık daha ziyade sanat göstermek özentisiyle yazılmış olan manzum ve mensur eserlerde kendini göstermekteydi. Bunun yanında menâkıbnâmeler, dinî tarihler gibi halk için yazılmış eserlerin dili daha sade idi. Divân şairlerinin sanat göstermek kaygısıyla yazmadıkları şiirlerde sade, külfetsiz bir dille söylenmiş beyitlere rastlanmaktaydı. Fakat bunlar şairlik yeteneğiyle ve teknik alışkanlıkla söylenmiş şiirlerdi, yoksa Divân şiirinde kullanılan dil, sade bir dil değildi. Bununla birlikte daha XV. yüzyılda dildeki bu ağırlaşmaya ve sunîleşmeye, özellikle İran edebiyatı hayranlığına karşı Divân şairleri arasında tepki gösterenler oldu. Aydınlı Visâlî bu şairlerin başında gelir. XV. yüzyılda şair Necati Bey şiirlerinde halk tabirlerine, atasözlerine yer vererek Türkçe kelimelerden yapılmış kafiyeler kullanmak suretiyle, Türkçeyi bir şiir dili olarak işleme yolunda büyük gayretler gösterdi.

c) Yenileşme Devri Osmanlı Türkçesi: XIX. yüzyılın ortasından XX. yüzyılın başına kadar devam eden devredir. Bu dönemin dili, 1839 Tanzimat hareketinden sonra ortaya çıkan Türk yenileşme edebiyatının dilidir.

Türk edebiyatı, XIX. yüzyılın ikinci yarısında Divân edebiyatının çerçevesinden çıkıp Batı uygarlığının etkisi altında Avrupaî bir karakter arz etmeye başladı. Tanzimat Fermanı ile toplum hayatımızda esaslı gelişmeler oldu. Bu gelişmelerin etkisi ile edebiyat alanında da yeni bir devreye girildi. "Tanzimat edebiyatı" diye adlandırılan bu devre, Batı'ya yönelen Türk edebiyatının ilk safhasını teşkil etti.

Yüzyıllarca yalnız İslâm kültür çevresinin ve dillerinin etkisi altında kalan Türk toplumu, Tanzimat'la birlikte Batı dünyasındaki bir takım yeni akımların ve bunlarla ilgili kültürlerin tesiri altında kalmaya başladı. Onun doğal sonucu olarak da kültür ve fikir alanında bazı yeni düşünceler ortaya çıktı. Bu yeni fikirlerin ortaya çıkışı ile ilgili olarak bir çok yeni kavramın ifade yolları bulundu. Batı uygarlığının Tanzimat edebiyatındaki en belirgin izleri, yeni fikirlerin Türkiye'de yerleşmesini çabuklaştıran nesir alanında görüldü. Avrupa edebiyatlarından alınan edebî türlerin çoğu da roman, hikâye, tiyatro, makale, tenkit gibi nesir çeşitleriydi. Yeni düşünce ve edebî hareketleri halka ulaştıracak en kısa yol gazetelerdi. Bu bakımdan Tanzimat nesrinin asıl uygulama alanı gazeteler oldu. Tanzimat edipleri gazeteciliği ön plâna çıkardılar. Ancak mevcut yazı dili ile yeni fikirleri halka ulaştırmanın imkânı yoktu. Resmî dil gerek secilerle, gerekse zincirleme tamlamalarla anlaşılmaz ve içinden çıkılmaz bir hâl almıştı. Bu durum düzeltilmedikçe Tanzimat'ın fikir yönünün gelişmesi mümkün değildi. Çünkü herkesin aydınlanması ancak herkesin anlayabileceği bir dil ile olabilirdi. Bunun için yazı dilinin konuşma diline yaklaştırılması gereği vardı. Gazetelerin halk tarafından rahatça okunması ve yeni fikirlerin kolayca yayılabilmesi için sade bir dil kullanmak gerekiyordu. Büyük yazarların bu yolda emek harcamaları Türkçenin sadeleşmesine ve bir gazeteci dilinin doğmasına sebep oldu ve yazı dilinin halkın anlayabileceği bir dil durumuna gelmesine yol açtı.

Tanzimat devri yazarları Türkçenin ilim ve edebiyat dili olarak yeni bir hüviyete girmesi gerektiği üzerinde önemle durdular. Böylece dilin sadeleştirilmesi ve Türkçeye önem verilmesi konusunda fikir ileri sürenler çoğaldı ve bu görüş artık sürekli bir akım hâlinde ortaya çıktı.

1895-1901 yılları arasında Servet-i Fünûn dergisi etrafında toplanan "Edebiyât-ı Cedîde" neslinin dil anlayışları, Tanzimatçılardan farklı oldu. Fransız edebiyatını yakından tanıyan Servet-i Fünûn yazarları, bu edebiyatın ürünlerini örnek alarak, duygu ve düşünceleri bütün incelik ve derinliği ile yansıtacak bir dil kullanmaya özen gösterdiler. Onlara göre dil, ince his ve engin tasavvurların ifade aracı idi. Öyleyse düşündürücü ve etkili olmalıydı. Bu yüzden dilin sanatlı olması gerekiyordu. Bu bakımdan Tanzimatçıların yolundan gitmeyip ihtiyaç duydukları dil malzemesini karşılayabilmek için sözlüklerden yabancı kelimeler seçip kullanmaya başladılar. Bunun sonucu olarak da Arapça ve Farsça kelime ve terkipleri daha çok dilimize sokmaya ve Tanzimat'la sadeleşmeye doğru yol alan yazı dilimizi yeniden konuşma dilinden uzaklaştırmaya başladılar. Eskiden beri kullanılanlara ek olarak yeni yeni Farsça tamlamalar ve birleşik sıfatlar meydana getirdiler. O zamana kadar hiç kullanılmamış Arapça, Farsça kelimeleri dile sokmaya çalıştıkları gibi, Fransızcadan aldıkları bazı kelime gruplarını ve deyimleri olduğu gibi aktararak, Fransız cümle yapısının Türkçeyi etkilemesine de yol açtılar.

Kısaca, Tanzimat'la birlikte toplum hayatımızda meydana gelen değişikliklere paralel olarak dilde de bir ıslahat ihtiyacı doğdu. Bu ihtiyaç "sadeleşme" şeklinde kendini gösterdi ve Osmanlı Türkçesini daha sade ve anlaşılır bir dil durumuna getirme hedefine yöneldi. Ancak Türkçenin yapısında köklü bir yenileşme şeklinde kendini gösteremedi. Servet-i Fünûncuların meydana getirdiği edebiyat, daha ziyade bir yüksek zümre edebiyatı olduğundan sade dile rağbet etmediler. Bu yüzden Tanzimatçıların savunduğu sadeleşme hareketine karşı çıktılar. Bununla birlikte Servet-i Fünûncular ve onların dil anlayışlarını devam ettiren Fecr-i Âticilerin meydana getirdikleri yapay dil bir tarafa bırakılırsa, Osmanlı Türkçesinin bu devresinde karışık dilin koyuluğunu kaybedip çözülme yoluna girdiği görülür. 1911'de ortaya çıkan Yeni Lisan hareketiyle bu çözülme tamamlanarak Osmanlı Türkçesinin hayatı sona erdi. Böylece Batı Türkçesi, "Modern Türkiye Türkçesi" diye adlandırılan son devresine girmiş oldu.

Emek harcamaları Türkçenin sadeleşmesine ve bir gazeteci dilinin doğmasına sebep oldu ve yazı dilinin halkın anlayabileceği bir dil durumuna gelmesine yol açtı.

Tanzimat devri yazarları Türkçenin ilim ve edebiyat dili olarak yeni bir hüviyete girmesi gerektiği üzerinde önemle durdular. Böylece dilin sadeleştirilmesi ve Türkçeye önem verilmesi konusunda fikir ileri sürenler çoğaldı ve bu görüş artık sürekli bir akım hâlinde ortaya çıktı.

1895-1901 yılları arasında Servet-i Fünûn dergisi etrafında toplanan "Edebiyât-ı Cedîde" neslinin dil anlayışları, Tanzimatçılardan farklı oldu. Fransız edebiyatını yakından tanıyan Servet-i Fünûn yazarları, bu edebiyatın ürünlerini örnek alarak, duygu ve düşünceleri bütün incelik ve derinliği ile yansıtacak bir dil kullanmaya özen gösterdiler. Onlara göre dil, ince his ve engin tasavvurların ifade aracı idi. Öyleyse düşündürücü ve etkili olmalıydı. Bu yüzden dilin sanatlı olması gerekiyordu. Bu bakımdan Tanzimatçıların yolundan gitmeyip ihtiyaç duydukları dil malzemesini karşılayabilmek için sözlüklerden yabancı kelimeler seçip kullanmaya başladılar. Bunun sonucu olarak da Arapça ve Farsça kelime ve terkipleri daha çok dilimize sokmaya ve Tanzimat'la sadeleşmeye doğru yol alan yazı dilimizi yeniden konuşma dilinden uzaklaştırmaya başladılar. Eskiden beri kullanılanlara ek olarak yeni yeni Farsça tamlamalar ve birleşik sıfatlar meydana getirdiler. O zamana kadar hiç kullanılmamış Arapça, Farsça kelimeleri dile sokmaya çalıştıkları gibi, Fransızcadan aldıkları bazı kelime gruplarını ve deyimleri olduğu gibi aktararak, Fransız cümle yapısının Türkçeyi etkilemesine de yol açtılar.

Kısaca, Tanzimat'la birlikte toplum hayatımızda meydana gelen değişikliklere paralel olarak dilde de bir ıslahat ihtiyacı doğdu. Bu ihtiyaç "sadeleşme" şeklinde kendini gösterdi ve Osmanlı Türkçesini daha sade ve anlaşılır bir dil durumuna getirme hedefine yöneldi. Ancak Türkçenin yapısında köklü bir yenileşme şeklinde kendini gösteremedi. Servet-i Fünûncuların meydana getirdiği edebiyat, daha ziyade bir yüksek zümre edebiyatı olduğundan sade dile rağbet etmediler. Bu yüzden Tanzimatçıların savunduğu sadeleşme hareketine karşı çıktılar. Bununla birlikte Servet-i Fünûncular ve onların dil anlayışlarını devam ettiren Fecr-i Âticilerin meydana getirdikleri yapay dil bir tarafa bırakılırsa, Osmanlı Türkçesinin bu devresinde karışık dilin koyuluğunu kaybedip çözülme yoluna girdiği görülür. 1911'de ortaya çıkan Yeni Lisan hareketiyle bu çözülme tamamlanarak Osmanlı Türkçesinin hayatı sona erdi. Böylece Batı Türkçesi, "Modern Türkiye Türkçesi" diye adlandırılan son devresine girmiş oldu.

PEMBE İNCİLİ KAFTAN

Büyük kubbeli serin divan bugün daha sakin, daha gölgeliydi. Pencerele- /1
rinden süzülen mavi, mor, sincâbî bahar ziyaları, çinilerin yeşil derinliklerinde birikiyor, koyulaşıyordu. Yüksek ipek şiltelere diz çökmüş yorgun vezirler, önlerindeki halının renkli nakışlarına bakıyorlar, uzun, beyaz sakalını zayıf eliyle tutan ihtiyar sadrazamın sönük gözleri, gayet uzak, gayet karanlık şeyler düşünüyor gibi mevcut olmayan noktalara dalıyordu.

— Cesur bir adam lâzım, paşalar... dedi, biz onun sırmalara, altınlara, elmaslara gark ederek gönderdiği elçisine el öptürmedik; ancak diz öpmesine müsaade ettik. Şüphesiz o da mukabele etmeye kalkacak.

— Şüphesiz.

— Hiç şüphesiz.

— Mutlaka...

Kubbealtı vezirlerinin tamamıyla kendi fikrinde olduğunu anlayan sadrazam, düşündüğünü daha açık söyledi:

— O halde bizden elçi gidecek adamın çok cesur olması lazım! Öyle bir adam ki ölümden korkmasın. Devletin şanına dokunacak hareketlere karşı koysun. Ölüm korkusuyla, uğrayacağı hakaretlere boyun eğmesin.

— Evet!

— Hay, hay.

— Çok doğru...

Sadrazam, sakalından çektiği elini dizine dayadı. Doğruldu. Başını kaldırdı. Parlak tuğları ürperen vezirlere ayrı ayrı baktı:

— Haydi öyle ise.. Bir cesur adam bulun, dedi. Hâcegândan, / Enderûndan, /2
Dîvandan benim aklıma böyle gözüpek bir adam gelmiyor. Siz de düşünün bakalım.

Koca devlete sessiz, küçük bir dimağ olan Dîvan, düşünmeğe başladı.

* * *

Bu elçi, yedi sene sonra takdirin "Yavuz" namındaki yaman sillesiyle gururunun cezasını bir anda gören İsmail Safevî'ye gönderilecekti. Bütün şarkta cihangirliği kuran bu serseri, karşısında devleti temsil edecek adama karşı şüphesiz birçok münasebetsizlikler yapmaya kalkışacak, münasebetsizliklerine mukabele edeni ihtimal kazığa vuracak, derisini yüzecek, akla gelmeyecek kaba bir vahşetle öldürecekti. Sadrazamın sağındaki, demindenberi bir mezar taşı gibi hareketsiz duran kırmızı tuğlu kavuk, yerinden oynadı. Yavaş yavaş sola döndü.

— Ben tam bu elçiliğe münasip bir adam biliyorum, dedi. Babası benim yoldaşımdı. Amma devlet memuriyeti kabul etmez.

— Kim?

— Muhsin Çelebi.

Sadrazam bu adamı tanımıyordu. Sordu:

— Burada mı oturuyor?

— Evet.

— Ne iş yapıyor?

— Biraz zengindir. Vaktini okumakla geçirir. Tanımazsınız efendim. Hiç büyüklerle ülfet etmez. İkbal istemez.

— Niye?

— Bilmem amma, belki "zevâli var" diye.

3/ — Tuhaf... /

— Fakat çok cesurdur: Doğrudan ayrılmaz, ölümden çekinmez, birçok defa gaza etmiştir, yüzünde kılıç yaraları vardır.

— Bize elçi olmaz mı?

— Bilmem.

— Bir kere kendisini görsek...

— Bilmem, çağırınca ayağınıza gelir mi?

— Nasıl gelmez?

— Gelmez işte.. Dünyaya minneti yoktur. Şahla gedâ nazarında birdir.

— Devletini sevmez mi?

— Sever sanırım.

— O halde biz de kendimiz için değil, devletine hizmet için çağırırız.

— Tecrübe buyurun efendim.

Sadrazam, o akşam kethüdasını Muhsin Çelebi'nin Üsküdar'daki evine gönderdi. Devlete, millete dair bir iş için kendisiyle konuşacağını, yarın mutlaka tereddüt etmeyip gelmesini yazıyordu.

* * *

Sabah namazından sonra sarayın selamlığında, Hint kumaşından ağır perdeli, küçük loş bir odada kâtibinin bıraktığı kağıtları okurken, sadrazama Muhsin Çelebi'nin geldiğini haber verdiler.

— Getirin buraya... dedi.

İki dakika geçmeden odanın sedef kakmalı ceviz kapısından pala bıyıklı, iri, levent, şen bir adam girdi. İnce siyah kaşlarının altında iri gözleri parlıyordu. Belindeki silahlık boştu. Bütün kulların tekâpûsuna, secdesine alışan sadrazam, bir an eteğine kapanmasını bekledi. Oturduğu mor çuha kaplı sedirin daima öpülen ağır sırma saçağındaki yumak, altından içi boş küçük bir kafa gibi şaşkın
4/ duruyordu. Sadrazam söyleyecek bir şey / bulamadı. Böyle göğsü ileride kabarık, başı yukarı kalkık bir adam ömründe ilk defa görüyordu. Kubbe vezirleri bile huzurunda iki büklüm dururlardı.

Muhsin Çelebi, gayet tabiî bir sesle sordu:

— Beni istemişsiniz; ne söyleyeceksiniz efendim?

— Şey...

— Buyurunuz efendim.

— Buyur oğlum, şöyle bir otur da...

Muhsin Çelebi çekinmeden, sıkılmadan, ezilip büzülmeden gayet tabiî bir hareketle, kendine gösterilen şilteye oturdu. Sadrazam hâlâ elinde tuttuğu kıvrık kağıtlara bakarak içinden "Ne biçim adam? Acaba deli mi?" diyordu. Halbuki... hayır. Bu Çelebi gayet akıllı bir insandı! Merde, nâmerde muhtaç olmayacak kadar bir serveti vardı. Çamlıca ormanının arkasındaki büyük mandıra ile büyük çiftliğini işletir, namusuyla yaşar, kimseye eyvallah etmezdi. Fukaraya, zayıflara, gariplere bakar, sofrasında hiç misafir eksik olmazdı. Dindardı, amma mutaassıp değildi. Din, millet aşkını kalbinde duyanlardandı. Devletinin büyüklüğünü, kutsîliğini anlardı. Yegâne mefkûresi "Allah'tan başka kimseye secde etmemek, kula kul olmamak"tı... İlmi, kemâli herkesce malumdu. İbni Kemâl ondan bahsederken "Beni okutur..." derdi. Şairdi. Lakin ömründe daha bir kaside yazmamıştı. Hatta böyle methiyeleri okumazdı bile... Yaşı kırkı geçiyordu. Önünde açılan ikbal yollarından daha hiçbirine sapmamıştı. Bu altın kaldırımlı mine çiçekli, cenneti andıran nûrânî yolların nihayetinde daima "kirli bir etek mihrabı" bulunduğunu bilirdi. İnsanlık onun nazarında çok yüksek, çok büyüktü. İnsan arzın üzerinde Allah'ın bir halefiydi. Allah, insana kendi ahlâkını vermek istemişti. İnsan, / her mevcudun fevkinde idi. Kuyruğunu sallaya sallaya /5
efendisinin pabuçlarını yalayan köpeğe tabasbus pek yakışırdı; ama insana... Muhsin Çelebi, her türlü zilleti hazmederek ikbal tepelerine iki büklüm tırmanan maskara harîslerden, izzeti nefissiz kölelerden, zâhifeler gibi yerlerde sürünen mülevves esirlerden nefret ederdi. Hatta bunları görmemek için merdümgiriz olmuştu. Yalnız muharebe zamanları Gurabâ Bölüklerine kumandanlık için meydana çıkardı. Huzurda serbest, tabiî oturuşu, sadrazamı çok şaşırttı. Ama kızdırmadı:

— Tebriz'e bir elçi göndermek istiyoruz. Tarafımızdan sen gider misin oğlum?

— Ben mi?

— Evet.

— Ne münasebet?

— Aradığımız gibi bir adam bulamıyoruz da.

— Ben şimdiye kadar devlet mansıbına girmedim.

— Niçin girmedin?

Muhsin Çelebi biraz durdu, yutkundu, gülümsedi:

— Çünkü ben boyun eğmem, el etek öpmem, dedi. Halbuki zamanın devletlileri, mevkilerine hep boyun eğip, el etek, hatta ayak öpüp, bin türlü tabasbusla, riya ile, tekâpû ile çıktıklarından etraflarına daima hep bu zelîl mazilerinin çirkin hareketlerini tekrarlayanları toplarlar. Gözdeleri, nedimleri, himaye ettikleri, hep denî riyakarlar, ahlâksız müdâhinler, namussuz maskaralar, haysiyetsiz dalkavuklardır! Mert, doğru, izzeti nefis sahibi, hür, vicdanının sesine kulak veren bir adam gördüler mi hemen garez olur, mahvına çalışırlar. Gedik Ahmet Paşa niçin hançerlendi paşam?

— ....

6/ / Sadrazam yavaşça dişlerini sıktı, gözlerini süzdü. Tuttuğu kağıdı buruşturdu. Hiddetlenemiyordu. Amma hiddetlendiği zamanlarda olduğu gibi yanaklarına bir titreme geldi. Vezirken değil, hatta daha beylerbeyi iken bile karşısında akranlarından kimse böyle dümdüz laf söylememişti. Tekrar "acaba deli mi" diye düşündü. Deli değildi... Bu ne küstahlıktı? Bu derece küstahlık "nizâm-ı âleme" muhalif değil midir? Gözlerini daha beter süzdü: İçinden "şunun başını vurdursam..." dedi, kapıcılara bağırmak için ağzını açacaktı. Ansızın vicdanının -neresi olduğu bilinmeyen bir yerden gelen- derin sesini işitti: İşte sen de tabasbus, riya, tekâpû yollarından yükselenler gibi serbest, düz bir lafı çekemiyorsun! Sen de karşında mert bir insan değil, ayaklarını yalayan bir köpek, zilletinin altında iki kat olmuş bir maskara, bir rezil istiyorsun!" Süzük gözlerini açtı. Avucunda sıktığı kağıdı yanına koydu. Tekrar Muhsin Çelebi'ye baktı. Ortasında geniş bir kılıç yarasının izi parlayan yüksek alnı... al yanakları.. yeni tıraşlı beyaz, kalın boynu, biraz büyücek eğri burnu, ince sarığı... tıpkı şehnâme sayfalarında görülen eski kahramanların resimlerine benziyordu. Evet bu, alnında yarası görülen kılıcın yere düşüremediği canlı bir kahramandı. İnsaflı sadrazam, vicdanının ruhuna akseden sesini, gururunun karanlığına boğmadı. "tam bizim aradığımız adam işte..." dedi. Bu kadar pervasız bir adam devletine, milletine yapılacak hakareti de çekemez, ölümden korkarak, gördüğü hakaretlere eyvallah diyemezdi. Kavuğunu hafifçe salladı:

— Seni Tebriz'e elçi göndereceğiz.

Muhsin Çelebi sordu:

— Katınızda bu kadar nişancılar, kâtipler, hocalar var. Niçin onlardan inti-
7/ hap etmiyorsunuz? /

— Sen Şah İsmail'in kim olduğunu biliyor musun?

— Biliyorum.

— Devletini seviyor musun?

— Seviyorum.

Hakîm sadrazam doğruldu. Arkasına baktı:

— Pekâlâ öyleyse... dedi. Bu adam "elçiye zeval yok" kaidesini kabul etmez. Bizimle rekabet davasındadır. Er meydanında hakkımızda yapamadıklarını bizim göndereceğimiz elçiye yapmak ister. İhtimal işkence ile idam eder. Çünkü Allah'tan korkusu yoktur. Halbuki elçimize yapılacak hakaret, devletimize demektir. Bize öyle bir adam lazım ki hakaret görünce başından korkmasın... Bu hakareti aynıyla iade etsin... Devletini seversen bu fedakârlığı kabul edeceksin?

Muhsin Çelebi hiç düşünmedi:

— Ettim efendim, fakat bir şartla... dedi.

— Ne gibi?

— Madem ki bu fedakârlıktır, fedakârlık ücretle olmaz; hasbî olur. Devlete karşı ücretle yapılacak bir fedakârlık, ne olursa olsun, hakikatte şahsi bir kazançtan başka bir şey değildir. Ben maaş, mansıp, ücret filan istemem. Fahrî olarak bu hizmeti görürüm. Şartım budur!

— Fakat oğlum, bu nasıl olur? Onun elçisi ağır giyinmişti. Atları, hademeleri mükemmeldi. Bizim elçimizin atları, hademeleri, esvabı daha muhteşem, daha ağır olmak icap eder... bunlar için mutlaka hazineden sana birkaç bin altın vereceğiz.

Muhsin Çelebi durdu. Önüne baktı, sonra başını kaldırdı:

— Hayır, dedi. Hazineden bir pul almam. İcap eden muhteşem takımlı / /8
atları, süslü hademeleri ben kendi paramla düzeceğim. Hatta... Sadrazam gözlerini açtı. Hatta sırtıma Şah İsmail'in ömründe görmediği ağır bir şey giyeceğim.

— Ne giyeceksin?

— Sırmakeş Toroğlu'ndaki dibâsı Hint'ten, harcı Venedik'ten gelme "Pembe İncili Kaftan"ı alacağım...

— Ne? O kadar parayı nerede bulacaksın oğlum?

Sadrazamın şaşmaya hakkı vardı. Bir ay evvel tamamlanan, üzeri en nadir pembe incilerle işlenen bu kaftanın namını İstanbul'da duymayan yoktu. Vezirler, elçiler Toroğlu'na müracaat ettikçe o, fiyatını artırıyordu. Muhsin Çelebi, bu meşhur kaftanı nasıl alacağını anlattı:

— Çiftliğimle evimi, rehine vereceğim; tüccardan on bin altın borç toplayacağım. İki bin altın atlarla hademelere sarf edeceğim. Geriye kalan sekiz bin altınına da bu kaftanı alacağım.

Sadrazam bu hareketi makul bulmadı:

— Geldikten sonra bu kaftan senin işine yaramaz. Yalnız bir debdebe aletidir. Mallarını elinden çıkaracaksın. Fakir düşeceksin.

— Hayır, sekiz bin altına alacağım kaftanı altı ay sonra Toroğlu benden yedi bin altına geri alır. Yedi bin altınla ben çiftliğimi rehinden kurtarırım. Geri kalan borçlarımı ödeyemezsem varsın babamın yadigar bıraktığı mandıram devlete fedâ olsun... Devletten hep alınmaz ya... Biraz da verilir!

— ...

Muhsin Çelebi ile konuştukça sadrazamın hayreti büyüyordu. Kalbi rahatladı. İşte küstah, türedi bir hükümdara haddini bildirmek için gönderilecek tam bir adam bulunmuştu. Gülüyor, ağır kavuğunu sallıyordu. Dîvanın nazik, korkak, hesapçı çelebileri canları ile mallarını çok severdi. Bunlardan bir elçi gönderilse devletin haysiyetinden ziyade alacağı ihsanı düşünecek, hakkında
reva / görülen her hakareti kabul edecekti. Sadrazam, Muhsin Çelebi'yi yemeğe /9
alıkoymak istedi. Muvaffak olamadı. Giderken onu ta sofaya kadar teşyî etti.

Altı ay içinde Muhsin Çelebi, büyük çiftliğini, mandırasını, evini, dükkanlarını, bahçesini, bostanını rehine koydu. Tüccardan para topladı. Atlarını, hademelerini düzdü. Bunların hepsi hakikaten emsali görülmedik derecede muhteşemdi. Dönüşte, yedi bin liraya iade etmek şartıyla, Toroğlu'ndan meşhur Pembe İncili Kaftan'ı da aldı. Genç karısıyla iki küçük çocuğunu akrabasından birinin evine bıraktı. Altı aylık nafakalarını ellerine verdi. Sonra emirnâmesini koynuna koyarak yola düzüldü. Konak konak ilerledikçe bu yeni elçinin debdebesi, dârâtı, hele incili kaftanın şöhreti bütün Anadolu'dan geçerek Şah İsmail'in diyarına taşıyordu.

Muhsin Çelebi bir gün Tebriz kalesine büyük bir ihtişamla girdi. Bu küçük payitahtın süse, dârâta, renge, ziynete meftun halkı, İstanbul elçisinin kaftanını görünce şaşırdı. Şehir, saray, bütün encümenler kaftanın hikâyesiyle doldu. Şah İsmail "Pembe İncili"yi yalnız masallarda işitmiş, daha nasıl şey olduğunu görmemişti. Kendisinin daha görmediği şeye sahip olan bu zengin elçiye nefsinde derin bir garez duydu. Onu hakareti altında ezmeye karar verdi. Huzuruna kabul etmeden evvel tahtının arkasına cellatlarını hazırlattırdı. Tahtının önündeki dibâ şilteleri, ipek seccadeleri kaldırttı. Sağında vezirler, solunda muharipleri duruyordu.

... Muhsin Çelebi, geniş somaki kemerli açık kapıdan serbest adımlarla girdi. Yürüdü. Başı her vakitki gibi yukarıda, göğsü her vakitki gibi ileride idi. Koynundan çıkardığı mektubu öptü. Başına koydu. Sonra altın tahtın üstüne - allı, yeşilli, mavili, morlu ipek yığınlarına sarılmış, sırmalarla, tuğlarla, sancaklarla, bağlanmış gibi- garip bir yırtıcı kuş sükûnuyla tüneyen şaha uzattı. Ayağı
10/ öpülmeyen şah, gazabından sapsarı kesildi. / Gözlerinin beyazları kayboldu.
Nameyi aldı. Muhsin Çelebi, tahtın önünden çekilince şöyle bir etrafa baktı. Oturacak bir şey yoktu.

Gülümsedi. İçinden: "beni mecburen ayakta, hürmet vaziyetinde tutmak istiyorlar galiba..." dedi. Bir an düşündü. Bu hakarete nasıl mukabele etmeliydi? Hemen sırtından Pembe İncili Kaftan'ı çıkardı. Tahtının önüne yere serdi. Şah İsmail, vezirleri, kumandanları aptallaşmışlar, hayretle bakıyorlardı. Sonra bu kıymettar kaftanın üzerine bağdaş kurdu. İnce dev, ejderha resimlere nakşolunmuş sivri kubbeyi yaldızlı kemerleri çınlatan gür sadasıyla:

— Namesini verdiğim büyük Türk milletinin devletidir, diye haykırdı. Dünya yaratıldığından beri onlardan kimse kul olmamıştır. Hilkatten itibaren hâkim olan milletimizin elçisi, hiçbir ecnebi padişah karşısında divan durmaz. Çünkü kendileri kadar dünyada asîl bir kimse yoktur. Çünkü...

Muhsin Çelebi, kaba Türkçe nutkunu bağırdıkça, Farisî bilmeyen şah kızarıyor, sararıyor, morarıyor, elindeki name, heyecandan tir tir titriyordu. Tahtın arkasındaki cellatlar kılıçlarını çekmişlerdi. Muhsin Çelebi bağırdı, çağırdı. Mukarripler, vezirler, cellatlar, muharipler hükümdarlarının sabrına, tahammülüne şaşıyorlardı. Hatta içlerinden birkaçı mırıldanmaya başlamıştı. Muhsin Çelebi, sözünü bitirince müsaade filan istemedi; kalktı. Kapıya doğru yürüdü. Şah İsmail donmuş, taş kesilmişti. Çaldıran'da kırılacak gururu bugün, bu tek Türk'ün ateşli nazarı altında erimişti. Muhsin Çelebi dışarı çıkarken, kendisi gibi hayretten donan nedimlerine:

— Şunun kaftanını veriniz, dedi.

Muhariplerden biri koştu. Tahtın önünde serili kaftanı topladı. Türk elçi-
11/ sine yetişti: /

— Buyurun, kaftanınızı unutuyorsunuz.

Muhsin Çelebi durdu. Çıktığı kapıya doğru dönerek Şah'ın işiteceği yüksek bir sesle:

— Hayır unutmuyorum; onu size bırakıyorum. Sarayınızda büyük bir milletin elçisini oturtacak seccadeniz, şilteniz yok... dedi.

... Geçtiği yollardan gece gündüz dört nala döndü. Üsküdar a girdiği zaman Muhsin Çelebi'nin cebinde tek bir akçe kalmamıştı. Süslü hademelerine dedi:

— Evlatlarım! Bindiğiniz atları, haşaları, takımları, üstünüzdeki esvapları, belinizdeki murassa hançerleri size bağışlıyorum. Bana hakkınızı helal ediyor musunuz?

— Ediyoruz; ediyoruz. Ananızın ak sütü gibi.

Cevabını alınca onları başından savdı. Geniş bir nefes aldı. Evine uğramadan deniz kıyısına koştu. Bir kayığa atladı. Sadrazamın konağına gitti. Nameyi şaha verdiğini, hiçbir hakarete uğramadığını, şahın müsaadesine tenezzül etmeden habersizce kalkıp İstanbul'a döndüğünü söyledi. Zaten sadrazam, onun vazifesini hakkıyla ifa edeceğinden son derece emindi. Yollara, derebeylerine, aşiretlere dair bazı şeyler sordu. Çelebi, kalkıp çekileceği zaman:

— Ben satın almak istiyorum oğlum, kaftanın burada mı? dedi.

— Hayır getirmedim.

— Acemistan'da mı sattın?

— Hayır satmadım.

— Çaldırdın mı?

— Hayır.

— Ya, ne yaptın?

— Hiç!

— ... / /12

Sadrazam ısrar etti; tekrar tekrar sordu. Kaftanın ne olduğunu bir türlü anlayamadı. Muhsin Çelebi, yaptığı ile iftihar edecek kadar küçük ruhlu değildi. O akşam Üsküdar'a döndü. Ertesi günü yedi bin altına geri almak için kendisini bulan sırmakeş Toroğlu'na da kaftanı ne yaptığını söylemedi. Meraklı İstanbul'da hiç kimse meşhur Pembe İncili Kaftan'ın "nasıl, nerede, niçin" bırakıldığını öğrenemedi. Tebriz sarayındaki macera, tarihin karanlığına karıştı, sır oldu. Fakat eski zengin Muhsin Çelebi, bu kaftan için girdiği borçları verip çiftliğini, mandırasını, iratlarını kurtaramadı.

Elçilikten yadigâr kalan atıyla murassa takımını satıp Kuzguncuk'ta mini mini bir bahçe aldı. Onu ekip biçti. Çoluğunun çocuğunun ekmeğini çıkardı.

Ölünceye kadar Üsküdar pazarında sebzecilik etti. Pek fakir, pek acı, pek mahrum bir hayat geçirdi. Ama yine ne kimseye boyun eğdi, ne de bütün servetini bir anda yere atmakla gösterdiği fedakârlığa dair gevezelikler yaparak boşu boşuna pohpohlandı.

(*Güzel Yazılar*, II, 1928, s. 87-98)
Ömer Seyfettin

SES

Günlerce ne gördüm ne de bir kimseye sordum;
"Yâ Rab! Hele kalp ağrılarım durdu!" diyordum.

His var mı bu âlemde nekâhet gibi tatlı?
Gönlüm, bu sevincin helecânıyla kanatlı

Bir taze bahar âlemi seyretti felekte.
Mevsim mütehayyil, vakit akşamdı Bebek'te.

Akşam.. lekesiz, saf, iyi bir yüz gibi akşam.
13/ Ta karşı bayırlarda tutuşmuş iki üç cam, /

Sakin koyu, şen cepheli kasrıyla Küçüksu,
Ardında vatan semtinin ormanları kuytu.

Bir neş'eli hengâmede çepçevre yamaçlar,
Hep aynı tahassüsle meyillenmiş ağaçlar,

Dalgın duyuyor rüzgârın âhengini dal dal,
Baktım, süzülüp geçti açıktan iki sandal.

Bir lahzada, bir pancur açılmış gibi yazdan,
Bir bestenin engin sesi yükseldi Boğaz'dan!

Coşmuş yine bir aşkın uzun hatırasıyla,
Aksetti uyanmış tepelerden sırasıyla,

Dağ dağ o güzel ses, bütün etrafı gezindi;
Görmüş ve geçirmiş denizin kalbine sindi.

Anî bir üzüntüyle bu rüyadan uyandım,
Tekrar o alev gömleği giymiş gibi yandım.

Her yerden o, hem aynı güzellikle göründü?
Sandım, biten gün beni râm ettiği gündü.

Yahya Kemal

KİTABE

Hasretle hemşîre, gamla yoldaştı
Kalbimde çarpıntı, gözümde yaştı
Yıllarca göğsüme sığmadı, taştı
Yıllarca ne durdu, ne dindi aşkım!

Ne bir gülü vardı, ne gülizârı
Ne beni avutan bir bergüzârı
Gönlümden ibaret kaldı mezarı
Anlayın ne kadar hazîndi aşkım!

Ezelken mebdei, ebedken sonu
Bir fânî peşinde kaybettim onu
O zaman anladım ne olduğunu
Rabbini arayan bir dindi aşkım!
Kemalettin Kâmî / /14

MÜNZEVİ

Bir sonbahar akşamı... sahillerdeyim
Gamlı bir heykel gibi kayalarla ben
Dağınık saçlarımdan pervasız esen
Rüzgârların elinde bir kırık ney'im.

Engin bana yâd eder kimsesizliği
Gözyaşlarıyla düşer dalgalar kuma
Issız bir yoldayım ki hasta ruhuma
Herkes yabancı: kimden sorayım kimi?

Gökler esmer ve derin, sular dalgalı
Sahilden uzaklaştı son yolcular da
Enginleri dinliyor yalnız kenarda
Sararmış bahçesiyle viran bir yalı.

Yolu karlar sarmadan bir kış akşamı
Beni sahillerde bul, ey güzel sultan
Anlat ki bu yollarda beni unutan
Ruhun başka bir hayal arkasında mı?

Dumanlarla örtülen bir deniz gibi
Canlanıyor en hazîn dalgalar bende
Bekliyoruz yuvanı şimdi bahçende
Ben kimsesiz, ağaçlar kimsesiz gibi.

(*Dinle Neyden,* 1335. s. 50-51) / /15
Faruk Nafiz

GİT BAHAR

Çekil, bu gölgeli yolda gezinme!
Bahar, bakışların yine pek sarhoş...
Yanılıp gönlüme misafir inme,
Kapısı kilitli, mihrabı bomboş:
Mabettir orası meyhane değil!

Ziyalar, kokular, sesler, çiçekler...
Ömrünün her günü bir başka düğün!
Bülbüller koynunda aşkı çiçekler,
Güller dökülürler göğsüne bütün...
Gerçekten güzelsin... efsane değil!

Altınlı başında papatya niçin?
Sarı saçlarına pembe gül takın!
Git bahar, gönlümde ibadet için
Diz çöken kızları korkutma sakın!
Kalbime girme. O, kâşâne değil!

Git bahar, git bahar... uzaklarda gül,
Denize renginden bırak hediye!
Ufuklarda gezin, semaya süzül,
Kalbime sokulma: "peymâne!" diye,
Gördüklerin kandil... peymâne değil!

Halide Nusret

KALDIRIMLAR

-Yakup Kadri'ye-

1

Sokaktayım, kimsesiz bir sokak ortasında,
Yürüyorum, arkama bakmadan yürüyorum.
Yolumun karanlığa karışan noktasında,
16/ Sanki beni bekleyen bir hayâl görüyorum. /

Kara gökler kül rengi bulutlarla kapanık,
Evlerin bacasını kolluyor yıldırımlar.
Bu gece yarısında iki kişi uyanık,
Biri benim, biri de uzayan kaldırımlar.

İçimde damla damla bu korku birikiyor
Sanıyorum her sokak başını kesmiş devlet.
Simsiyah camlarını üzerime döküyor
Gözleri çıkarılmış bir âmâ gibi evler.

Kaldırımlar, ızdırap çekenlerin annesi,
Kaldırımlar içimde yaşamış bir insandır.
Kaldırımlar, duyulur sükûn içinde sesi,
Kaldırımlar, içimde uzayan bir lisandır.

Bana düşmez can vermek, yumuşak bir kucakta,
Ben bu kaldırımların istediği çocuğum.
Aman sabah olmasın bu karanlık sokakta,
Bu karanlık sokakta bitmesin yolculuğum.

Ben gideyim yol gitsin, ben gideyim yol gitsin,
İki yanımdan aksın bir sel gibi fenerler.
Tak tak ayak sesimi aç köpekler işitsin,
Yolumda bir tâk olsun zulmetten taş kemerler. / /17

Ne ışıkta gezeyim, ne göze görüneyim,
Gündüzler size kalsın, verin karanlıkları.
Islak bir yorgan gibi iyice bürüneyim,
Örtün üstüme örtün, serin karanlıkları.

Uzanıverse gövdem taşlara boydan boya,
Alsa bu soğuk taşlar alnımdaki ateşi
Dalıp sokaklar kadar esrarlı bir uykuya,
Ölse, kaldırımların kara sevdalı eşi.

2

Başını bir emele satan kahraman gibi
Etinle, kemiğinle sokakların malısın.
Kurulup üzerine bir taht-ı revan gibi
Sonsuz mesafelerin üstünden aşmalısın.

Bahtın kaldırımlara düştüğü günden beri
Kaynamış ruhlarınız bir derdin potasında.
Senin gölgeni içmiş onun gözbebekleri,
Onun taşı erimiş senin kafatasında.

İkinizin de ne eş ne arkadaşınız var,
Sükût gibi kimsesiz, çığlık gibi hürsünüz,
Dünyada sakınacak bir kuru başınız var
Onu da ne tarafa olsa götürürsünüz.

18/ Ömrünüz taş olsa da gide gide yorulur /
Birgün ölüme çıkar bu yolun kıvrımları
Ne kaldırımlar kadar seni anlayan olur
Ne senin anladığın kadar kaldırımları...

Bir siyah kadındır ki kaldırımlarda gece
Dalgın bir hayal gibi eteğini sürükler,
Gözlerim onun kara gözlerine değince,
Ey kaldırım çocuğu, haydi düş peşime der.

Ondan bir temas gibi rüzgar beni bürür de
Kucaklamak isterim onu koynuma alıp.
Bir türlü yetişemem fecre kadar yürür de.
Heyhat o bir ince ruh, bense etten bir kalıp.

Arkamdan bir kahkaha duysam yaralanırım,
Onu bir başkasına râm oluyor sanırım
Görsem pencerelerde soyunan bir karaltı.

Varsın bugün bir acı duymasın gözyaşımdan
Bana rahat bir döşek serince yerin altı
Bilirim, kalkmayacak, bir yâr gibi başımdan.

(*Kaldırımlar,* 1928, s. 5-11)
Necip Fazıl /

19/

YOLCU

Sen ki sahilde gezen kızların en solgunusun
Uhrevî beldene son yolcu dönerken beni an!

Gülüyordun kayalıklardan inerken bana sen,
Ben ki her gölgenin aksettiği bir gamlı suyum
Her gün alnında zehirden acı rüzgârlar esen
Gurbet akşamlarının bağrı yanık yolcusuyum.

Bir hazan akşamı kırlarda unuttum neyimi
Döktü kalbimde bütün matemi bir sisli kışın:
Gece yollarda bıraktım kırılan değneğimi,
Rehberim yok, beni döndürme yolumdan, sarışın!..

Eriyen ruhumu yorgun bakışın doldursun,
Kumlar üstünde gezen sevgili kız, nerde yuvan?
Sen ki sahilde gezen kızların en solgunusun,
Uhrevî beldene son yolcu dönerken beni an.

(*Şarkın Sultanları,* 1918, s. 20)
Faruk Nafiz

İZMİR YOLLARINDA

Belki şimdi, sana son
Sözlerimi yazmadan
Gözlerim kapanacak...
Belki var daha beş on
Dakikalık bir zaman.

Düşündüm huzurunda
Ebedî bir akşamın...
Düşündüm ki, babamın / /20
Dizi dibinde geçen
Yirmi iki seneden
Elimizde kalan ne?
Sorarım sana anne,
Önünde eğilecek...
Niçin o güne değin
Çan sesleri duyayım?
Bugün de bir yarın da?
Bırakın uyuyayım
İzmir kapılarında...

Kemalettin Kâmî

İZMİR'E TAHASSÜR

Anne deniz nerde yalımız nerde?
Hani "gideceğiz yakında" der de
Beni uyuturdun dizinde anne.

Geçende ablam da öyle diyordu
Bu bahar İzmir'e girmezse ordu,
Kanmam sözünüze sizin de anne.

Yeşil bir bahara büründü dağlar
Bülbüllü bahçeler, üzümlü bağlar,
Kimlerin işine yarıyor anne!

O bağlar nerde, bahçeler nerde?
Her akşam güneşin battığı yerde
Gözlerim İzmir'i arıyor anne!

Şimdi bir kuş olsam, kanadım olsa,
İzmir'e giden yol eğer bu yolsa,
Bir başıma bile giderim, anne!

Bir çetin bilmece sorsam Paşa'dan,
Söylemem memleketi bağışlamadan,
Mutlaka İzmir'i isterim anne!

Kemalettin Kâmî

ÖLÜNÜN ODASINDA

Bir oda, yerde bir mum, perdeler indirilmiş,
Yere düşen bir gömlek yavaş yavaş dirilmiş,
Çırçıplak duvarlarda çivilerin gölgesi, /
Artık ne çıtırtı var, ne de bir ayak sesi.
Yatıyor yatağında, dimdik, upuzun, ölü,
Üstü boynuna kadar bir çarşafla örtülü.
Bezin üstüne çıkmış ayaklarının izi,
Mumun alevi gibi sapsarı donuk benzi.
Son nefesle göğsü boş, eli uzanmış yana,
Gözleri renkli bir cam sanki mıhlı duvara;
Sarkık dudaklarının arasında bir çizgi var:
Küçük bir çizgi, küçük, titreyen bir an kadar;
Sarkık dudaklarında, asılı titrek bir an:
Belli ki birdenbire gitmiş çırpınamadan.
Bu benim kendi ölüm, bu benim kendi ölüm.
Bana geldiği zaman böyle gelecek ölüm...

(*Örümcek Ağı,* 1925, s. 64-65)
Necip Fazıl

BİR GEMİ YELKEN AÇTI

Bir gemi yelken açtı hayal iklimlerine,
Civarından çığlıkla yorgun martılar kaçtı;
Rüzgâr sürüklenirken derinlerden derine,
Hayal iklimlerine bir gemi yelken açtı.

Beyaz yelkenlerinde ölgün bir kızıllığın
Titrek son akisleri dalgalandı belirsiz;
Toplanırken göklerde bulutlar yığın yığın
Hırçın bir fırtınayı düşünüyordu deniz.

Ufuklarda solarken altın şafak gülleri / /22
Yabancı âlemlerden saadetler, emeller,
İhtiraslar bekleyen kimsesiz gönülleri
Gizlice sıkıyordu kızgın demirden eller.

En katı yüreklinin bile bu sabah iki,
Üç damla yaş kurudu solgun yanaklarında;
Açılan yolcuların hepsi hissetmişti ki
Bu gün de erişilmez o diyara, yarın da...

Madem ki o iklime erişmeğe imkân yok,
Neden böyle vakitsiz enginlere çıkışlar?
Bulutlar toplanıyor, ufukta dalgalar çok,
Kış geliyor, yelkenler emin bir yerde kışlar!

Yolcular diyorlar ki: erişmek ümidi az;
Biliriz dalgaların her biri bir mezarlık.
Belki de içimizden hiç biri ayak basmaz,
Lâkin yolunda ölmek, bu da bir bahtiyarlık!

Ufkun dört duvarına kanadını vurarak
Rüzgâr sürüklenirken derinlerden derine
Gümüş yelkenlerini yüksekte savurarak
Bir gemi yelken açtı hayal iklimlerine.

(*Bir Gemi Yelken Açtı,* 1926, s. 5-7)

Ali Mümtaz / /23

OTEL ODALARI

Bir merhamettir yanan, daracık odaların
İsli lambalarında, isli lambalarında

Gizli bir akis kalmış gelip geçen her yüzden
Küflü aynalarında, küflü aynalarında.

Atılan elbiseler, boğazlanmış bir adam
Kırık masalarında, kırık masalarında.

Bir sırrı sürüklüyor terlikler, tıpır tıpır
İzbe sofalarında, izbe sofalarında.

Atıyor sızıların, çıplak duvarda nabzı
Çivi yaralarında, çivi yaralarında.

Duyuluyor zamanın tahtayı kemirdiği
Tavan aralarında, tavan aralarında.

Ağlayın, âşinasız, sessiz can verenlere
Otel odalarında, otel odalarında.

(*Kaldırımlar*, 1928, s. 14-15)

24/ Necip Fazıl /

RÜZGÂR

İçerimde yüce bir dağ gizlidir
Rüzgâr döne döne çıkar mı bilmem.
Yârim ince uzun, saz benizlidir,
Başımı göğsünde sıkar mı bilmem.

Hey ne kimsesizdir bu uzun yollar,
Gözlerim yollarda birini kollar;
Bir yavru kuş gibi gönlümü yollar
Gönlüm bu gidişle bıkar mı bilmem.

İçlensem içlensem bir hayâl kursam,
Göklere yaslanıp çığlık savursam
İçimde dağı dağlara vursam
Bu vuruş gönlümü yıkar mı bilmem.

(*Örümcek Ağı*, 1925, s. 30)

Necip Fazıl

AY

Bütün gün kırlarda, deniz kenarlarında dolaştık. Güneş, hayâle müsaade etmeyecek tarzda her şeyi vâzıh ve berrak gösterdiği için, yalnız gözlerimizle yaşadık ve hiç eğlenmedik.

Ağaçların tozlu yapraklarını, kayalar üzerinde durup soluyan kertenkeleleri, denizin kirli suları altında cam kırıklarını; paslı tenekeleri, eski pabuç naaşlarını seyretmenin ne kadar çabuk ruha kesel verdiğini tecrübe etmeyen var mı? Güneşli kırlarda geçen bir gezinti gününden sonra, akşam üstü eve mahzun ve nevmîd dönmemenin mümkün olmadığını tecrübelerimle bilirim. Güneş bütün gün insana doğru, fakat acı şeyler söyleyen bir arkadaştır. Onun ışığında eğlenmenin ve mesut olmanın hiç imkânı var mı?

Nihayet akşam oldu. Karanlık bastı. Karşı karşıya oturmuş iki insan, artık
yüzlerimizi görmüyor, yalnız seslerimizi duyuyorduk. Birden, arkamızda garip
bir fısıltıyı andıran bir hışırtı duyar gibi olduk. Başımızı çevirdik: İki / büyük fıstık /25
ağacı arkasından kırmızı bir ay, sanki yapraklara sürünerek yükseliyordu. Birden
etrafımızda dünyanın bütün manzaraları değişti: Sanki Japonyalı bir ressamın
siyah mürekkeple çizdiği müphem ve nâ-tamam bir âlem içindeydik. Artık her
şeyi sarahâtle görmek ızdırabından kurtulmuştuk. Yanlış görmek ve tahayyül
etmek imkanının sarhoşluğu vücudumuzu, yavaş yavaş bir afyon dumanı gibi
uyuşturuyordu. Etrafımızda gündüzün bütün uyuz ağaçları yerine zengin bir
orman vücut bulmuştu. Karşıda yemek yiyen fakir ailenin kirli kızları, yüzlerine
vuran ay ışığı içinde birer murassa hayâl olmuşlardı. Denizin bulanık suları
boşalmış ve onun yerine şimdi sahilin kumları üzerinde ziyadan bir mâyi sallanıp
şarkı söylüyordu. Dünyanın güzelliğinden korkmaya başlamıştık. Zira aydan akan
büyünün saadetiyle ruhlarımız çatlayacak kadar dolmuştu.

Ay! Ay! Yalancı ay! Zekadan harap olanları dinlendiren hayâl gibi, güneşten
bunalanları da teselli eden sensin!

(*Bize Göre,* 1928, s. 32-33)

Ahmet Hâşim

MÜSLÜMAN SAATİ

İstanbul'u yenileştiren ve yerlisini şaşırtan istilâların en gizlisi ve en tesirlisi
yabancı saatlerin hayatımıza girişi oldu. "Saat"ten kastımız, zamanı ölçen âlet
değil, fakat bizzat zamandır. Eskiden kendimize göre yaşayışımız, düşünüşümüz,
giyinişimiz ve kendimize göre, dinden, ırktan ve an'aneden hayat alan bir
zevkimiz olduğu gibi, bu üslûb-u hayâta göre de "saat"lerimiz ve "gün"lerimiz
vardı. Müslüman gününün başlangıcını şafağın parıltıları ve nihâyetini akşamın
ziyâları tayin ederdi. Madenden / sağlam kapaklar altında mahfûz tutulan eski /26
masum saatlerin yelkovanları yorgun böcek ayakları tarzında, güneşin semâ
üzerindeki seyriyle az çok münâsebettâr bir hesaba teb'an, minenin rakamları
üzerinde yürürler ve sahiplerini, zamandan, takrîbî bir sıhhatle haberdar ederler-
di. Zaman nâmütenâhî bahçe ve saatler, orada açan kâh sağa, kâh sola mâil,
güneşten rengârenk çiçeklerdi. Ecnebî saati iptilâsından evvel bu iklimde, iki
ucu gecelerin karanlığıyla simsiyah olan ve sırtı, muhtelif evkâtın kırmızı, sarı
ve lâcivert ateşleriyle yol yol boyalı, azîm bir canavar hâlinde, bir gece yarısından
diğer bir gece yarısına kadar uzanan yirmi dört saatlik "gün" tanınmazdı. Ziyâda
başlayıp ziyâda biten, on iki saatlik, kısa, hafif, yaşanması kolay bir günümüz
vardı. Müslüman'ın mesut olduğu günler, işte bu günlerdi; şerefli günlerin
vakâyiini bu saatlerle ölçtüler. Gerçi, felekî hesâbâta göre bu "saat" iptidâî ve
hatalı bir saatti. Fakat bu saat, hatırâtın kutsî saatiydi. Zevâlî saatin âdât ve
muâmelâtımızda kabulü ve ezânî saatin geri safa düşüp camilere, türbelere ve
muvakkithânelere bırakılmış metruk bir "eski saat" haline gelişi, / hayâtî tarz-ı /27
rü'yetimiz üzerinde vahîm bir tesiri hâiz olmamış değildir. Giden saatler babalarımızın

öldüğü, annelerimizin evlendiği, bizim doğduğumuz, kervanların hareket ettiği
ve orduların düşman şehirlerine girdiği saatlerdi. Bunlar, hayatı etrafımızda
serbest bırakan geniş, lâkayd dostlardı. Gelen yabancılar ise hayatımızı bozup
onu meçhul bir düstura göre yeniden tanzim ettiler ve ruhlarımız için onu tanın-
maz bir hale getirdiler. Yeni "ölçü" bir zelzele gibi, zaman manzaralarını etrafımız-
da zîr ü zîr ederek, eski "gün"ün bütün setlerini harap etti ve geceyi gündüze
katarak saadeti az, meşakkati çok, uzun bulanık renkte bir yeni "gün" vücûda
getirdi. Bu, Müslüman'ın eski mesut günü değil, bedmestleri, evsizleri, hırsızları ve
kâtilleri çok ve yeraltında mümkün olduğu kadar fazla çalıştırılacak köleleri
sayısız olan büyük medeniyetlerin acı ve nihâyetsiz günüydü. Unutulan eski
saatler içinde eksikliği en ziyâde hasretle tahattur edilen saat akşamın on ikisidir.
Artık "on iki", solgun yeşil semâ altında, ilk yıldıza karşı müezzinin Müslümanlar'a
hitap ettiği, sokakların lâcivert bir sisle kapandığı, ışıkların yandığı, sinilerin
28/ kurulduğu / ve yarasaların mahzenlerden çıkıp uçuştuğu o müessir ve titrek saat
değildir. Akşam telâkkisinden koparak, kâh öğlenin harâretinde ve kâh gece
yarılarının karanlığında mevhum bir zamanı bildiren bu saat, şimdi hayatımızda
renksiz ve şaşkın bir noktadır. Yeni saat, Müslüman akşamının mahzûn ve
muşa'şa' dakikasını dağıttığı gibi, yirmi dört saatlik yabancı "gün"ün getirdiği
maişet şekli de bizi fecir âleminden mehcûr bıraktı. Başka memleketlerde fecri
yalnız kırdan şehre sebze ve meyve getirenlerin ahmak gözleriyle muzdariplerin
şişkin kapaklar içinden bakan kırmızı ve perişan gözleri tanır. Bu zavallılar için
fecrin parıltıları, yeniden boyuna geçirilecek olan hayat ipinin kanlı ilmeğini
aydınlatan bir ziyâdır. Halbuki fecir saati, Müslüman için rüyasız bir uykunun
nihâyeti ve yıkanma, ibadet, neş'e ve ümidin başlangıcıdır. Müslüman yüzü, kuş
sesleri ve çiçek kokuları gibi fecrin en güzel tecellilerindendir. Kubbe ve
minareleri o alaca saatte görmemiş olan gözler, taşa en ilâhî mânâyı veren o
muhayyirü'l-ukûl mimâriyi anlamış değillerdir. Esmer camiler, fecirden itibaren
semavî bir altın ve semâvî bir çini ile kaplanır ve İslâm ustalarının nâ-tamâm
29/ eserleri o saatte tamamlanır. Bütün mabetler içinde güneşten / ilk ziyâ alan
camidir. Bakır oklu minareler, güneşi en evvel görmek için havalarda yükselir.
Şimdi heyhat, eski "saat"le beraber akşam da fecir de bitti. Birçoklarımız için fecir,
artık gecedir. Ve birçoklarımızı güneş, yeni ve acayip bir uykunun ateşlerinden,
eller kilitli, ağız çarpılmış, bacaklar bozuk çarşaflara dolaşmış, kıvranırken
buluyor. Artık geç uyanıyoruz. Çünkü hayatımıza sokulan yeni ve fena günün
eşiğinde çömelmiş, kin, arzu, hırs ve haset sürülerinin bizi ateş saçan gözlerle
beklediğini biliyoruz. Artık fecri yalnız kümeslerimizdeki dargın ve mağrur
horozlara bıraktık. Şimdi Müslüman evindeki saat, başka bir âlemin vakitlerini
gösterir gibi, bizim için gece olan saatleri gündüz; ve gündüz olan saatleri gece
renginde gösteriyor. Çölde yolunu şaşıranlar gibi biz şimdi zaman içinde kay-
bolmuş kimseleriz.

Gurabâhâne-i Laklakan, 1928.
Ahmet Hâşim

BİR YOLCUYA

Dur yolcu! Bilmeden gelip bastığın
Bu toprak bir devrin battığı yerdir.
Eğil de kulak ver, bu sâkit yığın
Bir vatan kalbinin attığı yerdir. / /30

Bu ıssız gölgesiz yolun solunda
Gördüğün bu tümsek, Anadolu'nda
İstiklal uğrunda, namus yolunda
Can veren Mehmet'in yattığı yerdir.

Bu tümsek, koparken büyük zelzele
Son vatan cüz'ü de geçerken ele
Mehmet'in düşmanı boğduğu sele
Mübarek kanını kattığı yerdir.

Düşün ki, haşrolan kan, kemik, etin
Yaptığı bu tümsek, amansız, çetin
Bir harbin sonunda bütün milletin
Hürriyet zevkini tattığı yerdir.

(*Çakıl Taşları,* 1927, s. 49-50)
Necmettin Halil

BEN

Yeryüzünde yalnız benim serseri,
Yeryüzünde yalnız ben derbederim.
Dünyada herkesin var bir yeri,
Ben de bütün dünya benimdir derim.

Ne anamı gördüm, ne kardeşimi,
Yıllarca gezdirdim bu dik başımı.
Ölsem kimse koymaz mezar taşımı
Kendime ben bile hayret ederim.

Gönlüm ne dertlidir, ne de bahtiyar,
Ne başkasına yar, ne kendine yar;
Canım isteyince, ben, diyar diyar
Gölgemin peşinde yürür giderim

(*Örümcek Ağı,* 1925, s. 33-34)
Necip Fazıl

31/ **SAÇLARIN /**

Saçların dökülsün açık göğsüne,
Mermer üzerinden geçen su gibi
Bir ince baygınlık çöker gönlüme,
Yaz vaktinin gündüz uykusu gibi.

Saç tel tel, örtüler hep tül tül düşer,
Gözlerin değdiği yere gül düşer;
Sonunda sana da bir gönül düşer
Gönlümün şimdiki duygusu gibi.

Dillerde dökülüp sayılır saçın,
Sıcak nefeslerle bayılır saçın,
Tütsü gibi kalbe yayılır saçın
Karanlık gözlerin buğusu gibi.

(*Örümcek Ağı,* 1925, s. 19-20)
Necip Fazıl

ÜSLÛP HAKKINDA BİR MÜLAHAZA

Çocukluğumda, hayâlime gösterdiği yeni bir cihan manzarasıyla kâh beni gaşy ve tahayyül içinde bırakan, kâh âsâbıma sevk ettiği ra'şelerin kuvvetiyle gözlerimi zevkten yaşartan bir şiir mecmuasını, geçen gün, senelerden sonra
32/ tekrar elime alınca, acı bir hayret içinde kaldım: /

Kitabın muhteviyatı solan kaptan ve sararan kağıttan fazla, daha çok fazla eskimiş, yıpranmıştı. Sanki gözle görülmez bir takım manevî güveler, eserin ruhanî maddesini kemirip toza döndürmüştü.

Şiirin çıkıntılarında göz alan eski aynalar sönmüş, aydınlıkların yandığı noktalarda, küçük karanlık çukurlar peyda olmuştu.

Ölüm, bilhassa kitabın eskiden en çok yeniliğini yapan kısımlarını vurmuştu. Sıfatlar, teşbihler, istiareler, -böcek koleksiyonlarında toplu iğne ile tutturulan ölü kelebekler gibi- sahifelerin sathı üzerinde renkli birer naaş halinde duruyordu. Meğer bunlar edebî eserin bozulmaya ve çürümeye en müsait ziynetleri imiş! Daha dünkü şair, üslûbuna sürdüğü alacalı renklerle bir hafta içinde soluk bir eski elbise zavallılığına düşerken, sıfatsız, teşbihsiz, istiaresiz "Homeros", saf bir billur ehramı gibi, halâ güneşin ışıklarını güneşe aksettirip duruyor.

(*Bize Göre,* 1928, s. 24-25)
Ahmet Hâşim

ŞAİRİN DUASI

Ben bir günahkârım ki, bilmezdim nedir ölüm
Bin bir türlü duyguya ma'kes olmuştu gönlüm!

Yeri, göğü, halkı görürüm kendimde,
Bu sahte itikadı yıllarca beğendim de!

Bir gün bile sormadım kendime: Kimim? Neyim?
Yalnız sanat aşkına tapan bir divaneyim!

Hissime, hayalime sade o aşk hâkimdi
Düşünmedim bir lâhza beni yaratan kimdi?

Ne dünya saltanatı, ne cennet, ne cehennem,
Yalnız kalbi terennüm etti benim efsânem!..

Bir uçurum korkusu duymazken bu gidişte
İçimden sarsılarak kendime geldim işte: / /33

Bu ne? Bu dalgalarda homurdayan devler ne?
Bu ne? Ufuklardaki bu vahşi alevler ne?

O şen bakışlardaki bu mahzun gölge nedir?
Bu ne?.. Bu gördüğüm yer, bu viran ülke nedir?

Rabbim!.. Bu vatanım mı; bu mudur benim yurdum?
Ben ki onun göğsünde huzur ile uyurdum!..

Bu mudur bana aşkı, şiiri ilham eden yer?
Ne gafil bir uykuya dalmışım, buysa eğer!..

* * *

Bu akşam her tarafta bir rûhânî hüzün var,
Bir ses bana diyor ki: şair! Allah'a yalvar!

Sen ki hisli kalbimle âşinâsın her derde,
Bir sanatkar güler mi muhiti inilder de?

Gidip gelmeyenlerin mâtemlerini haykır
Yahut, ulvî bir sükût için rübabını kır!..

* * *

Bu gece, karanlığı delen minarelerin
Bağrında dalgalanan yanık sesler ne derin

Kirpiklerim yaşardı, düştüm yeni bir vecde
Yıldızların altında ettim Allah'a secde!

Tanrım... Ne kadar hazin, ne kadar kara yazım
İlk defa huzurunda diz çöken bu niyâzım

Yurdunun mâtemini çeken bir âşık sesi...
Şu gönüller ki yalvaran seslerin son ma'kesi,

Bense zulmet içinde arıyorum biraz nur,
Perişan münâcâtım elbet kabul olunur!..

Yıldızlar kayboluyor, şimdi gök daha derin,
Bir gariplik sarıyor bütün ufkunu şehrin,

Sıyrılırken gecenin ağır ağır sisleri,
Sabah ezanlarının geliyor akisleri!..

(*Yanardağ,* 1928, s. 80)

34/ Yusuf Ziya /

VATAN DESTANI

O kadar dolu ki toprağın şanla
Bir değil, sanki bin vatan gibisin
Yüce dağlarına çöken dumanla
Göklerde yazılı destan gibisin

Hep böyle bulutlar içinde başın,
Hilâli kucaklar her vatandaşın,
Geçse de asırlar, tazedir yaşın,
O kadar leventsin, fidan gibisin.

Çiçeksin, bayılır kuşlar kokundan,
Her dalın bir yay ki zümrüt okundan,
Müjdeler fısıldar Ergenekon'dan,
Bu sese gönülden hayran gibisin.

Ey bütün cihana bedel Türk ili,
Açtığın cenklerin yoktur evveli,
Tarih, bir nehir ki coşkundur seli;
Sen ona nisbetle umman gibisin.

Bir yandan hep böyle taştın, köpürdün;
Bir yandan cefalı bir ömür sürdün;
Fakat ne derece ezildinse dün,
O kadar da tunçtan kalkan gibisin.

Bir insan nihayet kemikle ettir;
Bu ete, kemiğe can hürriyettir;
En büyük hürriyet Cumhuriyet'tir;
Demek ki şimdi sen bin can gibisin

Ey ana toprağı, ey Anadolu,
Açıldı önünde terakki yolu!
Hamdolsun her yanın bereket dolu;
Cennette bir yeşil meydan gibisin.

Yeni bir ay ördük al bayrağına;
Girdik en sonunda irfan bağına;
Medenî hayatın nur ırmağına;
Ezelden susamış ceylan gibisin.

Halid Fahri / /35

KELİMELERİN HAYATI

Hiçbir şey lisan kadar ağaca müşâbih değildir. Lisanlar -tıpkı ağaçlar gibi- mevsim mevsim rengini kaybeden ölü yapraklarını dökerler ve tazelerini açarlar. Lisanın yaprakları kelimelerdir.

Edebî bir metni okuyorken, daha düne kadar zinde bir manası olan "melek" kelimesinin, bugün tamamen hayatiyeti tükenmiş, renksiz ve şekilsiz bir lafız haline geldiğini hissettim. Bu kelime şimdi Türkçe'de soğuk bir naaştan başka bir şey değildir.

Melek nedir?

Edebiyattaki manasına göre, melek bir kadındır ki gözleri mavi, saçları sarı ve beyaz entarisinin etekleri uzundur. Hıristiyan sanatında melek, lepiska saçları topuklarına kadar uzanan, büyük güvercin kanatlı mahcup bir genç kız suretinde temsil edilir ve daima elinde sur nevinden uzun bir musiki aleti olduğu halde, gökte beyaz bulut yığınlarının kenarından tebessüm ettirilir.

Bu verem çehreli mâverâî güzelin enmûzeci, kadın kıyafetinin son inkılâbına kadar devam edebilmişti. Fakat kadın saçları, berber makasıyla kısalıp, eteklerin yarısı da terzi nefesiyle uçarak dizleri çıplak bıraktığı günden sonra, melek, birden mazinin silik şekilleri arasına düşmüştür.

Şeytanî bir alevin temasıyla, taraf taraf ateş kırmızılığına boyanan muâsır kadın çehresi yanında, uzun sarı saçlı ve mavi gözlü "melek" şimdi aptal bir halayık çehresinden daha fazla cazip değil.

(*Bize Göre,* 1928, s. 18-19)

36/ Ahmet Haşim/

BOZ EŞEK

Irmaktan su taşıyan çocuklar dağ yolunda bir ihtiyar adamın yattığını haber verdiler. Bir boz eşek de, başıboş oralarda dolaşıyordu. Hüsmen Hoca "varıp bakalım" dedi.

Akşam yakındı. İki derenin birleştiği bu batak, çukur, sıtmalı araziye çeltiklerden kalkan kokulu, ağır bir duman yayılıyor; gövdeleri yarılmış, yanmış, beş on yaşlı, cansız söğüt arkasında güneş, bulanık bir ışık uzatarak arkların durgun sularını yer yer parlatıyordu. Bu aydınlık parçalar, gül renkli, rutubetli ova ortasında bulutlu bir göğün yarıklarına benziyor, yavaş yavaş bulanıyor, sönüyor, örtülüyordu.

Üç köylü, arızalı, uçurumlu bir patikadan ağır ağır bir biri arkasından çıkıyorlardı, içlerinden biri sakağılı bir at gibi, fena fena öksürüyordu.

Evvela boz merkebi gördüler. Fundaların ortasında, tozlu, topraklı bir yer bulmuş, galiba bir çok tepinmiş, yatmış, oynamış, şimdi memnun bir eda ile yan gelip oturuyor, batan güneşi lâkaydâne seyrediyordu. Hoca "hadi nerdesin yolcu" diye seslendi. Ötede, arkasını kuru bir ahlata dayamış, mecalsiz bir adam, sık sık soluyor, gelenlere fersiz gözleriyle bakıyor, elleriyle göğsünü göstererek işaretler ediyordu. "Nen var, ne oldun dayı?" suallerine sesten ziyade nefese, soluğa benzeyen üfürüklü hırıltıyla anlaşılmayan cevaplar veriyordu.

Köylüler, ölüyor sanarak, çömelmişler, bekleşiyorlardı. Lâkin, iyileşiyor, canlanıyordu. Abânî sarıklı, mor cüppeli, fukara kılıklı bir ihtiyardı. Sert, kır bir sakalın örttüğü çehrenin meydanda duran kısmı, sıcak ovaların güneşiyle kavrulmuş, buruşuklar, kıvrımlar içinde kalmıştı. Sarkık, şiş kapaklarının altında beyaza yakın açık mavi, ufacık gözleri vardı ki insana bir çocuk bakışıyla muttasıl, dimdik bakıyordu. Yavaş yavaş bu çehreye bir renk, bu gözlere bir fer geliyordu. Aynı vaziyette, sırtı ahlata dayalı, ölgün sadasıyla bir şeyler söylüyor, galiba uzaklardan geldiğini, uzaklara gideceğini anlatıyordu.

Hüsmen Hoca'nın "odaya götürün, yatsın" teklifi üzerine yardım edip, merkebe bindirdiler. İki tarafından tutarak düşmesine meydan vermiyorlar;
37/ taşlar, topraklar kaydırarak, bin müşkilâtla iniyorlardı. /

Güneş gitmiş, arklardaki sular parlamaz olmuştu. Etrafı kapatan dik, sivri dağlar duman ve bulut sarılı kocaman başlarını birbirine dayayarak çoktan uykuya varmışlardı. Köy, kayaların kat kat gölgelerine gömülü, ne pencerelerinde bir ziya, ne yollarında bir ses, karanlıkta bekliyordu.

Gelenlerin şamatası üzerine kapılardan tek tük çehreler uzandı, ahırlarda inekler böğürdü. Hüsmen bağırıyor "Nerdesiniz be, hele çıkın, misafir geldi!" diye haber veriyordu. Şimdi, ellerindeki yanar çıralarla her taraftan, bez donlu, birçok insanlar çıkıyor, duman ve ışıktan mürekkep bir hâle içinde, kōşelere aydınlıklar dağıtarak gübre yığınlarına hâreler koşturarak şaşkın şaşkın misafir odasına doğru geliyorlardı.

Burası, en yakın kasabaya iki gün uzakta, Anadolu'nun çıplak, yolsuz, viran bir köyüydü. Bir vilâyetten diğerine geçen arabasız yolcular, bazen, havalar çok kurak gidip Kızılırmak geçit verdiyse şoseyi bırakırlardı. İşte, senede bu vesile ile beş, on kişi, beş on fakir, böyle hüzünlü bir saatte yorgun argın gelir, kapıları vururdu. O zaman Muhtar Hüsmen köylülerden ikram kimin sırasıysa ona haber gönderir, kendisi de, ocağında yaz kış, sönmemecesine çıra kütükleri alevlenen misafir odasına yolcuyu yerleştirirdi. Köy, dünya ahvalini bu gelip geçici, cahil insanların getirdikleri yalan yanlış haberle öğrenirdi.

Hasta sakinleşmişti. "Göğüs, diyordu, böyle, ikide bir tutar." Köylülerden biri ocağın çengeline bir bakraç asmıştı. Çıraların alevi vurmuş, içindeki bir sabun köpüğü gibi rengârenk kabarıyordu. İndirdiler; ihtiyara bir tas verdiler. Üfüre üfüre zevkle içiyordu. Süt henüz bitmişti ki inatçı bir hıçkırık tuttu, bütün vücudunu sarsıyordu. O, her sadmede bir "elhamdülillah" diyordu. Köylüler ta karşısına bağdaş kurmuşlar, konuşmaya fırsat arayarak sabırsızca bekliyorlardı; gençler kapı önünde, mariz misafirden bir şey anlamıyorlardı. Hıçkırık kesilmiyor, bilakis sıklaşıyor, sertleşiyordu. Hasta bir aralık elleriyle "gelin, yaklaşın" diye işaret etti. Hüsmen önde, diğer ihtiyarlar arkada etrafını aldılar. Gençler merak içinde, fakat yaklaşmaya cesaret edemeyerek kapıda duruyorlardı. Galiba yolcu zorlukla bin iş anlatıyordu; belki de vasiyet ediyordu. Hüsmen'in ikide birde "merak etme, gönlünü ferah tut, biz bakarız" dediğini duyuyorlardı. Birden, alelacele, ihtiyarlar yere, mindere eğildiler. Sonra sessiz kaldılar. / Hüsmen "Hakk'a /38
kavuştu" diye mırıldandı. Ocakta, kütüklerden biri çarpıldı, keskin bir aydınlıkla ölünün yüzünü parlattı, söndü. Dışarıda bir inek uzun uzun böğürüyordu.

Yolcu son arzusunu anlatmaya vakit bulmuştu. Kemerinde dizili sekiz altınıyla altındaki boz merkebi Hicaz'a vakfediyordu. Mezarlıktan dönen köylüler, ellerinde kalan bu liralarla merkebi ne yapacaklarını, bu emri yerine nasıl getireceklerini kestiremiyorlar, asmanın altında birleşip söyleşiyorlardı. Nihayet, bir defa kazaya varıp hakimden danışmaya karar verdiler. Hafta içinde Hüsmen, merkebi yanına alıp yola çıkacaktı.

Hayvan bir ehemmiyet kesbetmişti; önüne bol yem dökülüyor, mısır sapları yığılıyordu. Bu, dinî bir vazife gibi, şikayetsizce, hürmetle saati saatine yapılıyordu. Köylüler sık sık hatırlıyorlar, "Boz eşek suya gōtürüldü mü? Arpası döküldü mü?" diye birbirlerinden soruyorlardı.

Bir sabah, Hüsmen Hoca'yı alaca karanlıkta hep birden değirmenin önüne kadar götürdüler, selametlediler. Boz eşek arkada gidiyor; yeni doğan sırma telli bir güneş, palanının soluk keçesini kadife gibi parlatıyordu

Bu ne uzun, ne can sıkıcı bir yoldu. Durgun sulardan fışkırmış pirinç başaklarıyla arklar boyunca giden gür kamışların yeşilliği yamaçlar ardında görünmez olunca kurak, düz bir toprak, iki gün hiçbir köye, hiçbir değirmene, hatta iki cılız söğüdün gölgelediği bir su başına bile uğramadan, ıssız, kavruk, devam edip gidiyordu. Sonra dik, kapalı bir yokuş, korkunç bir boğaz aşılıyor, tepesine yaklaştıkça serin bir rüzgarla beraber latif bir manzara başlıyordu.

Kısa, bir kılınç sırtı gibi parlayan ince bir derenin kenarında, ayvalıklar, elmalıklar ortasında yemyeşil, sulak ve feyizli göze gülüyordu; telgraf direklerinin sıralandığı beyaz, düz bir şose kıvrıla kıvrıla dönerek dağlara tırmanıyordu.

Hüsmen, handa geçirdiği gecenin sabahı, erkenden hükümete yollandı. Mini mini kasabanın balkonlu, kuleli, gazinoya benzeyen kocaman bir konağı vardı. Lakin ikmal edilememişti. Sıvanamayan kerpiç duvarlar yer yer açılmış, kumrulara yuva olmuştu. Üst kat penceresiz, sıvasız, tahta örtülerle bekliyordu, kenarda battal bir kireç ocağı, biraz ötesinde amelenin çalıştığı zamandan bakiye
39/ bir sundurma, el'an, öyle haliyle duruyordu. Bina çoktan haraplaşmıştı. /

Ceketsiz, kalpaksız bir jandarma çavuşu ne istediğini sordu. Hoca ta başından, ırmaktan su taşıyan çocukların gelip nasıl haber verdiklerinden tutturarak anlatıyordu. Hikayesi daha yarıyı bulmadan karşısındaki lâkaydâne uzaklaşmış, derede yüzen ördeklere ekmek atıyor, köşede, çardağın altında nargilesini höpürdeten bir sarıklıya "Ne o, Hacı Efendi, sabah keyfi mi?" diye sesleniyordu.

Kadı'nın izinle İstanbul'a gittiğini öğrenen Hüsmen, bir dakikada kaymakama işini anlatmak istedi. Kunduralarını kapıda çıkarıp parmaklarını meydanda bırakan yırtık çoraplı ayaklarıyla, çekine çekine elleri karnında yürüdü. Hikayeye başladı.

Kaymakam, arkasında çividî dalgalanmış bir keten ceket, bıyıkları boyalı, dişsiz, hımhım bir adamdı. İşin tamamını dinlemeye tahammül göstermeden "Çağırın çavuşu" diye seslendi.

Beş gündür, Hüsmen Hoca önüne gelen adama derdini anlatarak, kasabada dolaşıyordu. Jandarma çavuşu ne merkebi alıyor, ne de kendisini bırakıyordu. Nihayet haline acıyan biri çıktı: "Gitsin de iki hafta sonra gelir, işi kadıya bırakalım" dedi, kandırdı. Zaten buranın kadısı namlıydı; "Kabak Kadı" derlerdi, her işi halleder, her kör düğümü çözerdi. Arkasına turuncu bir maşlah giyerek, kırmızı şemsiyesiyle çarşıdan bir geçişi, kocaman gövdesini tutarak olur olmaz şeylere bir gülüşü vardı ki, halk bayılırdı.

Aynı yollardan, aynı halde boz merkep terkiye bağlı döndüler. Hüsmen Hoca'nın ve iyi beslenmesi icap eden eşeğin boğazına orada, katığın ve arpanın pahalı olduğu kasabada hayli masraf edilmişti. Meclis kuran köylüler bunu "Mübarek yere bağlı, bakmak borcumuz" diye çok görmediler. Hüsmen de yorgunluğundan şikayet getirmiyor, hatta uğruna çalışmak ona bu mihnetlerini unutturuyordu.

Lakin ikinci seferin haftasında, yine merkep, ardında dönmeye mecbur oldu. Kadı henüz gelmemişti; jandarma çavuşu hocaya çıkışmış, "Hödük herif, acelen ne!" demişti. Köylüler vakfedilmiş bir hayvanın işte kullanılıp kullanılmayacağında şüphe ediyorlar, boz eşeğe ilişmiyorlardı.

Üçüncü yolculuğun avdeti, yine öyle, merkep arkada oldu. Uzaktan keskin gözüyle biri boz eşeğin geri geldiğini görmüş, köye yaymıştı. Halk şimdi müte-

hayyir, meraklı bekliyordu. Hüsmen daha inmeden ferahlı bir sada ile "Ne ettik be, şahit götürecektik" diye bir hamlede / meseleyi anlattı. Sahih, nasıl düşün- /40
memişlerdi? Ziyanı yok, merkebi kadı kabul edecek, hüccetini yapacaktı; haftaya üç kişi giderler, icap ederse yemin de ederlerdi...

Boz eşek ara sıra yaptığı yüksüz seyahatlere mukabil önüne dökülen bol yemden yiye yiye semiriyor, suya götürülürken koşuyor, hırçınlaşıyordu. Böyle iki buçuk ay geçmişti.

Nihayet son sefer hazırlanıyordu. Değirmenin önünde selametlenirlerken yeni doğan güneş bu küçük kafilenin kaldırdığı tozları parlatıyor, yaldızlı bir bulut içinde yokuşa tırmanan köylüler geride kalanlara sanki yükseliyor, göklere kalkıyor gibi görünüyordu.

Boz eşek bir daha dönmedi. Köy halkı, yapılan hüccetlere, basılan mühürlere bakarak merkebin in'amlar, ikramlar göre göre yavaş yavaş yüksüz ve eziyetsiz ta Hicaz'a kadar gideceğine, orada zemzem taşıyacağına kandılar. Hatta Hüsmen, gece rüyasında eşeğin palanını yeşil bir kadifeye kaplı görmüş, büsbütün inanmıştı.

Zaten, hepsi, vazifelerini yapmaktan mütevellit bir sevinçle sık sık merkebin lafını ediyorlar, ahırda kendi kendine kalınca, iki tarafa başını sallayıp zikre başladığını anlatıyorlar, birbirlerini kandırıyorlardı.

Lakin vakanın yılında kasabaya pirincini satmaya giden Hüsmen aptallaşmış gibi dönmüştü: Pazar yerinin tam kalabalık zamanında uzaktan bir "Savulun değmesin" nidası duyulmuş, halk ikiye ayrılmış ve Kabak Kadı, altında boz merkep, arkasında mahut turuncu maşlah, iri gövdesini sarsan bir süratle etrafına selamlar dağıtarak geçip gitmişti.

(*Memleket Hikayeleri*)

Refik Halit/ /41

PERİ KIZIYLA ÇOBAN HİKAYESİ

Çok eski bir zamanda;
-Oğuz Han hükümdarmış-
İşitmiştim "Turan"da
Bir peri kızı yaşarmış.

Bu nazlı peri kızı,
Bu güzellik yıldızı,
Her gönülde bir sızı
Bırakarak yaşarmış.

Issız dağlarda gezer;
Yokmuş izinden eser..
Bazen göründüğü yer
Bir sihirli peykermiş.

Yüzü pembe bir şafak,
Gülse, güller açılacak..
Yaşarmış ilden uzak;
Dostları çobanlarmış.

Bu kız öyle güzel ki:
Çıldırtır aşkı belki!
O kadar muhayyel ki:
Akıllara zararmış!

Cefâ imiş adeti;
Hiç yokmuş merhameti.
Sevmeyen bu âfeti,
Sevenden bahtiyarmış.

Vurulurmuş kalbinden,
Bir kere onu gören.
Âşıkları, tahminen,
Gür saçları kadarmış.

Gençlerin yüzü solmuş:
Gözleri yaşla dolmuş..
Aşkı bir âfet olmuş,
42/ Bütün cihanı sarmış... /

* * *

Ulu Hakan Oğuz Han;
Bu kızı merak eder:
43/ Görmek ister yakından.
Çağırtır yanına... der:

Sevimli kız, güzel kız!
Dağ başlarında yalnız.
Yaşıyorsun; bu neden?
Bu güzelliğinle sen
Bir sihirli güneşsin!

Sevimli kız, güzel kız!
Tek yaratmaz Tanrımız
Kimseyi tabiatta.
Var bir eşin elbette,
Sen de birine eşsin!

Kız böyle tek yaşamak
Yaraşır mı -hele bak-
Senin gibi güzele?
Gel karış artık ile;
Neslimiz güzelleşsin!

***

Kız der ki, Ulu Hakan
Ben de sevdim bir zaman!
Vaktiyle genç bir çoban
Sevgilimdi, eşimdi,
Yalnızım fakat şimdi.

Dağlarda bahtiyar, şen,
Sevişerek yaşarken
-bilmem ki bir gün neden?-
Bir söz onu incitti;
Bana darıldı gitti.

Ne kendi geldi geri,
Ne duyuldu haberi..
İşte o günden beri
Hissizim, kayıtsızım;
Tek yaşayan bir kızım!

Hakan -düşünür biraz-
Der: Bu doğru olamaz!
Senin gibi güzel kız,
Daima böyle yalnız,
Dağ başında yaşar mı?

Kız der ki: çare var mı? /
Ben bir eşsiz güneşim,
Gösterin nerede eşim?
Sevenler beni, belki
Şu geniş göklerdeki
Yıldızlardan daha çok.
Fakat istediğim yok.
İnanın buna siz de:
Bulunmaz içinizde!

Hakan der ki: ne zarar!
Bulunmasa da, arar;
Şüpheden kurtuluruz.
Sen cevap ver buluruz
İstediğini belki!..

Kız der: o halde peki!
Kimlerse beni seven;
-haber verin şimdiden-

Deneyim onları ben
Bir sihirli oyunla!

İçlerinden eğer, kim
Cevap verirse.. benim
O olacak sevdiğim;
Ben yaşarım onunla!

Bu haber, dalga dalga
Dağılır ortalığa.
Âşıklar, uzak yakın
Yollardan akın akın

Gelirler... zavallılar,
-hep birden genç ihtiyar-
Kapılıp ümitlere;
Toplanırlar bir yere.

Peri kızı, güzel kız;
Ufka doğan bir yıldız
Gibi, yüksek bir gurur
İçinde gelir, durur.

Silkinince ansızın,
Değişir şekli kızın:
Kuş olur, çiçek olur,
Bazı kelebek olur,
Bir gül olur açılır,
İnci olur saçılır..
Bir buluta bürünür;
Bin şekilde görünür... /

Âşıkları hep birden,
Şaşırıp kalır buna.
Bulunmaz cevap veren
Bu sihirli oyuna.

Kız: "artık ne çare!" der.
Hakan'a veda eder.
Ayrılacağı zaman:
Ta uzaktan bir çoban;
-gözleri dolu yaşla-
Helecanla, telaşla
Koşar, huzura girer:
"Ruhsat olursa eğer,
Talihimi deneyim!
Sormayın; kimim, neyim?..
Bir sevda hevesiyle,
Bir hicranın ye'siyle
Aşarak yüce dağlar,
Gezerken diyar diyar,
Ansızın bu haberi
Duyunca döndüm geri.
Bir sevinçli duyguya
Kapıldım... gönül bu ya!

Hakan der ki o zaman:
Küstahlık etme çoban!
Bu kız, senin ufkuna
Doğacak güneş değil!
Bir zavallı çobana
Layık olan eş değil!

Doğrusu şu teklifin
Bu peri kızı için
Bir lekedir, bir züldür.

Kız der: o da gönüldür.
İncitmeyiniz sakın;
Ben razıyım bırakın!
Dururlar kızla çoban
Karşılıklı o zaman:

Silkilince ansızın, /44
Değişir şekli kızın:
Kuş olur, uçup konar
Hakan'ın otağına

Çoban bakar, âh eder;
O da bu sırrı meğer
Biliyormuş eskiden. / /45
Bir kafes olur hemen,
Bu güzel kuşu alır
O anda kucağına.

-bu birinci imtihan-
Bunu kazandın çoban!

Kuş silkinir ansızın,
Değişir şekli kızın:
İnci olur bu sefer;
Saçılır birer birer
Hakan'ın ayağına.

Kafes de her yerinden
Dağılıp düşer hemen;
Bir sedef olur, alır
İnciyi kucağına.

-bu ikinci imtihan-
Adın ne senin çoban?

İnci yanar ansızın,
Değişir şekli kızın;
Her inci bu sefer de
Bir başka çiçek olur.

Canlanır hemen, yerde
Boş kalan sedefler de
Birer kelebek olur.
Bir yanda öyle renk renk
Açılırken çiçekler;
Bir yanda titreşerek
Dolaşır kelebekler..

-bu sonuncu imtihan-
Tanıdım seni çoban,
Anladım şimdi kimsin!

Sen beni ta eskiden
Sevip sonra terk eden
Vefasız sevdiğimsin!

Bunu artık iyi bil:
Eş olmam mümkün değil
Sen gibi vefasıza!

Çoban; gözünde yaşlar;
O zaman nakle başlar
46/ Macerasını kıza: /

"Sevda, o bir peridir;
47/ Karar etmez yerinde.
Gönül ki serseridir,
Dolaşır izlerinde,

Sevda, o gizli bir ok;
Görünmez kanatmadan.
Kavuşmanın tadı yok,
Ayrılığı tatmadan.

Ben ki: pek çok ağladım;
Gezdim hicrana giden
Yolları adım adım.

Beni artık yeniden
Hicrana atma güzel!
Yeter ağlatma, güzel!

O, her derde tahammül
Gösteren deli gönül;
Gah eder dünyaya naz.
Her dakika bulunmaz
Bir halde, bir kararda.
Sevdiği zamanlarda
Gül yaprağından ince!..
Bir sitem işitince
Yaralanır derinden,
İncinir her yerinden.

Bir gündü yandı içim;
Dağıldı hep sevincim..
"Elveda artık!.." dedim.
Tahammül edemedim
Bir söze, bir siteme.
Düşün ki terk etmeme
Yine aşkımdı sebep!
Serseri, dünyayı hep
Dolaştım adım adım;
Bir teselli aradım:
Bulamadım kimsede;
Bir günah ettimse de
Şimdi işit âhımı,
Bağışla günahımı
Düştüğüm aşka, güzel!
Sebep yok başka, güzel!
Denizi geçtim, dağ aştım;
Hayli sene dolaştım;
Bahtım kara, saçım ak; /
Ne şekle girmişim bak!
Başımın tacı güzel!
Halime acı güzel!

Oğuz Han, artık yeter,
Bu gamlı sözlerle -der-
Beni ağlatacaksın!

Şüphe etme ki çoban,
Sevdiğinin her zaman
Affına müstahaksın!

Var mı kızım, sen de bak,
Bir başka eş olacak
Senin gibi güzele!

Elverir bu ayrılık;
Gelin birleşin artık;
Haydi verin el ele!

Geçsin neşe, eğlence
İçinde hep gününüz.
Tam kırk gün kırk gece
Yapılsın düğününüz!

İşte hemen o günü
Başlayan bu düğünü
"Felek" dedikleri pir
Görünce, girmiş denir
Yeniden bir yaşına!

Bu düğün öyle uzun,
Sevinçli bir düğün ki;
Bu, o şerefli gün ki:
Darısı yurdumuzun
Güzelleri başına!

(*Peri Kızıyla çoban Hikayesi,*
1335-1919)
Orhan Seyfi/ /48

* * *

"YEŞİL GECE"DEN

Tedrisât-ı İbtidâiye Birinci Şube Müdürü Basri Bey koskoca bir idâdî müdürünün bu cehaletini aklına sığdıramadı. Kara sakalının seyrek kılları arasından ablak yanaklarının kızardığı görülüyordu. Parmaklarını piyanoya başlar gibi bir vaziyette yazıhanesinin kenarına dayayarak bağıra bağıra itiraza başladı.

—Ne buyurdunuz, ne buyurdunuz? Sakın yanlış işitmiş olmayayım!.. Müsellem olan irfanınıza rağmen bu kadar basit bir meselece bu derece azîm bir zühûle kapılmanıza doğrusu hayret ettim. Tarifiniz birkaç cihetten muhtac-ı tenkittir. Evvela şunu biliniz ki, uskumru dolması asla ve kat'â taze balıktan yapılmaz. Saniyen uskumrunun içi bıçakla oyulmaz... Kabak mı yahu bu balık?

Koltuğunun yaylarını sarsan kahkahalarla güldü, güldü. Sonra önünde evrak yığınının arasından yassı bir cetvel tahtası bulup çıkararak devam etti:

— Bak şimdi bir de bendeniz tarif edeyim.. Hatırınızda kalmazsa karnenize not buyurun. Şu cetveli uskumru farz edelim. Balığı şöyle elinize alırsınız.. Evvela baştan sonra ta kuyruğundan kırarsınız.. Saniyen şu vaziyette iki avucunuzun arasına yatırırsınız. Başlarsınız gözleme hamuru yoğurur gibi hafiften sıvazlamaya, oğuşturmaya... Ancak pek fazla sıkarsanız balığın karnı deşilir... Bu minval üzre uskumruyu bir hayli yumuşattıktan sonra... / /49

Basri Bey birden bire sözünü kesti, camekanlı bir bölme ile kalem odasından ayrılan ve ancak makam yazıhanesiyle, bir uzak dolabı ve ziyaretçiler için iki iskemle alabilen mini mini odasının aralık kapısına gözlerini dikti. Koridorun karanlığında iki gözlük camının parladığını görmüştü. Sert bir sesle:

— Kim var orada? Diye bağırdı.

Titrek bir el kapıya iki defa tereddütle vurdu. Odaya eski redingotlu, sarı meşin potinli, mavi atlas gömlekli yirmi beş otuz yaşlarında zayıf bir genç girdi. Hafif çiçek bozuğu, muntazam, sevimli bir yüzü, ince kara bir sakalı vardı.

Kapanmış bir sıraca yarası boynunu hafifçe sağa çarpıtmıştı. Redingotunun gevşemiş düğmesini ilikleyip fesini düzelttikten sonra birden bir temenna etti; kapının yanında durdu.

Şube Müdürü maarifle pek az alakası olan bir meseleden bahsederken yakalandığına kızmıştı. Aynı sert sesle sordu:

— Kimsin, ne istiyorsun?

Sakallı genç bir kere daha temenna ettikten sonra alçak sesle:

—Kulları Dârülmuallimîn'in bu sene mezunlarındanım; dedi. Dün çekilen kurada talihin bir acip cilvesine uğradım. Hiç istemediğim bir yere düştüm. Lütuf ve kerem maiyyetperverîlerine ilticaya geldim.

Basri Bey birden bire çıldırmış gibi masaya kuvvetli bir yumruk indirdi ve avaz avaz bağırmaya başladı:

50/ — Allahım bu Dârülmuallimînleri, beni kudurtsunlar diye mi halk / ettin? Bu kaçıncı bu? Dünden beri hiç değilse otuz kişi geldi. Söyleye söyleye dilimde tüy bitti. İstanbul yok.. Ya tayin edildiğiniz yere gideceksiniz veya istifa... Anlaşıldı mı?

Ellerini ve gözlerini sıvaları çatlamış kirli tavana kaldırarak devam etti:

— Ulular ulusu Rabbim... Şunların beşini onunu eksik yarataydın da artırdığın malzeme ile nâ-puhte kafalarına biraz iz'an, yüreklerine biraz insaf sokaydın.. Tövbe tövbe ya Rabbim.. Tövbe tövbe ya Rabbim... Bu adamlar insanı küfürbaz edip günaha da sokuyorlar.

Sandalyede oturan muavini gayri ihtiyari gülmeye başlamıştı. Basri Bey bu defa ona hitap etti:

— Nur-ı dîdem kardeşim. Sana anlatayım da sen hak ver.. Devlet bu adamları yıllarca yedirip içiriyor, giydirip kuşatıyor, Cenab-ı Hakk'ın Hazret-i Adem aleyhisselamı topraktan halk etmesi gibi bunları hiç yoktan adam suretine sokup ortaya çıkarıyor. Ve her birini liyakatlerinin on kat fevkinde müstevfâ maaşlarla evlâd-ı memleketi mazille-i cehl ve dalâletten şehrâh-ı nûr ve hidâyete çıkarmaya memur ediyor.. Halbuki daha kendileri cehl ve gaflet uykuları içinde.

Kendi âdem olmayan gayrı nasıl âdem eder? Yahu bu söz manzum düştü. Öyle ya "Kendi âdem olmayan gayrı nasıl âdem eder" Fâilâtün, fâilâtün,
51/ fâilâtün, fâilün.. Güzel değil mi? /

Bu tesadüf Basri Bey'i memnun etmiş ve hiddetini bir dereceye kadar hafifletmişti. Mısraı, önündeki cigara kutusunun altına kaydederek devam etti:

— Ne söylüyordum efendim? Ha evet.. Bu nankörlere liyâkatleri fevkinde vazife verirler. Fakat heyhat ki efendim nerede ben nerede? Hiç birisi tayin edildiği yerden memnun olmaz. "İstanbul da İstanbul" diye asılır.. Hani bir ahtapotlar vardır.. Bir sandalın kenarına el attılar mı sökebilirsen sök.. Ellerinin birisini kesersin.. Ötekilerle yapışırlar. Bu herifler de keenne o ahtapotlar.. İstanbul'dan çıkarabilirsen aşk olsun... Nezâret-i celîle bunların saygısızlıklarından bîzâr oldu ve kur'a usulünü ihdâs etti.. Dün kur'alar çekildi. Bu sene mezunlarının beşi İstanbul'a, otuz ikisi de vilâyetlere tefrik olundu.. Efendim dünden beri bir hücumdur başladı. Herifler Hüdâ alîm soluk aldırmıyor.. Hiç biri kendine düşen yerden memnun değil. Hepsi lütf u âtıfetinize sığınırlar. Hatta gadirden ve haksızlıktan şikâyete cüret edenler oldu. Düşününüz birader.. Kur'a usulü ile yapılan işte gadir nasıl mevzu-u bahs olur? Güya Nezâret-i celîle iltimaslıların parmaklarına birer çift göz takıyormuş da onlar da torbadaki kâğıtları okuyup okuyup öyle seçmişler... Zehî gaflet!

Biraz evvel tesadüfen mevzûn düşen lakırdı gibi buna tesadüfen sânih olan "gözlü parmaklar" teşbihi de Basri Bey'i keyiflendirmişti. / Şube Müdürü yine /52
koltuğunun yaylarını sarsan, şişman karnını hoplatan kahkahalarından biriyle gülmeye başladı.

Kapının yanında redingotunun düğmeleriyle oynayan sakallı genç fırsatı kaçırmamak istedi. Kısa fasıladan sonra yeni bir köpürme ve bağırıp çağırma faslının başlamasına meydan vermemek için acele acele:

— Maruzât-ı hakîrânemi lütfen sem-i mürüvvete alırsanız.. diye dert anlatmaya çalıştı. Fakat heyhat! Basri Bey yine bir el hareketi ile onun sözünü kesti. Yalnız bu defa ses ve hitap tarzı değişmiş, fakir kıyafetli Dârülmuallimînli'ye karşı müşfik, hayırhah bir baba tavrı almıştı:

— Oğlum, evlâdım, nûr-ı aynım, biz keenne sizin pederleriniz makamındayız. Şu İstanbul sevdasından vazgeçin.. Hemen harcırahlarınızı alıp makam-ı memuriyetinize gidin.. Size isabet eden yer, aranmakla bulunmaz bir yerdir. Âb u havası, menâzır-ı tabîiyesi fevkalâdedir. Ahalisi melek gibi insanlardır. Fevkalâde imtizaç edemeyecek olursanız bana yazarsınız. Hemen bir yolunu bulup sizi terfîen İstanbul'a aldırırım. İstanbul kaçmıyor ya. Sâye-i Resûlullah da daima livâ'il-hamdimiz altındadır.. Gideceğin yer de mübarek, ucuz bir yerdir. Beş on para sahibi olur, kılığını kıyafetini düzeltirsin..

Sakallı genç artık dayanamadı: / /53

— Kim olduğumu, nereye tayin edildiğimi biliyor musunuz ki gideceğim yerin iyi olduğunu temin buyuruyorsunuz? diye sordu.

Basri Bey birden bire şaşaladı:

— Nereye mi tayin edildiniz? Şu şeye tayin edilmediniz mi canım? diye kekelemeye başladı. Fakat içinden çıkamayacağını anladı, yüzüne hemen hemen sevimli bir eda veren saf bir kahkaha kopardı. Karşısında oturan misafirine:

— Hayat-ı memuriyette sakalımızı ağartmaya başladık. Halâ şu dürûğ-ı maslahat-âmîze kendimizi alıştıramadık. Yalan söylemeden insanları idare etmek kabil olmuyor birader...

Hani gelinlik kızları nasıl süslerler? Biz de münhal memuriyetleri öyle süsleyip püslemeye alıştık... Ne yaparsın nur-ı aynım kimse beğenip almıyor. Dünden beri Dârülmuallimînliler'e tayin edildikleri yerleri senâ etmeye makine gibi alıştık da..

Pişkin kahkahalarına rağmen Basri Bey'in utandığı, seyrek sakallarının altında yanaklarının elma gibi kızardığı görülüyordu.

Sakallı genç cesaretlenmişti. Gülümseyerek:

— Bey Efendi hazretleri, dedi, sözleriniz zan ve tahmin buyurduğunuzdan çok daha ziyade nefsülemre mukârindir. Taşradaki memuriyetlerin en kötüsü fikir ve meşreb-i âcizânemce, İstanbul'dakilerin en iyisinden daha iyidir. / /54

Basri Bey hayretle baktı:

— Şu halde ne için itiraz ediyorsunuz?

— Bendeniz itiraz etmedim ki.. Henüz ağzımı açmama müsaade buyurmadınız...

— Canım, kurada talihin bir acip cilvesine uğradım diyen sen değil miydin Allah aşkına?

Sakallı genç artık güldüğünü saklamaya lüzum görmüyor, gözlüğünün arkasında zavallı silik ve mütevazı şahsından umulmayacak kadar parlak ve müstehzi gözlerle bakıyordu.

— Bendeniz taşraya değil İstanbul mekteplerinden birine tayin edildim. Şikâyetimin sebebi bu...

Basri Bey hayretten elindeki cetveli yere attı:

—Fesübhanallah... bir yaşıma daha girdim.. Arkadaş insan kıtlığında bunca yıldır bu makamı işgal ediyorum.. "Beni İstanbul'a tayin ettiler" diye şikayete geleni ilk görüyorum... Demek sen kendi arzunla taşrada memuriyet almak istiyordun da talihine İstanbul çıktı.. İşte istihzâ-yı şuûn diye buna derler.

— İstirhamım çok basit... Neresi olursa olsun razıyım. Elverir ki İstanbul hudutları harici olsun.

55/ — Arkadaş ben bu işi çok merak ettim. Gel bana şunun hikmetini izah et.../

Sakallı genç boynunu büktü, pencereden uzaklara bakarak söylemeye başladı:

— Biz kim, İstanbul kim? Taşraya gidersek belki adam sırasına gireriz. Hele bazı köyler vardır.. Ben Anadolu'yu iyi bilirim.. Ahalinin kılık kıyafeti öyledir ki fakirin bu kıyafetini görseler: "Belki güveyi midir? Miras mı yemiştir.. Yoksa bir yerden mi çalmıştır? Bu ne şıklıktır?" diye şaşırırlar.. Hürmet, riayet ederler. Bu halde bir muallimin İstanbul mekteplerinden birine muallim gittiğini bir göz önüne getirin. Evvela mektebin kapıcısı kılığımı görünce mektebe dilenci giriyor sanıp içeri sokmamaya kalkar. Sonra yine çoluk çocuk karşısında: "Efendiler... Vaktinizi kaybetmeyin. Tahsil-i ilim ve irfana sa'y edin.. Siz de benim öğrendiklerimi öğrenirseniz benim mertebeme erişirseniz" diye bir nutuk verirsem İstanbul çapkınları bana gülmez mi?

Basri Bey:

— Yahu arkadaş sen cevherli bir gence benziyorsun.. Ne halâvetli bir nâtıkan var. Senin arkadaşlarınla da hayli müşerref olduk.. Mübarek çocuklar içinde fâil ve mefûlü yerinde münsecim lakırdı söyleyenine rast gelmedim.

— Yok efendimiz yok... Aralarında cidden değerli gençler vardır.
56/ Bendeniz fi tarihinde biraz vâizlik ettim de... /

— Ne diyorsun?

— Fakir Dârülmuallimîn'e girmeden evvel medrese tahsili gördüm. Ramazan aylarında cerre çıkardım... Vaaz ederdim.

Basri Bey memnuniyetle:

— Ya!!! dedi, tevekkeli değil.. Görüştüğümüze memnun oldum. Gel arkadaş, otur bakalım şöyle... Bir enfiye çeker miyiz "ehl-i dil birbirini bilmemek insaf değil"

Sakallı genç gösterilen yeri ve uzatılan kutuyu nezaketle reddetti.

— Müsaade buyurun Bey Efendi... Zât-ı âlîniz mürüvveten istirhamımı kabul buyurursanız..

— Peki Molla peki... Senin elinde İstanbul gibi yer olduktan sonra kiminle istersen becayiş ettiririz. Sen beğendiğini al...

— Arkadaşlardan biri Aydın'da "Sarıova" kasabasına tayin edilmiş. Gitmek istemiyor. Bana becâyiş teklif etti...

— Pek münasip hocam, pek münasip.. Aramakla bulunmaz bir yer.. Sarıova çok mübarek kazadır, ulemâ ve fuzalâ yatağıdır...

— Bizim arkadaş da orasının çok mutaassıp bir yer olduğunu söylüyordu. Takriben on iki haneye bir cami, mescit veya medrese isabet edermiş. Belediye geceleri evkaf feneri yandırmazmış... Sokaklar evliya kandilinden şenlik gecesi gibiymiş.. / /57

Basri Bey belli belirsiz içini çekerek:

— Ne mübarek yer, dedi. Her halde züppelerin barınacağı bir kasaba değil, her halde onu yaşatmazlardı.

— Arkadaş da öyle söylüyor. Mekteplere gelen mini mini ibtidai talebelerine sarık sardırırlarmış... "ben orada nasıl yaşarım" diyor.

— Çocukların sarığından ona neymiş.. bak yediği haneye?.. Fakat her halde sen orada rahat edersin.. Hatta senin yerinde olsam tekrar sarık sararım Molla.. Yarın arkadaşınla beraber gel.. İşini bitirelim. Çabucak emrini çıkartalım...

— Allah ömürler versin.

— Senin ismin ne molla?

— Ali Şahin.

— Pekâlâ hocam.. uğurlar olsun...

Şahin Efendi yerden bir selam vererek odadan çıktı. Merdivenden inerken memnuniyetinden gülümsüyordu. Kapıda muallimlerden biriyle karşılaştı.

Muallim: - Nasıl oldu işin Şahin Efendi? diye sordu:

Eski medreseli gülümseyerek cevap verdi:

— Duanız bereketiyle istediğimden âlâ bir yere gidiyorum. İzmir'deki Sarıova'ya. Sokakları kırmızı evliya kandilleriyle, çocuklarının / başı yeşil sarık- /58
larla donanmış bir softa yatağı.. Hasan Cemal'i tayin etmişlerdi.. Kabul etmedi. Mamafih çok isabet oldu. Hasan Cemal ateşli bir inkılapçıdır. Fakat softalarla uğraşacak kuvvet ve sebatta bir genç değildir. Softayı ancak softa yere vurabilir. Talih yardım ederse yakında Sarıova belediyesini fuzulî masrafa sokacağım.

— Ne gibi?

Şahin Efendi büyük bir şey söylüyor gibi ağzını muallimin kulağına yaklaştırdı.

— Sokakları türbe kandillerinden mahrum bırakmaya çalışacağım.. Belediye onların yerine fener yaktırmak mecburiyetinde kalacak.. Mamafih buna mukabil ahaliyi mühim bir masraftan kurtaracağım.

— !!!???

— Sekiz on yaşındaki çocuklarına satın aldıkları sarık masrafından..

(*Yeşil Gece,* 1928, s. 5-12)

Reşat Nuri

ARUZA VEDA

İlk hasretiyle gençliğimin ilk elemleri
Ey paslı tellerinde gülen, ağlayan aruz,
Ey eski dost, yâd edelim eski demleri,
Madem ki son sadanı dağıtmış, yorulmuşuz.

Anlat alevli bir çölün üstünde ansızın
Billur sesinle hıçkırarak doğduğun günü!
Bin bir diyarda bin bir ilâhî güzel kızın
Anlat nasıl terennümün inletti gönlünü!

Akşam, gurûba karşı tüten bir buhurdanın
Hüznüyle şâhit olma nihâyet zevâline!
-İran yoluyla- zühre-i tâcın nağme-i kervanın-
şâhâne geldiğin gibi şâhâne git yine!

Biz şimdi başka bir âhenge bağlıyız.
Âşık sazıyla geldi erenler bu meclise.
Yalnız, bugün senin gibi ölgün sedâlıyız;
Zira bu saz da parçalanır gülmek istese...

(*Edebiyat,* 1926, s. 53-54)

59/ Halid Fahri /

BU GÜNÜN ÇOCUKLARINA

Ufku pembe gören gözlerin sakın
Bugünkü bulutla siyah olmasın
Pervâza müstait, semâya yakın
Hislerin çamurda tebâh olmasın.

İnsanlığın hayli düştüğü günde
Gelmişsin, örnekler işte önünde,
Ey genç! Dikkat et ki senin gönlünde
Aşkından başka bir günah olmasın

Beşerin za'fına edip merhamet
Alçalma onlarla, kendini gözet!
Fazilete bağlan, hakka hürmet et,
Nazarında her şey mübah olmasın.

Ruhun nâsiyende gurûb etmesin:
O zaman titremez gürleyen sesin.
Bir hayırhâhı ol amma herkesin
Vicdânından başka penâh olmasın.

Zulmette barınır belki bir zaman
Ruhu bedbin eden hileyle yalan,
Hakikat doğacak güneştir inan.
Mümkün mü bu gece sabah olmasın.

(*Edebiyat,* 1926, s. 25-26)
İbrahim Alâeddin

SEMERCİ HİKÂYESİ

Eşeklerin canı yükten yanar, aman derler
Nedir bu çektiğimiz dert, o çifte çifte semer!

Biriyle uğraşıyorken gelir çatar öbürü;
Gelir ki taş gibi hâin, hem eskisinden iri. / /60

Semerci usta geberseydi... değmeyin keyfe!
Evet gebermelidir inkisâr edin herife.

Zavallı usta göçer bir gün âkıbet, ancak,
Makamı öyle uzun boylu nerde boş kalacak?

Çırak mı, kalfa mı, kim varsa yaslanır köşeye;
Takım biçer durur artık gelen giden eşeğe.

Adam meğer acemiymiş, semerse hayli hüner;
Sırayla baytarı boylar zavallı merkepler.

Bütün o beller, omuzlar çürür çürür oyulur;
Sonunda her birinin sırtı yemyeşil et olur.

"Giden semerciyi, derler, bulur muyuz şimdi?
Ya böyle kalfa değil basbayağı muallimdi.

Nasıl da kadrini vaktiyle bilmedik, tuhaf iş:
Semer değilmiş o rahmetlininki devletmiş!"

Nasihatim sana: Herzeyle iştigali bırak;
Adamlığın yolu nerdense, bul da girmeye bak.

Adam mısın: Ebediyen cihanda hürsün, gez;
Yular takıp seni bir kimsecik sürükleyemez.

Adam değil misin oğlum: Gönüllüsün semere;
Küfür savurma boyun kestiğin semercilere"

(*Safahat VI: Âsım,* 1928, s. 70-71)

Mehmet Akif

ÖLEN SEVGİLİ

Her şeye alışılır. Hastahanede geçirdiğim on sekizinci gece idi. Artık
61/ odanın çıplak heybetli duvarları üstüme abanıyordu, artık koğuşlarda nekâhet /
hastalarının hüzünlü ve garip türküleriyle içlenmiyordum, artık gece yarıların-
dan sonra, bütün koğuşu saran kalın sükut, bana, bir tabut üstüne çöken ebedî
gecenin sessizliğini hatırlatmıyordu. Artık sertabip muavinine:

— Doktor, beynimin şurasına bir beyaz çengel takılıyor. Yüz kilo ağırmış gibi başımın içindeki etleri aşağı çekiyor, gülmeyiniz ciddi söylüyorum, bu çengel var ve beynimi her gece dişliyor, demiyordum, tedavi edilmiştim.

Artık her şey bana sade göründü: Hastanenin dışında kalan ömrümü, sevdiğim yüzleri, manzaraları, sesleri ve kokuları unutmuştum. Odama biri girdiği zaman, kırmızı muşambaya sürtünen korkak bir ayak sesi, genzime sinmiş bayıltıcı lokman ruhu kokusu, beyaz gömleklerine sarılan doktorların pembe yüzlerindeki hâkimâne sükûnet, koğuşta tayflar gibi ağır ağır kımıldanan, sallanan, güç adım atan hastalar bana yabancı değillerdi.

Doktor dedi ki:

— İyi oldunuz, birkaç gün sonra buradan çıkacaksınız, perhiziniz de kesiliyor. Fakat size son ihtar: Soğukkanlılık! Aklınız ermez değil, uzviyette cümle-i asabiye kadar ihtimama muhtaç bir şey yoktur. Eğer bu ihtimamı yapmazsanız korkunuz, beyninize takılan o beyaz çengeli bir daha oradan çıkaramayız ve siz, bu hastanenin daimi misafiri olursunuz.

Yalnız kalınca doktorun kelimesini tekrarladım. Soğukkanlılık! Soğukkanlılık! Onlarca basit bir şey, doğarken kazanılmış bu hassa, fakat.. Benim için etlerimin arasına kırkayak gibi sokulmuş, tırmalaya tırmalaya yürüyen, koşuşan sinir ihtilaçlarından ömrümde bir saniye kurtulmak ne güç... Hastaneden çıkınca ne yapacaktım? Dosdoğru evime gitmek, kapıyı açan ihtiyar hizmetçiye ezberlenmiş emirler vermek, eğer miskin sâmiası bunları işitmezse, titrek parmaklarıyla avuçlayıp bana doğru eğdiği porsuk kulaklarına bağırmak... Sonra boş bir evin ruha çöken müstebit sükutu içinde yavaş yavaş, üst kattaki odama çıkıp kendimi uzun koltuğa bırakıvermek. Ya, onun odasının önünden

geçerken titremeyecek miydim? / Anahtarını attığım, kilidini hiç sökmemek /62
kararını verdiğim bu oda, benim odamın altında, bir Mısırlı'nın mumyalı sandukası gibi idi, kapalı mı kalacaktı?

Kendi odamı hatırlamaya çalışıyordum: Son gece, terli şakaklarımı koltuğun soğuk dirseğine dayayarak, orada ne hıçkırmıştım, o saatten sonra kafatasımın içine saklanan hain uğultudan kurtulamadım, karyolamın başındaki küçük masada, kırmızı abajuru çarpılmış lamba, önündeki dağınık kitaplar, boş cigara kutuları ve işlemeli örtüye yayılmış küller, küller..

Odamda yalnız yaşamaya mahkum kalalıdan beri, benim için her sey hiç! Odaya dönünce ne yapacaktım? Haydi, söylesin, doktor bunu bana öğretebilir mi? Penceremin karşısına dikilen yıkık kale duvarının arkasında, uzadıkça korkunç karanlıkları kucaklayan engin boşluğa bakmaktan başka?

Elbet, omzumdan kara bir el itmiş gibi, kütüphaneme doğru sendeleyeceğim. Orta gözü çekeceğim, titreye titreye küçük bir kutu çıkaracağım. Ah.. Doktor diyor ki: "Onu hiç hatırlamayınız, hiç, hiç, bir kere hatırası zihninize yapışırsa hastalığınız nüks eder, anladınız mı? Onu hiç hatırlamayınız. Yasak!" Peki, onu hiç hatırlamamak için hangi kuvvetle çarpışmalı? İşte küçük kutuyu açıyorum, gözlerim kutunun siyah astarına saplanıyor, aramadan buluyorum: İnce bürümcük taklidi kağıt.. İçinde.. Telleri birbirine takılmış, düğümlenmiş, buruşuk bir çevre saçlar, saçlar, onun saçları... Bir tavusun tüyleri gibi, avucumda parıldıyor.. Sonra bunu titreyen ellerimle açıyorum, parlak saçlar, ince saçlar, yumuşak saçlar, parmaklarımın arasından akıyor, kutuya düşüyor, onu yine avuçluyorum, sıkıyorum, sıkıyorum, "Onu hatırlamayınız, yasak!" Kâbil mi? Bu saçların kokusu bana, o kalenin dibinde, göğsüme ateşini ebedî bırakan tatlı başını unutturur mu? Sarı gözlerinde gizlenen vaadi kapmak için yalvardığım geceleri, sonra dizlerine kapanarak minnettarlıkla teşekkür ettiğim çılgın ânı, onun uçuk tebessümlerini, küçük zarif dudaklarını anmaz mıyım? Nihayet izdivâcın hür kucağında benim olan, gölgemden daha yakın vücudu, kendi göğsümde çarptığına inandığım aziz kalbi unutur muyum? Bu kalp sonra nasıl söndü? Bu vücut sonra nasıl tükendi? O zaman doktorlar: / " Zevcenize çok, pek /63
çok itina ediniz." demişlerdi. Hemen Çamlıca'ya çekildik. Dizinin dibinden ayrılmıyordum, harmanisinin altına ben de giriyordum, vücudunun ıslak teri ellerime ve yüzüme yapışıyordu, ondan hastalığı bana da vermesini yana yakıla istiyordum, beraber ölüme hazırdım, razı idim.

Geceleri sık sık öksürüyordu, birkaç kere ağzından o meş'um su boşandı, göğsü, saçları ve avuçları ter içinde idi, sesi incelmişti, bir "Söyle, kuzum, hep sen söyle, ben dinleyeyim" deyişi vardı.

Sonra yüzü sarardı, morardı, soluk dudakları titremeye başladı, sık sık hıçkırığı tutuyor, geceleri rüyasında birdenbire sıçrıyor, fena hayaletlerden ürküyordu. Bir gece bağırdı: "Kaç kişisiniz? Bu beyazları çıkarınız!" ertesi gün mecalsiz ve bitkindi, şakakları çukurlaşmış, yanakları çökmüş, burnu sivrilmişti. O sarı gözler?.. İki derin çukura gömülü, donuk ve bulanıktı. O gün ellerini tuttuğum zaman, soğuk bir ter parmaklarımı dondurdu. En şiddetli tecessüsümle kolunu yukarıya kaldırdım, koparılmış bir dal gibi düşüverdi. Teneffüs duraklamıştı. Gözlerine eğildiğim zaman ebedî ayrılık çığlığını kopardım.

O günden sonra vücuduma yılanlar sarıldı, sinirlerim beni geveleye geveleye ısırıyordu. Birkaç kere haykırdım, tabut evden çıkarken başka bir acı dadandı, şakağımın altına beyaz bir çengel asıldığını, beynimin etlerini çekiştirdiğini duyuyordum: "Bu çengeli çıkarınız!" diye haykırdım, yerlere kapandım, hastaneye taşıdılar.

Bu korkunç hatırayı düşünürken de parmaklarıma o ince, büklüm büklüm, yumuşak, parlak saçlar dolanıyordu. Bunları ayıklamak, parmaklarımı kurtarmak istiyordum, muvaffak olamıyordum, saçlar, saçlar.. hıh h... İşte o çengel. Beyaz çengeli görüyordum, kafatasımın içinde, sallanıyordu. Hıh h.. Eyvah, hani iyi olmuştum? Hayır, işte beynimin elyafını kemirerek aşağıya çekiyordu. Haykırıyor, haykırıyor, haykırıyordum:

— Geliniz.. Bu beyaz çengeli çıkarınız.

64/ Doktor hemen odama girdi, öfke ile yüzüme baktı: /

— Ben size onu hatırlamayınız demedim mi?

Sonra yüzünü tahakkümle buruşturarak emir verdi:

— Kalkınız, beraber bir bahçeye çıkalım, hava alınız.

Benim üzerimde büyük nüfuzu vardı, itaat ettim, koluna yaslandım, koğuşun kapısına çıktım, taze sabah güneşi, gözlerimin dibini yaktı. Doktor:

— Bakınız tabiat ne güzel! diyordu.

— Sevgilisi ölmeyenler için, cevabını verdim.

(*Ateş Böcekleri,* 1341, s. 25-30)

Peyami Safa

ÜZÜMCÜ

"Veled Çelebi Efendi'ye"

Büyükada'da. Temmuz iptidası. Öğle üstü. Güneşin eriyip toprakları, yaprakları kavrayıp kavurduğu, yalayıp parlattığı bir gün. Gökten dökülen sıcak, yanakları yakıyor, göğüsleri eziyor, nefesleri tıkıyor. Elle tutulabilir bir alev haline geliyor. Ortalık gözleri kamaştıracak derece aydınlık... Karşıdaki çamlar yanık, siyah birer leke gibi duruyor. Bu kadar nura dayanamayan gözler sönüyor ve kapanan gözkapakları altında kımıldanmak istemiyordu. Yer, gök bir kor
65/ halinde için için yanıyordu. /

Baygın, geniş sükûtun içinden ta uzaklardan, iskele tarafından, akisler hasıl ederek korkunç, vakur bir sada kükredi:

Kaaaarpuz!... Karpuz!...

Köşklerin camlarına çarparak, çamların tepelerinden aşarak kızgın bir kartal mehâbetiyle dağların sırtlarından uçan bu sesten ürken bir küme güvercin karşıki çamlıktan havalandı.

Karpuuuz!..

Bu sadaya nizam tarafından daha dik, daha iri bir ses aks-i sada gibi cevap verdi:

Çaaaavuuuş!...

Sükût!... Sanki bu dik, kalın, büyük sesin azametinden mevcudat bir saniye için, ürkmüş, titremişti. Sükûnet altında sinmiş duran dağlara, denizlere bu iki sesin yüksekliği hakimdi.

Çaaavuuuş!... Çaaavuuş!..

Sesi kadar yüksek vücudu, değirmi ve kır sakalı, açık ve yanık göğsü, kalın tozluklu baldırları, saf çehresi arkasında seksen okka çeken iç içe geçmiş iki küfesiyle bu reculiyet heykeli şimdi karşımda duruyordu:

— Baba, sen kumanda eder gibi üzüm satıyorsun. Sesin gürlüyor!

— Bağırmıyorum ki... / /66

Üzümünü verdi. Yukarıki tepeye tırmanmaya başladı. Etrafı çınlatıyordu:

— Çaavuuş!

Ben bu sese, bu sesi hâsıl eden cevhere meftûnum

Şimdi yanımızdaki sokaktan bir satıcı daha geçiyor: Biraz daha uzaktan "çalı fasulye, kemer patlıcan!" sesleri alçaklarda paytaklanarak yayılıyor. Bunların üstünde uçan "çaaavuuuş!.." avazının yanında bu yıpranmış çatlak sesler ne kadar âciz, ne kadar pest kalıyordu.

Evin arka penceresine koştum. Üzümcü tepeye varmıştı, yolun kenarındaki kayanın üstüne küfesini koydu. Ellerini belindeki kızıl kuşağının ön tarafına soktu. Açık göğsü, çıplak, sert baldırlarıyla bir kuvvet âbidesi vaziyetinde durdu. Mütekebbir, kalın kaşları altında mütehakkim ağır dönen iri gözlerinden fırlayan nazarlarıyla, Marmara'nın dalgalarına, karşıki sahile, mavi göğü, lâcivert deniziyle altın köpüğü renginde güneşin ışığıyla mavi gözlü, sarı saçlı bir kıza benzeyen sevimli, sevgili yurdunun taşına, toprağına derin derin baktı... Bu bakıştaki esrar, bu bakıştaki feryat memleketi için:

"Allah! dedim, yatağana dayandım;"

"Ben senin için al kanlara boyandım."

beytinin mağrur bir meâli idi. / /67

Pencerenin önünde bu canlı kaleyi hayretle, hürmetle seyrediyor; bunun kur'a neferi halinde üstünde mavili, kırmızılı yemeni sarılmış kalıpsız, püsküllsüz fes, ayağında yırtık çarığı, sırtında alaca mintanının üstünde koyun postundan dağarcığı olduğu halde sırayı bozmak için bir kuzu gibi seğirte sıçraya Harbiye Nezareti'nin büyük kapısından içeri girdiğini görüyordum.

Bugün uçuk benzinle, yırtık cepkeninle bir vatan kurbanı teslimiyetiyle girdiğin devlet kapısından, asker ocağından, yarın yeni libasınla, kızıl fesinle bir âmir kurumuyla çıkarsın. O zaman, bugünkü zayıf, yarın kavi bir kahraman olur; bastığın yerleri titretirsin! Atın dizginini kavrayıp, kılıncını çektiğin, tüfeğini omuzuna vurup, süngünü taktığın vakit bugünkü köylü, yarın korkunç bir asker olur; âsîleri sindirirsin!.. Tarlanı çapalar, davarını güderken hakaret görürsen bugünkü koyun yarın yırtıcı bir kaplan kesilir; yuvanı bozanları ezersin! Seni böyle bir an içinde değişmiş görenler sanırlar ki bu sağlam vücut yalnız asker libası giymek, ve sert pençeler yalnız silah kullanmak bu kalın ses yalnız siper olmak için yaratılmıştır.

Senin o tabur halinde bir polat kütlesi katılığında yürürken takındığın o salâbet o vakarı görüp de, sana güvenmemek, seni sevmemek kâbil değildir.

68/ Sen gürbüz ninenin, gür ve temiz sütünü daha emerken azamet-i nefs, sebât / ve tahammül, itaat ve tahakküm gibi bir âmir olmak için yaratılmış bir cinsin faziletlerine mâlik olmuşsun. Bu hâkimiyet esaslarını başka milletler mekteplerde, medreselerde anlarlar. Sana bu meziyetleri ninenin iri siyah bakışı, babanın kükreyen dik sesi, Kuran'ın esrarengiz âhengi öğretmiş.

Yırtık poturunla da vakûrsun; mahkûm olsan da hâkimsin; temellûktan ziyade tecebbüre meyyalsin; fikrinde azmin gibi sabitsin; sertsin, sertliğinde kabalıktan, bayağılıktan ziyade âmiriyet kuvveti, necâbet lâübaliliği vardır. Hiddetle yıldırım gibi gürlediğin halde rikkatle bir bulut gibi ağlarsın; safiyette bir melek, ısrarda bir devsin... Onun için dünyada eşi bulunmaz bir millet olmuşsun. Düşündüğün zaman bir arslan temkiniyle ağır ve sakin duruşundan, kızdığın vakitki azim ve şiddetin anlaşılmaz. Uzun kirpiklerin altında utangaç ve durgun düşünen iri gözlerin bir kere açılmasın; kalın kaşların bir kere çatılmasın; o zaman varlığın, benliğin köpürür, taşar; o zaman ceberûtun, haşmetin parlar, yükselir. O zaman cebbar olursun. Bu acip sırr-ı hilkatini bilmeyenler, yanılırlar.

Büyüklere karşı saygın bizzat sayılmayı sevdiğindendir; mutî olman, mutâ
69/ olmak istemendendir. /

İnce işlere alışmaya vaktin olmasa bile, zor bazuya bağlı teşebbüslerden lezzet alırsın. Kara topraktan ak ekmeğini çıkarırsın.

Fikrinde muannit, muhabbette muannit, muharebede muannitsin. Yeniliğe çabuk alışmazsın, fakat bir defa da alışırsan bırakmazsın. Safsın; seni çekemeyenler böbürlenmekle değil, ekseri sana yaltaklanmakla seni ızrar ederler. Ayakların, kolların bir boğa gibi ağır ağır kımıldarken tavrından tükenmeyen bir tahammül, yılmayan bir azim âşikar olur. O engin denize benzersin ki yavaş yavaş coşar ve coşunca da pek hırçın olursun.

Maddî menfaate ehemmiyet vermezsin. Para denilen maden parçasına itibar etmezsin. Suçun budur. Müsrifliği asalet icabı sayarsın.

Vakarın benliğine galebe eder. Canânını canına tercih edersin. Ekseri başkaları için yaşar, başkaları için çalışır, başkaları uğruna ölürsün. Başkaları seni beğendiği halde sen kendini sevmezsin. Ne zaman köyünde, önüne bir önlük koyup makine başına geçecek, ne vakit eline pergel alıp masaya yaslanacaksın? Ne zaman dükkanının tezgahında sermayenin faizini hesap edeceksin..? Senden bunu bekliyorlar, sana bu kusuru buluyorlar... Fakat vakit kalıyor mu?
70/ Keseni doldurmak için değil, karnını doyurmak için kullandığın / sabanın demirini tarlanın ortasında bırakıp tüfeğin çeliğine sarılıyorsun... O serhatten bu hududa koşuyorsun... Bulgaristan'da ölüyor, Yunanistan'da ölüyor, Acemistan'da ölüyor, Sırbistan'da ölüyor; yalnız yurdunda, köyünde ölemiyorsun. Sevgilin Ayşeciği doya doya öpemiyor, yavrun Mehmetçiği seve seve büyütemiyorsun...

Bir ulu çınarsın ki kırılır, eğilmezsin; ölür, inlemezsin... Kanınla çorak kumları sularken ekmeğini alnının terine batırır yer, yine düşman karşısına yaralarınla beraber her yerde istihkâm gibi çıkarsın... Sen zalim heybetinle bir mazlumsun; ninenin, atanın bucağında bir garip; ananın babanın kucağında bir yetimsin!..

Dul analarla dolu olan şu Anadolu bir üvey nine kadar sana cefakârdır...

Sen şarkın, kınına giremeyen bir kılıcısın; dövüle dövüle tavlanır, vurula vurula kırılırsın. Yine her parçandan bir kıvılcım, her kıvılcımından bir şimşek çıkar. İlâhî bir kuvvetin, ebedî bir feyzin var, ey Türk..

(*Çağlayanlar,* 1338, s. 69-75)

Müftüoğlu Ahmet Hikmet / /71

MEHLİKA SULTAN

Mehlika Sultan'a âşık yedi genç
Gece şehrin kapısından çıktı;
Mehlika Sultan'a âşık yedi genç
Kara sevdalı birer âşıktı.

Bir hayâlet gibi dünya güzeli
Girdiğinden beri rüyalarına
Hepsi meshûr, o muamma güzeli
Gittiler görmeğe Kaf dağlarına.

Hepsi sırtında abâ, günlerce
Gittiler içleri hicranla dolu;
Her günün ufkunu sardıkça gece
Dediler: "Belki son akşamdır bu!"

Bu emel gurbetinin yoktur ucu
Daima yollar uzar, kalp üzülür;
Ömrü oldukça yürür her yolcu
Varmadan menzile bir yerde ölür.

Mehlika'nın kara sevdalıları
Vardılar çıkrığı yok bir kuyuya,
Mehlika'nın kara sevdalıları
Baktılar korkulu gözlerle suya.

Gördüler "Aynada bir gizli cihan..
Ufku çepçevre ölüm servileri..."
Sandılar doğdu içinden bir an
O uzun gözlü, uzun saçlı peri!

Bu hazin yolcuların en küçüğü
Bir zaman baktı o vîran kuyuya
Ve neden sonra gümüş bir yüzüğü
Parmağından sıyırıp attı suya.

Su çekilmiş gibi rüya oldu!
Erdiler yolculuğun son demine;
Bir hayal âlemi peyda oldu,
Göçtüler hep o hayal âlemine.

Mehlika Sultan'a âşık yedi genç
Seneler geçti, henüz gelmediler,
Mehlika Sultan'a âşık yedi genç
Oradan gelmeyecekmiş dediler!

1919

72/ Yahya Kemal /

KELEBEK

Mavi bir gölge uçtu pencereden:
Baktım âvâre bir küçük kelebek:
Yaramaz geldi kim bilir nereden?..

Belli yorgundu; bir veremli çiçek
Gibi serpildi lambanın yanına;
Bir duman uçtu, gitti titreyerek...

Anladım kıydı yavrucak canına
Söyle ey mavi gölge, söyle eğer
Bir ölümden de çok fenaysa bana,
Şu karanlık şu kimsesiz geceler?

(*Geçtiğim Yol,* 1334-1918, s. 17-18)
Ali Canip

SOKAK FENERİ

Ulu bir camdan ağlayan korku
İniyor serseri ve boş geceye;
Kaldırımlar bütün sükût, uyku...

Her duvar, her kovukta şimdi neye
Bir büyük göz niyaz eder, ağlar
"Bitsin artık bu gizli şüphe!" diye?

Korkarım... Saklanır heyûlalar...
Bana der: "işte bir sahife, oku"
Sarı gölgemde hasta kalbim var..."
Ulur bir camdan ağlayan korku...
1328, kanûn-ı sani 6
(*Geçtiğim Yol,* 1334-1918, s. 11-12)
Ali Canip / /73

BIRAK BENİ HAYKIRAYIM

Ben en hakir bir insanı kardeş duyan bir ruhum
Bende esir yaratmayan bir Tanrı'ya iman var
Paçavralar içindeki yoksul beni yaralar;

Mazlumların intikamı olmak için doğmuşum
Volkan söner, lakin benim alevlerim eksilmez;
Bora geçer, lakin benim köpüklerim kesilmez.

Bırak beni haykırayım, susarsam sen matem et;
Unutma ki şairleri haykırmayan bir millet
Sevenleri toprak olmuş öksüz çocuk gibidir;

Zaman ona kan damlayan dişlerini gösterir.
Bu zavallı sürü için ne merhamet ne hukuk;
Yalnız bir sert bakışlı göz, yalnız ağır bir yumruk!..

(*Türk Sazı,* 1330,91-92)
Mehmet Emin

ALA GEYİK

Çocuktum, ufacıktım,
Top oynadım acıktım.
Buldum yerde bir erik,
Kaptı bir ala geyik.

Geyik kaçtı ormana,
Bindim bir ak doğana.
Doğan yolu şaşırdı,
Kaf dağından aşırdı.

Attı beni bir göle,
Gölden çıktım bir çöle.
Çölde buldum izini
Koştum, tuttum dizini.

Geyik beni görünce,
Düştü büyük sevince.
Verdi bana bir elma,
Dedi: "dinlenme, durma
Dağdan yürü, kırdan git,
"Altın Köşk'e ' çabuk yet,

Seni bekler ezelî
Orda "dünya güzeli"
Bin yıllık çile doldu!
Bunu dedi sır oldu.

Yedim sırlı elmayı,
Gördüm gizli dünyayı,
Gündüz oldu geceler,
74/ Ak sakallı cüceler, /
Korkunç devler hortladı
Cinler cirit oynadı
Kesik başlar yürürdü,
Saçlarını sürürdü.
Bir de baktım melekler
Başlarında çiçekler,
Devlere el bağlıyor,
Gizli gizli ağlıyor,
Kılıcımı çıkardım,
Perileri kurtardım.

Kurtardığım periler,
Adım adım geriler,
Kanadını açardı,
Selam verir kaçardı.

Az uz gittim!... Dolaştım,
"Altın Köşk'e" ulaştım.
Bir kapısı açıktı,
Öteki kapanıktı.
Kapalıyı açarak,
Açığa vurdum kapak,
At önünde et vardı.
İt ot yemez, ağlardı.
Otu ata yedirdim,
Eti ite yedirdim,
Açtım bir elmas oda,
Dev şahını uykuda
Gördüm, kestim başını,
Dedim: "Ey ifrit, hani
Nerde "dünya güzeli?"
Dedi: "Elinde eli!"

Döndüm, baktım bir Kırgız
Elbiseli güzel kız
Durmuş bakar yanımda.
Şimşek çaktı canımda.
Güldü, dedi: "Türk Beyi
Tanıdın mı geyiği?
Kimse beni bu devden
Alamazdı, ancak sen
Kaya deldin, dağ yardın,
Geldin beni kurtardın."
Ah o imiş anladım,
Sevincimden ağladım,
Dedim: "Turan meleği!
Türk'ün yüce dileği!
Yüz milyon Türk bu anda
Seni bekler Turan'da,
Haydi çabuk varalım,
Karanlığı yaralım.
Sönük ocak canlansın
Yoksul ülke şanlansın.
İndik iti okşadık,
At sırtına atladık,
Geçtik nice dağ, kaya,
Geldik Demir Kapı'ya.
Kapanması çok yıldı,
"Açıl!" dedim açıldı.
Yol verince gizli yurt
Aldı bizi bir Bozkurt,
Kaf dağından geçirdi,
Türk iline getirdi.

(*Altın Işık,* 1339-1342, s. 73-74)

Ziya Gökalp

"SÖZDE KIZLAR"DAN / /75

Tramvaya binip Davutpaşa'ya gidinceye kadar, yollarda karşısına birden bire babası çıkacak olursa ne hale geleceğini düşünüyor, hakikaten içi içine sığmıyordu. Bütün vücudu titreme içinde, ruhu türlü türlü hatıralar, ümitler, arzularla kaynıyordu. Tramvaydan iner inmez, tarif edilen yollarda öyle koşmaya başladı ki etrafındaki evleri ve insanları yerden kesilmiş, boşlukta sallanan gölgeler halinde gördü, vücudunda koşmaya bu kadar istidat oluşuna kendi de şaştı.

Ona Davutpaşa muhacirleri yerini gösterdiler.

Nereye girdiğini, nerelerden geçtiğini bilmeden, telaşlı telaşlı, önüne çıkan adama elindeki zarfı göstererek yürüdü. Kalabalıklardan birikmiş insan kümelerinden karışık ve boğuk sesler arasından geçti. Nihayet aradığı memuru buldu, zarfı verdi ve yalvardı: "Babam burada imiş, iki seneden beri birbirimizi görmüyoruz, rica ederim, kendisini çağırınız!" dedi, sonra arka arkaya ilave etti:

—Çağırınız, çok iyilik edeceksiniz, büyük iyilik edeceksiniz... Çağırınız, kuzum rica ederim çağırınız, hem biraz çabuk olunuz...

Memur tezkereyi okudu, Mebrure'nin telaşına ehemmiyet vermeyerek sakin bir zihin gayretiyle hatırlamaya uğraştı.

— İhsan... İhsan Efendi, Manisalı...

Diye mırıldanıyordu. Muhacir kümeleri arasında, ekmek dağıtmakla uğraşan yaşlıca bir adama seslendi:

— Azıcık buraya gel...

Çağırdığı yanına gelince sordu:

—Manisalı İhsan Efendi var mı bizde!..

Öteki tereddüt ediyordu: Genç kızın müteheyyiç yüzünü görerek daha büyük bir ceht ile hatırlamaya çalıştı:

— Manisalı İhsan... Hele biraz müsaade et de şu bizim ekmek yoklamalarına bakayım... / /76

Az sonra elinde birkaç defterle geldi, hırpalanmış sayfalar karıştırdı, aradı, aradı, aradı. Defterlerin hepsini kapatıp koltuğuna sıkıştırarak cevap verdi:

— Evet, Manisalı İhsan Efendi...

Mebrure bağırdı:

— Var mı, burada mı?

— Hayır, burada değil, beş altı ay evvel burada idi, sonra...

— Sonra? Aman çok çabuk söyleyiniz...

— Sonra çıkıp gitti ama, nereye bilmiyorum.

Mebrure bir örtü gibi sallandı. Elinde zarfı tutan memur, hiç değişmeyen soğukkanlılığıyla emir verdi:

— Öyle ise buradaki başka Manisalılara sor. İhsan Efendi hakkında malumat al. Nereye gittiğini öğren, şimdi haber getir.

Mebrure'ye dönerek dedi ki:

— Siz de odama geliniz, biraz bekleyiniz, burada yorulursunuz.

Hava kararıyordu. Gecenin ilk esmer gölgeleri meydanı doldurdu. Mebrure, memurun arkasından yürüdü.

Her vakit memuriyet odaları gibi, sade ve dağınık döşemeli bir yere girdiler. Memur yazıhanesinin başına geçti, biraz daha laubalice sorularla kızı oyalamaya başladı.

Öteki memurun tahkikatı uzun sürmemişti, gelip haber verdi:

— Bizde Manisalı hiç yok, fakat İhsan Efendi'nin nereye gittiğini öğrendim. Zeytinburnu'nda fabrikaya işçi yazılmış.

— Zeytinburnu mu? Neresi bu?

— Bakırköy'e gitmeden. Şimendifer durur.

— Bundan sonra şimendifer var mıdır?

Memurların ikisi de gülüştüler.

—Yarın gidersin canım, acelesi ne, fabrikada çalışıyorsa rahattır, merak etme.

77/ Mebrure ayağa kalktı, biraz düşündü, sonra: /

—Evet yarın gitmeliyim... diye mırıldandı, memura teşekkür ederek yürüdü, genç memur dedi ki:

— Gideceğiniz yer uzaksa bu gece sizi buraya kabul edebiliriz. Belki yorgun ve... biraz... çorbaya filan ihtiyacınız...

— Hayır hayır... Gidecek yerim var... Teşekkür ederim.

Hademelerden biri odaya lamba getirirken, Mebrure bahçeye fırladı, biri birini çelmeleyen adımlarla, istediği halde koşmaya muvaffak olamayarak sokağa yürüdü.

Cadde kalabalıkça. Basık dükkanların elektrikleri altında yorgun insanlar birikiyorlar, çıkınlarını parmaklarına takarak dağılıyorlar. Bunların içinde tek tük genç kadınlar da vardı.

Tramvayın kadınlar tarafında yapayalnızdı. Bayezit'ten tekrar Harbiye tramvayına bindiği zaman şakaklarına keskin bir sızı yapıştı ve saçlarının dibi sıcak bir terle nemlendi; harareti vardı. Şişli'deki eve saat dokuz buçuğa doğru gidebildi. Köşk halkını sofrada buldu. Nazmiye Hanım, birden bire yerinden sıçradı, genç kızı öptü. Elinden tutarak hizmetçiye seslendi:

— Çabuk takım getir. Mebrure Hanım çok acıkmıştır.

Mebrure'ye dönerek sordu:

— Değil mi kızım?

— Maalesef aç değilim, yolda çok tıkandım.

— Yoruldun mu?

— Evet.

Mebrure sofraya oturarak gündüzki sergüzeştini anlatmaya başladı. Sofrada Nazmiye Hanım'la Nevin'den başka kimse yoktu, ana kız, Mebrure'nin anlattığı vakaları can kulağıyla dinliyorlardı. Hikaye bitince, Nazmiye Hanım dedi ki:

— Oh, oh... Ümit çok... Her halde İhsan Efendi'nin sağ olduğu anlaşılıyor. Yarın sabah, erkenden Zeytinburnu'na kadar gidersin kızım.

— Oo, elbette... Hatta, gece uyku bile uyuyamayacağım. / /78

— Bu kadar meraklanmak iyi değil. Pederin sağ olduğuna ben hiç şüphe etmiyorum. Burada da yabancı değilsin. Sen de benim kızımsın. Bu ilk helecan günleri geçsin, bak evimizdeki hayattan ne hoşlanacaksın. Burada bizim haftada bir kabul günümüz vardır, genç kızlar filan gelirler, konuşuruz, oyun oynar, dans eder, müzik yaparlar, hiç canın sıkılmaz. Sen de genç bir kızsın. Bugünden sonra istikbalin senin elinde... Böyle cemiyetlerde bulunmak fırsatını kaçırma. Ben bile koca kadınken bu eğlentilerden hoşlanıyorum.

Nazmiye Hanım şen bir kahkaha ile önünde duran yarım şarap kadehine parmaklarını uzattı:

— Hâlâ bunsuz olamıyorum. Sen içmez misin; şarap yorgunluk alır.

— Benim başıma ağrı verir.

Nevin Mebrure'yi tasdik etti:

— Benden de al o kadar, şampanya dururken şarap içilir mi?

— Hiç içmedim.

— Hiç içmedin mi? Sahi mi söylüyorsun? Katiyen inanmam...

— Evet.

— İnanmam diyorum. Şampanya gençlik içkisidir.

— Olabilir.

Nevin hayretle boynunu bükerken içeri Behiç girdi. Doğruca yemek masasına geldi, bağırdı:

— Tebrik edin beni.

Herkesin boş gözlerle baktığını görünce daha fazla bağırdı:

— Gecikmeyin, tebrik edin, kulüpte meclis idare reisi oldum.

Nazmiye Hanım ehemmiyet vermedi. Genç kızlar, biri şen biri gamlı, alakalı göründüler. Behiç zaferini anlattı.

— Siret reyini bana verdi, Muhsin bir rey kaybetti. Reis ben oldum, şansa bakınız: İntihaptan sonra bir bakara partisi yaptık, ilk üç elde yetmiş lira içeri gittim ve bağırdım: "Bir el üç yüz lira, çıkan var mı?" Masa boşaldı. Hamit'le karşı karşıya kaldık. İlk kağıdım dörtlü kupa, bir kağıt daha istedim beş! Hamit üç yüzü saydı. Bankadan yeni çıkan kağıtlar...

Nevin ayağa kalktı: / /79

— Benim yirmi beşi ver. Sen şimdi yine kaybedersin.

— Bu akşam kulübe kim gider? Zaten oyuncu da yok. Aza bir içtimaya davetli. Ben gitmeyeceğim.

Nazmiye Hanım kızına dedi ki:

— Takvimin üstüne bir yıldız işareti çek. Bir seneden beri, perşembelerden başka kulübe gitmediği bir bu akşamdır.

Behiç Mebrure'nin sandalyesine yaklaşarak genç kıza biraz eğildi:

— Bonsuvar Mebrure Hanım, nasılsınız?

— Mersi, iyiceyim.

— Dün gece, sabaha karşı yatağıma girerken, eski "arşiv"lerimi karıştırmak aklıma geldi, kağıtlar arasında ne bulsam beğenirsiniz?

— Tahmin edemiyorum.

— Sizin resminizi.

Mebrure pek merak etti:

— Nasıl resim, nasıl resim?

— Küçüklük resminiz. Erkek elbisesiyle çıkmış.

— Aa.. çok tuhaf... benim böyle resmim olduğunu hiç hatırlamıyorum.

Nazmiye Hanım'la Nevin de biraz şaşırdılar:

— Biz de bilmiyoruz.

Behiç, sofranın etrafındaki sandalyelerden birine ters oturarak kaşlarını çattı:

— Resim yukarıda, odamda. Küçükken mektepte aldığım aferinlerin saklı bulunduğu zarfın içinde çıktı.

Mebrure'ye dönerek dedi ki:

— Yemekten sonra odama gelirseniz, üç yaşındaki resminizi görürsünüz.

Mebrure sesini çıkarmadı. Nazmiye Hanım ayağa kalkarak bahçede otur-
80/ mayı teklif etti. Hep birden çıktılar. /

Hava yumuşak ve tatlı. Çamların ince yaprakları arasında elenen güzel kokulu bir rüzgar, yüzlerini okşadı. Sade ve esrarsız bir geceydi, düşünceden ziyade neşe veriyordu. Nevin dedi:

— Behiç resimden bahsetti de aklıma geldi. On gün evveli bir fotoğraf çektirdim, almayı unuttum, yarın gidip alayım, üç aydan beri hiç fotoğrafımı çektirmedimdi. Acaba değiştim mi?

Mebrure, kendi kendine söylenir gibi mırıldandı:

— Tuhaf şey... benim erkek elbiseli küçüklük resmim olduğunu bilmiyordum, merak ettim. Behiç Mebrure'nin önünde durarak dedi ki:

— İsterseniz şimdi göstereyim, geliniz benimle...

— Siz buraya lütfen getirseniz?

— Mâzur görünüz, ben bir kere odama çıkarsam bir daha inemem, pek yorgunum.

Nazmiye Hanım söze karıştı:

— Mebrure, git gör bakalım, resmi bize de getir, biz de görelim.

— Peki...

Genç kız, ayağa kalktı, Behiç'le beraber köşke girdiler.

(*Sözde Kızlar,* 1925, s. 44-51)

Peyami Safa

AHMET HİKMET

Türk Ocağı'nda aziz hatırası yâd edilen Ahmet Hikmet, büyük bir edip olduğu kadar emsalsiz bir muallim idi. Galatasaray Lisesi'nde yirmi iki yirmi üç sene evvel onu dinlemiş biri olanlardan biri olmakla mübâhîyim. Asîl çehresi, mahrem ve mülhem belagatı ona, üzerimizde nadir bir nüfuz kudreti vermişti. Nice yüksek ehliyetleri ye'se düşürmüş olan şu mevzûsuz edebiyat dersine kıymet ve mana veren ilk ve son insan, benim için Ahmet Hikmet olmuştur.

Ahmet Hikmet'in edebiyat dersleri iddiasızdı. Henüz bıyıkları terlememiş / /81
muhataplarına, Türkçe'yi doğru yazmayı öğretmekten daha yüksek bir gayesi yok gibiydi. Fakat üstadın asıl dersleri, basit üslup kaidelerini anlatırken, sadet harici olarak söylediği sözlerin içinde gizli idi. O zaman kelimelerin arasında garip bir şafak sökerdi ve ruhlarımızı tatlı aydınlığa boğardı.

Bu kıymetsiz satırları, onun şulesinden uzak bir akis verebilmek ümidiyle, hatırımda kalan fikirlerinden birini buraya hürmetle nakilediyorum:

Bir gün, bize bilmem neden bahsederken, demişti ki:

"Fikrin şekilden evvel hazırlandığı hissini veren eserlerde şiir mucizesinin tekevvününe imkan yoktur. Âhenk ve kafiyenin tesadüflerinden doğmayan fikirler sanata mal edilemez."

Senelerden sonra, Sorbonne müderrislerinden ve asrın en büyük hakîmlerinden Chartier'nin bir kitabında teyidini bulduğum bu zahiren basit fikir, bizde Tevfik Fikret, Fransa'da Sully Prudhomme nevinden ahlâkî, içtimâî ve felsefî şairlerin, taşıdıkları koca kanatlara rağmen, bir türlü semaya doğru havalanamayışlarının sır ve hikmetini bana daha o zamandan izah etmiş oldu. Bu fikir, aynı zamanda bana, sanat vadisinde tasalluftan iğrenmeyi de öğretti. Belâhetin sirayetine karşı ruhu sıyânet için, hayat beni, şimdiye kadar daha müessir ve daha sıhhî bir düsturun vücudundan haberdar edememişti.

(*Bize Göre,* 1928, s. 40-41)

Ahmet Haşim / /82

YOLCULUK

Susamış ruhumla mesafelere,
Hiçbir şey bağlamaz beni bu yere;
Ne hatıraların yalvaran sesi,
Ne ağaçlarının kuytu gölgesi.
Rüya besteleyen eski bahçeler,
Ne lamba ki soluk bir ışık serper
Izdırabı taşan gecelerime.
Esen rüzgârlarla yanan derime
Serin şifasını döker her gece
Çağıran bir eldir sanki gizlice,
Ruhumu meçhulün ufuklarına.
Şimdi kadehimde başka şarap var,
Başka bir neşîde söylüyor bana
Hülyamın ufkunu döğen dalgalar.
Ve ümitlerimin sırrını gizler,
Güneşli ufuklar, engin denizler.

(*Hayat, c. 3, s. 58, 5 Kânunusâni* 1927, s. 8)

Ahmet Hamdi

SEN VE BEN

İçme, ilk yudumda zehirler seni
Bahtın kadehime döktüğü şarap,
Her akşam koynunda uyutur beni,
Her sabah alnımdan öper ıztırap.

Sen yirmi yaşınla bir baharsın ki,
Gölgende neşenin rüzgârı eser.
Düşünen alnımda benim her çizgi
Baharı olmayan bir kışa benzer.

Sana ufuklar gel diye bağırır,
Ellerinde çiçek ve haykırarak;
Seni gür sesiyle hayat çağırır,
Beni de çiğneyip geçtiğin toprak.

(*Hayat, c. 2, s. 47,20 Teşrinievvel* 1927, s. 13)

83/ Ahmet Hamdi /

KALBİM

Boş dehlizlerinde ne ziya ne ses...
İnziva, korkudan kısık bir nefes
Gibi dalga dalga ürperir, erir.

Her şey bu bakımsız, eski sarayda
Bir sonsuz elemi hatırlatmada.
Duyulan, sezilen yalnız kederdir.

Dallarda inlerken rüzgârın neyi,
Mehtapta yükselen bir fıskiyeyi
Beyhude düşünür viran bir bahçe;

Ve sularda sükût hârelenirken,
Boşlukları süzen pencerelerden
Kızıl hayaletler geçer her gece.

Yalnız zaman olur bazı akşamlar,
Bir kadın çehresi, yanarken camlar
Bir lahza belirir loş aynalarda.

-Bir esmer çehre ki hep size benzer-
Sonra yavaş yavaş kaybolup gider
Uzaklaşan bir ses gibi rüzgârda.

(*Dergah, c. 3, sa. 30, 5 Temmuz* 1338, s. 87)
Ahmet Hamdi

ANNEM İÇİN

"Bir günümüz bile sensiz geçmezken
Şimdi mezarına hasretiz anne..."

Issız bir mezarlık, kimsesiz bir yer,
Gölgesinde ulu loş bir mâbedin
Bir yığın toprakla bir parça mermer
Sırrıyla haşrolmuş orda ebedin. / /84

Bir yığın toprakla bir parça mermer,
Üstünde yazılı yaşınla adın;
Başucunda matem renkli serviler
Hüznüyle titreşir sanki hayatın.

Seni gömdük anne yıllarca evvel,
Göz yaşlarımızla bu ıssız yere,
Kimsesiz bir akşam, ziyaya bedel
Matem dağıtırken hasta kalplere.

Kimsesiz bir akşam, ezelden yorgun
Hüznüyle erirken Dicle'de sessiz,
Öksüzlük denilen acıyla vurgun
Bir başka ölüydük bu toprakta biz.

(*Dergah Mecmuası, c. 2, sa.
14, 5 Teşrinisani* 1337, s. 30)
Ahmet Hamdi

YAPRAK

Anıyordum baharı çırpınarak
Düştü bir gölge şey avuçlarıma
Baktım: Ölmüş, zavallı bir yaprak...

Ey hazan artık intikam alma,
Şimdi zulmetleriyle haykıracak
Sana hüsran bakışlı mavi sema!
Bu hazan belli çok fidan kıracak,
Örtecek dallarıyla yollarımı..
Sen fakat söyle ey güzel yaprak,
Söyle, çehren kadar ölüm sarı mı?

(*Geçtiğim Yol,* 1918, s. 15-16)
85/ Ali Canip /

FİRARİ

Sana çirkin dediler, düşmanı oldum güzelin;
Sana kâfir dediler, diş biledim Hakk'a bile

Topladın saçtığı altınları yüzlerce elin,
Kahpelendin de garaz bağladım ahlâka bile.

Sana çirkin demedim ben, sana kâfir demedim;
Bence dinin gibi küfrün de mukaddesti senin.

Yaşadın beş sene kalbimde, misafir demedim;
Bu firar aklına nerden, ne zaman esti senin?

Zülfünün yay gibi kuvvetli çelik tellerine
Takılan gönlüm asırlarca peşinden gidecek,

Sen bir ahu gibi dağdan dağa kaçsan da yine
Seni aşkım canavarlar gibi takip edecek!

(Suda Halkalar, 1925)
Faruk Nafiz

MELEKÜ'L-MEVT

Hangi ceylan seni kesmiş de çocukken memeden,
Hangi kaplan sana süt vermiş öz annen yerine?
Üç yüz evlik köyü takmış saçının tellerine,
Sürüyorsun bu mezarlıkta için titremeden.

Seyre çık sevdiğim, akşamları kurbanlarını;
Yarıyor bağrını herkes sana göstermek için.
Ah o taş kalbine bir gün heyecan vermek için
Yine köy halkı sebil etti bu yıl kanlarını.

Bir çiçek rikkati sinmiş de ipekten tenine
Sonra göğsünde çelikten mi döğülmüş o yürek?
Sen köyün derdine bîgâne yaşarken gülerek,
Gömüyor can veren evladını yüzlerce nine.

Bir ölüm meltemi halinde eserken nefesin
Ömrü bir dal gibi âşıkların sallanıyor
İhtiyarlar yanıyor, körpe çocuklar yanıyor;
Sen köyün sıtmalı bağrında cehennem mi, nesin?

Hangi ceylan seni kesmiş de çocukken memeden,
Hangi kaplan sana süt vermiş öz annen yerine.
Üç yüz evlik köyü takmış saçının tellerine,
Sürüyorsun bu mezarlıkta için titremeden.

1923 / /36

Faruk Nafiz

MİLLÎ NEŞÎDE

1

Biz kimleriz?.. Biz "Altay"dan gelen erleriz.
"Çamlıbel"de uğuldarız; coşar gürleriz.

Biz öyle bir milletiz ki ezelden beri
Hak yolunda yalın kılınç, hep seferberiz.

"Zafer" bizim şaha kalkmış küheylanımız;
Atıldı mı durduramaz ne dağ, ne deniz..

Felâketler pençemizde oyuncak olur;
Yangınlarla bütün cihan al sancak olur.

Tan yerinden yıldırımlar saçan sesimiz
Günbatısı üzerinde şöyle duyulur:

Fırtınalar yoldaşıdır nara salan Türk!
Hey koca Türk, Tanrısından kuvvet alan Türk!

2

Yürüyor, başımızda "Ay yıldız"ımız,
Genç, ihtiyar, kadın, erkek, oğul, kızımız...

Soyumuzda ne kahraman kardeşler vardır:
Türkmen, Oğuz, Başkır, Tatar ve Kırgız'ımız..

Demir dağlar delmiş olan "Bozkurt"larız ki
"Orhun"da var "Kültiğin"den kalma yazımız...

Hamlemizden yere geçer kanlı saraylar.
Bizce birdir gedâlarla baylar, girâylar...

Medeniyet şimşeğinden gelir hızımız;
Sorma: Kimdir kanatlanmış bu genç alaylar?

Bunlar bütün nura doğru akın eden Türk!
Hey koca Türk, uzakları yakın eden Türk!

(Miras, 1928, s. 92-93)
Enis Behiç

AY PEŞİNDE

-Vatan Masalı-

Vaktiyle, Anadolu'da hüküm süren padişahlardan birinin dünya güzeli bir kızı doğmuş... İpek saçları topuklarına kadar uzun imiş ve kestikçe uzar, tellerinden atlaslar dokunur, dîbâlar örülür, azalıp eksilmezmiş. Güldükçe
87/ yanaklarında güller biter, imbiklere konur; / ıtriyatı çıkar, kopardıkça ürermiş. Ağzı bir tatlı, ballı meyve imiş, insanın yedikçe canına can katar ve elini sürdüğü dal asma ve dudağı dokunduğu su şarap olur, gözünü çevirdiği topraktan feyiz, bereket fışkırır ve başının üstünden güneş çekilmezmiş... Padişah, bu misilsiz sultana Adalar Denizinin güzel bir körfezinde somakî mermerden bir kasır yaptırmış ve demiş ki:

— Kızımın saçlarından ipek dokunmak için etrafa tezgâhlar kurulsun. Yanaklarında biten gülleri süzmek için imbikler dizilsin. Ağzının meyvesi kutulara bastırılsın ve baktığı yeri kaplayan zahireler için ambarlar yapılsın! Elini sürdüğü dallar üzüm vereceği ve dudağını dokunduğu sular şarap olacağı cihetle de küpler hazırlansın ve pekmez ocakları yansın.

Dediği gibi yapılmış, tılsımlı sultan sarayına kurulmuş ve az zamanda şehir, cihanın göz diktiği, imrenip kıskandığı, koşup yerleştiği bir işlek liman olmuş. Körfeze gemiler dolar, dağlara köşkler kurulur, alış veriş, geliş giriş, saz söz, orada herkes zengin, sıhhatte ve bahtiyar olurmuş. Pazar yerleri şal, halı yüklü katırları, üzüm ve incir taşıyan develeri göç alır iskeleye yığılan zahireyi gemiler güç götürürmüş... Altın ceplerden taşar, sanki servet göklerden serpilirmiş!..

Derken günün birinde denizin öbür kıyısındaki bir sergerde, kulaktan methini dinleye dinleye bu sultana âşık olmuş ve bu şehre sahip olmayı kurmuş... "Askerlerim hazır olsun, demiş, oklarını zehirli sulara batırsınlar, kalkanlarına bir kat daha çelik kaplasınlar ve zırhlarına bürünüp meydana toplansınlar, feyiz ve bereket diyarına akın var!"

Bir sabah, bu harp kafilesi, etrafa ok atarak, ölüm salarak o bereket beldesine girmiş ve ahaliyi esir etmiş.. Askerler ambarları yağma, eşyayı talan ederlerken sergerde, somâkî saraya koşmuş ve tılsımlı sultanın karşısına çıkmış:

— Sen benimsin, demiş, artık ipek saçlarını ben tarayacağım, gül yanaklarını ben öpeceğim, ağzının ballı meyvesini ben yiyeceğim ve gözünün baktığı toprağın feyzinden, üzümlerinden ve şaraplarından ben faydalanacağım.

Fakat bakmış ki o gül yanaklar artık gülmüyor ve gül vermiyor, o tatlı dudaklarda meyve bitmiyor, o ipek saçlar uzamıyor, o gözler bir yere bakmıyor, o tılsımlı eller bir dala sürünmüyor ve sular şarap olmuyor... Sultan bir taş gibi donmuş, artık hayat eseri göstermiyor! / /88

Sergerde dört tarafa adamlar salmış, sihirbazlar çağırmış, acûzeler aratmış, kâhinler buldurmuş, bu derde bir çâre aramış, o zaman demişler ki:

— Ey silahlı! Bu sultana sahip olmak ve bu beldede yerleşmek, bir tılsım vardır, onu ele geçirmekle kâbildir ve bu bir zor iştir

Sergerde haykırmış:

— Söyleyin her ne ise yapayım, her tarafı kana bulayayım, önüme gelen yeri ateşte yakayım, icâbına bakayım!

Bu meclis kurulu iken vakit gece imiş, baş kâhin yerinden ağır ağır kalkmış, sergerdenin elinden tutarak pencereye yaklaşmış ve yüksek bir dağ tepesinde, ta göklerin içerisinde ışıl ışıl parıldayan keskin yüzlü bir gümüşten orağı, hilâli göstererek:

— Buna varmak, bunu tutmak, bunu kırmak lâzımdır; tâ ki şehir senin olsun, sultan artık sana gülsün...O yerinde durdukça bu yerlerde incir, üzüm deremezsin, buğday ekip biçemezsin, ipek örüp giyemezsin, şarap içip gezemezsin, rahat yüzü göremezsin!..

Sergerdenin mızrağı uzun, fakat aklı kısa; zırhı ağır, fakat kafası hafif imiş! Bakmış ki ay parçası pek uzakta durmuyor, o yüksecik dağın yamacında, bir başına, karanlıkta bekçisiz bekliyor:

— Bu mu, demiş, zor dediğin hiçten iş! Şimdi gider, o dağa ben tırmanırım ve o ayı yakalayıp dizlerime dayayarak iki parça eder, suratına fırlatırım!

Kâhin demiş:

— Kolay görme, zor iştir, yakın durur, uzaktır; küçük durur, büyüktür; tek sanırsın, çok olur; hilâl dersin bedr olur; yıldız kadar bekçisi var; yıldırımdan silahlıdır, bulut kaplı hisarlıdır, ele geçmez bir tılsım o..

Sergerde dinlememiş, hemen koşmuş, boru çalmış, askerlerini toplamış ve başlamış yamaçlara tırmanmaya, aya doğru uzanmaya... Fakat ne mümkün? Dağ ardında bir dağ daha, ne aşılmaz berzahlar, ne korkulu boğazlar, ne gündüzleri sıcaklar, geceleri ayazlar, çıktıkça çıkıyorsun, düşe kalka yürüyorsun, fakat sonu gelmiyor, "ha yaklaştım!" dedikçe, insan eli ermiyor; "işte ucu!" dedikçe gümüş orak yakasını vermiyor. Sergerde inatçı imiş... Yamaçlara bin müşkilâtla tır-
89/ manır, teker meker yuvarlanır, yine kalkar, yine düşer, / yine fakat gözü yılmaz koşarmış...Tırnakları sökülmüş, diz kapağı yaralı, kargısına dayanmış aya bakar, dalarmış!

Nihayet bir gün gelmiş, ne görsün? Bir ova, sanki gökten bir parça ay orada, önüne yere yatmış duruyor, hareketsiz uyuyor... Fakat yüksek yerler fırtınalı olur derler, birdenbire bir kasırga koparak bulutları yere çarpmış, kayaları tartaklamış, yıldırımlar, şimşekler, bir âfettir başlamış... Gök malını saklamış, bütün yıldızlar saf saf olmuş, harp etmiş, ay parçası kahramanlar, sergerdeyi püskürtmüş! Ödü kopmuş, askerler, mızraklarını atarak çalataban yamaçlardan atılmışlar ve bin zorlukla aştıkları dağlardan haykırarak teker meker yuvarlanıp çıktıkları yere yine tekrar dönüp gelmişler!

Sergerde kafasından yaralı, bir kayanın üstünde hüngür hüngür ağlarmış:

— Bu iş benim kârım değil. Kasırgaları yenerek bulutları aşamam, göğe çıkıp yıldızları birer birer vuramam, kâbil değil; ay'ı tutup iki parça kıramam, bu tılsımı bozamam! Buralarda duramam!

İşte bu tılsımlı vakayı müteâkip o sultanın ipek saçından bir kırmızı bayrak örüp üstüne bir gümüş ay işlemişler ve o şehre işaret olmak üzere de o ayın kucağına tek parlak yıldız koymuşlar.

Ay gökte durdukça, yani dünya durdukça bu bayrak da o bereket beldesinde dikili durmuş!

(*Ay Peşinde*)
Refik Hâlit

AT

Bin gemle bağlanan yağız at şaha kalkıyor;
Gittikçe yükselen başı Allah'a kalkıyor.

Son macerayı dinlememiş varsa anlatın;
Zapt etmek isteyenler o mağrur, asîl atın

Beyhudedir her uzvuna bir halka bulsa da
Boştur köpüklü ağzına gemler vurulsa da.

Coştukça böyle sel gibi bağrında hisleri,
Bir gün başında kalmayacaktır seyisleri!

Son şanlı macerasını tarihe anlatın
Zincir içinde bağlı duran kahraman atın.

Gittikçe yükselen başı Allah'a kalkıyor;
Asrın baş eğdi sandığı at şaha kalkıyor!..

(*Suda Halkalar*, 1928)
Faruk Nafiz / /90

AKINCI

Bin atlı, akınlarda çocuklar gibi şendik;
Bin atlı o gün dev gibi bir orduyu yendik!

Ak tolgalı beylerbeyi haykırdı: İlerle!
Bir yaz günü geçtik Tuna'dan kafilelerle...

Şimşek gibi bir semte atıldık yedi koldan,
Şimşek gibi Türk atlarının geçtiği yoldan.

Bir gün dolu dizgin boşanan atlarımızla,
Yerden yedi kat arşa kanatlandık o hızla...

Cennette bugün gülleri açmış görürüz de,
Hâlâ o kızıl hatıra titrer gözümüzde!..

Bin atlı akınlarda çocuklar gibi şendik;
Bin atlı, o gün dev gibi bir orduyu yendik!

(*Güzel Yazılar*, I, s.108)
Yahya Kemal

EFE'NİN HİKÂYESİ

Efe "Tahkik Heyeti"nin geldiğini ve kendisini dinleyeceğini söylediği zaman, gözlerinde derin bir dikkatle, genç zabite baktı; sonra ayağa kalkarak kendisini yukarıdan aşağı ciddiyetle süzdü. Kara gözlerinde ne telâş ne de heyecan vardı. Sedirin üstünde bağdaş kurduğu yerden yavaş yavaş kalktı, çubuğunu bıraktı. Bir şey söylemeden oradan çıktı. Genç zabit yürürken, garip bir tarzda birkaç defa başını salladığını görmüş ve sebebini anlamadan düşünmüştü. Kendisi her halde Efe'den çok telâş içinde çok heyecanlı idi. Ve bu garip mülakattan daha çok korkuyordu. Bu mülakatlar tarlaları çiğnenmiş, çiçekleri kurumuş, insanları döğülmüş harabe ve facia İzmir'ini belki kurtaracaktı. Onun
91/ için ne kadar iyi idare edilmek / lazımdı. Kendisi galip generallerin, amirallerin nihayet dinlemeye geldikleri bu İslâm meşhedinin külleri üzerinde dinlediği adamları, birer birer Tahkik Heyetinin odasına getirdiği zaman kapının arkasından kendi kalbinin azgın gümbürtüsünü, ateşli top sesleri gibi gürleyen beyninde kendi kendine hazırladığı ve içinden söylediği mukaddimeleri dinledi; kendisi hassas, mütefekkir bir İstanbul genci idi. Izdırap ve isyan ona edebî nutuklar, muhteris, çılgın telkinler, me'yus murakabeler ve çapraşık nazariyeler telkin ediyordu. İzmir halkının, halk müdafaasının anahtarlarından biri olan bu basit fakat acayip kahraman Efe bu meseleyi ne kadar bârid ve sakin telakki etmişti. Acaba ona bir şeyler öğretmek, ne nokta-i nazardan maksadını müdafaa etmek lazım geldiğini söylemek lazım mı idi? Zihninde Efe'nin ağzına koyacağı nutku hazırlarken Efe'nin sedirin üstünde bıraktığı pembeli sarılı kasnak işlemeli tütün kesesine, onun yanında bıraktığı sırma işlemeli çevresine uzun ağaç çubuğuna dalıverdi.

Zihninde generalleri ağlatacak kadar kuvvetli bulduğu müdafaanın ortasında, kapı açıldı, Efe girdi; en parlak, en müzeyyen cepkenli takımını giymiş, fesinin üstünü binbir dağ çiçeği oyalarla süslemiş, kalın, kavî vücudu, tabancalar, gümüşlü hançerler, bıçaklarla dolmuş, arkasına mavzerini asmıştı. Ateş
92/ almaya / hazır görünen bu silah mecmuu üstünde başı yine bârid ve sakindi. Aydın bağlarının güneşi ancak sevimli bir matlık verebilecek kadar mermer gibi beyaz tenli, muntazam hatlı, ince burunlu kavî yüzünün üstünde derinden bakan kara gözleri siyah aleve benziyordu. Mintanın üstünden görülen daha beyaz, kalın boynu üzerinde kafası çok mütevazin, çok yerinde, çok erkek görünüyor, bir kadın gibi taze dudakları üstünden küçük siyah bıyıkları, biraz fazla açılan gözlerinin üstünde ince kalemle çekilmiş gibi uzanan kaşları yalnız bakanlara ne kadar genç bir insan karşısında olduğunu ihsas ediyordu. Yirmibir yaşında olduğu söylenilen Efe'de bütün bu taravetli ve kavî gençliğe rağmen karşısındakine ne genç ne ihtiyar, hiçbir zaman ve yaş hissi verdirmeyen bir olgunluk vardı.

Sokakta lakırdıyı açabilmek için:

— Epeyce uzak gideceğiz, Efe'm, dedi.

Efe'nin gözleri sabit ve sakin kudretini bozmadan, dudakları tebessüme benzer bir şeyle açıldı:

— Nerede olduğunu biliyorum, dedi. Genç zabit ne kadar çalıştı ise de ne Efe'yi fazla söyletebildi, ne de öğretmek için kendi hazırladığı mevzudan bahsedebildi. Eve geldikleri zaman zabitin heyecanı ellerini titretecek dereceyi / /93
buldu; fakat sofada oda kapısını açıp da Efe'yi heyetin yanına soktuktan sonra Efe'nin garip sükûtu sirayet etmiş gibi sadece kapının yanındaki sandalyeye oturdu, bekledi.

Heyetin oturduğu büyük odanın her tarafına Uşak halıları örtmüşlerdi. Orta yerde mustatil büyük yeşil örtülü masanın önünde arkaları pencereye çevrilmiş, dört düvelin dört büyük askeri büyük üniformalarıyla oturuyorlardı. Genç kâtipleri, zabitleri arasında biraz hoş bir havada mağrur duran dört baş, kuvvetli çizgileriyle, dimdik duran başları dretnotları, tahtelbahirleri tayyareleri, bin kudret ve şevketleriyle galip ve zî-kudret milletlerin gözleriyle Efe'ye bakıyorlardı; fakat genç Efe üniformadan, ordudan, çelik ve ateşten daha kavî, hepsinin karşısında yeşil başı göklere kalkan genç bir çınar kadar bunlara karşı lakayttı.

Efe ilerlerken sağda oturan yüzü tıraşlı, esmer yanaklı, bir Osmanlı zabiti vakur bir irade ile Efe'nin tahlil edemediği bir hissi saklayarak kalktı, Efe'ye yaklaştı. Yavaşça silahlarını azaltmasını söyledi. Efe, bir çocuk sükûnu ile mavzerini kapıya dayadıktan sonra tabancalarını masanın üstüne bıraktı. Sonra masadan bir arşın ortada, gözlerinde ne gayz, ne isyan, ne de korku ile, generallere baktı ve pürüzsüz bir sesle, asil bir tavırla: / /94

— Safa geldiniz, paşalar, dedi.

Evet, işte bunlar Çanakkale'de Türk askerlerinin döğüştüğü devletlerin paşaları idi ve paşa oldukları için Efe, başına binbir çiçekli oyasını takmış, yeni cepkenini giymişti. Bunun için Aydın dağlarında herhangi sırmalarla giyinmiş, Aydın'da olan biteni öğrenmeye gelmiş paşalara yapacağı tesiri yaptı ve kendisine gösterdikleri sandalyeye sadece oturdu.

Paşalardan birinin anlamadığı bir şeyler mırıldanmasından sonra, Osmanlı zabiti:

— Aydın'da olanları anlat, Efe, dedi.

— İzmir'i Yunan'ın bastığını duymuştum, diye başladı. Dükkanları, evleri soymuşlar, çoluk çocuk öldürmüşler, kadınlara sataşmışlar. Bunları çoktan duyduk; fakat bizim dağda koyunlarımız vardı, çobancık, bunları duyduk; yine koyunlarımızı otlattık.

Çiftliklere girmişler, ihtiyarları sakallarından sürüklemişler, gençleri parçalamışlar, mal mülk ne varsa kül etmişler, hayvanları alıp götürmüşler. Bunları duyduk; yine dağda koyunlarımızı otlattık.

İçeriye doğru yürüyorlarmış, toprak üstünde ne tütün fidanı, ne buğday başağı bırakmışlar. Zeytinlikler inmiş, bağlar çiğnenmiş, ağaçlardan incir, badem, yemiş dökülmüş, kokmuş. Kimseler malının / başında kalmamış, kasa- /95
balar birer mahşer olmuş. Biz yine dağlarda koyunlarımızı otlattık.

Bir gün artık çok yakın gelmişler, köyümüzden iki saat ötede Menderes köprüsünün başına kadar Yunan, nöbetçi koymuş dediler; biz o vakit köyde düşünmeye başladık. Bir Cuma günü namazdan çıkmış kızanlarla eve gitmiştik

Akşamın alaca karanlığında köye girerken sırtlarda kuzuları otlatan kızlar alayla önümüze çıktılar; başörtüleri parçalanmış, saçları yolunmuş, üstleri başları toprak ve kan içinde, hepsi bir ağızdan ağlıyordu. Emmim kızı Kezban, yırtık başörtüsünü çıkardı, suratımıza attı:

— Efe, dedi, Yunan İzmir'e girdi, sustunuz; din kardeşlerimizi soydu, sustunuz; ne kan ne can ne ırz kaldı, sustunuz. Burnunuzun dibine geldi, yine başınızda oya, elinizde tüfekler dağlarda eğlendiniz. Bizi bugün Menderes köprüsünün yanındaki Yunan neferleri yakaladılar, koyunlarımızı aldılar, boynumuzdan altınlarımızı kopardılar, üstümüzü parçaladılar...

Kadınlar hep bir ağızdan çığrışmaya başladılar. Emmim kızı Kezban'ın entarisi parça parça idi, göğsünden kan akıyordu.

— Daha ne yaptılar? diye kızanlar hep bir ağızdan haykırdı. İmamın kızı:

— Ne yaptılar diye sormayın daha ne yapacaklar diye sorun; o da
96/ başörtüsünü suratımıza fırlattı. /

— Alın bunları, örtünün, verin tüfekleri kamaları bize; kızlarımızın ırzını bundan sonra biz koruyacağız, dedi.

O vakit ben kadınların hepsini evlerine yolladım. Kızanlarla köyün eşiğinde; ertesi gün öğle vakti, Menderes köprüsündeki köpekleri tepelemeye ahd ettik.

Gece emmim kızı Kezban'ın küçük kız kardeşi yanıma geldi:

— Şapkasının altından siyah perçemleri fırlamış, dişleri dışarıda, kara kuru Yunanlı'yı sağ bırakmasın, diyor dedi.

Menderes köprüsü başında, tabanca, tüfek, kama, bıçak, biz ırz hainlerini tepelerken etrafımıza bütün yakın köylerden zeybekler yetişti; bir taraftan bulut gibi Yunan askerleri meydana çıktı; fakat kızanların bıçaklarından pek çabuk, ördek gibi kaçtılar. Ben ölüler arasında siyah perçemli, dişlek Yunanlı'yı aradım, aradım yoktu. Biz de ovada uçan Yunan bulutunun arkasına düştük. Aydın'a yaklaştığımız vakit ezan olmuştu. Kasabanın eteğinde silahlarımızı bıraktık, oturduk. Kızanlarla ne yapacağımızı bilemiyorduk.

Birdenbire Aydın'ın üstünden alevler, dumanlar yükseldi, içeriden tüfenk sesleri, kadın, çoluk çocuk çığrışları, Yunan naraları geliyordu.

Rüzgâr gibi kasabaya daldık. Müslüman mahalleleri çığrışarak çağırda-
97/ yarak yanıyordu. Sokakların üstünde alevden damlar var, altında / evlerin pencerelerinden bohçalar, halılar atılıyor, aşağıdan Yunanlı alıp kaçıyordu. Sokak ortasında başörtüsü parçalanmış bir nineyi boynundaki altınlarından yakalamış bir Yunanlı taştan taşa sürüklüyor; göğsü açık genç bir kızın, iki eliyle gırtlağını sıkarken bir Yunanlı dudaklarını öpüyordu. Anasını boğan askerleri şu kadar bir kız ısırırken bir nefer sarı saçlı başını dipçikle eziyordu.

Alev, tüfek, duman, kan ve çığrış içine biz de rüzgar gibi, cehennem gibi girdik.

Efe ayağa kalkmıştı. Generaller tercümeyi dinlemiyor, sade Efe'nin yüzüne bakıyorlardı. Yüzü buruşmadan, takallus etmeden milyonlarca yaşa girmişti. Siyah gözleri, siyah birer kaynar su menbaı gibi idi. Yanakları kuru idi, fakat gözleri tamamen siyah yaştı. Nereye bakıyordu? Bilmiyorlardı. Fakat bu siyah yaşlar ortasında Aydın vardı.

Efe'nin sesi o kadar alçalmıştı ki, o kadar alçalmıştı ki ağzından çıkan kelimeler sessiz gibi idi; fakat en vazıh ve kudretli bir ışık gibi her kelime ses olarak değil, canlı birer facia hayali gibi bir ordu olsa görülecek ve işitilecekti.

Nihayet sırmalı çevresiyle, alnında dizilmiş terleri sildi Gözleri eski kuru parlaklığını aldı. Eski mutedil sesi ile hikayesini bitiriyordu:

— Üç saat paşalar, üç saat insanların yapmadığını yaptık / sonra Yunanlılar /98
gitti, yangın söndü. Biz de kızanlarla kendimizi bulduk

Bir şey olmamış gibi generallerin birden bire gözlerinin içine bakarak:

— Allah'a ısmarladık, paşalar, dedi.

Hepsi Efe'nin elini sıktılar. Efe, girdiği gibi gözlerinde ne gayz, ne isyan, ne de korku vardı. Kapıya kadar kendisiyle yürüyen Osmanlı zabitinin elini sıkarken esmer, sert yanaklarında iki sıra yaş dizilmiş olduğunu gördü. Bu defa yalnız ona aynı sakin sesiyle:

— Kezban, Kezban, kendisini Menderes'ten çaya attı, dedi; bana imamın kızıyla haber yolladı:

— Efe, demiş, siyah perçemli, dişleri dışarıda Yunan neferini öldürünceye kadar, Aydın'dan Yunanlılar'ı çıkarıncaya kadar kamasını kınına koymasın, bir zeybek sağken Yunan Aydın'da padişah olursa benim kanım da onun boynunda olsun!

Zabitin avucu Efe'nin avucuna yapışınca ikisinin damarlarındaki kan birbirine karışmış, birbirinden geçmiş gibi oldu.

Zabit Tahkik Heyetine gelen siyah feraceli kadınları odaya alırken Efe, dışarıda can gözlerine toplanmış gibi kendisine doğru gelen genç zabite:

Cuma akşamı köye buyurun, kızanlarla size kuzu çevirelim, dedi.

(*Dağa Çıkan Kurt*, 1340, s. 41-48)

Halide Edip/ /99

HAN DUVARLARI

Yağız atlar kişnedi, meşin kırbaç şakladı;
Bir dakika araba yerinde durakladı...
Neden sonra sarsıldı altımda demir yaylar,
Gözlerimin önünden geçti kervansaraylar.
Gidiyorum, gönlümde gurbeti duya duya,
Ulukışla yolundan Orta Anadolu'ya
İlk sevgiye benzeyen ilk acı, ilk ayrılık!
Yüreğimin yaktığı ateşle hava ılık,
Gök sarı, toprak sarı, çıplak ağaçlar sarı
Arkada zincirlenen yüksek Toros dağları.
Önde uzun bir kışın soldurduğu etekler,
Sonra dönen, dönerken inleyen tekerlekler!

Ellerim takılırken rüzgarların saçına,
Asıldı arabamız bir dağın yamacına.
Her tarafta yükseklik, her tarafta ıssızlık,
Yalnız arabacının dudağında bir ıslık.
Bu ıslıkla, uzayan, dönen, kıvrılan yollar,
Uykuya varmış gibi görünen yılan yollar.
Başını kaldırarak boşluğu dinliyordu,
Gökler bulutlanıyor, rüzgar serinliyordu...
Serpilmeye başladı bir yağmur ince ince,
100/ Son yokuş noktasından düzlüğe çevrilince /
Nihayetsiz bir ova ağarttı benzimizi,
Yollar bir şerit gibi ufka bağladı bizi.
Gurbet, beni muttasıl çekiyordu kendine
Yol hep yol, daima yol... Bitmiyor düzlük yine!
Ne civarda bir köy var, ne bir evin hayali,
Sonun ademdir diyor, insana yolun hali.
Ara sıra geçiyor bir atlı, iki yayan,
Bozuk düzen taşların üstünde tıkırdayan
Tekerlekler yollara bir şeyler anlatıyor..
Uzun yollar bu sesten silkinerek yatıyor..
Kendimi kaptırarak tekerleğin sesine,
Uzanmışım, kalmışım yaylının şiltesine.

Bir sarsıntı.. Uyandım uzun süren uykudan,
Geçiyordu araba yola benzer bir sudan.
Karşımda hisar gibi Niğde yükseliyordu,
Sağ taraftan çıngırak sesleri geliyordu!
Ağır ağır geçti önümden deve kervanı
Bir kenarda göründü beldenin viran hanı...
Alaca bir karanlık sarmadayken her yeri
Atlarımız çözüldü girdik handan içeri.
Bir deva bulmak için bağrındaki yaraya,
Toplanmıştı garipler şimdi kervansaraya.
Bir noktada birleşmiş vatanın dört bucağı
Gurbet çeken gönüller kuşatmıştı ocağı...
101/ Bir parıltı gördü mü gözler hemen dalıyor, /
Göğüsler çekilerek nefesler daralıyor!
Şişesi is bağlamış bir lambanın ışığı
Her yüze çiziyordu bir hüzün kırışığı,
Git gide birer âyet gibi derinleştiler
Yüzlerdeki çizgiler, gözlerindeki çizgiler...
Yatağımın yanında esmer bir duvar vardı,
Üstünde yazılarla hatlar karışmışlardı:

Fani bir iz bırakmış burda yatmışsa kimler,
Aygın baygın maniler, açık saçık resimler...
Uykuya dalmak için bu hazin günde erken,
Kapanmayan gözlerim, duvarlarda gezerken
Birden bire kıpkızıl birkaç satırla yandı;
Bu dört mısra değildi, sanki dört damla kandı
Ben garip çizgilerle uğraşırken baş başa
Rastlamıştım duvarda bir şair arkadaşa:

"On yıl var ayrıyım Kına Dağı'ndan,
Baba ocağından, yar kucağından,
Bir çiçek dermeden sevgi bağından
Huduttan hudûda atılmışım ben!"

Altında da bir tarih: sekiz mart otuz yedi...
Gözüm imza yerinde bir başka ad görmedi.
Artık bahtın açıktır uzun etme arkadaş!
Ne hudut kaldı artık, ne askerlik, ne savaş.
Araya gitti diye içlenme baharına, / /102
Huduttan götürdüğün şan yeter yârına!

Ertesi gün başladı gün doğmadan yolculuk,
Soğuk bir mart sabahı... buz tutuyor her soluk.
Ufku tutuşturmadan fecrin ilk alevleri
Arkamızda kalıyor şehrin kenar evleri.
Bulutların ardından gün batmadan sönüyor,
Höyükler bir dağ gibi uzaktan görünüyor.
Yanımızdan geçiyor ağır ağır kervanlar,
Bir derebeyi gibi kurulmuş eski hanlar..
Biz bu sonsuz yollarda varıyoruz git gide,
İki dağ ortasında boğulan bir geçide
Sıkı bir poyraz beni titretirken içimden,
Geçti atlatınca şaşırdım sevincimden.
Ardımda kalan yerler anlaşırken baharla,
Önümdeki arazi örtülü şimdi karla.
Bu geçit sanki yazdan kışı ayırıyordu,
Burada son fırtına son dalı kırıyordu...
Yaylımız tüketirken yolları aynı hızda,
Savrulmaya başladı karlar etrafımızda.
Karlar, etrafı beyaz bir karanlığa gömdü;
Kar değil, gökyüzünden yağan beyaz ölümdü.
Gönlümde can verirken köye varmak emeli,
Arabacı haykırdı: "işte Araplıbeli!"
Tanrı yardımcı olsun gayri yolda kalana;
Biz menzile vararak atları çektik hana..

103/ /Bizden evvel buraya inen üç dört arkadaş,
Kurmuştular tutuşan ocağa karşı bağdaş.
Çıtırdayan çalılar dört cana can katıyor
Kimi haydut, kimi kurt masalı anlatıyor...
Gözlerime çökerken ağır uyku selleri,
Çiçekliyor duvarı ocağın akisleri.
Bu akisle duvarda çizgiler beliriyor,
Kalbime ateş gibi şu satırlar giriyor:

"Gönlümü çekse de yârin hayâli,
Aşmaya kudretim yetmez cibâli,
Yolcuyum bir kuru yaprak misali,
Rüzgarın önüne katılmışım ben!"

Sabahleyin gökyüzü parlak, ufuk açıktı.
Güneşli bir havada yaylımız yola çıktı.
Bu gurbetten gurbete giden yolun üstünde
Ben üç mevsim değişmiş görüyordum üç günde...
Uzun bir yolculuktan sonra İncesu'daydık,
Bir handa yorgun argın, tatlı bir uykudaydık.
Gün doğarken bir ölüm rüyasıyla uyandım;
Başucumda gördüğüm şu satırlarla yandım:

"Garibim namıma Kerem diyorlar;
Aslım'ı el almış haram diyorlar;
Hastayım derdime verem diyorlar;
104/ Maraş'lı Şeyhoğlu Satılmış'ım ben!" /

Bir kitâbe kokusu duyuluyor yazında
Korkarım, yaya kaldın bu gurbet çıkmazında,
Ey Maraş'lı Şeyhoğlu, evliyalar adağı,
Bahtına lanet olsun aşmadınsa bu dağı!..
Az değildir varmadan senin gibi yurduna,
Post verenler yabanın hayduduna kurduna,
Arabamız tutarken Erciyeş'in yolunu:
"Hancı, dedim, bildin mi Maraş'lı Şeyhoğlu'nu?"
Gözleri uzun uzun burkulu kaldı bende,
Dedi: "Hana sağ indi ölü çıktı geçende..."

Yaşaran gözlerimde artık her şey değişti;
Bizim garip Şeyhoğlu buradan geçmemişti.
Gönlümü Maraşlı'nın yaktı kara haberi!

Aradan yıllar geçti işte o günden beri
Ne zaman yolda bir han rastlasam irkilirim.
Çünkü sizde gizlenen dertleri ben bilirim!
Ey köyleri hududa bağlayan yaslı yollar!
Dönmeyen yolculara ağlayan yaslı yollar!
Ey garip çizgilerle dolu han duvarları,
Ey hanların gönlümü sızlatan duvarları!..

(*Çoban Çeşmesi,* 1926)

Faruk Nafiz / /105

UÇUN KUŞLAR

Uçun kuşlar uçun doğduğum yere;
Şimdi dağlarında mor sümbül vardır.
Ormanlar koynunda bir serin dere
Dikenler içinde sarı gül vardır...

O çay ağır akar, yorgun mu bilmem.
Mehtâbı hasta mı, solgun mu bilmem.
Yaslı gelin gibi mahzun mu bilmem.
Yüce dağ başında siyah tül vardır...

Orda geçti benim güzel günlerim;
O demleri anıp bugün inlerim;
Destan ömrümüzü okur dinlerim;
İçimde oralı bir bülbül vardır...

Uçun kuşlar uçun... Burda vefa yok
Öyle akarsular, öyle hava yok;
Feryadıma karşı aks-i seda yok;
Bu yangın yerinde soğuk göl vardır...

Rıza Tevfik

GURBETTEN SILAYA GİDERKEN

- Babamın ölümü için -

"Gidip de gelmemek var, gelip de görmemek var"
Diye ağladığın gün gözümde yandı anne!
Öksüz gönlümde yine bir dert uyandı anne!

Teselli edemiyor beni ne gül, ne bahar...
Şu öksüzlük acısı derin... Çok derin anne;
En sonra işte çıktı söylediklerin anne!..

Ecelin kanlı yüzü sırıtıyor başımda,
Bilmiyorum varlığım alevden bir gölge mi?..
Niçin sürükler beni, bilmiyorum bu gemi

Dumanlı bir hâtıra titriyor gözyaşımda,
Haykırıyor gönlüme engin denizler, dağlar:
"Gidip de gelmemek var, gelip de görmemek var!"

İstanbul-Uşak 1924

(*Deniz Sarhoşları,* 1926)

106/ Ömer Bedrettin /

SEYHAN SAHİLLERİNDE

-Adana'ya Veda-

Bir kaya üzerinden
Sihirli, coşkun coşkun
Akıp giden Seyhan'a
Daldım da garip, mahzun.
Dedim: Güzel Adana
Veda, bu akşam, sana!..

Beyaz bir gurûb vardı..
Seyhan'ın billur sesi,
Tabiat rüyasının
Sevdalı bir bestesi...
Dedim: Ruhumu sarsın
Güzel Adana, yasın...

Yeşil, ipekli tüller
Serilmiş ufka kadar...
Dalgalandı, esince
Tatlı, serin bir rüzgâr...
Dedim: Ah, bu son gece,
Gökte ayı sezince...

Uyanırken yıldızlar,
Ova sükûta vardı;
Suların durağında
Gizli bir dua vardı...
Dedim: Kaldım ağında!..
Sihir var toprağında!..

Beyaz saçlı Toroslar
Bulutlara uzanmış...
Onları gören insan,
Bir i'tilâ kanmış...
Dedim: Duyar mı hüsran,
Bu yerlerden feyiz alan?

Neftî yollardan geçtik;
Turunç bahçelerden
Esen serin rüzgârların
Itrıyla baygındım ben...
Dedim: Ölmez bir yarın
Nasibi bu diyarın...

Baktım geldiğim yola;
Seyhan şimdi uzaktı...
Şen yolcunun ruhuna
Bir hicran rengi aktı...
Dedim: Güzel Adana,
Veda, bu akşam sana!..

(*Hazan Rüzgârları,* 1927)

Şükûfe Nihal / /107

GAMSIZ'IN ÖLÜMÜ

O sabah ana mektebinin bahçesinde fevkalâde bir telâş ve canlılık vardı. Talebe Bayramı günüydü. İlk ve orta mektepler kafile kafile marşlar söyleyerek sokaklardan geçiyor, şehrin uzak mesirelerine dağılıyorlardı.

En ihtiyar talebesi altı yaşında olan bir ana mektebinin o kadar uzaklara götürülmesine imkân yoktur. Onlar bayramlarını -kendi mini mini ve paytak adımlarıyla- yirmi dakika çeken bir dere kenarında yapacaklardı.

Hazırlık dehşetti. Bahçe renk renk elbiselerle canlı bir çiçek tarlasına dönmüştü. Erkek çocuklar yeni potinlerini siliyorlar, kızlar birbirlerinin saçlarını düzeltiyorlar, çözülmüş kuşaklarını bağlıyorlar, düğmelerini ilikliyorlardı. Altı yaşında bir kız taş merdivenin basamağına oturmuş, dört yaşında bir öksüz arkadaşının sökük gömleğini dikmeye çalışıyordu.

Nihayet hazırlık bitti, kafile yola düzüldü. Bir elleriyle taburda arkadaşlarının elini tutuyorlar, ötekiyle -renkli paketleri mini mini sepetler içinde- yiyeceklerini, oyuncaklarını taşıyorlardı.

Sokaklarda fazla gürültü ve intizamsızlık olmasın diye muallimeler çocuklara marş söyletmeye başlamışlardı. Büyükler göğüslerinin bütün kuvveti, kalplerinin bütün sevinciyle bağırıyorlar, küçükler yürümekte olduğu gibi şarkı söylemekte de geri kalıyorlar, eğlenceli / bir karışıklık oluyordu. /108

Tabur sokaklardan geçerken pencereler açılıyor, kadın başları sarkıyor, dükkânlardan satıcılar çıkıyordu.

* * *

Bu ana mektebinin bütün gezintilerde olduğu gibi alay başını yine "Gamsız" çekiyordu. Gamsız sarı tüylü ihtiyar bir mahalle köpeğiydi. İnsan gibi anlayışlı fakat insandan daha vefakâr bir mahlûktu.

Galiba serseri, kalender meşrebi için ona mahallede Gamsız demişlerdi. Fakat hakikatte o, köpeklerin en gamlısı idi, birkaç sene evvel büyük bir mateme uğramıştı. Dört yavrusunun birden zehirlendiğini, gözünün önünde kıvrana kıvrana öldüğünü görmüştü.

Onları götüren süprüntü arabasının arkasında uzak mahallelere gitmiş, bir hafta geri dönmemişti.

Onun da bir yerde bir kaza eceline uğradığını zannedenler olmuştu. Fakat kalender ve mütevekkil görünüşüne rağmen o, çok gözü açık bir köpekti. Cinsinin düşmanlarını iyi tanır, hatta bazen onlara inanıyor, zehirli ekmeklerini yiyor, tuzaklarına düşüyor görünerek alay bile ederdi. Binaenaleyh onun bir yerde ölüp kalmasına imkân yoktu. Nitekim bir hafta sonra tekrar mahalleye dönüp gelmişti. Yalnız, biraz daha ihtiyar ve düşkün, uzun sarı tüyleri biraz daha çamurlu, bacak-
109/ ları biraz daha berelenmiş olarak... /

Bilmem yalan, bilmem doğru, mahalle kadınları onun için bir vak'a anlatırlardı. Gamsız güya çocuklarının ölümünden sonra yaşamak istememiş... Belediye kulübelerinin karşısında durup boynunu bükmüş, yalvarır gibi kesik kesik uluyarak çocuklarını öldüren yiyecekten istemiş... Hatta bir defa zehirlenmiş, fakat ölmemiş... Çok ıstırap çektikten, çok süründükten sonra tekrar ayağa kalkmış...

Gamsız, çocuklarının ölümünden sonra mahalleye darılmış, ana mektebinin arkasındaki viraneye çekilmişti. Sokakta hemen hiç dolaşmaz, yalnız zaman zaman mektebin bahçe duvarından içeri atlar, çocuklarla oynar, öğle vakti onların artıklarını yerdi.

Çocuklara büyüklerden fazla emniyet ettiği, onlardan esaslı bir zarar gelmeyeceğini bildiği için miydi? Yoksa onların da -kendi ölmüş küçükleri gibi- masum ve müdafaasız mahlûklar olduğunu hissettiği için mi böyle yapıyordu?

Muallimeler bu altın sarısı gözlerinde mahzun bir vefa ile bakan çocukların her nazına, her cevrine tahammül eden ihtiyar sokak köpeğini kovmamışlar, bilakis gizli gizli himaye etmişlerdi. Hâsılı, Gamsız, mektebin hademesi, kapıcısı nev'inden bir emektar, küçüklerin en sevgili bir arkadaşı olmuştu.

Ana mektepleri insan cemiyetlerinin küçültülmüş numuneleri gibidir.
110/ Orada da fakirlik, kılıksızlık, aileye ait bir leke ilâ âhir gibi sebeplerle / sosyete haricinde bırakılan yahut vakitsiz bir inziva meyliyle ondan kaçan "yalnız"lar vardır. Gamsız bilhassa bu küçük "yalnız"larla arkadaşlık eder, bahçenin bir köşesinde onlarla ağır ağır dolaşırdı. Küçük kalplerinde söylenilemeyecek dertler ve infialler taşıyanlar onun çamurlu ayaklarını elleri içine alarak konuşurlardı.

Gamsız, hâline göre hasta bakıcılığı bile etmiş, bir gün bahçede koşarken yere yuvarlanan bir mini mininin berelenmiş dizini diliyle yalamıştı.

Kafile artık mahalleden çıkmış, yeşil tarlaların arasında geçen bir ince patikaya düşmüştü. Gamsız en önde mağrur ve mütevekkil tavrıyla yürüyordu. Fakat nedense bugün onda bir neşesizlik, anlaşılmaz bir durgunluk vardı.

* * *

Nihayet bayram yerine varıldı, burası gölgeler içinde serin bir ırmak kenarıydı. Suların içine yeşil söğütler sarkıyordu.

Küçüklerin velvelesinden çayırdaki kuşlar ürküp kaçmıştı. Şimdi gün onlarındı. Koşuşa çığrışa etrafa dağılıyorlar, ağaçlara tırmanıp çimenlere yuvarlanıyorlardı. Akşama daha dünya kadar zaman olduğunu hesap edemeyerek kuvvetlerini, neşelerini israf ediyorlar, hatta yiyeceklerini, yemişlerini yemeye başlıyorlardı.

Gamsız da bir aralık canlanmış, çocuklarla beraber oynamak istemişti. Fakat birden bire durdu, başını kaldırarak acı acı uludu. Sonra / yavaş yavaş /111
uzağa çekildi, iki büyük taşın arasına kıvrılıp yattı.

Gamsız hastaydı. Çocuklar derhal bunu fark ettiler. Yemek götürdüler. O, verilen yiyecekleri yemiyor, ara sıra titizleşiyor, yalnız bırakmaları için yalvarır gibi dişlerini çıkararak hafif hafif bağırıyordu.

Gamsız'ın ıstırabını ve bakışlarındaki perişanlığı muallimeler de gördüler.

— Yaklaşmayın çocuklar... Hayvandır bu... Belki kudurmuştur, dediler. Çocukların aldırmadıklarını görerek hademelerden birini nöbetçi bırakmaya mecbur oldular.

* * *

Büyücek talebelerden biri -altı yedi yaşlarında bir kız- birden bire bir şey hatırlayarak bağırmaya başladı:

— Eyvah! Gamsız'ı zehirlediler... Bu sabah bir şey almak için bakkala gitmiştim... Köşe başında süprüntülükte Gamsız'ı gördüm... Öteki köpeklerle beraber bir şey yiyordu. Mutlaka zehirli ekmek yedi.

Muallimeler ihtiyar köpekten böyle bir ihtiyatsızlık beklemiyorlardı. Fakat çocuğun dediği doğru idi. Gamsız bütün zehirlenen köpeklerde görülen ihtilâçlarla kıvranmaya, çarpınmaya başlamıştı.

Çocukların neşesi birden bire sönmüş, çayıra bir eski mezarlık sükûtu çökmüştü. Bazıları sızıldanıp ağlıyorlardı. Yapılacak / bir şey yoktu. /112

Mektebin pek sevgilisi de olsa, bir köpek yüzünden bir bayramın küçüklere zehir olmasına müsaade edilemezdi. Muallimelerden biri:

— Çocuklar korkmayın!... Siz bilmezsiniz... Gamsız bir kere daha zehirlendi de kurtuldu. Ona bir şey olmaz... Haydi oyununuza! diye bağırdı.

Küçükleri yarı zorla dağıtmaya başladılar. Bazıları ağlamaya devam ediyor, bazıları hocanın sözleriyle kendilerini teselli ederek: "Gamsız gayretlidir... Bir şey olmaz" diyordu. Hatta küçük ellerini açarak onun için dua edenler bile vardı.

Muallimeler nihayet başka bir çare düşündüler. Bayram yerini iki üç dakika uzakta bir ağaçlığa nakletmek... Battaniyeler, paketler toplandı ve kafile Gamsız'ı yalnız bırakarak, hareket etti.

***

Çocukların arasında gizli bir teşkilât yapılmıştı. Üç beş dakikada bir talebeden ikisi kayboluyor, gizlice Gamsız'ı görmeye gicerek ondan haber getiriyordu. Havadis derhal küçüklerin arasında yayılıyor, en mini miniler bile bunu muallimelerden saklıyordu.

Bir saat sonra yine feci bir haber geldi. Gamsız ölmek üzere idi. Saklandığı taş kovuğundan çıkmış, mütemadiyen çırpınıyordu. Ağzı, gözü, ayakları, kan

içindeydi. Artık ne emir, ne tehdit çocukları zapt edemedi. Hep birden ağlaşıp
113/ bağrışarak / koşmaya başladılar. Muallimeler ikisini üçünü zorla yakalasa, sekiz onu kurtulup kaçıyordu.

Mamafih artık köpeğe yaklaşmadılar. Gamsız'ın çırpınması korkunç bir şeydi. Kâh yerde debeleniyordu, ayaklarıyla toprakları kazıyor, kâh kanlı ağzını gökyüzüne kaldırarak, tehdit eder gibi meş'um bir sesle uluyordu. Nihayet son bir gayretle toplandı. İçindeki ateşi teskin için ırmağa doğru koşmaya başladı.

* * *

Irmak kenarında ince tahta köprünün yanında beş yaşında iki mini mini kız vardı. Bunlar köpeğin tozu dumana katarak geldiğini görünce korktular, tahta köprüden karşıya geçmek istediler. Fakat birisi telâşla ırmağa düştü, çırpınmaya başladı.

Gamsız bu kazayı görünce birden bire durdu. Yolunu değiştirdi. Tahta köprüye koştu. Çocuğun arkasından suya atıldı. Onu ağzıyla eteğinden yakaladı. Muallimeler yetişinceye kadar onu suyun yüzünde tuttu.

Sonra artık takati kesilmiş gibi kendini bıraktı. Bir iki kere daldı, etrafındaki suları köpürttü ve öldü. Kaskatı kesilmiş vücudu suyun zayıf akıntısına uyarak, yavaş yavaş uzaklaştı.

(*Leylâ ile Mecnun,* 1928, s. 47-53)

114/ Reşat Nuri /

FARE YAVRUSU, KEDİ, HOROZ

Bir küçük fare, yavru, tecrübesiz,
Dedi akşam görünce annesini:
Ben ne gördüm bugün bilir misiniz?
Öyle şeyler ki hiç nişânesini
Görmemiştim, durun da anlatayım:
Niye iş vakti gezmeyip yatayım
Dedim çıkıp erken,
Şu dağdan aştım ben;
Dolaşmak isterken,
Göründü az öteden
İki hayvan... Sevimli, nazlı biri;
Pek huşûnetli, pek yaman diğeri
Sedası tiz gayet;
Başta bir koca et.
Sanki kollar birer kanat, çarpar.
Tıpkı yelpaze, bir de kuyruğu var.
Horozun hâli yavrunun gözüne

Böyle çirkin, fena görünmüştü.
Ya diyordu devam edip sözüne,
Ya o gözler nasıl da dönmüştü.
Görmedim öyle vahşiyâne kılık.
Sonra birden kopardı bir çığlık!
Ödüm kopup sesten,
O anda kaçtım ben.
Ne tatlı yüz derken,
Görüşmek isterken,
Diğeriyle... O nazlı bir hayvan
Bize çok benziyordu anne, inan,
Mütevazı bakışlı, ruhu sıcak,
Cildi tüylerle kaplı, göz parlak,
Tavrı sakin, küçük kulakları var;
Bizi elbet bilir, sever, anlar.
İnce kuyrukla, hoş yüzüyle bize
Benziyor çünkü... Ah o bir geveze,
Haykırıp korku almasaydı beni,
Soracaktım tanırdı belki seni.
O zaman baktı anne yavrusuna,
Dedi: Yavrum, o sevdiğin, kedidir,
Düşme asla görüşme kaygusuna.
Çünkü düşmanların o, en bedidir,
Bağıran bilakis zarar vermez;
Bize ondan uzaklık elvermez.
Kedi lâkin vücudumuzla doyar; / /115
Hâl ve tavrıyla böyle göz de boyar.
Ömrün oldukça sen sakın kanma;
Bakarak şekle yavrum aldanma...

(*Güzel Yazılar,* s. 30-31)

Sirâceddin

PAZAR OLA!..

Hasan Beyi kim tanımaz?.. Zamanın yegâne güler siması! Tabiatın sahte bir nümâyiş ile iki arşınlık gövdesine raptettiği kocaman bir kafa üzerine abanî sarılı, mevsimine göre katmerleri arasına fulya, zerrin, sümbül, gül hatta fesleğen dalı takılı, daima yampûrî duran bir fes kondurun, rengi esmer geniş bir alın altına kara iki ebrû-yı ser-tîz, hâl ve kâlinden her vakit memnun olduğuna delâlet eden lem'a-dâr, uzun kirpikli iki çeşm-i siyah, mütenasip bir burun, kısm-ı fevkanîsi mütenazır kaytan bıyıklarla mücehhez az büyücek bir ağız, yassı bir çene, fakat ince bir gerden resmedin. Hatta giydirip kuşatarak biraz da çekidüzen verin. Görmeğe, fotoğrafisine hacet kalmaz.

116/ Ne zaman tesadüf etsem yüzündeki âsâr-ı tebessümü ter ü tâze / bulurum. Hâl-i meczubiyetine has bir saffet-i nazar ile etrafına bakınarak her dükkâna, her satıcıya işine, malına göre:

— Pazar ola, bakkal başı,

— Pazar ola, balıkçı,

— Pazar ola, aşçı baba!

diyerek yürür gider. Esnaf, adeta Hasan Bey'i uğur addetmiş, onun pazar olasını hayırlı bir siftah bellemiştir. Şark, bin türlü mu'tekedât arasında sâfiyet-i vicdaniyesinden emin olduğu mecâzibden de istimdat etmek derecesinde maneviyata düşkündür. Dün, bunun hâle muvafık bir şeklini daha gördüm: Üstü başı temiz, ihtiyarca bir kadın, galiba ya oğlu ya torunu, meydan-ı harpte olacak ki işitilir derecede âşikâr bir besmele çekerek Hasan Bey'e yaklaştı. Dedi ki:

— Oğlum, Hasan Bey, sulf (sulh) olacak mı?

Hasan Bey lâkayt, mütebessim elindeki ince aylandız dalını sallaya sallaya ilerleyerek:

— Pazar ola hanım anne!

117/ Zavallı kadın o kadar sevindi ki omuzlarını okşaya okşaya: /

— Bu pazar mı oğlum?

diye ikinci istifsâra daha koyuldu. Fakat heyhat! Cevap alamadı... Çünkü Hasan Bey fıçısını berduş etmek üzere bulunan birine doğru ilerlemiş idi. Kadının:

— Bu pazar mı?

suali ağzında kaldı, Hasan Beyin tatlı sesi:

— Pazar ola turşucu!

diye aksetti. Ne mutabık bir tesadüf-i hasen, ne kadar müskit bir cevab-ı manidar!

Lâkin kadın oralarda mı ya! Arkasından bir müddet daha baktıktan sonra yanındaki genç Habeşîye:

— Onlara malûm olur ama söylemezler. Vemizle (remizle) anlatırlar.

dedi ama Hasan Beyin öteki sokaktan hâlâ sesi geliyordu.

— Pazar ola kasap başı!

...

(*Eşkâl-i Zaman*)

118/ Ahmet Rasim /

BORAYLA GÜNEŞ

Sonbahar iptidası bir gündü:
Her taraf hüzn içinde ölgündü.
Bora çıkmış, güneşle bir tepeden,
Bakıyorlardı bir sabah erken.
Tepeler sisli her taraf sakin
Ovadan geçen de yok lâkin

Atlı bir yolcu gördüler gidiyor;
Belli yağmurdan ihtiraz ediyor.
Manto giymiş, başında başlığı var.
Korkar elbet, emin değil havalar!
Korkar elbet... Dedim ya ben... Güzdü,
Bora, müstehziyane bir süzdü.
Dedi: Benden kaçan şu yolcuya bak
Manto giymekle sanki kurtulacak.
İstesem düğme, kopça, hepsi gider,
O zaman mantodan kalır mı eser?
Eseyim şimdi anlasın sersem;
Manto sırtında durmaz istersem.
Ona lâkin güneş gülüp dedi ki:
Savletin pek şedit olur belki;
Girerim bahse ben seninle bugün
Esmiş olsan huşûnetinle, bütün
Emeğin berhava olup gidecek.
Zorla mümkün değildir iş görmek!
Sen çalış, sonra ben de bir deneyim
Sen misin haklı, ben mi? Öğreneyim.
Haydi etrafı kapla, koş, saldır;
Ne kadar varsa toz, duman kaldır!
Bora şiddetle kükreyip yürüdü;
Arzı müthiş iniltiler bürüdü.
Her taraf kapkaranlık olmuştu;
Ova çığlıklar ile dolmuştu.
Kırılıp dal, ağaç bütün yattı.
Uçtu damlar, sefineler battı...
Neyi buldu ise yolda etti sakat,
Yolcu kalmıştı mantoyla fakat.
O savurmuş, bu hep sarınmıştı;
Kuytu yerler bulup barınmıştı.
Bora bir gün sürüp açıldı hava,
Manto sırtında yolcunun hâlâ,
Sıra gelmişti âkıbet güneşe,
Ne kadar tatlılıkla girdi işe: / /119
Isıtıp kâinatı yükseldi;
Manto seyyaha pek ağır geldi.
Çıkarıp horca derakap koydu;
Bu süvariyi tatlılık soydu.
Anla yavrum ne haklı davadır:
Tatlılık zorluktan evlâdır!

"La Fontaine"den
Siraceddin

BOZGUN

Müslüman'ı, Türk'ü düşman sürümüş
Altın Dağ üstünü duman bürümüş
Ruhlarla melekler ufka yürümüş;
Başını çevirip bakan kalmamış,
Tanrı korkusunu duyan kalmamış:

Ağla gözüm ağla! Hicran yaraşır,
Vatansız erkeğe, zindan yaraşır!

Hak güneşi midir karşımda batan?
Nazlı ninem midir yerlerde yatan?
Sen misin sen misin ey garip vatan?
Ellere satılmış ırzın, yaşmağın,
120/ Harap edilmiş otağın, bağın: /

Ağla gözüm ağla! Hicran yaraşır,
Erkeksiz vatana düşman yaraşır!

Ey öksüz ocağım! Zavallı ana!
Kıydılar mı sana, kıymadan cana?
Kara mı sürüldü eski bir şâna?
Rabbin mekânına sanem asılmış
Bembeyaz alnına neler yazılmış!

Ağla gözüm ağla figân yaraşır,
121/ Kaygısız imâna hüsrân yaraşır! /

Ne ettiler sana, ne oldu bana?
Kulağımı verdim vurulan çana,
Bir gariplik geldi, çöktü her yana,
İslâm diyarında Kur'an ağlıyor!
Kur'an'ı başında, Turan ağlıyor.

Ağla gözüm ağla! Figan yaraşır,
Bülbülsüz bâğına hazan yaraşır!

Rumeli tutuştu, vatan dağıldı.
-Türk kuzularına altın ağıldı-
Can memelerinden kanlar sağıldı
Kucağını açıp saran nerede?
Ertuğrul'un oğlu Osman nerede?

Ağla gözüm ağla! Hicran yaraşır,
Goncasız bülbüle figan yaraşır!

Utan ey Türk oğlu, halinden utan!
Bunu mu diledi senden Kayı Han?
Böyle mi emretti ulu Yaradan?
Hüdavendigâr'ı soran yok mudur?
Fatih türbesine varan yok mudur?

Ağla gözüm ağla! Hicran yaraşır.
Kurumuş sinemye al kan yaraşır.!

Mabetler değişmiş, atılmış kitap!
Ne hanüman kalmış, ne de bir ahbap. / /122
Cebr ile katılmış, zemzeme şarap.
Kalmamış duyan, ağlayan, ölen,
Her tarafı sarmış sevinen, gülen.

Ağla gözüm ağla! Figan yaraşır,
Kör olası göze tuğyan yaraşır!

Akan sulardan kanlar çağlıyor;
Tütmeyen ocaklar vicdan dağlıyor
Çoluk, çocuk, gelin, civan ağlıyor.
Düşman bayrağını yırtan ararım,
Namus ocağını kuran ararım.

Ağla gözüm ağla! Figan yaraşır,
İmansız cihana tufan yaraşır!

18 Kânunusânî 1328
(*Bozgun,* 1334)
Aka Gündüz

ESKİ RAMAZANLARI YAD
-Ağla çeşmim, ağla, durma...-

Evet, bilmem bu şarkı parçası nereden, nasıl birden bire aklıma geldi:
"Ağla çeşmim, ağla, durma!" Saatler var ki kendime hâkim olamayarak muttasıl
onu tekrarlıyor, evde hem aşağı yukarı dolaşıyor, hem de onu mırıldanıyorum.
Ah, eski ramazanlar, çocukluğumun ramazanları! O, zaman Ramazan kışa, karlı,
buzlu günlere tesadüf ederdi. Gözlerimi kapayıp / çocukluğumun ramazanlarını /123
düşünmek istedikçe ilk önce, daima şöyle bir manzara gördüm: Karayelin savurduğu

parçaları altında, gece, teravihten çıkan gamseleli ve kukuletalı bir siyah cemm-i gafîr... Yerleri hışırdatan bir ayak sesi ve ardı arkası kesilmeyen öksürükler! Bu, oldukça korkunç ve oldukça heybetli manzaradan sonra yavaş yavaş ramazanın bütün safhaları hayalimde canlanmaya başlar. Evvelâ arife gününü hatırlarım, Eyüp'ü ve aile mezarlarını ziyarete gittiğimiz günü... Evde ramazan temizliği bitip, kiler yerleştikten sonra hamam yanardı, ramazan hamamı... Bu, yirmi dört saat, geceli gündüzlü sürer, bütün evin halkı, uzak, yakın akraba, hatta komşular da girerdi. Artık başka iş kalmazdı. Arife günü erkekler bir taraftan, kadınlar öbür taraftan, muhakkak Hazreti Halid'i ziyarete gitmek mutattı. Türbeden evvel mezaristana uğrardık, Edirnekapısı haricinde aile mezarlığı... Öyle hatırlıyorum ki yalnız başıma oracığı, el'an, bulmaya imkân yoktur. Bu serseri ve mezar taşı ormanının kuytu, uğultulu, ücra bir kenarında imar ve tezyin görmemiş yosunlu kırlar... Orada okur, üfler, yüreğimizde aynı zamanda bir genişlik ve kasvet duyardık. Galiba vazifemizi yapmaktan mütevellit bir ferah ve ölüme yakın bulunmaktan mütehassıl bir melâl, âheste âheste arabalarımıza binerdik. Bu ne büyük, ne ucu bucağı bulunmaz bir servistandı... Ta Eyüp'e kadar loşluk, uğultu ve yalnızlık içinde, konuşmak cesaretini bulamayarak, adeta pür-huşu, gelirdik... İğne atsan yere düşmezdi, fakat kumrular yine dolaşacak yer bulur, o gün darı yemekten kursakları heybe gibi şişerdi. Hanımlar türbeye girmezlerdi, dışarıda hacet penceresinde okuyup kemeri dönerlerdi. Erkeklerle gittiğim zaman ta gümüş işlemeli sandukaya kadar, pür-hürmet ve taat yürür, inleye inleye, hatta gözümüzden yaşlar gelerek Allah'a yalvarır, şükreder ve geri geri giderek dışarı öyle çıkardık. O zaman sadaka sırası gelmiş olur, etrafımızı palaspareler giymiş kocakarılar, kadınlar ve çocuklar sarar, hepsine çil kuruşlar dağılırdı. En'am satan ihtiyar bir hacı, tespihçiye ve darı dağıtanlara da uğrar, onların da gönüllerini alırdık. Sonra Unkapanı Caddesi'nden, Cibali'yi, Balat'ı geçerek bir eğlenceli kalabalık yol başlardı. Ben en çok orada eğlenirdim: Kürklü Yahudiler ve atkılı kızlar seyrederdik.

Geçen sene, on yıllık bir fasılayı müteakip, arife günü yine türbe-i Halid'i ziyarete gittim: Avlu bomboştu, şadırvanda suların sesi ve kovuklarda kumruların dem çekişi işitiliyor, kapıda tek bir araba, benim arabam bekliyordu.
124/ Gönlüm hüzün ile, öksüzlükle doldu. Bu kadar az / zamanda bu ne büyük tebeddüldü! Biz oraya kar fırtınaları içinde koşar, giderdik. Şimdi; bahar ve güneş içinde bile gelen yoktu! Ne diyeyim: Ağla çeşmim, ağla, durma!..

* * *

Ramazanın on beşinden sonra, yine böyle, bütün ev halkının ihmal edemeyeceği bir ziyaret daha vardı: Hırka-i Şerif ziyareti. Bunun için de tertemiz hazırlanır, yola gönüllerimiz zikir ve ibadetle taşkın, öyle çıkardık. Fatih'i geçerek bazı dar sokaklardan dolana dolana nihayet beyaz bir camiin önüne varırdık. İnsan yığınları arasından yol bulup kapıya yanaşmak ne güç işti.. Nihayet zor zar girer, bembeyaz hasırlı yollardan yürüyüp, yeşil atlastan bir mübarek bohçaya yüz, göz sürerdik. Dışarıda halk kaynaşırdı, fakat bu hücrede ve ona müntehi dehlizlerde uhrevî bir sükûn hüküm sürerdi. Çıkarken bir müddet, yine geri geri yürürdük. İşte o zaman çocukluğumun en heyecanlı bir demi başlardı: Avluda uzun uzun pul şişelere doldurulmuş rengârenk boyalı sular satarlardı. Bunlar ne idi? Manası, hoşluğu neresinde idi? Onu elan bilmiyorum, tahmin edemiyorum. Gayet iptidaî bir nevi oyuncak veya süstü, fakat devrin bütün çocukları önünde dikilir kalır, almayınca gitmezdi. Bana:

— Haydi, üç tane seç bakalım!

derlerdi. Bir mor, bir turuncu, bir de sarı seçerdim; yol bana uzun görünürdü. Ah, bir eve varıp oynamaya başlasam... Fakat bu şişelerin oynamaya hiçbir meziyeti yoktu. Hemen sularını musluğa boşaltırdım; geriye benekli, dalgalı ve ağız tarafı kırık, sakil, biçimsiz camlar kalırdı. Ve elimi, bir yerimi kesmesin diye onları da usulcacık alıp atarlardı. Fakat o beş on dakikalık heyecan ne güzel şeydi ve yeni bir ramazan ve yeni bir Hırka-i Şerif ziyaretini bana ne sabırsızlıkla bekletirdi!

Kim bilir, şimdi, orası da bomboştur... Belki o renkli şişeleri yapan ve alan da kalmamıştır. Ah, ne diyeyim: Ağla çeşmim, ağla, durma!

* * *

Ramazan içinde beni bir defa Süleymaniye Camii'ne teravihe ve Kadir Gecesi de Ayasofya'ya götürürlerdi. Süleymaniye... O ne ulu mabetti, o ne cevherli bir Müslüman cemaatiydi, / müezzinlerdeki o ne sesti ve halk secdeye /125
varırken o ne heybetli bir gulgule idi! Süleymaniye Camii'nde bir teravih namazı... Bunu Anadolu'nun her ramazanında bilir misiniz ne tahassürle anar, arardım! Eski İstanbul'un camileri ve ramazanları... Bunu bilen, bunu tadan Müslümanlar, vilâyetlerin ramazanlarını ne dar, ne heybetsiz ve ne şaşaasız bulurlar... Ya Kadir Gecesi Ayasofya! Bütün bizim evdekiler, o gece, göklerin açılıp üstümüze nurlar yağdığını görebilmek için pencere önlerinde Kur'an okurlar, namaz kılarlar, tâ-be-sabah ibadet ederlerdi. Biz de Ayasofya'ya giderdik. Ben mütemadiyen yanımdakilere:

— Terli direğe gidelim!

diye yalvarırdım. Evet, terli direk böyle hatıramda kalmış, bir somâkî direkti ki içinde bir mücellâ oyuk vardı, oraya dizlerimden tutup kaldırırlar, parmağımı sokardım. Sonra birer birer, her kürsünün önünde durup ayakta dikilirdik. Bazen yanımdakiler, büyüklerim ya Kur'an okuyan hafızın sesini, yahut vaaz çekerdim. Bu binlerce halk, bu kocaman sütunlar, bu yüksek kubbe, bu top kandiller, bu kürsüler benim mini mini ruhum ve mini mini cüssem için o kadar büyük, o kadar ağır ve müthiş gelirdi ki adeta ezildiğimi, bir karınca gibi çiğnenip bittiğimi hisseder, korkar, sokulur ve bazen de uyurdum.

Ah, böyle din ve ibadet içinde an'anelere bağlı büyümek ne hoştur... Nasıl şaşaalı maziler bizi memleketimize bağlar ve her hatıra bir sızı gibi yüreğimizi yakarak vatan sevgisini ve din merbutiyetini içimizde sağlamlar.. Halbuki, artık babalar yavrularının elinden tutup Süleymaniye'ye teravihe, Kadir Gecesi Ayasofya'ya götürmüyorlar, dinimizin azametini körpe zihinlere nakşetmiyorlar. Ne demeli? Ağla çeşmim, ağla, durma!

* * *

Ramazanda bir gecede, beni pek seven ricalden birinin konağına iftara götürürlerdi, topa beş kala kapıdan girerdik, daima böyle, hesaplı gelmek âdetti. Uşaklar hemen koşup bizi yukarı kata çıkarırlardı. Hane sahibi ziyaretimden memnun olurdu, fakat, oruç günü, bu meserretini bildirmez, teşrifatla, resmiyetle ayağa kalkar:

126/ — Şöyle buyurunuz, şöyle teşrif ediniz... /

diye başköşede yer gösterirdi. Herkes tesbih çekerdi, lâkırdı olmazdı. Odadaki saatlerin tıkırtısı, ne canlı, ne kuvvetli işitilirdi... Derken, birden, camları zıngırdatarak top patlardı, yine teşrifatla yemeğe oturulurdu. Şundan bundan konuşulurdu, fakat henüz benimle hasbihal ve mülâtefe sırası gelmezdi. Kahveler içilir, namazlar kılınır, tekrar kahveler içilir, namazlar kılınır, tekrar kahveler getirilir ve ondan sonra da misafirlerin çoğu çekilirdi. Artık salonda dört beş zat, samimî ve eski dostlar kalırdı. Gelsin benimle muhabbet... Galiba kendime has, hoş ve neşeli bir tarz-ı musahabetim vardı ki hem ev sahibi, hem de misafirler pek ziyade mütelezziz olurlardı. O zamandan şiire, edebiyata merakım olduğu için hepsi de kâtip ve âlim olan bu adamlar bana şiir okurlardı. Hiç unutmam Şinasi'nin bir tevhidi vardı, tamamı hatırımda kalmamış, ama içindeki "... Lâ-mekândır olamaz" kelimelerini nedense doğru telâffuz edemezdim ve bunu tiyatroya gidilirdi. Ben o zaman da, caniler ile didişen masum rollerine âşıktım!

Şimdi nerede böyle çocuklarla hasbihalden zevk duyan yaşlılar... Yaşlıların dert, kasavet başlarından aşmış, ne ramazanda ne bayramda çenelerini bıçak açmıyor. Ne diyelim: Ağla çeşmim, ağla, durma!

* * *

İşte çocukluğumun ramazanlarından böyle tatlı ve canlı hatıralar zihnimde nakşolup kalmış... Ya yine ramazan içinde sonuna doğru, elbise almaya gidildiği gün... Ya bayram sabahı! Ah, bunları bana hiç hatırlatmayınız; ben yine şarkıma döneyim:

— Ağla çeşmim, ağla, durma!..

(*Guguklu Saat*)

Refik Halit Karay

MEVLİT VE FERDÂSI

(...) Kasabanın incir bahçelerinde yatan bir köylü bekçi gece yarısı muttarit, muntazam bir hışıltı ile uyandı. Ortalık sessizdi, yalnız el ile bile delinemeyecek kadar katı görünen karanlığın ortasından o / uzun, mütemadi ve muttarit sesler geliyordu. Evvelâ yattığı yerden yalnız kulaklarıyla değil, bütün vücuduyla dinledi. Muntazam ve mütemadi bir ihtizaz, muntazam ve mütemadi bir hışıltı yavaş yavaş yaklaşıyordu. Bu, büyük bir ordu yürüyüşüne benziyordu. Birdenbire bekçi, tüylerini ürperten bir korku ile bir zaman nefes almadı, sonra sürünerek bahçenin çit duvarına yaklaştı, dikenler arasından müphem bir beyazlıkla uzanan yola baktı. Yolun uzaklarında karanlığı kurşunîleştiren bir beyazlık, bir duman vardı. O yürüyüş ordunun kaldırdığı toz duman idi. Şimşek gibi bir korku ile beyninden vuruldu. Durmadan hatta çarıklarını giymeden, yalın ayak kasabaya doğru tarla yollarından koşmaya başladı. Hiç şüphesi kalmadı, Yunan ordusu kasabayı basmaya geliyordu. Bir an evvel kasaba halkını haberdar etmek için durmadan, nefes almadan koştu, koştu.

Aynı akşam kasabanın meydan camiinde mevlit vardı. Ömer Efendi bir ticaret işi için şehre gitmişti. Gülsüm Hala feneri yaktı. Aliye ile mevlide giden kalabalığa karıştı.

Eylülün sonu idi. Havada ılık ve tatlı bir sükûnet vardı. Gök yakın, yıldızlar parlak ve çok, hepsi şaşaalı bir sıcaklıkla kasabanın siyah bir küme gibi yığılan damlarını belirsiz ve müphem bir aydınlıkla seçtiriyorlardı. Siyah meydanda beyaz cami narin minaresiyle ve güzel ve ezelî gök altında hülyalı ve yumuşak hatlarla beliriyor, her taraftan / ellerinde fener, camie giden ahali nur taşıyan /128
birer muzlim hayalet gibi kımıldanıyorlardı.

Camiin kapısındaki bu ışıklı karaltılar eski perdesini kaldırıp içeriye dalarken kusursuz bir çocuk göğsünün billûrî bir vecd ve güzellikle tekrar ettiği "Allahü Ekber"ler gökteki nurlar gibi ilâhî bir hararetle bu ılık hava ve yarım ışıklar içinde geçen hayaletlerin kalbine dökülüyordu.

Aliye her siyah karaltı geçerken onda uzun ve sevgili bir endamın hatlarını seziyor, her ışık ona kalbini yakan aziz gözlerini hatırlatıyordu. Göğün gözleri ona Tosun Beyin gözlerinden bakıyor, muzlim hayaletler ona Tosun Beyin birer gölgesi gibi geliyordu.

Minarenin ezelî teranesi, camiin hülyalı ve hafif nurları, buhurdânlarından çıkan mukaddes ve bayıltıcı kokular, bütün bu güzel ibadet dünyası Aliye'nin bakir ruhunun heyecanında ölüme götüren istiğrak lerzesi yapmıştı. Benliği tamamıyla ilk güneş gören bir gonca, mucize ile gözleri açılan bir kör gibi dünyayı ilk defa, şimdiye kadar sezemediği yeni heyecanlar, meçhul lezzetler ve aziz işkencelerle hissediyordu.

Aliye kafesin arkasında ekserîsi yüreği aziz bir ölünün hasretiyle kanayan kasaba kadınlarıyla yatsı namazını kıldı. Mevlit eşraftan Lâtif Ağanın Çanakkale'de şehid olan iki oğlunun her sene okunan mevlitlerinden / biri idi. /129
Kendi şehidlerine mevlit okutamayan zavallı analar bu mübarek "âmin"in inayet ve şefaatinden kendi şehidlerine rahmet payı çıkarmak için gelmişlerdi.

Mevlidi tesadüfen kasabadan geçen İstanbullu dede okuyordu. Kafesin arkasından camiin içi sarı ve müphem nurlar ve gölgeler içinde görünüyordu. Top kandilin altında başları önlerinde, yıpranmış, parça parça olmuş, rengârenk mintanları, poturları, başlıkları ile ahali, buhurdânlardan yükselen dumanlar, kandillerden inen uzun, titrek ışık huzmelerinin içinde büyük ve muhalled bir eserin âhenk ve rengini hatırlatıyorlardı. Dede ışığın tesiriyle kafeslerin arkasındaki uzak ve rüyaya benzeyen bir ziya içinde kürsüde oturuyordu. Sarı yüzü çenesine doğru incelen, seyrek ve beyaz sakallı bir ihtiyardı. Sikkenin altında tevazuyla eğilen başı, bol harmanisinin kıvrımları altında dindar ve zarif bir huşuyla düşen zayıf ve ihtiyar omuzları mevlidin ahengiyle yavaş yavaş sallanıyordu. Bütün bu temevvüçle kandiller, ibadet edenler, havanın ışıkları ve buhur dumanları hatta cami, tutulamayan ilâhî bir vecd içinde hem-âhenk dalgalanıyordu.

İhtiyar dedenin sesinde asırların getirdiği bu Mevlevî harsının ince hassasiyeti, her perdede derece derece yükselen, büyük bir sanatın sükûn ve sâdegî çerçevesinden çıkan bir heyecanı vardı. Aliye bu kadar derinden hissettiği bir
130/ şey hatırlamıyordu. /

Çocukluğunda Süleymaniye'de, Beyazıt kubbeleri altındaki ramazan gecelerinin cami avlularında, mahyalar altındaki mahalle çocuklarıyla konuşup oynadığı dakikaların, verem annesinin, haber gelmeyen babasının hasretiyle loş ve çıplak odalarında, gece kandillerinin gölgesinde yanaklarından dökülen gözyaşlarındaki garip esrarın havası bu akşam hafızasında uyandı, söndü.

Bu dedenin derin yüzü, güzel sesi onu Allah'a temas eden bir aziz vecd ile sarsmıştı. Halbuki bu güzel camiin durduğu meydanda daha kaç gün evvel başka bir adam, vazifesi kudsî olan bir din adamı ona cehennem ve azap dakikaları yaşatmıştı. Nasıl olur da bu kadar beşerî, bu kadar merhamet ve iyilikle dolu bir dinden Hacı Fettah Efendi o kadar kâbusa benzeyen bir azap ve işkence çıkarıyordu:

Dede vilâdetle başladı:

Âmine Hatun Muhammed ânesi
Ol sadefden doğdu ol dürdânesi
Çünki Abdullah'dan oldu hâmile
Vakt irişdi hafta ve eyyâm ile
...

Dedenin emsalsiz bir şarkı hüzün ve esrarıyla, en garip ve kalbi yakan bir
131/ musiki ile başladığı bu satırlarda dünyanın en büyük sırrı olan / vilâdeti bir
çocuk, bir şair sâdegîsi ile öyle bir nakledişi vardı ki Aliye'nin fen kitaplarında kaba zevahiriyle gördüğü şey ezelî ve beşerî bir mucize tatlılığı ile kalbini sardı.

Hazreti Âmine'nin asırlardan beri halka en tatlı bir musiki ve şiirle nakledilen ve yine bu asırlardan beri biriken hicranlarla takdis olunan vilâdet hikâyesini Aliye de öteki Anadolu kadınları gibi kalbinden gelen sıcak yaşlar yanaklarından döküle döküle dinliyordu. Bir kadının kudsiyetini, hayatın ve tabiatın en derin bir alâmeti olan vilâdetin nihayetsiz ıstırap ve saadetini ilk defa bir kadın gibi anlıyordu. Hazreti Âmine'nin loğusa yatağındaki beşerî acılarını, göklerden inen melek saflarını, "Sündüs" adlı meleğin döşediği nur döşeğini ruhunun gözüyle görüyordu.

Dedenin ihtiyar sesi esrar ve saadetle dolu bir kadının hülyasını ne nefîs bir incelikle hikâye etti:

Didi gördüm ol Habîbün ânesi
Bir aceb nûr kim güneş pervânesi
Berk urup çıkdı evimden nâgihân
Göklere dek nûr ile doldı cihân

İşte beşeriyetin bütün işkencelerini temsil eden vilâdet bütün azap ve
132/ meşakkatiyle beşeriyete bir şey veren herhangi yaratıcı bir mahlûkta / tabiî olarak

nihayetsiz bir hararet ve ihtimam, ancak bir ak kuşun kanatlarının okşamasıyla verebileceği nevâziş ve rikkati -olduğu gibi- bakir ruhuyla Aliye duydu.

Kadın ve ana ruhunun, vücudunun en büyük sırrını Aliye'nin bu gece olanca vecdiyle, olanca kabiliyeti ile duymuş olmasının anahtarı Tosun'dan kalan bir ananın hayali idi. Tuhaf ve fikrî ve belki de sırf ruhanî bir berraklıkla fırtınalı hayatında bu güzide hissin hiçbir zaman hakikat olamaması ihtimalini içini çekerek düşündü.

(*Vurun Kahpeye,* 1926, s. 56-62)
Halide Edip Adıvar

KOŞMA

Dün yine günümüz geçti beraber,
Gece de yanında kalasım geldi!
Duruşu utangaç, bakışı dilber,
Vallahi çapkını alasım geldi!

Yüreğim bağlandı her bir sözüne,
Kara kaşlarına, kara gözüne,
Siyah kâkülünü dökmüş yüzüne,
Uzanıp birkaç tel çalasım geldi!

Güldükçe gönlüme inciler döktü,
Baktıkça ufkumda şafaklar söktü.
İçime bir tatlı baygınlık çöktü.
Koynunda rüyaya dalasım geldi!...

(*Yanardağ,* 1928)
Yusuf Ziya Ortaç

EYÜP SULTAN'DA RAMAZAN GECESİ

Camilerinde ahireti, sokaklarında ecdadımızı hatırlatan eski ramazanın kudsiyetini dün gece Eyüp Sultan'da buldum. / /133

***

Müminlerin üstünde top kandiller damla damla titreşiyordu. Berrak bir ses, biz Türkler için esrar dolu Kur'an lisanına muhabbetten ve imandan kopan uhrevî bir âhenk veriyordu. Vücutlarını maneviyetin vecdine salıvermiş müminler -cami eşiğinden çıkar çıkmaz tacir, memur, oyuncakçı, kebabçı, zabit, îrâd-hâr diye hepsi birer sınıfa bölünecek insanlar- orada yalnız aynı şeye inanır birer kuldu. Hepsi bir arada secdeye kapanıyor, bu nurlar altında, mukaddes bir sükût içinde bir an ruhuyla yalnız kalıyordu.

Şu saatte aynı surelerin her memlekette türlü makamlara bürünerek binlerce camide tekrar edildiğini düşündüm. Binlerce camide milyonlarca Müslümanın ruhunda bu serin ve tatlı ahiret rüzgârı esiyor, başlarında böyle kandiller titreşiyor, kubbelerde dizlerinin ve alınlarının halılarda, hasırlarda çıkardığı bu sesler aksediyor... Kâbe, bütün bu hareketlerin kıblesi ve kalbi olan Kâbe! Yüz milyonlarca insana bin üç yüz ramazandır verdiği şu vecdi, şu vecdden doğma türlü türlü mimarî şaheserlerini yaşatan Kâbe! Sana insanların en mümtazı olan Muhammed, hiçbir nâsûtî dehânın hiçbir abideye veremediği manayı hayret-bahş bir sadelik içinde nasıl nefh etmiş!.. Sendeki güzelliği ve ondaki büyüklüğü dün gece ne yakından sezdim! Kendini insanlardan ayırmayan, bize anlattığı Allah'a bizim gibi tapan, bizim gibi secde eden Muhammed'in kalbi meğer ne şaşaalı bir aşk ihtiva edermiş! Arza güneş doğar gibi onun kalbine Allah doğmuş! Ve kalbine doğanı bize ne kuvvetle duyurmuş.

* * *

Güzel sesli imam ve müezzinlerin eda ettiği ibadetten sonra müminler top kandillerin altından ağır ve sessiz dışarıya çıktılar! Ellerinin birinde pabuçlarını taşıyorlardı. Öbürkünde, ara sıra alınlarında gezdirdikleri birer mendil vardı.

Peygamber Muhammed'le Fatih Muhammed'in asırlarını düşündüren mukaddes avluya haşmetli bir gece sükûtu inmişti. Dalgalı mermerlerde Müslümanların ayak sesleri -bitkin birer hırıltı hâlinde- birkaç dakika sürüklen-
134/ di. Nihayet avluda şerefelerden ve mahyanın titrek heyetinden / inen ışıkların biriktirdiği bir yarı şeffaflık kaldı. Orta yerdeki seddin yeşil parmaklığı içinden taşan koca çınar dallarının bir kısmı cami kemerlerine, bir kısmı da türbe revakına yaslamış kıpırdamıyordu. Yalnız tepesinde -geceden daha siyah bir loşluk sorgucu hâlinde beliren- en yüksek ince dallardan uzak ve hafif bir fısıltı çiseliyordu. Ve bu, sikkelerin altındaki mermer köşe musluklarından akan sulara karıştıkça avluda asîl ve mütevazı, şen ve melül bir âhenk idame ediyordu. Bülbüller son demleriyle bu su, mermer, yaprak ve sükûn âlemine ayrı bir lezzet veriyordu. Yedi yuvarlak fanusun altından geçtim. Türbe penceresine yaklaştım. Kalemin ve rengin anlatamayacağı uçucu bir cilveyle ışıldayan enfes çini âlemi içinde mahsur pencerenin parmaklığına alnımı dayadım.

Çinilerini kandil ışıklarının yer yer parıldattığı iç duvarların orta yerinde, mermer çerçeveler içine oyulmuş ikinci medhalin ötesinde sahabenin türbesi yek-pare bir nur gibi tecelli etti. O medhalin som sedef parmaklı kapısı örtülmüş, kıvrım kıvrım gümüş türbe parmaklığın baş ve ayak uçlarında ki iki yüksek ve beyaz meş'ale donuk ve muazzam yanıyor. Alnım kanımla yavaş yavaş ısınan parmaklıkta; şakağım, oymalarda kenetlenmiş sol elimin koluna dayalı kalarak faniliğin bu noktasından bekayı doya doya seyrettim. Vücudumun ağır ağır kaybolduğunu ruhumun kat kat açıldığını hissettim.

***

Ahiret ve dünya korkusunu ovuşturan bir vecd içinde kadîm mezarlığa doğru çıktım. Bu dünyadaki nişanları yarı yıkık, soğuk yazıları karanlıkta yok olmuş birer taştan ibaret kalan ecdat ülkesinde garip bir teselli ve bir kuvvet buldum. Bizim gibi düşündükten, hayatı, neşeyi sevdikten, gülüp ağladıktan sonra toz olan o insanların taş kavuklarını kendilerini okşar gibi sevdim. Kendi etlerinden, kendi kemiklerinden kendilerine yaptıkları bu basit süsler altında öyle rahat uyuyuşları vardı ki imrendim. Onlar gibi olacağım zamanı korkusuz, riyasız düşündüm. Onlar devletlerinin, milletlerinin her hâlde bizden iyi günlerini görmüşlerdi. Bol ve rahat yaşamışlardı. Bastıkları toprağın bir gün olup sarsılacağını akıllarına bile getirmeden içinde rahat yerleşmişlerdi. Sizin engin günlerinizi bir daha bulmak tecellimizde yoksa bile sizden olduğumuzu ve kendimizin olarak kalacağımızı da gösteremez miyim diye düşündüm! / /135

Bazı serviler ağır ağır kütürdüyordu. Aralarından altın bir sak üstünde nurdan bir gül -Eyüp'ün mahyası- o kadar güzel görünüyordu ki...

Uzaklarda kurbağa ıslıkları halkalanıyordu. Ötelerde ürkek kedilerin fosforlu gözleri arkasından korkunç sesler çıkaran köpeklerin nazarları bir an parlayıp kayboluyordu.

Yavaş yavaş taşlar ve serviler daha vazıh seçilmeye başladı. Haliç'in ağır sularında alevden birer Çin ejderhası gibi kıvrılan ışık akisleri hafifçe solgunlaştı. Ve sular paslı bir tunç safha gibi görüldü. Zira ay, bulutların altından donuk sarı bir çizgi halinde belirmişti.

Kavuklu bir taşa yaslanıp İstanbul'u seyrettim: Eyüp'ten Sultan Ahmed'e kadar yüzlerce minare ve birçok mahya! Bütün sefalet manzaralarını, içindeki bütün acıları, yabancı varlıkları örten, yalnız Türk'ün ve İslâm'ın şanını, zaferini karanlıklarda ışıktan birer dağ heybetinde göklere doğru ilân eden İstanbul! Türklerin bir ufuktan öbür ufka kadar kendileri için nurlarla çizdiği lâ-yemût İstanbul!... Ah, o İstanbul'u kucaklayabilseydim, öpseydim; öpseydim. O kavuklu taşın dibinde bu İstanbul için birkaç gözyaşım kaldı.

(*Ayrılıklar*, 1923)
Ruşen Eşref Ünaydın

HERKESİN İÇTİĞİ SU

-Eski Bir Çin Masalı-

"Ling-Yu" gayet akıllı, gayet ihtiyar bir fağfurdu. O kadar terakkiyi severdi ki halkın maziyle hiçbir alâkası kalmamasını temin için bütün Çin'in eski kitaplarını, eski kütüphanelerini yaktırmıştı. Çinliler adeta onun ulûhiyetine bile inanır gibi oluyorlardı. Derlerdi ki "Ling-Yu dünyada Allah'ın dehasından bir numunedir!" Kavga, gürültü çıkıp mahallelerin, köylerin asayişi / bozulmasın /136
diye afyon tarlalarını şenlendirmiş, esrarı, haşîşi mübah ilân etmişti. Devri rüyasız, yorgun bir uyku gibi geçiyordu. Herkes kendi dalgasında yaşıyor, "Dünya var imiş yâ ki yok imiş ne umûrun!" felsefesi adeta bir nass telâkki ediliyordu. Fakat bir sabah fağfurun afyonu patladı. Sarayın nihayetsiz bahçesinde boynuzlarının etrafında allı, mavili, yeşilli, sarılı, morlu binlerce kelebek uçuşan billûr bir köşk-

te "dünyâ ve mâfîhâ"ya dair düşünüyor, yeni düsturlar, yeni hikmetler tasarlıyordu. Huzuruna bir mandarin girdi. Secdeye kapandı.

— Efendimiz, başmüneccim geldi. Mutlaka size bir şey arz etmek istiyor!

dedi. Fağfur Ling-Yu zaten deha sayesinde istikbalde ne olacağını bilirdi. Derdi ki: "Sebepleri doğru görebilenin neticede şüphesi kalmaz." Onun için başmüneccimden daima kendi tahminlerini dinlerdi. Şimdiye kadar o hiç böyle habersiz gelip bir şey söylememişti.

— Tuhaf, diye başını salladı, acaba ne söyleyecek?

— Gayet mühim bir şeymiş efendim!

Fağfur düşündü. İşler tıkırındaydı. Öyle mühim bir şey vuku bulacağı yoktu.

— Gelsin!

buyurdu. Huzura giren başmüneccim resmî secdesinden kalktıktan sonra:

— Ah efendim, gayet korkunç bir felâket bizi tehdit ediyor!

dedi. Fağfur dünyanın her şeyine vâkıftı. Taaccüp etti. Görünürde muharebe, kıtlık, ihtilâl, feyezân gibi bir şey yoktu.

Badem gözlerini süzerek:

— Yanılıyorsun!

dedi.

— Hayır efendim, muhakkak bir felâket!

— Muharebe mi?

— Hayır!

137/ — İhtilâl mi? /

— Hayır.

— Ya ne?

— Bir yağmur, efendim!

— Yani feyezân!

— Hayır, yalnız yağmur...

Fağfur, liyakatli başmüneccimin saçmalayacağına ihtimal veremezdi. Tekrar onu bir süzdü. Merakla sordu:

— Bir yağmur niçin felâket olsun?

— Bu yağmur çok sürecek!

— Sürsün.

— Suyundan kim bir damla içerse deli olacak!

— ...

Fağfur düşündü. Hakikaten felâket korkunçtu. İstihracında yanılıp yanılmayacağını başmüneccime tekrar sordu. Zavallı âlim bundan son derece emindi. Korkusundan tir tir titriyordu. Sarayda hemen bütün mandarinler toplandı. Günlerce müzakereler, müşavereler edildi. Nihayet daha bu uğursuz yağmur başlamadan sarayın bütün sarnıçlarının, küplerinin, vazolarının, mahzenlerinin ihtiyat olarak temiz sularla doldurulmasına karar verildi.

Aradan bir hafta geçti, başmüneccimin haber verdiği yağmur hafif hafif yağmaya başladı. Bir gün, iki gün oldu. Dinmedi, hızlandı. Bardaktan boşanırcasına yağdı durdu. Her tarafı sel aldı. Nehirler, çeşmeler, oluklar taştı. Adeta mini mini bir tufan! Başmüneccimin haber verdiği felâket hakikaten aynen zuhur etti. Kim bu yağmurdan bir damla karışmış bir suyu içerse hemen çıldırıyordu.

On beş yirmi gün içinde bütün halk çıldırdı. Yalnız fağfurla maiyeti, erkânı saraya saklanılmış sulardan içiyorlar, akıllarını başlarında tutabiliyorlardı. Uğursuz yağmur dinmedi. Memlekette çıldırmayan kimse kalmadı. Umumiyetle deliren halk işi öyle azıttılar ki... Artık ne mandarinler, ne serdarlar, ne hâkimler saraydan sokağa çıkabiliyorlar, ne içerden dışarıya meram anlatabiliyorlardı. Bir curcunadır gidiyordu. Fağfuru o zaman düşünmek aldı. Bunun sonu ne olacaktı? Evet bir kere deli olan / artık akıllanamıyordu. Zırdeli halk bahçe surlarının /138
etrafında toplanmış, gece gündüz, zurnalarla, davullarla kulakları yırtan bir gürültü koparıyorlar:

— Delilere bakın, yuha, yuha...

diye ihtiyat sulardan içip akıllı kalanlara dillerini çıkarıyorlardı. Bir gün geldi ki erzak falan tedariki imkânsızlaştı. Lâf anlayan, söz dinleyen kalmadı. İtaatin, vazifenin, büyüklük küçüklüğün ne demek olduğu unutuldu. Kanunlar şaka oldu. İdare bozuldu. Uğursuz yağmurun suyundan içmeyip akıllı kalanların felâketi çok dehşetliydi. Hayatları tehlike içinde geçiyordu. Bir avuç kişiydiler. Milyonlarca delilerin maskarası oldular.

Fakat Ling-Yu gayet akıllı, gayet ihtiyar bir fağfurdu. İşe yaramayan, zarar getiren "akıl"ın "delilik"ten hayırlı bir şey olamayacağına kâniydi. Bir sabah çılgın halkın tecavüzünden, eğlencesinden ürkmüş maiyetine:

— Herkesin içtiği sudan hemen içiniz! emrini verdi. Mandarinler, hakîmler, filozoflar, hâkimler:

— Aman efendim. Akıllarımıza, ilimlerimize yazık olur...

diye karşı gelmek istediler.

İhtiyar fağfur:

— Herkes deli olduktan sonra birkaç kişinin aklına lüzum yoktur!

dedi. Uğursuz yağmurun sularından doldurttuğu ilk piyaleyi kendi yuvarladı. O anda ufukları sarsan kahkahaları attılar, surun dışarısındaki curcunaya katıldılar. Gel zaman git zaman bu umumî curcunanın adı "içtimaî intizam" oldu. Halk içinde tekrar akıllananlar "delidir" diye tımarhaneye tıkıldı.

Ta işte o vakitten beri bütün hakîmler, bütün filozoflar derler ki: "Çinliler dünyanın en akıllı, en zeki, en sakin, en çalışkan bir milletidir."

Kalamış, 5 Eylül 1919

(*Edebî Kıraat Numuneleri*, 1341)
Ömer Seyfeddin

139/ **TEVEKKÜL /**

Senin şu hâlini Sâdî ne hoş hikâye eder...
İşittiğin olacaktır ya... Neyse, dinleyiver:
Kalenderin biri köyden sabahleyin fırlar,
Arar nasibini, avdette kırda akşamlar.
Fakat güneş batarak ortalık karardıkça,
Görür ki: Yerde yatılmaz, hemen çıkar ağaca.
Herif ağaçta iken bir iniltidir işitir.
Bakar ki: Bir kötürüm tilkinin yanık sesidir.
Zavallı, pösteki olmuş, bacak yok işleyecek,
Boğazsa işlemek ister... Ne yapsın... İnleyecek!
Biraz geçince, kavî dişlerinde bir ceylan,
İner yakındaki vadiye karşıdan aslan.
Yukarda çıkmaz olur, şimdi, yolcunun nefesi:
Tabiatiyle durur hastanın da inlemesi!
Yiyip şikârını arslan dalınca ormanına;
Sürüklenir, yanaşır tilki sofranın yanına,
Doyar efendisinin artığıyla sonra yatar...
140/ Herif düşünmeye başlar eder de hâle nazar /
"Cenâb-ı Hak ne kadar merhametli, görmeli ki:
Açım! demekle amel-mânde bir topal tilki,
Ayağna gönderiyor rızkın en mükemmelini...
O hâlde çekmeli insan çalışmadan elini.
Değer mi koşmaya akşam sabah, yalan dünya;
Dolaşmayan dolaşandan akıllı, gördün ya:
Horul horul uyuyor kahpe tilki, senden tok!
Tevekkül etmeli öyleyse şimdiden tezi yok.
Yazık bu ana kadar çektiğim sıkıntılara!..."

Sabah olunca, herif dağ başında bir mağara
Tasarlayıp, ebedî, îtikâfa niyet eder.
Birinci gün bakınır: Yok ne bir gelir, ne gider!
İkinci gün basar açlık, erir erir süzülür;
Üçüncü gün uyuşuk bir sinek olur büzülür.
Ölüm mü, uyku mu her neyse âkıbet uzanır.
Fakat işittiği bir sesle silkinir uyanır,
"Dolaş da yırtıcı arslan kesil behey miskin!
Niçin yatıp kötürüm tilki olmak istersin?
Elin, kolun tutuyorken çalış, kazanmaya bak
Ki artığınla geçinsin senin de bir yatalak!"

(*Safahat IV: Fatih Kürsüsünde*)
Mehmed Akif Ersoy

SÜLEYMAN NAZİF'İN MEZARI / /141

Süleyman Nazif'in geçen sene öldüğünde tabiî hiçbirimizin şüphesi yok. Fakat bu şayan-ı hayret insanın artık yaşamadığı fikrine alışmak da ne müşkil! Hâlâ, bize bir oyun yapmak için bir tarafta gizlendiğini ve nerede ise bir kapı arkasından sesinin gürleyeceğini zannediyorum. Ebedî kudretlerin hemcinsi olan bu adamın ölmesi, rüzgârın müebbeden durması gibi insana gayrıtabiî görünüyor.

Mamafih onu tanımış olanların bu dakikada vehmi ve hayali ne olursa olsun, Süleyman Nazif artık yaşayanların dünyasından uzak, yer altı âleminin sakinleri arasında bulunuyor. Koca değirmeni harekete getirmeye kâfi bir kudreti bazen bir tek cümlenin zembereklerine sıkıştırmayı bilen o kasırgalar kardeşi, ihtimal şimdi topraklar altında ya bir zelzeleye inkılâp etmiştir veyahut yarın yıldırımlarla güreşecek koca bir çınar hâlinde fışkırmaya hazırlanıyor.

Süleyman Nazif'in mezarı hâlâ yapılmamış, bunu, mezar yapmak için bir heyetin yeni teşekkül ettiği haberinden öğreniyoruz. Elli altmış kuruş ufak para miras bırakmış olan bu büyük Türk edibinin mezarını bundan sonra da yapmasak pek âlâ olur. Bu gibi aç ölenlerin çürümüş kemiklerine mermerden bir köşk yapmaya kalkışmaktan ne çıkar? Sadakayla dikeceğimiz iki taş, o tunç lisanın, kendi sahibine yaptığı tannân mezardan daha güzel ve daha sağlam mı olacak?

(*Bize Göre*, 1928)
Ahmet Haşim

PARILTI

Âteş gibi bir nehir akıyordu,
Ruhumla o ruhun arasından;
Bahsetti derinden ona hâlim,
Aşkın bu onulmaz yarasından.

Vurdukça bu nehrin ona aksi
Kaçtım o bakıştan, o dudaktan.
Baktım ona sessizce uzaktan,
Vurdukça bu aşkın ona aksi.

(*Piyale*, 1928)
Ahmet Haşim

KARANFİL

Yarin dudağından getirilmiş
Bir katre alevdir bu karanfil,
Ruhum acısından bunu bildi!

Düştükçe vurulmuş gibi yer yer,
Kızgın kokusundan kelebekler,
Gönlüm ona pervane kesildi.

(*Piyale*, 1928)
Ahmet Haşim / /142

GURBET

I

Bir kuş tanıyordum ki, baharda
Salkımlar açan bahçenin üstünde uçar da
Akşamların ürperdiği bir sesle öterdi.

Besbelli, bu iklime yabancı,
Nerden koparak geldiği meçhul,
Endamı uzun, tüyleri parlak, sesi vahşî bir kuş.

Akşamla yatan köyde sedalar durulunca,
Mehtâba yakın gölgeli bir nokta bulunca,
143/ Hicranla kısılmış, heyecanlarla boğulmuş bir sesle öterdi. /

Öttükçe uğuldardı sesinde
Avare kuşun duyduğu hasret.
Bir bilmediğim kıt'ada, bir dağ tepesinde,
Bin bir çölün ardında kalan yurduna dair.

Öttükçe o, hasretle genişlerdi, duyardım,
Korkunç uçurumlar gibi ruhumda derinlik.
Her gün daha bir parça yakından sevişirdik:
Ben şair, o şair.

Bir gün camı açtım ki, ufuk bir kara perde;
Sahrayı beyazlar bürümüş, yollar uyuşmuş;
Gördüm ki, o gurbet kuşunun gezdiği yerde
Cansız bir avuç tüy yatıyor... Baktım: O kuşmuş!

II

Ey gözlerinin çevresi mor, benzi tutuşmuş,
Akşamladığım yolları yalnız gezen afet!
Kaç yıl geçecek, böyle hazin, böyle habersiz,
Sen Marmara'nın göl gibi durgun bir ucunda,
Ben böyle atılmış gibi yurdun bir ucunda,
Sen benden uzak, ben sana hasret?

Sarmış beni gurbet,
Sarmış beni Mecnun diye zincir gibi dağlar;
Bir türbe ki ruhum, gelen ağlar, giden ağlar!

Her şey bana bîgâne bu yerde, / /144
Herkes gibi her şey:
Sessiz dereler, solgun ağaçlar, sarı güller;
Dillenmiş ağızlarla tutuk dilli gönüller...
Hatta bana insanlara nispetle yakındır
Bahçemde ölen kuş,
Bahçemde kefensiz gömülen kuş.

Herkes bana bîgane bu yerde...
Bir yer ki, sevenler, sevilenlerden eser yok;
Bezminde kadeh kırdığımız sevgililer yok;
Yok... Yok!

III

Karşımda hayalin, diyorum ki,
Bir fırtınanın kahrına kurban
Kuşlar gibi, derdinle bugün, darmadağındır
Kalbimde güneş, sevgi, emel, neşe, ne varsa...

Karşımda hayalin, diyorum ki,
Bir gün bu dudaklar beni hasretle anarsa,
-Rabbim ne dudaklar:
Gül benzinin üstünde birer damla kıvılcım!-
Bir gün bana ağlarsa bu gözler,
Beyhude değildir, bunu bilsin; / /145
Bilsin ki bugün, bir sen eziyette değilsin:
Gurbet yayının okları geçmiş de içinden,
Günlerce uzakta,
Yorgun biri uzlet gibi yalnız yaşamakta.
Yorgun biri uzlet denilen kabre gömüldü:
Ölmeden öldü.

1923
(*Suda Halkalar,* 1928)
Faruk Nafiz Çamlıbel

HAVUZ

Akşam yine toplandı derinde...
Canan görülüyor eski yerinde,
Canan ki gündüzleri gelmez,
Akşam görünür havz üzerinde...

***

Mehtâb-ı kemer taze belinde,
Üstünde semâ gizli bir örtü,
Yıldızlar onun güldür elinde...

(*Piyale,* 1926)
Ahmet Haşim

YOLCU İLE ARABACI

Gurbet ademden kara, hasret ölümden acı,
Ne zaman tükenecek bu yollar arabacı?
Henüz bana yolun sonu budur denmedi,
Ben ömrümü harcadım, bu yollar tükenmedi.

Atları hızlı sür ki köye pek geç varmasın,
Nişanlımın gözleri yollarda kararmasın.
Düştüğüm yollar gibi sonsuzdur benim tasam,
Bekleyenim olsa da razıyım kavuşmasam...

Bir kere görse gözüm köyün aydınlığını,
Kül bağlar içerimde bu kızıl kor yığını.
Senin de yolun biter, diner gözünde yaşlar,
Benim uğursuz yolum bittiği yerde başlar.

(*Çoban Çeşmesi,* 1926)
146/ Faruk Nafiz Çamlıbel /

ÇOBAN ÇEŞMESİ

Derinden derine ırmaklar ağlar,
Uzaktan uzağa çoban çeşmesi,
Ey suyun sesinden anlayan bağlar,
Ne söyler şu dağa çoban çeşmesi?

"Gönlünü Şirin'in aşkı sarınca,
Yol almış hayatın ufuklarınca,
O hızla dağları Ferhad yarınca
Başlamış akmaya çoban çeşmesi..."

O zaman başından aşkındı derdi,
Mermeri oyardı, taşı delerdi.
Kaç yanık yolcuya soğuk su verdi
Değdi kaç dudağa çoban çeşmesi.

Vefasız "Aslı"ya yol gösteren bu,
"Kerem"in sazına cevap veren bu,
Kuruyan gözlere yaş gönderen bu...
Sızmazdı toprağa çoban çeşmesi.

Leylâ gelin oldu, Mecnun mezarda,
Bir susuz yolcu yok şimdi dağlarda.
Ateşten kızaran bir gül arar da,
Gezer bağdan bağa çoban çeşmesi.

Ne şair yaş döker, ne âşık ağlar,
Tarihe karıştı eski sevdalar;
Beyhude söylenir, beyhude çağlar,
Bir sola, bir sağa çoban çeşmesi.

(*Çoban Çeşmesi,* 1926)
Faruk Nafiz Çamlıbel

KAR MUSIKÎLERİ

-Varşova 1927-

Bin yıldan uzun bir gecenin bestesidir bu,
Bin yıl sürecek zannedilen kar sesidir bu.

Bir kuytu manastırda dualar gibi gamlı,
Yüzlerce ağızdan koro hâlinde devamlı,

Bir erganun ahengi yayılmakta derinden.
Duydumsa da zevk almadım İslâv kederinden. / /147

Zihnim bu şehirden, bu dertten çok uzakta,
Tanbûrî Cemil Bey çalıyor eski plâkta...

Birdenbire mes'ûdum işitmek hevesiyle,
Gönlüm dolu İstanbul'un en özlü sesiyle.

Sandım ki uzaklaştı yağan kar ve karanlık,
Uykumda bütün bir gece Körfez'deyim artık...

Yahya Kemal Beyatlı

RUS KİMDİR, MOSKOF NEDİR?

Tam iki buçuk asır... Evet, tam iki yüz elli sene oldu, ırk ve dinimizin bu en büyük ve en bîaman düşmanına ölüm meydanlarında sık sık tesadüf ediyoruz. Bugün hiçbir Türk ve Müslüman aile gösterilemez ki bir veya müteaddit evlâdını Moskof muharebelerinin birinde şehid vermemiş olsun!.. O mârekelerin binlerce destan-ı giryânı, diyar-ı İslâmın ıssız köşelerinde iki yüz elli seneden beri ikaz-ı enîn... İki yüz elli seneden beri îkad-ı kin ediyor.

Memleketimizde tütmeyen ocakların her biri diğerine bir Rus muharebesinde
148/ bestelenmiş bir figan-ı sâkiti tekrar eder. /

Köylere, tarlalara niçin harap olduklarını sor: Cevap verirler ki imar eden bâzû-yı sa'y bir Moskof cenginde kırıldı!..

Bu diyarın şarkında, şimalinde bir avuç toprak bulunmaz ki Türk'ün, Moskof eliyle dökülmüş mübarek kanını içmiş olmasın!..

Bu diyarın garbında, cenubunda bir hânümân görülmez ki cidâr-ı târumârı Türk'ün, Rus silâhıyla uzaklarda ölmüş bir oğluna îsâl-i telehhüf etmeye çalışan ah u vahını dinlemiş bulunmasın!..

Moskof'un sulhu muğfil, sükûtu akûr, müdârâsı hain, yardımı mühîndir.

Ey Türk oğlu!.. Sana damarlarındaki kanı ihdâ edenler, kanlarının son katrelerini Moskof muharebelerinde döktüler. Sen bugün yarın ne olursan ol, fakat unutma ki o şehidlerin ebedî bir yetimisin!.. Bu din, bu devlet, bu vatan gibi, bu gayz, bu kin, bu intikam da onların sana bir miras-ı mübareğidir.
149/ Dünyada bir Rusya ve bir Rus / kaldıkça bu hakkına ve bu vazifene hürmetkâr ol!

Hakkın öldürmek, vazifen iktiza ederse hemen ölmektir, Türk oğlu!..

(*Batarya ile Ateş,* 1917)

Süleyman Nazif

SON ŞARKLI

... Akademisi gençleriyle bir gün üslûplar hakkında görüşüyorduk. Bir hanım Süleyman Nazif'in üslûbundan aldığı tesiri bize şu timsal ile anlatmıştı:

— "Bu üslûbu bir adam şeklinde tasavvur ettiğim zaman gözümün önüne muhteşem bir kabile reisi geliyor. Her tarafından sırmalı püsküller sarkan mutantan bir maşlaha sarılmış olan bu adamın çehresi esmer ve sakallıdır; gümüş ve altın zincirlere takılı mercan ve yakut kakmalı bir mukavves kılınç yanından sarkıyor; beyaz dişlerinde hayat şimşekleri çakıyor ve gözleri çöllerin ateşiyle yanıyor; arkasında sabırsızlıkla yeri eşeleyen, üç siyah kölenin zahmetle zapt etmeye çalıştığı yağız bir at, köpükler içinde mütemadiyen ufuklara doğru kişniyor."

Müheyyic ölümüne hâlâ ağladığımız emsalsiz üstat hakikaten; siyah paltosu
150/ ve yuvarlak şapkası altında, bir kabile reisinin Asyaî / haşmetini taşırdı. Şark medeniyetinin serhaddine varmış o şanlı süvari, bir türlü atı, mızrağı ve kılıcıyla garp medeniyetinin köprüsünden geçememişti, zira atı çelik levhaların gürültüsünden ürkmüştü.

Üslûbunun sathî tetkikinden anlaşılır ki:

Süleyman Nazif bir şarklı zihniyetiyle "belâgat" kaidelerine büyük bir iman ile inanan son büyük edibimizdi. "Söz"ün kudretini kelimelerin ahengin-den, nidaların azametinden ve tezatların şimşeklerinden beklerdi. Fakat muhayyirü'l-ukûl bir hayat menbaı olan bu adam, ateşten parmaklarıyla kelimelere dokununca onları garip bir seyyaleyle canlandırmasını bilirdi. Cansız kamus onun elinde bir şule gibi yanardı.

Süleyman Nazif, insanlar arasındaki eski tabaka farkları gibi, kelimeler arasında bir sınıf farkının mevcut olduğuna kani idi. Süflî addettiği bir takım kelimeler vardı ki onları üslûbunun eşiğine bastırmazdı: Bu kelimeler, rûz-merre hayata ait, herkesin kolayca söyleyip anladığı kelimelerdi. Asil kelimeler sınıfını ise tarihe, coğrafyaya, kozmoğrafyaya, felsefeye ait olanlar teşkil ederdi. Bu hususiyet üslûbuna Âsurî bir kâhin lisanı çeşnisini verirdi. / /151

Süleyman Nazif elifba içinde bilhassa "a" harfine meftundu. İntihâb ettiği ekseri kelimelerde bu harf kuvvetle hâkimdir. Onun için üslûbu bir hitabet lisanı gibi derinden derine gelen garip bir avaz ile dolu idi. Onu okuyan adam bağıran bir adamı dinliyorum zannederdi ve önünde matbaa hurûfu ile basılmış bir sahifenin durduğunu unuturdu.

Süleyman Nazif'in lisanında cinsî ihtirasât yer bulmazdı. Onun için "kadın" isminin geçmediği bu üslûpta şâfiî bir huşûnet mahsustur. Kemale ermiş erkek güzelliğinin en güzel bir numunesi addedilmeye lâyık olan başı en hassas ve en mütenevvi bir zekâyı taşımakla beraber, üstat -kadim "bedî"ye sadık kalmak için olacak- yeni coğrafyaya itibar etmez ve dünyayı daraltan telli veya telsiz telgraftan, şimendiferden, otomobilden, haberdar görünmeye hiç tenezzül etmezdi. Onun için lisanında "arz", "Afrika", "Asya", "şimal", "cenup" gibi kelimeler, esrarengiz bir uzaklık bir namütenahîlik hissini verirdi. "A" harfinin teselsülüyle yukarıya doğru bir inkişaf alan üslûbu, diğer taraftan dumanlı ve hududu meçhul elfazın tesiriyle ufkî bir ittisâ alırdı. Binaenaleyh bu lisan, bazen fikre hiç iftikar etmeksizin, / sırf kelimelerin sihriyle, sema ve denizin baş /152
döndürücü îtilâ ve vüs'atini almaya muvaffak olurdu.

Süleyman Nazif "kelime"lerin serdarı idi. "Kelimeler" şimdi onsuz, başı boş bir sürüdür.

(*Gurabâ-hâne-i Laklakan*, 1928)
Ahmet Haşim

TURAN

Nabızlarımda vuran duygular ki tarihin
Birer derin sesidir, ben sayfalarda değil,
Güzide, şanlı, necip ırkımın uzak ve yakın
Bütün zaferlerini kalbimin tanîninde,
Nabızlarımda okur, anlar, eylerim tebcîl.

Sayfalarda değil, çünkü Attila, Cengiz
Zaferle ırkımı tetvîc eden bu nâsiyeler,
O tozlu çerçevelerde, o iftira-âmîz
Muhit içinde görünmekte kirli, çerçevelerde;
Fakat şerefle nümâyân Sezar ve İskender!

Nabızlarımda evet, çünkü ilm için müphem
Kalan Oğuz Han'ı kalbim tanır tamamıyla
Damarlarımda yaşar şan ve ihtişamıyla
Oğuz Han, işte budur gönlümü eden mülhem:

Vatan ne Türkiye'dir Türklere, ne Türkistan;
Vatan büyük ve müebbet bir ülkedir: Turan...

(*Kızılelma,* 1913)
Ziya Gökalp

MİMAR SİNAN'IN KABRİNİ ZİYARET

153/ /"Tezkiretü'l-bünyân"ını okuduktan sonra büsbütün inanacağım geliyor ki, kabrini resmeden de sensin, ey mimarlar sultanı Sinan!.. Zira seni senden başka bu kadar vuzuhla nakletmek kimin haddi?..

"Süleyman-ı zaman"ın ufuklara ve iklimlere sığmayan mülkü kadar uçsuz bucaksız dehanı daima:

Erip ahdi Süleymân-ı zamânın
Açıldı bahtı mûr-ı nâtüvânın
Onun devrinde ettim nice hizmet
Nazar kıldı bana âyân-ı devlet.

gibi bir tevazu hil'atine nasıl bürüdünse kabrin de öyle... Bir haşmetli tevazu içinde şirin bir vakar ve edayla toplanmış... Burmalı kavuğunu ancak barındırabilen iki basık kubbenin mermer gölgesinde dehan dinleniyor...

Gerçi Süleymaniye'nin bir taşına bile ismini hakketmemişsin... Fakat kabrini şaheserinin eteği ucuna bir imza gibi atmışsın!

Adî binaların üstünde bile ismini yontmakla fahreden bu övünme asrının cücelerine ne kadar yabancısın ey Koca Sinan!

Göğün kubbesini, dediğin gibi "pergelsiz" kuran Allah sana kendi cilvesinden bir şey ilâve etmiş. Sen Allah'ın peygambere bir hediyesi ve Türklere bir iltifatısın: Haşmetine bu dünya dar gelen Süleyman "Rabb"in huzurunda secdeye varsın ki mülküne senin gibi bir lütuf nasip oldu!... Zira sen olmasan dünya hazinelerine sahip, hayrâta meraklı "arzu-yı şahane" tefsirsiz ve tecelligâhsız kalırdı. İçinde fuhuş ve riyadan başka bir şey kalmamış dalâlet şehrine İslâm hidayetini getiren meş'ale-keş gerçi Fatih'tir. Fakat bu şehirdeki dalâlet simasını lâyemut kubbelerin zahid azameti altında târumâr eden sensin! Bunun için hünerine Peygamber Muhammed'le Cengâver Mehmed de hayran kalsalar yeridir.

***

Bir tanesi bir vatan halk etmeye kâfi gelen cihangirler devrinde ey tek başına bir medeniyet âlemi kuran zî-şân! Yeni belde-i hulefâ dehanın matlaı oldu. Fakat mağripten maşrığa kadar Türk'ün ülkesine sanatın ışık saldı. Ve dehanın fethettiği diyarlar Süleyman'ın devletinden de payidar! Budin, Bosna, Sofya, / Hicaz /154 ve Bağdat hükümdarını bugün sadece hatırlıyor. Fakat seni ezber etmiş. Zaman onun saltanatının toprağa düşen vücudu gibi ufaladı. Fakat senin saltanatının şehsüvar atlarının bir gün gelip geçebildiği her yerde hâlâ berpâ. Bununla beraber muhakkak yine bir hüzün içindesindir; zira sen onları Türk milletine şan ve yâr olsun diye kurdundu; minnetin ve şevkin ona idi!..

Ne vecde gelmiş bir aşkın var: Mülk-i Süleyman sanki bir sürhlü ve zerefşanlı tomardı. Ona sen bir kubbeli divanî yazdın: Camilerin birer münacat gibi hurûş içinde!.. Medreselerinle hankahların birer tevhid cazibesini hâiz... Sarayların birer kasideyi andırıyor... Türbelerinde birer mersiye melâli var... Sayılsa, ihtimal Bakî kâğıda, senin arza yazdığın kadar çok ve büyük manzumeler yazmamıştır.

Sen bir baba idin; dine mabetler, irfana medreseler, ordulara köprüler, şehirlere surlar, şehzadelere, vezirlere saraylar, ölülere türbeler, muhtaçlara imarethaneler, hastalara hamamlar ve şifahaneler kurdun... Hepsine birden nasıl yetiştin! Tevekkeli Türkler sana: "Koca Sinan!" dememişler!..

Yine de "sübhanallah"... Kabrinde bile bir lâhza tevazudan ayrılmamışsın: Sanatında Süleyman'ın haşmeti âşikâr... Fakat ruhunca Yavuzkârî bir şahane sadelik cây-gîr!..

***

Senin İstanbul'a ve Edirne'ye nazar edişindeki manada acaba ne lezzet vardı; onu seninle Fatihlerden başka hangi fani tadabilir?

Bu şehrin iki yüz minaresinde beş vakit ezan okunurken, bilsem sen nasıl bir haz duyardın? Çünkü Allah'a yollanan bu nidalara kademe kuran sensin!

***

Anlaşılan Süleymaniye bile gözünü doyurmamıştı, Selimiye'yi dehana taç yaptın! Diyorsun ki: "Halk-ı cihân daire-i imkândan hariç dediklerinin biri Ayasofya kubbesi gibi büyük kubbe Devlet-i İslâmiye'de bina olunmamıştır. Kefere i fecerenin mimar geçinenleri 'Müslümanlara galebemiz vardır' diye ta'n-âmîz kelimât ederlerdi. Zu'm-ı fâsidelerince ol kadar kubbe doğurmak gayet müşküldür. 'Nazire mümkün olsa ederlerdi' dedikleri bu hakîr kalbinde azîm ukde olup kalmış idi. Mezbûr / cami-i şerif binasına himmet edip bi-avnillâhi'l- /155 meliki'l-mennân devlet-i Sultan Selîm'de izhâr-ı kudret edip bu kubbenin Ayasofya kubbesinden altı zıra kadar kaddin ve dört zira düzün ziyade eyledim." Ey "ser-mimarân", himmetine ve kudretine bin aşk olsun!.. Sana bunu söyleten ruh bir vakitler her Türk'te vardı.

***

Nihayet kendi tekvininin huzurunda boyun eğildi. Kavuğun başına ağır geldi. Elinde pergel titremeye ve asa sendelemeye başladı. Kendin de tıpkı bir yaz güneşi gibi ağır ağır çekildin. Fakat zahid nefeslerle dolu azametli göğsüne kıyas ettiğim kubbelerin haşre kadar berkarar olsun!..

Her biri başka oymalarla süslü mermer kafesler arasından tecelli eden mermer destârın yüz taca bedel!.. Seni Hâmid, Fatih'e ve Selim'e gittiği gençlik hengâmında görmeliydi!

Daracık mezarında, haşa, bir intiha garabeti yok, hâlâ bir iptida mehabeti var...

Rengi uçuklaşıp yosun gibi kalan mısraların birinde şair:

Ruhu için fatiha ihsan ede pîr ü cüvân

diyor... Senin buna ihtiyacın mı var, ey Allah yolcusu!.. Sen ki, iyiliğe doymamış gibi, hâlâ, yananlara sebîlinden sular dağıttırıyorsun!..

Süleyman senin gibi bir mimara nail olduğuna şükretsin, sen Süleyman gibi bir kadirşinasın ocağında yetiştiğine hamd et, ey mimarlar sultanı Sinan!..

(*Ayrılıklar*, 1926)

Ruşen Eşref Ünaydın

156/ **/TÜKÜRÜN!..**

"İşte sana, onların, kendi yolsuzlukları yüzünden ıpıssız kalan yurtları!.."

Geçenler varsa İslâm'ın şu çiğnenmiş diyârından,
Şu yüz binlerce yurdun kanlı, zâirsiz mezârından;
Yürekler parçalar bir nevha dinler reh-güzârından.
Bu matem, kim bilir, kaç münkesir kalbin gubârından
Hurûş etmekte son ümmîdinin son inkisârından.

Evet, son inkisârından ki yoktur cebrin imkânı:
Batıp gitmiş nazarlar beklemekten fecr-i nâzânı!
Nasıl, ey yolcu bin lânet gelip ezmez ki vicdânı;
Dudaklar, çâk çâk olmuş, içerken zehr-i hüsrânı
Uzaktan baktı -koşmak nerde!- milyonlarca yârânı!

157/ /Bu ıssız âşiyanlar bir zaman candan muazzezdi;
Bu damlar böyle baykuş seslerinden çın çın ötmezdi;
Şu kurbağalar seken vadide ceylanlar koşup gezdi;
Şu coşmuş ağlayan ırmak ne handân gölgeler sezdi;
Bütün maziyi bir tufan, fakat, hep boğdu, hep ezdi.
Vefasız yurt! Öz evlâdın için olsun, vefâ yok mu?

Neden kalbin kararmış, bin ocaktan bir ziyâ yok mu?
İlâhî, kimsesizlikten bunaldım, âşinâ yok mu?
Vatansız, hânümânsız bir garibim... Mülteci yok mu?
Bütün yokluk mu her yer? Bari bir "Yok!" der sedâ yok mu?

***

Gitme ey yolcu, beraber oturup ağlaşalım:
Elemim bir yüreğin kârı değil, paylaşalım:
Ne yapıp ye'simi kahreyleyeyim, bilmem ki?
Öyle dehşetli muhîtimde dönen mâtem ki!..
Ah! Karşımda vatan nâmına bir kabristan
Yatıyor şimdi... Nasıl yerlere geçmez insan?
Şu mezarlar ki uzanmış gidiyor, ey yolcu, / /158
Nereden başladı yükselmeye, bak, nerde ucu!
Bu ne hicrân-ı müebbed bu ne hüsrân-ı mübin...
Ezilir rûh-ı semâ, parçalanır kalb-i zemin!
Azıcık kurcala toprakları, seyret ne çıkar:
Dipçik altında ezilmiş, paralanmış kafalar!
Bereden reng-i hüviyyetleri uçmuş yüzler!
Kim bilir hangi şenâatle oyulmuş gözler!
"Medeniyyet" denilen vahşetle lânetler eder;
Nice yekpâre kesilmiş de sırıtmış dişler!
Süngülenmiş, kanı donmuş nice binlerle beden!
Nice başlar, nice kollar ki cüdâ cisminden!
Beşiğinden alınıp parçalanan mahlûkat;
Sonra, namusuna kurban edilen bunca hayat.
Bembeyaz saçları katranlara batmış dedeler!
Göğsü baltayla kırılmış memesiz valideler!
Teki binlerce kesik gövdeye ait kümeler:
Saç, kulak, el, çene, parmak... Bütün enkaz-ı beşer!
Bakalım, yavrusu uğrar mı, deyip karnından,
Canavarlar gibi şişlerde kızarmış nice can! /159
İşte bunlar o felâketzedelerdir ki, düşün,
Kurumuş ot gibi doğrandı bıçaklarla bütün!
Müslümanlıkları bîçarelerin öyle büyük
Bir cinayet ki: Cezalar ona nisbetle küçük!

Ey, bu toprakta birer na'ş-ı perişan bırakıp,
Yükselen mevkib-i ervâh! Sakın arza bakıp,
Sanmayın: şevk-i şehadetle coşan bir kan var...
Bizde leşten daha hissiz, daha kokmuş can var!
Bakmayın, hem tükürün çehre-i mur-dârımıza!
Tükürün: Belki biraz duygu gelir ârımıza!

Tükürün, cephe-i lâkaydına Şark'ın, tükürün!
Kuşkulansın, görelim, gayreti halkın, tükürün!
Tükürün milleti alçakça vuran darbelere!
Tükürün onlara alkış dağıtan kahbelere!
Tükürün Ehl-i Salîb'in o hayâsız yüzüne!
Tükürün onların asla güvenilmez sözüne!
"Medeniyyet" denilen maskara mahlûku görün:
Tükürün maskeli vicdanına asrın, tükürün!

160/ /Hele ilânı zamanında şu mel'un harbin,
"Bize efkâr-ı umûmiyesi lâzım Garbin;
O da Allah'ı bırakmakla olur" herzesini,
Halka iman gibi telkin ile, dinin sesini
Susturan aptalın idrâkine bol bol tükürün!..

Yine hicrân ile çılgınlığım üstümde bugün...
Bana vahdet gibi bir yâr-ı müsâid lâzım.
Artık ey yolcu bırak... Ben, yalınız ağlayayım!

17 Kânunusânî 1328

(*Safahat III: Hakkın Sesleri*)
Mehmed Akif Ersoy

HASTA

"Vak'a Halkalı Ziraat Mektebi'nde geçmişti."

— Bence doktor, onu siz bir soyarak dinleyiniz;
Hastalık çünkü değil öyle ehemmiyetsiz,
Sâde bir nezle-i sadriyye mi illet? Nerde!
Çocuğun hâli fenalaştı şu son günlerde.
Ameliyyâta çıkarken sınıf on gün evvel
Bu da gelmez mi dedim: Kim dedi oğlum sana gel?
Ederek vermedi bîçareye bir dem rahat.
161/ /Nevbet üstünde âdem kaçmalı yorgunluktan,
Hadi yavrum, hadi söz dinle de bir parça uzan.
O zamandan beri za'fı terakki ediyor;
Görünen: Bir daha kalkınması pek zor.
Uyku yokmuş; gece hep öksürüyormuş; ateşin
Olmuyormuş azıcık dindiği...
— Ben zaten işin
Bir ay evvel biliyordum ne vahîm olduğunu...

Bana ihtara ne hacet, a beyim şimdi bunu?
Mamafih yeniden bir bakalım dikkatle:
Hükmü kat'i verelim, etmeye gelmez acele.
— Çağırın hastayı gelsin.

* * *

— Kapının perdesini
Açarak girdi o esnada düzeltip fesini,
Bir uzun boylu çocuk... Lâkin o bir levha idi!
Öyle bir levha-i rikkat ki unutmam ebedî:
Rengi uçmuş yüzünün, gözleri çökmüş içeri;
Elmacıklar iki baştan çıkıvermiş ileri.
O şakaklar göçerek cepheyi yandan sıkmış;
Fırlamış alnı, damarlar da beraber çıkmış!
Bet beniz kül gibi olmuş uçarak nûr-i şebâb; / /162
O yanaklar iki solgun güle dönmüş, bîtâb
O dudaklar morarıp kavlamış artık derisi;
Uzamış saç gibi kirpiklerinin her birisi!
Kafa bir yük kesilip boynuna, çökmüş bağrı;
İki değnek gibi yükselmiş omuzlar yukarı.

* * *

— Otur oğlum, seni dikkatlice bir dinleyelim...
Soyun evvelce fakat...
— Siz soyunuz, yok hâlim!
Soydu bîçareyi üç beş kişi birden, o zaman
Aldı bir heykel-i üryân-ı sefalet meydan!
Bu kemik külçesinin dinlenecek bir ciheti
Yoktu. Zannımca tabîbin coşarak merhameti,
"Bakmasak hastayı nevmîd ederiz belki" diye;
Çocuğun göğsüne yaklaştı biraz dinlemeye:
— Öksür oğlum... Nefes al... Alma nefes... Oldu, giyin;
Bakayım nabzına... Âlâ... Sana yavrum, kodein
Yazayım; öksürüyorsun, o, keser, pek iyidir...
Arsenik hapları al, söylerim eczacı verir.
Hadi git kendine iyi bak... / /163

* * *

— Nasıl ettin doktor?
— Edecek yok, çocuk artık yola girmiş, gidiyor!
Sol taraftan rienin zirvesi tekmil çürümüş;
Hastalık seyr-i tabiîsini almış, yürümüş.
Devr-i sâlisteki âsârı o mel'un marazın

Var tamamıyla, değil hiçbiri eksik arazın.
Bütün a'râz, şehîkiyle, zefîriyle...
— Yeter!
Hastanın çehresi meydanda ya! İnsanda meğer
Olmasın his denilen şey... O değil lâkin biz
Bunu, "tebdîl-i hava" der de nasıl göndeririz?
Şurda üç beş günü var... Gönderelim: Yolda ölür...
"Git" demek hem düşünürsek ne büyük bir züldür!
Hadi göndermeyelim... Var mı fakat imkânı?
Kime dert anlatırız? Bulsana dert anlayanı!
— Sözünüz doğru Müdür Bey; ne yapıp yapmalı; tek
Bu çocuk gitmelidir. Çünkü eminim, pek pek,
Daha bir hafta yaşar, sonra sirâyet de olur;
Böyle bir hastayı gönderse de mektep mâzûr.

***

Bir mubassır çağırın.
164/ / — Buyurun efendim!
— Bana bak:
Hastanın gitmesi herhalde muvafık olacak.
"Sana tebdîl-i hava tavsiye etmiş doktor
Gezmiş olsan açılırsın..." diye bir fikrini sor.
"İstemem!" der o, fakat dinleme, iknâa çalış:
Kim bilir belki de bîçare çocuk anlamamış!

***

— Şimdi tebdîl-i hava var mı benim istediğim?
Bırakın hâlime artık beni rahat öleyim!
Üç buçuk yıl bana katlandı bu mektep, üç gün
Daha katlansa kıyamet mi kopar? Hem ne içün
Beni yıllarca barındırmış olan bir yerden,
"Öleceksin!" diye kovmak? Bu kovulmaktır. Ben,
Kimsesiz bir çocuğum, nerde gider yer bulurum?
Etmeyin, sonra sokaklarda perişan olurum!
Anam ölmüş, babamın bilmiyorum hiç yüzünü;
165/ / Kardeşim var, o da lâkin bana dikmiş gözünü:
Sanki âtîdeki mevhum refahım giderek,
Onu çalkandığı hüsranlar içinden çekecek!
Kardeşim, kurduğun âmâli devirmekte ölüm;
Beni göm hufre-i nisyâna, âtîni de göm!
Hangi bir derdim için ağlayayım, bilmiyorum.
Döktüğüm yaşları çok görmeyiniz: Mâzûrum!
O kadar sa'y-i belîğin bu sefalet mi sonu?
Biri evvelce söylemiş olsaydı bunu,

Çalışıp ömrümü çılgınca heba etmezdim!
Ben bu müstakbele mazimi feda etmezdim!
Merhamet bilmeyen insanlara bak ya Rabbi;
Kovuyorlar beni bir sâil avare gibi!
— Seni bir kere kovan yok, bu sözün pek haksız;
"İstemem, yollamayın" dersen eğer kal. Yalnız
Hastasın..
— Hem veremim! Söyle ne var saklanacak?
— Yok canım öyle değil...
— Öyle ya, herkes ahmak!
Bırakırlar mı eğer gitmemiş olsam acaba!
Doğrudur, gitmeliyim... Koşturunuz bir araba. / /166

***

Son sınıftan iki vicdanlı refikin koluna
Dayanıp çıktı o bîçare sefalet yoluna.
Atarak arkaya bir lemha-i lebrîz-i elem,
Onu teb'îd edecek paytona yaklaştı "verem!"
Tuttu, bindirdi çocuklar sararak her birini;
Öptüler girye-i matem dökerek gözlerini:
- Çekiver doğruca istasyona...
-Yok yok, beni tâ,
Götür İstanbul'a bir yerde bırak ki: Gurebâ
-Kimsenin onları aldırmadığı bir sırada-
Uzanıp ölmeye bir şilte bulurlar orada!

(*Safahat,* I)
Mehmed Akif Ersoy

YAKUP KADRİ

-Nur Baba münasebetiyle-

"Nur Baba" hikâyesinin intişarı, Yakup Kadri'yi rûz-merre hayatımızın ilk saff-ı vakayiine çekti. Şahsı bin türlü münakaşaların mevzuudur, ismi her ağızda dolaşıyor. Denilebilir ki bütün İstanbul "Nur Baba"nın bâdesiyle sarhoştur. Fakat halkın yeni tanımaya başladığı bu isim, biz aşinaları için, on üç seneden beri, bir insana mukadder olabilecek isimlerin en güzeli / ve en sihirlisiydi. /167 Yakup Kadri, otuz beşi geçen nesle mensuptur. Bugün Türk hassasiyetine rakipsiz hâkim olan bu nesil, edebiyatta Yakup Kadri'yi yetiştirmiş olmakla şan ve şereften emin varlığından mübalağa ile mağrurdur. Fransız hakîmi "Hippolyte Taine" eseri sanatkârâne vasl ü rabt eden alâkanın sıklığına dair ne söylemiş olursa olsun, bizde, Yakup Kadri'ye gelinceye kadar, bilhassa edebiyatta, eser ile

müessir yekdiğerine hiç benzemeyen ayrı şeylerdi. Her muharrir, ya kalın ses çıkaran bir cüce veya düdük sesli bir devdi; sesten boya intikal edilemezdi. Pençeleri yırtıcı birer kurttu, gecelerin karanlığında arslanların sesini taklit ettiler; niceleri leş yiyici murdar kuşlardı, baharda bülbül gibi öttüler. Körler âlemin bahar ve hazanından bahsettiler; cılızlar "kuvvet"i öğretmek istediler; timsahlar gözyaşları döktüler; alçaklar faziletten dem vurdular, kalem ve kâğıt bunların başlıca vasıtalarıydı. Halbuki eserinin her satırını insanlığının altınlarından nesceden Yakup Kadri'de şahıs ve eser, yekdiğerine aydınlıkları karışan iki meş'aledir. Yakup Kadri'nin hiçbir yeniliği olmasaydı bile, eserinin sanatkârı
168 olmak yeniliği, onun için edebiyatımızda kâfi bir unvan-ı şeref / olurdu. Büyük bir hanedanın son çocuğu Yakup Kadri, vücut teşekkülü itibariyle, İngiliz hikâyecisi "Wels"in kamerde yaşadığını anlattığı insanlara pek benzer: Bizden milyonlarca daha mütekemmil, daha zeki ve daha âlim olan "kamerîler"de dimağ, bizimki gibi kemikten bir mahfaza içinde olacak yerde yumuşak bir zar içinde imiş. Dimağ tekemmül ettikçe baş büyür. O suretle ki ta ilk kamerîden beri o kürenin üstünde geçen bütün vakayiin tarihini, kitapta yazı gibi, dimağında cem' eden "büyük kamerî", bir küçük araba derûnunda götürülen azîm titrek, beyaz bir baştır. Yakup Kadri'nin nahîf bir vücut üstünde taşıdığı büyük başı, inci bir sâk üzerinde iri, siyah bir haşhaşı andırır. Baş, vücudu yiyip azaltmış gibidir. Zannedilir ki, büyük bir çınar şeklinde kökleri asırların içinde dalan "Kara Osman" ailesi, bir gün bu nahîf çiçeği açabilmek için havalara azîm dallarını salmıştı. Büyük ağaç, bu keskin kokulu siyah çiçeği yetiştirmekten daha iyi ne yapabilirdi? Bu çiçek nahîftir, çünkü teferruatın bayağılığından sıyrılmış, mütekâmil eşkâlin bediiyyeti kanununa tab'an güzelliğin yalnız esaslı unsurlarını ihtiva ediyor: Yakup Kadri'de yağ erimiş, kemik inceleşmiş ve vücut,
169/ /girân-bahâ ruhun etrafında ince altından örülmüş bir mahfaza hâline gelmiştir. Yakup Kadri'nin büyük başına dünyanın güzellikleri, kadife siyahlığından derin, halîm ve aynı zamanda haşin iki büyük gözden geçer. Sesi sıtmadan yanan sesler gibi geniş, sıcak, munis ve şehvanîdir. Yakup Kadri'nin bütün sanatı da huzûzun mahsulüdür. Erenlerin Bağından'daki o hasret ve şikâyet ve feragat zevklerinden değil, fakat fanilere mukarrer olan azamî zevkin bayağılığındandır. Yakup Kadri sanki başka bir âlemde, zengin bir ziyafet sofrasından kalkmış ve bu dünyaya tok ve yorgun gelmiştir. Halis ve âhenktar bir Türkçe ile anlattığı bütün o müheyyic âlemler, bir uhrevî şafağın mahmur beyazlığında görülmüş rüyâlara benziyor.

(*Gurabâhâne-i Laklakan,* 1928)
Ahmet Haşim

ERENLERİN BAĞINDAN

-1-

Yıllar yârlardan, yârlar yıllardan vefasız. Kara baht bir kasırga gibi, bu ne
baş döndürücü iş? Geceler günleri, günler geceleri kovalıyor! Cefalar cefaları
kolluyor. Saçlarımızda aklar akları, alnımızda çizgiler çizgileri doğuruyor.
Tevekkül / güç, isyan vahîm; felek hiç rahm etmeyecek mi! Heyhat aziz dost, /170
onu döndüren kara bahtın kasırgası...

"Bahçeler bozuldu; yuvalar dağıldı; yollar silindi; cihan viran oldu." Yaşlı
gönül, şimdi böyle diyor; her şeyi kendine eş görüyor. Bu da bâtıl hislerden
biri... Cihan ne vakit mamur idi? Bahçelerde ne vakit güller açtı? Ne vakit
yuvalarda bülbüller öttü? Yollardan ne vakit yârlar geldi? Umduk, bekledik,
düşündük. Hangi şey umduğumuza uygun düştü? Gördüğümüz düşündüğümüze
benzedi mi! Gelenler beklediğimize değdi mi? O mes'ut ve ulvî saat hangi saat-
ti ki içinde iken: "Geçme! Dur!" diye haykırdık? Hiçbiri aziz dost, hiçbiri! Belki
hepsi geçsin, gitsin diye bekliyorduk; zira onlar, birbirinden çirkin, birbirinden
vâhî saatlerdi. Kimi bir damla gözyaşıyla, kimi tek bir "eyvah" ile, kimi esne-
meyle, kimi yalnız sükûtla dolup gitti. Onlar, birer birer tekrar gelsin ister misin?
Hayır, hayır, hayır, değil mi? Nasıl ki en aziz ölülerin bile döndüğünü istemiyo-
ruz. Ademde ezici ve gâsıp bir kudret var. Hepimiz ona mütevveccih bekliyoruz.
Ne kadar yaratıcı ve kâdir ruhlar akıbet ona râm oldu. Dünyayı idam mahkûm-
larıyla dolu bir zindana benzeten hakîm doğru düşünmüş. Hepimiz için akıbet o
meş'um şafak / sökecek. İnan ki şimdiden yola çıkan kafilenin içindeyiz. Biraz /171
ötede siyasetgâh görünüyor. Bu siyasetgâhta yıllarca süren işkencelerden can
veriliyor. Doğduğumuz gün, işte, bunun için ağladıktı. Ve "Güldüktü de!" diye-
ceksin. Evet, o gülüş henüz bıraktığımız cennetin yâdı idi. İlk vatandan o hafif
ışık daima yüzümüzde kaldı. Bu hafif ışıktan da mahrum olsaydık yolumuzun
karanlığında, şimdiye dek, kaybolup giderdik; mihnetimiz tahammülsüz bir
raddeye varırdı. Şükür Rabb'e ki, bunun sayesinde ara sıra iyilikle güzelliği sezer
gibi olduk. Bizi çok defa düşmanların tuzağından bu kurtardı; her yol
dönümünde, gece, onlara pusuda rast gelmez miydik? Bir aksamüstü, gülerek,
oynayarak, çalarak, şen bir alay dost gibi, nasıl etrafımızı aldılardı; bir gün de
hatırında mı? Bize kırlarda pınar perileri şeklinde göründülerdi. Sen, onlarla el
ele koşarak, oynayarak kayboldun, bana, ta içimden o ışık haber verdi ki pınar
perileri tekin değildir ve durdum. Lâkin bir başka gün, pınar perilerinden daha
mühlik deniz kızlarının sesine koştum. Yerimize döndüğümüz vakit sen de ben
de solgun ve yorgunduk, ve kalbimiz bomboştu, ve vücudumuzdaki ter don-
muştu. İşte bütün gençliğimiz böyle geçti. Doğduğumuz gün, yüzümüzde gülen
ışık söndükçe vâhî ve zâlim tayflar bizi taştan taşa sürüklüyordu.

/Nedense hülyamız bize kâfi gelmedi. Bütün güzellik gibi bütün hakikat de /172
onda değil miydi? Bize aşk için kadın, vecd için bâde lâzım mı idi? Biz ki elest
bezminde sevmişler, elest bezminde mest olmuşlarız. Bu vâhî zavâhir âlemindeki

her fiilimiz o ulvî sarhoşluğu bozmadan başka bir şeye yaramadı. Şimdi kalbimiz boş, başımız doludur. Ağzımızda zehir, gözlerimizde ateş var; tatsız bir humâr içindeyiz. Ve artık yolun ortasını geçtik ve saçlarımızda aklar akları ve alnımızda çizgiler çizgileri doğuruyor. Ve ellerimiz, dizlerimiz titriyor ve önümüzdeki ufuklardan fenâ havası esiyor. Söyle gençliğini ne yaptın? Söyle gençliğimi ne yaptım. Bundan sonra "tahayyül" etmek artık kâbil olmayacak mı? Bu tiz ve çirkin seyahatten sonra, o kadar çirkin şeyler gördükten sonra söyle, artık o sessiz, şefîk rayihalı ve şeffaf hayaletler bizim ruhumuzu ziyaret etmeyecek mi? O ruh ki barbar bir diyârın mezar taşlarında mahkûk şeytan ve canavar resimlerine benzeyen biçimsiz, değersiz kaba izlerle örtüldü, gitti.

(*Erenlerin Bağından,* 1922)
Yakup Kadri

PEK HAZİN BİR MEVLİD GECESİ

13 Rebiülevvel 1331

Yıllar geçiyor ki, yâ Muhammed,
Aylar bize hep Muharrem oldu!
173/ /Akşam ne güneşli bir geceydi.
Eyvah evde leyl-i mâtem oldu.
Âlem bugün üç yüz elli milyon
Mazluma yaman bir âlem oldu:
Çiğnendi harîm-i pâki şer'in;
Namusa yabancı mahrem oldu!
Beyninde öten çanın sesinden
Binlerce minare ebkem oldu.
Allah için, ey Nebiyy-i masum,
İslâm'ı bırakma böyle bîkes;
İslâm'ı bırakma böyle mazlum.

(*Safahat,* III)
Mehmed Akif Ersoy

ŞAİR VE HİLÂL

- Fuzulî'den İlham-
Süleyman Nazif Merhumun Ruhuna

Baktım hilâle dün gece uzlet zamanları:
Bir feyz kaplamıştı bütün âsumanları.
174/ / Fecr olmadan, huşu ile duydum ezanları,
Susturdu, gayz içinde, boğuk sesli çanları.

— "Hiç şüphe yok ki şimdi seherdir." dedim; dedi:
— "Ey Türk, açıldı çünkü büyük rü'yetin senin."

* * *

Berrak bir nesîm ile ürperdi gölgeler.
Yıldızlar eski demlere bir nağme besteler.
Dinler ümit içinde uzaklarda ülkeler.
Bir gizli nur ufuklara âtîyi müjdeler.

— "Zulmetler işte zîr ü zeber" dedim; dedi:
— "Göklerde inkişaf ediyor fıtratın senin."

* * *

Esmiş bütün tabiata gül rengi bir nefes.
Ulvî hilâl, bayrağa olmuştu muktebes
Yurdumda ilkbahar ile cûş eyliyor heves;
Dallarda şakrayıp uçuyor bir sevimli ses;

— "Bülbül sabaha karşı haberdir." dedim; dedi:
— "Tebrik edilmek isteniyor şöhretin senin."

* * *

Yakut bir nehirde yıkanmıştı tan yeri.
Elmas kılıç çeker gibi Turanlı bir peri.
Tarihimin yazıldı mehabetli sözleri...
Gördüm hilâli, fahr ile dolmuştu gözleri... / /175

— "İlham için ne ziynet ve ferdir!" dedim; dedi:
— "Maziden in'ikâs ediyor şevketin senin."

* * *

Gördüm, hayâl içinde ateşlerle bir alay;
Fâtihlerin nişîmeni bir muhteşem saray;
Hep süngülerle yükseliyor kehkeşanlı ay;
Birleşmiş aynı gaye için bay, gedâ, giray...

— "Bunlar bütün ne şanlı beşerdir!" dedim; dedi:
— "Ey kahraman hafîdi; budur milletin senin."

* * *

Güya ki bekliyordu uzaklar yakınları!
Hep karşı çıktı yollara Turan kadınları.
Âfâkı titretirdi mücahid akınları;
Gâlip, yalın kılıçların olmazdı kınları...

— "Bilsem acep bu hangi zaferdir?..." dedim; dedi:
— "Kurtardı eski yurdunu bir savletin senin."

* * *

Artık sabah başladı... Kaybolmuyor hilâl.
Hâlâ semada fark edilir bir gümüş hayâl.
Tehlîl okundu; arşa suûd etti ihtifâl.
Maşrıkta doğdu garbı yakan "lafzatü'l-celâl".
"Bunlar mehîb mucizelerdir"dedim dedi:
Ey Türk! Uyandı dîn ile milliyetin senin

(*Miras,* 1927)
Enis Behiç Koryürek

ŞEHRÂZÂT

176/ / Eski Şehrâzât, ufuklar sedd-i Çin
İşte yıldızsız, karanlık bir gece.
Çatlamış muzlim kemerler, bir nice
Gulyabanî, titreyen kuyruklu cin.
İşte yıldızsız, karanlık bir gece;
Eski Şehrâzât, ufuklar sedd-i Çin!

Boş kemerlerden çıkan kervan niçin
Şehri terk eyler bu akşam gizlice?
Arkadan meş'al tutarken bir cüce,
Önde baş sallar mükedder bir hecîn.
İşte yıldızsız, karanlık bir gece;
Eski Şehrâzât, ufuklar sedd-i Çin.

(*Efsaneler,* 1919)
Halid Fahri Ozansoy

YOLCULAR

Topladık yollarda altın, fildişi;
Hind'i geçtik üç yüz altmış beş gece
Elde paslanmış kılıçlar, gizlice
Mâverâ-yı Çin'e girdik kırk kişi. / /177

Yoktu artık burkulan dizlerde tâb,
Kargalar çökmüştü yüksek setlere,
Bin bir akşamdır tehî mabetlere
Bir soluk kandil yakarken mehtâb.

Hem-dem olduk bir kırık mihrap ile
- Nerdeyiz? Yol sisli, kervan geçmiyor.
"Eski Şehrâzât'ı gözler seçmiyor,
"Karşı vadilerde yok bir köy bile!"

Bir gırîv aşmıştı muzlim minberi;
Çıktı bir bîçare, mağmûm ihtiyar:
-Eski Şehrâzât'a zulmet- Şehriyar,
"Zümrüd'anka şehper açtıktan beri."

Kapkaranlık bir çukur baştan başa.
Haykırır baykuş yıkık bir lâneden.
Boş kemerlerden geçen rüzgâr neden
"Böyle çılgın çarpıyor taştan taşa?.." / /178

İndi mevtâî sükût ormanlara,
Sisli feyfâlarda artık gaibiz,
Görmeden, heyhat, Şehrâzât'ı biz,
Peyrev olduk serseri kervanlara.

(*Efsaneler*, 1919)
Halid Fahri Ozansoy

GÖZLERİN

Ruhumda gizli bir emel mi arar
Gözlerime bakıp dalan gözlerin?
Aklıma gelmeden bilmece sorar,
Beni hülyalara salan gözlerin,

Nigâhın gönlüme ey perî-peyker,
Leyâl-i hasretin hüznünü döker!
Karanlıklar gibi yıkılır, çöker
İçimde yer edip kalan gözlerin.

Huzurunda bazen benliğim erir,
Tavrın hulûsumdan şüphe gösterir;
Bazen de ne olmaz ümitler verir
Sabr u kararımı alan gözlerin.

Gamzende zahir ey ömrümün varı,
Füsûn-ı hüsnünün bütün esrarı;
Neşreder âleme reng-i baharı
Koyu menekşeye çalan gözlerin!

Sihirdir şüphesiz bütün bu şeyler,
Bakışın zihnimi perişan eyler.
Bana aşk ilinden efsane söyler
Aşka inanmayan yalan gözlerin.

Rıza Tevfik

DÎVÂN

179/ / Felâket bağını gezdim serseri,
Feryad ü zârımı duyan kalmamış:
Aradım o şahin yiğit erleri;
Yattıkları yerden nişân kalmamış.

Kapılar kapanmış, bacalar tütmez;
Kimsecik o çölde bir koyun gütmez
Ağaçlar kurumuş bülbüller ötmez;
Baykuşlarda bile figân kalmamış!

Gülleri soldurmuş keder yaşları,
Karalar bürümüş yaslı başları,
Köyleri kuşatmış mezar taşları,
Sesime ses veren bir cân kalmamış!

Talihin o yaman kanlı elleri
Eşinden ayırmış hep güzelleri,
Şehidlerle dolmuş gurbet elleri,
Kan ağlamadık bir civân kalmamış!

Handân kişiler hep yoksul olmuş; / /180
Düşman kapısında bağlı kul olmuş;
O nazlı gelinler şimdi dul olmuş;
Cemiyet dağılmış, canâna kalmamış

Hiç anılmaz olmuş atalar adı;
Beşikte bırakmış ana evlâdı;
Kırılmış yetimin kolu kanadı;
Zulüm pençesinden aman kalmamış! / /181

Düşmanın sitemi yürekler ezer;
Bu kahr ile adam canından bezer;
Gülşende yabancı köpekler gezer;
Erler meydanında insan kalmamış!

Sırr-ı Hak âşikâr her baharda;
Gül biter mi artık bu viranede;
Şu harap olası matemhanede,
Bizden özge garip kul kalmamış;

Hey Rıza! Ne acep sevdaya düştün;
Aslı faslı yok bir davaya düştün;
Vatan uğrunda bin belâya düştün!
Hep mezarlık olmuş vatan kalmamış

Rıza Tevfik

DÎVÂN

ISSIZ İLLERDE

Dün gece ye's ile kendimden geçtim;
Teselli aradım hum-hânelerde!
Baht-i dûn elinden bir dolu içtim,
O neşe kalmamış peymânelerde!..

Öksüzüm; bu ilde ne yoldaşım var.
Ne anam ne babam ne kardeşim var:
Ne yaman talihim, dertli başım var..
Dilimden anlar yok bîgânelerde!..

Çöl müdür bu yâ Rab? Ses yok seda yok,
Gülşenler bozulmuş, bûy-ı vefa yok;
Evleri dolaştım, bir âşina yok:
Ay balkır o ıssız gam-hânelerde!

Kaybolmuş ninemin yeşil mezarı,
Ruhumda titriyor feryâd ü zârı.
Bu elem bağının yok mu baharı?
Matem kanat germiş boş lânelerde!

182/ / Göllere susamış âhular gelir;
Gurbet illerden kumrular gelir.,
Yıkık türbelerden "hû hû"lar gelir
Güvercin dem çeker viranelerde!...

Her neye dokunsam zahm-ı rikkat var;
Ne yana bakınsam reng-i firkat var;
Çalkanır ağlar bir âh-ı hasret var,
Sularla çağlayan teranelerde!...

Kim oldu bilmedim bu hâle sebep,
Ağlarım, ümîdim hebâ oldu hep,
Bendeki sûz-î dil var mıdır acep,
Tutuşup cân veren pervânelerde?

Hey Rıza! İçinde aşk odu yanar;
Bir onmaz yara var, dinmeyip kanar;
Bir gün gelir seni yetimler anar,
Dillerde dolaşan efsanelerde.

Rıza Tevfik

DÎVÂN

183/ / Canândan ayrıldım, hastayım cândan,
İller gurbet elde yaramı bağlar.
Haylidir, âvâre düştüm vatandan,
Hicrânla bağrımı kaygılar dağlar.

Yine bahçelerde seyrân oldu mu?
Güzeller bezminde dîvân oldu mu?
Bozulup da yoksa virân oldu mu?
Gölgesinde gövem bitiren bağlar?

Farkı var mı benden şeydâ bülbülün?
Ben de meftûnuyum bir gonca gülün.
Tutamam zârını dertli gönlümün
İçimde kimsesiz bir öksüz ağlar.

Sen öksüz vatan, sen! Sevdalı ana!
Gönlümde inleyen hep sensin bana!
Ne nazlı ümitler verirdim sana...
Geçti mi büsbütün şimdi o çağlar?

Gamınla boş geçen şu zamânımda,
Enînin akseder her figânımda,
İsmini andıkça gûş-i cihanımda,
Ruhuma âşina ninniler çağlar. / /184

Hey Rıza! Âh etsem şu taşlar erir;
Talihim ne acep cilve gösterir.
Vatan hasretiyle bana ses verir,
Söğütlü dereler, dumanlı dağlar!..

Rıza Tevfik

ŞÂİRLERİ OKURKEN

Cenab Şehabettin, çocukluğumdan beri sevdiğim bir şâirdir. Edebiyata tamamen yabancı bazı münakaşaların gölgesi altında kalan alıştığım çehresi, bana son senelerde, birden sevimsiz ve yabancı görünmeğe başlamıştı. Herkesle beraber ben de bu süslü ve zarif rûhu sahtelikle ma'lûl ve lisanını fazla yüklü bulmağa başladım. Geçenlerde tenha bir gece gezintisinde, unutulmuş zannettiğim bazı mısralarının mehtaptan cesaret alan titrek kış kuşları gibi, birden hafızamın uzak dalları üzerinde ötüştüklerini duydum. Rûhum ra'şe içinde kaldı:

Düşmüştü siyeh berg-i şebe şebnem-i sîmîn
Şebnem gibi titrerdi kamer leyl üzerinde, ilh... / /185

Kullanılan, kelimelerin bugünkü düşkün kıymeti haricinde, şiirin anlattığı gece âlemi gözlerimizin alıştığı o köhne âlem değildir: " Gece büyük ve siyah bir yapraktır. Kamer, bu yaprağın üzerinde iri bir şebnem tanesi gibi duruyor." Bu garip ve güzel şiir manzarası eski olmak şöyle dursun, hatta bu sahada henüz varmadığımız bir yenilik ve tazelik merhalesindedir.

Zülfünü bî-nizam ü bî-pervâ
Dağıtır şâne-i tabiat,
Cem ider bâ kemal-i istiğnâ
Lemse-i şuh-ı bâd-ı neseviyyet ilh. .

Bu dört mısra ile çizilen çehre, Fransız ressamı "Helleu"nün en zarif kadın başlarını bile geçiyor. Altın saçlar, Paris veya Viyana'nın en usta berberi makasıyla kesilmiş gibidir. Dağılan saçları toplayan e , asrî bir zarafetin terbiye ettiği en dişi hareketlerle kımıldanıyor.

Ya kelimeler?...Ya bu Farisî ve Arapça'nın gülünç bir israfla isti'mâli?...Bu istenilerek yapılmış bir hünerdir. Zira onun yazdığı senelerde birçok şâirler, sade denilecek bir lisanda yazarlardı. Esasen bir Türk için Türkçe yazmak kadar kolay ve tabii ne olabilir? Fakat Cenab Şehabettin, genç olduğu senelerde Fransa'da gayet itibarda olan Roman mektebinin Türkiye'de bir muakkibiydi. Roman mektebi şâirleri, İngilizlerin prerefailitleri gibi yeni yeni mazmunları kurûn-ı vustâya mahsus kisveler içinde göstermeği isterler; kamusun en unutulmuş kelimelerini zümrüt, yakut, inci ve elmas nev'inden girân-bahâ mücevherler gibi, yeni bir hayâle göre örülmüş altın kafesler üzerine bindirirlerdi. Bunlar eski değil, eskiliği bediî bir endişe ile yenileştiren san'atkârlardır.

Cenab Şehabettin de aynı bedi'e göre nesci halis Türkçe olan bir lisan içinde, tannâniyeti garip köhne kelimelere kasden mevki verirdi. Çin ve Japondan getirilmiş eski mermerler, billûrlar, ipekler ve seccadelerle süslü yeni bir salon ne kadar eski ise, Cenab'ın şiiri de o kadar eskidir.

Eda ve tahayyüldeki tasannu'a gelince bu da yeni şiirin en güzel hususiyetlerinden biridir. Yeni kadın çehreleri gibi! Geçenlerde bir muharririn dediği üzere şimdi boyanmamış bir kadın yüzü, insana bir türlü medenî bir çehre hissini vermiyor.

(*Bize Göre*, 1928, s.37-38)
Ahmet Haşim

ŞÂİRİN SAÇLARI

186/ / -Şâdân-a.
— Saçların
— Saçlarımla eğlenme.
Bırak, onlar nasıl perişânsa
Öyle kalsın ve ihtizâz-ı mesâ
İşlesin her telinde bir nağme
— Yaramaz, gel düzelteyim azcık,
Hepsi aklın gibi dağılmışlar...
— Saçlarım sevgilim, hep öyle yaşar;
Onların şiiridir perişanlık...

— Ne uzun sanki deste deste leyâl!..
Hele parmaklarım gömüldükçe
Oluyor pembe ellerimde gece.

— O kadar çok siyah değil kumral,
Yumuşak bir şeb-i muhabbet ki
Ağlıyor leblerinde tazeliği.

(*Beyaz Gölgeler,* 1325,s. 117-118)
Celal Sahir

ŞÂM-I GARİBAN / /137

Bir akşam kırlarda kaldım âvâre
Perilerle her yer meskûndur sandım.
Hayretle baktıkça o vahşet-zâre
Esrâr-ı hüsn ile meşhûndur sandım.

Yürürken benimle dağ taş yürürdü;
Her ağaç peşinde gölge sürürdü
İnandım ki beni her şey görürdü
Huzurumla âlem memnundur sandım

Ezelden beridir o ücrâ yere
Ninniler söylermiş bir serin dere,
Sırrını bana da açtı meşcere,
Gençliğim orada medfûndur sandım.

Çamlar, "kanat açmış bir hümâ" gibi!
Çayırlar "mükevkeb bir semâ "gibi!
Çiçekler "acaib muammâ" gibi!
Ne gördümse şaştım, efsûndur sandım!

Sevdâlar demiydi: Bülbül çilerdi;
Servistan içinde bir ses gülerdi;
Çiçekler kuşlardan bûse dilerdi.
Kâinat aşk ile mecnûndur sandım!..

Senenin sonbahar faslı gibiydi;
Toprak, bulut, yaprak paslı gibiydi,
Serviler kararmış yaslı gibiydi,
Düşünen kayalar mahzûndur sandım

Mağribi mi yakmıştı firkat ateşi;
Yuvaya dönmüştü her kuşun eşi.
Dağlara yaslanıp yatan güneşi,
Yaralı hastadır; yorgundur sandım.

Nûş ettim güneşin akan rengini,
Rûhumu haz ile yakan rengini,
Ufukta görünce o kan rengini,
Felekler ben gibi dil-hûndur sandım.

Sıradağlar mordu, sular kırmızı.
Suları beklerdi bir peri kızı.
Alnından öperken akşam yıldızı
Yeşil gözlerine meftûndur sandım.

Su kenarlarında lâleler vardı;
Güllerde âteşîn hâleler vardı;
Uzakta aks eden nâleler vardı;
Bir ahû kalbinden vurgundur sandım.

Reng-i hüsn emerdi ay, ülker, çimen;
Günün -can çekişen-solgun lebinden.
O akşam her şeyi pembe gördüm ben!..
O yerin mehtâbı gülgûndur sandım!..

(*Güzel Yazılar,* VI, s. 132-133)
Rıza Tevfik

DEVENİN BAŞI

188/ / Vaktiyle büyük bir devenin bir başı varmış...
Başsız deve olmaz ya, masal, neyse; bütün gün
Yaz kış bu beyinsiz, bu çürük baş
Çöl, kır, tepe, dağ, taş,
Bîçâreyi beyhûde sürükler ve yorarmış...
Bîçâre ağır gövde ne yapsın, kime küssün?
Bir karga bulup derdini dökmüş, o demiş: Vah!
Baştan büyük Allah... Başa gelmiş; çekeceksin...
Artık işe hörgüç bile şaşmış,
Kuyruksa dolaşmış
Baştan başa enhâyı; fakat kimseyi Allah
Baştan düşürüp kuyruğa baktırmasın; ilkin
Bir parça durup dinleyen olmuşsa da git git
Âlem bu uzun derdi işitmekten usanmış;
Artık kime dinletmeye gitse,
Kim duysa işitse.
Yüz vermediğinden devecik sâkin ve sâkit,
Bir hendeğe inmiş, başı sokmuş ve uzanmış;
Birden çekilip: "Haydi-demiş-dûzaha, murdar!)"
Haksızlık eden başları bir gün... Koparırlar.

(*Haluk'un Defteri,* 1911)
Tevfik Fikret

FIRTINA ve KAR / /189

Enis Behiç'e

Fırtına

Kudurmuşsan denizden intikam al!
Ufuklardan zalâm al
Ağaçlar yık, bulutlar çâk çâk et!
Bütün dünyayı istersen helâk et!
Fakat yalnız
Benim sessiz ve ıssız
Şu hücremden çekil, hülyâmı bozma!
Benim rüyâmı bozma,
Nedir tehevvürün ey bâd,
Bu bitmeyen feryâd,
Bu sayhalar, bu gırîv?
Ey dev,
Kudurmuşsan denizden intikam al
Ufuklardan zalâm al
Kırılsın çıldıran darbenden emvâc
Bütün sahiller olsun mahv ü târâc!..
Benim yalnız uzaklaş meskenimden,
Çekil, git revzenimden!
Ey serseri çekil!
Rûhumda münfail
Bir şey var...Ah!, sükûn isterim, sükûn!
Mecnûn
Kudurmuşsan denizden intikam al!
Ufuklardan zalâm al!
Büyük kuşlar, uzak dağlarda kalsın âşiyânsız
Semâlar kehkeşânsız!
Göklerde yanan nücûm sönsün!
Göster yeni bir hücûm, sönsün
Mehtab köpüklü dalgalarda!..
Rûhunda bir intikam var da
Bitmezse bu çarpınışla ey bâd,
Beyhûde önümde etme feryâd;
Dağlar, kayalarla git kucaklaş!
Fakat yalnız benim sessiz muhîtimden uzaklaş!
Bırak yansın şu sakin hücremin solgun şuâ'ı:
Bırak kalsın şu mahzûn iltimâ'ı

***

Kar

Dışarıda yorgun adımlar...Çalındı sonra kapım;
"Aceb gelen bu zaman kim?" dedim gidip açtım.
Görünce kalbimi oynattı bir küçük lerziş:
Garip çehreli a'sar-dîde bir derviş!
Elinde buzdan asâ, koltuğunda bir ney var;
Omuzlarında uzun, bembeyaz uzun saçlar...
190/ / — Ne var dedim, nereden geldin ihtiyar,ne adın?
Neden bu korkulu yollarda böyle geç kaldın?
— Uzak, uzak... dedi, meçhûl uzak ufuklardan..
Sürüklüyor beni rûhumda duyduğum hicrân!
Kutubların geçerek müncemid denizlerini,
Ümidimin aradım her tarafta izlerini,
Yabancı yolların üstünde ağladım, koştum;
Baharın aşığıyım"Kış"tır ismim ey dostum!
-Sana meş'ûm bir haber derviş,
Sevgilin gitti çok zaman evvel!
Belli yorgunsun ihtiyar, bana gel!
Misafir ol bu gece!
Çıldıran fırtınayla gittikçe
Dışarıda sanki karanlık da artıyor müthiş!
Belki hücremde muzdarip rûhun
Bulacaktır biraz huzûr ve sükûn...
Odamda bir köşenin gölgesinde gizlendi.
Odamda her yere kasvetli bir sükût indi.
Geçti sessizce bir zaman aradan...
Dedim ki: Mâtemi, hicrânı bî-nihâye olan
Bu aşkın istiyorum anlamak fesânesini,
Dinlemek nâyının teranesini!
Terennüm etmeyi arzu eder misin dostum?
Seni rûhumla işte dinliyorum:

***

Terennüm

Sarsarlara hem-râh, büyük dağları aştım,
Çığlarla dolaştım.
Sandım ki şitâbımla bir ümide yaklaştım.
A'sâr gelip geçti; fakat bulmadı pâyân
Rûhumdaki hicrân!
Ser-mest olarak geçmiş ufuklardan o dil-ber;
Kuşlarla çiçeklerle beraber...
-Bilmem neye olmuş bana muğber?
Beyhûde-demiş-olmasın arkamda şitâbân;

Yok vaslıma imkân!
Yollarda sararmış dağılan güllere sordum,
Sünbüllere sordum,
Leb-beste ve hicrân-zede bülbüllere sordum; / /191
-Bilmem ki bulutlarda mı, göklerde mi pinhân-
Eyvah cevap vermediler: nerede o fettân
Sordum gece yıldızlar uzaktan bakıyordu,
Dağlarda pınarlar akıyordu
Bir köylü kadın yerde bir ateş yakıyordu ...
Birden yere yıldızlar uçup oldu girîzân
Mebhût kadın sustu pınarlardaki elhân
Gezdim aradım her yeri bir fırtına oldum;
Beyhûde yoruldum,
Yalnız şunu gördüm, şunu buldum,
Yalnız şunu duymaktayım el'ân:
Hicrân...Yine hicrân...Yine hicrân!

***

Sabah uyandım, odam boştu nîm muzlimdi;
Yoktu hiç kimseden eser şimdi.
Ben uyurken yatakta âsûde,
Dumanlı camları örtmüş birer beyaz perde...
Aradım ihtiyar aceb nerede?
Yoktu hiçbir eser... Kafeslerde
Sade buzdan asâ kırkları var,
Açık kalan kapımın
Kenarlarında beyaz, muhterem beyaz saçlar!..

4 Kanun-ı Evvel 329
(*Fırtına ve Kar,* 1919, s.3-8)
Orhan Seyfi

FİKRET'İN VEFÂTI

Fikret'in vefatıyla biz büyük bir şâir, büyük bir san'atkâr, bâhusûs pek büyük bir Türk kaybettik. Şâir Fikret'le bir bütün Türkiye iftihâr edebilir, fakat insan Fikret bütün insaniyetin medâr-ı mübâhâtı olsa gerektir. Fikret en temiz manasıyla Türk'tü: "İrfânım tebdîl-i tabiiyyet etti" dediği dakikada hiç şüphe yok ki en müthiş azap-ı dimağı yi hissetmişti, zira o bu memleketin öyle çılgın bir âşığı idi ki fikri ancak bu memlekete tâbi' yaşayabilirdi. Ve pek çok sevdiği bu memleketi istediği derecede güzel, zeki, zevkâşina, zengin, süslü temiz / görmediği /192
için dişlerini gıcırdatır, ufka yumruğunu gösterir, sevdiklerini sevmediklerini

nîze-i hicvî ile uyandırmak ve sayha-i itabı ile utandırmak isterdi. Onun âlem-i hülyâsında Bosfor'un sularına mümâsil bir Türkiye vardı. Fikret parlak ve siyah gözleriyle daima muzdarip ve daima mütehayyir her tarafta o kusursuz ve çamursuz Osmanlı memleketini arardı ve bütün hayât-ı şiir ve san'atı bir iştiyâk ve hicrân içinde yanıyordu. Aradığını göremeyince rûhundaki harareti sitemkâr ve dil-şiken kelimelerle dışarı döker, en pak nasiyelerde bile mevhûm lekeler görür, çok kere bi-gayr-i hakkın köpürürdü. Balkan Harbi'nin en ye's-âver günlerinden birinde Sirkeci İstasyonunda Fikret'e rast geldim. Gözleri sanki ayb ve zillet içinde akan hüzn-i vatanla kızarmış: "Gördün mü?" dedi, bu tek kelimede bütün bir dîvân-ı inkisâr mündemic idi. "Gördün mü?" Bu acı istifhâm zemîne, semâya bütün hatalara ve bütün muhîtlere tevcîh olunuyordu. Fikret dilerdi ki herkes Fikret olsun. Onun şecere-i vakârı üstüne aşılayan derin bir tevâzu' vardı. Tevâzu' kendisine öyle zan ettirmiştir ki Tevfîk Fikret taaddüd edebilir. Nefsinin münferid kalmağa mahkûm olduğundan bî-haberdi ve kendisi bize kadar inemeyeceği için çalışırdı ki, bizi kendisine doğru yükseltsin ve bu cehdinde muvaffak olamayınca kırılır ve kızardı. Kendisinin beğendiği yegâne hâl bizim yegâne beğenmediğimiz merdüm-girîzliğiydi. O sanki eşsiz kalmış bir rûhtu. Tarîk-i hayât-ı ictimâiyye idi. Hayât-ı ictimâiyyenin fevkinde bir "Âşiyân"ı vardı ki, oradan hiç inmek istemezdi. Fırtınalarla memlû bir yığın bulut gibi Hisar Tepesi'ne yığılmıştı. Orada senelerden beri bulutlara saplanmış bir tiğ-i zekâ gibi yaşadı. O irtifa'dan bizim küçüklüklerimizi daha küçük görüyordu. Biz artık Fikret için bir manzara olmuştuk. Huzurunda şehirden bahsedecek olsanız, Fikret ellerini iki paravana şeklinde yüzüne tutar, "O cehennem!" derdi. Bosfor'un dalgaları nasıl Hisar'ın sahilini yalarsa vukuât da öylece, Fikret'in yalnız endişesine temas ediyordu. Bizim tarihimize onun ara sıra ancak hamiyyet ve merhameti inerdi. "Âşiyân" hisarın bir küçük tâcı, "Fikret" Âşiyân'ın tâc-dâr-ı pür-vakârıydı. Şâir orada yâri ile yavrusu arasında bir velî -tabiattı, etrâfında "san'at"tan başka yabancı istemezdi. Fikret o şâhikada öyle uhrevî bir hayât geçiriyordu ki, "Âşiyân" haneden ziyâde bir türbe olmuştu, oradan ara sıra birer ilâhî şeklinde Fikret'in elhân-ı dehâsı suûd ederdi.

193/ /Hemen herkesten işittiğim bir söz: "Ah! Tevfik böyle olmasaydı!" Herkes arzu ederdi ki Fikret başka türlü olsun. Yalnız bir kişi Fikret'in halinden memnûndu, o da bizzat Fikret'ti; o başka türlü olmak istemiyordu; belki istese de olamazdı. Onunla bizim aramızda hiç olmazsa Hisar Tepesi kadar bir mesafe-i irtifâ' bulunmalıydı.

O şâhikada zavallı Fikret dünkü sâikayı bekliyormuş. Bedbaht şâir bir seneye karîb bir zamandan beri hastaydı. Yatağından az çok endişe-nâk bir nazarla şâhika-i hayâtın inişini ve yokuşunu aylarca ta'kîb etti. Yarabbi Fikret o yokuştan nasıl tırmanarak çıkmıştı, ve eyvah, o inişten nasıl yuvarlanıyordu.

Fikret bizim muasırımızdı, fakat hiç şüphe yok ki asrımızın adamı değildi, belki de hiçbir asrın adamı değildi. Başlı başına bir asr-ı ademiyyetti. Eyvah, bu asr-ı âdemiyyet elli sene olsun yaşayamadı.

Şâir-i mütefekkir "Goethe" vefat ederken "Biraz nûr-ı irfân" demiş. Emînim ki rûhunu hâlıkına uzatırken, Fikret de, "Biraz daha fazilet!" temennisinde bulundu. Hiçbir şeyde gözü olmayan Tevfîk mahâsin-i ahlâka karşı nâ-kâbil-i işba' bir aç gözlülük gösterdi. Onun nazarında insan bir "hayvan-ı afîf"ti. İffetsiz insana insan denemezdi. Fikret için şüphe ve tereddüt yoktu. Ya an-samîm tasdîk eder, ya an-samîm inkâr ederdi. Hubb ı nefreti tam ve kat'i idi. Yarım teveccühü anlamazdı. Ya hiç yüze göze bakmaz yahut gözlerini sizden ayırmazdı. Vicdânı lisânıydı. Yaşlandıkça artan metâneti en metîn rûhları titretirdi. Hastalanıp da kuvvetini kaybettiği zaman yine metânetini tamamıyla muhâfaza etti. Kötülükleri tahrîp etmek için yırtıcı olurdu. Nefretlerden bahsederken Fikret'i bir sarhoş arslan zannedersiniz. Muhabbetlerini söylerken zannederdiniz ki, bir müşfik validedir. Şimdi ağzında tehevvür köpürür, şimdi gözlerinde terahhüm yaşarırdı. Acı veya tatlı bir tebessüm Fikret'in dudaklarını hiç terketmiştir. Taayyün ve takdîse mütesâviyen yakışan bir hitâbet-i merdânesi vardı. Son senelerde her yeri ot gibi acı sarı bir renkte görüyordu. Güyâ onun için artık güller ve güllerin pembeliği kalmamıştı.

Ma'mafih Fikret daima şâir ve sözü her zaman şiirdi. Lisânı gençliğe mahsûs devr-i tereddüt ve rekâket bile geçirmedi. Hatta ilk eseri Fesahât i'tibâriyle bir numûne-i kemâldir. Hayât-ı edebiyyesinde Fikret'in gençliği yoktur ve yaşamış olsa ihtiyarlığı da olmayacaktı, onun kalem ve san'atı kâhil ve kâmil doğmuştu. Bu nokta-i nazardan Fikret'e benzeyen iki dâhî tanıyorum: Resimde "Rambranet" musikide Vagner... / /194

Fikret çok düşünür, bi'nnisbe az okurdu: bir kütüphane kurdu değildi. Gözleri kitaplardan ziyâde ufuklarda dolaşır ve ufuklardan yorulunca kendi eb'âd-ı rûhunda gezerdi. Fikirleri-işte itirâf ediyorum-biraz hissiyâta ve daha ziyâde hayâlâta istinâd eder, zekâsı bilhassa şiir ile mezru' idi. Fakat Fikret, kelebekler, çiçekler, dereler ve bülbüller şâiri değildi. Onun hayât-ı şâirânesi "La Fonten"in Ağustos böceği gibi yazın ufuklara karşı ötmekten ibâret kalamazdı. Aynı zamanda o hem kartallardan ziyâde yükselen, hem de ummanlardan daha derin bir san'atkârdı. Şâirlerin en âheng-dârı olduğu halde bir şâir-i elhân olmakla kanaat etmedi. Hissiyât ve hayâlâtına güzel bir felsefe-i şâirâne yüksekliği te'mîn ediyordu.

(*Nesr-i Harb, Nesr-i Sulh,* 1334,s. 125-130)
Cenâb Şehâbeddîn

EY ANA TOPRAĞI

Çocukların felâket sularının en muzlim derinliklerinde boğuluyor; rûhları, şerha şerha yüreklerinden kan sızarak son defa senin karanlık, senin yumuşak sinende toplandılar.

Aç göğsünü ey kara toprak, en hurde taşın için lime lime yaralarıyla yine düşmanı senden uzak tutan şühedânın, kahraman ecdâdımızın yanında bize yer hazırla!

Ak sakallılardan en masum Türk yavrusuna kadar bütün çocuklarının amîk rûhlarından süzülen acı yaşlar senin metrûk, senin kurak, senin mensî kayacıklarını ıslatmağa kâfi değil mi?

Bize dargın mısın ey ana toprağı? Seni çiğneyip geçen ayakların, seni yaralayıp tırnaklayıp telvîs eden haydut ellerin, senin kemiklerini kemiren hainlerin seyyiâtını mert, bî-günah nesilden sorma!

195/ / Ey mavi dalgalar içinde uyuyan ana toprağı! Cibâlinin nazlı hutûtu mor gölgeleri, afâkının rüyamsı, tülümsü sisleri simânın pembe, inci sihirleri, bulutlarının dilber, nazenîn renk yığınlarıyla bizi yetim bırakıp hangi yabancı arzulara doğru kayıyorsun? Yumuşak vefakâr sinenin altı yüz senelik çocuklarını nerelere fırlatıyorsun?

Seni ne muhteşem Roma, ne feylesof Yunan bizler kadar, âteşîn, vefakâr, ölümlere kadar sevemez ve sevememiştir; ve hiçbir millet müstakbelde!

Türklüğün en vecd-âver huşu' ve tazarru'u, Türklüğün en münezzeh âmâl ve istiğrâkı üstüne titrer, Türklük yaşar, ölür, ezilir, inler hep senin üzerinde!

Kim bilir ne derinliklere kadar hamurun Türk evladından, kanlarının en kıymetdâr damlalarını sinene akıtan Türk şühedandan, en tatlı ân ve canını ayaklarının dibinde veren Türk askerinden mürekkebdir. Daha binlerce sene senin göğsünde ölmek için her gurbetzede Türk, avâre yetim varlığını, yorgun, serserî kemiklerini gömmeğe sürüklenecektir.

Bu hatar-nâk günde senin için ölmüş olmak mükâfât-ı ebediyesiyle ka'rında dinlenen Türklerin şanlı Fatihleri nermîn rüzgarlarında ufkunu tehdit eden kara gölgelerde dolaşıyor! Bir kitle-i his olan son fedailerinin bu yüksek cephelerini mâzînin enginlerinden gelen sâmit, vakur, muazzam ervâh kanatları
196/ okşuyor! Eğer yaşarsak artık / yalnız senin içindir, fakat, yüreklerimizin en ince ubudiyetleri düşman eliyle parçalanacaksa yaşamayalım, hepimiz ebediyyen kara topraklarda dinlenelim.

Ey ana toprağı! Beşikte yükselen masum başlardan, mezara temâyül eden köhne bellere kadar bütün çocuklarının hüviyetleri seni tehdit eden bir gün için kanlı sızılarla birbirinden ayrılır, ölümün kadîd yüzünü munis görürler.

Ey Kemal'in Mithat'ın anası, Fatih'in Selîm'in mezarı! Senin pâk köşelerine, nezih mahremiyetine hürmetsiz ayaklar basacaksa...Biz hepimiz büyük Enverimiz, bahadır Niyazimiz, arslan ordumuzla, kadın erkek, saçı bitmedik yetimimizle en siyah en derin ka'rına göçelim! Fakat yumuşak göğsünde düşman tırnakları hissedemeyecek kadar bizi gizli derinliklerine göm! Hayır, sen eğer anamız olmaktan kaçacaksan, sen de bizimle beraber göç! Saray damların, ulu kubbelerin esrârlı ormanların hattâ mavi gölgelerinle göç! Ka'r-ı arzın en karanlık en uzak kuyularında uyu, ne insanların hatırasında, ne kitapların kara yazısında nâm ve nişânın kalsın! Sinende senin için rûhları bir lahzâ didiklenmekten kalmayacak çocuklarının kadidlerinden sızacak elem kanlarıyla, kül olan mâmurelerinin harâbeleriyle, hepimizle beraber yokluğa karış!

Nuruosmaniye 1324

(*Harâb Mabedler,* 1326,s.14-17)

Halide Edib

FATİH KÜRSÜSÜNDE / /197

Bir Fıkra

Şu fıkrasıyle hakikat, Cenâb-ı Mevlâna,
Nigâh-ı ibrete açmış cihân kadar ma'nâ;
"Delik, deşik, evinin, bir zavallı hane-harâb,
Görür de halini, her gün eder şu yolda hitâb:
"Yıkılma ha! Beni evvelce etmeden agâh;
Çoluk, çocuk biteriz sonra hep, maazallah!
Bu hasbihal ile yıllar gelir geçer..
Derken, gelir bakar ki bir akşam: O âşiyân-ı kühen
Yıkılmış, altına almış zavallı aileyi!
Görünce karşıdan adamcağız bu hâileyi,
Yığınla taş kesilen yurdunun harâbesine
Döner de der ki: Meğer aldanırmışım, desene!
Ne oldu bunca niyâzım, ey âşinâ-yı kadîm?
Çocuklarım olacakken ben oldum işte yetim!
Sakın yıkılma haber vermeden demez miydim?
Bu muydu senden, a zâlim bu muydu ümmidim,
Hukuku, ahdi gözetmek nedir, sakın bilme!
Yazık, yazık sana sarf ettiğim emeklerime
O taş yığınları bir hâtifî lisân olarak;

Zavallı adema der: Haksız infiâli bırak!
Geçip de karşıma feryâd eder misin şimdi?
Haber mi vermedim, ammâ kulak veren kimdi!
Duvarlarımda yarık sandığın ağızlardan, / /198
Birer zebân-ı tezallüm uzattım, ey nâdan!
Fakat çamurla kapardın da her gün ağzımı sen,
Ziyâde söyleyemezdim, susardım artık ben
Hikâye halimizin aynıdır, değil mi?
Evet! Şu farkı var yalnız: Bizde yok değil kuvvet.
Yığın yığın sakatâtıyle geçmiş edvârın,
Yıkılmış olsa da bir hayli kısmı duvarın,
Binâ-yı milleti i'lâ eden temel sağlam.
Demek ki kurtuluruz biz bugün olursak adam.
Onun da çaresi elbirliğiyle gayrettir.
Çalışmanın o kadar feyzi var ki: Hayrettir!

(*Safahat IV, Fatih Kürsüsünde*)

KABAKÇI MUSTAFA

Ordu Tuna sahillerine gittikten sonra, İstanbul hayâtı fitne ve desiseye maruz kalmıştı. O sırada İstanbul'da, sarayın yaldızlı odalarında oturan Selîm-i Sâlis ile İstanbul halkının efkâr ve dimağına hâkim iki mühim sima vardı. Onlar da Şeyhülislam Topal Atâ ile kaymakam Köse Musa idi. Sonra bu üç zatın amâline ve efkârına tâbi, ulemadan, ketebeden, hamal ve esnaftan mürekkeb bir halk İstanbul muhitini teşkil ediyordu.

Selîm-i Sâlis esasen za'f-ı tab' ile muttasıftı. Sultan Selîm memleketin ıslahata ve terakkiyâta muhtaç olduğunu hissediyor, bu hususta hiçbir fedakârlıktan geri durmuyordu. Fakat bütün icraatını milletin rûhunu değiştirmeden, târz-ı tefekkürünü ilimle terbiye ile ıslah etmeden tatbike kalkışıyordu. Selîm-i Sâlisin bu teşebbüste muvaffak olabilmesi için demir bir el, ezici bir metânet lâzımdı. Selîm-i Sâlis'te ise bu evsâf mevcut değildi. Selîm-i Sâlis tab'an halîm idi. Dimağı zevk ve sanatla nezâhet kesb etmiş, kalbinin hassas ve rakîk olması en ciddî teşebbüslerde bile hissiyâta mağlup olmasına sebebiyet vermişti. Sultan Selîm asla harîs değildi; sevdâ-yı saltanat onda hiç incizâb hasıl etmiyordu.

199/ / Serir-i saltanatta olma gâfil bir an ey İlhamî
Sana da bâki kalmaz çünkü bu bir çarh-ı devrândır.

Beyti ile saltanatın bekâsızlığını ihsâs eden padişah diğer bir tahmisinde:

Taravetle şitâda sebzeden hâlî kalır dağlar
Ne sünbül kaldı, ne şebbû, hazâna vardı hep bağlar
Basiret ehli ibretle bu hâle daima ağlar,
Bu çarh-ı bî-vefâ halin görüb kimdir ki dil bağlar,
Gelenler dâr-ı dünyâya meğer gitmez mi sanmışlar!

Suretinde hayâtın fâniliğinden bahsediyordu. Hayâta ve saltanata bu derece lakaydî gösteren Sultan Selîm, vatanının perişanlığını hissediyor; ve bu teessürâtını;

Uyan ki hâb-ı gafletten, ki zira mülk perişândır.

Hakikati ile etrafı ihâta eden zevâta anlatmak istiyordu. Selîm-i Sâlis Osmanlı mülkünde medeniyetin terakkisine bilerek ve anlayarak vakf-ı vücûd edenlerdendi. Osmanlılar'a isnat olunan vahşeti bütün fikirlerden silmek Selîm-i Sâlis'in yegâne endişesiydi. Düvel-i Muazzâma sefirleri padişahın bu halet-i fikriyyesine tamamen vâkıf bulunuyorlardı.Hatta İngilizler'e harp ilan olunduğu zaman Sebastiyani padişahın bu halet-i fikriyyesinden istifâde etmiş, İngiliz sefirinin Yedi Kule'ye hapsedilmesi medeniyete muvafık olamayacağını söylemiş, o tarihten itibaren muhâsım devletler süferâsının hapsedilmesi âdetini Türkiye'den kaldırmaya muvaffak olmuştu.

Selîm-i Sâlis bu suretle garb efkârına, garb terakkiyâtına meclûb olduğu gibi, maiyyetinde bulunan ricâl de padişahın hissiyâtına tevfîkî hareket ediyorlardı.

Artık onlar da kâni olmuşlardı ki, Türkler garbın âdâb-ı İslâmiyyeye muvâfık, menâfi-i beşeriyyeye hâdim terakkiyâtını iktibas etmedikçe, kendileri için Avrupa'da yaşamak imkân haricindeydi. Bu sebepten memleketin perişan, Osmanlı haysiyetinin münkesîr bir halde bulunmasından dil-hûn oluyorlardı. Daha doğrusu, birkaç asırlık mağlubiyet, eski zâfer ve fütûhât menâkıbına alışkın dimağlarda elîm bir tahassür uyandırıyor, asrın sünuhât-ı edebiyyesi bu acıları tamamıyla ihsâs ediyordu. Selîm-i Sâlis'le beraber kurenâsı da zamanlarının perişanlığından müteessir oluyorlardı. Kalben hissettikleri teessürâtı şiirlerinde bile gösteriyorlar: / /200

Bülbüller öter, güller açar, şâd gönül yok;
Hiç böyleliğin görmemişiz fasl-ı bahârın!

Teellümâtıyla asrın hüzn ü felâketine tercümân olmak istiyorlardı. Fakat içlerinde, ıslahât icrâsına gayri müstaidd dimağlar da pek çoktu. Bunlar halkın ahvâl-i rûhiyesini katiyen nazâr-ı itibâra almıyorlar, birkaç asırdan beri devam eden an'anâtı kökünden yıkmak istiyorlardı. Hususiyle ilimlerine ve marifetlerine son derece mağrûr olmaları, muhasımlarının hiddet ve gazâbını arttırıyordu. Hükümetin bu suretle mağrûr gençler elinde bulunması eski ricâlinin iğbirârını mucib olmuştu. O zaman bir kısmı işten el çekmiş, bir kısmı da menfaatini vikâye için yeni zümreye katılmaya mecbûr olmuştu.

Islahat taraftarlarının tecrübesizlikleri, efkâr-ı ammeye lâkaydlıkları, memleket için büyük bir tehlikeydi. Birçokları fırsattan bilistifade cem'i servete inhimâk ediyor, müzeyyen yalılar, muhteşem konaklar inşa ettiriyorlardı. Rüşvet ve sefahâtta haddü'l-gâye ye vâsıl olmuştu. Boğaziçinde mehtâb alemleri, saz ve aheng safâları muhafazakâr olanlara pek girân gelmeye başlamıştı. Ricâl-i hükümet ıyş u işretle imrâr-ı evkât ediyor, devletin en mühim esrârı ecnebî gazetelerinde görülüyordu. Musikînin terakkîsi bütün ricâl-i hükümeti ser-mest etmişti. Fakat bu ser-mestî arasında servetler iddihâr olunuyor, ricâl-i devletten yalnız birinin matbah masrafı üç yüz kırk bin kuruşa bâli' oluyordu. İltimas ve himâye, erkân-ı devlet bende gânını servetlere gark ediyor. Nizâm-ı cedîd'in ihdâsı, memlekette müessesât-ı medeniyye te'sisi adeta zevk ve sefâhatı te'mine vasıta teşkîl ediyordu. Ricâl-i hükümetin zevk ve eğlenceye me'lûf, israf ve ihtişamla meşgûl olmaları, öteden beri an'anâta alışkın halk üzerinde su-i te'sir hâsıl etmişti. Vükelâdan birçokları bu hareketlerinin neticesini idrâk ediyorlar, fakat efkâr-ı umûmiyyeye katiyyen ehemmiyet vermiyorlardı. Erkân-ı devletin her biri sarayda kendine bir mensûbiyet buluyor, mevkiini bu suretle tahkîm eyliyordu. Sultan Selîm etrafını ihâta eden bu ricâl ma'rifetiyle hiçbir hakikâti öğrenmeye muvaffak olamıyordu. Mühim bir hadise vukuunca kurenânın müdahene-kârâne sözleri Selîm-i Sâlis'i iğfâl ediyor, Valide Sultan'ın gayreti ise za'f-ı ta'ba mâlik padişahın doğru haberleri öğrenmesine mani oluyordu.

(*Kabakçı Mustafa*, 1331, s. 62-67)

Ahmet Refik

201/ **KİMDİM /**

1918 Mütarekesinde

Mâzîye sor ecdadımı söyler sana kimdi,
Bir bitmez ufuktum, küre vaktiyle benimdi.
Tufanlar, alevler beni bir kale sanırdı;
Taclar uçuşur dalgalanır, parçalanırdı.
Kahhâr atımın kanlı, kıvılcımlı izinde,
Bir başka denizdim ebediyet denizinde.
Çarpardı göğün kalbi hilalin avucunda,
Titrerdi yerin tâli, merminin ucunda.
Günler elimin çizdiği yerlerden akardı;
Üç kıtada korkunç atımın izleri vardı.
Üstünden uçarken o nişîbin, bu firâzın,
En şanlı şehametli hükümdârına arzın
Tek bir bakışım sanki inayetti keremdi;
İklîli hediyemdi arazisi hîbemdi.
Hançerdi hayâlim, bütün akvâm ona kındı,
Baştan başa dünya bir esirimdi, kadındı.
A'sabına nabzımdaki âhengi verirdim.
Kasteylediğim şekli verir, rengi verirdim.
Dünya bilir iclâlimi ben böyle değildim;
Ben altı asırdan beri bir kere eğildim.

Midhat Cemal

BÜLBÜL

Basri Bey Oğlumuza

Bütün dünyaya küskündüm, dün akşam pek bunalmıştım;
Nihayet, bir zaman kırlarda gezmiş, köyde kalmıştım.
Şehirden kaçmak isterken sular zaten kararmıştı:
Pek ıssız bir karanlık sonradan vadîyi sarmıştı.
Işık yok, yolcu yok, ses yok, bütün hilkat
Kesilmiş lâl...
202/ /Bu istiğrâkı tek bir nefha olsun etmiyor ihlâl.
Muhîtin hali "insaniyyet"in timsâlidir, sandım;
Dönüp mazîye tırmandım, ne hicrânlar, neler andım!
Taşarken haşrolup beynimden artık bin müselsel yâd,
Zalâmın sînesinden fışkıran memdûd bir feryâd,
O müstağrak, o durgun vecdi nâgâh öyle coşturdu:

Ki vadiden bütün, yer yer, enînler çağlayıp durdu.
Ne muhrik nağmeler, ya Rab, ne mevcâmevc demlerdi:
Ağaçlar, taşlar ürpermişti, güya Sûr-i Mahşerdi!
Eşin var, âşiyânın var, bahârın var, ki beklerdin;
Kıyâmetler koparmak neydi, ey bülbül, nedir derdin?
O zümrüd tahta kondun, bir semâvî saltanat kurdun;
Cihânın yurdu hep çiğnense, çiğnenmez senin yurdun.
Bugün bir yemyeşil vadi, yarın bir kıpkızıl gülşen,
Gezersin, hânümânın şen, için şen, kâinatın şen.
Hazânsız bir zemin isterse, şayet rûh-i ser-bâzın,
Ufuklar, bu'd-i mutlaklar bütün mahkûm-i pervâzın.
Değil bir kayda, sığmazsın -kanatlandın mı-eb'âda
Hayâtın en muhayyel gayedir ahrâra dünyada
Neden öyleyse mâtemlerle eyyâmın perişandır?
Niçin bir damlacık göğsünde bir ummânâ hurûşandır? / /203
Hayır, mâtem senin hakkın değil... Mâtem benim hakkım:
Asırlar var ki, aydınlık nedir, hiç bilmez âfâkım!
Teselliden nasibim yok, hazân ağlar bahârımda;
Bugün bir hânümânsız serseriyim öz diyârımda!
Ne hüsrandır ki: Şark'ın ben vefâsız, kansız evlâdı,
Ser-â-pâ Garb'a çiğnettim de çıktım hâk-i ecdâdı!
Hayâlimden geçerken şimdi; fikrim herc ü merc oldu,
Selahaddîn-i Eyyûbî'lerin, Fatih'lerin yurdu.
Ne zillettir ki: Nakûs inlesin beyninde Osman'ın;
Ezan sussun, fezâlardan silinsin yâdı Mevla'nın!
Ne hicrândır ki: En şevketli bir mâzî serâb olsun;
O kudretler, o satvetler harâb olsun, turâb olsun!
Çökük bir kubbe kalsın ma'bedinden Yıldırım Han'ın;
Şenâatlerle çiğnensin muazzam kabri Orhan'ın!
Ne haybettir ki: Vahdet-gâhı dînin devrilip, taş taş,
Sürünsün şimdi milyonlarca me'vâsız kalan dindaş
Yıkılmış hânümânlar yerde işkenceyle kıvransın;
Serilmiş gövdeler, binlerce, yüzbinlerce doğransın!
Dolaşsın, sonra, İslam'ın harem-gâhında nâ-mahrem...
Benim hakkım, sus ey bülbül, senin hakkın değil mâtem!

Ankara Tacettin Dergahı, Mayıs 1337-1921
(*Safahat VII: Gölgeler,* 1933
Mehmet Akif

204/ /"FELAKET SENELERİ"NDEN

Abdi Paşa Budin'i teslim etmektense şehit olmayı tercih ediyor, müdafaanın şiddetini bir kat daha artırıyordu. Muhasara altında kalan bütün Osmanlılar kanlarının son damlasını akıtıncaya kadar müdafaaya azmediyorlardı.

Müdafaanın son günleri pek nevmîdâne idi. Eylülün lâtif ve pür-sükûn
sabahları top dumanları, alevler, kan seylâbeleriyle şaibe-dâr oluyordu. Düşmanın
en güzide ricâli birer birer telef oluyor, şahî topların gürültüsü arasında Osmanlı
metâneti bütün ulviyeti ile tezâhür ediyordu. Saat altıdan beri başlayan hücum-
lar ancak neticelenmeye başlamıştı. Nihayet Avusturya askerleri aylarca süren
taarruzlarından sonra Budin'in iç kapısından şehre dahil oluyorlardı. O sabah
Osmanlılar için yevm-i mâtemdi. Osmanlı kanlarının reng-i hûnîni ufuklara
irtisâm ederken Tuna sahillerinde doğan hazân güneşi bir yığın Osmanlı kahra-
205/ manlarının kanlı cesetlerini yaldızlıyor, bu hazîn / insan yığınları arasında uzun
sakallı, metîn simasıyla Budin kahramanı Abdi Paşa'nın da cesedi görülüyordu.

Avusturya ordusu şehre girer girmez her tarafı yağma ediyor, bütün şehir ateşler içinde yanıyordu. O derecede ki Eylülün üçüncü günü sabahı şehir bir yangın yerine dönüyordu. Şehirde oturacak bir ev kalmıyordu. Yalnız Osmanlılar zamanında camie tahvîl edilen Urûc-ı Meryem Kilisesi ile birkaç ambar ateşten masûn kalıyordu. Sokaklar cesetlerle doluyor, diğer taraftan askerler yağmaya devam ediyordu.

Fakat Macarlar asıl felaketi muzafferiyetten sonra görmüşlerdi. O sene
açlık ve sefalet Macaristan'ı harap etmişti. Macarların birçoğu açlıktan telef
olmuştu. Avusturya idaresi Macarlara Türkleri aratmıştı. Macarlar çok kan dök-
müşler, Mesârif-i Harbiye'ye iştirak etmişlerdi. Fakat Avusturyalılar onlara da
206/ tıpkı Osmanlılara karşı olduğu gibi muamele etmişlerdi. O derecede ki, /
Macarlar eski Türk idaresini adeta mesut günlerden addetmeğe başlamışlardı.

Osmanlılar için Budin ebediyyen elden gitmişti. (1097) Osmanlı padişahlarının muhteşem hatıralarıyla meşhûn olan bu şehir, bir zamanlar Büyük Süleyman'ın krallar himaye eylediğini, mahrum-ı hürriyet milletlere taclar ihsan ettiğini görmüştü. Şimdi bir buçuk asırlık mefâhir insan naaşları altında heder oluyordu.

Süleyman Paşa ordusu Segedin'de barınamıyor, erzağı ve zahiresi düşman eline geçiyor. "Serdar-ı muşârunileyh bir hoşça sebükbâr" Varadin'e doğru çekiliyordu. Osmanlı ordusunda hazîn, mâtemli bir hezimet alâmeti görülüyordu. Orduda bütün gönüller dil-hûn idi. Budin'in ziya'ı kalplerde acı tesirler bırakıyor, Belgrad'a çekilen orduda asırlarca temâdi edecek bir tahassürün aks-i sadası işitiliyordu.

Ötme bülbül ötme yaz bahar oldu.
Bülbülün figânı bağrımı deldi
207/ / Gül alıp satmanın zamanı geldi
Aldı Nemçe bizim nazlı Budin'i

Çeşmelerde abdest alınmaz oldu.
Camilerde namaz kılınmaz oldu.
Ma'mur olan yerler hep harâb oldu
Aldı Nemçe bizim nazlı Budin'i

Ric'at pek hazîn idi. Ordu düşman darbeleri altında perişan inlerken, İstanbul, mevki' ihtirâsları, rütbe davalarıyla çalkalanıyordu. Adi bir mîr-i âhur, Receb Ağa, rikâb-ı Hümâyun kaymakamı nasb ediliyor. Bu mühim mevkiye tayin olunmak için "Vezir-i azâm Sâbık İbrahim Paşa'nın taraf-ı mîriye emvâl ve eşyası zabtında sebk eden hizmeti" kâfi addolunuyordu. Receb Ağa'nın mîr-i ahurluktan rikâb-ı hümayûna sıçraması herkesi hayretler içinde bırakıyordu. Dört seneden beri devam eden hezimetler hiç kimsede eser-i intibâh hâsıl etmiyordu.

(*Felaket Seneleri,* 1332, s. 67-70)

Ahmet Refik

KÖPRÜLÜLERDEN / /208

Mehmed-i Râbi'in uzak seferlere gitmek için yaptırdığı saltanat kadırgası gayet zarif idi. Kadırga kırk metre uzunluğunda ve kırk sekiz kürekle çekilirdi. Her küreği üç kişi çeker, bütün kadırgada yüz kırk kürekçi bulunurdu. Kadırganın kıçında Mehmed-i Râbi'e mahsus köşk gayet zarif idi. Bu köşk kemer şeklinde, etrafı ince kalemle mînâ-kârî altınla işlenmiş, kabartmalarının ortalarına akîk ve necef taşlar serpilmişti. Sağ ve sol tarafında, gömme sadefle işlenmiş duaların reng-i bukalemûnî kıymetdâr taşların revnâk ve elvânıyla imtizâc ederek bir bedîa teşkil eylemişti. Bu duada:

Hazret-i Sultan Mehmed Hân Gâzinin müdâm
Bahr ü berde yâr-ı Hızır ve hâfızı Allah ola.
Yapdura dâim saadetle nice a'lâ kayık
Ömr-i Nûh ile cihân mülkünde şâhenşâh ola

temenniyâtı izhâr olunuyordu.

/ Köprülüler devrinde, Mehmed-i Râbi' İstanbul'da bu surette yaşadığı gibi, /209
Edirne de de muttasıl seyrândan hâli kalmazdı.

Edirne'nin sarayları, arz odaları da İstanbul'dakinin aynıydı. Bilhassa Bahçeli Saray hâiz-i ehemmiyetti. Mehmed-i Râbi' bu sarayda oturur, sefirleri burada kabûl ederdi. Saray ale'l-umûm üç daireden mürekkeb idi: İkisi en güzel zarîf olanları, kendisine ve Haseki Sultan'a diğeri de maiyyeti erkânına mahsûstu.

Mehmed-i Râbi'in Edirne Sarayı İstanbul'daki saraydan daha eski idi. Bu saray Murad Hüdavendigâr zamanında (H. 787) Tunca kenarında inşa edilmiş,

ancak on senede hitâm bulmuştu. Kosova kahramanı bu sarayda oturmuştu. Fakat Yıldırım Bayezid Edirnenin en yüksek noktasında büyük bir saray inşa ettirmiş ve orada ikameti ihtiyâr eylemiş bulunduğu için Tunca Sarayı metrûk kalmıştı. Daha sonra Fatih Sultan Mehmed, Bayezid'in Sarayı'nı terk ederek
210/ Tunca sahilindeki sarayı imar etmiş, İkinci Sultan Selîm / de Kıbrıs Seferi'nden evvel (975) Bayezid-i Evvel Sarayı'nın enkazını kaldırarak Mimar Sinan'a, meşhûr ve muhteşem camiini inşa ettirmişti. Şehir Murad-ı Râbi' zamanında şâirlerin hissiyâtını tahrik edecek bir intizâm ve mükemmeliyette idi. Hatta Nef'î

Edirne şehri mi bu ya gülşen-i me'vâ mıdır
Anda kasr-ı padişâhı cennet-i a'lâ mıdır?
Cûylar mı devr ider taraf-ı çemenzârın yâhûd
Mai pervâz ile kat' olmuş yeşil harâ mıdır

kasidesiyle tasvîr eylemişti. Sultan Mehmed-i Râbi' devrinde ise Tunca sahilindeki saray fevkalâde ma'mûr idi. Bina eski padişahların zevkine göre inşâ edilmişti. Mehmed-i Râbi' bu sarayda parlak bayram alayları icrâ eylerdi; o gün bütün caddelere kum dökülürdü. Yeniçeriler iki sıra dizilirler, elleri yukarıda başları öne mütemâyil, selam vaziyeti alırlardı. Sultan Mehmed iki sıra asker arasından geçer, sarayından camii teşrîf eylerdi. Padişahın maiyetinde birçok
211/ zabitân ile Devlet-i / Osmâniyye'ye tâbi prensler ez-cümle Kırım Hânı bulunurdu. O gün sadrazam, müfti'l-enâm, kethüdâ, yeniçeri ağası, reis'ül küttâb, hâzinedâr hepsi bâr-gîrler üzerinde, yüksek kılâvîleri beyaz mücevvezeleri, kâtibî sarıkları, uzun sakallarıyla mehîb ve zî-vakâr bir sürü insan kafilesi ortasında ilerlerdi. Daha sonra ellerinde, uzun ve gümüş bastonlarla çavuşlar, saten elbiseli müteferrikalar, kadife esvâblı çorbacılar, iri boylu, bellerinde ma'denî kemerler, sağdakiler sarı, soldakiler yeşil elbise giymiş, vakurâne ilerleyen şatırlar, başlarında uzun ve geniş sorguclarla solaklar yaldızlı silahları gözler kamaştıran ipekler ve bütün bu muhteşem ve mutantan kafilenin ortasında Sultan Mehmed, başında üç sorguclu kavuğu, arkasında yeşil astar üzerine sırmalı diba kaplı samur kürkü, zümrütler ve elmaslarla müzeyyen bir eğer üzerinde kemâl-i
212/ azâmetle aheste aheste ilerlerdi. Osmanlıların / servet ve ihtişâmını gösteren bu kafilede en ziyade nazâr-ı dikkati celbeden şeyler, mücevherât idi. Bütün müzeyyenât, koşumlar eğerler, başlıklar, esvâblar, kılıç kınları kemerler ve serpuşlar üzerine mebzûl bir surette serpilen elmaslar, zümrütler, firûzeler ve yakutlardı. Bu parlak ve rengîn taşlar, erkân-ı devletin ve yeniçerilerin allı, yeşilli, morlu, sarılı, ipek ve diba esvâblarındaki nazâr-nevaz renkler üzerinde gözler kamaştıracak derecede şaşaa nisâr olurdu.

(*Köprülüler*, 1331,s. 82-85)
Ahmet Refîk

BERLİN HATIRALARINDAN

Bilirsiniz ki, hemen, yüz, yüz elli yıldır, biz,
Ne varsa elde verip muttasıl çekilmedeyiz!
Ömer'lerin, Yavuz'un biz vefâsız evlâdı,
Sıyanet eylemedik yadigâr-ı ecdâdı.
Ne yâr-ı cândı o, lâkin biz olmadık ona yâr;
Sonunda parçalanıp yurdumuz, diyâr diyâr.
Küçüldü öyle ki: Yoktur yaşatmak imkânı,
Dönüp de arkaya namusu, dîni, vicdânı! / /213
Evet, bu hisler için bir mezar olur ancak,
Kalırsa elde nihayet beş on karış toprak!
Enîn içinde vatan... Kıymayın şu mazlûma,
Huda rızası için ric'at etmeyin!..
— Korkma!
— Cehennem olsa gelen, göğsümüzde söndürürüz,
Bu yol ki Hak yoludur, dönme bilmeyiz, yürürüz!
Düşer mi tek taşı, sandın, harîm-i namusun?
Meğer ki harbe giren son nefer şehîd olsun.
Şu karşımızdaki mahşer kudursa, çıldırsa;
Denizler ordu, bulutlar donanma yağdırsa;
Bu altımızdaki yerden bütün yanardağlar,
Taşıp da kaplasa afakı bir kızıl sarsar;
Değil mi cebhemizin sînesinde iman bir;
Sevinme bir, acı bir, gaye aynı, vicdan bir,
Değil mi cenge koşan Çerkesin, Lazın, Türkün
Arapla, Kürt ile bâkidir ittihadı bugün
Değil mi sînede birdir vuran yürek...Yılmaz!
Cihân yıkılsa, emin ol, bu cebhe sarsılmaz!
Nasıl ki yarmadan afâkı pâre pâre düşer,
Hudayı boğmak için saldıran cünûn-i beşer;
Nasıl ki nûr-i hakikatle çarpışan evhâm; / /214
Olur şerare-i gayretle akıbet güm-nâm,
Şu karşımızdaki mahşer de öyle haşrolacak.
Yakında kurtulacaktır bu cephe...
Kurtulacak?..
— Demek yıkılmayacak kıble-gâh-ı amâlim...
Demek ki ölmüyoruz...
Haydi arkadaş gidelim!

Berlin

(*Safahat V: Hatıralar,* 1928,s.73-75

Mehmet Akif

KADINLAR SALTANATI

Cinci Hoca sarayın en nüfûzlu ricâlindendi. Valide Sultan'ın füsûn-kâr
hediyelerini der-âgûş edebilmesi için Sultan İbrahim'e kuvvet veren, padişahın
asâbını tütsüler ve büyülerle düzelten Cinci Hoca'ydı. Cinci Hoca
Zağferânbolu'(Safranbolu)da doğmuştu. İstanbul'a fakir bir talebe olarak gelmiş,
medreselerde dolaşmış, büyücülükle, efsûnculukla şöhret bulmuştu. Bir müddet
Şeyh Mehmed Çelebi'ye de danişmend oldu. Şeyh Efendi Süleymaniye
Medresesi'nden İzmir Kadılığı'na ta'yin olunduğu zaman, ehibbâsı, Cinci Hoca
Hüseyin Efendi'yi de beraber götürmesini söylediler. Fakat Şeyh Efendi buna
215/ razı olmadı. Cinci / Hoca'yı bedbaht ve bîçare, İstanbul'da yüzüstü bıraktı.
Ağlaya sızlaya efendisinin ehibbâsına "yandı yakıldı" hepsi birden Şeyh
Efendi'ye mürücaat ederek

— Şu bîçâreye yazıktır. Bu kadar zaman danişmendiniz oldu. Bile götürün, dediler. Fakat Şeyh Efendi Cinci Hoca'yı şiddetle reddetti. Ve şu cevabı verdi.

Be hey efendi, bizim arzımız vardır. Avret ve oğlana efsûn okuyan bir sehhâr-ı nâbekârı bile götürüp mansıbımızda bed-nâm mı olalım.

Cinci Hoca mahzûn ve perişan, İstanbul'da kalmıştı. Cinci Hoca yine
sanatıyla meşgûl oldu. Nefesinin keskinliği sayesinde büyük bir şöhret kazandı.
Kadın, çoluk çocuk birçok halk, Cinci hocanın nefesinden istifade ediyordu.
Nihayet Cinci Hoca'nın şöhreti Saray'ca da duyuldu. Bir gün Sultan İbrahim
muhtell dimağının te'siri altında ne yaptığını bilmedi. Kadınlar arasında yaşa-
maktan, kuvve-i bedeniyyesini zâyi etmekten bîtab düşmüştü. Baygınlıklar
216/ geçirdi, bütün saray halkını korkuttu. O zaman kadınlar / Valide Sultan'a Cinci
Hoca'yı salık verdiler. Hoca Efendi'yi derhal saraya davet ettiler.

Cinci Hoca'nın saraya duhûlu, saadetine mebde' teşkil etmişti. Hocaefendi başında koca bir sarık, kemâl-i vakâr ile saraya girdi, rûhânî feyzinden medet uman, nazarlarını kendisine müstmendâne atfeden hasekiler ortasında Sultan İbrahim'i nefes etti. Sultan İbrahim bütün mevcudiyeti ile Hoca Efendi'ye teslim oldu. Hatta "Kuvvet-i vâhime ve te'sîr-i itikâd imdâdıyla" iyi olur olmaz, Cinci Hoca'yı en büyük saadetlere nâil etti. Hoca Efendi medrese köşelerinde sürünürken def'aten haric müderrisî oldu.

Şeyhülislâm Yahya Efendi: "Kanun değildir" diye reddettiği halde, Sultan
İbrahim hatt-ı hümâyûn ısdâr etti. Cinci Hoca'ya sahn medresesi verildi.
Konaklar ve saraylar ihsân olundu, bir kaç gün sonra Süleymaniye Medresesi,
Galata Kadılığı ve hocalık da verilince büyücü Hüseyin Efendi "Cinci Hoca"
lâkabı ile İstanbul'da şöhret buldu. İstanbul'un kuvve-i fikriyyeden ziyâde
himaye ile yaşamaya alışkın saf-dîl ve dessâs halkı, derhal Hoca Efendi'nin
217/ maneviyyâtından istifâdeye şitâbân oldular. Cinci Hoca daha sonra / Kara
Çelebizâde Mahmud Efendi'ye damat oldu. Azl ve nasbda büyük bir nüfûz gös-
terdi. Şeyhülislâm'ın bile selâhiyetine müdahale etti. Başta Sultan İbrahim
olduğu halde, bütün saray kadınları, Hoca Hazretlerinin sözünden dışarı çıkamazdı.

Saray'ın devâm-ı sürûru, zevki ve eğlencesi, refahı ve saadeti Hoca Efendi'nin nefesine müftekır idi. Cinci Hoca Sultan İbrahim'i teshîr ediyordu. Padişah'a tütsüler yapıyor, efsûnlar okuyor, dualar öğretiyordu.

(*Kadınlar Saltanatı,* 1923, s. 21-23)
Ahmet Refik

RÜBAİLER

TERCİH

Dünyada ne ikbâl, ne servet dileriz;
Hatta ne de ukbâda saadet dileriz.
Aşkın gül açan bülbül öten vaktinde,
Yârânla tarab, yâr ile vuslat dileriz.

HAZÂN

Âhir ne bu cûşiş, ne bu eyyâm kalır;
Hatırda ne canân, ne serencâm kalır;
Son faslımızın şâm-ı garîbânında,
Gül devrini hâtırlatacak câm kalır.

ÖMÜR

Bir merhaleden güneşle deryâ görünür.
Bir merhaleden her iki dünyâ görünür.
Son merhale bir fasl-ı hazândır ki sürer
Geçmiş gelecek cümlesi rüyâ görünür. / /218

MERÂRET

Dîlbesteyiz ahbâba esîriz yâre
Ânlardır açan gönülde binbir yare
Bîganelerin kahrını görmüş değiliz
Ta'n ettiğimiz nafiledir ağyâre

TEGAFÜL

Bilmem nedir enfüsi nedir âfâkî
Kimdir fâni cihânda kimdir bâki
Dünyayı saran boşluğu hissetmeyelim
Peymâneyi boş bırakma doldur sâki

Yahya Kemal

BİR GÜNÜN SONUNDA ARZU

Yorgun gözümün halkalarında
Güller gibi fecr oldu nümâyan;
Güller gibi...Sonsuz, iri güller,
Güller ki kamıştan daha nâlân
Gün doğdu yazık arkalarında!

Altın kulelerden yine kuşlar
Tekrarını ömrün eder ilân.
Kuşlar mıdır onlar ki her akşam,
Âlemlerimizden sefer eyler?..

Akşam, yine akşam, yine akşam,
Bir sırma kemerdir suya baksam,
Akşam, yine akşam, yine akşam,
Göllerde bu dem bir kamış olsam!

(*Piyale,* 1928)
Ahmet Haşim

219/ / **ŞAFAKTA**

Dönsek mi bu aşkın şafağından,
Gitsek mi, ekâlim-i leyâle?
Bizden daha evvel erişenler,
Ağlar bugün evvelki hayâle...

— Dönmek mi? Ne mümkün geri dönmek,
Düştüyse gönüller bu melâle?
— Bir eldir ufuklardan uzanmış-
Zulmet bizi çekmekte visâle

(*Piyâle,* 1928)
Ahmet Haşim

MUKADDİME

-Karaosmanzâde Câvide Hanım Efendi'ye-

Zannetme ki ne güldür, ne de lâle,
Âteş doludur, tutma yanarsın
Karşında şu gülgûn piyâle...

İçmişti Fuzûli bu alevden,
Düşmüştü bu iksir ile Mecnûn
Şi'rin sana anlattığı hâle...

Yanmakta bu sagârdan içenler,
Doldurmuş onunçün şeb-i aşkı
Baştanbaşa efgân ile nâle...

Âteş doludur, tutma yanarsın,
Karşında şu gülgûn piyâle!..

(*Piyâle,* 1928)
Ahmet Haşim

İSTİBDÂD-I EDEBÎ ZAMANINDA:TARZ-I İNŞÂD / /220

Şimdikiler bir şey mi? Ben ne şâirlerle buluştum görüştüm!..Size beş on tanesinin tarz-ı inşâdını yazayım da ibret alın!.."Leme'at" sahibi Ali Rûhî merhûm asabî hoş-gû idi. Yüzündeki Bağdad çıbanının enli nebbesi, sakalının bir kısmını kazımış, yanağının da bir kısmını yiyip çökertmiş olmakla beraber vechen yine sevimliydi. Bir gün "Gülşen" nüshalarından birinde münderic armudî dizilmiş bir manzumeyi görünce:

— Bunlar şâir değil manav!

diyerek cümlemizi güldürmüştü.

Eser-i eslâfa giden şâirlerimiz, bu yoldan kıl kadar inhirâf etmeği adeta irtidâd kadar menfûr görürlerdi. Yalnız Şeyh Vasf merhûm, Nâci'nin remorkörüyle hareket ettiği için onda gördüğü meyl-i mahsûsa takliden Garbın da sanâyi-i şiiriyyede ileri varmış, dühâttan addedilecek şâirler yetiştirmiş olduğunu bizim yanımızda söylerdi. Fakat Hersekli Arif Hikmet Bey'in yanında söyleyebilir miydi, bilmez miydi bilmiyorum.

Bundan yirmi otuz sene evvel yaşayan eski tarz şâirlerle yeni tarzda türemek istidâdını gösteren şâirler arasındaki en mühim fark; manzûme kalıpları, hissiyât-ı mütehâlife, eşkâl-i intihal değildi. Filvâki her iki taraf da "Mebâni'l İnşâ"nın, "Belâgat-ı Osmaniye"nin, "Sefine-i Belâgat"ın hatta "Talim-i Edebiyât"ın nâtık ve müfessir olduğu sanayi-i bediîye ve beyaniyyeden sıralı sırasız istifâde ediyorlardı. Fakat kelimâtın isti'mal ve istihdâmında yavaş yavaş ayrılıyorlar, yeniler istihdâm meselesinde acemi oldukları için az muvaffak oldukları halde eskiler de muzâmîn ve nikâtînin kullanıla kullanıla çalına çalına yıprandığına kalben kâni olarak yeni mazmun bulmak imkanını der-pîş ediyorlardı. Bence asıl fark tarz-ı inşâda münhasır kalmıştı.

Bir akşam üstü divan yolundan ağır ağır gidiyordum. Arkamdan birinin koşarcasına gelmekte olduğunu sezinledim. Dönerken burun buruna geldik. Ali Rûhî! Görseydiniz, bîçâreyi dünkü kendisine benzetemezdiniz! Siması o derece tagayyür etmişti. Zekâ-yı harikuladesi ile beraber o zekâya yakışan biraz kaçıklığı olduğunu bildiğim için birdenbire çıldırdığına hükmettim. Gözleri hakikaten dönmüş, çıban nişanesinin büzülmeye mukavemet-i anûdanesine rağmen yüzünün derileri toplanıp sakalını kaldırmış; bıyıklarına ulaştırmıştı.

221/ / — Vay efendim!

bile demeğe meydan vermeksizin:

— Dinle!

diyerek koluma vurdu. Gözler devrildi, kollar açıldı, gür bir ses işitilmeye başladı:

"Cihânı yakdı o tal'atla yâr-ı cân olalı
Cihân bir öyle bela görmedi cihân olalı"

Bu üç "cihân" humbara gibi patlıyor, gelen geçen bize bakıyor, biraz mütevehhim olanları uzaklaştırıyordu. Ben de uzaklaşacağım ama kim bırakır? O aynı mehabetle devam ediyordu:

"Anılmaz oldu esâtir-i evvelîn-i cünûn
Cünûn-ı ışkla ben halka dâsitân olalı"

Burada da aşk kelimesini meksûr okuyarak, hatta ışkla ayını da çatlattığı için dönüp dönüp bakanlar, dudak bükenler eksik olmuyordu. Meğer daha müthişi varmış!

"Belâ! Belâ! diye ışkınla sû-be-sû gezerim
Bu nâr, nâire-efrûz-ı hânümân olalı"

"Belâ" kelimesini işitenler kulaklarını tıkıyorlar, istiâze ediyorlar, benim belâya tutulduğuma acıyorlar gibi geliyordu.

Gazeli böyle ber-vech-i inşâd ile bitirdikten sonra dedi ki:

— İşte bunu, Nâci de söyleyemez!

Allah'a ısmarladık!

Ayrıldı yine koşar gibi gidiyordu. Arkasından bin şükür ve hamd ile bakıyordum. Aynı tavır, aynı savletle birini daha yakaladı. Bu defa kolların harekât-ı muhtelifesi görülüyordu.

Geçenlerde Samih Rıfat Bey de diyordu ki:

— Hersekli Arif Hikmet Bey şiirlerini okurken raks ederdi.

İçlerinde yalnız Hoca Hayret burnundan söyler gibi, Şeyh Vasfi merhûm
222/ da mazlûm / mazlûm okurdu. Nâci tok bir eda ile ekseriya bıyıklarını bura bura inşâd ederdi. Müstecâbîzâdeninkine inşâd değil, ağlama demek daha muvafık düşer.

Andelîb, bir kahkaha veya kaşlar çatık, gözler dönük, pürüzlü, çatlağa karîb bir ses ile başlar, canı isterse aralıkta ağlardı.

Recaizâde de bir aheng-i vakar vardı. O zaten tuvaletini yapmış, tavrını almış olmakla elinin biriyle, parmaklarıyla, alelekser hafifçe muhtekın gözlerindeki manidâr, mütebessim nazarlarıyla mısraın, beytin hususiyetini anlatmak isterdi.

Hakkı Paaşazâde Celâl ki her zaman, her vesileyle söylerim-bu asrın en tabii bir şâiridir. Mübtelâ olduğu cinnet-i küûliye sâikasıyla sokakta, dükkanda, birahanede, her nerede bulunursa bulunsun çok defa bağırır, Nâci'ye takliden bıyıkların burardı.

Arif Hikmet Bey'de hâkikaten bir mehâbet-i inşâdiye vardı. Merhûm durup dururken çileden çıkan erbâb-ı dilden olduğu için, esnâ-yı musâhabette birdenbire bir gürleme peydâ olur, ondan sonra mısralar birbiri ardınca çözülüp adeta dökülerek:

— Güm!Güm!

ederdi. Menemenlizâde Tâhir Bey bu tarzda da Ekrem Bey'e taklit etmek hevesinde bulunurdu. Nâbizâde söz söyler gibi hafif hafif başlayıp yine öyle bitirir. Ali Ulvi lüknet-i lisâniyyesi hasebiyle kelimeler üzerinde sekerdi. Tepedelenlizâde Kâmil Bey nezâket-i tab'ına yaraşan bir rikkât-i edâya mâlikti. Ali Kemal Bey'in tarz-ı inşâdı hatırımda kalmamış ama elbette bir gün tazelerim. Fâik Reşâd Bey-ki edebiyât-ı kadîmenin en hararetli taraftarı idi-oldukça ağır, fakat el göz ile hatta ezilip büzülerek, dudaklarına türlü türlü vaziyetler vererek âdetâ müştehiyâne okur, Adanalı Ziya ki ince, nahîf bir bedene bilek kadar ince bir gerden ile birleşmiş, azîm'ül cüsse bir kafadan ibaret gibiydi-melankolik gözlerini bayılta bayılta hafif hafif söyler, müteâkiben gülerdi.Cidâl-i Sa'dî ba-Müddei sâhibi Üsküdarlı Sâfi'nin teessüf ederim ki tarz-ı inşâdını unutmuşum. Ahiren "Müdafaa-i Millîye" riyasetinde bulunmuş olan Üsküdarlı Tal'at Bey ise daima gür sesle vetedler üzerine basarak meselâ:

"Mushaf-ı hüsni ben hatmeyledim
Zelîha sûre-i Yusuf'da kaldı"

beyt-i bercestesine nîm bir ahenkle başlayıp bitirir, Muallim Feyzî merhûm Azerbaycan / şivesini, İrânî Remzi Babaya nisbetle pek ziyâde ta'dîl etmiş /223 olduğu halde vezinden düşecekmiş gibi isti'câl arasında birdenbire teennî gösterirdi.

Abdülhak Hamid Bey bir mısra okurken dinleyemedim. Cerîde-i Havadis âsâr-ı edebîyye muharrîri Mektûbî Şâir İsmet Efendi ile Rıdvan Paşa merhûmun pederi Deli Nüzhet Efendi'nin tarz-ı inşâdları adeta bağırmakla müsâvî idi. Nüzhet Efendi bir gün Aksaray'da bir kıraathanede sigarası sönünce kutuyu elimden alarak var sesle öyle bağırdı idi ki hicâbımdan dışarıya nasıl fırladığımı hâlâ bilemiyorum. Ah! Fotoğraf, gramofon, siz neden 25-30 sene evvel böyle istidâd-ı kemâl gösteremediniz de bunlar kaybolup gitti!

Bundan böyle tetkikâtta bulunacaklara tavsiye ederim, kuvvetli nota öğrensinler. Çünkü şimdiki eda-yı inşâdda bambaşka terennümler var.

Cenab Şehabeddin Bey'in kendisine has bir vakâr-ı inşâdı olduğu gibi, Süleyman Nâzif Bey'in de şiir okurken tutturduğu havanın-zannederim ki-notası mazbuttur. Birincisini henüz mektepli iken, ikincisini ise İstanbul'a geldiğinden pek çok sonra tanımışımdır.

İbradılı, Alaiyeli, Antalyalı, Adanalı velhasıl Anadolulu şâirânın içlerinde kâfi kâfi gayına tebdîl ile mesela "kaderim"i "gaderim", "gümüş"ü gumuş okuyanlar, "helâl" kelimesindeki iki lâmı pek aykırı vaslederek hâlâl diyenler ekser idi.

Ey mâzi!.. Sen ne kadar hatır-nevâzsın!.. Sende bunlardan bir ekseriyeti müctemian gördüğüm öyle günler oldu ki safâ-yı tahatturu bile şimdi cihân değmektedir.

İnsan böyle bir ictima'ı göz önüne getirince mutlaka kulaklarında seslerinin bakiyye-i ukûsu çınlıyor. Şimdi bile çınladı. Hayırdır inşallah! Galiba sağ olanlarından biri beni andı. Acaba onlarınki de çınlıyor mu?..

(*Muharrir, Şâir, Edip,*1924,s.103-109)
Ahmet Rasim

MERDİVEN

Ağır ağır çıkacaksın bu merdivenlerden,
Eteklerinde güneş rengi bir yığın yaprak,
Ve bir zaman bakacaksın semâya ağlayarak...

224/ /Sular sarardı.. yüzün perde perde solmakta,
Kızıl havaları seyret ki akşam olmakta...

Eğilmiş arza, kanar, muttasıl kanar güller,
Durur ȃlev gibi dallarda kanlı bülbüller,
Sular mı yandı? Neden tunca benziyor mermer?

Bu bir lisân-ı hafîdir ki rûha dolmakta,
Kızıl h̑avȃları seyret ki akşam olmakta!

(*Piyâle,*1928)
Ahmet Hâşim

BİR GECE

On dört asır evvel, yine bir böyle geceydi,
Kumdan, ayın on dördü, bir öksüz çıkıverdi!
Lakin, o ne hüsrândı ki: Hissetmedi gözler;
Kaç bin senedir, hâlbuki, bekleşmedelerdi!
Nerden görecekler? Göremezlerdi tabii:
Bir kerre, zuhûr ettiği çöl en sapa yerdi;
Bir kere de, ma'mûre-i dünyâ o zamanlar,
Buhrânlar içindeydi bugünden de beterdi.
Sırtlanları geçmişti beşer yırtıcılıkta;
Dişsiz mi bir insan onu kardeşleri yerdi!
Fevzi bütün afâkını sarmıştı zeminin,
225/ Salgındı, bugün Şark'ı yıkan, tefrika derdi. /

Derken, büyümüş, kırkına gelmişti ki öksüz,
Başlarda gezen kanlı ayaklar suya erdi!
Bir nefhada insanlığı kurtardı o masum,
Bir hamlede kayserleri, kisrâları serdi!
Aczin ki, ezilmekti bütün hakkı, dirildi;
Zulmün ki, zevâl aklına gelmezdi, geberdi!
Âlemlere, rahmetti, evet şer'-i mübîni,
Şehbâlini adl isteyenin yurduna gerdi.
Dünya neye sahipse, onun vergisidir hep;
Medyûn ona cem'iyyeti, medyûn ona ferdi.
Medyûndur o masuma bütün bir beşeriyyet...
Yâ Rab, bizi mahşerde bu ikrâr ile haşret

Hilvan...... Rebi'ülevvel 1347-1931
(*Safahat VII*: Gölgeler,1933,s.68-69
Mehmet Akif

SEMMÛR DEVRİ

Bir akşam, bu zevk ü iyş alemine Eyüplü Voyvoda Kızı da karıştı. Voyvoda Kızı ekseriya saraya gelir, Sultan İbrahim'in falına bakardı. Muntazam söz söyler, kendiliğinden masallar tertip / etmekte büyük bir maharet gösterirdi. Sarayın /226
hasekileri Voyvoda Kızı'nı sık sık çağırırlar masallarını haz ile dinlerlerdi.

Voyvoda Kızı hemen hemen saraydan çıkmazdı. Her gece saraya gelir, Sultan İbrahim'e masal söyler, eğlendirirdi.

O gece Sultan İbrahim zevk ve neşât içindeydi. Voyvoda Kızı masalına başladı:

— Evvel zamanda bir padişah varmış. Esvâbı, sarayının bütün eşyası, yastıkları, perdeleri hep semmûrdanmış...

diye devam etti. Masal devam ettikçe Sultan İbrahim'in merakı arttı. Gözlerinin önüne semmûrlarla müzeyyen minderler, semmûrlarla müzeyyen duvarlar ve perdeler ve bütün bu yumuşak, gözlere bile sıcaklık veren semmûrlar arasında Telli Haseki'nin şûh handeleri, lâtif endâmı bütün cazibesiyle tecessüm etti.

Filhakika "Semmûrda nefsinde bir cild-i mu'teber ve beyn-el-hukemâ cevher-i hayvânî" nâsık ve kesafetten muarrâ bir cevher" olduğu için, bütün servet ve zevk sahipleri gibi Sultan İbrahim'in de temayülünü celbetti. Artık gözüne semmûrdan başka bir şey görünmüyordu.

Kendisine derhal semmûrdan, düğmeleri kâmilen elmas, bir kaç esvâb yaptırdı. Bu esvâbların her biri sekizer bin kuruşla meydana / geliyordu. Bununla da /227
kanaat etmedi; aklına, vüzerâdan, vükelâdan, ulemâdan hatta ahaliden semmûr toplamak geldi. Vüzerâya, ulemânın ma'zûl ve mensublarına, şeyhülislam ve kazaskerlere emir verdi: Her birisi padişaha semmûrdan birer libas takdim edeceklerdi. Halbuki bunların içinde kudreti olmayanlar da vardı Sultan İbrahim bunu da nazar-ı dikkate almadı. Semmûr esvâb takdimine iktidarsızlıklarını

söyleyenleri divân çavuşlarına gönderdi; esvâbları tahsil ettirdi. Kudreti olmayan ulemâya da defterdâr tarafından divân tezkiresi ile buyuruldu ile divân çavuşları gönderilerek cümlesi tazyîk edildi.

İstanbul'da ve sarayda esasen semmûr sarfiyatı vardı. Halkın zenginleri hep semmûra rağbet gösterdikleri gibi, sarayda da vüzerâya, devlet erkânına öteden beri padişahlar tarafından "ser-a-ser" kaplı semmûr kürkler verilirdi. Sarayın hassa kürkçübaşısı vardı. İstanbul'da, Edirne'de semmûr kürklerin parçaları ve fiyatları divânca ta'yin edilmişti. Mesela, nizamen kürkçüler seksen semmûrdan bir kürk ve doksan semmûr parçasından bir kürk imal ederler, eski semmûr kürkleri tekrar tahta yapamazlardı. Şimdi ise sarayın semmûr israfâtı
228/ bütün İstanbul'un sarfiyâtını geçmişti. / Vaktiyle bir semmûr yüz kuruşa alınırken şimdi bin kuruşa güç bulunuyordu. Semmûra düşkünlük son derece arttı. O mertebede ki devrin şâirleri:

Ol kadar rağbeti var semmûrun
Oldu tahsîli ânın emr-i 'asîr
Böyle kalursa olur zî-kıymet
Nâfe-i kelb ve kafa-i hınzîr

demişlerdi. Semmûr ticaretinden en ziyâde para kazanan "Moskof kâfiri" olmuştu. Rusya'nın İstanbul'a semmûr ihracâtı bir Mısır hazinesine bâliğ oluyordu.

Sultan İbrahim emretti: Sarayda ne kadar kasır ve kâşâne varsa hepsi semmûrla döşenecekti. Fakat yalnız semmûr kâfi değildi; "Hâmi-i dîn-i Muhammed, sâhib-i halk-ı azîm"in kuvve-i bâhiyesini takviye için anber de lazımdı. Sultan İbrahim, sarayı dolduran kadınların zorlu der-agûşlarına ancak anberle mukavemet ediyordu. "Cenâb-ı Şehriyârî anberi ziyade tenavül buyuruyorlardı. Binaen'aleyh semmûr vergisine bir de anber vergisi inzimâm etmişti.
229/ O tarihten itibaren semmûrla anber, devletin tekâlif-i idâdına / dahil oldu. İmparatorluğun bütün hakimlerine semmûr kürkler, şemmâme-i anberler göndermeleri emredildi. İstanbul'daki kapı kethüdalarından kahren ve cebren semmûr ve anber tahsil olundu. Bu tekâlif İstanbul halkından müteaddid defa toplanıldı. Vermeye kudreti olmayanlardan kimi azl, kimi hapis, kimi işkence ile perişan edildi.

Sarayda öteden beri ipekli döşemeler, sırmalı yastıklar kullanılırdı. Şimdi bunların hiçbiri "tab-ı hümâyûn'a muvafık düşmüyordu. Sultan İbrahim semmûr istiyordu, semmûrdan olmayan hiçbir şeyin gözünde kıymeti yoktu, semmûrsuzluk mansıb ümit etmek, kat'i bir mahrumiyetti. Köşklerin perdeleri bile semmûrdan olacaktı, Sultan İbrahim'in nazarında dünyanın en mu'teber, en nefis, rûha en ziyade ferah veren kıymetdâr bir meta'ı vardı: Semmûr....

Vüzerânın, a'yânın, ulemânın, halkın, kimi padişahın iltifatına mazhar olmak, kimi çavuşların zulmünden kurtulmak için semmûr ve anberden başka bir şeye iltifat ettikleri yoktu. İstanbul'a semmûr yüklü bir gemi geldiği haber alınır alınmaz, herkes gözünü dört açardı. Ne olursa olsun, başını beladan kurtarmak için evinde biraz semmûr bulundurmak lazımdı.

(*Semmûr Devri,* 1927, s. 48-51)
Ahmet Refîk

İSTANBUL'U TEMAŞA / /230

Güneş daha doğmamış, fakat gece bir eflatun gölge derecesinde hafifleşmişti. Marmara'yı geçmiştik:"Uranık" Ayestefanos önündeydi.

Hatıra-i leyl olarak yalnız bir elmas düğme gibi ufk-ı şimâliye iliklenmiş bir tek yıldız ve nazarlardaki rehâvet-i hâb vardı. Refîk bulutların yer yer semâya çektiği peçeler garbda hafiflenerek bir menekşe buğu, şarkta zıyalanarak bir altın tül oluyordu.

İstanbul karşımızda mütemevvic, füsûn-alûd, sisli ve aydınlık bir hilâl-i mübhem halinde denizi kat' ediyordu. Buhar-ı sabah içinde şekiller, renkler estomplanıyor. Yalnız birer sebbâbe-i şehadet gibi küngüre-i asumânı gösteren minareler fark olunuyordu.

Şimdi kamara yolcuları birer ikişer meydana çıkıyorlardı; uykudan şişmiş gözler, alelacele kurulanmış rutubetli yüzler, üç fırça darbesiyle pek az ıslah edilmiş başlar ötede beride beliriyordu. Birkaç dakika zarfında güverte / şap- /231 kalar, kalpaklar, külahlar, fesler, sarıklarla doldu. Siyahlar arasında az çok her boydan, her cinsten birkaç numune-i beşeriyet vardı. Kendi kendime düşündüm:

— Koca İstanbul'a bir küçük İstanbul da biz götürüyoruz. İşte asitanemizin mini mini bir nüshası. Bir şehr-i ecnâs....Payitahtımız Asya ile Avrupa'nın el ele tutuştuğu noktada, adeta insaniyetin dörtyol ağzı gibi bir şey, bir mev'id-i telâkki-i akvâm... Şimalin cenûba yuvarladığı, cenûbun şimale uzattığı eşhâs ve eşya oradan geçer; her geçen yabancı bir fikir, bir garip his, yüzde sekiz gümrüklü bir hatıra-i ecnebîye bırakır: Bunlar aheste aheste ka'r-ı vicdanımızda birikiyor; efrâdımız arasına giriyor; farklar, ihtilaflar, mesafeler hâsıl ediyor. Muârız emeller, ihtiyaçlar, biri birine yan bakan fikirler yekdiğeriyle uyuşmayacak hisler doğuruyor. İstanbullular kadar yekdiğerine az benzeyen bir belde halkı var mıdır? Irk-ı Şâmî, ırk-ı İrânî, ırk-ı Turanî, bütün cüzûr-ı muhtelife-i insaniyet Üsküdar'da Haliç'te, Beşiktaş'ta karmakarışık, müsadefe, müsafaha, muamele, mücadele, müsalaha, münakehe eder. Aktâr-ı erbaanın mütenevvî kanları Dersaadet mahallelerinde biri birine karışır, kaynaşır, / birleşir. Mahalle /232 imamları nikahı alel-ekser arzın biri birinden uzak iki bucağından uzanan eller arasına koyarlar, kavânîn, veraset müşabehet mecrasını kaybeder; Bu acîb izdivaçlardan çıkan çocuklar kafatasları ne şekle gireceğini, dimağları ne bicim alacağını şaşırır. Hemen her İstanbul yavrusunun vicdanından, ecdadından mevrûs bir halîta-i ecnâs vardır. Çocuklarını görürsünüz ki eşkâl-i zahiresinde Çerkes, ahlakında Arnavut, zekasında Arab, hissiyâtında Türk'tür. Sokaklarda görülen med ü cezir milel-i rûhlarda da cereyân eder. Bazıları İstanbul ailelerindeki su-i imtizâca şaşarlar, bence bazı müstesinnî evlerdeki hüsn-i i'tilâf şayan-ı taaccübdür. Böyle her ferdin şeceresi bir ilm'ül ensâb fihrisi olunca her iki rûh arasında bir talâk-ı tabiî bulunmak zarurî değil midir? Ve bu halde hanelerin çoğu bir Mahmud Paşa Mahkemesi halini alması neden istiğrab olunmalı?..

Sarayburnu'nu dolaşıyorduk, güzellikler siliniyor, kodaklar kuruluyor, dürbünler etrafı geziyordu. Bütün kenarları hâre-i deryâ ile müzeyyen üç büyük aveng-i buyûd yosunlarla minelenmiş üç ehrâm-ı ebniyye halinde İstanbul, Galata, Üsküdar, pîş-i enzâra yükseliyordu.

233/ /Güneş doğmuş, Çamlıca arkasında bir harîk-i nûr ika' etmişti. Karacaahmed servilerinin siyah perdesi, siyah saçakları arkasında ufuk yanıyor.

Şeklen her nev'i kuyûd-ı mimariyyeden muaf, levnen endişe-i imtizâcdan azâde birer yuva, birer kafes, birer kutu, birer oyuncak gibi evler yekdiğerini kucaklıyor, biri ötekinin tepesinden bakıyor, şurada rû-be-rû ve ötede tâk ber tâk beride her bina bir murabba renk halinde bir mahalleye bir şatranc-ı kuzâh manzarası veriyor; her taraf Şehremanetine dilini çıkarıyor, belediye müdürlerine "Na sana! ! diyor, işte İstanbul...

Bu saatte şehrin her ciheti helecân-ı insaniyetten hâlî görünüyordu. Saadetleri, felâketleri facialları, mudhikeleri ile bir milyon halkı kucaklayan koca payitahtın içerisinde gülen-ağlayan-bâhusûs ağlayan!-hayâttan hiçbir zerre hissolunmuyor, yalnız İstanbul tarafından bir şuriş-i ahşap, Beyoğlu cihetinde bir yığın eşkâl-i mütehaccire rûşenî-i tulu' içinde mer'î oluyordu.

Kadıköyü cihetine baktım. Haydarpaşa Hastahanesi gözüme ilişti.

234/ İçimden "Ah!" dedim Selîmiye Kışlasından / Karacahmed Mezarlığı'na çıkan yolların işte en kestirmesi. Sonra Galata'ya doğru döndüm: İşte Türk bandırası altında Frenk Murâbahası süren Bank-ı Osmanî işte tiryakileri en gâlî fiyatla zehirleyen reji. Daha bir yere işte içinde hekim bulunmayan Daire-i Sıhhiye, ona mukabil İstanbul tarafında-bîşüphe kaide-i tenâzura riayeten te'sis olunan ve içinde asker bulunmayan Techizât-ı Askeriyye Dairesi, sonra işte Harbiyye, Tıbbiye, Mülkiye, Hukuk, nevvâb bilmem ne mektebleri ki himmetleri şehadetnâme, diploma, icazetnâme nâmlarıyla her sene Hazine-i Maliye üzerine binlerle açık bono çekmektir!..

Şimdi Beyoğlu cihetinde pencereler gönüller gibi açılıyor, kapanıyor, sanki her biri çerçevelediği hayâta göre hisleniyordu.

Rıhtım artık kalabalıklanmıştı. Köprü üzerinde aralarında hiçbir rabıta olmayan birtakım hayâtlar acûl, lakayt, zebûn, hod-gâm yekdiğerine sürünerek, yekdiğerini müteakıb geçiyor. Yeni Cami'yle Galata arasında halkaları lâ-yenkati' değişen bir zincir-i beşer gidiyordu.

235/ Beyoğlu tarafında faaliyet ilerliyor, İstanbul tarafında, / bizim tarafta mahmurluk hala mündefi' olamamıştı... Bu niçin böyle oluyor? Niçin onlar bütün anâsır-ı gayrimüslime çalışsın, incelesin insanlansın biz Türkler, biz Müslümanlar ebedî bir sabah keyfine mahkûm, daimî bir gevşeklik içinde paslanmış olalım? Hall-i mesele için çok düşünmeye hacet yok: Çünkü biz hükümetin nazlı evlâdı, yüz bulmuş çocuğuyuz. Ötekiler ekmeğini gayretinden çıkarıyor, biz ekmeğimizi Matbah-ı amire'den çıkarıyoruz onların mesaisinden başka istinadgâhı yok; bizim dest-gîrimiz koca bir hükümet! Onlar yarını düşünmeye mecbûr; bizde endişe-i ferdâ yok; deriz ki: Adam siz de maliye nâzırı düşünsün; maliye nâzırının vazifesi nedir? Bizi parasız bırakmamak değil mi? Bugün ve yarınki açlığıma çare düşünmekle mükellef bir nâzır mevcut olduktan sonra ben niçin çalışayım? Hepimiz için devâir-i resmiyye sandalyeleri bilirs vel'istihkâk üzerine kuûd edilir birer yadigâr-ı ecdâd hükmündeydi. Hiç dikkat etmiyorduk ki o sandalyeler üzerinde uyuklarken bizi geriye doğru çeken bir

kuvve-i hafiyye vardır. Mezâhib-i sâire erbâbı -hükümetin / üvey oğulları- /236
sokaklarda, meydanlarda, dağlarda, tarlalarda çalışır, koşar, terler çalışmayı
öğretir, çalışmaya alışırken bu-hükümet-i gâfilenin gâfil çocukları; kalem
odalarında esner, gerinir, sabırsızlıkla sâât-ı hamyâzenin inkizâsını bekler böylece
yumuşadığımızın, ihtiyarladığımızın, küflendiğimizin farkına varmazdık, onlar
iteklenerek, kakılarak terakki ederdi; biz taltiflere, nevazişlere müstağrak olarak
tedennî ederdik. Onlar sa'yin bahşettiği vakar ve necâbetle hakikaten yükseliyordu. Biz divân kaleminden çıkan tuğralı kağıtların desteklemesiyle bey, paşa sırmalı nişanlı bir boşluk, bir maskara oluyorduk.

Bakınız bugün bütün millet rütbe ve nişanın ilgâsı taraftarı olduğu halde
ûlâlar, bâlâlar, paşalar bir türlü bu mefhâr-ı sûrîden vazgeçebiliyorlar mı? Çünkü
pek a'lâ anlıyorlar ki devr-i istibdatta bin zillet, bin izzet-i nefs yarası bahasına
olarak kazandıkları hil'at-i resmîyi omuzlarından düşürünce gayet çıplak bir
cehl üstünde birçok lekeden başka hiçbir şeyleri kalmayacak. Üniforma ve
nişanlarıyla / bizi birkaç gün daha aldatarak Hazine-i Maliye'den beş on kuruş /237
daha aşırmayı kâr addediyorlar... Fakat ben kof, bu çürük bu sefil bekâyâ-yı
meşûme-i istibdâdı değil, devâir-i devlette bizden az iskemle işgal ettiklerinden
dolayı kendilerini mağdur ve mazlum gören bazı gayrimüslim vatandaşlarımızı
ta'yîb ederim!

Ben bu fikirlere dalmışken yanımda bir yolcu kolumu dürterek tımarhanenin mevzu' bulunduğu Toptaşı gibi yüksek bir noktayı gösterdi ve sual etti:

— Şurası?

— Orası bir garîb mevkidir, hemşehriciğim, hangi penceresine burnunu dayamış olsan arzu ettiğin namuslu ailenin bütün harîm-i esrârını temaşa edersin; bütün Türkiye kapılar, pencereler açık damlar yıkık olarak gözünün önünden geçer.

— Sübhanallah, öyle ise dua sinmiş bir yer olmalı!

— Evet biraz dua, ve bir hayli kan kokusu!... / /238

(*Evrâk-ı Eyyâm,* 1331, s.68-75)
Cenab Şehabeddin

VATAN HİSLERİ

Düşmez yere, zira o bizim bayrağımızdır,
Bin fecr-i müebbed doğuyor her dağımızdan
Ay-yıldız o mâzîdeki bir süstür, emîn ol
Âtîde güneşler doğacak bayrağımızdan

Altında yatarken de bizimdir yerin üstü
Her zerresine kanla huruşân oluruz da
Dağlar, kayalar cismimize hâil olursa
Cârî oluruz düşmana biz kan oluruz da

Hep selleri kan, taşları yekser kemik olsa,
Bir son nefes enkazı olup bitse nesimi;
Ölmez bu vatan farz-ı muhal, ölse de hatta
Çekmez kürenin sırtı bu tabut-ı cesîmi!..

Midhat Cemal

PLEVNE'DE

Sabaha karşı Plevne civarından geçiyorduk, alacakaranlıkta pencereyi açtım. Plevne Ovası'nı görmek arz üzerinde hakîr bir mezarı bile kalmayan zavallı babamın rûh-ı menfâ-nişînini biraz teneffüs etmek istiyordum; eyvah, yüksek ve zengin ekinleri okşayan gece rüzgarı dedi ki: Babanın kanını emen bu toprak, babanın cism ü rûhuna yabancı açlıklara sünbüle-i gıdâ hazırlıyor.

Şimdi ufk-ı şarkî kızarıyor, kızarıyordu; Türk bayrağı gibi al, kan gibi al olmuştu; bir rûh-ı şehîd için bu ufk-ı sabah ne güzel kefendi! "Baba seni bu Ağustos ayının son seherinde Plevne ufkunun bu geniş kanlı mendili içinde kokladım!"

(*Güzel Yazılar,* I, s. 64-65)
Cenab Şehabeddîn

ÇANAKKALE ŞEHİTLERİNE

Şühedâ gövdesi, bir baksan a, dağlar, taşlar!
O, rüku olmasa, dünyada eğilmez başlar!..
239/ /Yaralanmış temiz alnından, uzanmış yatıyor...
Bir hilâl uğruna, yâ Rab, ne güneşler batıyor!..
Ey, bu topraklar için toprağa düşmüş, asker,
Gökten ecdâd inerek öpse o pak alnı değer.
Ne büyüksün ki kanın kurtarıyor Tevhîd'i...
Bedr'in arslanları ancak, bu kadar şanlı idi.
Sana dar gelmeyecek makberi kimler kazsın?
"Gömelim gel seni tarîhe!" desem, sığmazsın.
Herc ü merc ettiğin edvâra da yetmez o kitab.
Seni ancak ebediyyetler eder istîab.
"Bu, taşındır" diyerek Ka'be'yi diksem başına,
Rûhumun vahyini duysam da geçirsem taşına,
Sonra gök kubbeyi alsam da, ridâ namıyle,
Kanayan lahdine çeksem bütün ecrâmıyle;
Mor bulutlarla açık türbene çatsam da tavan,
Yedi kandilli Süreyya'yı uzatsam oradan;
Sen bu avizenin altında, bürünmüş kanına;

Uzanırken, gece mehtâbı getirsem yanına;
Türbedârın gibi tâ fecre kadar bekletsem;
/Gündüzün fecriyle avîzeni lebrîz etsem; /240
Tüllenen mağribi, akşamları sarsam yarana...
Yine bir şey yapabildim diyemem hatırana!
Sen ki, son ehl-i salîbin kırarak savletini,
Şarkın en sevgili sultanı Selahaddîn'i,
Kılıç Arslan gibi iclâline ettin hayran...
Sen ki, İslam'ı kuşatmış, boğuyorken hüsran,
O demir çemberi göğsünde kırıp parçaladın;
Sen ki, rûhunla beraber gezer ecrâmı acın;
Sen ki, a'sara gömülsen taşacaksın... Heyhat.
Sana gelmez bu ufuklar, seni almaz bu cihat. .
Ey şehit oğlu şehit, isteme benden makber,
Sana agûşunu açmış duruyor Peygamber.

(*Safahat V: Asım,* 1928,s.109-111)
Mehmed Akif

TÜRKÇÜLÜĞÜN PROGRAMI
LİSANÎ TÜRKÇÜLÜĞÜN UMDELERİ

Şimdi burada lisanî Türkçülüğün umdelerini sıralayalım:

1. Millî lisanımızı vücûda getirmek için, Osmanlı Lisanını hiç yokmuş / /241
gibi bir tarafa atarak halk edebiyatına temel vazifesini gören Türk dilini aynıyla kabul edip İstanbul halkının ve bilhassa İstanbul hanımlarının konuştukları gibi yazmak,

2. Halk lisanında Türkçe müterâdifi bulunan Arabî ve Farisî kelimeleri atmak, tamamıyla müterâdif olmayıp küçük bir nüansa mâlik olanları lisanımızda muhafaza etmek.

3. Halk lisanına geçip lafzen yahut ma'nen galatât namını alan Arapça ve Acemce kelimelerin tahrîf olunmuş şekillerini Türkçe addetmek ve imlâlarını da yeni telaffuzlarına uydurmak

4. Yerlerine yeni kelimeler kâim olduğu için müstehâse haline gelen Eski Türkçe kelimeleri diriltmeye çalışmamak

5. Yeni ıstılahlar aranacağı zaman ibtidâ halk lisanındaki kelimeler arasında aramak, bulunmadığı takdirde Türkçe'nin kıyasî edatlarıyla, kıyasî terkib ve tasrif usûlleriyle yeni kelimeler ibda' etmek, buna da imkan bulunmadığı surette Arapça ve Acemce terkibsiz olmak şartıyla yeni kelimeler kabûl etmek ve bazı devirlerin ve mesleklerin hususî ahvâlini gösteren kelimelerle tekniklere ait âlet isimlerini ecnebî lisanlarından aynen almak.

6. Türkçe'de Arap ve Acem lisanlarının kapitülasyonları ilga' olunarak bu iki lisanın ne sîgaları ne edatları ne de terkibleri lisanımıza ithâl olunmamak.

7. Türk halkının bildiği ve kullandığı her kelime Türkçe'dir, halk için mûnis olan ve sun'i olmayan her kelime millîdir. Bir milletin lisanı, kendisinin cansız cezirlerinden değil, canlı tasarruflarından terekküb eden canlı bir uzviyetir.

242/ /8. İstanbul Türkçesi'nin savtiyyâtı şekliyâtı ve lügaviyâtı yeni Türkçenin temeli olduğundan, başka Türk lehçelerinden ne kelime, ne sîga, ne edat, ne de terkib kaideleri alınamaz. Yalnız mukayese tarîkiyle Türkçe'nin cümle teşkilâtına ve hususî tabirlerdeki şivesine nüfûz için bu lehçelerin derin bir surette tedkîkine ihtiyaç vardır.

9. Türk medeniyetinin tarihine dair eserler yazıldıkça eski Türk müesseselerinin isimleri olmak hasebiyle, çok eski Türkçe kelimeler, yeni Türkçe'ye girecektir. Fakat bunlar ıstılah mevkiinde kalacaklarından, bunların hayâta avdeti müstehâselerin dirilmesi mahiyetinde telakki olunmamalıdır.

10. Kelimeler delalet ettikleri manaların tarifleri değil işaretleridir. Kelimelerin manaları iştikaklarını bilmekle anlaşılmaz.

11. Yeni Türkçe'nin bu esaslar dahilinde bir kâmûsla bir de sarfı vücûda getirilmeli ve bu kitaplarda yeni Türkçe'ye girmiş olan Arapça ve Acemce kelimelerin ve tabirlerin bünyelerine ve terkîb tarzlarına ait malumât, lisanın fizyoloji kısmına değil, müstehasât ve intisaliyyât bahsi olan "iştikak" kısmına ithal edilmelidir.

(*Türkçülüğün Esasları,* 1339, s. 121-122)

Ziyâ Gökalp

NAMIK KEMAL

(Edîb-i A'zam) ünvânını henüz ber-hayât ve genç iken bi-hakkın ihrâz etmiş olan Namık Kemal'in ben burada ne eserlerini tahlîl edeceğim, ne ter-
243/ cüme-i halini tafsîl. Asârı lâyuadd incilerle dolu bir ummandır: Bir / umman-ı imân. Dalmak cüretinde bulunursam beni boğar. Sathında ise ancak bir hazân yaprağı gibi kalırım. Maksadım o bî-payân denizin rengarenk ufukları karşısında, kırk seneden beri nöbet nöbet coşan vecd ü istiğrâkımdan burada bir safha göstermektir. Edîb-i azamın nûrânî bir iz şeklinde mehdden lahde kadar imtidâd etmiş olan hayâtını en küçük teferruâtına kadar hemen herkes tanır... Tanır ve takdîs eder.

Namık Kemal kim ve nasıl adamdır?.. Kemal'e kimlerin ve Kemal'in kimlere tesiri ve nüfuzu oldu?.. Kemal'i muasırları nasıl takdîr ederlerdi? Kemal ne yaptı?.. Ben burada bunları haşa anlamağa değil- anlatmağa çalışacağım.

Zamanında Namık Kemal'in nasıl bir Sultan-ı Edeb olduğunu o zamanı idrâk etmemiş olanlar asla takdîr edemezler. Bir sultan ki rikâb-ı ümeme tasalluttan müstağni ve müteneffir, yalnız vicdan-ı ümmete hükmeder; bir sultan ki önünde bir millet, havf ile değil, heyecan-ı aşk ile titrerdi. Havf ile titreyen yalnız Beşiktaş ve Yıldız Sarayları oldu. Evet, cihânı kırk sekiz sene titretmiş olan Beşiktaş ve Yıldız Sarayları, fakat Kıbrıs, Midilli, Rodos ve Sakız adacıklarının zıll-i mürtesimleri önünde bir rub' asır titremişti. Ve bu tezelzül Namık Kemal'in son nefesini verdiği dakikadan sonra da tevakkûf etmedi.

Edîb-i A'zâmın vefatında ben on dokuz yaşında idim. Yüzünü bir kere olsun görmeden, ufûlünü işitmek bana pek ağır gelmişti Hala elemini taşımakta olduğum bu mahrumiyeti Namık Kemal'in- kelimenin iki / manasıyla da- /244 yegâne necl-i necîbi Ali Ekrem Bey'in keremkâr dostluğu ve kıymetdâr teveccühü tesliye etti. Namık Kemâl'in oğlu olmak şerefiyle Ali Ekrem'in babası olmak mazhâriyetini nazar-ı şükrânım bu dakikada yan yana oturmuş görüyor. Mahdûmda pederin rûhunu, pederin rûhunda mahdûmun hayrü'l haleflığini selamlarım.

(*Namık Kemâl,* 1922, s.2-4)
Süleyman Nazif

ANNEME

Kabrini on senede ancak iki defa ziyaret edebildim. hissizliğe ve vefasızlığa pek benzeyen bu günahı unutturmak ve affettirmek için şimdi sana öyle bir mezar inşa ediyorum ki, vatan muhabbeti, fezâil-i beşeriyyeden ma'dûd oldukça ve vicdanların harîm-i samimiyetinden yükselen enînler, insaniyetin kalbinde cây-i kabûl ve cây-ı tahassüs buldukça tavaf olacak.

İtiraf ederim ki ben bu dertlerimi kağıt üstüne döktüğüm günler seni değil, senden daha büyük... Kıskanmayacağını ve memnûn olacağını bildiğim için söylüyorum anne!..Senden daha muazzez vâlide olan vatanımı düşünüyordum. Ve münhasıran onu düşündüm. Sen, gözlerimin menâbi'-i şiriskiyle kalemimin midâd-ı feryâdı kuruduktan sonra hatırıma gelebildin.

On sene evvel cismini Büyükadanın mâtemle istihza edecek derecede şûh ve şâik olan topraklarına gömmüştüm. Bugün de rûhunu mukadderâtına bu sahifeler ağlayan diyâr-ı tarmârın kumlarına defnediyorum. Sen dünya yüzündeki bî-kesliklerini o çöllerde daha az hissedersin. O çöller ki en yüksek bir ufk-temaşası olan Mardin kasabasında mezarından babam da ihtimal ki bu dakikada benim gibi nevha-nisâr oluyor.

Ah! Anne!..

Keşke ben yalnız senin öksüzün olsaydım...Ve yalnız senin öksüzün olarak, kırk sene evvel ölseydim de böyle yetîm-i tarih kalmasaydım.

Nişantaşı
Senden çok bedbaht olan oğlun

(*Firâk-ı ırak,* 1918, s.4-5)
Süleyman Nazif

245/ **/ İTHÂF**

Fer almışken tulû-yı kibriyâdan,
Bugün bî-vâye kalmış her ziyâdan.
Bu mülkün farkı yok bir tengnâdan
Niçin nûr inmiyor artık semâdan?

Bu şek, bağrımda her gün gâh ü bî-gâh,
Dolaştım "Hû" deyüb dergâh dergâh,
Ümîd ettim ki bir pîr-i dil-âgâh,
Desin "Destûr!" mihrâb-ı hafâdan!

Aba var, post var, meydanda er yok,
Horasan ellerinden bir haber yok,
Uzun yollarda durdum hiç eser yok
Diyâr-ı Rûma gelmiş evliyâdan

O yerler işte Bağdâd, işte Âmid,
Bugün her şûleden mahrûm, câmid;
O yerlerden gelen son yolcu: Hâmid,
Haberdâr olmaz olmuş mâverâdan!

Tecelligâh iken binlerce rinde,
Melâmet söndü Şark'ın her yerinde,
Bu devrin gerçi son sohbetlerinde
Nefes'ler dinledik sâz-ı Rızâ'dan.

Bu manzûmenle ey üstâd-ı hoşkâm,
Ali'den doldurup iksîr-i ilhâm,
Leb-i uşşâka sundun öyle bir câm
Ki yoğrulmuş turâb-ı Kerbelâ'dan.

(*Güzel Yazılar,* IV, s.180-181)
Yahya Kemâl

KARA BİR GÜN

Fransız generalinin dün şehrimize vürûdu münasabebetiyle bir kısım vatandaşlarımız tarafından icrâ olunan nümâyiş Türk'ün ve İslâm'ın kalbinde ve tarihinde müebbeden kanayacak bir cerihâ açtı. Aradan asırlar geçse ve bugünkü hüzün ve idbârımız şevk ve ikbâle münkalib olsa yine bu acıyı hissedecek ve bu hüzün ve teessürü evlâd ü ahfâdımıza nesilden nesile ağlayacak bir miras terk edeceğiz.

Almanya orduları 1871 senesinde Paris'e dâhil olarak büyük Napolyon'un neşîde-i mütehaccire-i muzafferiyâtı olan tâk-ı zafer altından geçerken bile Fransızlar bizim kadar hakaret görmemişti. Ve / bizim dün sabah saat dokuzdan /246
on bire kadar hissettiğimiz ye's ve azabı duymamıştı. Çünkü Fransız kanı taşıyan her fert, çünkü yalnız Hıristiyanlar değil, Yahudi Fransızlarla Cezayirli Müslümanlar o mâtem-i millî karşısında aynı telehhüf ve hicâb ile ağlamış ve kızarmışlardı.

Biz ise mevcûdiyet-i millîye ve lisâniyyelerini bizim ulûvv-ı cenâbımıza medyûn olan bir kısım halkın hay u huy-ı şemâteti ile mâtem-i muazzezimize en acı hakaretlerin birer tokat şeklinde atıldığını gördük. "Buna müstehak değildik" diyemeyiz. Müstehak olmasaydık bu felakete düçâr olmazdık. Her kavmin sahâif-i hayâtında bir çok ikbâl ve idbâr sahifeleri vardır. Fransa Kralı Birinci Fransuva'yı Şarlken'in mahbesinden kurtarmış ve koca Viyana şehrini kerrât ile sarmış bir ümmetin defter-i mukadderâtında böyle bir satr-ı elîm de mestûr imiş.

Her hâl mütehavvildir. Arabların güzel bir sözü var.

"İsbir fe inne'd dehre lâ-yüsbir"

(Sen sabret! Çünkü, nasıl olsa zaman sabretmez!) derler.

(*Hâdisât Gazetesi*, 9 Şubat 1919)

Süleyman Nazif

GAZEL

Çeşminin neş'esi yok câm-ı mahabbette bile
La'linin şu'lesi yok gonca-i cennette bile

Bak yüzünde açılan güldeki nûşîn aleve
Olamaz böyle alev bâde-i vuslatta bile

Bin sabah tarâb-ı vasla verilmez aşkın
Öyle alemleri vardır şeb-i firkatte bile

Mihnet-i aşkının ezvâkına pâyân olmaz
Başlasam saymaya bitmez ebediyette bile

Cemden evvelki alev bâdesinin serhoşuyum
Ben ayılmam ebeden kabr-i sükûnette bile

Şevkimin öyle semâlar yaratan kudreti var
Ki güneşler doğurur istese zulmette bile

Savrulup cevre çıkan zerrelerim özler onu
Beni kül etse Yakûb-ı ateş hasrette bile

Ararım hep onu Muhyî sorarım hep onu ben
Açar açmaz gözümü subh-ı kıyâmette bile

Muhiddin Râif

ŞARKI

Birlikte bu akşam yine mey nûş edelim gel
Cûlar gibi dîvâne olup cûş edelim gel
Bir ân gam-ı ferdâyı ferâmûş edelim gel
Cûlar gibi dîvâne olup cûş edelim gel

247/ /Ey serv-i revân eyle hırâm ince belinle
Devreylesin ecrâm-ı felek hep emelinle
Gel sun bana bir câm-ı sâfa kendi elinle
Cûlar gibi dîvâne olup cûş edelim gel

Ben şevk ile dîdârını ettikçe temâşâ
Sen göz süzerek eyle benim sabrımı yağma
Bir ömre bedel olsun o bir lahzâ-yı sevda
Cûlar gibi dîvâne olup cûş edelim gel

(*Âyine-i Devrân,* 1924,s. 202)

Halil Nihad

DÂÜ'S-SILA

Bu şeb de cûşîş-i yâdınla ağladım durdum;
Gel ey kerîme-i târîh olan güzel yurdum.

Ufukların nazârımdan nihân olup gideli,
Bu hâk-dân-ı fenâının karardı her şekli.

Gözümde kalmadı yer, gök; batar, çıkar, giderim.
Zemîne münkesirim, âsumâna muğberim.

Gelir bu cevv-i kebûdun serairin de güler,
Çocukluğumdaki rü'yaya benzeyen gözler.

Zavâhirin beni ta'zîb eden güzelliğine,
Taaccüb etme, melâlim durursa bîgâne.

Dumanlı dağların ağlar, gözümde tüttükçe,
Olur mehâsin-i gurbette başka işkence.

248/ /Bizim diyâr-ı tahassürden etmemiş mi güzer?..
Aceb neden yine lâ-kayd eser nesîm-i seher?

Verirdi belki tesellâ bu ömr-i me'yûsa,
Çiçeklerinden uçan ıtra âşinâ olsa.

Demek bu mahbes-i âmâl içinde ben ebedî
Yabancıyım... Bana her şey yabancıdır şimdi:

Ne rûzgerinde şemîm-i cibâlimizdir eser,
Ne dalgalarda haber var bizim sevâhilden!..

Garibiyim bu yerin şevki yok, harâreti yok;
Doğan, batan güneşin günlerimle nisbeti yok:

Olunca yâdıma hasret-fiken fezâ-yı vatan,
Semâ-yı şarkı suâl eylerim bulutlardan

(*Malta Geceleri*, 1924)

Süleyman Nazif

YOLLAR

Bir lamba hüznüyle
Kısıldı altın ufuklarda akşamın güneşi:
Söndü göllerde aksi girye-veşi
Gecenin avdet-i sükûnüyle...

Yollar
Ki gider kimsesiz, tehî, ebedî,
Yollar
Hep birer hatt-ı pür-sükût oldu
Akşamın sîne-i gubârında.

Onlar
Hangi bir belde-i hayâle gider,
Böyle sessiz ve kimsesiz, şimdi?

Meftûr
Ve muhteriz yine bir nefhâ-yı hayâl esiyor;
Bu nefha dalları bî-tâb ü bî-mecâl uyutur.
Sonra eyler giyâhı nâlende,
Sonra agûş-ı ufk içinde ölür...

249/ / Ey kalb
Seni öldürmesin bu sâye-i şeb,
İşte, bir dest-i sâhir ü mahfî
Sana nûr-ı nücûmu indirdi.

Kuruldu işte, mesâfât içinde, lâl-i mesâ
Bütün meâbid-i hiss ü meâbid-i hülyâ,
Bütün meâbid-i mechûle-i ümîd-i beşer...

Gurûb içinde bu eşkâl-i bî-hudûd-ı zeheb,
Zücâc-ı san'at ü fikretle yükselirler hep;
Büyük denizlere benzer eteklerinde sükût,
Sükût-ı nâ-mütenâhî, sükût-ı nâ-mahdûd,
Sükût-ı afv ü emel...

Bir el
Derîçelerde bir altın ziyâ yakıp indi,
Aktı âb-ı sükûta yıldızlar
Bütün sular zehebî lerzelerle işlendi.

Tâ öteden,
Şimdi zer gözleriyle tâ öteden,
Gâm-ı ervâhı vecde da'vet eder
Bütün meâbid-i mechûle-i ümîd-i beşer.
Bütün meâbid-i vecdin soluk âliheleri
Birer birer iniyor, gözlerinde rüyalar;
Dudaklarında ziyâ-dâr ü muhteriz titrer
Akşamın bûse-i huzû-eseri

Soluk ve gölgeli simâlarında reng-i mesâ
Nakş eder bir teheyyüc-i rüyâ:
Biri yorgun semâ-yı lâle bakar,
Biri bir gölge meşy ü gaşyıyle
Miyâh-ı râkide samt ü hâb içinde akar;
Biri bir erganûn-ı eb'âdı
Dinliyor gölgelerde ser-be-zemîn;
Biri altın gözüyle, gûya ki,
Sana ey kalb-i mübhem ü bâkî
"Gel" diyor.
Lâkin
İniyor
İşte leylin zalâm-ı bî-dâdı...

Yollar,
Âh ey kimsesiz giden yollar,
Yolların ey sükût-ı hüzn-eseri,
Bugünün inmeden şeb-i kederi,
Meâbid-i emel ü histe sönmeden bu ziyâ,
Ölmeden onların âliheleri
Âh gitmez mi kimsesiz, sessiz

Yollar,
Âh gitmez mi hatt-ı sâkitiniz,
Şimdi zer gözleriyle, tâ öteden

Tâ öteden
Gam-ı ervâhı vecde da'vet eden
Uzak meâbid-i pür-nûr-ı vecd ü rüyâya
Ki câ-be-câ kapıyor bâb-ı va'dini sâye.

(*Göl Saatleri,* 1337,s. 22-25)
Ahmet Haşim

/ KİN /250

-Girid Müslümanlarına-

Göster semâ-yı mağribe yüksel de alnını,
Dök kalb-i sâf-ı millete feyz-i beyânını.
Al bayrağınla çık yürü, sağken zafer-nümâ,
Bir gün şehîd olunca da olsun kefen sana...

Ey makber-i muazzam-ı ecdâdı titreten
Düşman sedası, sus, yine yükselme gölgeden!
Düşman! Hilâl-i râyet-i İslâma hürmet et!
Toplar boğar hitâbını dağlarda âkıbet.

Dağlar lisâna gelse de anlatsa hepsini;
Binlerce can dirilse de nakletse geçmişi;
Garbın cebîn-i zâlimi affetmedim seni...
Türk'üm ve düşmanım sana, kalsam da bir kişi!

Ben şûre-zâr kalbimi kînimle süslerim,
Kalbimde bir silâh ile ferdâyı dinlerim.
Kabrinde müsterih uyu ey nâm-dâr atam.
Evlâdının bugünkü adı sâde intikâm...

(*Nefâis-i Edebiyye,* s. 251-252)
Emin Bülend

YAZ

Adanın çamlı, güzel sâhili üstünde, zarîf
Bir güzel lâne-i sevda... Bu küçük köşk, bu latîf
Yuvanın her tarafından, gece gündüz mürgân
Pür-meserret uçuşurlar ve öterler; o zaman
Bu saadetli, meserretli, güleryüzlü eve
Mütemâdî dökülür hep uçuşan bir nağme.
Çamların hoş kokusuyla karışan bir rüzgâr,
Dâima oradaki sâkinlere sıhhat yollar.
251/ /Gün doğarken bu güzel sahile bir bûse gelir;
Sanki atlas sular üstünde perîler gezinir!
Güneşin pembe ufuktan süzülen envârı,
Başka bir belde-i sevdâda açan ezhârı
Bu güzel lâne-i hülyâya meserretle döker;
Ve gelir burada yatar rûhları şefkatle öper.
Âşık oldum bu zarîf lâneye rûhen güzelim,
Sen de sevdinse; evet, gel de berâber gezelim.

(*Rûh-i Bî-kayd,* 1326, s. 85-86)

Tahsin Nâhid

ÖLÜMÜNDEN SONRA

Âh o gözler ki nigâhımda bugün giryeleri...
Şeh-per-i mâh-ı girîzân sürünen bir yoldan
Çevrilip bende kalan son nazarı
Sanki bir kevkeb-i hicrândı uzaklarda bakan;

O nazarlar, gece tenvîr-i garâm etmeyecek.

O dudaklar ki bugün bir buruşuk, tozlu çiçek;
Güftü gûy-i leb-i fırkatle yorulmuş derede,
Geceler eşk-i mükevkeble bakan meşcerede;
Mâh-ı hicrân ile bülbülleşerek

O dudaklar ki beni "Sîyret" diye yâd etmeyecek.

Âh o eller ki yeşil gölgeli bir pencereden
Uzanıp kendine bir gül koparırken daha dün,
İki gül-berg-i hazân oldu bugün.
Bir mükevkeb şeb-i rü'yâya veda' eylerken

Ayrılan ellerimiz bir daha birleşmeyecek.

/ Pây-ı nâzın ki hıyâbân-ı telâkîde seher /252
Vakti bir lâne-yi sevdâya tereddütle gider
Nazlı bir çift kebûterdi, çimenlerde gezer;
Şimdi yorgun, o yeşil yollardan

Bekleyen va'd-i mülâkâta şitâb etmeyecek.

Âh o gül-berg meşâmın, o sıcak günlerde
Pembe leylakların enfâs-ı harîrîsinden,
Tâ uzaklardaki gül-bünlerde
Dağınık güllerin âşüfte, açık göğsünden

Duyulan nükhet-i rûh-âveri şemm etmeyecek;

Âh o gözler bana tevcîh-i nigâh etmeyecek;
O dudaklar gece meh-tâb ile söyleşmeyecek,
Ayrılan ellerimiz bir daha birleşmeyecek,
Aramızdan acı bir bâd-ı hazân esti bugün,

Ey nihâlinde dağılmış, dökülen nazlı çiçek!

(*Leyâl-i Girîzân,* 1325,s. 113-115)

Hüseyin Sîret

KEHKEŞÂNA KARŞI

Sen ey mâder ki mer'i, müstetir, câmid ve yâ zî-rûh
Bu mevcudât-ı bî-pâyânı tevlîd eyledin. Ben de
Senin evlâdınım düşmüş mükedder, muzdarib, mecrûh,
O âgûş-ı mükevkebden bu nâliş-gâh-ı ümîde.

Güzer-gâhımda boş, korkunç, derin girdâblar var ki,
Figânım, mâtemim, giryemle ben mahkûmum imlâya;
Fakat gerçek mi, ta'kib ettiğim şeh-râh-ı târîki
Karanlık bir derinlik vasl eder dergâh-ı Mevlâya?

O tevlîd ettiğin, binlerce, milyonlarca âlemler
Bu hâkin aynı, yâ bir feyz-i müstesnâya mazhar mı?
O âlemlerde âyâ büsbütün bir başka yer var mı?

Ki âtîden tevellüdle yaşar sükkân-ı siyyânı,
Nedir bilmez geçen bir ömr-i şevkin yâd-ı giryânı,
Bir istikbâl-i bî-mâzîde ikmâl-i hayât eyler?

(*Nefâis-i Edebiyye,* 1329,s. 95)

Fâik Ali

253/ **/ HAN-I YAĞMA**

Bu sofracık, efendiler, ki -iltikâma muntazır
Huzûrunuzda titriyor - Şu milletin hayâtıdır;
Şu milletin ki muztarib, şu milletin ki muhtazır!
Fakat sakın çekinmeyin, yiyin, yutun, hapır hapır...
Yiyin efendiler, yiyin; bu hân-ı iştihâ sizin;
Doyunca, tıksırınca, çatlayıncaya kadar yiyin !
Efendiler ! Pek açsınız, bu çehrenizde bellidir;
Yiyin, yemezseniz bugün, yarın kalır mı, kim bilir ?
Şu nâdi-i ni'âm, bakın, kudûmunuzla müftahir,
Bu hakkıdır gazanızın, evet, o hakk da elde bir...
Yiyin efendiler, yiyin; bu hân-ı zî-safâ sizin;
Doyunca, tıksırınca, çatlayıncaya kadar yiyin !
Bütün bu nazlı beylerin, ne varsa ortalıkta say:
Haseb, neseb, şeref, şataf, oyun, düğün, konak, saray
Bütün sizin, efendiler, konak, saray, gelin, alay
Bütün sizin, bütün sizin, hazır hazır, kolay kolay.
Yiyin efendiler, yiyin; bu hân-ı iştihâ sizin;
Doyunca, tıksırınca, çatlayıncaya kadar yiyin!

Büyüklüğün biraz ağır da olsa hazmı yok zarar,
Gurûr-ı ihtişâmı var, sürûr-ı intikâmı var,
Bu sofra iltifatınızdan işte âb-ü-tâb umar.
Sizin şu baş beyin, ciğer bütün şu kanlı lokmalar.
Yiyin, efendiler, yiyin; bu hân-ı can-fezâ sizin;
Doyunca, tıksırınca, çatlayıncaya kadar yiyin!

Verir zavallı memleket, verir ne varsa: Malını,
Vücudunu, hayâtını, ümîdini, hayâlini,
254/ / Bütün ferâğ-ı hâlini, olanca şevk-i bâlini.
Hemen yutun, düşünmeyin harâmını, helâlini...
Yiyin, efendiler, yiyin; bu hân-ı iştihâ sizin;
Doyunca, tıksırınca, çatlayıncaya kadar yiyin!

Bu harmanın gelir sonu, kapıştırın gider ayak!
Yarın, bakarsınız, söner bugün çıtırdayan ocak!
Bugün ki mideler kavî, bugün ki çorbalar sıcak,
Atıştırın, tıkıştırın kapış kapış, çanak çanak...
Yiyin, efendiler, yiyin, bu hân-ı pür-nevâ sizin;
Doyunca, tıksırınca, çatlayıncaya kadar yiyin!

Tevfik Fikret

DOKSAN BEŞE DOĞRU

Bir devr-i şe'âmet: Yine çiğnendi yemînler;
Çiğnendi, yazık, milletin ümmîd-i bülendi!
Kânûn diye, topraklara sürtüldü cebînler;
Kânûn diye, kânûn diye, kânûn tepelendi...
Beyhûde figanlar yine, beyhûde enînler !

Eyvah ! Otuz üç yıl o zehir giryeleriyle,
Hüsranları, buhrânları, ahvâli, melâli,
Âmal ü devahîsi ve sulh u seferiyle
Bir sel gibi akmış, mütevekkil, mütehâli...
Yazsın bunu târîh-i iber hatt-ı zeriyle !

Ey bir dem-i rüya gibi geçmiş kara günler,
Bir lâhza edin seyr-i cahîminizi tekrar;
Dönsün bize mâzî, o derin nazra-yı muğber...
Heyhat ! Otuz üç yıl, otuz üç yıl bütün ekdâr;
Heyhât!.. Ne bir ders, ne de bir fikr-i mukarrer !

Silmez fakat elvâhını tarih-i muânid;
Doksan beşi aç: Gölgesi bir tâc-ı harîsin
Saklar mütelaşî, mütereddid, mütemerrid
Evzâ-yı şeb-engîzini bir bûm-ı habîsin;
Hâlâ o vesâvis, o desâyis, o mefâsid ! / /255

Hâlâ o şebin zeyl-i temâdîsi bu ezlâm;
Hâlâ o cehâlet, o tecâhül ve o techîl;
Hâlâ vatanın hissesi bir tûde-i âlâm;
Hâlâ düşünen başlara hep lâtma-i tenkil;
Hâlâ sırıtan dişlere hep lokma-i in'am.

Hâlâ tarafiyyet, hasebiyyet, nesebiyyet;
Hâlâ "Bu senindir, bu benim!" kısmeti carî;
Hâlâ gazab altında hakikatle hamiyyet...
Hep dünkü terennüm, sayıdan saygıdan ârî;
Son nağmesi yalnız: Yasasın sevgili millet!..

Millet yaşamaz, hakka tahassürle solurken
Sussun diye vicdanına yumruklar inerse;
Millet yaşamaz, Meclisi müstahkâr olurken
İğfal ile, tehdîd ile titrer ve sinerse;
Millet yaşamaz, ma'şer-i millet boğulurken!

Kânûn diyoruz; nerde o mescûd-ı muhayyel?
Düşman diyoruz; nerde bu? Haricde mi, biz mi?
Hürriyetimiz var, diyoruz; şanlı, mübeccel,
Düşman bize kanun-mu, ya hürriyetimiz mi?
Bir hamlede biz bunları kahrettik en evvel.

Bir hamle-i mahmûm-ı tegallüble değiştik
Hürriyeti şahsiyyete, kânûnu gurûra;
Heyhât! Otuz üç yıl geri düştük, ve bu mühlik
Yoldan şu nedâmetli ve gafletli mürûra;
Bî-şübhe o hummâ-yı cünûn oldu muhrik
Ey millete bir sille olan darbe-i münker;
Ey hürmet-i kânûnu tepen sadme-i bîdâd!
Milliyeti, kanunu mukaddes tanıyan her
Vicdan seni la'netle, mezelletle eder yâd...
Düşsün sana - meyyâl-i tahakküm-eğilen ser;
Kopsun seni -bir hak diye - alkışlayan eller!..

Tevfik Fikret

256/ / **FERDA**

-Bugünün Gençlerine-

Ferdâ senin; senin bu teceddüd, bu inkılâb...
Her şey senin değil mi ki zaten?.. Sen ey şebâb,
Ey çehre-i behîc-i ümîd, işte ma'kesin
Karşında: Bir semâ-yı seher, sâf ü bî-sehâb,
Âgûş-ı lerze-dârı açık, bekliyor.. Şitâb!
Ey fecr-i hande-zâd-ı hayât, işte herkesin
Enzârı sende; sen ki hayâtın ümîdisin,
Alnında bir sitâre-i nev, yok, bir âfitâb,
Âfâka doğ, önünde şu mâzî-i pür-mihen
Sönsün müebbeden.
Sönsün müebbeden o cehennem; senin bugün
Cennet kadar güzel vatanın var şu gördüğün
Zümrüd bakışlı, inci şetaretli kızcağız
257/ /Kimdir bilir misin? Vatanın... Şimdi saygısız
Bir göz bu nazlı çehreye-Allah esirgesin!-
Kem bir nazarla baksa tahammül eder misin?
İster misin şu ak sakalın pâk ü muhteşem
Pîşânî-i vakûruna, bir kirli el demem,
Hatta yabancı bir el uzansın? Şu makberi,
Râzı olur musun, taşa tutsun şu serseri?
Elbet hayır, o makber, o pîşânî-i vakur

Kudsî birer misâl-i vatandır... Vatan gayûr
İnsanların omuzları üstünde yükselir.
Gençler bütün ümîd-i vatan şimdi sizdedir:
Her şey sizin, vatan da sizin her şeref sizin;
Lâkin unutmayın ki zaman tünd ü mutmain
Bir hatve-i samût ile ta'kib eder bizi.
Önden koşan, fakat yine dikkatle her izi
Ta'mîke yol bulan bu yanılmaz muâkıbın
Şermende-i itâbı kalırsak yazık!.. Demin / /258
"Ferdâ senin!" dedim, beni alkışladın; hayır,
Bir şey senin değil, sana ferdâ vedîadır;
Her şey vedîadır sana, ey genç, unutma ki
Senden de bir hesâb arar âtî-i müştekî.
Mâzîye şimdi sen bakıyorsun pür-intibâh.
Âtî de senden eyleyecek böyle iştibâh.
Her uzvu gird-bâd-ı havaciyle sarsılan
Bir neslin oğlusun; bunu yâd et zaman zaman.
Asrın, unutma, bârikalar asr-ı feyzidir:
Her yıldırımda bir gece, bir gölge devrilir,
Bir ufk-ı i'tilâ açılır, yükselir hayât;
Yükselmeyen düşer: ya terakki, ya inhitât!
Yükselmeli, dokunmalı alnın semâlara;
Doymaz beşer dedikleri kuş i'tilâlara...
Uğraş, didin, düşün, ara, bul, koş, atıl, bağır;
Durmak zamanı geçti, çalışmak zamanıdır!

(*Haluk'un Defteri,* 1327)
Tevfik Fikret

/ HALÛK'UN VEDAI /259

Prens Farûk'a,Sirkeci: 3 Eylül, 1325
Sen tren, ben vapurda pür-temkin
Atılırken -sen İskoç illerinin
Sisli, yağmurlu, karlı, buzlu, fakat
Cidd ü himmet, vakar u hürriyet
Dolu peygûle-i temeddününe;
Bense nâzende Bosfor'un köhne,
Köhne, âvâre, bî-haber, bîzar,

Belki cennet kadar tarâvetdar,
Fakat âlûde-i kelâl ü kesel
Bir kenarında münhârif, muğfel
Bir hayâtın firâş-ı uzletine,-
Ne düşündüm bilir misin? Şu nine,
Şu sahî toprak en sonunda...Yazık,
260/ / Bunu benden mi duymalıydın?..Arık
Ve bakımsız harâb olup gidecek,
Acı şeyler Halûk, fakat gerçek!
Hani bir gün seninle Topkapı'dan
Geliyorduk; yol üstünde bir meydan,
Bir çınar gördük: enli, boylu, vakur
Bir ağaç; hiç eğilmemiş, mağrûr
Koca bir gövde; belki altı asır,
Belki ondan da fazla, dalgın, ağır,
Kaygısız bir ömür sürüp gelmiş,
Öyle serpilmiş, öyle yükselmiş
Ki, civarında kubbeler, damlar
-Ser-te-ser secde-gîr-i istiğfar -
Onu haşyetle seyreder gibidir.
Duyulan hep onun menâkıbıdır,
Görülen hep odur uzaklardan,
261/ /Fakat Ayyûk'a ser çeken, uzanan
Bu mehabetli gövde çırçıplak,
Ne yeşil bir filiz, ne bir yaprak...
Kuruyor âh, pek yazık ! Şu derin
Şerha böğründe belki bir hâin
Baltanın, bir gazablı yıldırımın
Zehridir... Söyle, ey çınar, bağrın
Hangi odlarla yandı? Hangi siyah
Kurd içinden kemirdi ? Hasta, tebâh,
Seni kim şimdi bağlayıp saracak?
Kim şifalar verip de kurtaracak?
Şu dönen kargalar başında senin,
Söyle, bunlar mıdır zehirleyenin ?
Söyle, ey muztarib vatan, bildir:
Çektiğin hangi kanlı seyyiedir ?..

262/ / Bu geçit işte böyle dar, mu'vec !
Ey şetaretli yolcu, sen yürü, geç!
Sen bu menhelde kalma, sıçra, atıl,

Bir ziya kârbânı bul ve katıl!
Gez, dolaş kâinât-ı efkârı,
- Daima önde, daima yukarı ! -
Pür-tehâlük hayât ü kuvvetten
Ne bulursan bırakma; san'at, fen,
İ'timâd, i'tinâ, cesâret, ümid,
Hepsi lâzım bu yurda, hepsi müfîd.
Bize bol bol ziyâ kucakla, getir;
Düşmek etrâfı görmemektendir.
El-vedâ', ey sevimli yolcu ! Gecen,
Gündüzün dâima yüzün gibi şen,
Rûh-ı sâfın kadar beşûş olsun;
Geçtiğin yer çiçek, çimen dolsun.. / /263
El-vedâ', ey şerefli yolcu ! Hayât
Bir karış yol; fakat şuûn, akabât
Onu her gün biraz büker, uzatır...
Ey şetâretli yolcu, gün kısadır,
Gece ba'zan mahûf olur; lakin
Sen cesûr ol, gayûr ol. En sâkin
Yolculuk uykudur. Büyük kuşlar
Yenecek dalga, yok, kasırga arar.

* * *

İşte bir yol ki hep çakıl ve diken;
Geçeceksin yarın bu yoldan sen...
Geçeceksin, ayakların yorgun,
Ellerin şerha şerha, bağrın hûn,
Fakat alnın açık, yüzün handân,
Gözlerin ufka feyz ü nûr akıtan
Bir tecellîye müncezib, meshûr...
Sen koşarsın, o tayf-ı nûr-â-nûr...
Yaklaşırken uzaklaşır; çılgın / /264
Bir tehâlükle sen kucaklarsın,
O kaçar; kolların açık, meshûf,
Atılırsın; ona uzakta mahûf
Bir dikenlikte gizlenir ve güler:
Sen koşarsın, kırık, ezik, muğber,
Ellerin şerha şerha, bağrın hûn;
Büsbütün teşne, büsbütün yorgun.
Sen yoruldukça yol uzar, artar!
Çalı dişler, taş ağrıtır, yırtar;

Çırpınır her dikende bir parçan...
Yine sen, pür-emel, önünde uçan
O esîrî hayâli kapmak için
Atılır, yırtınır ve inlersin.
Varsın uçsun, bugün değilse yarın
O senindir, mükedder olma sakın.
Koşan elbet varır; düşen kalkar;
Kara taştan su damla damla akar;
265/ / Birikir, sonra bir gümüş göl olur;
Arayan hakkı en sonunda bulur...
Bunu hürmetle dinle; mâzînin
Bu derin seslerinde bil ki senin
Bütün âtî-yi sâkitin yaşıyor.
Oku hep ser-nüvişt-i âlemi, sor
Bütün esrâr-ı ıstıfâsından;
Sana, bak, nev'inin bekâsından
Bahs ederken beşer ne anlatacak:
Yaşamak, hak; yaşatmamak... O da hak...

(*Halûk'un Defteri,* 1327)
Tevfik Fikret

İNANMAK İHTİYACI

Bütün boşluk: Zemin boş, âsumân boş, kalb ü vicdan boş;
Tutunmak isterim, bir nokta yok pîş-i hasarımda.

Bütün boşluk: Döner bir hîçî-î mûhiş civârımda;
Döner beynim beraber; ihtiyarım, sanki bir serhoş,
Düşer, lagzîde-pâ, her sahâ-i ümmîde bir kerre...
Bu yalnızlık, bu bir gurbet ki benzer gurbet-i kabre;
İnanmak...İşte bir agûş-i rûhânî o gurbette.
266/ /Karanlık: Her taraf, herşey karanlık, bir hazîn yelda!
Karanlık: Fehm ü dâniş, akl ü istihrac hep muzlim;
Bütün rûhumda müz'ic bir cemâdiyyet olur nâim,
Kesafetten ibaret bir tecellî arzeder eşya,
Hakikat zâhir olmaz, dîde-i idrâke bir zerre...
Bu vehm-âlûd bir zulmet ki benzer zulmet-i kabre;
İnanmak... İşte bir şehrâh-ı nûrânî o zulmette.

(*Rübâb-ı Şikeste,* 1325, s. 218-219)
Tevfik Fikret

PROMETE

Kalbinde her dakika şu ulvî tahassürün
Minkâr-ı âteşînini duy daima düşün:
Onlar niçin semâda, niçin ben çukurdayım
Gülsün neden cihân bana, ben yalnız ağlayım?..
Yükselmek âsumâna ve gülmek... Ne tatlı şey!..
Bir gün şu hastalıklı vatan canlanırsa.. Ey
Müştâk-ı feyz u nûr olan âtî-i milletin
Meçhûl elektrikçisi, aktâr-ı fikretin
Yüklen getir-ne varsa-biraz meskenet-fikren,
Bir parça rûhu, benliği, idrâki besleyen
Esmâr-ı bünye-hîyzi; boş durmasın elin! / /267
Gör daima önünde esâtîr-i evvelin
Gökten dehâ-yı nârı çalan kahramânını...
Varsın bulunmasın bilecek nâm ü şânını!...
(*Halûk'un Defteri,* 1327)
Tevfik Fikret

SABAH OLURSA

Bu memlekette de bir gün sabah olursa, Halûk,
Eğer bu memleketin sislenen şu nasıye-i
Mukadderâtı, kavî bir elin kavî, muhyî
Bir ihtizâz-ı temâsiyle silkinip şu donuk,
Şu paslı çehre-i millet biraz gülerse... O gün
Ben ölmemiş bile olsam, hayâta pek ölgün
Bir irtibâtım olur şübhesiz; - O gün benden
Ümîdi kes, beni kötürüm ve boş muhîtimde
Merâretimle unut; çünkü leng ü pejmürde
Nazarlarım seni mazîye çekmek ister; sen
Bütün hüviyyet ü uzviyyetinle âtîsin:
Terennüm eyliyor el'an kulaklarımda sesin !
Evet, sabah olacaktır, sabah olur, geceler,
Tulü'-i haşre kadar sürmez; akıbet bu semâ,
Bu mâi gök size bir gün acır; melûl olma.
Hayâta neş'e güneştir, melâl içinde beşer, / /268
Çürür bizim gibi... Siz, ey fezâ-yı ferdânın
Küçük güneşleri, artık birer birer uyanın !

Ufukların ebedî iştiyâkı var nûra.
Tenevvür... Asrımızın işte rûh-i âmâli;
Silin bulutları, silkin zılal-i ehvâli,
Ziyâ içinde koşun bir halâs-ı meşkûra.
Ümîdimiz bu: Ölürsek de biz, yaşar mutlak
Vatan sizinle, şu zindan karanlığından uzak!

(*Rübâb-ı Şikeste,* 1325,s.277-278)

Tevfik Fikret

MİLLET ŞARKISI

Çiğnendi, yeter, varlığımız cehl ile kahre;
Doğrandı mübarek vatanın bağrı sebebsiz.
Birlikte bugün bulmalıyız derdine çare;
Can kardeşi, kan kardeşi, şan kardeşiyiz biz.

Millet yoludur, hakk yoludur tuttuğumuz yol;
Ey hakk, yaşa; ey sevgili millet, yaşa... Var ol!

Gel kardeşim, annen sana muhtaç; ona koşmak...
Koşmak ona, kurtarmak o bî-bahtı vazîfen.
Karşında göğüs bağır açık, ölgün, yatıyor bak;
Onsuz yaşamaktansa beraber ölüş ehven !

Her an o güzel sîneyi hançerliyor eller;
İmdâdına koşmazsak eğer mahvı mukarrer.

269/ / Zulmün topu, güllesi var,kalesi varsa,
Hakkın da bükülmez kolu, dönmez yüzü vardır,
Göz yumma güneşten, ne kadar nûru kararsa,
Sönmez ebedî, her gecenin gündüzü vardır.

Millet yoludur, hak yoludur tuttuğumuz yol;
Ey hak yaşa, ey sevgili millet, yaşa... Var ol!

Vaktiyle baban kimseye minnet mi ederdi?
Yok, kalmadı hâşâ sana zillet pederinden.
Dünyâda şereftir yaşatan milleti, ferdi;
Silkin şu mezellet tozu uçsun üzerinden.

İnsanlığı pâ-mâl eden alçaklığı yık, ez;
Billah yaşamak yerde sürüklenmeğe değmez.

Haksızlığın envâını gördük...Bu mu kânûn?
En gamlı sefaletlere düştük... Bu mu devlet?
Devletse de kânûnsa da, artık yeter olsun;
Artık yeter olsun bu denî zulm ü cehâlet...

Millet yoludur, hak yoludur tuttuğumuz yol;
Ey hak yaşa, ey sevgili millet, yaşa... Var ol!

(*Rübâb-ı Şikeste,* 1325,s. 302-304)
Tevfik Fikret

/ FUZÛLÎ'DEN GAZELLER /270

I

Âh eylediğim serv-i hırâmânın içindir
Kan ağladığım gonca-i handânın içindir

Ser-geşteliğim kâkül-i müşgînin ucundan
Âşüfteliğim zülf-i perîşânın içindir

Bîmâr-ı tenim nergis-i mestin eleminden
Hûnîn cigerim la'l-i dür-efşânın içindir

Yaktım tenimi vasl günü şem'-tek ammâ
Bil kim bu tedârük şeb-i hicrânın içindir

Kurtarmağa yağma-yı gamından dil ü cânı
Sa'yim nazar-ı nergis-i fettânın içindir

Cân ver gönül ol gamzeye kim bunca zamandır
Cân içre seni sakladığım onun içindir

Vâiz bize dün dûzahı vasf etti Fuzûlî
Ol vasf senin külbe-i ahzânın içindir

(Divan, s. 143)

II

Nice yıllardır ser-i kûy-ı melâmet bekleriz
Leşker-i sultân-ı ırfânız velâyet bekleriz

Sâkin-i hâk-i der-i meyhâneyiz şâm ü seher
İrtifâ-ı kadr için bâb-ı saâdet bekleriz

Cîfe-i dünya değil kerkes gibi matlûbumuz
Bir bölük ankâlarız ki Kâf-ı kanaat bekleriz

Hâb görmez çeşmimiz endişe-i ağyârdan
Pâsbân-ı genc-i esrârız muhabbet bekleriz

Suret-i dîvâr ediptir hayret-i aşkın bizi
Gayr seyr-i bâğ edip biz genc-i mihnet bekleriz biz

Kârvân-ı râh-ı tecrîdiz hatar havfın çekip
Kâh Mecnûn kâh ben devr ile nevbet bekleriz

Sanmanız kim geceler bîhudedir feryâdımız
Mülk-i ışk içre hisâr-ı istikâmet bekleriz

Yattılar Ferhâd ü Mecnûn mest-i câm-ı ışk olup
Ey Fuzûlî biz olar yattıkça sohbet bekleriz

(Divan, s. 153)

III

271/ /Beni cândan usandırdı cefâdan yâr usanmaz mı
Felekler yandı âhımdan murâdım şem'i yanmaz mı

Kamu bîmârına cânân devâ-yı dert eder ihsan
Niçin kılmaz bana dermân beni bîmâr sanmaz mı

Şeb-i hicrân yanar cânım döker kan çeşm-i giryânım
Uyarır halkı efgânım kara bahtım uyanmaz mı

Gül-i ruhsârına karşı gözümden kanlı akar su
Habîbim fasl-ı güldür bu akar sular bulanmaz mı

Gamım pinhân tutardım ben dediler yâre kıl rûşen
Desem ol bîvefâ bilmen inanır mı inanmaz mı

Değildim ben sana mâil sen ettin aklımı zâil
Bana ta'n eyleyen gâfil seni görgeç utanmaz mı

Fuzûlî rind-i şeydâdır hemîşe halka rüsvâdır
Sorun kim bu ne sevdadır bu sevdadan usanmaz mı

(Divan, s. 195)

SU KASİDESİ

Saçma ey göz eşkten gönlümdeki odlare su
Kim bu denlü dutuşan odlare kılmaz çâre su

Âb-gûndur günbed-i devvâr rengi bilmezem
Ya muhît olmış gözümden günbed-i devvâra su

Zevk-ı tîğundan aceb yok olsa gönlüm çâk çâk
Kim mürûr ilen bırağur rahneler dîvâra su

Suya virsün bağ-bân gül-zârı zahmet çekmesün
Bir gül açılmaz yüzün tek virse min gül-zâra su

Ohşadabilmez gubârını muharrir hattuna
Hâme tek bakmakdan inse gözlerine kara su

Ârızun yâdıyla nem-nâk olsa müjgânum n'ola
Zâyi olmaz gül temennîsıyla virmek hâra su

Gam güni itme dil-i bîmârdan tıgun dirig
Hayrdur virmek karanu gicede bîmâra su

İste peykânun gönül hecrinde şevkum sâkin it
Susuzam bir kez bu sahrâda menüm-çün ara su

Men lebün müştâkıyam zühhâd kevser tâlibi
Nitekim meste mey içmek hoş gelür hûş-yâra su /272

Ravza-i kûyuna her dem durmayup eyler güzâr
Aşık olmuş galiba ol serv-i hoş-reftâra su

Su yolın ol kûydan toprağ olup dutsam gerek
Çün rakibümdür dahı ol kûya koyman vara su

Dest-bûsı arzusıyla ger ölsem dostlar
Kûze eylen toprağum sunun anunla yâra su

Serv-ser-keşlük kılur kumrî niyâzından meger
Dâmenin duta ayağına düşe yalvara su

İçmek ister bülbülün kanın meger bir reng ile
Gül budağınun mizâcına gire kurtara su

Tıynet-i pâkini rûşen kılmış ehl-i âleme
İktida kılmış tarîk-i Ahmed-i Muhtâra su

Seyyid-i nev'i beşer deryâ-yı dürr-i ıstıfâ
Kim sepüpdür mu'cizât-ı ateş-i eşrâra su

Kılmağ içün taze gül-zâr-ı nübüvvet revnâkın
Mu'cizinden eylemiş izhâr seng-i hâra su

Mu'cizi bir bahr-ı bî-pâyân imiş alemde kim
Yetmiş andan min min ateş-hâne-i küffâra su

Hayret ilen barmagın dişler kim itse istima'
Barmagından virdügin şiddet güni Ensâra su

Dostı ger zehr-i mâr içse olur âb-ı hayât
Hasmı su içse döner elbette zehr-i mâra su

Eylemiş her katreden min bahr-ı rahmet mevc-hîz
El sunup urgaç vuzû içün gül-i rûhsâra su

Hâk-i pâyine yetem dir ömürlerdir muttasıl
Başını taştan taşa urup gezer âvâre su

Zerre zerre hâk-i der-gâhına ister sala nur
Dönmez ol der-gâhdan ger olsa pâre pâre su

Zikr-i na'tün virdini derman bilür ehl-i hata
Eyle kim def'-i humâr içün içer mey-hâra su

Yâ Habîba'llah yâ Hayre'l-beşer müştâkunam
Eyle kim leb-teşneler yanup diler hemvâre su

Sensen ol bahr-ı kerâmet kim şeb-i Mi'rac'da
Şeb-nem-i feyzün yetürmüş sâbit ü seyyâra su

Çeşme-i hurşidden her dem zülâl-i feyz iner
Hâcet olsa merkadün tecdîd iden mi'mâra su

Bîm-i dûzah nâr-ı gam salmış dil-i sûzânuma
Var ümidüm ebr-i ihsânun sepe ol nâra su

Yümn-i na'tünden güher olmış Fuzûli sözleri
Ebr-i nisandan dönen tek lü'lü-i şeh-vâra su

Hâb-ı gafletden olan bîdâr olanda rûz-ı haşr
Eşk-i hasretden tökende dîde-i bîdâra su

Umduğum oldur ki rûz-ı haşr mahrûm olmayam
Çeşme-i vaslun vire men teşne-i dîdâra su

Vehm ilen söyler dil-i mecrûh peykânun sözin
İhtiyat ilen içer her kimde olsa yara su

(Divân,s. 15-16)

"HADÎKATÜ'S-SÜ'EDÂ" dan

(El-kıssa) leşker-i a'dâ hücûm idüp geldükce gulüvv-i muhâlif ziyâde olup ve va'de-i şehâdet mukârebet kılup zahmlarından çeşme çeşme kanlar gitmekle şehzâdeye za'f gâlib olup süst oldı. Rivâyetdür ki ol Hazret'ün yetmiş iki zahmı olup semend-i sebük-seyri dahî / gitmekden kalup kesret-i zahm ü ifrât-ı 'ataş- /273
dan süst olup âsâr-ı tezelzül zâhir oldı. Amr bin Sa'd şehzâdenün za'f-ı hâlin mülâhaza kılup katline ikdâm itdükte Hazret-i İmâm ol bedbahta kahr ile bakup eyitti: "Ey zâlim bu emr-i kabîha sen mi ikdâm idersin?" ol bedbaht infiâl bulup girü döndükte Şimr-i la'în piyâdelere didi ki: "Etrâf ü cevânibin dutup tîr-bârân iderler." Yine şehzâde bir hamle kılup anlarun saffın sındurup bir mevzi'de karar dutdı. Rivâyetdür ki ol bedbâhtlardan ba'zı Yezidler mübâşir-i katl-i Hüseyn olup ba'zı müteveccih-i gâret ü nehb-i Ehl-i beyt oldılar. Hazret-i İmâm ol hâletden vâkıf olup eyitdi: "Ey Âl-i Ebû Süfyân, dutalım ki sizde eser-i îmân yokdur, bâri kâide-i nâmûs-ı câhiliyyeti ki lâzıme-i cibilliyetünüzdür, terk itmek ne münâsebetdür ki kasd-ı avrât idersiz, eger maksûdunuz benüm katlüm ise ol müddeâ benden müyesserdür." Şimr-i la'în eyitdi: "Ey Hüseyn, bu iltimâsun kabûl iderüz." Pes leşkeri ta'arruz-ı Ehl-i Beyt'den men' idüp mübâşir-i katl-i İmâm-ı Hüseyn oldılar. Rivâyetdür ki ol kemâl-i za'fla tîğ-i âbdârından ihtirâz idüp katline kimesne ikdâm idebilmezdi, âkıbet ırakdan tîr-i bârân itdiler. Hazret-i İmâm gördi ki cevalân itmege mecâl yok. Nâçar merkebinden inüp piyâde oldı ki merkebine tîr-bârândan zarar yetmeye, zîrâ yâdigâr-ı Mustafâ ve Murtazâ olup mükerrem ve muhterem idi. Ol bedbahtlar Hazret-i İmâm'ı piyâde gördükde dilîr olup katline müteveccih oldılar. Esnâ-yı ma'rekede bir la'în-i bedbaht ol âfitâb-ı evc-i sa'âdetün cebîn-i mübareklerine -ki matla'-ı nûr-ı hidâyet idi- bir ok urup mecrûh itdi. Hazret-i İmâm ol nâvek-i hûn-feşânı çeküp cebîn-i mübârekinden mehâsin-i şerîfine kanlar revân olup hizâb oldukda mübârek elini ruhsâr-ı şerîfine sürüp mübâhat iderdi ki: "İnşâallah bu rengle ceddüm Mustafâ hizmetine müşerref oluram bu hâletde kıbleye müteveccih olup ve bâr-gâh-ı kurb-ı ma'bûda yüz dutunup muntazır-ı şehâdet oldı.

Fuzûlî

"BAKÎ DİVANI"NDAN
DER SİTÂYİŞ-İ FÂZIL-I DEHR MEHEMMED ÇELEBİ
(SÜNBÜL KASİDESİ)

Urınıp başına bir tâc-ı mücevher sünbül
Oldu iklîm-i çemen tahtına server sünbül

Şeh-levendâne şikest eyledi tarf-ı külehin
Göğsünün düğmelerin çözdü serâser sünbül

274/ /Oldu gülşen yine bir dilber-i müşgîn mergûl
Şol kadar verdi ona zînet ü zîver sünbül

Çehre gül sîne semen çeşm-i mükâhhal nergis
Hat çemen gonca dehen ca'd-ı muanber sünbül

Yazdırıp müşg ile boynuna hamâyil taktı
Kendüye etmek-için halkı musahhar sünbül

Sahn-ı gülzâre gelip eyledi arz-ı dîdâr
Jâlelerden takınıp gûşına gevher sünbül

Benzer ol bûy-ı dil-âvîzle mûy-ı yâre
Başlar üzre n'ola ger eyler ise yer sünbül

Yine gömgök tere batmış çıkageldi çemene
Nevbahar irdi diyü verdi haberler sünbül

Beden-i pâki neden böyle olurdu hoş-bû
Olmasa misk ü gülâb-ile muhammer sünbül

Var ise bencileyin âşık-ı zâr olmuştur
Gök gök etmiş döğünüp cismini yer yer sünbül

Aşk sevdalarına uğramasa kalmaz idi
Mûy-ı jûlîde ile bir ten-i lâğar sünbül

Yine Fir'avn-ı şitâ ceyşine Musa-mânend
Eyledi elde asâsını bir ejder sünbül

Nev-arûs-ı çemene mâşıtadır fasl-ı bahar
Kim onun hâme-i müşgînine benzer sünbül

Sâkiyâ zevrakı sür bâd-ı bahar esti yine
Sebze-zâr oldu yem-i ahdar u lenger sünbül

Sahn-ı gülşende yatıptır gece var ise meger
Ki takınmış seherî başına güller sünbül

Bürüdü kendinin etrafını bâl ü per ile
Yine tâvus-sıfat cilveler eyler sünbül

Yine ferrâş-sıfat destine cârûb almış
Ki ede hizmet-i hâk-i der-i dâver sünbül

Fâzıl-ı dehr Mehemmed Çelebi kim eflâk
Bâğ-ı fazlında dokuz dâneli bir ter sünbül

Olamaz reh-güzeri hâkine hem-pâ anber
Edemez turrasına kendüyi hem-ser sünbül

Geldi bir hindû-yı bîçâre-sıfat eşiğine
Garazı bu ki kapında ola çâker sünbül

Bâğ-ı lutfunda meh ü mihr iki ahkar nergis
Keremin gülşenine sünbüle kem-ter sünbül

Hûb olur ârızın üstünde o hatt-ı müşgîn
Âb-ı nâb içre durur taze vü hoş-ter sünbül

Bulsa bârân-ı sehân-ile eğer neşv ü nemâ
Kadd-i bâlâ çeke mânend-i sanevber sünbül

Ebr-i cûdundan eğer irse nem-i in'am
Bitire hâre gül ü lâle vü mermer sünbül / /275

Ger dokunsa nefes-i lutf u dem-i ihsânın
Gidere dûd-ı kebûdu vere âzer sünbül

Nûr-bahş olsa eğer bâğa çerâg-ı lutfun
Şem'-vâr eyleye etrâfı münevver sünbül

Cür'a-rîz olsa eğer gülşene câm-ı keremin
Tuta nergis-sıfat elde kadeh-i zer sünbül

Hâline ayn-ı inâyetle nigâh eyler isen
Göz açıp ede nazar nite ki anber sünbül

Bezmine gelmek ile bu ne kerametttir kim
Demeye sayf ü şitâ bitire micmer sünbül

Dâne hat jâle nukat nefha-i müşgîn ma'nâ
Yazdı levh-i çemene bir gazel-i ter sünbül

Gam-ı gîsûn-ile âşüfte değil ger sünbül
Ne için böyle perişân olur ekser sünbül

Var ise turraların bâğ-ı cinân sünbülüdür
Kopmadı bâğdan ol resme muanber sünbül

Goncanın canı mı var öyküne la'l-i lebine
Zülfüne kaç başı var ola beraber sünbül

Bâde-i la'line hemşîr şarâb-ı gül-fâm
Zülf-i müşgîn-i semen-sâna birader sünbül

Bûy-ı hulkunla güzer eylemese bâğa nesîm
Edemez halk-ı dimağını muattar sünbül

Lâle reşk-i ruh-ı gül-gûnun ile pâ-der-gil
Gam-ı zülfünle perişan u mükedder sünbül

Nice teşbih edem ağzına bir ebkem gonca
Nice nisbet kılam ol zülfe beraber sünbül

Dûdlar çıktı yanıp reşk-i ruhun nârına bâğ
Câ-be-câ sanma çemende görünenler sünbül

Ruhların üzre yatur zülf-i semen-sâ gûyâ
Gül-i terden edinir kendüye bister sünbül

Hatt-ı müşgîn leb-i la'lüne mânend olamaz
Bulsa ger perverîş-i çeşme-i Kevser sünbül

Yaraşır zülf ü rûhun vasfına defter yazayım
Kâğıd berg-i gül ola hat-ı defter sünbül

Levh-i hâtırda hatın nakşını tasvir ettim
Olmadan safha-i gülzâre musavver sünbül

Nazm-ı eşhâsa kıyâs eyleme Bâkî şi'rin
Ola mı her giyeh-i huşke beraber sünbül

Gerçi sünbül çok olur gülşen-i âlemdir bu
Lîk rengîn ü mutarrâ olamaz her sünbül

N'ola kadr ü şerefin sâl-sâl olsa mezîd
Her yıl artırmadadır dâneyi derler sünbül

Götürüp tâ ki şehinşâh-ı baharın tuğun
Getire cünd-i şitâ üstüne leşker sünbül

Ser-i a'dâna taka seng-i melâmet güller
Ola düşmenlerinin başına şeş-per sünbül

(Divan, İstanbul h. 1276, s. 53-55.)
Bâkî

/ MAÂLÎMÜ'L-YAKÎN'DEN /276

(Mevâhibü'l-ledünniyye tercümesi)'den

Bu Bedir gazâsı İslâm gazâlarının a'zamıdur. Zîrâ İslâm'ın zuhûru ve galebesi buradan olmışdur. Bundan sonra küffârın bütleri sınup Hak teâlâ müşrikîne zillet virmişdür ve bu gazâya hâzır olan Müslümanlar'a Hak tebâreke ve te'âlâ izzet virmişdür. Bunlar Allah te'âlâ katında ebrârdan olmışlardur. Rivâyet iderler ki Bedir gazâsına mübârek ramazanın on ikinci güni sebt güninde çıkmışlar idi. Tarih hicretten on dokuzuncu ay içi idi. Ebû Lebâbe Ensârî hazretin Medîne-i Münevvere üzerine kodı. Dahî kendüsi Ensâr kavmiyle çıkdı. Bundan mukaddem Ensâr kavmi Resûlullah hazretiyle gazâya çıkmak vâki olmamışdı. Çıkanlar cümle üç yüz beş nefer kişi idiler. Sekiz nefer kimesne hâzır olmamışdı. Anlarun dahî hisselerin virdi. Ve cümle halkda üç at var idi. Birisi Mikdâd'un idi. Ana Ba'zicel(?) dirlerdi. Birisi de Zübeyr'ün idi. Ana Ya'sûb dirlerdi. Bir at dahi Müreffet Ganevi'nin(?) idi. Hâsılı bu üç atdan gayri ol gün kimsede at yoğidi. Amma yetmiş develeri var idi. Cenk Cum'a güni oldı, dimüşlerdür. Bazılar isneyn gününde bazılar gayr günlerde oldı dimişlerdür. Asıl murâdları Kureyş'in kârbânın basmak idi. Ol niyetle çıkmışlar idi. Tafsîli budur ki Ebû Süfyân otuz nefer atlu ile Şam diyârında idi. Amr İbnü'l- Âs içlerinde bile idi. Şam'dan Mekke'ye müteveccih oldılar. Bir azîm kârbânla Kureyş'in malların getürürlerdi. Bedir didükleri mevzie yakın geldükleri gibi bu haber Resûlullah sallallâhü aleyhi ve sellem hazretine vâsıl oldı. Andan ashâbına buyurdı ki Kureyş'ün bu denlü mâl ü menâlla kâfilesi Bedir yanına gelmiş, kafilede çok yarâr kimesneleri dahî yoğimiş hemân çıkun ümîddür ki Hak te'âlâ hazreti size ganîmet nasîb itmiş ola didi. Oradan peygamber aleyhi s-salâtü ve s-selâm sahâbe-i kirâmla çıkdılar. Ebû Süfyân dahî bunlarun çıkduğın işidicek Zamzam bin Amr didükleri kâfire bir mikdâr nesne virüp Mekke'ye gönderdi ki vara

Kureyş kavmine Resûlullah hazretinin çıkup üzerlerine müteveccih olduğın haber vire Kureyş'i kaldura geleler kârbânların halâs ideler. Andan bu haber Mekke'ye varıcak bin nefere karîb tolgalu kâfir çıkdı. Eşrâf-ı Mekke'den bir
277/ kimesne kalmadı. Ebû Leheb'den gayrı cemî' / ekâbir-i kureyş çıkdılar. Ebû Leheb kendü yerine Âs bin Hişâm'ı gönderdi. Peygamber aleyhissalâtü vesselâm dahî ashâbıyla revhâ didükleri mevzie yetişdi. Orada haber aldı ki ehl-i Mekke kârbânlarını himâyet içün çıkmışlar. Yolda gelmek üzere imişler. Andan ashâb-ı kirâmla meşveret eyledi ve buyurdı ki Hak teâlâ hazreti va'de kıldı ki iki tâifenin birisi bizümdür, ya kârbân ya Kureyş askerleri ammâ ashâb-ı kirâm kârbân ele girdüğinden haz iderlerdi, meyilleri küffârın mal ve metâların almağa idi. Andan Ebû Bekr-i Sıddîk durup bir ma'kûl söz söyledi. Andan sonra Ömer bin Hattâb radıyallâhü anh durup bir ma'kûl kelâm dahi ol söyledi. Andan sonra Mikdâd radıyallâhü anh durup eyitti: "Yâ resûlullah, hemân Hak tebâreke ve te'âlâ sana ne emr ettiyise anın üzerine ol."

Maâlimü'l Yakîn
Bâkî

MERSİYE

Meded meded bu cihânun yıkıldı bir yanı
Ecel celâlileri aldı Mustafa Hânı

Tolundı mihr-i cemâli bozuldı erkânı
Vebâle koydılar âl ile Âl-i Osmânı

Geçerler idi geçende o merd-i meydânı
Felek o cânibe döndürdi şâh-ı devrânı

Yalancınun kurı bühtânı buğz-ı pinhânı
Akıtdı yaşumuzı yakdı nâr-ı hicrânı

Cinâyet etmedi cânî gibi ânun cânı
Boğuldı seyl-i belâya tağıldı erkânı

N'olaydı görmeye idi bu mâcerâyı gözüm
Yazuklar âna revâ görmedi bu râyı gözüm

Tonandı aklar ile nûrdan menâra dönüp
Güşâde-hâtır idi şevk ile nehâra dönüp

Göründi halka dıraht-ı şükûfezâra dönüp
Yürürdi kolları yanınca lâle-zâra dönüp

Tururdı şâh-ı cihân hiddet ile nâra dönüp
Otağ u haymeleri karlu kûhsâra dönüp

Müzeyyen idi bedenlerle Akhisar'a dönüp
El öpmeğe yüridi mihr-i bî karâra dönüp

Tolındı gelmedi çünkim o mâh-pâre dönüp
Görenler ağladılar ebr-i nev-bahâra dönüp/ /278

Bir ejdehâ-yı dü-serdür bu hayme-i dünyâ
Dehânına düşen olur hemîşe nâ-peydâ

O bedr-i kâmil ve ol âşinâ-yı bahr-ı ulûm
Fenâya vardı telef etdi ânı tâli-i şûm

Dögündi kaldı hemân dâğ-ı hasret ile rücûm
Köyündi şâm-ı firâkında toldı yâş ile Rûm

Kara geyürdi Karaman'a gussa etdi hücûm
O mâhı ince hayâl ile etdiler ma'dûm

Tolandı gerdenine hâle gibi mâr-ı semûm
Kazâ-yı Hak ne ise râzı oldı ol merhûm

Hatâsı gayr-ı muayyen günâhı nâ-ma'lûm
Zihî şehîd ü said ü zihî şeh-i mazlûm

Yıkıldı yer yüzine aslına rücû etdi
Saâdet ile hemân kurb-ı hazrete gitdi

Getürdi arkasını yere Zâl-ı devr-i zamân
Vücûdına sitem-i Rüstem ile erdi ziyân

Döküldi göz yaşı yılduzları çoğaldı figân
Dem-i memâtı kıyâmet gününden oldı nişân

Girîv ü nâle vü zâr ile toldı kevn ü mekân
Akar su gibi müdâm ağlamakda pîr ü cüvân

Vücûd iline akın saldı akdı eşk-i revân
Eyâ serîr-i saâdetde pâdişâh-ı zamân

O cân-ı âdemiyân oldı hâk ile yeksân
Diri kala ne revâdur fesad eden şeytân

Nesîm-i subh gibi yerde koma âhumuzı
Hakâret eylediler nesl-i pâdişâhumızı

Bir iki egri fesâd ehli nitekim şemşîr
Bir iki nâme-i tezvîri kıldı katline tîr

Gelür ezelde mukadder olan kalîl ü kesîr
Hezâr kayserün ola libâs-ı ömri kasîr

Eceldür âdeme derbend-i teng ü târ-ı âsîr
Zarûrîdir buna uğrar eğer cuvânla pîr

Yirini mehd zemîn eyledi o mihr-i münîr
Yirini gitdi cihândan niteki merd-i fakîr

Bu vâkıa olamaz halka kâbil-i ta'bîr
Ki Erdişîr-i vilâyetde ola âdet-i şîr

Bunun gibi işi kim gördi kim işitdi aceb
Ki oglına kıya bir server-i Ömer-meşreb

279/ / Ferîd-i âlem idi âlim idi â'lem idi
Muhammed ümmetine mevti mevt-i âlem idi

Ziyâde mâtem idi hayli emr-i muazzam idi
Salâh u zühdi kavî i'tikâdı muhkem idi

Meşâyih ile musâhib ricâle hem-dem idi
Kerâmet ile kerîmü'l-hısâl âdem idi

Nücûm gibi cihân-dîde vü mükerrem idi
Vücûdı muhteşem ü şevketi muazzam idi

Tevâzu ile selâmında hod müsellem idi
Aceb o bedr-i tamâmun ne âdeti kem idi

Hayflar oldı âna iftirâ ile gitdi
Huzûr-ı Hakk'a duâ vü senâ ile gitti

Sipihrün âyinesinde göründi rûy-ı fenâ
Kodı bu kesret-i dünyâyı itdi azm-i bekâ

Garîbler gibi giti o yollara tenhâ
Çekildi âlem-i bâlâya hemçü murg-ı hümâ

Hakikaten sebeb-i rif'at oldı düşmen âna
Nasîb olmasa ta'n mı bu cîfe-i dünyâ

Hayât-ı bâkiye erişdi rûhu ey Yahyâ
Şefî-i rûh-ı Muhammed refîki zât-ı Hudâ

Enîsi gâib erenler celîsi ehl-i safâ
Ziyâde ede yaşum gibi rahmetin Mevlâ

İlâhî Cennet-i Firdevs âna turağ olsun
Nizâm-ı âlem olan pâdişah sağ olsun

(*Nefâis-i Edebiyye,* İst. 1329, s. 285-289)
Taşlıcalı Yahya

/ ŞEHR-İ EYYÛB /280

Şehr-i Eyyûb'ün âb ü hevâsı latîf, mahbûb u mahbûbesi memduhtur. A'yân ü eşrâfı çoktur. Lâkin halkının ekseri ulemâdır. Eyyûb şehrinin has beyaz ekmeği, kaymağı, yoğurdu, şeftalisi, kayısısı meşhûrdur. Harem-i Eyyûb'deki çınar ağaçlarında yuva tutan balıkçıl kuşları her sene başlarından ikişer tel tüyü kubbe-i pür-envâr-ı Eyyûb üzre ihdâ ü isâr ederler.

— Evsâf-ı Ziyâretgâh-ı Hazret-i Ebâ Eyyûb, ve mekâbir-i ulemâ ve sülehâ ve meşâyıhtır... - Ârif-i Samedânî Hazret-i Ebâ Eyyûb-i Ensârî, Sahâbe-i Kirâmdan râvi-i hadistir. Kendisi Ensâr'dandır. Hazret-i risâlet Mekke'den Medine'ye hicret ettikleri zaman Cibrîl-i emîn nâka-yı Resul'ullah licâmından tutup çeke çeke Ebâ Eyyûb-i sehâ-kâr hanesi önüne çöktürmüştü. Bu delâlet üzerine Hazret-i Resûl de hane-i Ebâ Eyyûb'den başka bir yere misafir olmamıştı. Halâ ravzâ-i celîle-i nebeviyye bu Ebâ Eyyûb-i Ensârî Hazretlerinin hanesi yerindedir ki Hazret-i Ebubekir solunda medfûndur. İşte Ebâ Eyyûb, Hazret-i Peygamberin candan sevdiği bir yâr-i gârıdır ki o Hazretten birçok ehâdis-i şerîfe nakil ve rivâyet eder. Nihâyet, Emevîlerden Muaviye hilâfetinde Ebâ Eyyûb Müslime ile iki kere Kostantiniyye üzerine serdâr olup birinde sulh ile Kostantin kralından hazineler alarak Şam'a geldiler. Def'a-i sâniye serdâr olan Ebâ Eyyûb İstanbul'u muhasara ile Galata'yı fethedip İstanbul'u dahi fethetmek sadedinde iken sulh edip, Ayasofya'ya girerek ibadet ettikten sonra Eğrikapı'dan çıkarken küffâr bunları taşa tutup şehit etmişlerdir. Bir rivâyette de Ebâ Eyyûb ishâlden merhûm oldu derler. Bunlar hep evvelce fasl-ı mahsûsunda beyân edilmişti. Amma 857 sene-i hicriyyesinde Cenâb-ı Fatih Sultan Mehmed Han Gâzi İstanbul'u fethederken yetmiş yedi kibâr-ı ehlullah Ebâ Eyyûb'ün kabrini tecessüse koyuldular. Âhir-i kâr Akşemsettin Hazretleri "Müjde olsun, beyim! Alemdâr-ı Resûl olan Ebâ Eyyûb-i Ensârî bu mahalde medfûndur!" diye bir hıyâbân-ü ormanistan içre girdi. Bir seccâde üzerinde / iki rekat namaz kılarak /281

ba'desselâm bir secde dahi edip güyâ hâb-ı rahata varmış gibi kaldı. Birçokları "Efendi kabr-i Eyyûb'ü bulamadığı için hicâbından hâba vardı." Diye ta'rizler ettiler. Bir saat sonra Akşemsettin Hazretleri secdeden başını kaldırıp mübârek gözleri kan çanağını andırır halde Ebu'lfeth'e hitaben; "Beyim! Hikmet-i Hüdâ seccâdemizi tam kabr-i Eyyûb üzre döşemişler! Hemen şu mahalli kazsınlar" deyince fukarâ-i Semseddîn'den üç kişi Ebu'lfeth'le beraber Aşemsettin'in seccâdesi altını hafre agâz ettiler. Umku üç zira'a vâsıl oldukta bir yeşil somâkîden çâr- kûşe zâhir olup üzerinin kûfî hatla "Hâzâ kabr-i Ebâ Eyyûb-i Ensârî" diye tahrîr edilmiş olduğu görüldü. O taş kaldırılarak içinde vücûd-ı Ebâ Eyyûb zağferân ile boyanmış kefen içinde ter ü taze görüldü ki sağ ellerinde bir tunç mühür vardı. Taş yine haliyle kapatılıp o seng-i sebz-gûn setredildi. Bunu müşâhade eden asâkir-i İslâm ilm-i ayne'l yakîn hâsıl edip türâbını tevhîd ü tezkîr ile doldurdular. Sonra cümle müslimin-i hâzırîn ziyaret edip türbe-i pür-envârlarının esasına başladılar. Halâ üzerindeki kubbe-i pür-envâr, cami, mescit, medrese, han, hamam, imâret, çarşı, pazar, cümle Ebu'lfeth Gâzi'nin binâsıdır. Ama Ebu'lfeth'ten sonra gelen selâtîn-i kirâm-ı Osmaniye'nin her birisi teberrüken civâr-ı Eyyûb'e bir eser-i güzîn binâ ederek oralarını cennet-âsâ bir makâm-ı illiyyîn eylediler. Türbe-i pün-envârı bir kubbe-i Rıdvan içinde kalmıştı. Kabr-i şerîfi dehlizinin revzenleri camiin haremine nâzırdır. Cümle duvarları kâşî-i Çin ile müzeyyen bir türbe-i pür-nûrdur. Ravzâ-i kabr-i münevveri dairen-mâdâr şebeke-i sîm-i hâlisle inşâ olunmuştur. Ser-i saadet-i tarafında alem-i şerîfi ve cânib-i erbaasında olan sîm ü zer çerağ şamdanlar ve kandiller ve adam boyunda mutallâ şamdanlar üzerindeki şem-i kâfûrlar ve buhûrdân ve gûna-gûn gülâbdânlar ile mâl-a-mâl bir kabr-i şerîftir. Bundaki hüsn-i hatt-ı kelâm-ı kadîmlerin
282/ eşini ravzâ-i / münevvere-i Hızır'dan başka bir ravzada göremedim. Kabr-i Eyyûb'de olan ithâf ü musannâ avizelerin eşi ancak Sultanahmet Camii'nde bulunabilir. Pâ-yi şerîfinde bir su sarnıcı vardır ki züvvâr-ı kirâm bu sudan içerler, hafakan illetine bir devâ-i rûhânîdir.

(*Seyahatnâme, c. 1, İstanbul* 1334,s.400-402)
Evliyâ Çelebi

NEŞATÎ'DEN GAZELLER

I

Gittin ammâ ki kodun hasret ile cânı bile
İstemem sensiz olan sohbet-i yarânı bile

Devr-i meclis bana girdâb-ı belâdır sensiz
Mey-i zehrâb-ı sitem sâgâr-ı gerdânı bile

Bağa sensiz bakamam çeşmime ateş görünür
Gül-i handânı değil serv-i hırâmânı bile

Sîneden derd ile bir âh ideyin kim dönsün
Aksine çarh-ı felek mihr-i dırahşânı bile

Hâr-ı firkatle Neşâtî-i hazînin vâ-hayf
Dâmen-i ülfeti çâk oldu giribânı bile

(Dîvân-ı Neşâtî)

II

Bülbüller öter şevk ile ezhâr güşâde
Peymâne be-kef olsa nola yâr güşâde

Gör lütfunu sâkî-i safâ-bahş-ı bahârın
Bir câm ile olmuş gül-i gülzâr güşâde

Seyr et beden-i nâzikini çâk-ı kabâdan
Mestâne o şeh tükme-i zer-târ güşâde

Çöz bend-i ser-i zülfünü ey şâne ki olsun
Dillerde olan ukde-i efkâr güşâde

Olsa yaraşır bülbül-i pür-şevk Neşâtî
Olmakda yine gül gibi dildâr güşâde

(Divân-ı Neşâtî)

GAZEL

Fâriğuz kayd-ı cihândan âşık-ı divâneyüz
Âşiyâna âşinâ bîgâneye bîgâneyüz

Aşkı sâkî gamze-i mest ü harâb itsek n'ola
Câmı ateş bâdesi âteş aceb meyhâneyüz

Havfımuzdan çeşm-i dilber gamzeyi eyler tebâh
Kûçe-i aşk içre bî-pervâ yürür mestâneyüz

Şem'i pür-sûz u güdâz itse aceb mi şevkımız
Tâb-ı dilden şu'le-i âb eyleyen pervâneyüz

Sâhir-i mu'ciz-kelâmız sâhir-i şûhuz Fehîm
Ne füsûna râgıbız ne mâ'il-i efsaneyüz

(Dîvân-ı Fehim)

283/ / NEDÎM'DEN GAZELLER

I

Haddeden geçmiş nezâket yâl ü bâl olmuş sana
Mey süzülmüş şişeden ruhsâr-ı al olmuş sana

Bûy-ı gül taktîr olunmuş nâzın işlenmiş ucu
Biri olmuş huy birisi dest-mâl olmuş sana

Sihr ü efsûn ile dolmuştur derûnun ey kalem
Zülfü Hârût'un demek mümkün ki nâl olmuş sana

Şöyle gerd olmuş Firengistân birikmiş bir yere
Sonra gelmiş kûşe-i ebrûda hâl olmuş sana

Ol büt-i tersâ sana mey nûş eder misin demiş
El-amân ey dil ne müşkil-ter suâl olmuş sana

Sen ne câmın mestisin âyâ kimin hayrânısın
Kendin aldırdın gönün n'oldun ne hâl olmuş sana

Leblerin mecrûh olur dendân-ı sîn-i bûseden
La'lün öptürmek bu hâletle muhâl olmuş sana

Yok bu şehr içre senin vasf ettiğin dilber Nedîm
Bir perî-sûret görünmüş bir hayâl olmuş sana

(Divan, s. 133)

II

Murâdın anlarız ol gamzenin iz'ânımız vardır
Belî söz bilmeziz ammâ biraz irfânımız vardır

O şûhun sunduğu peymâneyi redd etmezüz elbet
Anunla böylece ahd etmişiz peymânımız vardır

Münasiptir sana ey tıfl-ı nâzım hüccetin al gel
Beşiktaş'a yakın bir hâne-i vîrânımız vardır

Güzel sevmekte zâhid müşkilin var ise bizden sor
Bizim ol fende çok tahkîkimiz itkânımız vardır

Koçup her şeb meyânın cânına cân katmada ağyâr
Be-hey zâlim sen insaf et bizim de cânımız vardır

Sıkılma bezme gel bîgâne yok da'vetlimiz ancak
Nedîmâ bendeniz var bir dahı sultânımız vardır

(Divan, s. 138)

TEFVÎZNÂME

Hak şerleri hayr eyler
Zannetme ki gayr eyler
Arif anı seyr eyler
Mevlâ görelim n'eyler
N'eylerse güzel eyler

Sen Hakk'a tevekkül kıl
Tefvîz et ve rahat bul
Sabr eyle ve razı ol
Mevlâ görelim n'eyler
N'eylerse güzel eyler

/ Kalbin ana berk eyle
Tedbirini terk eyle
Takdirini derk eyle
Mevlâ görelim n'eyler
N'eylerse güzel eyler

Hallâk-ı Rahîm oldur
Rezzâk-ı Kerîm oldur
Fa'âl-i hakîm oldur
Mevlâ görelim n'eyler
N'eylerse güzel eyler

Bil "Kâdî-i hâcât"ı
Kıl aña münacâtı
Terk eyle muradâtı
Mevlâ görelim n'eyler
N'eylerse güzel eyler

Bir işi murad etme
Olduysa inad etme
Hakkındır o redd etme
Mevlâ görelim n'eyler
N'eylerse güzel eyler

Hakk'ın olıcak işler
Boştur gam ve teşvişler
Ol hikmetini işler
Mevlâ görelim n'eyler
N'eylerse güzel eyler

Hep işleri fâyiktır 284/
Birbirine lâyıktır
N'eylerse muvafıktır
Mevlâ görelim n'eyler
N'eylerse güzel eyler

Dilden gamı dûr eyle
Rabbinle huzûr eyle
Tefvîz-i umûr eyle
Mevlâ görelim n'eyler
N'eylerse güzel eyler

Sen adli zulm sanma
Teslim ol oda yanma
Sabr et sakın usanma
Mevlâ görelim n'eyler
N'eylerse güzel eyler

Deme şu niçin şöyle
Bir nicedir ol öyle
Bak sonuna sabr eyle
Mevlâ görelim n'eyler
N'eylerse güzel eyler

Hiç kimseye hor bakma
İncitme, gönül yıkma
Sen nefsine yan çıkma
Mevlâ görelim n'eyler
N'eylerse güzel eyler

Mü'min işi reng olmaz
Âkıl huyu ceng olmaz
Arif dili teng olmaz
Mevlâ görelim n'eyler
N'eylerse güzel eyler

285/ / Hoş sabr-ı cemilimdir
Takdir ve kefilimdir
Allah ki vekilimdir
Mevlâ görelim n'eyler
N'eylerse güzel eyler

Her dilde onun adı
Her canda onun yâdı
Her kula da imdâdı
Mevlâ görelim n'eyler
N'eylerse güzel eyler

Nâçâr kalacak yerde
Nâgâh açar ol perde
Derman eder ol derde
Mevlâ görelim n'eyler
N'eylerse güzel eyler

286/ Her kuluna her anda
Geh kahr ve gehî ihsanda
Her anda o bir şanda
Mevlâ görelim n'eyler
N'eylerse güzel eyler

Geh mu'ti ve gehî mâni
Geh zârr gehî nâfi
Geh hâfiz ve geh râfi
Mevlâ görelim n'eyler
N'eylerse güzel eyler

Geh abdin eder arif
Geh eymen ve geh hâif
Her kalbi odur sârif
Mevlâ görelim n'eyler
N'eylerse güzel eyler

Geh kalbini boş eyler
Geh halkını hoş eyler
Geh aşka dûş eyler
Mevlâ görelim n’eyler
N’eylerse güzel eyler

Geh sade ve geh rengîn
Ki tab'ın eder sengîn
Geh hurrem ve geh gam-gîn
Mevlâ görelim n'eyler
N'eylerse güzel eyler

Az ye, az uyu, az iç
Ten mezbelesinden geç
Dil gülşenine gel göç
Mevlâ görelim n'eyler
N'eylerse güzel eyler

Bu nâs ile yorulma
Nefsinle dahi kalma
Kalbinden ırağ olma
Mevlâ görelim n'eyler
N'eylerse güzel eyler

/ Geçmişle geri kalma
Müstakbele hem dalma
Hâl ile dahi olma
Mevlâ görelim n'eyler
N'eylerse güzel eyler

Her dem onu zikr eyle
Zeyrekliği koy şöyle
Hayran-ı Hak ol söyle
Mevlâ görelim n'eyler
N'eylerse güzel eyler

Gel hayrete dal bir yol
Kendin unut onu bul
Koy gafleti hazır ol
Mevlâ görelim n'eyler
N'eylerse güzel eyler

Her sözde nasihat var
Her nesnede ziynet var
Her işte ganimet var
Mevlâ görelim n'eyler
N'eylerse güzel eyler

Her remz ü işâretdir
Hep gamz u beşaretdir
Hey ‘ayn-ı inâyetdir
Mevlâ görelim n’eyler
N’eylerse güzel eyler

Her söyleyeni dinle
Ol söylediğini anla
Hoş eyle kabul-i canla
Mevlâ görelim n'eyler
N'eylerse güzel eyler

Bil elsine-i halkı
Aklâm-ı Hak ey Hakkı
Öğren edeb ü hulkı
Mevlâ görelim n'eyler
N'eylerse güzel eyler

Vallah güzel etmiş
Billah güzel etmiş
Tallah güzel etmiş
Mevlâ görelim n'eyler
N'eylerse güzel eyler

(*Marifetname, İstanbul h.* 1334, s. 384-385.)

İbrahim Hakkı Erzurumî

287/

/ “MESNEVÎ ŞERHİ”NDEN

K'ez neyistân tâ merâ bebrîde end
V'ez nefîrem merd ü zen nâlîde end

Ki beni kamışlıktan kestiklerinden beri benim feryâd ü figânımdan er ü avrat inlemişler ve âvâz-ı hazînim tesirinden ızdırâba düşmüşlerdir. 'neyistân"dan murat vücûd-ı insânînin vatan-ı aslî ve mebde-i evveli olan mertebe-i ehadiyyet-tir ki ana hüviyyet-i zâtiyye ve ta'yîn-i evvel dahî dirler, zât-ı baht dimezler zîrâ zât-ı baht lâ-ta'yîn âlemidir ki zikr olunan mertebenin fevkindedir. Ana âlem-i gayb-i mutlak dahî dirler. "merd ü zen"den murâd âlem-i ervâh ve ecsâm ve âlem-i tabîiyât ve unsuriyât ve âlem-i ulviyât ve süfliyât ve âlem-i kulûb ve nüfûstur ki kimi hakâyık-ı fâile ve kimi hakâyık-ı kâbiledir. Ve vücûd-ı insânı zikr olunan mertebe-i ehadiyetden "neyîstân"dan ney kesilür gibi bu nişâne-i insâniyye pâyesine nüzûlde ulviyât ve süfliyât mürûr ve her birinin taayyüni ile zuhûr eyleyüp âlem-i asıldan iftirâktan nâşî ney gibi feryâd-künân oldukda zikr olunan avâlim bunun nâle ve âhından müteessir olmuşlar ve darb-ı zahme-i nevhasından tesîr-i azîm bulmuşlardır. "Bebrîde end" didi, cem' îrâd eyledi. Neyin kesret-i efrâdı itibârıyla veya kâtı'ın kat'da müzâveleye menût olan a'zâsı hasebiyle veyahut sûret-i mahsûsasına dühûl idince birkaç elden geçmesi sebebiyle veyahut kat' olunalıdan beri mürûr eden ezmineye göredir. Ve gâh olur ki fâili ta'zîm için dahî cem' îrâd ederler, nitekim Kurân'da "cealtü" ve "cealnâ", "halaktü" ve "halaknâ" ve nazâiri müfred ve cem' îrâd olundı. Velâkin bu kelâm erbâb-ı zavâhire göredir. Fe emmâ ehl-i hakîkat katında nükte budur ki nûn-ı mütekellim kesret-i esmâ ve sıfât hasebiyledir, zîrâ kudretin makdûra taalluku mukârenet ve teveccühât-ı esmâ iledir. Ednâ mertebede irâdât ve kavl sıfatları munzam olmuştur.

Şerhü'l Mesnevî
İsmâil Hakkı Bursevî

288/ **/ KASÎDE-İ ADEM**

Can verir âdeme endîşe-i sahbâ-yı adem
Cevher-i can mı aceb cevher-i mînâ-yı adem

Çeşm-i im'ân ile baktıkça vücûd-ı âdeme
Sahn-ı cennet görünür âdeme sahrâ-yı adem

Galat ettim ne revâ cennete teşbîh etmek
Başkadır nimet-i âsâyîş-i me'vâ-yı adem

Tutalım anda da olmuş ni'âm-ı gûnâgûn
Öyle muhtâc-ı tenâvül müdür âlâ-yı adem

Kimse incinmedi vaz'ından anın zerre kadar
Besledi bunca zaman âlemi bâbâ-yı adem

Var ise andadır ancak yoğise yoktur yok
Râhat istersen eğer eyle temennâ-yı adem

Ne gam u gussa ne renc ü elem ü bîm ü ümîd
Olsa şâyeste cihân cân ile cûyâ-yı adem

Yok dedikçe var olur yok mu garâbet bunda
Nâm-ı hestî mi nedir hall-i muammâ-yı adem

Etse bir kerre telâtüm hep eder kevneyni
Garka-i mevc-i fenâ cûşiş-i deryâ-yı adem

Mâderi dehr mevâlîdi ki durmaz doğurur
Der-kenâr etmek içindir anı bâbâ-yı adem

Çarhın evlâdını baştan çıkarır dâye-i dehr
Etmese terbiye sık sık anı lâlâ-yı adem

Herkesin kısmeti yoktan gelir amma bilmez
Yeri var âleme men eylese selvâ-yı adem

Merdümî neş'et-i Âdem'de yok oldu gitti
Vechi var dense Benî Âdem'e ebnâ-yı adem

İki kağıttan ibâret nüsah-ı kevn ü mekân
Biri ibkâ-yı vücûd ü biri ifnâ-yı adem

Selb ü îcâb ta'ayyün ederek âlemden
Bir netîce verir elbette kazâyâ-yı adem

Mîm-i imkânını mahv eylese molla evvel
Yoksa nefy etmese de âhırıdır lâ-yı adem

Şeyhe bak ketm-i ademden deyu takrîr eyler
Bilmez ammâ ki nedir ma'nî-i ifnâ-yı adem

Yok yere zâhid urur da'vî-i hestîden dem
Yakasın tutmuş iken pençe-i kübrâ-yı adem

Sanırım masraf u îrâdı gelir hep başa baş
Oldu serrâ-yı vücûda göre darrâ-yı adem

Zeyd-i vârid ile sulh olmadı Amr-ı âid
Yoğise âlemin aslı ne bu gavgâ-yı adem

Kays u Leylâ'sı dahi Zeyd ile Amr'ı gibidir
Diyecek olsam olur ol dahî esmâ-yı adem / /289

Farkı gûyâ bu iki sûretin aklımca benim
Birisi hubb-ı fenâdır biri bağzâ-yı adem

Nakş-ı Nâmık'la aceb Nâmık olur mu Hâtem
Var gibi bunca vücûd ehline îmâ-yı adem

Şeyh efendi sana der miydi ki vârından geç
Varlığın olmasa da sidre-i me'vâ-yı adem

Hizmet et sen ana vârınla ki tâ himmet edip
Eylesin ol da seni ârif-i ma'nâ-yı adem

Çekme dünyalık için gam dil-i nâbûdîde
Vâr iken mâhasal-ı rızk u atâyâ-ı adem

Herkese bâr-ı belâ kendisinin varlığıdır
Gam u âlâmdan âzâde berâyâ-yı adem

Sarf edip vârını aklın var ise var yok ol
Râhat istersen eğer eyle temennâ-yı adem

Biz .u mihnet-geh-i hestîye küçükten geldik
Yoksa kim eyler idi terk-i kühencâ-yı adem

Durmasa böyle felek bâri yıkılsa gitse
Bir zaman olsa yeri hayme-i bâlâ-yı adem

Avutan halkı bu gam-hânede oldur yoksa
Olmasa müşkil idi tesliye-bahşâ-yı adem

Ber-murâd olmayıcak ben yere geçsin âlem
Necm ü mihr ü mehi olsun eser-i pây-ı adem

Çâk çâk eyler idim ceyb-i kabâ-yı ömrü
Olmasa zeyli tırâzîde-i damga-yı adem

Ben o bîzâr-ı vücûdum ki dil-i gam-zedeme
Üns-i mavtın görünür vahşet-i sahrâ-yı adem

Şafak-ı subh-ı bekâdır nazarımda gûyâ
Mevce-i bahr-i siyâh-ı şeb-i yeldâ-yı adem

Öyle bîmâr-ı gamım kim olamam âsûde
Câme-hâb olsa bana şehper-i ankâ-yı adem

Dil-harâbım ben o hey'ette ki nisbetle bana
Beyt-i ma'mûr olur hâne-i bîcâ-yı adem

Öyle bîmâr-ı gamım sahn-ı fenâda gûyâ
Yaptı enkâz-ı elemden beni bennâ-yı adem

Ahter-i matlabım âfâk-ı felekten doğmaz
Günde bin şey doğurur leyle-i hublâ-yı adem

Düşmeden sâye-i kilk-i emelim levh-i dile
Nokta-i kilkim olur hâl-i müheyyâ-yı adem

Cevheri su kesilir tâbîş-i ye'simle eğer
Çeşm-i ümmîdime dûş olsa merâyâ-ı adem

Yoğ olur ismi dahî anı müsemmâsı gibi
Emelim olsa eğer dâhil-i hülyâ-yı adem

Bî-vücûdum o kadar ben ki aransak ikimiz
Ben bulunmam bulunur belki müsemmâ-yı adem

Hayretim çarha sükûn-âver-i tab'-ı ta'til
Vahşetim bâis-i peydâyî-i sevdâ-yı adem /290

Vâlihim öyle ki aks-i nigeh-i germimden
Reng-i hayret alır âyîne-i deryâ-yı adem

Vahşetim öyle ki olsa nazar-ı ünsüm olur
Tîr-i remkerde-i âhû-yı sebük-pâ-yı adem

Ye'sim ol mertebe kim sûret-i ümmîdimdir
Mâverâ-yı felek-i mahv-ı heyûlâ-yı adem

Bulanır girye-i hûnînim ile bahr-ı vücûd
Sararır âhım ile sebze-i sahrâ-yı adem

Öyle dil-tengî-i hestî ile rencûrum kim
Hûn olur nâlelerimden dil-i ferdâ-yı adem

Buna tâkat mı gelir yâ buna can mı dayanır
Meğer imdâd ede hestî-dih-i eczâ-yı adem

Âferîn ey ney-i kilk-i hüner-i Îsî-dem
Eyledin nefha-i i'caz ile ihyâ-ı adem

Şu'le-i nefha-i cansûzum ile lîk yanıp
Olmadan dâğ-ı tenim şem'-i şeb-ârâ-yı adem

Bir gazel söylesen olmaz mı berâ-yı hâtır
Ne kadar sıklet ise nazm-ı mukaffâ-yı adem

Hâl-i anber-şikenin fitne-i eczâ-yı adem
Nigeh-i sihr-eserin nâtıka-i bahşâ-yı adem

Can bulur tarf-ı lisânınla hurûf-ı hestî
Çâk olur nâvek-i gamzenle süveydâ-yı adem

Arz-ı handeye lâl-i nemekînin cevher
Cevher-i harfe femin nokta-i yektâ-yı adem

Seni görse dökülürken katarât-ı eşkim
Havf-ı gamzenle olur âbile-i pây-ı adem

Kavs-i ebrûsunu kursa yıkılır tâk-ı felek
Tîr-i hışmından eğer yanmasa beydâ-yı adem

Akif Paşa

"TERKÎB-İ BEND"DEN

Bir katre içen çeşme-i pür-hûn-ı fenâdan
Baş alamaz bir dahi bârân-ı belâdan

Âsûde olam dersen eğer gelme cihana
Meydana düşen kurtulamaz seng-i kazâdan

Sâbit-kadem ol merkez-i me'mûn-ı rızâda
Vâreste olup daire-i havf u recâdan

Dursun kef-i hükmünde terâzû-yı adâlet
Havfın var-ise mahkeme-i rûz-ı cezâdan

Her kim ki arar bûy-ı vefa tab'-ı beşerde
Benzer ona kim devlet umar zıll-i hümâdan

Bîbaht olanın bâğına bir katresi düşmez
Bârân yerine dürr ü güher yağsa semâdan

291/ /Erbâb-ı kemali çekemez nâkıs olanlar
Rencîde olur dîde-i huffâş ziyâdan

Her âkile bir derd bu âlemde mukarrer
Rahat yaşamış var mı gürûh-ı ukalâdan

Halletmediler bu lugazın sırrını kimse
Bin kafile geçti hükemâdan fuzalâdan

Kıl sanat-ı üstadı tahayyürle temâşâ
Dem vurma eğer ârif isen çûn ü çerâdan

İdrâk-i maâli bu küçük akla gerekmez
Zira bu terazi o kadar sıkleti çekmez

Dehrin ne safâ var acabâ sîm ü zerinde
İnsan bırakır hepsini hîn-i seferinde

Bir reng-i vefa var mı nazar kıl şu sipihrin
Ne leyl ü nehârda ne şems ü kamerinde

Seyretti hava üzre denir taht-ı Süleyman
Ol saltanatın yeller eser şimdi yerinde

Hürr olmak eğer ister isen olma cihânın
Zevkinde, safâsında, gamında, kederinde

Cânân gide, rindân dağıla, mey ola rîzân
Böyle gecenin hayr umulur mu seherinde

Hayr umma eğer sadr-ı cihân olsa da bilfarz
Her kim ki hasâset ola ırk u güherinde

Yıldız arayıp gökte nice turfe müneccim
Gaflet ile görmez kuyuyu reh-güzerinde

Onlar ki verirler lâf ile dünyaya nizâmât
Bin türlü teseyyüb bulunur hanelerinde

Âyinesi iştir kişinin lâfa bakılmaz
Şahsın görünür rütbe-i aklı eserinde

Ben her ne kadar gördüm ise bazı mazarrat
Sâbit-kademim yine bu re'yin üzerinde

İnsana sadakat yakışır görse de ikrâh
Yardımcısıdır doğruların Hazreti Allah

Pek rengine aldanma felek eski felektir
Zira feleğin meşreb-i nâ-sâzı dönektir

Ya bister-i kemhâda ya viranede can ver
Çün bay u gedâ hâke beraber girecektir

Allah'a sığın şahs-ı halîmin gazabından
Zira yumuşak huylu atın çiftesi pektir

Yaktı nice canlar o nezaketle tebessüm
Şîrin dahi kastetmesi cana gülerektir

292/ / Bed-asla necâbet mi verir hiç üniforma
Zer-dûz palan ursan eşek yine eşektir

Bed-mâye olan anlaşılır meclis-i meyde
İşret güher-i âdemi temyîze mihektir

Nush ile yola gelmeyeni etmeli tekdîr
Tekdîr ile uslanmayanın hakkı kötektir

Nâdânlar eder sohbet-i nâdânla telezzüz
Divanelerin hem-demi divane gerektir

Afv ile mübeşşer midir ashâb-ı merâtib
Kanun-ı ceza âcize mi has demektir

Milyonla çalan mesned-i izzette ser-efrâz
Birkaç kuruşu mürtekibin câyı kürektir

İman ile din akçedir erbâb-ı gınâda
Namus ve hamiyet sözü kaldı fukarâda

İkbâl için ahbâbı siâyet yeni çıktı
Bilmez idik evvel bu dirâyet yeni çıktı

Sirkat çoğalıp lafz-ı sadâkat modalandı
Namus tamam oldu hamiyyet yeni çıktı

Düşmanlara ahbâbını zemm oldu zarâfet
Dildârdan ağyâra şikâyet yeni çıktı

Sadıkları tahkîr ile red kaide oldu
Hırsızlara ikram ü inâyet yeni çıktı

Hak söyleyen evvel dahi menfûr idi gerçi
Hainlere ammâ ki riâyet yeni çıktı

Evrâk ile ilân olunur cümle nizâmât
Elfâz ile terfîh-i raiyyet yeni çıktı

Âciz olanın ketm olunur hakk-ı sarîhi
Mahmîleri her yerde himâyet yeni çıktı

İsnâd-ı taassub olunur merd-i gayûra
Dinsizlere tevcîh-i reviyyet yeni çıktı

İslâm imiş devlete pâ-bend-i terakkî
Evvel yoğ-idi işbu rivâyet yeni çıktı

Milliyyeti nisyân ederek her işimizde
Efkâr-ı Frenk'e tebaiyyet yeni çıktı

Eyvah, bu bâzîçede bizler yine yandık
Zira ki ziyan ortada bilmem ne kazandık

Her millet için birdüziye adlini âm et
Fikr-i gazab-i Hazret-i Ma'bûd-ı Enâm et

Bevvâl-i çeh-i zemzemi lânetle anar halk
Sen Kâbe gibi kendini hürmetle be-nâm et

İncinmemek istersen eğer mülk-i fenâda
Bir kimseyi incitmemeğe hasr-ı merâm et /293

Bir yerde ki yok nağmeni takdîr edecek gûş
Tazyî-i nefes eyleme tebdîl-i makâm et

Avrat gibi mağlûb-ı hevâ olma, er ol er
Nefsin seni râm etmeye, sen nefsini râm et

Mânend-i şecer nâbit olur sâbit olanlar
Her hangi işin ehli isen onda devâm et

Noksanını bil bir işe ya başlama evvel
Ya başladığın kârı pezîrây-hitâm et

Uğrarsa sabâ râhın eğer semt-i Irak'a
Bağdâd iline doğru dahi azm ü hırâm et

Merdân-ı sühan-dânı ziyaret edip andan
Âdâb ile git ravza-i Rûhî'ye selâm et

Tahsînini arz edip evvelce Ziya'nın
Bu beyti huzurunda oku hatm-i kelâm et

Meydân-ı sühanda yoğ-iken sen gibi bir er
Bir şair-i Rûm oldu sana şimdi berâber

(*Tercî-i Bend ve Terkîb-i Bend*)
Ziya Paşa

SÖZLÜK*

- A -

a'dâ *(A.):* Düşmanlar.
a'mâ *(A.):* Kör, gözü görmeyen. *Mecz.* Cahil, bilgisiz.
a'sâb *(A.):* Sinirler, sinir sistemi.
âb *(F.):* Su.
âb-ı sükût: Sessizlik suyu
âb u hava: Hava ve su.
aba *(A.):* Yünden yapılmış kaba kumaş.
abanî *(F.):* Sarıya çalan beyaz renkli, üzeri açık turuncu ipekle kasnakta işlenmiş bez.
abanî sarık: Bu kumaştan yapılmış sarık.
âb-gûn *(F.):* 1. Suya benzer. 2. Mavi renk.
âb-ı nâb: Saf su, şarap.
âbile *(F.):* 1. Sivilce, küçük çıban. 2. Su kabarcığı.
âbile-i pây-ı adem: Yokluk ayağının sivilcesi.
aceb *(A.):* Tuhaf, şaşılacak şey.
Acem *(A.):* İranlılar.
Acemce *(A.):* İranlıların konuştukları dil, Farsça.
Acemistan *(F.):* İran ülkesi.
âciz *(A.):* Zayıf, güçsüz.
acûl *(A.):* Aceleci; içi dar.
acûze *(A.):* Kocakarı. *Mecz.* Cadı karı.
acz *(A.):* Güçsüzlük, iktidarsızlık, âcizlik.
âdâb *(A.):* Terbiyeler, utanmalar.
âdâb-ı İslâmiyye: İslâmî kaideler.
adâvet *(A.):* Düşmanlık.
add *(A.):* Sayma, sanma, öyle kabul etme.
addedil-: Sayılmak, öyle kabul edilmek.
addet-: Saymak, öyle kabul etmek.
addol-: Sayılmak, öyle kabul edilmek.
Âdem *(A.):* 1. İlk yaratılan insan. 2. İlk peygamber, Hz. Âdem. 3. Adam, insan.
adem *(A.):* Yokluk, yok olma, bulunamama.
Âdemiyân *(A.):* Ademoğulları, insanlar, adamlar
âdet *(A.):* Görenek, tabiat, usûl, alışkanlık.
âdet-i şîr: Arslan âdeti.
adl *(A.):* Adalet, doğruluk.
âfâk *(A.):* Ufuklar, gökle yerin birleşir gibi göründüğü çizgi.
âfâk-ı felek: Gökyüzünün ufukları.
âfâkî *(A.):* 1. Havaî, dereden tepeden söz 2. Objektif, nesnel.
afet *(A):* Çok güzel kız.
âfitâb *(F.):* Güneş, güneşin ışığı.
âfitâb-ı evc-i sa'âdet: Mutluluk zirvesinin güneşi.
âgâh *(F.):* Bilgili haberli, uyanık
âgâh et-: haberdâr etmek
âgâz *(F.):* Başlama
âgûş *(F.):* Kucak
âgûş-ı lerze-dâr: Titrek kucak.
âgûş-ı ufk: Ufkun kucağı.
âgûş-ı mükevkeb: Yıldızlı kucak.
âgûş-ı nûrânî: Nurlu kucak
ağyâr *(A.):* Gayrılar, başkalar, yabancılar.
âh *(F.):* İnleyip sızlanma, inleme.
âh-ı hasret: Özlemden dolayı çekilen ah.
ahâdis *(A.):* Hadisler.
ahâdis-i şerîfe: Mübarek hadisler.
ahali *(A.):* Halk, insanlar.
ahbâb *(A.):* Dost, bildik, tanıdık, âşina.
ahbâr *(A.):* Haberler, rivayetler.
ahd *(A.):* Bir işi üzerine alıp söz verme.
ahdar *(A.):* Pek yeşil, yemyeşil.
âhenk / aheng *(F.):* Uyumluluk, düzen.
âhenktar *(F.):* Uyumlu, düzenli.
âheste *(F.):* Yavaş ağır.
ahfâd *(A.):* 1. Oğul oğulları, torunlar 2. Yardımcılar, hizmetkârlar.
âhir *(A.):* Son, sonraki, en son.
ahiret *(A.):* Öbür dünya.
ahkar *(A.):* (Daha, pek, en, çok) hakir olan.
ahlâk *(A.):* Doğuştan getirilen veya sonradan kazanılan güzel nitelikler, huy.
ahlat: Gülgillerden, kendi kendine yetişen, üzerine armut aşılanan ağaç, yaban armudu.

ahter *(F.):* Yıldız.
ahter-i matlab: İstek, arzu yıldızı.
âhû *(F.):* Ceylan, karaca.
âhur *(F.):* Ahır, dam.
ahvâl *(A.):* Durumlar, haller.
ahvâl-i fevkalâde: Olağanüstü haller.
ahvâl-i rûhiye: Rûhî durumlar.
ahzân *(A.):* Kederler, hüzünler.
akabât *(A.):* Korkunç hadiseler, tehlikeli anlar.
akabinde: Arkası sıra, derhal.
akârib *(A.):* Yakınlar, akrabalar.
âkıbet *(A.):* En sonunda; son.
âkıl *(A.):* Akıl sahibi, akıllı.
akîk *(A.):* Çok kere kırmızı renkte olan bir cins değerli taş
aks *(A.):* Yansıma; yankı.
akset-: Yankılanmak.
aks-i nigeh-i germ : Sıcak bakışın aksi.
aks-i sadâ: Yankı.
aktâr *(A.):* Taraflar, yanlar.
aktâr-ı erbaa: Dört yön.
aktâr-ı fikret: Fikir alanları.
akûr *(A.):* Isırgan, saldırgan, azgın.
akvâm *(A.):* Milletler.
âl *(A.):* Aile, sülâle
Âl-i Osman: Osmanlı sülâlesi.
âlâ *(A.):* Pek güzel, pek iyi, nefis.
alafranga: 1. Frenk tarzında, Avrupalıların adet ve eğitimine uygun; Batı kültürünü benimsemiş kimse. 2. Alafranga saat: Bugün kullanılan 24 saat esasına dayanan saat çeşidi.
âlâm *(A.):* Elemler, acılar.
alaturka: 1. Eski Türk gelenek, görenek ve âdet ve hayatına uygun. 2. Alaturka saat: Güneşin batışında 12'yi gösterecek biçimde ayarlanmış saat, ezanî saat.
ale'l-ekser *(A.):* Çok vakit, çokluk.
ale'l-umûm *(A.):* Genel olarak, genellikle.
a'lem *(A.):* En iyi (daha iyi) bilen.
âlem *(A.):* Dünya, cihan, kâinat; insanlar.
âlem-i asıl: Gerçek, asıl âlem; âhiret.
âlem-i bâlâ: Ahiret.
âlem-i ervâh: Ruhlar âlemi, öbür dünya, âhiret.
âlem-i gayb-i mutlak : Mahiyeti kesin olarak bilinemeyen âlem, âhiret.
âlem-i hülya : Hayal dünyası.
âlem-i kulûb: Kalpler âlemi.
âlem-i şerîf: Mübarek âlem.
âlem-i tabîiyât : Tabiî âlem, dünya.
âlem-i ulviyât: Yüceler âlemi, ruhlar âlemi.
alemdâr (F.): Bayrak taşıyan, sancaktar.
alemdâr-ı resûl: Peygamberin sancaktarı (Hz. Ebu Eyyûb el-Ensârî).
aleyhi'r-rahmeti ve'r-rıdvân *(A.):* Allah'ın rahmeti ve rızası üzerine olsun.
Âl-i Ebû Süfyân : Ebû Süfyan'ın ailesi.
âlihe (A.): İlahlar.
alîm *(A.):* 1. Çok bilen. 2.Allah'ın "bilgisi ezelî ve ebedî olan" anlamındaki sıfatı.
âlim *(A.):* Çok okumuş, bilgin.
âlî-nazar *(F.):* İleri görüşlü.
âlûde *(F.):* Bulaşmış.
âlûde-i kelâl ü kesel: Bıkkınlık ve tembellikle karışmış.
âm *(A.):* Genel, umumî, herkese ait.
âmâl *(A.):* Emeller, istekler, arzular.
amel-mânde *(F.):* İş göremez durumda olan.
âmî *(A.):* Avama mensup.
Âmid *(A.):* Diyarbakır'ın eski adı.
amîk *(A.):* Derin
âmil *(A.):* Sebep.
âmiriyet *(A.):* Amirlik, buyuruculuk, yöneticilik.
Amr İbnül Âs: (573-633) Müslümanlarla Mekkeli müşrikler arasında yapılan Hudeybiye antlaşması sırasında İslâmiyet'i seçti. Meşhur bir komutan olarak İslâm'a hizmetlerde bulundu. Sıffîn Savaşında Muaviye'nin hakemi oldu. Vefatına kadar Mısır valisi olarak kaldı. Amr, sahabelerin dehâ ve kahramanlık bakımından ileri gelenlerindendir.
ân *(F.):* Güzellik cazibesi, alım.
an'ane *(A.)* : Gelenek.
an'anât *(A.):* Gelenekler
anâsır *(A.):* Elemanlar, öğeler.
anâsır-ı gayr-ı müslim: Müslüman olmayan topluluklar.
anber *(A):* Güzel koku.
anhü'l-bârî *(A.):* Allah'ın yardımı onunla olsun.
ankâ *(A.):* İsmi olup cismi olmayan bir kuş, zümrüdüanka kuşu.
anlar: Üçüncü çokluk zamiri. "onlar"
an-samîm *(A.):* İçten, özden, samimî.
âr *(A.):* Utanma.
âr et-: Utanmak.
araz *(A.):* Belirti, işaret.
ârız *(A.):* Yanak.

ârî *(A.):* ...sız, ... olmayan.
ârif *(A.):* Bilgili, irfan sahibi.
ârif-i ma'nâ-yı adem: Yokluğun anlamını bilen.
armudî: Armut gibi, armut renginde.
armudiye *(A.):* Nazarlık olarak çocuklara takılan yassı, ince, üzeri yazılı altın.
arsa *(A.):* Yer, toprak.
arsa-i nazm: Şiir toprağı.
arsenik *(Fr.):* Sıçan otu.
arşın *(A.):* Yaklaşık 68 cm.ye eşit olan uzunluk ölçüsü.
aruz *(A.): Edb.* Hecelerin uzunluğu ve kısalığı esasına dayanan ve belli kalıpları bulunan vezin çeşidi.
arz *(A.):* Gösterme, sunma; Dünya.
arz-ı dîdâr: Yüz gösterme.
arzu *(F.):* İstek, heves.
arzu-yı şahane: Padişahın isteği.
asâ *(A.):* Değnek, sopa.
asabe *(A.):* Baba tarafından akraba olanlar.
asâkir *(A.):* Erler, askerler.
asâkir-i İslâm: İslâmın askerleri.
âsâr *(A.):* Eserler, belirtiler; yüzyıllar, asırlar.
âsâr-ı bahtiyarî: Mutluluk asırları.
âsâr-ı tebessüm: Gülümseme belirtileri.
âsâr-ı edebiyye: Edebî eserler.
âsâyiş *(F.):* Huzur, güvenlik.
ashâb *(A.):* Sahipler.
ashâb-ı merâtib: Mertebe sahipleri.
âsî *(A.):* Karşı gelen, baş kaldıran, şakî, haydut.
asîr *(A.):* Zor, güç, zahmetli.
âsitâne *(F.):* Payitaht, Osmanlı Devletinin merkezi olması dolayısıyla tahsîsen "İstanbul" manasıyla da kullanılır.
âsmân, âsumân *(F.):* Gökyüzü.
asr *(A.):* Yüzyıl.
asr-ı âdemiyet: İnsanlık asrı.
asr-ı feyz: İlim, irfan asrı.
âsûde *(F.):* Rahat, gailesiz, dinç.
Âsurî *(A.):* Âsur devletinin ahalisinden olan.
Asyaî *(A.):* Asya kıtasından olan.
âşık *(A.):* Birine, bir şeye tutkun.
âşık-ı divâne: Kendinden geçmiş aşık.
âşık-ı nâlân: İnleyen âşık.
âşık-ı zâr: Ağlayıp inleyen âşık.
âşikâr *(F.):* Belli, açık, meydanda.
âşinâ *(F.):* Bildik, tanıdık.
âşinâ-yı bahr-ı ulûm: İlimler denizini tanıyan.
âşinâ-yı kadîm: Eski dost.
âşiyan *(F.):* Mesken, yer; yuva.
âşiyân-ı kühen: Eski yer.
âşüfte *(F.):* Çıldırırcasına seven, bu yüzden perişan bir halde, azgın ve baştan çıkmış gibi deli olan; iffetsiz kadın.
âteş *(F.):* Od, hararet, kızgınlık.
âteş-i sûzân: Yakıcı ateş.
âteşhâne (F.): Ateş yanan yer.
âteşhâne-i küffâr: Kâfirlerin ateş yaktıkları yer (tapınak).
âteşîn *(F.):* Ateşten, ateşli.
âtî *(A.):* Gelecek zaman
âtî-i millet: Milletin geleceği.
âtî-i müşteki: Şikâyetçi gelecek [milletin gelecek fertleri].
âtî-yi sâkit: Sessiz gelecek
avâlim *(A.):* Alemler, dünyalar. *(âlem'in çoğul hali).*
âvâre *(F.):* 1. Serseri, boş gezen, işsiz güçsüz, aylak. 2. Dağınık, perişan.
avârız *(A.):* Engeller.
avârız-ı şâgile-i mezkûre: Adı geçen meşgul edici engeller.
âvâz *(F.):* Ses, sedâ.
âvâz-ı hazîn: Hüzünlü ses.
avdet *(A.):* Geri gelme, dönme.
avdet-i sükûn: Sessizliğin geri dönüşü.
-âver *(F.):* Getiren, taşıyan.
âyâ *(F.):* Şüphe, tereddüt bildiren edat, "acaba".
âyân *(A.):* İleri gelenler.
âyân-ı devlet: Devletin ileri gelenleri
âyine *(F.):* Ayna.
âyîne-i deryâ-yı adem : Yokluk denizinin aynası.
ayn *(A.):* Göz.
ayn-ı inâyet: Yardım gözü.
ayyûk *(A.):* Semanın pek yüksek yeri.
âzâde *(F.):* Hür, serbest.
azamet *(A.):* 1. Büyüklük, ululuk. 2. Çalım, kurum..
azamet-i nefs : Kendini büyük sayma, yüceltme.
âzamî *(A.):* En büyük, en çok.
âzer *(F.):* Ateş.
azîm, azîme *(A.):* Büyük, ulu.
azl *(A.):* İşinden çıkarma, yol verme
azm *(A.):* Karar, niyet, kasıt.
azm-i bekâ kıl-: Ebedî aleme gitmek, vefat etmek.

- B -

bâ *(F.):* ile, ...li
bâ-kemâl-i istiğnâ: Tam tokgözlülükle.
bâb *(A.):* Kapı.
bâb-ı va'd: Vaat kapısı.
bâbâ *(F.):* 1. Baba, ata. 2. Mânevî önder, şeyh.
bâbâ-yı adem: Yokluğun babası.
bâb-ı meşîhat: Şeyhülislâmlık (kapısı).
bâb-ı saâdet: Sultanın sarayı, mutluluk kapısı.
bâd *(F.):* Rüzgâr.
bâd-ı hazân: Sonbahar rüzgârı.
bâde *(F.):* Şarap, içki.
bâde-i la'l: Kırmızı şarap.
bâde-i vuslat: Kavuşma içkisi.
ba'de's-selâm *(A.):* Selâmdan sonra.
bâd-ı bahar: İlkbahar rüzgârı.
bâğ *(F.):* Bağ, büyük bahçe.
bâğ-bân *(F.):* Bahçıvan; bağcı.
bâğ-ı cinân: Cennet bahçesi.
bâğ-ı fazl: İyilik ve lütuf bahçesi.
bâğ-ı lutf: İyilik bahçesi.
bağzâ: *(A.):* Şiddetli nefret, hiç sevmeyiş.
bağzâ-yı adem: Yokluk nefreti, yokluğa karşı duyulan nefret hissi.
bahar *(F.):* İlkbahar.
bahar-ı hüsn: Güzellik baharı; güzelliğin zirvesinde olunan zaman dilimi.
bâhir *(A.):* Besbelli, belli, açık.
bahr *(A.):* 1. Deniz. 2. Büyük göl veya nehir.
bahr-ı bî-payân: Sınırsız deniz.
bahr-ı kerâmet: Keramet denizi.
bahr-ı rahmet: Rahmet denizi.
bahr-ı vücûd : Varlık denizi.
bahs *(A.):* Konuşulan şey, söz.
bahset-: Konuşmak, söz etmek.
bahş *(F.):* Bağış, ihsan.
bahşet-: Bağışlamak, vermek.
baht *(F.):* Talih, kader, kısmet.
baht-i dûn: Kötü talih.
bahtiyar *(F.):* Talihli, mutlu.
bâ-husûs *(F. A.B.ZF.):* Hususiyle, özellikle, en çok.
bâis *(A.):* 1. Sebep olan. 2. İcap ettiren.
bakara *(Fr.):* İskambil kağıdı ile oynanan bir kumar çeşidi.
bakıyye *(A.):* Geri kalan, artık.
bakıyye-i ukûs: Akislerden geri kalan.
bâki *(A.):* Dâimî, kalıcı.
bâkir *(A.):* Saf, temiz.
bakraç: Genellikle bakırdan yapılan küçük kova.
bâl *(A.):* Gönül, yürek.
bâlâ *(F.):* Yüksek, yüce, yukarı. *Mecz.* Üst düzey yöneticiler.
bâliğ *(A.):* Erişmiş, vasıl olmuş.
bâliğ ol-: Yetişmek, ulaşmak.
bâlîn *(F.):* Yastık, koltuk.
bandıra: Yabancı devlet bayrağı.
bâr *(F.):* Yük, ağırlık veren şey, sıkıntı.
bâr-ı belâ : Keder yükü, musibet yükü.
bârân *(F.):* Yağmur.
bârân-ı belâ: Belâ yağmuru.
bârân-ı sehâ: Cömertlik yağmuru.
bârgâh *(F.):* Girmek için izin almak lâzım gelen yer; çadır, huzur, yüksek divan.
bâr-gâh-ı kurb-ı ma'bûd : Kendisine ibadet edilenin (Allah'ın) yakın huzuru.
bârgîr *(F.):* Yük tutan, yük kaldıran 2. Beygir, at.
bârid *(A.):* Soğuk.
bârika *(A.):* Şimşek, yıldırım parıltısı
basiret *(A.):* Önden görüş, seziş.
basiret ehli : İleri görüşlü.
bâtıl *(A.):* Boş, beyhude, yalan.
bay: Eski Türkçe'de "parası, malı çok olan, zengin kimse"
Bayezid-i Evvel: Birinci Bayezid.
baytar *(A.):* Hayvan hekimi, veteriner.
bâz *(F.):* Doğan (kuş), şahin.
bâz-ı hümâ-sayd: Hüma kuşu avlayan doğan.
bâzîçe *(F.):* Oyun.
bâzû *(F.):* Güç, kuvvet; pazı.
bâzû-yı iktidar-ı padişahî: Padişahın iktidar gücü.
bâzû-yı sa'y: Çalışma gücü.
becâyiş *(F.):* Değişme, karşılıklı yer değiştirme.
bed *(F.):* Fena, kötü, çirkin.
bed-asl *(F.):* Soyu kötü, aslı fena.
bedbaht *(F.):* Bahtsız, bahtı kara, talihsiz.
bedbîn *(F.):* Kötümser.
beden *(A.):* Vücut, beden, gövde.
beden-i nâzik: Nazik vücut.
beden-i pâk: Temiz vücut.
bedî *(F.):* Estetik.
bedîa *(A.):* Beğenilen ve takdir edilen pek yeni şey.

bedîd *(F.):* Meşhur, görünür, açık.
bediî *(A.):* Güzel.
bediiyyet *(A.):* Güzellik.
bed-mâye *(F.):* Soysuz, sütü bozuk.
bed-nâm *(F.):* Adı kötüye çıkmış.
bedr *(A.):* Ayın on dördüncü gecesi, dolunay.
bedr-i kâmil: Dolunay.
bedr-i tamam: Dolunay.
bekâ *(A.):* Devam, sebat, sonsuzluk, bâkilik.
bekâ-cû-yı vücûd: Varlığın beka bulması, ebedîleşmesi.
be-kef *(F.) :* El içinde, avuçta.
belâgat *(A.):* İyi, güzel, pürüzsüz söz söyleme. Edb. Sözün fasih, düzgün ve kusursuz olmasıyla beraber, yerinde, hale uygun ve adamına göre söylenmesini öğreten ilim dalı.
belâhet *(A.):* Bönlük, alıklık, kalın kafalılık.
belde *(A.):* Şehir, kasaba, memleket.
belde-i hayâl: Hayal ülkesi.
belde-i hulefâ: Halifeler şehri.
belde-i sevda: Sevda ülkesi.
belî *(A.):* Evet!
belîğ *(A.):* Düzgün, güzel söz söyleyen.
be-nâm *(F.):* Namlı, ünlü, meşhur.
bencileyin: Benim gibi.
bend *(F.):* Bağ.
bend-i ser-i zülf: Saçın ucundaki bağ.
bende *(F.):* Kul, köle.
bende-gân *(F.):* Padişah hizmetinde bulunanlar.
benî *(A.):* Oğullar.
benî Âdem (A.): Âdemoğulları, insanlar.
ber *(F.):* Üzere.
berat *(A.):* Rütbe, nişan ve imtiyaz verildiğini
berây *(F.):* İçin, maksadıyla.
berây-ı hâtır : Hatır için.
berceste *(F.):* Zahmetsizce hatıra geliveren, fakat yüksek bir mana taşıyan mısra.
berdûş *(F.):* Omuzda, omuz üzerinde.
berduş et-: Omzuna almak.
berg *(F.):* Yaprak.
berg-i gül: Gül yaprağı.
berg-i hazân: Sonbahar yaprağı.
berg-i şeb: Gece yaprağı.
bergüzâr *(F.):* Hediye, hatıra.
bergüzâr et-: Hediye etmek.
berhava *(F.):* Havaya gitmiş, kaybolmuş.
berhava ol-: Boşa gitmek, heba olmak.
ber-hayat : Sağ, diri.
berk (I) *(A.):* Şimşek.
berk ur-: Şimşek çakmak.
berk (II): Sağlam, sert.
berk eyle-: Sağlamlaştırmak.
berkarar *(F.):* Daimî, devamlı.
berkarar ol-: Daim olmak, var olmak.
ber-murâd: Arzusuna kavuşan, dileğine eren.
bermutat *(F.):* Alışıldığı üzere.
berpâ *(F.):* Ayakta, yıkılmamış.
ber-vech *(F.):* Olduğu gibi
ber-vech-i inşâd: Şiir okumada olduğu gibi
besmele *(A):* "Bismillahirrahmanirrahim" cümlesinin adı.
besmele çek-: "Bismillahirrahmanir-rahim" demek.
besmele-i şerife çek-: "Bismillahirrahmanirrahim" demek.
beşer *(A.):* İnsan.
beşerî *(A.):* İnsanla ilgili, insanî.
beşeriyet *(A.):* İnsanlık.
beşûş *(A.):* Güleryüzlü, şen
bevvâl *(A.):* Bevl eden, işeyen.
bevvâl-i çeh-i zemzem: Zemzem kuyusuna işeyen; edepsiz.
beydâ *(A.):* Tehlikeli yer, sahra, çöl.
beydâ-i adem : Yokluk çölü.
beyhude, bîhude *(F.):* Boşuna, boş yere.
beylerbeyi: Sancak beylerinin başı.
beyne'l-hükemâ *(A.):* Âlimler arasında, felsefeciler arasında.
beyne'n-nâs *(A.):* İnsanlar arasında.
beyt *(A.):* Mesken, hane, ev.
beyt-i ma'mûr: İmar edilmiş ev, Kâbe'nin bir ismi.
beyzâ *(A.):* Daha ak, daha beyaz.
beyzâ-i anka-yı adem : Yokluk arkasının beyazlığı.
bezm *(F.):* Meclis.
bîaman *(F.):* Amansız, acımasız.
bi-avnillâhi'l-meliki'l-mennân *(A.):* İhsanı bol olan Allah'ın yardımıyla.
bî-baht *(F.):* Talihsiz, kısmetsiz.
bî-çare *(F.):* Çaresiz, zavallı.
bî-dâd *(F.):* 1. Zulüm, işkence 2. Zâlim
bîdâr *(F.):* Uyanık, uyumayan, uykusuz
bî-gâh *(F.):* Vakitsiz
bî-gâne: 1. Kayıtsız, ilgisiz. 2. Yabancı. 3. Tasv. Dünya ile ilgisini kesmiş olan.

bi-gayr-i hakkın *(A.):* Haksız yere.
bî-günah *(F.):* Günahsız, suçsuz, zavallı
bî-haber *(F.):* Habersiz, bilgisiz, vurdumduymaz.
bi-hasebi'l-örf ve'l-izâfe *(A.):* Âdet olduğu üzere.
bî-his *(F.):* Hissiz, duygusuz.
bî-kes *(F.):* Kimsesiz.
bilakis *(A.):* Aksine, tersine.
bilcümle *(A.):* Bütün, toptan; bütünüyle.
bile : Beraber
bilfarz *(A.):* Tutalım ki, diyelim ki.
bilhassa *(A.):* Özellikle, hususyla.
bi'l-irs ve'l-istihkâk *(A.):* Irsî, aileden gelen ve liyâkatle
bi-l-istifâde *(A.):* Faydalanarak, yarar-lanarak.
bîm *(F.):* 1. Korku, 2. Tehlike.
bîm-i duzah: Cehennem korkusu
bîmâr *(F.):* Hasta.
bîmâr-ı gam : Gam, keder hastası.
bîmâr-ı ten: Vücut hastası.
bî-mâzi: Geçmişi olmayan
bî-mecâl *(F.):* Halsiz, zayıf, bitkin, dermansız.
binâ *(A.):* Yapı.
binâ-yı millet: Millet binası.
binaenaleyh *(A.):* Bununla birlikte.
bî-nasib *(F.):* Nasipsiz, talihsiz.
bî-nihâye *(F.):* Nihayetsiz, sonsuz, tükenmez.
bî-nikâb *(F.):* Örtüsüz.
bî-nizâm (A.): Düzensiz.
bî-pervâ (F.): Pervasız.
birader *(F.):* Erkek kardeş; dost.
bî-sehâb *(F.):* Bulutsuz.
bister *(F.):* Yatak, döşek.
bîtâb *(F.):* Güçsüz, yorgun.
bîvâye *(F.):* Nasipsiz.
bîvefâ *(F.):* Vefasız.
bî-vücûd *(F.):* Vücutsuz, varlığı olmayan, yok.
bîzâr *(F.):* Rahatsız, usanmış, küskün.
bîzâr-ı vücûd : Varlıktan, var olmaktan rahatsızlık duyan, sıkıntı çeken.
bostan: (F.) *(<bûstân)* 1. Sebze bahçesi. 2. Kavun, karpuz tarlası.
bozkurt: Türk destan ve edebiyatında Türklüğün hayat ve savaş gücünü temsil eden millî unsur.
buğz *(A.):* Kin, nefret, sevmeme.
buğz-ı pinhân: Gizli nefret
buhar *(A.):* Buğu.
buhar-ı sabah: Sabah sisi
buhurdân *(F.):* Tütsülük, micmer.
bûm *(F.):* Baykuş.
bûm-ı habîs: Kötü baykuş.
bûse *(F.):* Öpücük.
bûy *(F.):* Koku; ümit.
bûy-ı dil-âvîz: Gönül çeken koku.
bûy-ı gül: Gül kokusu.
bûy-ı hulk: Huy kokusu.
bûy-ı vefa: Vefa kokusu (karşılıklı vefa bulmak ümidi).
bühtân *(A.):* İftira.
bülbül *(A.):* Güzel ötüşüyle tanınan bir kuş.
bülbül-i pür-şevk: Şevk ve heyecanla dolu bülbül.
bülend *(F.):* Yüce, yüksek.
bünye *(A.):* 1. Bir şeyin yapısı 2. Vücut yapısı.
bünyevî *(A.):* Bünyeye ait, bünye ile ilgili.
bürîde end *(F.):* Kesildi, koparıldı.
büt *(F.):* 1. Güzel. 2. Put.
büt-i tersâ: Hristiyan güzeli.

- C -

ca'd *(A.):* Kıvırcık saç.
ca'd-ı muanber: Güzel kokulu saç.
câ-be-câ *(F.):* Yer yer.
cahîm *(A.):* Cehennem.
câm *(F.):* Kadeh.
câm-ı kerem: Cömertlik kadehi.
câm-ı safâ: Mutluluk kadehi.
câm-ı mahabbet: Sevgi kadehi.
câm-ı zümürrüd-fâm: Yeşil renkli kadeh.
câme-hâb *(F.):* Gecelik, gecelik elbisesi.
câmid *(A.):* Donmuş, donuk; cansız.
cân *(A.):* Sevgili.
cân-ı âdemiyân: İnsanlığın sevgilisi
cânân *(F.):* 1. Sevgili, gönül verilmiş, maşuka. 2. Tasv. Gerçek sevgili, Allah.
cân-fezâ *(F.):* Can artıran, gönüle ferahlık verici, cana can katıcı
cânib *(A.):* Taraf, cihet, yan.
cân-sûz *(F.):* Can yakıcı.
cârî *(A.):* Cereyân eden, akan, geçen, yürüyen; yürürlükte.
cârûb *(F.):* Süpürge.
cây *(F.):* Yer.
cây-i kâbul: Kabul yeri.
cây-i tahassüs: Hislenme yeri.
cây-gîr *(F.):* Yer tutmuş, yerleşmiş.

câzibe *(A.):* Alımlılık, çekicilik.
cealnâ *(A.):* Arapça "kıldık, yaptık" anlamında bir kelime.
cealtü *(A.):* Arapça "kıldım, yaptım" anlamında bir kelime.
cebbar *(A.):* 1. Cebredici, zorlayıcı, zorba. 2. Kuvvet ve kudret sahibi, Allah.
ceberût *(A.):* 1. Aşırı büyüklük, pek ziyade kibir. 2. Allah'ın büyüklüğü, azameti.
cebîn (A.) 1. Alın. 2. Korkak.
cebîn-i mübârek: Mübarek, kutlu alın.
cebîn-i zâlim: Zulmeden korkak.
cebr *(A.):* Zor, zorlama.
cebren *(A.)* : Zorla, cebr ile.
ced *(A.):* Dede, büyük baba, annenin ya da babanın babası.
cedîd *(A.):* Yeni.
cefâ *(A.):* Eziyet, sıkıntı.
cehâlet *(A.):* Cahillik, bilmezlik.
cehd (A.): Çalışma, çabalama.
cehl *(A.):* Bilmezlik, cahillik.
ceht *(A.):* Çaba, çabalama.
celb *(A.):* Kendine çekme.
celîl *(A.):* Büyük, azametli olan (Cenabı Allah).
celîle *(A.)* : bkz. celîl.
celîs *(A.):* Birlikte oturan, arkadaş.
cellâd *(A.):* İnsanı kesen, asan kimse.
cellâd-ı dîn: Dinin cellâdı.
cem' *(A.):* 1. Toplama. 2. Çoğul, isimlerin çokluk hali.
cem'-i servet: Servet toplama.
cemâdiyyet (A.): Cansızlık.
cemâl *(A.):* Yüz güzelliği.
cemiyet *(A.):* Topluluk, toplum.
cemiyet-i kızılbaş: Aleviler.
cemm *(A.):* Kalabalık; çokluk.
cemm-i gafîr: İnsan kalabalığı.
cenâb *(A.):* Şeref, onur ve büyüklük terimi olarak kullanılır.
cenâb-ı şehriyârî: Yüce hükümdar.
ceng *(F.):* Savaş, vuruşma.
cengâver *(F.):* Kahraman, savaşçı, cenkçi.
cenin *(A.):* Karındaki çocuk.
Cennet *(A.):* Cennet.
Cennet-i a'lâ: Cennet.
Cennet-i Firdevs: Sekiz Cennetten biri.
cennet-mekân *(F.):* Mekânı cennet olan.
cenup *(A.):* Güney.
cephe *(A.):* Alın. *Mecz.* Yüz.
cephe-i lâkayd: İlgisiz, alâkasız yüz.
cepken: Kolları yırtmaçlı kısa, yakasız üst giysisi.
cereyân *(A.):* Akma, akım, geçme 2. Gidiş hareket 3. Olma, oluş.
cerîde *(A.):* Gazete.
cerîde-i fırka-i şi'r-gûyân: Şiir okuyanlar topluluğunun gazetesi.
cerîha *(A.):* Yara.
cerr *(A.):* Para, eşya ve saire toplama.
cerre çıkma: Medrese talebesinin, mübarek aylarda köylere dağılıp halka vaaz etmesi, teravih namazı kıldırması, müezzinlik etmesi gibi hizmetlerine mukabil para ve erzak toplaması.
cesîm *(A.):* İri, büyük, kocaman.
cevâb *(A.):* Yanıt.
cevab-ı manidar: İlginç yanıt.
cevelân *(A.):*Dolaşma, dolanma, gezinme.
cevher *(A.):* Maya, öz, asıl. Tasv. Kendi kendine bir varlığı olup, gerçekleşmesi için başka bir nesneye ihtiyacı olmayan.
cevher-i can: Canın özü, ruh.
cevher-i hayvânî: Hayat verici öz.
cevher-i mînâ-yı adem: Yokluk sırçasının özü.
cevherli: Özlü.
cevr *(A.):* Eziyet, sıkıntı.
cevv *(A.):* Hava, boşluk
cevv-i kebûd: Mavi gökyüzü.
ceyb: *(A.):* Cep; göm eğin açıklığı.
ceyb-i kabâ-yı ömr Ömür cüppesinin cebi.
ceyş *(A.):* Asker, ordu.
cezr *(A.):* Kök.
Chartier (1869-1951): Alain takma adı ile yazdığı yazıları meşhur olan büyük Fransız filozofu. Sanat, edebiyat, siyaset, terbiye, ahlak ve bu gibi diğer konular üzerindeki fikirleri Fransız yazarlarına çok tesir etmiştir. Bazı eserleri Türkçe'ye çevrilmiştir.
cibâl *(A.):* Dağlar.
Cibrîl *(A.):* Cebrail.
Cibrîl-i emîn: Emin, güvenilir Cebrâil.
cidâr *(A.):* Duvar.
cidâr-ı târumâr: Yerle bir olmuş duvar.
cîfe *(A.):* Lâşe, leş.
cîfe-i dünya: Dünya leşi, leşe benzeyen dünya.
cihân-dîde *(F.):* Dünyayı gezip görmüş olan, tecrübeli.

cihangir *(F.):* Ülkeler fetheden cesur kahraman; dünyanın büyük bir bölümünü eline geçiren.
cild *(A.):* Cilt, ten; deri.
cild-i mu'teber: Güzel yüz.
cilve *(A.):* 1. Tecelli, görünme. 2. Naz, eda.
cinân *(A.):* Cennetler, bahçeler.
cinnet *(A.):* Delilik, çılgınlık
cinnet-i kuûliye: Alkol bağımlılığından kaynaklanan cinnet hali.
cinsî *(A.):* Cinsel.
civan, cüvan *(F.):* Genç, taze delikanlı.
civâr (A.): Çevre, yöre.
civar-ı Eyyüb: Eyüp semti yöresi.
cû *(F.):* Akarsu, ırmak, su
cûd *(A.):* Cömertlik, el açıklığı.
cûş *(F.):* Coşma, kaynama.
cûşiş *(F.):* Coşma, kaynama.
cûşiş-i deryâ-yı adem : Yokluk denizinin coşması.
cûşiş-i yâd: Hatırla(n)manın coşkusu.
cûyâ *(F.):* Arayıcı, arayan.
cûyâ-yı adem : Yokluk arayıcısı, hiçlik isteyen.
cüdâ *(F.):* Arı, ayrı düşmüş, ayrılmış.
cülûs *(A.):* Tahta çıkma.
cümle-i asabiye *(F.):* Anatomi; sinir sistemi.
cünd *(A.):* Asker, asker topluluğu.
cünd-i şitâ: Kış askeri.
cünûn *(A.):* Delirme, çıldırma, delilik.
cünûn-ı ışk: Aşk delilikleri, aşktan kaynaklanan delilik.
cür'a-rîz *(F.):* 1. Bir tür ibrik. 2. Damla damla döken.
cüvân *(F.):* bkz. civân.
cüz' *(A.):* Kısım, bir bütüne ait parça.
cüzûr *(A.):* Kökler.
cüzûr-ı muhtelife-i insaiyet: İnsanlığın farklı ırkları.

- Ç -

çâbük-süvâr *(F.):* Ata iyi, ustaca binen.
çâk *(F.):* Yarık, yırtık.
çâk çâk eyle- : Parçalamak.
çâk-ı girîbân: Yaka yırtmacı.
çâk-ı kabâ: Elbisenin yırtığı.
çâker *(F.):* Kul, köle.
çâr (F.): Dört.
çâr-kûşe: Dört köşe.
çardak *(F.): (çâr: dört, dâk: kemer)* 1. Tarla, bahçe gibi yerlerde ağaç dallarından örülmüş barınak. 2. Kameriye.
çarh *(F.):* Felek, gök, talih, çark.
çarh-ı bî-vefâ: Vefasız talih
çarh-ı devrân: Talih, kısmet, kader.
çarh-ı felek: Feleğin çarkı, *Mecz.* Talih.
çeh *(F.):* Kuyu.
çeh-i zemzem: Zemzem kuyusu.
çehre *(F.):* Yüz, surat.
çehre-i behîc-i ümîd: Ümidin parlak çehresi.
çehre-i millet: Millet çehresi
çehre-i murdâr: Çirkin yüz.
çerâg *(F.):* Mum, fitil.
çerâg-ı lutf: Lütuf ve iyilik mumu.
çerâg-ı meclis-i mestân: Sarhoşlar meclisinin mumu.
çeşm: *(F.):* Göz.
çeşm-i dilber: Sevgilinin gözü.
çeşm-i giryân: Ağlayan göz.
çeşm-i im'ân : İnceden inceye araştıran göz, araştırıcı göz.
çeşm-i mükâhhal: Sürmeli göz.
çeşm-i siyah: Kara göz.
çeşm-i ümmîd : Ümit gözü, umutlu bakış.
çeşm-i vasl: Vuslatın çeşmi
çeşme *(F.):* Çeşme, pınar.
çeşme-i pür-hûn-ı fenâ: Faniliğin kan dolu çeşmesi.
çeşme-i hurşid: Güneş çeşmesi
çeşni *(F.):* Tat, tadımlık; hoşa giden bir özellik.
çevgân *(F.):* Ucu eğri değnek, baston, çevgen.
çevgân-ı zebân: Dil çevgânı.
çevre: Sırma işlemeli mendil.
çividî: Çivit renginde olan; mavi renk.
çuha *(F.):* Tüysüz, ince, sık dokunmuş yün kumaş.
çün *(F.);* 1. Gibi 2. Çünkü, madem ki.

- D -

da'vî *(A.):* Dava, iddia, bir kimsenin hakkını araması.
da'vî-i hestî : Hiçlik davası.
dâğ *(F.):* Yara, yanık yarası.
dâğ-ı hasret: Hasret yarası
dâğ-ı ten : Ten, beden yarası.

dâhil *(A.):* İç, içeri, içeri girmiş.
dâhil-i hülyâ-yı adem : Yokluk hayaline giren.
daire *(A.):* Bölüm.
daire-i imkân: İmkân dairesi.
daire-i havf u recâ: Korku ve ümit dairesi.
dâiren-madâr *(A.):* Çepeçevre.
dalâlet *(A.):* Doğru yoldan sapma.
dâmen *(F.):* Etek.
dâmen-i ülfet: Dostluk eteği.
dâniş *(F.):* Biliş, bilgi, ilim.
dâniş-mend *(F.):* Bilgili.
dâr *(A.):* Ev, yer, yurt.
dâr-ı dünyâ: Dünya yurdu.
dârât *(F.): (Padişahlara lâyık)* Şan, şevket, büyük gösteriş.
darb *(A.):* Dövme, vurma.
darbe *(A.):* Vuruş.
darbe-i münker: Kabûl edilemez darbe.
dâreyn *(A.).* İki dünya: Dünya ve ahiret.
darrâ *(A.):* Mihnet, keder, sıkıntı.
darrâ-yı adem: Yokluk sıkıntısı.
Dârülmuallimîn: Erkek öğretmen okulu. (1848'de Sultan Mecit devrinde kurulmuştur.)
davar: 1. Koyun ve keçiye verilen ortak ad. 2. Koyun veya keçi sürüsü.
dâver *(F.):* 1. Cenabı Hakk'ın adı. 2. Doğru ve adaletli hükümdar veya hâkim.
dâye *(F.):* Sütnine, çocuğa bakan dadı.
dâye-i dehr : Zamanın dadısı.
debdebe *(A.):* Patırtılı, gürültülü ululuk, gösteriş.
def' *(A.):* Kovma, giderme.
def'-i humâr: İçkiden sonraki sersem-likten kurtulma.
def'a (A.): Kez, kere.
def'a-i sâni: İkinci kere.
def'aten *(A.):* Birden, bir defada.
defter *(A.):* Defter.
defter-i mukadderât: İnsanın başına geleceklerin yazıldığı defter.
defter-i sühan-verân-ı zaman: Zamanın güzel konuşanlarının toplandığı yer.
değirmi: Yuvarlak.
dehâ *(A.):* Dahilik, üstünlük.
dehâ-yı nâr: Ateş dehası.
dehân, dehen *(F.):* Ağız.
dehân-ı dil : Gönlün ağzı, gönül dili.
dehliz *(A.):* Koridor, hol.
dehr *(A.):* Dünya.
delâlet *(A.):* Yol gösterme, kılavuzluk.
dem *(F.):* 1. Soluk, nefes. 2. An, zaman. demek.
dem-i haşr: Haşir zamanı.
dem-i ihsân: İyilik ve ihsan soluğu.
dem-i memât: Ölüm vakti.
dem-i rüyâ: Rüya anı.
dendân *(F.):* Diş
denî: *(A.):* Alçak, alçak tabiatlı.
der *(F.):* Kapı.
der-âgûş *(F.):* Kucaklama, sarma.
derakap *(F.):* Hemen arkasından, müteakiben.
derbeder *(F.):* 1. Kapı kapı gezen, serseri. 2. Perişan, dağınık.
der-bend *(F.):* Boğaz, dar geçit
derbend-i teng ü târ-ı asîr: Dar karanlık ve aşılması zor geçit
derd-mend *(F.):* Dertli, kederli.
derebeyi: Topraklarını derebeylik düzenine göre yöneten kimse.
derebeylik: Özellikle Batı Avrupa'da toprağı ve üzerinde yaşayan köylüleri tek bir kimsenin malı sayan Orta Çağ siyasi düzeni, feodalite.
derîçe *(F.):* Pencere, küçük kapı.
derk *(A.):* Anlama, idrak etme.
derkenar *(F.):* Kenara yazılmış olan yazı.
der-kenâr et-: Bir kenara not almak, dipnot düşmek.
der-pîş *(F.):* En önde, göz önünde bulunan.
der-pîş et-: Göz önünde bulundurmak
Dersaadet *(F.):* [der-i saadet = saadet kapısı] İstanbul
derûn *(F.):* İç, gönül.
deryâ (A.): Deniz
deryâ-yı dürr-i ıstıfâ: Seçilmiş inciler denizi
desâis, desâyis *(A.):* Hileler, oyunlar, el altından yapılan işler.
desîse *(A.):* Hile, oyun.
dest *(F.):* El.
dest-i sâhir: Sihirli el.
dest ur-: Değmek, dokunmak, el sürmek.
destan *(F.):* Hikâye, kıssa; kahramanlık.
destan-ı giryân: Ağlayan destan.
destâr *(F.):* Sarık.
dest-bûs *(F.):* El öpen.
dest-bûs et-: El öpmek.
dest-gîr *(F.):* Elinden tutan, yardımcı.
dest-mâl *(F.):* Mendil.

devâ (A.): İlaç, çare.
devâ-yı ruhânî: Ruhanî ilaç.
devâhî *(A.):* Musibetler, felâketler, büyük belâlar.
devâir *(A.):* Daireler.
devâir-i resmiye: Resmî daireler.
devâm *(A.):* Daim olma, sürme.
devâm-ı sürûr: Sevincin sürekliliği.
devlet *(A.):* 1. Bir hükümet idaresinde teşkilâtlandırılmış olan siyasî topluluk. 2. Mutluluk, saadet.
devlet-i İslâmiye: İslâm devleti.
devlet-i marifet ve muhabbet: Sevgi ve bilgi saadeti.
Devlet-i Osmaniyye: Osmanlı Devleti.
devlet-i sultan: Padişahın devleti.
devr *(A.):* Zaman, çağ, devir, dönem.
devr-i cedîd: Yeni dönem.
devr-i meclis: İçki kadehinin elden ele dolaşması.
devr-i sâlis: Üçüncü devre.
devr-i şeâmet: Uğursuz dönem.
devr-i tereddüt: Kararsızlık dönemi.
dıraht *(F.):* Ağaç.
dıraht-ı şükûfe-zâr: Çiçek açmış ağaç.
dibâ *(F.):* Altın ve gümüş işlemeli bir tür ipek kumaş.
dîdâr *(F.):* Yüz, çehre.
dîde *(F.):* Göz.
dîde-i bîdâr: Uyanık göz.
dîde-i huffâş: Yarasanın gözü.
dîde-i idrâk: Anlayış gözü.
dil *(F.):* Gönül, kalp, yürek.
dil-i bîçâre : Çaresiz gönül.
dil-i bîmâr: Hasta gönül.
dil-i gam-zede : Sıkıntıya düşmüş gönül.
dil-i mecrûh: Yaralı gönül.
dil-i nâbûdî: Yok olmuş, perişan olmuş gönül.
dil-i suzân: Yakıcı gönül.
dil-âgâh *(F.):* Gönül anlar, kalbi uyanık, bilgin, akıllı.
dil-âvîz *(F.):* Gönüle asılan, gönül çeken, cazip, güzel.
dilber *(F.):* Gönlü alıp, götüren.
dilber-i müşgîn: Misk kokulu güzel.
dil-beste *(F.):* Gönlü bağlanmış; âşık.
dildâr *(F.):* Birinin gönlünü almış, sevgili.
dil-güşâ *(F.):* Gönül açan, iç açan.
dil-harâb *(F.):* Gönlü yıkılmış, kırılmış; gönlü perişan olmuş.
dil-hûn *(F.):* İçi kan ağlayan.
dilîr *(F.):* Yürekli, cesur, yiğit.
dil-şiken *(F.):* Gönül kırıcı.
dil-teng *(F.):* Gönlü daralmış.
dil-tengî-i hestî: Gönlün hiçlik sıkıntısı.
dimağ *(A.):* Akıl, şuur.
dîn *(A.):* İnanma ve bağlanma.
dîn-i mübîn: İslâmiyet.
dipçik: Tüfek vb. silahların taban bölümü.
dirâyet *(A.):* Zekâ, kavrayış, bilgi.
dîrîn *(F.):* Eski, kadim.
dîvân *(F.):* Yüksek düzeydeki devlet adamlarının kurduğu büyük meclis.
dîvâne *(F.):* Deli, budala.
dîvânî *(A.):* Divandan çıkan kararların kaleme alındığı bir çeşit yazı.
dîvâr *(F.):* Duvar.
diyâr *(A.):* Memleket, ülke.
diyâr-ı İslâm: İslâm'ın hâkim olduğu ülke.
diyâr-ı Rûm: Anadolu.
diyar-ı tahassür: Hasret diyarı.
diyar-ı târmâr: Perişan memleket.
dretnot *(İng):* XX. Yüzyıl başlarında kullanılan bir zırhlı tipi.
dûçâr *(F.):* Tutulmuş, uğramış, yakalanmış.
dûd *(F.):* 1. Duman. 2. Gam, keder.
dûd-ı kebûd: Mavi duman.
dûn *(F.):* Aşağı, aşağılık, alçak.
dûr *(F.):* Uzak.
dûş *(F.):* Omuz.
dûzah *(F.):* Cehenem.
dühât *(A.):* Dehâ sahibi, zekî, olanlar.
dühûl *(A.):* İçeri girme.
dür *(A.):* İnci.
dürdâne *(F.):* İnci tanesi.
dür-efşân *(F.):* İnci saçan.
dürûğ *(F.):* Yalan, gerçek olmayan.
dürûğ-ı maslahat-âmiz : İş bitiren yalan.
düstur *(A.):* Genel kural, kaide.
düvel *(A.):* Devletler.
düvel-i muazzama: Büyük devletler [İngiltere, Fransa, Almanya, Avusturya-Macaristan, Rusya, İngiltere].

- E -

eb'âd (A.): Uzaklıklar, buutlar.
eb'âd-ı rûh: Ruh uzaklığı, uzaklıkları.
ebedî *(A.):* Sonu olmayan, sonsuz.
ebediyen *(A.):* 1.Ebedî olarak, sonsuza dek. 2. Hiçbir zaman, hiçbir vakit, kesinlikle.
ebediyet *(A.):* Sonsuzluk, sonu olmayan zaman.

ebkem *(F.):* Dilsiz.
ebnâ *(A.):* Oğullar.
ebnâ-yı adem : Yokluğun çocukları.
ebr *(F.):* Bulut.
ebr-i cûd: Cömertlik bulutu.
ebr-i nev-bahar: Bahar bulutu.
ebr-i Nisan: Nisan bulutu.
ebrâr *(A.):* Hayır sahipleri, iyiler, dindarlar, özü sözü doğru olanlar.
ebrû *(F.):* 1. Kaş. 2. Kitap ciltlerinin iç kapaklarında, tehziplerin dış kısımlarında ve buna benzer sanat eserlerinde yardımcı bir süsleme unsuru olarak kullanılan, hâreli, motifli boyama usulü; kâğıt üzerine yapılan hafif hâre.
ebrû-yı ser-tîz: Keskin kaş.
Ebû Leheb : (ö: 624) Peygamber Efendimizin amcası olduğu halde İslâm'ın ve Müslümanlar'ın amansız düşman-larından biridir. Hayatı boyunca Müslümanlar aleyhine tertip edilen bütün oyunlarda rol oynamıştır. Hakkında Tebbet suresi nazil olmuştur. Ebû Leheb Bedir Savaşı'ndan kısa bir süre sonra ölmüştür.
Ebû Süfyan : (ö: 653) Ebû Hanzele diye de tanınan Ebû Süfyan, İslâmiyet'i kabul edinceye kadar Müslümanlar'a zulüm ve işkence eden Mekkeli Müşrikler'in elebaşılarındandı. Çok zengindi. İslâmiyet'i kabul edince Peygamberimiz'in yanında yer aldı ve yararlı hizmetlerde bulundu. Oğlu Muâviye Emevî hanedanını kurdu.
Ebu'l-feth *(A.):* [Fatih'ler babası] II. Mehmed'in lakâbı.
ecdâd *(A.):* Dedeler, büyük babalar, atalar.
ecnâs *(A.):* Cinsler, nev'iler, çeşitler, soylar.
ecnebi *(A.):* Başka devlet uyruğunda olan kimse, yabancı.
ecrâm *(A.):* Cansız olan cisimler.
ecrâm-ı felek: Gökyüzü cisimleri.
ecsâm *(A.):* Cisimler, gövdeler, bedenler.
edâ *(A.):* Tarz, ifâde, üslûp, şive, ton.
edâ-yı inşâd: Okuma edası, üslûbu.
edebiyât *(A.):* Nazımlı, nesirli güzel sözler.
edebiyât-ı kadîme: Eski edebiyat (Dîvân Edebiyatı)
edebî *(A.):* Edebiyâta, terbiye ve nezâkete mensup.
edîb *(A.):* 1. Edepli, terbiyeli, nazik zarif [kimse] 2. Edebiyatla uğraşan kimse.
edîb-i a'zam: En büyük edebiyatçı.
ednâ *(A.):* Pek aşağı, en bayağı, çok alçak.
edvâr *(A.):* Devirler, zamanlar, asırlar.
edvâr-ı fazilet: Erdem zamanları.
efgan *(F.):* Istırap ile haykırma, bağırma.
efkâr *(A.):* Düşünceler.
efkâr-ı âmme: Genel fikirler, halkın düşüncesi.
efkâr-ı Frenk: Yabancı, Avrupaî düşünceler.
efkâr-ı umûmiye: Halkın düşüncesi, kamuoyu.
eflâk *(A.):* Gökler, felekler.
efrâd *(A.):* Tek olanlar; bireyler.
efsâne *(F.):* Gerçeğe dayanmayan asılsız söz.
efsûn *(F.):* Büyü, sihir
ehibbâ *(A.):* Dostlar,sevgililer, tanıdıklar, bildikler.
ehl *(A.):* 1. Sahip, malik, mutasarrıf. 2. Karıkocadan her biri. 3. Aile. 4. Ahali.
ehl-i âlem: Dünya halkı.
ehl-i hata: Hata işleyenler.
ehl-i salîb: Haçlılar, Hristiyanlar.
ehl-i dil: Gönül ehli.
ehl-i hakîkat : Hakikat ehli, gerçeğe inananlar.
ehl-i Mekke: Mekkeliler, Mekke'de oturanlar.
ehl-i tevekkül: Tevekkül edenler.
ehlullâh *(A.):* Allah adamı, evliyâ, velî.
ehram *(A.):* Mısır'da eski zamandan kalma, huni biçimindeki büyük binalar, piramit.
ehrâm-ı ebniyye: Piramitler.
ehven *(A.):* En zararsız.
ejdehâ *(F.):* Ejderha.
ejdehâ-yı dü-ser: İki başlı ejderha
ekâbir *(A.):* Büyük ve önde gelen kimseler
ekâbir-i Kureyş : Kureyş kabilesinin ileri gelenleri.
ekâlîm *(A.):* Memleketler, diyarlar.
ekâlîm-i leyâl: Geceler ülkesi.
ekdâr *(A.):* Kederler, gamlar, tasalar, kaygılar.
ekrem *(A.):* Çok cömert.
el'an *(A.):* Şimdi, şu halde, henüz.
elest *(A.):* Allah'ın, ruhları yarattıktan sonra "Elestü bi-rabbiküm: Ben sizin Rabbiniz değil miyim" dediği zaman; insanların yaratılış başlangıcı.

elest bezmi: Allah'ın, ruhlara "elestü" diye soru sorduğu meclis.
elfâz *(F.):* Kelimeler, sözler.
elhamdülillah *(A.):* Allah'a hamd olsun.
elhân *(A.):* Nağmeler, ezgiler.
elhân-ı dehâ: Deha nağmeleri.
el-kıssa *(A.):* 1. Kıssa, hikaye. 2. Hülasa, hasılı, sözün kısası, sözden anlaşıldığına göre.
elsine *(A.):* Diller.
elsine-i halk: Halkın dilleri, lisanları.
elvâh *(A.):* Portreler, tablolar.
elvân *(A.):* 1. Renkler, çeşitler 2. Rengârenk, alacalı.
elyaf *(A.):* 1. Ağacın odun kısmındaki lifleri. 2. İplik biçimindeki şeyler. 3. İnsan ve hayvanlarda adaleleri meydana getiren ince iplikler.
emirnâme *(F.):* Yazılı buyruk.
emr *(A.):* 1. İş buyurma, buyruk. 2. İş, şey, husus, hadise.
emr-i asîr: Zor iş
emr-i kabîha : Çirkin fiil.
emvâc *(A.):* Dalgalar
emvâl *(A.):* Mallar, mülkler.
emvâl-i kesîre: Çok mal mülk.
en'am *(A.):* Bazı ayet ve sureleri de ihtiva eden dinî dua kitabı.
enâm *(A.):* Bütün yaratılmış mahlûklar; halk, insanlar.
encümen *(F.):* Komisyon, komite, heyet.
endâm (F.): Vücut, beden; boy pos.
Enderûn *(F.):* Devlet görevlilerini yetiştiren okul.
endîşe *(F.):* Düşünce, vesvese, şüphe, merak, kaygı.
endişe-i ağyâr: Âşığın "rakip" korkusu.
endîşe-i sahbâ-yı adem: Yokluk kadehinin kaygısı.
endîşe-nâk *(F.):* Düşünceli, kederli, sıkıntılı.
enfâs *(A.):* 1. Nefesler, soluklar. 2. Nebî ve velîlerin irşâd edici duaları.
enfiye *(A.):* Keyif için buruna çekilen çürütülmüş ve içine bazı kokulu maddeler katılmış tütün tozu.
enhâ *(A.):* 1. Taraflar, cihetler, yanlar 2. Yollar.
enîn *(A.):* İnilti, inleme.
enkâz *(A.):* Bina yıkıntıları, yıkıntı, moloz.
enkâz-ı beşer: İnsanlık yıkıntısı.
enkâz-ı elem : Keder yıkıntıları.
enmûzec *(A.):* Numune, örnek, tip.
ensâb *(A.):* Şerler, belâlar.
ensâr *(A.):* Hicret'ten sonra Hz. Muhammed'e yardımcı olan Medineli Müslümanlar.
envâr *(A.):* Ziyâlar, aydınlıklar, parlak-lıklar.
enzâr *(A.):* Bakışlar.
erbaa *(A.):* Dört.
erbâb *(A.):* 1. Sahipler. 2. Ehil, becerikli.
erbâb-ı dil: Gönül erbabı.
erbâb-ı gınâ: Zenginlik sahipleri.
erbâb-ı kemal: Kemal ehli, olgun kimseler.
erbâb-ı zavâhir : Zahire, görünüşe, dış anlama bağlı kalan kimseler.
Erdişîr *(F.):* Eski İran hükümdarlarından birkaçının ismi. Arslan gibi hiddetli anlamında kullanılır.
Erdişîr-i vilâyet: Vilâyetin Erdişir'i.
eren: Kendini Allah'a adamış, ermiş, veli.
erganun *(F.):* Org.
Ergenekon: -İslâmiyet'ten önceki Türk destanlarına göre- Türkler'in yüzyıllarca çift sürerek, av avlayarak, maden işleterek yaşayıp çoğaldıkları, etrafı aşılmaz dağlarla çevrili mukaddes bir yer.
erham *(A.):* Çok merhametli.
erkân *(A.):* İleri gelenler.
erkân-ı devlet: Devletin ileri gelenleri
ervâh *(A.):* Ruhlar.
esâtîr *(A.):* Uydurma hikâyeler, yalanlar, masal türünden şeyler, mitoloji.
esâtîr-i evvelîn: Eski masallar.
esbâb *(A.):* Sebepler.
esbâb-ı vâfire: Çok sebepler.
eser *(A.):* Nişan, iz, alâmet; bir kimsenin meydana getirdiği şey.
eser-i eslâf: Geçmişlerin eseri.
eser-i güzîn: Seçkin eser.
eser-i îmân : İman eseri, belirtisi.
eser-i pây-ı adem : Yokluk ayağının izi.
eslâf *(A.):* Bir memurluk veya hizmette birinden önce bulunmuş olanlar.
esmâ *(A.):* Adlar, isimler.
esmâ-yı adem : Yokluk isimleri.
esmâr *(A.):* Kıssalar, hikâyeler.
esmâr-ı bünye-hîz: Bünyeyi canlandıran kıssalar.
esnâ *(A.):* Ara, aralık, vakit, zaman.

esnâ-yı ma'reke: Vuruşma anı, çarpışma zamanı.
esnâ-yı musâhabet: Sohbet esnası.
esrâr *(A.):* Sırlar.
esrâr-ı hüsn: Güzellik sırları.
esrâr-ı ıstıfâ: Seçkinliğin sırları.
estomplanmak: Gölgelenmek, kararmak
esvâb (A.): Giyecek şeyler.
eşhâs *(A.):* Kişiler, şahıslar.
eşk *(F.)* : Gözyaşı.
eşk-i hasret: Ayrılık gözyaşı.
eşk-i mükevkeb: Yıldızlı gözyaşı.
eşk-i revân: Akan gözyaşı.
eşkâl *(A.):* Şekiller, biçimler.
eşkâl-i mütehaccire: Taşlaşmış şekiller.
eşkâl-i zâhire: Dış görünüş.
eşrâf *(A.):* Şeref ve itibar sahibi kimseler, ileri gelenler.
eşrâf-ı Mekke: Mekke'nin önde gelenleri.
etrâf *(A.):* Taraflar, yönler, çevre.
etrâf ü cevânib : Civar ve yöreler.
evlâ *(A.):* Daha uygun, daha iyi.
evlâd *(A.):* Çocuklar.
evlâd-ı memleket: Memleket evladı, memleketin çocukları.
evsâf *(A.):* Sıfatlar, kaliteler.
evvelîn *(A.):* Evvelkiler, evvel gelen insanlar
evzâ *(A.):* Haller, vaziyetler.
evzâ-yı şeb-engîz: Karanlığa karışan vaziyetler.
eyit- : Söylemek, demek.
eyyâm *(A.):* Günler.
eyyâm-ı sâire: Diğer günler.
ez-cümle *(F.):* Bu cümleden olarak.
ezhâr *(A.):* Arkalar, satıhlar, yüzler.
ezkâr *(A.):* Zikirler.
ezkâr-ı mezkûre: Adı geçen zikirler.
ezlâm *(A.):* Cahiliyet devrinde Arapların fal açmak veya uğur saymak için kullandıkları kumar okları.
ezmine *(A.):* Zamanlar, asırlar.
ezvâk *(A.):* Zevkler, neşeler, lezzetler, hazlar.

- F -

fa''âl *(A.):* Çok işleyen, daima harekette bulunan.
fa''âl-i hakîm: Hikmetlice daima iş gören, faaliyette bulunan; Cenabı Allah.
facia *(A.):* Çok üzüntü veren, acıklı olay.
fağfûr *(F.):* Çin imparatorlarına verilen bir ad.
fahrî *(A.):* Bir ücret karşılığı olmayıp, hizmet için kabul edilen (görev), onursal.
fâil *(A.):* Etken, bir fiilin anlattığı işi yapan, özne.
fânî *(A.):* Yok olucu, yok olan, ölümlü.
faniyân *(F.):* Faniler, ölümlüler.
Farisî *(F.):* Farsça.
farz *(A.):* Sayma, tutma.
farz-ı muhal: Olmayacak bir şeyi olacakmış gibi düşünme
fâsid *(A.):* Kötü, fena, yanlış.
fasl *(A.):* 1. Mevsim, zaman. 2. Bölüm.
fasl-ı bahar: Bahar mevsimi.
fasl-ı gül: Gül mevsimi.
fasl-ı hazân: Güz mevsimi, sonbahar.
fasl-ı mahsûs: Özel bölüm.
fâtih *(A.):* Fetheden.
fâtihü'l-Arap ve'l-Acem: Arap yarım adasını ve İran'ı fetheden, Yavuz Sultan Selim.
fâyik *(A. <fâik):* Üstün.
fâzıl *(A.):* Faziletli, erdemli.
fâzıl-ı dehr: Dünyanın faziletli insanı.
fazilet *(A.):* İnsanda iyilik etmeye ve fenalıktan çekinmeye olan devamlı ve değişmez istidât, güzel vasıf, iyi huy, erdem.
fecere *(A.):* Fena huylular, günahkârlar.
fecr *(A.):* Tan yerinin ağarması.
fecr-i hande-zâd-ı hayat: Hayatın gülücüğünden doğan tanyeri.
fecr-i müebbed: Sonsuz fecir.
fecr-i nâzân: Nazlı, yavaş olan fecir.
fe-emmâ *(A.):* Kaldı ki, gelince.
fehîm *(A.):* Zeki, anlayışlı, akıllı [kimse]
felek *(A.):* Gökyüzü, sema.
felekî *(A.):* Feleğe mensup; astronomik.
felsefe *(A.):* Hikmet bilgisi.
felsefe-i şâirâne: Şaire yakışır felsefe.
fem *(A.):* Ağız.
fer *(F.):* Parlaklık, aydınlık. (Gözde canlılık.)
ferâce *(A.):* Kadınların sokağa çıkarken giydikleri, mantoya benzer, arkası bol, yakasız üst giysisi.
ferâğ *(A.):* Vazgeçme, bırakıp gitme
ferâmûş *(F.):* Unutma, hatırdan çıkarma.
ferdâ *(F.):* Yarın, ertesi gün.

ferîd *(A.):* Tek, eşi olmayan, kıyas kabul etmez, ölçüsüz, üstün.
ferîd-i âlem: Âlemde tek olan.
ferrâş-sıfat *(F.):* 1. Hizmetçi. 2. Kâbe'yi süpüren.
feryâd *(F.):* Yardım istemek için çıkarılan yüksek ses.
feryâd ü figân : Ağlayıp sızlama.
feryâd-künân : Feryat ederek, ağlayarak.
fesâd *(A.):* Bozukluk, fitne
fesâhat *(A.):* Güzel ve açık konuşma, iyi söz söyleme kabiliyeti.
fesâhat-şiâr *(F.):* Güzel ve açık konuşan.
fesâne *(F.):* Asılsız hikâye, masal, efsane.
fesübhanallah *(A.):* "Allah'ı her türlü kusur ve noksanlıklardan tenzih ederim" anlamında bir dua sözü.
fettân *(A.):* 1. Fitne ve fesada teşvik eden, fenalık yapan, ayartan. 2. Oynak (kadın).
fevâid *(A.):* Menfaatler, faydalar, kârlar.
fevâid-i azîme: Büyük faydalar.
fevk *(A.):* Üst, yukarı.
fevkanî *(A.):* Üstte olan, yukarıda bulunan.
fevzâ *(A.):* Kargaşalık, anarşi.
feyezân *(A.):* Suyun taşması, coşması.
feyfâ *(A.):* Düz, büyük sahra, susuz kumlu çöl.
feyiz *(A.):* 1. Suyun taşıp akması, bolluk, bereket. 2. İlim, irfan. Manevi bereket elde etmek.
feyz-i müstesnâ: Az bulunan ilim.
fezâ *(A.):* Ucu bucağı bulunmayan boşluk, dünyanın olan genişliği.
fezâ-yı ferdâ: Yarının boşluğu.
fezâ-yı vatan: Vatanın her köşesi.
fezâil *(A.):* Faziletler.
fezâil-i beşeriyye: İnsanî faziletler, erdemler
fıkdân *(A.):* Yokluk, darlık, kıtlık.
figan *(F.):* Istırap ile bağırma, çığlık atma.
figan-ı sâkit: Sessiz çığlık.
fihrist *(F.):* Bir kitabın içinde neler bulunduğunu gösteren cetvel.
fihrist-i cerîde-i belâgat: Belâgat dergisinin fihristi.
fikr *(A.):* Düşünce.
fikr-i mukarrer: Belli başlı bir fikir.
fikrî *(A.):* Fikirle ilgili, düşünerek meydana getirilen şey.
filhakika *(A.):* Hakikatte, hakikaten, gerçekten, doğrusu.
filvaki *(A.):* Hakikaten, gerçekten.
Fir'avn *(A.):* Ulûhiyet davasında bulunduğu için Hz. Musa'nın mücadele ettiği Mısır hükümdarı.
Fir'avn-ı şitâ: Firavun gibi olan kış, kış Firavun'u.
firâk *(A.):* 1. Ayrılık 2. Hüzün, keder, sıkıntı.
firar *(A.):* Kaçma, savuşma, ortadan kaybolma.
firâş *(A.):* 1. Döşek, yatak. 2. Hasır, halı.
firâş-ı uzlet: Köşeye çekilme yatağı.
firâz *(F.):* 1. Yokuş, çıkış 2. Yüksek, yukarı.
Firdevs *(A.):* 1. Cennet 2. Bostan.
firkat *(A.):* Ayrılık.
firûze *(A.):* 2. Nişabur'da çıkan açık mavi renkli ve değerli bir yüzük taşı.
fitne *(A.):* 1.Belâ, musibet. 2. Ayartma, azdırma. 3. Fesat, ara bozma, karışıklık, ihtilâl.
fitne-i eczâ-yı adem: Yokluk parçalarının fitnesi.
Frengistân *(F.):* Frenk memleketleri, Avrupa.
Frenk *(F.):* Osmanlıların Avrupalılara, özellikle de Fransızlara verdikleri ad, Avrupalı.
fukarâ *(A.):* Fakirler, yoksullar.
fuzalâ *(A.):* Fâzıllar, faziletliler, erdemli kimseler.
fuzulî *(A.):* Boşuna, yersiz, lüzumsuz, haksız. Lüzumsuz işlerle uğraşan.
füsûn *(A.):* Sihir, büyü.
füsûn-ı hüsn: Güzellik büyüsü.
füsûn-kâr *(F.):* 1. Sihirbaz. 2. Büyüleyici.

- G -

gabgab *(A.):* Çene altı, çifte gerdan.
gadir *(A.):* Haksızlık.
gâfil *(A.):* Gaflette bulunan, ihmâl eden, ilerisini düşünmeyen, ihtiyatsız.
gafîr *(A.):* Çok fazla.
gaflet *(A.):* Gafillik, boş bulunma, dikkatsizlik, ihmâl.
gâib *(A.):* Görünmeyen, hazır olmayan, kayıp.
galât *(A.):* Yanlış, yanılma.
galâtât *(A.):* Yanlışlar, yanılmalar.
galebe *(A.):* Galip gelme, yenme, üstünlük.
galoş *(Fr.):* Tabanı tahtadan yapılmış deri ayakkabı.
gam *(A.):* Keder, tasa.
gam-ı ferdâ: Yarının sıkıntısı, gelecek sıkıntı.

gam-ı gîsû: [Sevgilinin] saçının verdiği gam.

gam-ı ervâh: Ruhların sıkıntısı.

gam-ı zülf: [Sevgilinin] saçının verdiği gam.

gam-gîn *(F.):* Kederli, hüzünlü.

gam-hane *(F.):* Kaygı, tasa yurdu; dünya.

gamsele *(İtl.):* Su geçirmeyen yağmurluk.

gamze *(A.):* Süzgün bakış

gamze-i mest ü harab: Sarhoş ve kendinden geçmiş bir şekilde yapılan bakış.

ganî *(A.):* Zengin, varlıklı, bol, doygun.

ganîmet *(A.):* Düşmandan alınan mal.

gâr *(A.):* Mağara, in.

garâbet *(A.):* 1. Gariplik, tuhaflık. 2. Edb. Ne anlama geldiği herkesçe anlaşılmayacak kelime ve tabirlerin söz arasında kullanılması.

garâm *(A.):* Aşk, sevda.

garez *(A.):* Birine karşı güdülen kötülük etme isteği, kin, düşmanlık.

garka *(A.):* Suya batmış, boğulmuş.

garka-i mevc-i fenâ : Yokluk dalgasında boğulmuş olan.

gâsıp *(A.):* Gasbeden, yağmacı.

gaşy *(A.):* Kendinden geçme, bayılma.

gavgâ *(F.):* Kavga, dövüşme, gürültü; harp.

gavgâ-yı adem : Yokluk kavgası.

gayr *(A.):* 1. Başka, ayrı. 2. Bundan sonra. 3. Arapça sıfatların başında "-sız, olmayan" manasında kullanılır.

gayr-i muayyen: Görülmemiş.

gayr-i müslim : Müslüman olmayan.

gayr-ı tabiî: Doğal olmayan, sun'î.

gayûr *(A.):* Gayretli, çok çalışkan.

gayz *(A.):* Hiddet, öfke.

gazâ *(A.):* İslâmiyeti korumak veya yaymak amacıyla Müslüman olmayanlara karşı yapılan kutsal savaş.

gazel *(A.):* Klasik Türk edebiyatında 5-15 beyitten oluşan ve konusu da daha çok aşk, şarap, meyhane vb. olan şiirler.

gazel-i fesâhat-şiâr: Fesahat dolu gazel.

gazel-i ter: Taze gazel.

gazel-gûy *(F.):* Gazel okuyan, söyleyen.

gedâ *(F.):* Yoksul, fakir.

geh *(F.):* Bazı, arasıra.

gehî *(F.):* Bazen, arasıra.

genc *(F.):* Hazine, define.

genc-i mihnet: Zahmet hazinesi.

ger *(F.):* Eğer.

gerden *(F.):* Gerdan, boyun.

gerden-i sîmîn: Gümüşten boyun.

gırîv *(F.):* Bağırma, bağrışma.

gice: Gece.

girân-bahâ *(F.):* Pahası ağır, kıymetli.

giray: Kırım hanlarına ve han sülâlesinden olan prenslere verilen unvan.

girdâb *(F.):* Su çevirintisi, girdap.

girdâb-ı belâ: Belâ girdabı.

gird-bâd *(F.):* Kasırga.

gird-bâd-ı havâc: İhtiyaç kasırgası.

girîbân *(F.):* Elbise yakası.

girîv *(F.):* İçinden çıkılması zor durum.

girîzân *(F.):* Kaçan.

giryân *(F.):* Ağlayan.

girye *(F.):* Ağlama, ağlayış, gözyaşı.

girye-i matem: Matem gözyaşı.

girye-i hûnîn : Kanlı gözyaşı.

gîsû *(F.):* Omza dökülen saç, uzun saç.

giyâh, giyeh *(F.):* Bitki, taze ot.

giyeh-i huşk: Kuru bitki.

gonca *(F.):* Açılmamış çiçek, (bilhassa gülün açılmamışı).

gonca-i cennet: Cennet goncası

gonca-i handîn: Gülen gonca.

gonca-leb *(F.):* Gonca dudaklı.

gözde: Önemli bir kimsenin beğendiği kadın.

gubâr *(A.):* Toz.

gulâm *(A.):* Köle, esir kölemen.

gulgule *(A.):* Gürültü, şamata.

gulüvv *(A.):* Haddini aşma, ileri gitme.

gulüvv-i muhâlif: Karşı tarafın mübalağa ve haddi aşmada çok ileri gitmesi.

gumûm *(A.):* Gamlar, kederler.

gûn-â-gûn *(F.):* Renk renk, türlü türlü, alaca.

gurabâ *(A.):* Garipler.

Gurabâ Bölükleri: Galata, İbrahim Paşa ve Edirne saraylarından çıkanlarla muharebede fevkalade yararlılık gösteren yabancılar ve yeni Müslümanlardan teşkil olunan süvari birlikleri için kullanılan bir tabir.

gurbet *(A.):* Gariplik, yabancılık.

gurbet-i kabr: Mezar yalnızlığı.

gurûb *(A.):* Batma, kaybolma; güneşin batması.

gurûr (A.): Böbürlenme.

gurûr-ı ihtişâm: İhtişamın verdiği gurur.

gussa *(A.):* Keder, kaygı, tasa.

gûş *(F.):* Kulak.

gûş-i cihan: Dünyanın kulağı.

gûy *(F.):* Söz.

güft ü gûy *(F.):* Dedikodu

güftâr *(F.):* Söz.
güher *(F.):* 1. Cevher, inci. 2. Bir şeyin aslı, esası. 3. Soy, sop.
güher-i âdem: İnsanın değeri.
gül *(F.):* Gül.
gül-i gülzâr: Gül bahçesinin gülü.
gül-i handân: Gülen gül.
gül-i ruhsâr: Gül gibi olan yanak.
gül-i ter: Taze gül.
gül-âb *(F.):* Gülsuyu.
gül-berg *(F.):* Gül yaprağı.
gül-berg-i hazân: Sonbaharın gül yaprağı.
gül-efsûn *(F.):* Büyülü şarap.
gül-efsûn-ı nâz: Nazın büyülü şarabı.
gül-fâm *(F.):* Gül renkli.
gül-gûn *(F.):* Gül renkli.
gülizâr *(F.):* Gül yanaklı, al yanaklı.
gülşen *(F.):* Gül bahçesi.
gülşen-i âlem: Gül bahçesi gibi olan dünya.
gülşen-i me'va: Cennet bahçesi
gülzâr *(F.):* Gül bahçesi.
gülzâr-ı nübüvvet: Peygamberlik gül bahçesi.
güm-nâm *(F.):* Adı sanı yok olmuş, unutulmuş.
günbed *(A.):* Kubbe.
günbed-i devvâr: Dönen gökkubbe.
gürûh *(F.):* Takım, bölük.
gürûh-ı ukalâ: Akıllılar takımı.
güşâde *(F.):* Açılmış, açık, ferah, şen.
güzâr *(F.):* Geçme, geçiş.

- H -

hâb *(F.):* Uyku.
hâb-ı gaflet: Gaflet uykusu.
Habeşî *(A.):* Habeşistan halkından olan kimse.
habîb *(A.):* Sevgili, dost.
Habîbullah *(A.):* [Allah'ın sevgilisi] Hz. Muhammed.
habîs *(A.):* Kötü, alçak, soysuz.
hâcât *(A.):* İhtiyaçlar.
hâcegân *(F.):* Divan-ı Hümayun kalemi memurları.
hâcet *(A.):* İhtiyaç, gereklilik.
hadâset *(A.):* 1. Başlangıç, önce. 2. Tazelik, gençlik.
hadâset-i sinn: Yaş küçüklüğü.
hadd *(A.):* Sınır, derece.
haddü'l-gaye: Son derece.
hadde *(A.):* Erimiş madenden tel yapmak için kullanılan delikli maden levha.
hademe *(A.):* Resmî bir dairede hizmet gören kimse, padişah sarayındaki görevliler.
hadîka *(A.):* Ağaçlı, suyu bol bahçe, meyve bahçesi, etrafı çevrilmiş bahçe.
hadîkatü's-süedâ: Mutluların bahçesi. Büyük şair Fuzûlî'nin "Kerbelâ Fâciâsı"nı konu alan ünlü eseri.
hâdim *(A.):* Hizmet eden.
hafâ *(A.):* Gizli olma, gizlilik.
hafakan *(A.):* Istırap, sıkıntı.
hafî *(A.):* Gizli, saklı.
hafîd *(A.):* Torun.
hafr *(A.):* Kazma, kazılma [toprak].
hâif *(A.):* Korkan, korkak, ödlek.
hâil *(A.):* Engel.
hâile *(A.):* Dram, trajedi.
hâiz *(A.):* Malik, sahip.
hâiz-i ehemmiyet: Önemli.
hâk *(F.):* Toprak.
hâk-i dergâh: Dergâhın toprağı.
hâk-i ecdâd: Ata toprağı.
hakâyık *(A.):* Hakikatler, gerçekler.
hakâyık-ı fâile: Bir fiilin gerçekleş-mesine sebep olan hakikatler.
hakâyık-ı kâbile: Olması mümkün gerçekler.
hâk-dân *(F.):* Dünya.
hâk-dân-ı fenâ: Fani toprak [bu dünya].
hakîm *(A.):* Âlim, bilgin, felsefeci, doktor.
hâkimâne *(F.):* Hükmederek, âmirlik tavrıyla, hakime yakışır ve layık olan.
hâkimiyet *(A.):* Hâkimlik, üstünlük, egemenlik.
hâkimiyet-i milliye: Ulusal egemenlik.
hakîr *(A.):* İtibarsız, değersiz, aşağı; tevazu sözü.
hakîr-i kesîrü't-taksîr: Çok kusurlu insan.
hak *(A.):* 1. Allah. 2. Bir insana ait olan şey. 3. Doğruluk ve insaf. 4. İddiada gerçeğe uygunluk, doğruluk.
hakk-ı sarîh: Apaçık hak.
hakk *(A.):* Kazıma.
hakket-: Kazımak.
hâl *(A.):* Durum, vaziyet; şimdiki zaman.
hâl-i meczubiyet: Kendinden geçme hali.

hâl *(F.):* Vücutta ortaya çıkan nokta, ben.
hâl-i anber-şiken: Amber kokulu ben.
halaknâ *(A.):* "Biz yarattık".
halaktü *(A.):* "Ben yarattım".
halâs *(A.):* Kurtulma, kurtuluş.
halâs-ı meşkûr: Şükredilen kurtuluş.
halâvet *(A.):* Tatlılık, şirinlik.
halâyık *(A.):* 1. Mahluklar, yaratıklar, halâik. 2. Satın alınan kadın hizmetçi.
hâle *(A.):* Ay ve güneşin etrafında bazen görünen parlak daire, ay ağılı.
halecan *(A.):* Çarpıntı, titreme.
halef *(A.):* Sonradan gelen, birinin yerini tutan.
hâlet *(A.):* Hal.
hâlet-i fikriyye: Fikrî durum.
hâlık (A.): Yaratıcı; Allah.
hâlî *(A.):* Tenha, boş, sahipsiz yer.
halîm *(A.):* Yumuşak huylu.
halîta *(A.):* Birkaç şeyin karışmasından meydana gelen, karma.
halîta-i ecnâs: Türlerin karışımı.
halk *(A.):* 1. Yaratma. 2. İnsanlar.
halk et-: Yaratmak, yoktan var etmek.
halk-ı cihân: Bütün insanlar.
hall *(A.):* Çözme, karışık bir meselenin içinden çıkma.
hall-i mes'ele: Problemin çözümü.
hallâk *(A.):* Yaratıcı, hâlık.
hallâk-ı rahîm: Sonsuz merhameti olan yaratıcı, Allah.
hall-i muammâ-yı adem: Yokluk sırrını çözmek.
hamâyil *(A.):* Kılıç kayışı.
hamâyilvârî *(F.):* Kılıç kayışı gibi.
hâme *(F.):* Kalem.
hâme-i mu'ciz-demi gûyâ-yı adem : Yokluktan bahseden sözü tesirli kalem.
hâme-i müşgîn: Misk kokulu kalem.
hâmi *(A.):* Himayet eden, koruyan.
hâmi-i dîn-i Muhammed: Muhammed (S.A.V.) dinini koruyan.
hamiyyet *(A.):* Millî onur ve haysiyet.
hamle *(A.):* Atılış, saldırma.
hamle-i mahmûm-ı tegallüb: Galip gelmek için yapılan ateşli hamle.
hân *(F.):* 1. Kervansaray 2. Meyhane 3. Yemek sofrası.
hân-ı iştihâ: İştah sofrası
hân-ı pür-nevâ: Güzel sesle dolu meyhane.
hân-ı yağma: Yağma sofrası.
hân-ı zî-safa: Zevkle donatılmış sofra.
handân *(F.):* Gülen, gülücü.
hande *(F.):* Gülüş, gülücük.
hâne *(F.):* Ev, mesken.
hâne-i bîcâ-yı adem : Yokluğun, yersiz yurtsuz evi.
hâne-i vîrân: Yıkık ev.
han-kâh *(F.):* Tekke, dergâh.
hanüman *(F.).* Ev bark.
hâr *(F.):* Diken.
hâr-i firkat: Ayrılık dikeni.
harâ *(F.):* Üzeri menevişli kumaş.
harcırah : Yol harcı, yol masrafı.
hâre *(F.):* Sert taş, kaya
hâre-i deryâ: Deniz taşı.
harekât *(A.):* Hareketler.
harekât-ı muhtelife: Çeşitli hareketler.
hârelen-: Kımıldadıkça üzerinde parlak çizgiler görünmek, dalgalanmak.
harem (A.): Herkesin girilmesine müsaade edilmeyen saygıdeğer ve kutsal yer.
harem-i Eyyûb: Eyyüb'ün haremi.
hariç *(A.):* Dışarıda olan, dış.
harîk *(A.):* Yangın, ateş.
harîk-i nûr: Nurun ışığı.
harîm *(A.):* 1. Biri için kutsal olan şeyler. 2. Harem dairesi.
harîm-i namus: Namus dairesi.
harîm-i pâk: Tertemiz kutsal yer.
harîm-i samimiyet: Samimiyet dairesi
harîs *(A.):* Çok pinti, çok istekli, bir şeye fazlasıyla düşkün olan kimse.
harmani: Bütün vücudu saran, kolsuz ve bazen kukuletalı bir çeşit üst giysisi, pelerin.
hars *(A.):* Kültür.
Hârût *(A.):* Arkadaşı Mârût ile ün almış bir melek olup büyü ve sihir ile uğraştıklarından kıyamete kadar kalmak üzere Babil'de bir kuyuya hapse-dilmişlerdir.
hasâset *(A.):* Cimrilik, pintilik.
hasbî *(A.):* Karşılıksız, Allah rızası için.
hasbihâl *(A.):* Görüşüp dertleşme, halleşme.
haseb *(A.):* Baba tarafından gelen şeref, asillik.
hasebiyyet (A.): Hısımlık, akrabalık.
haset *(A.):* Kıskançlık, çekememezlik, kin tutmak.
hasr *(A.):* Vakfetme, tahsis etme, zaman ayırma.
hasr-ı merâm et-: Bir şeye zaman ayırmak.
hasret-fiken *(A.):* Hasret düşüren, hasret döken.

hâşi' *(A.):* Alçakgönüllülük gösteren.
haşîş *(A.):* Kuru ot.
haşyet (A.): Korku, korkma.
hatar *(A.):* Tehlike.
hatar-nâk *(A.):* Tehlikeli, korkunç.
hâtem *(A.):* Mühür, üstü mühürlü yüzük.
hâtıra *(A.):* Hatırda kalan şey.
hâtıra-i ecnebiye: Yabancılara ait hatıralar.
hâtıra-i leyl: Gece hatırası.
hâtırât *(A.):* Anı kitabı; hatıralar.
hatifî *(A.):* Gaipten gelen ses gibi.
hatm *(A.):* Bitirme, hitama erdirme.
hatm-i kelâm et-: Sözünü bitirmek.
hatt *(A.):* 1. Yazı, ferman. 2. Yol.
hatt-ı hümayun: Padişahların herhangi bir iş için bizzat yazdıkları yazılar.
hatt-ı pür-sükût: Sessizlik dolu yol.
hatt-ı sâkit: Sessiz yol.
hatt-ı zer: Altın yazı.
hatve *(A.):* Adım.
hatve-i samût: Sessiz adım.
havf *(A.):* Korku, korkma.
havf-ı gamze : Yan bakışın korkusu.
havf u recâ *(F.):* Korku ve ümit.
hay u huy *(F.):* Gürültü, şamata.
hay u huy-i şemâmet: Birinin kötü duruma düşmesinin verdiği sevincin gürültüsü.
hayâ *(A.):* Utanma, sıkılma, namus.
hayal *(A.):* 1. İnsanın kafasında tasarlayıp canlandırdığı şey. 2. Kuruntu.
hayal-i tezyîn-i ibârât ü makâl: Söz ve ibareleri süslemeyi tasarlama.
hayâlât (A.): Hayaller.
hayat *(A.):* Dirilik, canlılık.
hayat-ı bâkî: Ebedî hayat.
hayat-ı şiir: Şiir dünyası.
hayât-ı edebiyye: Edebiyat hayatı.
hayât-ı şâirâne: Şairce sürdürülen hayat.
hayırhâh *(F.):* Herkesin iyiliğini isteyen, iyiliksever.
hayme *(A.):* Çadır.
hayme-i bâlâ-yı adem : Yokluğun yüksek çadırı.
hayme-i dünya: Dünya çadırı.
hayr (A.): Hayırlı.
hayre'l-beşer: İnsanların hayırlısı.
hayrat *(A.):* Allah rızası için yapılan hayırlı işler.
hayret-bahş *(F.):* Hayret verici.
hayvân *(A.):* İnsan dahil, bütün canlılar.
hayvân-ı afîf: İffetli hayvan.
hazan *(F.):* Sonbahar, güz.
hâzırîn *(A.):* Huzurda bulunanlar.
hazîne (A.): Devlet malının, parasının saklandığı yer.
Hazîne- Mâliye: Maliye Hazinesi.
hazine-dâr *(F.):* Hazinenin idâre ve muhafazasına me'mur edilen kimse.
hazret (A.): Saygı ünvanı.
hazret-i risâlet: Resûl hazretleri
hecîn *(A.):* Arkasında iki hörgücü olan ve çok hızlı koşan bir cins deve.
hecr *(A.):* Ayrılma.
hem-ahenk *(F.):* Uyumlu.
hem-cins *(F.):* Aynı soydan, soyları aynı.
hem-civâr *(F.):* Komşu.
hem-dem *(F.):* Canciğer arkadaş.
hemîşe *(F.):* Her zaman, daima.
hem-pâ *(F.):* [Kötü işlerde] arkadaş, yoldaş.
hem-râh *(F.):* Yoldaş, yol arkadaşı.
hem-ser *(F.):* Arkadaş, kafadar.
hemşîre *(F.):* Kızkardeş.
hem-vâr *(F.):* Dâima, her zaman.
hengâm *(F.):* Zaman, çağ, vakit, mevsim.
hengâme *(F.):* Kavga, gürültü.
herc ü merc *(F.):* Karmakarışık, altüst.
herze *(F.):* Boş lakırdı, saçma.
hesâbât *(A.):* Hesaplamalar.
hestî *(F.):* Var olma, varlık, mevcudiyet.
hestî-dih-i eczâ-yı adem: Yokluk parçalarının hiçlik fikri vermesi.
hestî-yi elem: Üzüntünün varlığı.
heyecân *(A.):* Duyguların bir tepki halinde şiddetlenmesi hali.
heyecân-ı aşk: Aşk heyecanı.
hey'et *(A.):* 1. Şekil, suret. 2. Görünüş, hal, durum. 3. Astronomi ilmi.
heykel *(A.):* Heykel.
heykel-i üryân-ı sefalet: Sefilliğin çıplak heykeli.
heyûla *(A.):* 1.(eski felsf.) Bütün cisimlerin ilk maddesi olarak kabul edilen madde. 2. Zihinde tasarlanılan şey. 3. Eşyanın gerçek olan kısmı.
hezâr *(F.):* Bülbül.
hırâm *(F.):* Nazlı, edalı, salına salına yürüyüş.
hırâmân *(F.):* Salına salına yürüyen.
hıyâbân *(F.):* İki tarafı ağaçlı yol.
hıyâbân-ı telâki: Buluşma güzergâhı.

hicâb *(A.):* Utanma, sıkılma.
Hicaz *(A.):* Mekke ve Medine şehirlerinin bulunduğu bölge.
hicran *(A.):* Ayrılık.
hicrân-ı müebbed: Ebediyen ayrılık.
hîç (A.): Yokluk.
hîç-i mûhiş: Ürküten, dehşetli yokluk.
hiçî *(F.):* Yokluk, hiçlik.
hiçî-i mûhîş: Ürküten, dehşetli hiçlik.
hidâyet *(A.):* Hak yola, doğru yola ulaşma.
hikâyât *(A.):* Hikâyeler.
hikmet *(A.):* 1.Hakîmlik, bir şeyin gerçek nedeni, iç yüzü. 2. Özel bilgi.
hikmet-i Hüdâ: Bir işin olması yahut olmamasında etkisi olan ve sadece Allah'ın bildiği sebep.
hil'at *(A.):* Eskiden padişah veya vezir tarafından takdir edilen, beğenilen kimseye giydirilen süslü elbise, kaftan.
hilâl *(A.):* Yeni ay.
hilâl-i mübhem: Belirsiz hilâl.
hilâl-i râyet-i İslâm: İslâm Sancağı'nın hilâli.
hilâlî *(A.):* İpekle pamuk karışık bir çeşit ince kumaş.
hilkat *(A.):* Yaratma, yaratılış, yaratılıştaki hal, tabiat.
himâyet *(A.):* Koruma, korunma.
himmet *(A.):* Gayret, çaba.
himmet et-: Gayret etmek, çalışmak, çabalamak.
hîn *(A.):* An, zaman, vakit.
Hindû *(F.):* Hintli.
hindû-yı bîçâre-sıfat: Zavallı Hintli.
hîn-i sefer: Yolculuk anı.
his *(A.):* Duygu.
hisset-: Dış dünyanın tesirlerini beş duyu vasıtasıyla maddeten veya manen idrak etmek, duymak.
hiss-i istirkab: Rakip görme, çekememe duygusu.
hisâr *(A.):* Kale, bent.
hisâr-ı istikâmet: Doğru yolun, iffetin kalesi.
hisset *(A.):* Cimrilik.
hissiyat *(A.):* Duygular.
hissiyât-ı muhtelife: Farklı duygular
hitâbet *(A.):* Hatiplik, güzel söz söyleme.
hitâbet-i merdâne: Mertçe hitap
hitâm *(A.):* Nihayet, son.
hizâb *(A.):* Boya, kına.
hizmet *(A.):* İş, iş görme, vazife.
hizmet-i hâk-i der-i dâver: Hükümdarın kapısının toprağının hizmeti.
hod-gâm *(F.):* Kendini beğenmiş, bencil.
Homeros: Meşhur Yunan şâiri. İlyada ve Odisse destanının yazarı. Yaşlı ve kör olduğu halde şehirden şehire gittiği ve şiir okuduğu rivayet edilir. Homeros'un epopeleri M.Ö. VIII. Yüzyılda yazıya geçirilmiştir.
hoş-bû *(F.):* Güzel kokulu.
hoş-gû *(F.):* Tatlı dilli.
hoş-ter *(F.):* Daha hoş, çok hoş.
höyük: Toprak yığını, küçük tepe.
hûb *(F.):* Güzel, hoş, iyi.
hubb *(A.):* Sevme, sevgi.
hubb-ı fenâ : Fânilik sevgisi, yok olmayı sevme.
hudut *(A.):* Sınırlar, uçlar.
huffâş *(A.):* Yarasa.
hufre *(A.):* Kazılmış çukur, oyuk.
hufre-i mensiye: Unutulma çukuru, mezar.
hukuk *(A.):* Haklar.
hukuku'l-ülfet-ı dîrîne: Eski dostluk hakkı.
hulefâ *(A.):* Halifeler.
hulk *(A.):* Huy, tabiat.
hulûs *(A.):* Gönül temizliği.
humâr *(A.):* İçkiden sonra gelen baş ağrısı, sersemlik.
hum-hane *(F.):* Meyhane.
hummâ *(A.):* Ateşli hastalık.
hummâ-yı cünûn: Delilik buhranı.
hûn *(F.):* Kan.
hûn-ı intihâb: Talanlama ve yağma kanı
hûnîn *(F.):* Kanlı.
Hurşid *(F.):* Güneş.
hurûf *(A.):* Harfler, işaretler.
hurûf-ı hestî : Varlık harfleri, varlığa işaret eden harfler.
hurûş *(F.):* Coşma, çağıltı.
hurûşân *(F.):* 1. Coşan, çağlayan 2. Coşarak, çağlayarak
hûş-yâr (F.): Akıllı.
huşk *(F.):* Kuru.
huşûnet *(A.):* Sertlik, kabalık; inatçılık.
hutût *(A.):* 1. Çizgiler. 2. Yazılar. 3. Yollar.
hûy (A.): Mizaç.
hûy-ı şemâmet: Birinin kötülüğüne sevinecek mizaçta.
huzûr *(A.):* Hazır bulunma.
huzûr-ı Hak: Allah'ın huzuru.
huzûz *(A.):* Sevinçler, zevkler.
hüccet *(A.):* Delil.
Hüdâ *(F.):* Allah; Cenab-ı Hak.

hükemâ *(A.):* Hakîmler, filozoflar, bilginler, doktorlar.
hükûmet (A.): 1.Bir memleketi idare eden vekiller heyeti. 2. Devlet.
hükûmet-i gâfile: İlerisini düşünmeyen, ihmâlkâr, gâfil hükümet
hümâ *(A.):* Devlet kuşu; saadet, mutluluk.
hümûm *(A.):* Gamlar, kederler.
hürmet *(A.):* Saygı, sayma.
hürmet-i kanun: Kanuna saygı.
hüsn *(A.):* Güzellik.
hüsn ü ân: Cazibe, alım.
hüsn-i edeb: Edep güzelliği.
hüsn-i hatt-ı kelâm-ı kadîm: En eski sözlerin güzel yazısı.
hüsn-i itilâf: Farklılığın güzelliği.
hüsrân *(A.):* Zarar, ziyan.
hüsrân-ı mübin: Besbelli zarar.
hüviyyet *(A.):* Mahiyet, hakikat.
hüzn *(A.):* Gam, keder, sıkıntı.
hüzn-i vatan: Vatan üzüntüsü.

- I -

ırak : Uzak.
ırk *(A.):* Kök, asıl.
ırk-ı İrânî: İran soyu, ırkı.
ırk-ı Sâmi: Hz. Nuh'un olu Sam'ın soyundan gelenler.
ırk-ı Turânî: Türkler.
ısdâr *(A.):* Çıkarma, çıkarılma.
ıstıfâ *(A.):* Seçme, ayıklama, ayıklanma.
ıstılâh *(A.):* İlim sözü, tabir, terim.
ıtr *(A.):* Güzel ve lâtîf koku.
ıtriyat *(A.):* Güzel ve hoş kokulu yağlar, güzel kokulu esanslar.
ızrâr *(A.):* Zarara sokma, ziyana uğratma.

- İ -

i'lâ *(A.):* Yükseltme, yüceltme, yüceltilme
iade *(A.):* Eski haline getirme; geri verme.
iade-i memuriyet: Memurluk görevini geri verme.
ibârât *(A.):* Cümleler, paragraflar, ibareler.
ibda' *(A.):* Ortaya koyma, icat.
ibkâ *(A.):* Ebedileştirme, sonsuzlaştırma.
ibkâ-yı vücûd: Varlığı ebedî kılma, bedeni ölümsüzleştirme.
İbni Kemâl: (ö.1534) Kemal Paşazâde diye de tanınır. Önceleri askerken daha sonra ilmiye sınıfına geçmiş ve büyük bir âlim olmuştur. Edirne ve İstanbul medreselerinde müderrislik yaptı. Yavuz ve Kanunî dönemlerinde devletin siyasetinde etkin rol oynadı. Kanunî devrinde şeyhülislamlık makamına getirildi. Tefsir, hadis, fıkıh, tarih ve edebiyatla ilgili Arapça, Farsça ve Türkçe telif edilmiş 200'ün üzerinde eseri vardır. *Tevârih-i Âl-i Osmân* isimli Osmanlı tarihine dair on ciltlik eseri bunların en önemlilerindendir.
ibtidâ *(A.):* bkz. iptidâ.
icâzet *(A.):* 1. İzin, ruhsat. 2. Diploma.
iclâl *(A.):* 1. Büyütme, saygı gösterme. 2. Büyüklük.
ictimâ' (A.): Toplanma, biraraya gelme.
ictimâî *(A.):* Sosyal, toplumla ilgili.
i'dâd *(A.):* Sayı, hesap; sayma.
idâdî *(A.):* Rüştiye denilen orta okuldan sonra yüksek okullara hazırlayıcı okul.
idâme *(A.):* Sürdürme, devam ettirme.
idbâr *(A.):* Talihsizlik, bahtsızlık, işlerin ters gitmesi.
iddihâr *(A.):* Biriktirme, toplayıp saklama.
idrâk *(A.):* Anlama, anlayış.
idrâk-i maâli: Yüksek fikirleri anlama.
ifnâ *(A.):* Yok etme, tüketme.
ifnâ-yı adem: Yokluğu öldürme, yok etme.
ifrât *(A.):* Aşırı gitme, haddi aşma.
ifrât-ı 'ataş : Aşırı susuzluk.
ifrit *(A.):* Zararlı ve korkunç mitolojik mahluk. *Mecz.* Etrafı birbirine katan korkunç insan.
ifsâd *(A.):* Fesada uğratma, bozma.
ifsâd-ı vüzerâ: Vezirleri fesada uğratma.
iftikar *(A.):* 1. Çok ihtiyacı olmak. 2. Fakirlik gösterme.
iftikar et-: İhtiyaç duymak.
iftira-âmîz *(F.):* İftirayla karışık.
iftirâk *(A.):* Ayrılma, dağılma, perişan olma; ayrılık, hicran.
iğbirâr *(A.):* 1. Tozlanma 2. Kırılma, gücenme.
iğfâl *(A.):* 1. Gaflete düşürüp, yanıltıp yanlış bir iş yaptırma. 2. Aldatma.
ihâta *(A.):* Bir şeyin etrafını çevirme, sarma, etrafı çevrilme, sarılma.

ihdâ *(A.):* Hediye etme.
ihdâs *(A.):* Meydana getirme, ortaya çıkarma.
ihrâz *(A.):* Alma, kazanma, elde etme.
ihsas *(A.):* Üstü kapalı anlatma, hissettirme.
ihtifâl *(A.):* Tören, anma töreni.
ihtilâç *(A.):* Çarpıntı, çarpınma.
ihtimam *(A.):* Dikkatle gayretle çalışma, özenle iş görme.
ihtirâs *(A.):* Şiddetli, arzu; istek; aşırı emel.
ihtiraz *(A.):* Sakınma, çekinme.
ihtiva *(A.):* İçine alma, içinde bulundurma.
ihtizaz *(A.):* Titreme, deprenme.
ihtizâz-ı mesâ: Akşam titremesi
ihtizâz-ı temas: Dokunmaktan kaynaklanan tireyiş.
ihvân *(A.):* Sadık, samimi, candan dostlar; kardeşler.
ihyâ *(A.):* Yaşatma, diriltme, yeniden hayat verme.
ihyâ-ı adem : Yokluğu diriltmek.
îka' *(A.):* Yapma, yaptırma, oldurma, düşürme.
îkâd-ı kîn *(F.):* Kinle yakmak.
ikbal *(A.):* Talih düzgünlüğü, işlerin doğru gitmesi için birine doğru yönelme.
ikdâm *(A.):* Gayet ve sebatla çalışma, devamlı çalışma.
iklîl *(A.):* Taç.
iklim (A.) Ülke, diyar.
ikmâl *(A.):* Kemale erdirme, tamamlama; eksiğini doldurma.
ikmâl-i hayat et-: Ömrü tamamlamak
ikrâh *(A.):* İğrenme, tiksinme; çirkinlik.
ikrâr (A.): 1. Saklamayıp söyleme. 2. Dil ile söyleme, bildirme. 3. Tasdik, kabul.
iksîr *(A.):* Biricik şifa, en tesirli sebep.
iksîr-i ilham: İlham iksiri.
iktidâ *(A.):* Tâbi olma, uyma.
ilga' *(A.):* Lağvetme, kaldırma, yürürlükten kaldırma.
illet *(A.):* Hastalık.
illiyyîn *(A.):* Cennetin ve gökyüzünün en kutsal, en yüksek tabakası.
ilm (A.): Bilme, biliş, bir şeyin doğrusunu bilme.
ilm-i ayne'l-yakîn: Kesin olarak bilme, gözüyle görmüş gibi bilme
iltica *(A.):* Sığınma, barınma.
iltimâ' *(A.):* 1. Renk değiştirme 2. Sararma solma.
iltimas *(A.):* Kayırma.
îmâ *(A.):* İşaretle anlatma, kapalı olarak anlatma.
îmâ-yı adem : Yokluğu ima etmek.
imbik: Damıtmaya yarayan araç, damıtıcı.
imrâr *(A.):* Geçirme, geçirilme.
imrâr-ı evkât: Vakitleri geçirme
imtisal *(A.):* Alınan emre boyun eğme, uyma.
imtizaç *(A.):* Uyuşma, iyi geçinme.
in'am *(A.):* 1. Nimet verme, iyilik etme. 2. Yeniçerilerin aylıklarına yapılan zam.
inâyet *(A.):* İyilik, ihsân, lütûf.
incizâb *(A.):* 1. Çekme, çekilme 2. Cazibeye kapılma.
ind *(A.):* 1. Yanında, göre. 2. Yan, taraf.
infial *(A.):* Gücenme.
inhimâk *(A.):* Bir şeyin üzerine fazla düşme, ziyâde düşkünlük.
inhirâf (A.): Dönme, sapma, doğru yoldan çıkma.
in'ikâs *(A.):* Yansıma, aksetme.
inkılâb *(A.):* 1. Değişme, bir halden başka bir hale dönme. 2. Devrim.
inkisâr *(A.):* 1. Kırılma, gücenme. 2. Beddua, ilenç.
inkişaf *(A.):* Açılma, meydana çıkma.
inkizâ *(A.):* Tamam olma, nihâyet bulma, bitme, sona erme.
insan *(A.):* Adam.
insan-ı fikr: Düşünce adamı.
inşâ *(A.):* Yapma, yapılma vücuda getirme.
inşâ-yı adem: Yokluk binasını yapma, inşa etme.
inşâd *(A.):* Manzum bir sözü, ahengine göre okuma.
intibâh *(A.):* Uyanma, uyanıklık
intiha *(A.):* Nihayet bulma, sona erme; son.
intihâb *(A.):* Seçme.
intikal *(A.):* Anlama, kavrama.
intişar *(A.):* 1. Yayılma dağılma. 2. Neşrolunma, yayımlanma.
inzimâm *(A.):* Zamlanma.
inziva *(A.):* 1. Bir köşeye çekilme, hiçbir işe karışmama. 2. Dünya işlerinden tamamen vazgeçme.
iptidâ *(A.):* Başlangıçta, başta; başlangıç.
iptidâî : Basit, ilkel.
îrâd *(A.):* 1. Getirme, söyleme. 2. Söz söyleme. 3. Gelir getiren mülk, gelir.
îrâd-hâr *(F.):* Kira parası yiyen, kira parasıyla geçinen.

irtidâd *(A.):* İslâm dinini bırakarak başka bir dine geçme.
irtifâ' *(A.):* Yükselme.
irtifâ-ı kadr: Kıymetini yükseltme.
irtisâm *(A.):* Resmi çıkma, resmolma.
îsâl *(A.):* Ulaştırma, ulaştırılma.
îsâl-i telehhüf: Hasretle yanıp yakıl-dığını iletme.
îsâr *(A.):* 1. Dökme, saçma, serpme 2. Bahşiş, ikram.
isnâd *(A.):* 1. Bir şeyi birisi için yaptı deme. 2. Suçlama..
isnâd-ı taassub: Tutuculuk suçlaması.
isneyn *(A.):* İkinci gün, pazartesi.
istibdâd *(A.):* Kendi başına hiçbir nizâm ve kanuna bağlı olmadan idare etme
istibdâd-ı edebî: Edebî kısıtlamalar, sansür
isti'câl *(A.):* Acele etme, tez olmasını isteme.
isti'mâl *(A.):* Kullanma.
isti'ab (A.): 1. İçine alma, sığma. 2. Tutma, kaplama.
istiare *(A.):* Edb. Bir kelimenin manasını geçici olarak başka bir kelime hakkında kullanma.
istidâd *(A.):* 1. Alışma; 2. Kabiliyet, yetenek.
istidâd-ı kemâl: Olgunluk kabiliyeti.
istifhâm *(A.):* Sorma, anlama, öğrenmek için sorma.
istifsâr *(A.):* Sorma, sorulma.
istiğnâ *(A.):* Aza kanaat etme, tok gözlülük.
istiğrâb *(A.):* Garip bulma, şaşma.
istiğrâk *(A.):* 1. Dalma, içine gömülme. 2. Kendinden geçme.
istihfaf *(A.):* Hafife alma, alay etme.
istihkâm *(A.):* Sağlamlık, kuvvet.
istihrac *(A.):* Çıkarma, netice çıkarma.
istihzâ *(A.):* Biriyle eğlenme, alay etme.
istihzâ-yı şuûn : İşlerin sarpa sarması, ters gitmesi.
istikbal *(A.):* Gelecek.
istikbâl-i bî-mâzi: Geçmişi olmayan gelecek
istiklal *(A.):* Kendi başına olma, kimseye bağlı bulunmama, bağımsızlık.
istilâ *(A.):* 1. Bir yeri kuvvet kullanarak ele geçirme. 2. Yayılma, kaplama.
istimâ' *(A.):* Dinleme, işitme.
istimdat *(A.):* Yardım isteme.
istinâd (A.): Dayanma, gücenme.
istirham *(A.):* Merhamet dileme, rica etme, yalvarma.
iştigal *(A.):* Meşgul olma, bir şeyle uğraşma.
iştikak (A.): Kökbilgisi, kelime türetme.
iştiyâk *(A.):* Şevklenme, göreceği gelme, özleme.
itâb *(A.):* Azarlama, tersleme.
itikad *(A.):* İnanma, gönülden tasdik ederek bağlanma, inanç.
îtikâf *(A.):* Ramazan ayının son on gününde camide maksûre denen yerlere kapanıp ibadetle vakit geçirme.
îtilâ *(A.):* Yükselme, üst rütbelere erişme.
itkân *(A.):* İnanma, inanç; eminlik.
ittisâ *(A.):* Bollaşma, genişleme; bolluk.
iz'ân *(A.):* 1. Anlayış, kavrayış, akıl. 2. Terbiye, edep.
izbe *(Rus.):* Basık, loş, nemli, kuytu yer.
izdivâc *(A.):* Evlenme, birbirine eş olma.
izhâr *(A.):* Gösterme.
izhâr-ı kudret: Gücünü gösterme.

- J -

jâle *(F.):* Kırağı, çiğ.
jûlîde *(F.):* Karmakarışık, dağınık.

- K -

kâbil *(A.):* Olan, olabilir, mümkün.
kâbil-i ta'bîr ol-: Yorumlanabilir olmak.
kadd *(A.):* Boy.
kadd-i bâlâ: Uzun boy.
kadeh *(A.):* Bardak; içki bardağı.
kadeh-i zer: Altın kadeh.
kadı *(A.):* İslam hukuk sisteminde hâkim, yargıç.
kâdî *(A.):* Yapan, yerine getiren.
kâdî-i hâcât: Bütün dilekleri yerine getiren; Cenabı Allah.
kadîd *(A.):* Etleri dökülmüş, yalnız kemik kalmış olan gövde, iskelet.
kadîm *(A.):* Eski.
kadir *(A.):* Kudret sahibi, kudretli.
kadirşinas *(F.):* Kıymet bilir.

kadr *(A.):* Değer, itibar, onur.
Kaf *(A.):* Masallarda zümrüdüanka kuşunun yaşadığı rivayet olunan dağ.
kâf-ı kanaat: Kanaat Kaf dağı.
kafa *(A.):* Kafa, baş.
kafa-i hınzır: Domuz kafası
kaftan: Çoğu ipek bir çeşit uzun, süslü üst giysisi.
kâfûr *(A.):* Uzak Doğu'da yetişen bir çeşit taflandan elde edilen ve hekimlikte kullanılan, beyaz yarı saydam, kolaylıkla parçalanan, ıtırı kuvvetli bir madde.
kahhâr *(A.):* Ziyadesiyle kahreden, kahredici, yok edici, batırıcı.
kahr *(A.):* Zorlama, zorla bir iş yaptırma, üstün gelerek bastırma.
kâide *(A.):* Esas, temel, usul, nizam, yol.
kâide-i nâmûs-ı câhiliyyet : Cahiliye devrine ait namusla ilgili esas, kural.
kâim *(A.):* Birinin yerini tutan, yerine geçen.
kâinat *(A.):* Bütün yaratılmışlar; yer gök; dünya.
kâinat-ı efkâr: Fikirler dünyası.
kâkül *(F.):* Alnın üzerine sarkıtılan kısa kesilmiş saç, perçem.
kâkül-i dildâr: Sevgilinin kâkülü.
kâkül-i müşgîn: Misk kokulu kâkül.
kâl *(A.):* Söz, laf.
kalb *(A.):* 1. Yürek 2. Gönül.
kalb-i cemaat: Toplum vicdanı, kamuoyu.
kalb-i mübhem ü bâki: Kararsız ve kalıcı gönül.
kalb-i saf-ı millet: Milletin temiz kalbi.
kalb-i zemîn: Yerin kalbi.
kalender *(F.):* Dünyadan elini çekip başı boş dolaşan (derviş).
kalender-meşrep *(F.):* Dünyadan elini eteğini çekip her şeyi hoş gören kimse.
kalfa (A. < halîfe) 1.Derecesi usta ile çırak arasında bulunan zanaatçı. 2. Saraylarda ve büyük konaklarda halayıkların başında bulunan kadın.
kalîl *(A.):* Az.
kalpak: Kesik koni biçiminde deri, kürk veya kumaştan yapılmış başlık.
kamer *(A.):* Ay.
kamerî *(A.):* Aya mensup; uzaylı.
kâmilen (A.): Noksansız, tam olarak.
kânî *(A.):* Kanaat eden, inanmış.
kâni ol-: Kanaat getirmek, inanmak.
kânunuevvel *(F.):* İlk kânun, Aralık ayı.
kânunusani *(F.):* İkinci kânun, Ocak ayı.
ka'r *(A.):* Dip, nihâyet.
ka'r-ı arz: Dünyanın dibi.
ka'r-ı vicdân: Vicdanın en derin yeri
kârbân, kârvân *(F.):* Kervan.
kârvân-ı râh-ı tecrîd: Her şeyden el etek çekip Allah'a yönelme yolunun kervanı.
karîb *(A.):* 1. Yer ve zamanca yakın. 2. Soyca yakın, akraba.
kasd *(A.):* Dövme, öldürme, yaralama gibi işlere kalkışma; amaç.
kasd-ı avrât it-: Kadın ve kızların canına kasdetmek.
kasır *(A.):* Köşk.
kasr-ı padişah: Padişah köşkü.
kaside *(A.):* Edb. On beş beyitten az olmayan, bütün beyitlerin ikinci mısraları en baştaki beyit ile kafiyeli bulunan ve genellikle büyük devlet adamlarını övmek için yazılan divan edebiyatı manzumesi.
kasîr *(A.):* Kısa, boysuz.
kâşâne *(F.):* Mükemmel ev, köşk, malikâne.
kat' *(A.):* Kesmek, biçmek, ikiye bölmek.
katarât *(A.):* Damlalar.
katarât-ı eşk : Gözyaşı damlaları.
kâtı' *(A.):* Kesen
katre *(A.):* Damla.
kavî *(A.):* Kuvvetli, sağlam.
kavs *(A.):* Yay, keman.
kavs-i ebrû: Yaya benzeyen kaş, keman kaş.
kayd *(A.):* Endişe, gaile, telâş.
kayd-ı dünyâ: Dünya endişesi, gailesi
Kays u Leylâ: Kays ve Leyla. (Kays: Leyla ile Mecnun hikayesinin erkek kahramanı olan Mecnun-ı Âmiri'nin asıl adı.)
Kayser *(A.):* Eski Roma ve Bizans imparatorlarının lâkabı.
kazâ' *(A.):* Olacağı ezelden Cenâb-ı Hak tarafından takdir olunan şeylerin vukua gelmesi.
kazâ-i Hak: Kaderde yazılı olan iş, olay vs. şeylerin Allah'ın izniyle vukua gelmesi.
kazâyâ *(A.):* Kaziyeler, meseleler, işler, hususlar.
kazâyâ-yı adem: Yokluk meseleleri.
kebûd *(F.):* Gök rengi, mavi.
kebûter *(F.):* Güvercin.
keenne *(A.):* Sanki, gûyâ, gibi, benzer.
kehkeşan *(F.):* Samanyolu.
kelb *(A.):* Köpek.

kemâl *(A.):* Bilgi ve erdem bakımından olgunluk, yetkinlik, eksiksizlik.
kemâl-i za'f: Çok büyük zayıflık, güçsüzlük.
kemâl-i azâmet: Tam görkemlilik.
kemâl-i vakar: Tam olgunluk
kem-ter *(F.):* Aşağıda bulunan, itibarsız.
kerem-kâr *(F.):* Eli açık, cömert, bağışlayan
kerîm *(A.):* 1. Ulu, büyük; Allah. 2. Cömert.
kerîme *(A.):* Kız evlât.
kerime-i tarih: Tarihin kızı [vatan].
kerkes *(A.):* Akbaba.
kerrât *(A.):* Defalar.
kesâfet *(A.):* 1. Bulanıklık, açık ve berrak olmayan. 2. Kir, pislik.
kesb *(A.):* Kazanmak.
kesel *(A.):* Gevşeklik, tembellik, uyuşukluk.
kesret *(A.):* Çokluk.
kesret-i dünyâ: Dünyaya ait olan şeylerin çokluğu.
kesret-i efrâd: İnsan çokluğu, adam bolluğu.
kesret-i esmâ: İsim çokluğu.
kesret-i zahm: Yaranın fazla olması.
kethüda *(F.):* Zengin kimselerin ve devlet büyüklerinin buyruğunda çalışan, onların birtakım işlerini gören kimse, kâhya.
ketm *(A.):* Bir sözü, bir haberi gizli tutma, bir sırrı saklama.
ketm-i adem: Tasv. Allah'ın ruh ve cisim âlemlerini yaratmayı istediği zaman bütün mahlukların ilki olan cevher-i ahzârın çıktığı yer.
kevkeb *(A.):* Yıldız
kevkeb-e hicrân: Ayrılık yıldızı.
kevn *(A.):* 1. Olma. 2. Var olma, varlık
kevneyn *(A.):* 1. Cismanî ve ruhanî âlem. 2. Dünya ve âhiret.
kevser *(A.):* Cennette bir ırmağın adı.
kıble-gâh *(A.):* Kıblenin bulunduğu semt.
kıble-gâh-ı âmâl: Emellerin kıblegâhı.
kısm *(A.):* Bölüm, kısım.
kısm-ı fevkanî: Üst kısım, üstte bulunan bölüm.
kıyasî *(A.):* 1. Genel kaideye uygun olan 2. Tatbik veya benzetme ile olan.
kıymet-dâr *(F.):* Kıymetli, değerli, pahalı.
kızan: Delikanlı, silahlı köy delikanlısı.
kibâr (A.): Büyük.
kibâr-ı ehlullah: Allah dostlarının büyükleri.
kibriyâ *(A.):* Büyüklük, ululuk.
kimesne: Eski Türkçe'de "kimse".
Kisrâ *(A.):* Eski İran hükümdarlarından Nûşirevân-ı Âdil'in lâkabı olup, kendisinden sonra gelen padişahlar da bu lâkapla anılmışlardır.
kisve *(A.):* Bir kimsenin veya bir şeyin dış görünüşü.
kitâbe *(A.):* Kazılmış yazı, yazıt.
kitle *(A.):* Yığın, küme.
kitle-i his: Duygu yığını.
koç-: Kucaklamak.
kodein *(Fr.):* Afyondan çıkarılan ve öksürüğü kesmeye yarayan bir alkaloit.
kozmografya *(Fr.):* Gök biliminin matematik ve fiziğin yalnız temel kavramlarından yararlanarak en belli başlı olayları ele alan dalı.
kubbe *(A.):* Yarım küre veya kümbetimsi yapılan bina damı.
kubbe-i pür-envâr-ı Eyyüb: Hz. Ebâ Eyyüb'ün nurlu kubbesi.
kûçe *(F.):* Küçük sokak, dar sokak.
kûçe-i aşk: Aşk sokağı.
kudret *(A.):* Kuvvet, güç.
kudret-i irfân: İlim ve ahlâkın gücü.
kudret-i zerriyye: Atomun gücü.
kudûm (A.): Uzak bir yoldan gelme, ayak basma.
kûfî *(A.):* Bir yazı tarzı olup bu hatla sikke, kitâbe ve Kur'an yazılmıştır.
kûhsâr *(F.):* Dağlık, dağ tepesi.
kukuleta *(İt.):* Yağmur, soğuk gibi dış etkilere karşı başa geçirilen, giysiye dikili veya ayrı olarak kullanılan başlık.
kurb *(A.):* Yakınlık, yakın olma.
kurb-ı Hazret: İlâhî makama yakın olma.
kurenâ *(A.):* Yakınlar.
kurşunî : Kül rengi, kurşun rengi.
kurûn *(A.):* Zamanlar, devirler, çağlar.
kurûn-ı vustâ: Ortaçağ.
kûşe *(F.):* Köşe.
kutsî *(A.):* Kutsalla ilgili, kutsala ait.
kutsîlik: Kutsallık, mukaddeslik.
kuûd (A.): Oturma.
kuvve-kuvvet *(A.):* Kuvvet, güç, yeti.
kuvve-i bâhiye: Şehvet hissi.
kuvve-i bedeniyye: Vücut gücü.
kuvve-i fikriyye: Düşünme yeteneği.

kuvve-i hafiyye: Gizli güç.
kuvvet-i vâhime: Hayâl kurma yetisi.
kûy *(A.):* 1. Köy, mahalle, sokak. 2. Sevgilinin bulunduğu mahal.
kuyûd *(A.):* Kayıtlar.
kuzâh *(A.):* Renk renk olan çizgi.
küffâr *(A.):* Kâfirler, hak dini inkar edenler.
küffâr *(A.):* Kâfirler.
küheylan *(A.):* Gözü sürmeli cins Arap atı.
kükhet *(A.):* Koku.
külbe *(F.):* Kulübe.
külbe-i ahzân: Hüzünler evi, gam evi.
Kültiğin: (684-731) Göktürk kumandanı. Kutluk Kağan ın oğlu, Bilge Kağan'ın kardeşidir. Türklerin egemenliği için büyük gayretler sarfetti. 731'de ölümü üzerine kardeşi Bilge Kağan Kültiğin anısına bir yazıt diktirdi.
küngüre *(F.):* Kubbenin tepesi, en yüksek yeri.
küngüre-i âsumân: Gökkubbe.
küûliye *(A.):* Alkol bağımlılığı.

- L -

la'în *(A.):* Kovulmuş, nefret kazanmış, istenilmeyen.
la'în-i bedbaht: Kötü bahtlı, lanetlenmiş (olan).
la'l *(A.):* 1. Kırmızı ve değerli bir süs taşı. 2. Dudak.
la'l-i dür-efşân: İnci saçan, arasından inci gibi dişler görünen dudak.
la'l-i leb: Kıpkırmızı olan dudak.
lafız (A.) Söz, kelime.
lafzatü'l-celâl *(A.):* "Allah" kelimesi.
lafzen *(A.):* Kelimenin söylenişine, yapısına göre; yazılı olmayarak.
lafz-ı sadâkat: Bağlılık sözü.
lagzîde-pâ *(F.):* Ayağı sürçmüş, ayağı kaymış.
lahd *(A.):* Çukur, mezar.
lahza *(A.):* Göz ucu ile bakış, göz ucu ile bir kere bakıncaya kadar geçen zaman.
lahzâ-yı sevda: Sevda ile geçen çok kısa zaman.
lâ-kayd *(A.):* Kayıtsız, ilgisiz
lâl *(A.):* Dilsiz.
lâl kesil-: Susmak.
lâlâ *(F.):* Bir çocuğu gezdiren, oyalayan uşak.
lâlâ-yı adem : Yokluk dadısı.
lâle-zâr *(F.):* Lâle bahçesi.
lâ-mekân *(A.):* 1. Mekânsız, yersiz, yere ihtiyacı olmayan. 2. Allah.
lâne *(F.):* Yuva.
lâne-i hülyâ: Hayal yuvası.
lâne-i sevda: Sevda yuvası.
lâ-ta'yîn : Belirlenemeyen, belirsiz.
lâtma *(A.):* Tokat, şamar.
lâtma-i tenkîl: Ceza vermek için atılan tokat.
lâ-yemût *(A.):* Ölümsüz.
lâ-yenkati *(A.):* Durmaksızın, durmadan, hep.
lâ-yuadd *(F.):* Pek çok, sayısız.
lâzıme *(A.):* Gerekli şey, gerekçe.
lâzıme-i cibillîyet: Yaratılış gereği, fıtratta olan, tabiî.
leb *(F.):* Dudak.
leb-i uşşâk: Aşıkların dudağı.
leb-beste *(F.):* Susan.
leb-i la'l: Kıpkırmızı dudak.
lebrîz *(F.):* Ağzına kadar dolmuş.
leb-teşne *(F.):* Susamış.
lem'a-dâr *(F.):* Parıltılı, parlak.
lemha *(A.):* Bir defa bakma.
lemha-i lebrîz-i elem: Üzüntüyle bir kez bakma.
lemze *(A.):* Göz veya kaşla işaret etme.
lemze-i şûh-ı nesevîyyet: Kadınlığın şuh göz işareti.
leng *(F.):* Topal, aksak.
lenger *(F.):* Gemiyi yerince mıhlamak için denize atılan zincir ve bu zincirin ucundaki çapa.
lepiska: 1. (saç için) Uzun, sarı ve yumuşak. 2. Leipzig şehrinde üretilen ipek türü.
lerze *(F.):* Titreme, titreyiş.
lerze-dâr *(F.):* Titrek, titreyici.
lerziş *(F.):* Titreme, titreyiş.
leşker *(F.):* Asker.
leşker-i a'dâ: Düşman askeri.
leşker-i sultân-ı irfân: Bilgi sultanının askeri.
leşker-i ta'arruz-ı Ehl-i Beyt: Ehli Beyt mensuplarına saldıran askerler.
levent *(F.):* Osmanlı donanmasında ve kıyılarında görev yapan asker sınıfı. 2. *mecz.* Boylu boslu, yakışıklı kimse.
levh *(A.):* Yassı, düz, üzerine yazı yazılabilen nesne.

levha *(A.):* Manzara, görünüş.
levha-i rikkat: Feci bir tablo, rakiklik tablosu.
levh-i çemen: Yeşillik levhası.
levh-i dil: Gönül levhası.
levh-i hâtır: Hafıza.
leyâl *(A.):* Geceler.
leyâl-i hasret: Hasret geceleri.
leyâl-i ömr: Ömür geceleri.
leyl *(A.):* Gece.
leyle-i hublâ-yı adem: Yokluğa gebe olan gece.
leyl-i mâtem: Yas gecesi.
licâm *(A.):* Hayvanın ağzına vurulan gem.
lîk (F.) Lâkin, fakat, ama.
lisân *(A.):* Konuşulan dil; söz.
lisân-ı hâfî: Söylenmemiş söz.
livâ *(A.):* Bayrak.
Livâi' l-hamd: Hz. Muhammed ümmetinin mahşer günü altında toplanacağı sancak.
liyâkat *(A.):* Layık olma, değerlilik, yararlılık. 2. İktidar, hüner, fazîlet.
lokmâ *(A.):* Bir seferde ağza alınan yemek parçası.
lokmâ-yı in'am: Doyacak kadar büyük olan lokma.
lokman ruhu: Eter, hekimlikte kullanılan, çok uçucu, renksiz ve kendine has kokusu olan bir sıvı.
lugaz *(A.):* 1. Bilmece, bulmaca. 2. Hikmet, sır.
lü'lü *(A.):* İnci.
lü' lü-i şeh-vâr: Şahlara layık büyük inci.
lügaviyat *(A.):* Sözlük bilimi.
lüknet *(A.):* Kekeleme.
lüknet-i lisâniyye: Söz söylerken dildeki tutukuluk, kekeleme.
lütf u âtıfet *(F.):* Hoşluk, güzellik ve karşılık beklemeden sevgi gösterme.

- M -

maâlî *(A.):* Yüksek, derin fikirler.
ma'bed *(A.):* İbadet edilecek yer, ibadet yeri.
mâder *(F.):* Anne, ana.
ma'dûd *(A.):* Sayılı, sayılmış
ma'dûm *(A.):* Yok olan, mevcut bulunmayan.
mâ-fîhâ *(A.):* Öteki dünya, ahiret.
mağmûm *(A.):* Gamlı, kederli.
mağrip *(A.):* Batı, garp.
mağrur *(A.):* Gururlu, kendini beğenmiş, büyüklük taslayan.
mâh *(F.):* Ay.
mâh-ı hicrân: Ayrılık ayı.
mâ-hasal *(A.):* Hasıl olan, meydana gelen şey, netice.
mâ-hasal-ı rızk u atâyâ-ı adem: Yokluk hediyeleri ve rızkının neticesi.
mahâsin *(A.):* Güzellikler.
mahâsin-i ahlâk: Ahlâk, huy güzellik-leri.
mahbes *(A.):* Hapishane, zindan.
mahbes-i amâl: Emellerin zindanı.
mahbûb *(A.):* Sevilen, sevilmiş, sevgili [Erkek].
mahbûbe *(A.):* Sevilen, sevilmiş, sevgili [Kadın].
mahdum *(A.):* Oğul, evlât.
mahfaza *(A.):* İçinde öte beri saklanan küçük kutu, kap, zarf.
mahfî *(A.):* Gizli, saklı.
mahkeme *(A.):* Davaların görülüp hükme bağlandığı yer.
mahkeme-i rûz-ı cezâ: Ahiret günü kurulup amellerin tartılacağı mahkeme.
mahkûk *(A.):* Hakkolunmuş, çelik kalemle sert bir şey üzerine kazılmış.
mahmî *(A.):* Himaye edilmiş, korunmuş.
mahmûm *(A.):* Hummaya tutulmuş; ateşli, ateşi olan.
mâh-pâre *(F.):* 1. Al parçası 2. Çok güzel kimse.
mahrem *(A.):* Haram; nikâh düşmeyen.
mahrûm *(A.):* Nasipsiz, payı olmayan.
mahrûm-ı hürriyet: Hürriyetten mahrum, esaret altında yaşayan.
mahsûs *(A.):* Hissedilen, duyulan.
mahşer *(A.):* Kıyamet günü ölülerin dirlip toplanacakları yer 2. Pek kalabalık.
mahûf *(A.):* Korkunç, korkulu [yer], tehlikeli.
mâhût *(A.):* Adı geçen; bilinen.
mahv *(A.)*: Yok etme, ortadan kaldırma.
mahv-ı hâk-i reh-i şâhenşeh-i kevneyn: İki âlemin en büyük padişahının yolunun toprağını mahv etme.
mahzen *(A.):* 1. İçinde eşya saklanacak yer, bodrum. 2. Havasız, karanlık yer. 3. Hapishane.
mâil *(A.):* Meyilli, eğilimli; istekli.
mâil-i efsâne: Efsaneye ihtiyaç duyan.
maîşet *(A.):* Geçim, geçim kaynağı.

maiyyet *(F.):* Bir büyük memurun emri altında bulunma.
maiyyet-i erkân: İleri gelenlerin maiyyeti.
makâm *(A.):* 1. Kıyam edilen, durulan, durulacak yer. 2. Memuriyet, memurluk yeri.
makâm-ı illiyyîn: Cennetin en yüksek yeri, iliyyîn mertebesi.
makam-ı memuriyet: Memurluk makamı.
makber *(A.):* Mezar, mezarlık.
makber-i muazzam-ı ecdâd: Ecdadın muazzam kabri
makdûr *(A.):* 1. Güç, kuvvet. 2. Allah'ın takdiri. 3. Elden gelen.
ma'kes *(A.):* Akseden yer, akis yeri.
ma'lûl (A.): İlletli, hastalıklı, sakat.
maksûd *(A.):* Kasdolunan, istenilen şey.
ma'kûl *(A.):* Akıllıca, akla uygun, mantıklı.
mâl-a-mâl *(A.):* Çok dolu, dopdolu.
mâlik *(A.):* Sahip, bir şeye sahip, bir şeyi olan.
mamafih *(A.):* Bununla beraber, böyle iken.
mâmure *(A.):* Ma'mur olan yer, bayındır yer, şehir.
mâmure-i dünyâ: Bayındır dünya.
ma'nâ-şikâf *(F.):* Mana yaran, anlam yarıcı.
mandarin *(Port.):* Avrupalıların Çin devlet memurlarına verdikleri ad.
mandıra *(Yun.):* Koyun, keçi gibi süt veren hayvanların barındırıldığı, süt ve süt ürünlerinin elde edildiği yer.
ma'nen *(A.):* İç varlık bakımından, duyguca, gönülce, ruhça.
mânend *(F.):* Benzer, eş; .... gibi.
mânend-i sanevber: Çam fıstığı ağacı gibi.
mânend-i şecer: Ağaç gibi.
mani: Edb. Genellikle birinci, ikinci ve dördüncü mısraları kafiyeli olan ve daha çok hecenin yedili ölçüsüyle söylenen halk şiiri.
ma'nî *(A.)*: Anlam.
ma'nî-i ifnâ-yı adem: Yokluğu ortadan kaldırmanın anlamı.
mansıb *(A.):* Makam, yüksek memuriyet.
mansıb-ı ümîd: Ümit makamı.
manzara *(A.):* 1. Bakılıp seyredilen yer. 2. Görünüş. 3. Pencere.
manzum *(A.):* Edb. Vezinli, kafiyeli söz.

mâr *(F.):* Yılan
mâr-ı semûm: Zehirli yılan.
maraz *(A.):* Hastalık.
mâreke *(A.):* Savaş meydanı.
marîz *(A.):* Hasta.
maruzât *(A.):* Küçükten büyüğe sunulan arzular, ricalar.
maruzât-ı hakîrâne: Hakir bir şekilde istenen şeyler.
masraf u îrâd *(F.):* Gider ve gelir.
masûn *(A.):* 1. Saklanmış 2. Korunmuş 3. Salim, sağlam.
ma'şer (A.): Topluluk.
ma'şer-i millet: Millet topluluğu.
mâşıta *(A.):* Kadınlara tuvalet yapan kadın.
maşlah *(A.):* Bazı varlıklı Arapların giydiği ipekten harmani.
maşrık *(A.):* Doğu, şark.
matbah *(A.):* Mutfak.
matem *(A.):* Hüzün, keder ve musibet zamanındaki ağlayış, yas.
matem-i millî: Milletin ekseriyeti tarafından tutulan yas.
matem-i muazzez: Şerefli keder.
matla' *(A.):* 1. Tulu edecek, doğacak yer. 2 Kaside veya gazelin kafiyeli olan ilk beyti.
matla'-ı nûr-ı hidâyet : Hidayet nurunun doğduğu yer.
matlûb *(A.):* Taleb edilen, istenen.
mâverâ *(A.):* Ard, geri, bir şeyin ötesinde, arkasında bulunan; öteye mensup, öteki âlem.
mâverâ-yı Çin: Çin'in ötesi.
mâverâî *(F.):* Öteye mensup, öteki âlemle ilgili.
mavzer *(Alm.):* Atış hızı dakikada ortalama altı mermi olan ve orduda kullanılan bir tüfek tipi.
mâyi *(A.):* Su gibi akan, sıvı halinde bulunan şey, sıvı.
mazalle *(A.):* Gölgelik, tente.
mazarrat *(A.):* Zarar, ziyan; zarar verme.
mazbut *(A.):* Yazılmış, kaydedilmiş korunmuş.
mâzi *(A.):* Geçmiş.
mâzi-i pür-mihen: Çileli geçmiş.
ma'zûl *(A.):* Azledilmiş, işinden çıkarılmış.
ma'zûr *(A.):* Özrü olan, hoş görülebilir
me'lûf *(A.):* Alışılmış, alışmış, huy edilmiş.
me'mûn *(A.):* Emin bulunan, güvenli.

me'vâ *(A.):* Yurt, mesken, sığınılacak yer.
me'yûs *(A.):* Ümitsiz.
meâbid *(A.):* Mabetler.
meâbid-i emel ü his: Arzu ve duyguların mabetleri.
meâbid-i hülyâ: Hayal mabetleri.
meâbid-i mechûle-i ümid-i beşer: İnsan ümidinin meçhûl mabetleri.
meâbid-i pür-nûr-ı vecd ü rüyâ: Vecd ve rüyadaki ışık dolu mabetler.
meâbid-i vecd: Vecd mabetleri.
meâl *(A.):* Mânâ, kavram, mefhum.
mebde' *(A.):* Bir şeyin başlangıcı, başlama yeri.
mebde-i evvel: İlk başlangıç, ilk yaratılış zamanı.
mebhût *(A.):* Hayrette kalmış, şaşırmış.
mebus *(A.):* Milletvekili.
mebzûl *(A.):* Bol, çok.
mecâzib *(A.):* Deli divaneler, meczuplar.
mecrûh *(A.):* cerh olunmuş, yaralanmış. Huk. İnandırıcı sözlerle çürütülmüş fikir, mevzû, dâvâ.
mecrûh *(A.):* Yaralanmış, yaralı.
meczubiyet *(A.):* Kendinden geçiş, meczupluk.
medâr *(A.):* Bir şeyin döneceği, üzerinde hareket edeceği yer, etrafında dönülen nokta.
medâr-ı mübâhat: Övünme sebebi.
medfûn *(A.):* Defnolunmuş, gömülmüş.
medhal *(A.):* Giriş.
medyûn *(A.):* Borçlu, verecekli.
mef'ûl *(A.):* 1. İşlenmiş, yapılmış, kılınmış. 2.Grm. Bir failin yaptığı işten etkilenen, tümleç, ortaç.
mefâhir *(A.):* İftihar edilecek, övünülecek şey.
mefâsid *(A.):* Fesatlıklar, bozgunculuklar.
mefhâr *(A.):* 1. Övünme 2. Övünmeyi gerektiren.
mefkûd *(A.):* Kayıp, yok, bilinmeyen.
mefkûre *(A.):* Ülkü, ideal.
meflûc *(A.):* Felç olmuş, kımıldamaz
meftun *(A.):* Tutkun, tutulmuş.
meftûr *(A.):* Bezgin, bezmiş, kederli, ümitsiz.
meh *(F.):* Ay.
mehâbet *(A.):* Heybet, görkemlilik.
mehâbet-i inşâd: Okunan şiirin görkemi.
mehâsin *(A.):* Güzellikler.
mehâsin-i ahlâk : Ahlâk güzellikleri.
mehâsin-i hilkât: Yaratılış güzellikleri.
mehâsin-i şerîf : Şerefli güzellikler.
mehîb *(A.):* Heybetli, görkemli.
Mehmed-i Rabi': Padişah 4. Mehmed.
mehtâb *(F.):* Ay ışığı.
mehtâb-ı kemer: Ay ışığı gibi parlayan kemer.
mekâbir *(A.):* Kabirler, mezarlar.
mekâbir-i ulemâ: Âlimlerin kabirleri.
meksûr *(A.):* Kırılmış.
mektep *(A.):* Okuyup yazılacak yer, okul.
melâl *(A.):* Usanç, bıkma; sıkıntı.
melâmet *(A.):* Ayıplama, kınama, azarlama.
Melikü'l-Mennân *(A.):* İhsanı bol olan; Cenabı Allah.
mel'ûn *(A.):* Lânetlenmiş, uğursuz.
melül *(A.):* Melâlli, bıkmış, usanmış.
memât *(A.):* Ölüm.
memdûh *(A.):* Övülmüş.
memlû *(A.):* Doldurulmuş, dolu.
memurîn *(A.):* Memurlar.
menâbi *(A.):* Menbalar, kaynaklar.
menâbi-i şirişk: Gözyaşı menbaları.
menâfi *(A.):* Menfaatlar, yararlar, çıkarlar.
menâfi-i beşeriyye: İnsanla ilgili çıkarlar.
menâkıb *(A.):* Menkıbeler.
menâl *(A.):* Nail olunan, ele geçirilen, sahip olunan şey.
menâzır *(A.):* Manzaralar.
menâzır-ı tabîiye: Tabiî manzaralar, coğrafî güzellikler.
menba *(A.):* Kaynak, suyun kaynadığı yer.
menfâ-nişîn *(F.):* Sürgünde oturan.
menfûr *(A.):* Nefret edilen, iğrenç.
menhel *(A.):* Konulacak, durulacak sulak yer
mensî *(A.):* 1. Unutulmuş 2. Terk edilmiş, bırakılmış.
mensiyet *(A.):* Unutma, unutulmuşluk.
mensûbiyet *(A.):* Mensupluk, mensûbolma hali.
menût *(A.):* Asılı, asılmış, rabt edilmiş.
mer'î *(A.):* Gözle görülen.
merâret *(A.):* Acılık, tatsızlık.
merâtib *(A.):* Mertebeler, dereceler.
merâyâ *(A.):* Aynalar.
merâyâ-ı adem: Yokluk aynaları.
merbutiyet *(A.):* Bağlılık.
merd *(F.):* 1. Adam, insan. 2. Yiğit, sözü-

nün eri, güvenilir kimse.
merd-i fakîr: Fakir kişi.
merd-i gayûr: Gayretli insan.
merd-i meydan: Yiğit.
merd ü zen : Erkek ve kadın.
merdân *(F.):* Adamlar, insanlar.
merdân-ı sühan-dân: Güzel söz söyleyen adamlar.
merdümgirîz *(F.):* İnsanlara karışmaktan hoşlanmayan, insanlardan kaçan kimse, mizantrop.
merdümî *(F.):* 1. İnsanlık, adamlık. 2. Cesurluk, yiğitlik.
mergûl *(A.):* Bükülmüş, kıvrılmış, kıvırcık.
merhale *(A.):* 1. Menzil konak. 2. İki menzil konak arası. 3. Bir günlük yol.
merkad *(A.):* Mezar, kabir.
merkez *(A.):* Merkez.
merkez-i me'mûn-ı rızâ: Allah rızasının verdiği güvenin merkezi.
mertebe *(A.):* Derece, basamak, rütbe, pâye.
mertebe-i ehadiyet: Birlik mertebesi, Allah'ın bir ve tek hükümrân olduğunun şuuruna varma.
mesâ *(A.):* Akşam.
mesâfe (A.) : Uzaklık.
mesâfe-i irtifâ: Yükseklik mesafesi.
mesâvî *(A.):* Fenalıklar, kötülükler.
mescûd *(A.):* Kendisine secde edilen.
mescûd-ı muhayyel: Hayalî ilâh.
meserret *(A.):* Sevinç, şenlik.
meshûf *(A.):* Susamış.
meshûr *(A.):* Sihirli, büyülü, etkileyici; büyülenmiş.
mesire *(A.):* Gezinti ve tenezzüh yeri.
meskenet-fiken *(F.):* Miskinliği gideren.
mesned *(A.):* 1. Makam, rütbe. 2. İsnad edilen, dayanılan şey.
mesned-i izzet: Kıymet derecesi.
mest *(A.):* Kendinden geçmiş, sarhoş.
mest-i câm-ı ışk: Aşk kadehinin sarhoşu.
mestân *(F.):* Sarhoşlar.
mest-kede *(F.):* Sarhoşluk yeri.
mestûr *(A.):* Yazılmış.
meş'al *(A.):* Ucunda alev çıkararak yanan bir madde bulunan değnek, sopa.
meş'al-keş *(A.):* Meş'ale çeken, meş'aleci.
meş'ûm *(A.):* Uğursuz.
meşâm *(A.):* Burun, koku alacak yer.
meşâyıh *(A.):* Şeyhler.
meşcer *(A.):* Ağaçlık [yer], koru.
meşhed *(A.):* Bir insanın şehit düştüğü ya da bir şehidin gömülü bulunduğu yer.
meşhûn *(A.):* Doldurulmuş, dolu.
meşkûr *(A.):* Teşekküre değer, makbûl, beğenilmiş, övülmüş.
meşreb *(A.):* Huy, tabiat, karakter.
meşreb-i nâ-sâz: Uygunsuz karakter, ters tabiat.
meşûme *(A.):* Uğursuz.
meşy *(A.):* Yürüme.
metânet *(A.):* Sağlamlık, dayanıklılık.
methiye *(A.):* Bir kimseyi veya bir şeyi övmek için yazılmış şiir.
metrûk *(A.):* Terk edilmiş.
mev'id *(A.):* Va'd edilen, söz verilen yer.
mev'id-i telâkki-i akvâm: Milletlerin buluşma yeri.
mevâlîd *(A.):* Mevlitler, doğulan yerler.
mevc, mevce *(A.):* Dalga.
mevc-â-mevc: Dalgalı.
mevce-i bahr-i siyâh-ı şeb-i yeldâ-yı adem: Yokluğun en uzun gecesinin karanlık denizinin dalgası.
mevc-hîz *(F.):* Dalga kıran
mevcudat *(A.):* Varlıklar, var olan her şey.
mevcûdât-ı bî-pâyân: Sonsuz varlıklar
mevcûdiyet *(A.):* Mevcut olma, varlık.
mevcûdiyet-i millî: Millî varlık.
mevhûm *(A.):* Aslı esası yokken zihinde kurulmuş olan, kuruntuya dayanan
mevkib *(A.):* Kafile.
mevkib-i ervâh: Ruhlar kafilesi.
mevrûs *(A.):* Miras kalmış.
mevt *(A.):* Ölüm.
mevt-i âlem: Âlemin ölümü; kıyamet.
mevtâî *(A.):* Ölüye benzer, ölü gibi.
mevzi *(A.):* bir şey konulacak yer.
mevzû *(A.):* Konu, bahis konusu.
mevzu-u bahs: Bahis konusu, bahsedilen konu.
mevzûn *(A.):* Vezinli, vezinle yazılmış olan söz.
mey *(F.):* Şarap, içki.
mey-i zehr-âb-ı sitem: Sitemin zehirli şarabı.
meyân *(F.):* Ara, orta, aralık.
meydân-ı harp *(F.):* Savaş alanı.
mey-hâr *(A.):* Şarap içen, içkici, ayyaş.
meyl *(A.):* Taraflardan birini fazla tutma, sempati.
meyl-i mahsûs: Özel eğilim.

meyyâl *(A.):* Çok meyleden, çok istekli, düşkün.
meyyâl-i tahakküm: Zorbalığa eğilimli.
mezâhib *(A.):* Mezhepler, tutulan yollar.
mezâhib-i sâire: Diğer yollar, diğer mezhepler.
mezbûr *(A.):* Adı geçen, yukarıda söylenmiş.
mezellet *(A.):* Zelillik, alçaklık, itibarsızlık.
mezîd *(A.):* Artmış, artırılmış; artma.
mezru' *(A.):* Ölçülmüş.
micmer *(A.):* Buhurdan; içinde tütsü yakılan kap.
midâd *(A.):* Yazı mürekkebi.
midâd-ı feryâd: Feryad mürekkebi.
mihekk *(A.):* Mihenk; altın veya gümüşün ayarını anlamaya yarayan taş. 2. *Mecz.* Birinin kadrini, kıymetini ve ahlâkını anlamaya yarayan şey.
mihnet *(A.):* Zahmet, eziyet; keder.
mihnet-i aşk: Aşk sıkıntısı
mihnet-geh-i hestî: Varlık sıkıntısını çekme yeri; dünya.
mihr *(F.):* Güneş.
mihr-i bî-karar: Kararsız, devamlı dönen güneş.
mihr-i cemâl: Güneş gibi parlak olan yüz.
mihr-i dırahşân: Parlak güneş.
mihr-i münîr: Parlak güneş.
mihrab *(A.):* 1. Cami, mescit gibi yerlerde Kâbe yönünü gösteren, duvarda bulunan ve imama ayrılmış oyuk veya girintili yer. 2. *Mecz.* umut bağlanan yer.
mihrâb-ı hafâ: Gizlilik mihrabı.
milel *(A.):* Milletler.
mimâri *(A.):* Mimarlıkla ilgili olan, sanat eseri.
minâ-kârî *(F.):* Mine işçiliği.
minber *(A.):* Camilerde hatibin çıkıp hutbe okuduğu merdivenli kürsü.
mine *(F.):* 1.Metal eşya üzerine vurulan renkli cam katmanı. 2. Saat kadranı. 3. İnce ve parlak nakış.
minkâr *(A.):* Yırtıcı kuş gagası.
minkâr-ı âteşîn: Ateşten gaga.
mintan *(F. <nîm-ten)*: Yakasız, uzun kollu erkek gömleği.
minval *(A.):* Tarz, yol, sûret, şekil.
mîr *(F.):* Baş, kumandan, bey.
mîr-i âhur: Ahır beyi. Padişah ahırlarının yönetimi ile görevli kimse
mir'at *(A.):* Ayna.
mir' at-ı mücellâ: Cilâlı, parlatılmış ayna.
Miraç *(A.):* Peygamberimizin Recep ayının 27. gecesinde Mekke'den Mescid-i Aksâ'ya, oradan da göklere yükselip Cenab-ı Allah'la yüzyüze görüşmesi.
misâl *(A.):* Örnek.
misâl-i vatan: Vatan sembolü.
miyâh *(A.):* Sular.
miyâh-ı râkide: Durgun sular.
mu'ciz *(A.):* Acze düşüren, (Bir şey yapmada) geri bırakan, kimsenin yapamayacağı yolda olan.
mu'ciz-kelâm *(A.):* Sözü kimseninkine benzemeyen.
mu'tekedât *(A.):* İtikat olunan, inanılan şeyler.
mu'ti *(A.):* İta eden, veren.
mu'vec *(A.):* Yılankâvî, eğri büğrü.
muakkab *(A.):* Tâkib olunmuş, ardına düşülmüş.
muakkib *(A.):* Takip eden, kovalayan
muallim, muallime *(A.):* Talim eden, öğreten, öğretmen.
muamma *(A.):* 1. Usûlüne göre tertip olunmuş bulunan ve çok defa ismine delâlet eden bilmece, yanıltmaca. 2. *Mecz.* Anlaşılmaz iş, gizli ve güç anlaşılır söz.
muanber *(A.):* Misk kokulu.
muânid *(A.):* İnatçı.
muannid *(A.):* İnatçı.
muârız *(A.):* Karşı gelen
muarrâ *(A.):* Temizlenmiş, arınmış
muâsır *(A.):* Bir asırda yaşayanlardan her biri; çağdaş.
muattar *(A.):* Kokulu.
muazzez *(A.):* İzzet ve şeref sahibi.
mubassır *(A.):* Okullarda talebenin durumu ile yakından ilgilenen, düzenlerini sağlayan kimse, belletmen.
mu'cizât (A.): Mucizeler.
mudhike *(A.):* Gülünecek şey.
muğber *(A.):* Dargın, gücenmiş.
muğfel (A.): Aldatılmış, iğfal edilmiş.
muğfil *(A.):* İğfal eden, aldatan.
muhacir *(A.):* Hicret etmiş olan, göçmen.
muhalled *(A.):* Daimî, sürekli olarak kalan.
muhammer *(A.):* Şarap gibi kaynayıp kıvamını bulmuş.
muharib *(A.):* Savaşa katılan, savaşan, savaşçı.
muharrir *(A.):* Yazar.
muhasara *(A.):* Kuşatma, etrafını çevirme.

muhâsım *(A.):* Düşman olarak karşılaşanlardan her biri.
muhayyel *(A.):* Tahayyül olunmuş, hayal kurulmuş.
muhayyirü'l-ukûl *(A.):* Akıllara şaşkınlık veren.
muhîş *(A.):* Korkutan.
muhit *(A.):* 1. İhata eden, etrafını kuşatan. 2. Çevre, etraf.
muhrik *(A.):* Yakan; yanık.
muhtâc *(A.):* İhtiyacı olan, kendisine bir şey lâzım olan, bir eksiği olup onu tamamlamak isteyen.
muhtac-ı tenkit: Tenkide muhtaç, değerlendirilmesi gerekli olan.
muhtazır (A.): Can çekişen.
muhtell *(A.):* Bozuk, karışmış.
muhterem *(A.):* İhtiram olunmuş, saygı değer, sayın.
muhteris *(A.):* İhtiraslı, aşırı hırslı.
muhteriz *(A.):* Çekingen.
muhteviyat *(A.):* İçindekiler, ihtiva edilen şeyler.
muhyî *(A.):* İhya eden, canlandıran, hayat veren.
mukabele *(A.):* Karşılık verme, karşılama, karşılık.
mukadder *(A.):* Yazılı, alında yazılı.
mukaddes *(A.):* Kutsal.
mukaddime *(A.):* Başlangıç, giriş, önsöz.
mukârebet *(A.):* Yakınlık, akrabalık.
mukârenet *(A.):* Bitişiklik, yaklaşma, kavuşma.
mukârin *(A.):* Bitişik, yaklaşmış, bir yere gelmiş.
mukarrer *(A.):* 1. Kararlaşmış. 2. Şüphesiz, sağlam.
mukarrip *(A.):* Takrib eden, yaklaştıran, yakınlaştıran.
mukavemet *(A.):* Karşı durma.
mukavemet-i anûdâne: İnatla karşı koyma.
mukavves *(A.):* Yay gibi eğilimiş; kavisli.
muktebes *(A.):* Faydalanmak üzere aynen alınmış, aktarılmış.
munis *(A.):* 1. Alışılan. 2. Cana yakın.
muntazam *(A.):* Düzenli, düzgün.
muntazır *(A.):* İntizar eden, gözleyen, bekleyen.
muntazır-ı şehâdet: Şehit olmayı bekleyen.
munzamm *(A.):* İnzam eden, üste konan, katılan, ek.
mûr *(F.):* Karınca.
mûr-ı nâtüvân: Zayıf, kuvvetsiz karınca.
murâbaha *(A.):* 1. Malı kâr ile satma. 2. Tefecilik.
Murad-ı Rabi : Padişah Dördüncü Murad.
murâkabe *(A.):* Bakma, gözetme, göz altında bulundurma.
murassa *(A.):* Değerli taşlarla donanmış, süslü.
murdar *(F.):* 1. Mundar kirli, pis. 2. İslâm şeriatine göre kesilmemiş hayvan.
murtazâ *(A.):* Beğenilmiş, seçilmiş, kendisinden razı olunmuş. 2. Hz. Ali'nin bir lakabı.
musâhabet *(A.):* Sohbet etme, görüşme, konuşma.
musahhar *(A.):* Ele geçirilmiş.
musâhib *(A.):* Sohbette bulunan; arkadaş.
Musa-mânend *(F.):* Musa gibi.
musannâ *(A.):* Usta elinden çıkmış, süslü.
musavver *(A.):* Tasvirli, resimli; tasarlanmış.
mushaf *(A.):* Kur'ân-ı Kerîm.
mushaf-ı hüsn: Güzellik Kur'ân'ı.
musta'it *(A.):* Kabiliyeli, yetenekli.
mustatil *(A.):* Uzayan, uzamış olan.
muşârun-ileyh *(A.):* Adı geçen, anılan. 2. Tanzimat'tan sonra, bahsedilen en yükse rütbe için bu kelime kullanılmıştır.
mutâ' *(A.):* İtaat olunan, boyun eğilen.
mutaassıp *(A.):* Bir fikre ya da bir düşünceye körü körüne bağlanan, bağnaz.
mutâbık *(A.):* Anlaşmış, birbirine uygun.
mutalla *(A.):* Ya dızlı.
mutantan *(A.):* Tantanalı, şaşaalı, gösterişli.
mutarrâ *(A.):* Taravetli, taze.
mûtât *(A.):* Alışıldığı üzere.
mutedil *(A.):* 1. Ne az, ne çok, orta halde bulunan. 2. Yavaş, mülâyim, sert olmayan.
mutî *(A.):* İtaat eden, boyun eğen, bağlı.
mutmain *(A.):* İçi rahat, şüphesi yok.
muttarit *(A.):* Düzenli, bidüziye.
muttasıf *(A.):* Vasıflı, bir özelliği olan.
muttasıl *(A.):* Bitişik, bir birine bağlı.
muvâfık *(A.):* Uygun, yerinde.
muvakkithâne *(F.):* Vakti tayin eden kimsenin (muvakkit) ve buna ait alet ve edevatın bulunduğu oda (Genellikle büyük camilerin yanında bulunur).

mûy *(A.):* Kıl; saç.
mûy-ı jûlîde: Karmakarışık saç.
mûy-ı yâr: Sevgilinin saçı.
muzâmîn *(A.):* Mazmunlar; gizli manalar.
muzlim *(A.):* Karanlık.
mübah *(A.):* İşlenilmesinde dinen sevap ya da günah olmayan şey, iş, fiil.
mübâhat *(A.):* Övünme, iftihar etme.
mübâhî *(A.):* Övünen, iftihar eden.
mübâşir *(A.):* Bir işe başlayan.
mübâşir-i katl-i Hüseyn: Hz. Hüseyin'i öldürmeye teşebbüs eden.
mübeccel *(A.):* Yüce, yüceltilmiş.
mübhem *(A.):* Belirsiz.
mübîn *(A.):* Açık, besbelli.
mücehhez *(A.):* Donanmış, donatılmış; kaplı.
mücellâ *(A.):* Cilâlı, parlatılmış, parlak.
mücevveze *(A.):* Büyük sarık.
müctemian *(A.):* Toplu halde.
müdâhene-kârâne *(F.):* Dalkavuklukla.
müdâhin *(A.):* Yüze gülen, dalkavuk, yağcı.
müdâm *(A.):* Sürekli.
müdârâ *(A.):* Yüze gülme, dost gibi görünme.
müddeâ *(A.):* İddia olunmuş, iddia olunan şey.
müderris *(A.):* 1. Ders veren, ders okutan, medresede ders okutan. 2. Profesör.
müdâfaa *(A.):* 1. Def etme, bir saldırıya karşı durma. 2. Koruma, korunma.
müdâfaa-i milliye: Millî müdâfaa, millî savunma.
müebbet *(A.):* Sonsuz.
müebbeden *(A.):* Sonsuza kadar.
müessesât *(A.):* Kurulmuş daireler.
müessesât-ı medeniyye: Medenî kuruluşlar.
müessir *(A.):* Etkili, tesirli.
müfîd *(A.):* Anlatan, manalı, faydalı.
müfred *(A.):* 1. Tek, yalnız. 2. Grm. Tekil, çoğulun (cem') karşıtı.
müftahir *(A.):* Övünen.
müftekır *(A.):* Muhtaç.
müfti *(A.):* 1. Fetva veren. 2. İl ve ilçelerde din işlerine bakan kimse, müftü.
müfti'l-enâm: Şeyhülislâm.
müheyyic *(A.):* Heyecan veren.
mühîn *(A.):* İhanet eden; alçak.
mühlik *(A.):* Helâk eden, öldürücü.
mükâfât *(A.):* Bir hizmet iyiliğe karşı edilen iyilik
mükâfât-ı ebedî: Sonsuz mükâfât
mükâhhal *(A.):* Sürmeli, sürme çekilmiş.
mükedder *(A.):* Kederli, üzüntülü.
mükerrem *(A.):* Muhterem, aziz, ulu, hürmet ve tazime erişmiş.
mükevkeb *(A.):* Yıldızlı.
mülâhaza *(A.):* İyice düşünme, dikkatlice değerlendirme.
mülâtefe *(A.):* Latife etme, şakalaşma.
mülevves *(A.):* Kirli, pis.
mülhem *(A.):* İlham edilmiş, birinin içine doğmuş.
mülk *(A.):* Memleket, ülke, vatan.
mülk-i fenâ: Dünya, fani dünya.
mülk-i ışk: Aşk ülkesi.
mülk-i Süleyman: Hz. Süleyman'ın ülkesi, malı mülkü.
mültecâ *(A.):* İltica edilecek, sığınılacak yer.
mümâsil *(A.):* Benzeyen, andıran.
münâcât *(A.):* 1. Allah'a dua etme, yalvarma. 2. Edb. Allah'a duâ ve yakarış konulu manzume.
müneccim *(A.):* Yıldız falına bakan kimse.
münâkehe *(A.):* Nikahlanma.
müncemid *(A.):* Donmuş, donuk
müncezib *(A.):* Gönül vermiş, tutulmuş.
mündefi' *(A.):* İndifâ etmiş, geçmiş, atlatılmış [hastalık, savaş, sıkıntı vb.].
münderic *(A.):* İçinde bulunan, yer almış.
müneccim *(A.):* Yıldız falına bakan kimse, falcı.
münevver *(A.):* Işıklı, aydınlanmış, parlatılmış.
münfail *(A.):* İnfiâl eden, gücenen, gücenmiş, alınmış.
münhasıran *(A.):* Sadece, yalnızca, hususi.
münkalib *(A.):* İnkılâb eden, değişmiş, değişen.
münkesir *(A.):* Kırılmış, kırık.
münsecim *(A.):* İnsicamlı, düzgün, uyumlu.
müntehi *(A.):* Sona eren; son; bir şeyi tamamlayan.
müphem *(A.):* Tamamen anlaşılamayan, belirsiz, soru işareti bırakan, muğlak.
mürekkeb *(A.):* Terkib edilmiş, iki veya daha çok şeylerin karışmasından meydana gelen şey.
mürg *(F.):* Kuş.
mürg-i Hümâ: Hümâ kuşu, yükseklerde uçtuğuna inanılan devlet kuşu.
mürûr *(A.):* Geçme, zamanın geçmesi.

mürüvveten *(A.):* İnsanca, mertlik ve yiğitlikle.
müsâlaha *(A.):* Barışma, uzlaşma.
müsellem *(A.):* 1. Teslim edilmiş, verilmiş. 2. Su götürmez, doğruluğu ve yanlışlığı herkesçe kabul edilmiş olan.
müsemmâ *(A.):* Adlandırılmış, isim verilmiş.
müsemmâ-yı adem: Yokluk ismi verilen.
müskit *(A.):* Susturan, susturucu.
müsrif *(A.):* İsraf eden, malını, parasını boş yere harcayan, tutumsuz, savurgan.
müstağni *(A.):* İstiğna içinde olan, tokgözlü.
müstahak *(A.):* Hak etmiş, hak kazanmış, lâyık.
müstahkâr *(A.):* Küçümsenen, hakir görülen.
müsteb'it *(A.):* İstibdat yapan, zorba, hükmü altında bulunanlara söz hakkı ve hareket serbestiliği vermeyen.
müstehâze *(A.):* Toprak altında saklı bulunan.
müstehziyane *(F.):* Alaycı bir tavırla.
müstevfâ *(A.):* Kâfi derece, yeteri kadar, tam, mükemmel, olgun.
müşâbih *(A.):* Benzeyen, benzer.
müşâvere *(A.):* Danışma, fikir alış verişi.
müşfik *(A.):* Şefkatli, merhametli, acıyan, seven.
müşg *(F.):* Misk.
müşg-i nâb: Halis, saf misk.
müşgîn *(F.):* 1. Misk kokulu, miskli. 2. Siyah.
müşkil, müşkül *(A.):* 1. Güç, zor, çetin. 2. Engel, güçlük, zorluk.
müşkilât *(A.):* Güçlükler, zorluklar; engeller.
müşkil-ter *(F.):* Daha zor, çok zor.
müşrikîn *(A.):* Allah'a şirk koşanlar, Allah'ın birliğine inanmayanlar.
müştâk *(A.):* İştiyaklı, can atan.
müştâk-ı feyz ü nûr: Nura ve feyze can atan.
müştehiyâne *(A.):* İştahlı, istekli olan.
müteaddit *(A.):* Çok, birçok.
müteakip *(A.):* Ardından gelen, ardı sıra geliveren; izleyen.
müteessir *(A.):* Bir şeyin tesiri altında kalan, hüzünlü, kederli, üzüntülü.
mütefekkir *(A.):* tefekkür eden, düşünen, düşünür.
mütehakkim *(A.):* Tahakküm eden, hükmü altında tutan; zorba.
mütehassıl *(A.):* Ortaya çıkan, görülen.
mütehavvil *(A.):* Değişen, değişmiş, kararsız.
mütehayyil *(A.):* Tahayyül eden, hayale dalan, hayal kuran.
mütehayyir *(A.):* Hayrette kalan, şaşmış, şaşırmış.
müteheyyic *(A.):* Heyecana gelen, coşan, heyecanlı.
mütekâmil *(A.)* Olgun.
mütekebbir *(A.):* Kibirli, kendini beğenmiş.
mütekemmil *(A.):* Tekemmül etmiş, olgunlaşmış.
mütelâşi (A.): Aceleci, telâş eden.
mütelezziz *(A.):* Lezzet bulan, tad alan.
mütemadi *(A.):* Fasılasız, arasız; uzayan, süren.
mütemadiyen *(A.):* Devamlı, sürekli olarak.
mütenasip *(A.):* Uyumlu, uygun.
mütenazır *(A.):* Birbirinin karşısında duran, birbirine bakan.
müteneffir (A.): Nefret eden, tiksinen.
mütenevvi *(A.):* Çeşitli.
müterâdif (A.): Eş anlamlı.
mütesâviyen (A.): Birbirine eş değerde.
mütevazin *(A.):* Ölçü ve şartları bir olan, uygun olan; vezinleri bir olan.
müteveccih *(A.):* Teveccüh eden, birine yönelen 2. Birine karşı sevgisi ve iyi düşünceleri olan.
müteveccih-i gâret ü nehb-i Ehl-i beyt: Ehli Beyt mensuplarına karşı yağma ve çapula yönelen
mütevekkil *(A.):* İşini Allah'a veya oluruna bırakan; kadere boyun eğen.
mütevellit *(A.):* Doğan, dünyaya gelen; meydana çıkan, sonuç.
müyesser *(A.):* Kolayı bulunup yapılan, kolaylıkla yapılan elde edilen.
müzakere *(A.):* Bir iş hakkında konuşma, danışma.
müzâvele *(A.):* Bir şeyi başka bir şeye yaklaştırma.
müzeyyen *(A.):* Süslendirilmiş, süslü.

- N -

na'ş *(A.):* Cenaze, kefene sarılıp tabuta konmuş ölü.
na'ş-ı perişan: Perişan cenaze.
nâb *(F.):* Halis, saf, katıksız.
nâ-bekâr *(F.):* İşe yaramaz, hayırsız.
nâbit *(A.):* Yerden biten, yerden çıkan, büyüyen.
nâçâr *(F.):* Çaresiz; ister istemez.
nâdân *(F.):* Cahil, bilgisiz.
nâdî *(A.):* Haykıran, çağıran.
nâdî-i ni'âm: Nimetleri çağıran
nafaka *(A.):* Geçinmek için gerekli olan şeylerin bütünü, geçimlik.
nâfi *(A.):* Menfaatli, faydalı.
nâgâh *(F.):* Birdenbire, ansızın.
nâgihân *(F.):* Birdenbire, ansızın.
nağme *(A.):* Ahenk, ezgi, güzel ses.
nağme-i kervan: Kervanın sesi, gürültüsü.
nahîf *(A.):* Zayıf, arık.
nâim *(A.):* Uyuyan.
nâire-efrûz *(F.):* Ateş yakan.
nâire-efrûz-ı hânümân: Evi barkı yakan.
nâka *(A.):* Dişi deve.
nâka-yı Resulullah: Hz. Muhammed'in devesi.
nâ-kâbil *(F.):* Olmayacak, olamayacak.
nâ-kâbil-i işbâ: Doyumsuz.
nâkıs *(A.):* Noksan, eksik.
nakl *(A.):* Anlatmak, bir bilgi veya bir hadiseyi aktarmak.
nakş *(A.):* Zihne iyice yerleştirmek.
nâlân *(F.):* İnleyen.
nâle *(F.):* İnleme, inilti.
nâlende *(F.):* İnleyen.
nâliş *(F.):* İnilti.
nâliş-gâh *(F.):* Ağlama yeri.
nâliş-gâh-ı ümîd: Ümidin ağlama yeri.
nâm *(F.):* İsim, ad.
nâm-ı hestî: Varlık namı, adı.
nâ-mahdûd *(F.):* Sınırsız.
nâ-mâlûm: *(F.):* Bilinmeyen, bilinmemiş.
nâm-dâr *(F.):* Ünlü, meşhur.
nâme *(F.):* Mektup.
nâme-i kelb: Köpek fermanı.
nâme-i tezvîr: Sahte mektup.
na-mütenahî *(F.):* Sonsuz, uçsuz bucaksız.
nâ-peydâ *(F.):* Gizli, kaybolmuş.
nâ-puhte *(F.):* Pişmemiş, çiğ, olgunlaş-mamış, ham.
nâr *(F.):* Ateş.
nâr-ı gam: Gam ateşi.
nâr-ı hicrân: Ayrılık ateşi.
nargile *(F.):* Tömbeki denilen bir cins tütünün dumanının sudan geçirilerek içilmesini sağlayan araç.
nâs *(A.):* İnsanlar, halk.
nâ-sâz *(F.):* Uymaz, uygunsuz.
nâsıye *(A.):* Alın.
nâsıye-i mukadderât: Alın yazısı, kader.
nass *(A.):* 1. Sarihlik, açıklık, kat'ilik. 2. Manasında sarihlik, kat'ilik bulunan Kur'an ayetinin delil olarak gösterileni.
nâsûtî *(A.):* Dünyaya, insanlığa mensup, dünya ile ilgili.
nâşî *(A.):* Meydana gelen, ötürü, dolayı, sebebiyle.
nâ-tamam : Tamamlanmamış, bitmemiş.
nâtıka *(A.):* Düşünüp söyleme hasleti; konuşma kabiliyeti.
nâtıka-bahşâ-yı adem: Yokluğun konuşma kabiliyeti bahşetmesi.
nâtüvân *(F.):* Zayıf, kuvvetsiz.
nâvek *(F.):* Ok.
nâvek-i gamze: Sevgilinin yan bakışının delici oku.
nâvek-i hûn-feşân : Kan saçan ok.
nây *(F.):* bkz. ney.
nazâir *(A.):* Benzerler, örnekler, nazireler. (nazîre: edb.:Bir şairin manzum bir eserine başka bir şair tarafından aynı vezin ve kafiyede olmak üzere yapılan benzer).
nâzân *(F.):* Nazlı.
nazar *(A.):* 1. Bakış, bakma, göz atma. 2. Bir konu hakkında düşünme, görüş.
nazar-ı itibâra al-: Dikkate almak, önem vermek.
nazar-ı nergis-i fettân: Gönül alıcı gözle yapılan bakış.
nazar-ı şükrân: Teşekkür bakışı.
nazar-ı üns: Dostça bakış.
nazariye *(A.):* Teori, düşünce aşamasında olup isbat edilmemiş fikir, iddia.
nâzende *(F.):* Naz edici, nazlı.
nâzenîn *(F.):* Narin, ince yapılı.
nazire *(A.):* Örnek, benzer, karşılık.
nazm *(A.):* 1.Dizme, tertipleme, sıraya koyma. 2.edb. Vezinli, kâfiyeli söz.
nazm-ı eşhas: Kişilerin şiiri.
nazm-ı mukaffâ-yı adem: Yokluk düşüncesinin kafiyeli şiiri.

nazrâ *(A.):* Bakış.
nazrâ-yı muğberr: Dargın bakış.
nebbe *(F.):* İz.
nebeviyye *(A.):* Peygambere ait.
nebi *(A.):* Peygamber.
nebiyy-i masum: Günahsız peygamber; Hz. Muhammed.
necâbet *(A.):* Soyluluk, soy temizliği.
necip *(A.):* Soylu.
necl *(A.):* Oğul, evlât.
necl-i necîb: Asil evlât.
necm *(A.):* Yıldız.
necm ü mihr ü meh : Yıldız, güneş ve ay.
nedim *(A.):* 1. Arkadaş, yakın dost. 2. Yüksek makamlardaki kişileri hoş sözlerle, güzel fıkra ve hikayelerle eğlendiren kimse.
Nedîm-i zâr: Ağlayan, inleyen Nedim.
nefer *(A.):* 1. Bir adam, tek kişi. 2. Rütbesi olmayan asker, er.
nefh *(A.):* Rüzgâr esme.
nefha *(A.):* 1. Bir esim yel, rüzgarın bir kere esmesi. 2. Nefes üfürme, üfürük.
nefha-i i'caz: İnsanı aczde, hayrette bırakan üfürme.
nefhâ-yı hayâl: Hayâl rüzgârı.
nefha-i müşgîn: Misk kokulu yel.
nefsülemr *(A.):* Aslına bakılırsa, gerçekte.
neftî *(F.):* Siyaha yakın koyu yeşil rengi.
nefy *(A.):* Sürme, sürgün etme.
nehâr *(A.):* Gündüz.
nekâhet *(A.):* Hastalıktan sonraki zayıflık, bitkinlik.
nem *(F.):* Hafif ıslaklık, az yaşlık; çiğ.
nemâ *(A.):* Büyüme.
Nemçe : Avusturya, Avusturyalı.
nem-nâk *(F.):* Nemli, yaş.
nergis *(F.):* 1. Bir süs çiçeği. 2. *Mecz.* Güzelin gözü.
nergis-i mest: Sarhoş nergis.
nergis-i mest-kede: Meyhane nergisi.
nergis-sıfat: Nergis gibi.
nesc *(A.):* Dokuma, örme.
nesc-i hâlis: Saf dokuma.
nesc *(A.):* Dokumak.
nesebiyyet *(A.):* Soy bakımından.
nesîm *(A.):* Hafif rüzgâr.
nesîm-i seher: Seher yeli.
nesl *(A.):* Nesil, kuşak.
nesl-i pâdişah: Padişah soyundan gelenler.
neş'et *(A.):* Meydana gelme, ileri gelme; yaratma.
neş'et-i Âdem : Hz. Âdem'in yaratılışı.
neşîde *(A.):* Bir toplulukta okunmaya değer manzume, şiir
neşîde-i mütehaccire-i muzafferiyât: Zaferlerin taşlaşmış (anıtlaşmış) şiiri.
neşr *(A.):* Yaymak.
neşv *(A.):* Canlının büyümesi, boy atması.
neşv ü nemâ. Yetişip büyüme.
nev-arûs *(F.):* Yeni gelin.
nev-arûs-ı çemen: Yeni gelin gibi olan yeşillik.
nevâziş *(F.):* Okşama, gönül alma, iltifat.
nevbahar *(F.):* İlkbahar.
nevbet *(A.):* Nöbet.
nevha *(A.):* Ölüye sesle ağlama.
nevha-nisâr *(F.):* Ölüye sesli ağlama
nevmîd *(F.):* Ümitsiz, ümidi kırık.
nevmîdâne *(F.):* Ümitsizce.
nevvâb (A.): Naiplik eden, vekillik eden.
ney *(F.):* Türk müziğince ve bilhassa Tekke mûsıkîsince yer alan, kaval biçiminde, yanık sesli, kamıştan yapılan üfleme li çalgı.
neyistân *(F.):* Kamışlık, sazlık.
nezâket *(A.):* Nazıklik, zariflik, incelik.
nezâket-i tab'. İnce yaratılış.
nezâret *(A.):* Bakanlık.
nezâret-i celîle : Yüce bakanlık makamı.
nezle *(A.):* Nezle, burun akması.
nezle-i sadriyye. Göğüs nezlesi.
ni'âm *(A.):* Nimetler.
ni'âm-ı gûn-â-gûn: Türlü türlü nimetler.
nigâh, nigeh *(F.):* Bakış, bakma.
nigâh eyle-: Bakmak.
nigâh-ı ibret: İbretle yapılan bakış.
nigeh-i sihr-eser : Sihirli, tesirli bakış.
nihân *(F.):* Gizli, saklı.
nikâb *(A.):* Peçe, yüz örtüsü
nikât *(A.):* Nükteler.
nîm *(F.):* Yarım.
nistî *(F.):* Yokluk, var olmama.
nistî-yi gam: Elemin yokluğu.
nisyân *(A.):* Unutma.
nişancı: Padişah divanı üyesi olan, antlaşma, berat, name ve fermanların başına tuğra çeken görevli, tevkici.
nişâne *(F.):* İz, alâmet, belirti; pâye.
nişâne-i insâniyye: İnsanlık pâyesi, şerefi.
nişîb *(F.):* İniş, iniş aşağı.
nişîmen *(F.):* Oturacak yer.
niyâz *(F.):* yalvarma, yakarma; duâ etme.

nizâm *(A.):* Düzen, usûl, kaide. Zamanın icaplarına göre konulan esaslar.
nizâm-ı âlem: Dünyanın dirliğinin ve düzenin sebebi
Nizâm-ı Cedid: III. Selim zamanında kurulmuş olan eğitimli asker ocağına verilen ad.
nizâmât *(A.):* Düzenler, usuller.
nizâm-ı âlem: Dünyanın nizamı, kanunu.
nîze *(F.):* Mızrak, süngü.
nîze-i hicvî: Eleştiri mızrağı.
nokta *(A.):* 1. Nokta. 2. Benek, leke. 3. Mevzu, konu.
nokta-i kilk: Kalemin noktası.
nokta-i nazar: Bakış açısı, görüş.
nokta-i yektâ-yı adem: Yokluğun tek noktası.
nûk *(F.):* 1. Gaga gibi ucu sivri olan şey. 2. Ok ucu, temren.
nûk-i tîg-ı kalem: Kalem kılıcının sivri ucu.
nukat *(A.):* Noktalar.
numûne *(A.):* Örnek.
numûne-i beşeriyet: İnsanlık timsali.
numûne-i kemâl: Olgunluk örneği.
nûn *(A.):* Osmanlı alfabesinin yirmi sekizinci harfi.
nûn-ı mütekellim : Grm. Birinci çokluk şahısa ait nun eki: nâ. Msl. halak-nâ: Biz yarattık.
nûr *(A.):* Aydınlık, parıltı.
nur-ı dîde: Göz nuru.
nûr-ı irfan: İlâhi anlayış kudretinin ışığı.
nûr-ı hakikat: Hakikat nuru.
nûr-i şebâb: Gençlik nuru.
nûr-bahş *(F.):* Aydınlık veren.
nush *(A.):* Nasihat.
nûş *(F.):* İçme.
nûşîn *(F.):* Tatlı, lezzetli
nutk *(A.):* Söz, konuşma, söyleyiş, söyleme kuvvet ve kabiliyeti.
nutk-ı hestî : Varlık sözü.
nübüvvet *(A.):* Peygamberlik.
nücûm *(A.):* Yıldızlar.
nüfûs *(A.):* 1. Ruhlar, canlar, canlılar. 2. İnsanlar, kimseler, şahıslar.
nüfuz *(A.):* 1. İçe geçme, işleme. 2. Sözü geçme, sözü dinlenme.
nükhet *(F.):* Koku.
nüks *(A.):* Hastalığın geri dönmesi, depreşmesi.
nükte *(A.):* 1. Herkesin anlayamayacağı ince anlam. 2. İnce mânâlı zarif ve şakacı söz.
nümâyân *(F.):* Görünen, meydanda.
nümâyiş *(F.):* Gösteri; gösteriş.
nüsah *(A.):* Nüshalar, yazılı, yazılmış şeyler.
nüsah-ı kevn ü mekân : Varlık, mevcudat nüshaları.

- O -

od: Ateş.
ol: O.
otağ: Çadır.
otağ-ı hümâyûn: Padişah çadırı.

- Ö -

Ömer Bin Hattab: Hz. Ömer, ikinci halîfe. Sonraları bütün kuvvetiyle destekleyeceği İslâmiyet'in başta açıkça düşmanı idi. 26 yaşlarındayken İslâmiyet'i kabul ederek Müslümanların 40.'sı oldu. Halife olduktan sonra kendisine "emîri'l-mümi-nîn" (Müslümanların önderi) ünvanı verildi. Hz. Ömer devrinde İslâm memleketleri çok büyümüş ve genişlemişti. İslâm devleti binasına ictimâî ve siyâsî çehreyi o vermiştir. 644 yılında, Ebû Lülü adlı Hıristiyan bir köle tarafından hançerle şehit edilmiştir.
ömr *(A.):* Hayat.
ömr-i me'yus: Ümitsiz ömür.
ömr-i Nuh: Uzun ömür.
ömr-i şevk: Neşeli ömür.

- P -

pâ-bend *(F.):* Ayak bağı, engel.
pâ-bend-i terakkî: Gelişmeye engel.
pâ-der-gil *(F.):* 1. Ayağı çamurda. 2. *Mecz.* Davranamaz; sıkıntıda.
pâk *(F.):* Temiz.
pala bıyık: Gür, uzun yanaklara doğru kıvrık bıyık.
palan *(F.):* Semer, eğer.
palaspâre *(F.):* Eski püskü, yırtık giysi.
pâ-mâl *(F.):* Çiğnenmiş

pancur *(Fr.):* Güneşi ve rüzgarı önlemeye yarayan, açılır kapanır, pencerenin iki yanına takılan kapatma kanadı.
pâre *(F.):* Parça.
pâsbân *(F.):* Gece bekçisi.
pâsbân-ı genc-i esrâr: Sırlar hazinesinin bekçisi.
pây *(F.):* Ayak.
pây-ı nâz: Nazlı ayak.
pâyân *(F.):* Son, nihâyet
pâye *(F.):* Rütbe, derece.
payidar *(F.):* Sağlam, devamlı, iyice yerleşmiş.
penâh *(F.):* Sığınma, sığınacak yer.
pençe *(F.):* Yırtıcı hayvanların ön ayaklarının parmak ve tırnakları. *Mecz.* Zorlu el.
pençe-i kübrâ-yı adem : Yokluğun en büyük pençesi.
perî-peyker *(F.):* Peri yüzlü, çok güzel (kız).
perî-sûret *(F.):* Peri görünüşlü, çok güzel (kız).
pervane *(F.):* Geceleri ışığın etrafında dönen küçük kelebek.
pervâz *(F.):* 1. Uçma, uçuş. 2. Saçak [dam ve elbisede].
perveriş *(F.):* Besleyiş, besleme.
perveriş-i çeşme-i kevser: Kevser çeşmesinin beslemesi.
pest *(F.):* 1. Alçak, aşağı. 2. Hafif sesle söylenen.
peygûle *(F.):* Köşe, bucak.
peygûle-i temeddün: Medenîleşmiş köşeler.
peykân *(F.):* 1. Okun ucundaki sivri demir. 2. Sevgilinin kirpiği.
peyker *(F.):* Yüz, surat; şekil.
peymâne *(F.):* Küçük kadeh, şarap bardağı.
peyrev *(F.):* İzinden giden, uyan.
pezîrây-hitâm *(F.):* Sona eren, hitam bulan.
pinhân *(F.):* Saklı, gizli.
pîr *(F.):* Yaşlı, ihtiyar.
pîr-i dil-âgâh: Dertten anlayan [bilge] ihtiyar.
pîrâhen *(F.):* Gömlek.
pîş *(F.):* Ön, ileri, ön taraf
pîş-i enzâr: Gözler önünde.
pîş-i hasar: Zararın öncesi.
pîşânî *(F.):* Alın.
pîşânî-i vakâr: Vakarlı alın.
piyâde *(F.):* Yaya, atlı olmayan; yaya asker.
piyale *(F.):* Kadeh.
porsuk: Sansargillerden, su kıyılarında kazdıkları deliklerde yaşayan, ot ve etle beslenen, pis kokulu, memeli bir hayvan.
porsuk kulak: Porsumuş, pörsümüş kulak.
potur: Arka tarafında kırmaları çok, bacakları dar bir tür pantolon.
pür-envâr *(F.):* Nurlu.
pür-hûn *(F.):* Kanlı, kan dolu.
pür-huşu *(F.):* Huşu içinde.
pür-hürmet *(F.):* Hürmet ve saygı dolu.
pür-intibâh *(F.):* Uyanıklık dolu.
pür-intihâb *(F.):* Güzellik dolu.
pür-meserret *(F.):* Sevinç dolu.
pür-sûz *(F.):* Çok yanık, fazla yakıcı.
pür-sükûn *(F.):* Huzur dolu.
pür-sükût *(F.):* Çok sessiz.
pür-şevk *(F.):* Çok şevkli, çok heyecanlı.
pür-tehâlük (F.): Çok istekli.
pür-vakâr *(F.):* Çok ağırbaşlı.

- R -

ra'şe *(A.):* Titreme, titreyiş.
rabi' *(A.):* Dördüncü.
rabt *(A.):* Bağlama, iliştirme.
râfi *(A.):* Kaldıran, yükselten.
râh *(F.):* Yol.
Rahîm *(A.):* Sonsuz rahmet sahibi; Allah.
rahne (F.): 1. Gedik, yarık, yırtık ve bozuk yer. 2. Zarar, ziyan, bozukluk.
râif *(A.):* Merhametli.
raiyyet *(A.):* Bir hükümdar idaresi altında bulunan ve vergi veren halk.
râkide *(A.):* Hareketsiz, durgun.
rakîk *(A.):* İnce, yufka yürekli.
râm *(F.):* İtaat eden, boyun eğen.
ra'şe *(F.):* Titreme, titreyiş.
râvi *(A.):* Rivâyet eden, anlatan.
râvi-i hâdis: Hadis rivayet eden.
ravza *(A.):* Bahçe.
ravza-i celîle-i nebeviyye: Peygamberin büyük bahçesi.
ravza-i kabr-i münevver: Nurlu kabir bahçesi.
ravza-i kûy: Köyün, mahallenin bahçesi
ravza-i münevvere-i Hızır: Hızır'ın nurlu bahçesi
ravza-i Rûhî: Rûhî'nin bahçesi, mezarı.
rayiha *(A.):* Koku
re'y *(A.):* Fikir, görüş.
rebiülevvel *(A.):* Arabî ayların üçüncüsü.
recâ *(A.):* Ümit.
reculiyet *(A.):* Erkek olma, erkeklik; adamlık.

redingot *(Fr.):* Arkası yırtmaçlı, etekleri uzun, çift sıra düğmeli, resmî erkek ceketi.
refîk *(A.):* Arkadaş, yoldaş.
rehâvet *(A.):* Gevşeklik, tembellik.
rehâvet-i hâb: Uyku tembelliği.
reh-güzâr, reh-güzer *(F.):* Geçit, geçecek yol.
remiz *(A.):* 1. İşaret. 2. Gizli ve kapalı bir surette söyleme.
remkerde *(F.):* Korkmuş, ürkmüş, titremiş.
renc *(F.):* Ağrı, sızı; zahmet, eziyet, sıkıntı.
renc ü elem ü bîm ü ümîd: Ümit ile korku, keder ve sıkıntı.
rencîde *(F.):* İncinmiş, kırılmış.
rencûr *(F.):* Sıkıntılı, incinmiş, hasta, kederli.
reng *(F.):* 1. Renk.
reng-i bahar: Bahar rengi.
reng-i bukalemûnî: Karışık renk.
reng-i firkat: Ayrılık rengi.
reng-i hûnîn: Kanlı renk, kırmızı.
reng-i hüviyyet: Asıl renk.
reng-i hüsn : Güzellik rengi.
reng-i mesâ: Akşamın rengi.
reng-i vefa: Vefa rengi.
rengîn *(F.):* Renkli.
reşha *(A.):* Sızıntı, damla.
reşk *(F.):* Kıskanma.
reşk-i ruh: Yanağı kıskanma.
reşk-i ruh-ı gül-gûn: Gül renkli yanağı kıskanma.
reva *(F.):* Yakışır, uygun, yerinde, lâyık.
revak *(A.):* Kemer altı, saçak altı, sundurma.
revân *(F.):* Yürüyen, giden, akan, su gibi akıp giden.
revzen (F.): Pencere.
rezzâk *(A.):* Bütün mahlûkatın rızıklarını veren Allah.
rezzâk-ı kerîm: Sonsuz cömertlik sahibi olan Rezzâk, Allah.
riâyet *(A.):* Saygı; uymak.
ric'at *(A.):* Geri dönme.
ricâl *(A.):* Belli mevki sahibi kimseler.
ricâl-i devlet: Devletin ileri gelenleri.
ricâl-i hükümet: Hükümetin ileri gelenleri
ricâl-i marifet: Marifetli [seçkin] kimseler.
ridâ *(A.):* Dervişlerin omuzlarına attıkları post.
rie *(A.):* Akciğer.
rikkat *(A.):* İncelik, yumuşaklık, zariflik; merhamet, acıma.
rikkât-ı edâ: Zarif eda.
rind *(F.):* Kalender, dünya işlerini hor gören kimse, aldırışsız.
rind-i şeydâ: Aşktan aklını kaybetmiş rind.
rindân *(F.):* Rindler, kalenderler.
riya *(A.):* İkiyüzlülük.
riyakâr *(F.):* İki yüzlü, yüze gülen, mürâî.
riyâset (A.): Reislik, başkanlık.
rîzân *(F.):* Dökülen, akan.
rub' *(A.):* Dörtte bir, çeyrek.
rû-be-rû *(F.):* Yüz yüze.
rûh *(A.):* Ruh.
rûh-i a'mâl: Amellerin ruhu, ihlâs.
rûh-i saf: Temiz ruh.
rûh-ı semâ: Gökyüzünün ruhu.
rûh-i ser-bâz: Cesur ruh.
rûh-ı şehîd: Şehit ruhu.
ruhanî *(A.):* 1. Gözle görülmeyen. 2. Ruha ait.
rûh-âver *(F.):* Ruh getiren.
ruhsar *(F.):* Yanak; yüz, çehre.
ruhsâr-ı al: Al yanak.
ruhsâr-ı şerîf : Şerefli yüz.
ruhsat *(A.):* İzin, müsaade.
Rûm *(A.):* Anadolu.
rûşen *(F.):* Aydın, parlak.
rûy *(F.):* Yüz, çehre.
rûy-i fenâ: Faniliğin şekilleri.
rûz *(F.):* Gün.
rûz-ı haşr: Kıyamet günü.
rûz-merre *(F.):* Her günkü, her günlük.
rü'yet *(A.):* Görme, bakma, görülme.
rübab (rebâb) *(A.):* Müz. Gövdesi hindistancevizi kabuğundan yapılmış bir çeşit kemançe.
rüsvâ *(F.):* Rezil, itibarsız.
rütbe *(A.):* Derece.
rütbe-i akl: Akıl derecesi.

- S -

sâ'ât (A.): 1. Saatler. 2. Vakitler.
sâ'ât-i hamyâze: Uyku vakitleri.
sa'y *(A.):* Çalışma; geçinmek için iş işleme.
sa'y ü taleb : Çalışma ve isteme.
sa'y-i belîğ: Emek harcayıp gereği gibi çalışma.
sabâ *(A.):* Gün doğusundan esen hafif ve latif rüzgâr.
sâbit *(A.):* Hareketsiz, kımıldamayan. 2. İspat edilmiş.
sâbit-kadem *(F.):* Yerinde veya sözünde duran.

sâdegî *(F.):* Sadelik, düzlük.
sadme *(A.):* Ansızın başa gelen belâ.
sadme-i bîdâd: Adaletsiz belâ.
sadr *(A.):* Her şeyin önü, başı, ilerisi.
sadr-ı cihân: Dünyanın en itibarlı mevkiinde bulunan.
sadrazam *(A.):* Osmanlı imparatorluğunda başbakan.
safâ *(A.):* Gönül şenliği, neşe, zevk, eğlence.
safâ-yı tahattur: Hatırlamaktan kaynaklanan mutluluk.
saf-dil *(F.):* Kolay aldatılan, saf.
saff *(A.):* Sıra, dizi.
saff-ı vakayi: Olaylar dizisi.
saffet *(A.):* Saflık, halislik.
saffet-i nazar: Temiz duygularla.
safha *(A.):* 1. Bir şeyin düz yüzü. 2. Bir hadisede birbiri ardınca görülen hallerin her biri.
safha-i gülzâr: Gülbahçesi zemini
safiyet *(A.):* Saflık, temizlik.
sâfiyet-i vicdaniye: Vicdan temizliği.
sâgar *(F.):* Kadeh, içki bardağı.
sâha *(A.):* Açık yer.
sâha-i ümîd: Ümit alanı.
sahâbe *(A.):* Peygamber Efendimiz'i görmüş ve kendisinin sohbetine katılmış olan mümin kişiler.
sahâbe-i kirâm: Büyük sahabeler.
sahâif *(A.):* Sayfalar, yapraklar.
sahâif-i hayat: Hayatın sayfaları.
sâhib *(A.):* Sahip, mâlik.
sâhib-i halk-ı azîm: Büyük bir halk kitlesine sahip olan.
sahîh *(A.):* Sahi, gerçek, doğru.
sâhir *(A.):* 1. Büyücü, 2. Büyüleyici tesir yapan güzel.
sâhir-i muciz-kelâm: Mucize gibi sözler söyleyen güzel.
sâhir-i şûh: Şuh güzel.
sahn *(A.):* Meydan, alan, sahne.
sahn-ı cennet : Cennetin avlusu.
sahn-ı fenâ : Yokluk avlusu, sahnesi.
sahn-ı gülşen: Gül bahçesi meydanı.
sahn-ı gülzâr: Gül bahçesi meydanı.
sahrâ *(A.):* Kır, ova, çöl.
sahrâ-yı adem: Yokluk çölü.
sâika *(A.):* 1. Yıldırım. 2. Sevkeden, sürükleyen hal.
sâil *(A.):* Dilenci.
sâk *(A.):* Sap.
sakağı: Özellikle atlarda görülen ve insanlara da bulaşan ölümcül bir hayvan hastalığı, ruam.
sakf *(A.):* Tavan, çatı, dam.
sâki *(A.):* Kadeh, içki sunan.
sâki-i safâ-bahş-ı bahar: Baharın neşe veren sâkisi
sakil *(A.):* Çirkin; ağır.
sakin *(A.):* (Bir yerde) oturan.
sakin-i hâk-i der-i meyhâne: Meyhanenin kapısının toprağında oturan.
sâkit *(A.):* Sessiz.
salâbet *(A.):* 1. Peklik, katılık, sağlamlık. 2. Manevi kuvvet, dayanma, sebat.
salâh *(A.):* Dine olan bağlılık.
sâl-be-sâl *(F.):* Yıldan yıla.
salîb *(A.):* Haç.
sâlis *(A.):* Üçüncü.
sâmia *(A.):* Kulaktaki işitme duyusu.
sâmiîn *(A.):* Dinleyenler, dinleyiciler.
samût *(A.):* 1. Az konuşan 2. Susmuş.
sanayi' *(A.):* Sanatlar.
sanayi-i bediî: Güzel sanatlar.
sanayi-i şiiriyye: Şiirle ilgili sanatlar.
sanem *(A.):* Put; güzel sevgili.
sanevber *(A.):* Çam fıstığı ağacı.
sânih *(A.):* Zihin ve fikirde hâsıl olup çıkan, fikre doğan.
saniyen *(A.):* İkinci olarak ikinci derece.
sarâhat *(A.):* Açıklık, berraklık.
sarf *(A.):* 1. Harcama 2. Gramer, dilbilgisi
sârif *(A.):* Sarfeden, harcayan.
sarîh *(A.):* Açık; belli.
sathî *(A.):* Satıhta kalan, yüzeysel.
satr *(A.):* Yazı sırası.
satr-ı elîm: Acı veren yazı.
satvet *(A.):* Ezici kuvvet, zorluluk.
savlet *(A.):* Şiddetli hücum, saldırı.
savtiyyât *(A.):* Fonetik, ses bilimi.
sâye *(F.):* 1. Gölge. 2. Koruma, sahip çıkma.
sâye-i kilk-i emel: Arzu kaleminin gölgesi.
sâye-i Resûlullah: Peygamberimizin gölgesi, esirgemesi; şefaati.
sâye-i şeb: Akşamın gölgesi.
sayf *(A.):* Yaz mevsimi.
sayha *(A.):* Bağırma, nara atma.
sayha-i itâbî: Azarlar gibi bağırma.
sebat *(A.):* Yerinde durma, sözünden, kararından vaz geçmeme.
sebbâbe *(A.):* Şehadet parmağı.
sebbâbe-i şehadet: Şehadet parmağı.

sebeb *(A.):* Sebep, neden.
sebeb-i rif'at ol-: Yükselmeye sebep olmak.
sebîl *(A.):* Yol, cadde; ücretsiz su dağıtılan yer.
sebk *(A.):* Evvelce geçme, vâki olma.
sebt *(A.):* Cumartesi.
sebük-bâr *(F.):* Yükü hafif, eşyası az olan.
sebze *(F.):* Yeşillik.
sebze-i sahrâ-yı adem : Yokluk çölünün yeşilliği.
sebze-zâr *(F.):* Yeşillik, çayırlık, çimenlik.
sebz-gûn *(F.):* Yeşil renkli.
secde-gîr *(F.):* Secde eden.
secde-gîr-i istiğfar: Günahlarının affı için secdeye gitmiş.
sedd-i Çîn *(F.):* Çin seddi.
sedef *(A.):* 1. Midye ve istiridye gibi deniz hayvanlarının kabuğunda bulunan, pırıltılı, beyaz sert bir madde. 2. Bu madde ile yapılmış veya bu madde ile süslenmiş şey, eşya.
sefine *(A.):* Gemi.
sehâ *(A.):* Cömertlik, el açıklığı.
seherî *(A.):* Sabah ve şafakla ilgili.
sehhâr *(A.):* Büyücü.
sehhâr-ı nâbekâr: İşe yaramaz büyücü.
selâmlık: 1. Saray, köşk veya konaklarda erkeklerin bulunduğu ve erkek konuklarının alındığı bölüm. "haremlik" karşıtı. 2. Osmanlı padişahları Cuma namazı kılmak için camiye giderken yapılan tören.
selâtin *(A.):* Sultanlar.
selâtîn-i kirâm-ı Osmaniye: Osmanlı'nın temiz soyundan gelen sultanlar.
selb *(A.):* Menfileştirme, olumsuzlaştırma, inkâr etme.
selb ü îcâb : Kabul ve ret. İnanmak ve inkâr etmek.
Selîm-i Sâlis: Üçüncü Selim.
selvâ *(A.):* Bal.
selvâ-yı adem: Yokluk balı, yokluğun tatlılığı.
sem' *(A.):* İşitmek; dinlemek.
sem'-i mürevvet: İnsanlıkla dinlemek, şefkatle dinlemek.
semâ *(A.):* Gökyüzü.
semâ-yı lâl: Kızıl gökyüzü.
semâ-yı mağrib: Batı.
semâvî *(A.):* 1. Semaya mensup, sema ile ilgili. 2. Allah'tan olan, Allah'a ait.
semen *(F.):* Yasemin.
semend *(F.):* Çevik ve güzel at.
semend-i sebük-seyr: Hızlı giden çevik ve güzel at.
semen-sâ *(F.):* 1. Yasemin döşeyen. 2. Yaseminimsi.
semer *(Yun.):* Beygir, katır gibi hayvanların sırtına yerleştirilen, üzerine yük bağlanan veya binilen, iskeleti ağaçtan yastık.
semmûr *(A.):* Samur.
semûm *(A.):* Sam yeli, sıcak rüzgâr.
senâ *(A.):* Övme, övüş, övgü.
seng *(F.):* Taş.
seng-i hâr: Dikenli taş.
seng-i kazâ: Kaderin fırlattığı taş; musibet.
seng-i melâmet: Ayıplama, kınama taşı.
seng-i sebz-gûn: Yeşil renkli taş.
sengîn *(F.):* Taşlı.
ser *(F.):* 1. Baş, kafa. 2. Reis, baş.
· *ser-i a'dâ:* Düşmanların başı.
ser-i kûy-ı melâmet: Ayıplama mahallinin başı.
serair *(A.):* Gizli şeyler.
ser-âmed *(F.):* Başta bulunan, ileri gelen.
ser-a-pâ *(F.):* Baştan ayağa kadar.
ser-â-ser *(F.):* Baştan başa.
ser-bâz *(F.):* Cesur, yiğit.
ser-be-zemîn *(F.):* Başı yere eğilmiş olan.
serdâr *(F.):* Kumandan, komutan.
serdâr-ı müşarunileyh: Adı geçen hükümdar.
ser-defter *(F.):* Defterin başında yazılı olan, en başta bulunan, en ileri geçen.
ser-efrâz *(F.):* Başını yukarı kaldıran, yükselten, benzerinden üstün olan.
ser-encâm *(F.):* Bir işin sonu; macera.
ser-gerde *(F.):* Elebaşı, haydut başı.
ser-geşte *(F.):* Başı dönen, sersem, şaşkın.
sergüzeşt *(F.):* 1.Serüven, birinin başından gelip geçen şey, macera; 2.Hayat hikâyesi, otobiyografi.
serhat *(F.):* Serhat, hudut, sınır.
serîr *(A.):* Taht.
serîr saadet: Saadet tahtı.
serîr-i saltanat : Saltanat tahtı.
ser-mimarân *(F.):* Mimarbaşı.
ser-nüvişt *(F.):* Alın yazısı.
ser-nüvişt-i âlem: Alemin alın yazısı.
serrâ *(A.):* Genişlik, kolaylık.
serrâ-yı vücûd : Varlığın genişliği.
sertabip *(F.):* Başhekim.
ser-tîz *(F.):* Keskin..
serv *(F.):* 1. Servi. 2. *Mecz.* Sevgilinin boyu bosu.

serv-i hırâmân: Naz ve eda ile salına salına yürüyen sevgili.
serv-i hoş-reftâr: Hoş yürüyen sevgili.
serv-i revân: Yürüyen servi [uzun boylu sevgili].
serv-i ser-keş (F.): İnatçı, itaatsiz sevgili.
server *(F.):* Başkan, reis, baş.
server-i Ömer-meşreb: Hz. Ömer'in mizacına sahip reis.
servistan *(F.):* Servilik; mezarlık.
serzeniş *(F.):* Başa kakma; sitem.
sevâhil *(A.):* Kıyılar, sahiller.
sevdâ *(F.):* Aşk, sevgi.
sevdâ-yı saltanat: Saltanat sevdâsı.
sevk *(A.):* Yollama, gönderme.
seyl *(A.):* 1. Sel. 2. Şiddetle gelen şey.
seyl-i belâ: Belâ seli.
seylâbe *(F.):* Sel suyu.
seyr *(A.):* 1. Yürüme, yürüyüş. 2. Gezme, gezinme. 3. Uzaktan bakıp karışmama. 4. Gidişat, hareket.
seyr-i bâğ: Bahçe gezintisi.
seyr-i cahîm: Cehennemi seyretmek.
seyr-i tabiî: Doğal gidişat.
seyyâh *(A.):* Gezgin.
seyyale *(A.):* Su gibi akan şey, mayi; sıvı; akıntı; üslûpta akıcılık.
seyyid *(A.):* Efendi.
Seyyid-i nev-i beşer: İnsanların efendisi, Hz. Muhammed.
seyyie *(A.):* 1. Fenalık. 2. Suç, günah. 3. Kötülük karşılığı çekilen acı.
sı-: Eski Türkçe'de kırmak, kırılmak, bozulmak anlamlarına gelen fiil.
sıfât *(A.):* Sıfatlar, vasıflar.
sıklet *(A.):* Ağırlık, yük, sıkıntı.
sır *(A.):* 1. Gizli tutulan, kimseye söylenmeyen şey. 2. Allah'ın akıl sır ermeyen hikmeti.
sırr-ı Hak: Allah'ın hikmeti.
sırr-ı hilkat: Yaratılış sırrı, yaratılışın gayesi.
sıraca: Deride ve daha çok boyunda görülen, lenf düğümlenmelerinin şişkinliğiyle beliren tüberküloz türü.
sırma: 1. Altın yaldızlı veya yaldızsız ince gümüş tel. 2. Rütbe gösteren şerit.
sırmakeş *(sırma + F. keş):* Gümüş veya başka madenleri haddeden çekip sırma yapan kimse.
sıyânet *(A.):* Koruma, korunma.
siâyet *(A.):* Dedikodu, koğuculuk.
sîb *(F.):* Elma.
sîb-i gabgab: Sevgilinin elmaya benzeyen çenesi.
sidre *(A.):* En yüksek makam, daha ilerisi.
sidre-i me'vâ-yı adem: Yokluk yurdunun en yüksek makamı, en ilerisi.
sîga *(A.):* Fiilin çekiminden meydana gelen türlü şekillerden her biri, kip.
sîm *(F.):* Gümüş.
sîmîn *(F.):* Gümüşten; gümüşe benzer.
sincâbî *(F.):* Kahve rengi ile kurşun rengi arasında olan renk.
sîne *(F.):* Göğüs, yürek.
sîne-i gubâr: Tozlu göğüs.
sipihr *(F.):* Gökyüzü, sema.
sirâyet *(A.):* Bulaşma.
sirkat *(A.):* Hırsızlık, çalma, çalınma.
sitâre *(F.):* Yıldız.
sitâre-i nev: Yeni yıldız.
sitâyiş *(A.):* Övme, övgü.
sitâyiş-i fâzıl-ı dehr: Dünyanın faziletli bir insanına övgü.
sitem *(F.):* Zulüm, haksızlık.
sitem-i Rüstem: Rüstem'in zulmü [Kanunî'nin oğlu Şehzade Mustafa'nın öldürülmesinde asıl rolü oynayan vezir Rüstem Paşa].
siyâsetgâh *(F.):* Siyaset bakımından öldürülmesi gerekenlerin öldürüldüğü yer.
siyyân *(A.):* Eşit.
sofa *(A. < suffe):* Evlerde oda kapılarının açıldığı genişçe yer, hol.
softa *(F. sûhte):* 1. Medrese öğrencisi. 2.İlmiyeden olanlara aşağılama amacıyla verilen ad. 3. *Mecz.* Bir fikre körü körüne bağlanan kimse.
sohbet *(A.):* Görüşüp konuşma, arkadaşlık.
sohbet-i nâdân: Cahillerle arkadaşlık.
sohbet-i yârân: Dostların sohbeti.
somakî *(A. < summâkî):* Kızıl veya yeşil renkte, damarlı ve çok sert bir porfir türü mermer.
Sorbonne: 1257'de Fransa-Paris'te inşa edilen Sorbonne Üniversitesi'nin kurucusu.
sû' *(A.):* Kötü, fena.
sû-i imtizâc: Uyumsuzluk, anlaşamama.
sû-i te'sir: Kötü tesir.
sû-be-sû *(F.):* Her tarafta, her yanda.
subh *(A.):* Sabah.
subh-ı kıyamet: Kıyamet sabahı.

Sully Prudhomme: (1839- 1907) Fransız şairi. Parnasse grubuna girmekle beraber, onların resme yaklaşan şiir görüşünden uzak, daha ziyade rûhî, içtimâî ve felsefî şiirler yazmıştır. Bazen didaktizme kaçar. 1885-1895 yılları arasında şiirlerinden birçoğu Türkçe'ye çevrilmiştir. Türk edebiyatında Tevfik Fikret üzerinde çok tesirleri olmuştur.
sultan *(A.):* Padişah, hükümdar.
sultan-ı edeb: Edeb sultanı.
sûr *(A.):* Boru.
sûr-i mahşer: Mahşer sûru. Kıyamet anında Hz. İsrafil'in üfleyeceği boru.
sûre *(A.):* Kuran-ı Kerim'in ayrıldığı 114 bölümünden her biri.
sûre-i Yusuf: Yusuf Suresi.
sûret *(A.):* 1.Biçim, görünüş. 2.Tarz, yol gidiş.
suret-i dîvâr: Duvar biçimi.
sûrî *(A.):* Görünürde olan.
suûd *(A.):* Yükselme, yukarı çıkma.
sûz *(F.):* Yanma, tutuşma; dert, ıstırap.
sûzân *(F.):* Yakan, yakıcı.
sübhanallah *(A.):* "Allah'ı her türlü arazlardan, kusur, ayıp ve eksiklerden tenzih ederim" manasındadır.
süferâ *(A.):* Elçiler.
süflî *(A.):* Aşağıda bulunan; alçak, bayağı.
süfliyât *(A.):* Dünya ile ilgili bayağı işler, hususlar.
sühan *(F.):* Söz, lâkırdı.
sühan-dân *(F.):* Söz bilen, güzel söz söyleyen.
sühan-verân *(F.):* Düzgün konuşanlar.
sükkân *(A.):* Oturanlar.
sükkân-ı siyyân: Birbirinden farksız insanlar.
sükûn *(A.):* Durma, kımıldamama; hareketsizlik.
sükûn-âver *(F.):* Sakinleştiren.
sükûnet *(A.):* Sakinlik.
sükût *(A.):* Susma, söz söylememe.
sükût-ı afv ü emel: Af ve emelin sesizliği.
sükût-ı nâmahdûd: Sınırsız sessizlik.
sükût-ı nâmütenâhi: Sonsuz sessizlik.
sündüs *(A.):* Parlak renkli, çiçekli altın veya gümüş telle işlemeli, nakışlı olarak dokunmuş ipek kumaş.
sünûhat *(A.):* İçe doğan şeyler.
sünûhât-ı edebiyye: Edebî ilhamlar.
sürh *(F.):* Kırmızı, kızıl.
sürûr (A.): Sevinç.
sürûr-ı intikam: İntikam sevinci.
süst *(F.):* Gevşek, sölpük; tembel.
süveydâ *(A.):* Kalbin ortasında bulunduğu sanılar kara benek.

- Ş -

şâd *(F.):* Sevinçli.
şafak *(A.):* 1. Güneş doğmadan önceki alacalık. 2. Güneşin batışından sonraki alaca karanlık.
şafak-ı subh-ı bekâ: Ebediyet sabahının şafağı.
şâh *(F.):* 1. Padişah 2. İran veya Afgan hükümdarı, şeh.
şâh-ı cihân: Cihan padişahı.
şâh-ı devrân: Devrin padişahı
Şah İsmail: (1487-1524) Safevî hükümdarı. 1502'de Akkoyunlu ordusunu yenerek Azerbaycan'ı ele geçirdi ve Müslüman halkı zorla Şii mezhebine dahil etti, tüm İran'a egemen oldu. Yavuz Sultan Selim ilk seferini Şah İsmail üzerine yaptı ve yapılan Çaldıran savaşını Osmanlılar kazandı. Yenilgiyi hazmedemeyen Şah İsmail kendini içkiye verdi ve kısa bir süre sonra öldü. Hatayî mahlasıyla şiirler de yazan Şah İsmail, 15. yy Azeri edebiyatının en büyük ustalarındandır.
şâhâne *(F.):* 1. Hükümdarla ilgili, hükümdara ait. 2. Hükümdara yakışacak şekilde olan, çok mükemmel.
şâhî *(F.):* Eskiden kullanılan bir çeşit top.
şâhika *(A.):* Dağ tepesi.
şâhika-i hayât: Hayatın zirvesi.
şahs *(A.):* Kişi.
şahs-ı halîm: Yumuşak huylu kişi.
şâibe-dâr *(F.):* Şâibeli, lekeli, kirli, kusurlu.
şâik *(A.):* Şevkli, hevesli, istekli.
şair *(A.):* Şair.
şâir-i elhân: Ahenk şairi.
şâir-i mütefekkir: Düşünen şair.
şair-i Rûm: Anadolu şairi.
şâirâne *(F.):* Şâirce, şaire yakışacak biçimde.
şâm *(F.):* Akşam.
şâm-ı firâk: Ayrılık akşamı.
şâm-ı garibân: Garipler akşamı.
şâne *(F.):* Tarak.
şâne-i tabiat: Tabiat tarağı.

şarâb *(A.):* Şarap.
şarâb-ı âteşîn: Ateşten şarap.
şarâb-ı gül-fâm: Gül gibi kırmızı şarap.
şark *(A.):* Doğu.
şaşaa *(A.):* Gösteriş, debdebe.
şayan *(F.):* Yakışır, yaraşır, değer.
şayan-ı hayret: Hayret verici.
şayan-ı taaccüb: Şaşırtıcı.
şâyeste *(F.):* Yakışır, yaraşır, uygun.
şeâmet *(A.):* Uğursuzluk.
şeb *(F.):* Gece.
şeb-i aşk: Aşk gecesi.
şeb-i firkat: Ayrılık gecesi.
şeb-i hicrân: Ayrılık gecesi.
şeb-i keder: Hüzün gecesi.
şeb-i Mirac: Miraç gecesi.
şeb-i muhabbet: Muhabbet gecesi.
şeb-i rüyâ: Rüya gecesi.
şebâb *(F.):* Gençlik, tazelik, civanlık.
şebbû *(F.):* Şebboy çiçeği.
şebeke (A.): Balık ağı, ağ.
şebeke-i sîm-i hâlis: Saf gümüşten tel örgü.
şeb-engîz *(F.):* Gece koparan, depreten.
şebnem (F.): Çiğ, gece nemi.
şebnem-i feyz: Bereketin çiğ tanesi.
şebnem-i sîmîn: Gümüş renkli çiğ tanesi.
şeb-zinde-dâr *(F.):* 1. Geceleri işle meşgul olan. 2. Gece bekçisi.
şeb-zinde-dâr-ı sohbet: Sohbette sabahlayan.
şecer *(A.):* Ağaç.
şecere *(A.):* Soy ağacı.
şecere-i vakâr: Ağırbaşlılık şeceresi.
şedit *(A.):* Şiddetli, sert, katı.
şefî *(A.):* Şefaat eden.
şefîk *(A.):* Şefkatli.
şehadet *(A.):* Şehidlik.
şehâdetnâme *(F.):* Diploma.
şehâmet *(A.):* Zekâ ve akıllılıkla beraber olan cesâret, yiğitlik.
şeh-bâl *(F.):* Kuş kanadının en uzun tüyü.
şehîk *(A.):* Nefes alma.
şehîk ü zefîr: Nefes alıp verme.
şehinşâh *(F.):* Padişahlar padişahı, büyük şah.
şehinşâh-ı bahar: Büyük padişah gibi olan bahar, bahar padişahı.
şeh-levend *(F.):* Boylu poslu, şen, güzel genç.
şeh-levendâne *(F.):* Boylu poslu, güzel gençlere yakışır yolda.
şehnâme *(F.):* Hükümdarların niteliklerini, üstün başarılarını anlatan, mesnevî biçiminde yazılmış manzume; Fars şairi Firdevsî'nin meşhur eseri.
şehper *(F.):* Kuş kanadının en uzun tüyü.
şehper-i ankâ-yı adem Yokluk ankasının kanadının en uzun tüyü.
şehr *(F.):* Şehir, büyük kent
şehr-i ecnâs: Her milletten insanın bulunduğu şehir
şehrâh *(F.):* Büyük işlek yol, ana yol, cadde.
şehrâh-ı nûr: Büyük nur yolu, nurlu yol.
şehrâh-ı nûrânî: Nurlu yol.
şehriyâr *(F.):* Padişah, hükümdar.
şehsüvar *(F.):* Ata iyi binen.
şehvanî *(A.):* Şehvetle ilgili.
şek *(A.):* Şüphe, tereddüt.
şem' *(A.):* Mum
şem'-i kâfûr: Kâfûr kokulu mum.
şem'-i şeb-ârâ-yı adem: Yokluk gecesini süsleyen mum.
şem'-tek *(F.):* Mum gibi.
şem'-vâr *(F.):* Mum gibi.
şem'-veş *(F.):* Mum gibi.
şemîm *(A.):* Güzel kokulu.
şemîm-i cibâl: Dağların güzel kokusu.
şemm *(A.):* Koklama.
şemmâme *(A.).* Yenmeyen bir cins kokulu kavun.
şemmâme-i anber: Anber kokuları.
şems *(A.):* Güneş
şemşîr *(F.):* Kılıç.
şenâat *(A.):* Kötülük, fenalık.
şer *(A.):* Kötülük, fenalık.
şer_ *(A.):* Allah'ın emirleri, din, şeriat.
şer'-i mübîn: Açık hükümler.
şerâre *(A.):* Kıvılcım.
şerâre-i gayret. Gayret kıvılcımı.
şerhâ *(A.):* Dilim, parça
şermende *(F.):* Utangaç
şermende-i itâb: Azarlama utancı
şeş-per *(F.):* Eski harp aletlerinden 6 dilimli topuz.
şetâret *(A.):* Neşe.
şevk (A.): Şiddetli arzu.
şevk-i bâl: Kalp arzusu.
şevk-i şehâdet: Şehit olma isteği.
şevket *(A.):* Büyüklük, heybet, azamet. *(padişahlar için kullanılır).*
şevket-i fen: İlmin yüceliği.
şeydâ *(F.):* Aşktan aklını kaybetmiş, divane.
şikâr *(F.):* Av.

şikest *(F.):* Kırılmış, kırık.
şilte: Üstünde oturulan, yatılan, içi yünle, pamukla doldurulmuş döşek.
şimal *(A.):* Kuzey.
şimendifer *(Fr.):* Tren.
Şimr-i La'în: Kerbelâ hadisesinde Hz. Hüseyin'in başını kesen lanetlenmiş şahıs.
şîr *(F.):* Arslan
şitâ *(A.):* Kış.
şitâb *(F.):* Acele.
şitâbân *(F.):* Acele eden, koşan.
şu'le *(A.):* Alev.
şu'le-i âb eyle-: Kanlı gözyaşı akıtmak.
şu'le-i cân-sûz-ı hüsn ü ân: Güzellik ve cazibenin can yakıcı alevi.
şu'le-i nefha-i cansûz: Can yakan rüzgârın alevi.
şuâ' *(A.):* Işık.
şûh *(F.):* Neşeli, oynak kadın.
şûh-ı bâd-ı neseviyyet: Kadınlık rüzgarının şuhluğu.
şûre-zâr *(F.):* Çoraklık yer.
şühedâ *(F.):* Şehitler.
şükûfe-zâr *(F.):* Çiçek bahçesi.

- T -

ta'n *(A.):* Sövme, yerme, ayıplama.
ta'n-âmîz *(F.):* Ayıplama dolu.
ta'yîn *(A.):* 1.Bir memuriyete yerleştirme.
ta'yîn-i evvel : İlk tayin.
ta'zib (A.): Eziyet etme, boşuna yorma.
ta'zîm *(A.):* 1. Büyükleme, ululama, yüceltme. 2. Saygı gösterme, ikram etme.
taaccüp *(A.):* Şaşırma, hayret etme.
taaddüd *(A.):* Birden çok olma, çoğalma, sayısı artma.
taalluk *(A.):* 1.Asılı olma, asılma. 2.İlişiği, ilgisi olma.
taassub *(A.):* Bir fikre, bir inanışa körü körüne bağlanıp ondan başkasını düşünmeme hali.
tâat *(A.):* Allah'ın emirlerini yerine getirme, ibadet.
taayyün *(A.):* Meydana çıkma, belli olma.
tâb *(F.):* 1. Güç, kuvvet 2. Hararet
tâb-ı dil: Gönül ateşi.
tab' *(A.):* Tabiat, huy, yaradılış.
tab'-ı beşer: İnsanın huyu.
tab'-ı hümâyun: Hükümetin karakteri, geleneği.
tab'an *(A.):* Yaradılıştan, tabiî olarak.
tabasbus *(A.):* Yaltaklanma, yaltaklık.
tâ-be-sabah *(F.):* Sabaha kadar.
ta'bir *(A.):* 1. İfade, anlatma 2. Rüya yorma.
tâbiş *(F.):* Parlayış, parıldayış.
tâbîş-i ye's: Ümitsizlik gösterme, ümitsiz olma.
tabut *(A.):* Ölü taşınan sandık.
tabut-ı cesim: Büyük tabut
tâc *(F.):* Hükümdarların başlarına giydikleri değerli taşlarla işlenmiş giyecek
tâc-dâr *(F.):* Tac giyen, padişah.
tâc-dâr-ı pür-vakâr: Vakarlı padişah.
ta'dil *(A.):* Doğrultma.
tafsîl *(A.):* Etrafıyla, etraflı olarak bildirme.
tagayyür *(A.):* Değişme.
tagayyür et-: Değişmek.
tahakküm *(A.):* 1.Hakimlik takınma, zorbalık etme.
tahassül *(A.):* Hasıl olma, netice olarak çıkma, meydana gelme.
tahassür *(A.):* Hasret, özlem.
tahassüs *(A.):* Duygulanma
tahayyül *(A.):* Hayale getirme, hayalde canlandırma, hayale dalma.
tahayyür *(A.):* Hayrete düşme, şaşa kalma.
tahkik *(A.):* 1. Doğru olup olmadığını araştırma. 2. Doğru olup olmadığını meydana çıkarma. 3. Doğru, gerçek.
Tahkik Heyeti : Araştırma heyeti, bir işin doğru veya yanlış olduğunu meydana çıkarmak için oluşturulan heyet.
tahkikan *(A.):* Gerçekten.
tahkikat *(A.):* Araştırmalar.
tahkîm *(A.):* Sağlamlaştırma.
tahkîr *(A.):* Hakaret etme, hor ve hakir görme.
tahlîl *(A.):* Çözümleme.
tahmîs *(A.):* Bir şiirin her beytinin üstüne üçer mısra katarak her beyti beşer mısraa çıkarma yoluyla yazılan şiir.
tahrîf *(A.):* 1. Bozma, kalem oynatma, değiştirme 2. Bir ibârenin manasını değiştirme
tahrik *(A.):* Kışkırtma.
tahsîl *(A.):* Elde etme, ele geçirme, kazanma.
tahsil-i ilim : İlim öğrenme, öğrenim.
taht *(F.):* Hükümdarların oturduğu büyük koltuk.
taht-ı revan: Dört kişi ve genellikle iki

katır tarafından taşınan nakil arabası.
taht-ı Süleyman: Hz. Süleyman'ın havada uçtuğuna inanılan tahtı.
tahtelbahir *(A.):* Deniz altı, deniz altı gemisi.
tahvîl *(A.):* Değiştirme, çevirme, döndürme.
tâk *(A.):* 1.Bina kemeri. 2. Yarım daire şeklinde kapı ve pencere üstü. 3. Kubbe, kümbet.
tâk-ı felek: Gök kubbe .
tâk-ı zâfer: Zafer kemeri.
takallus *(A.):* Kasılma, bir şeyin toplanıp büzülmesi.
tâk-ber-tâk *(F.):* Kemer kemer üzerine.
takdîs *(A.):* Ululama, büyük saygı gösterme.
takrîr *(A.):* 1. Yerleştirme, sağlamlaştırma. 2. Anlatma, anlatış.
taktîr *(A.):* Damıtma, damla damla akıtma.
tal'at *(A.):* 1. Yüz, surat 2. Güzellik.
talâk *(A.):* Boşama.
taleb *(A.):* İsteme, istek.
taleb-efzâ-yı adem: Yokluk düşüncesini artıran istek.
tâli' *(A.):* Talih, kısmet, kader, baht.
tâli'-i şûm: Uğursuz talih.
taltîf (A): 1. Gönül okşama, gönlü hoş etme 2. Rütbe, nişan, maaş artırımı gibi şeylerle sevindirme.
ta'mîk *(A.):* Derinleştirme, derin kazma.
ta'n *(A.):* Sövme, yerme.
ta'n-âmîz *(F.):* Sövme, yerme dolu.
tanbûrî *(A.):* Tamburu çok güzel çalan musiki üstadı.
tanîn *(A.):* Tınlama, çınlama.
tannân *(A.):* Tınlayan, çınlayan.
tannâniyet (A.): Tınlama, çınlama.
târ *(F.):* Karanlık.
tarab *(A.):* Sevinçlilik, şenlik.
tarab-ı vasl: Kavuşma sevinci.
tarâc (F.): Yağma, çapul, talan.
taraf *(A.):* Yan, yön.
taraf-ı çemenzâr: Bahçe'nin etrafı.
taraf-ı mîrî: Hazine dairesi.
tarafiyyet (A.): Taraf tutma.
tarâvet *(A.):* Tazelik, taze olma.
tarâvetdâr (A.): Taze tutan.
tarf *(A.):* 1. Bakış. 2. Göz ucu.
tarih *(A.):* Tarih.
tarih-i muannid: İnatçı tarih.
tarîk *(A.):* 1. Yol. 2. Usûl.
Tarîk-i Ahmed-i Muhtar: (Allah tarafından) Seçilmiş Ahmed'in (Hz. Muhammed) yolu.
tarîk-i hayât-ı ictimaiyye: Sosyal yaşam tarzı.
ta'riz *(A.):* Dokundurma, dokunaklı söz söyleme.
târumâr *(F.)*: Karmakarışık, dağınık, perişan.
tarz *(A.):* Şekil suret, usul, yöntem.
tarz-ı inşâd: Şiir okuma tarzı.
tarz-ı musâhabet: Sohbet etme tarzı.
tarz-ı tefekkür: Düşünme tarzı.
tasalluf *(A.):* 1.Öğünme, kendi dışında olan fazilet ve zarafet iddiasında bulunma. 2. Edb. Şairin fahriye (kendini övme) tarzında yazdığı şiir.
tasallut *(A.):* Sataşma.
tasannu' *(A.).* Yapmacık.
taşra: Dışarı, şehir dışı.
tâûn *(A.):* Vebâ.
tâvus-sıfat *(F.).* Tavus kuşu gibi.
tayf *(A.):* 1.Uykuda görülen hayal. 2. Korkudan karanlıkta görülen hayalet.
tayf-ı nûr-a-nûr: Nurlu hayâl.
ta'yîb *(A.):* Ayıplama.
tayyare *(A.):* Uçak.
tazarru' *(A.):* Yalvarma, isteme.
tazyî *(A.):* Kaybetme, kaybına sebep olma.
tazyî-i nefes eyle-: Nefesi boşuna harcamak.
te'sîr *(A.):* Etkileme, nişan bırakma; içe işleme.
tebâh *(F.):* Bozuk, çürük, harap, mahvolma.
tebaiyyet *(A.).* Tabi olma, uyma.
tebcîl *(A.):* Ululama, kusurdan beri kılma.
tebdîl *(A.):* Değişim; değiştirme.
tebdîl-i hava: Hava değişimi.
tebdîl-i makâm: Makamı değiştirmek.
tebdîl-i tâbiiyyet: Uyruğunu değiştirme
tebeddül *(A.):* Değişme, dönüşme.
teberrâ *(A.):* Sevmeyip yüz çevirme, uzaklaşma, uzak durma.
teberrüken *(A.).* Uğur sayarak.
tebessüm *(A.):* Gülümseme.
teb'îd *(A.):* Uzaklaştırma.
Tebriz: İran'da bir şehir.
tecebbür *(A.):* Kibirlenme, büyüklenme.
tecelli *(A.):* 1.Görünme, belirme. 2. İlahi hakikatlerin aksetmesi, belirmesi. 3. Tasv. Hak nurunun tesiriyle makbul kulların kalbinde ilahî sırların ayân olması hali.
tecelligâh *(F.):* Tecelli yeri, görünme yeri.

tecâhül *(A.):* Cahil gibi görünme, bilmezlikten gelme.
tecdîd *(A.):* Yenileme, yenilenme.
teceddüd *(A.):* Yenilenme, yeni olma.
tecessüm *(A.):* Görünme, belirme.
tecessüs *(A.):* Araştırma, araştırılma.
techîl *(A.):* Birinin bilgisizliğini ortaya koyma.
tecrîd *(A.):* 1. Ayırma, bir tarafta tutma. 2. Soyutlama.
tedennî (A.): Aşağı inme, aşağılama, gerileme.
tedrisât *(A.):* Dersler, öğrenimler, eğitim.
tedrisât-ı İbtidâiye : İlk öğrenim.
teellümât *(A.):* Kederlenmeler, tasalanmalar.
teennî *(A.):* Yavaşlık, yavaş hareket etme.
teessürât *(A.):* Üzüntüler, acılar, kederler.
tefrik *(A.):* Ayırma, seçme.
tefsîr *(A.):* Kur'ân-ı Kerim'in mana bakımından izahı.
tefvîz *(A.):* Tasv. Her şeyi Allah'tan bekleme.
tefvîz-i umûr: İşleri bırakma.
tegâfül *(A.):* Anlamamazlıktan gelme.
tegalüb *(A.):* Üstün gelmeye uğraşma, galip, üstün.
tehâlük *(A.):* Can atma, istekle atılma.
tehevvür *(A.):* Öfkelenme.
teheyyüc *(A.):* Heyecanlanma, coşma.
teheyyüc-i rüyâ: Rüyanın coşkusu.
tehî *(F.):* Boş.
tehlîl *(A.):* Mübarek "Lâ ilâhe illallâh" sözünü tekrarlama.
tekâlif *(A.):* Vergiler.
tekâlif-i idâd: Devletin aldığı vergiler.
tekâpû *(F.):* Dalkavukluk etme, birinin her dediğini, her yaptığını onaylama.
tekdîr *(A.):* Azarlama, azarlanma.
tekemmül *(A.):* Kemale erme, olgunlaşma.
tekevvün *(A.):* Var olma, meydana gelme, oluş.
tekmil *(A.):* Bitirme, tamamlama; bütünüyle.
tekvin *(A.):* Var etme, yaratma.
telâkki *(A.):* Şahsi anlayış, şahsi görüş.
telâtum *(A.):* Dalgalanma.
telehhüf *(A.):* Hasret ve kederle yanıp yakılma, üzülme.
telezzüz *(A.):* Lezzet alma.
telvîs *(A.):* Kirletme, pisletme.
temâdî *(A.):* Sürüp gitme, uzama.
temâşâ *(A.):* Bakıp seyretme, gezme.
temâyül *(A.):* Meyletme.
temelluk *(A.):* Dalkavukluk etme.
temellük *(A.):* Mülk edinme, kendine mal etme.
temenna *(A.):* Temennah, eli başa götürerek verilen selam.
temennâ-yı adem: Yokluğu güzel karşılama.
temevvüç *(A.):* Dalgalanma.
tenâvül *(A.):* Alıp yeme, alınıp yenilme
tenâzur *(A.):* Birbirinin karşısında olma
teneffüs *(A.):* Nefeslenme, soluklanma.
tenevvür *(A.):* Nurlanma, parlama.
teng *(F.):* Dar, sıkıntılı.
tengnâ *(F.):* Mezar; dar yer, geçit.
tenkil *(A.):* Örnek olacak bir ceza verme.
tenvîr *(A.):* Nurlandırma, ışıklandırma.
tenvîr-i garâm et-: Aşkın ışıklarını saçması.
terahhüm (A.): Merhamet etme, acıma.
terakki *(A.):* İlerleme, yükselme.
terane *(F.):* Nağme, ahenk, makam.
terceme-tercüme *(A.):* Tercüme, çevirme
tercüme-i hâl: Hâl tercümesi, biyografi.
terekküb *(A.):* Karışıp birleşme.
terennüm *(A.):* Yavaş ve güzel bir sesle şarkı söyleme; şakıma.
terfi' *(A.):* 1. Yükseltme, yukarı kaldırma. 2. Rütbe verme, rütbe alma.
terfîh *(A.):* Refah verme, rahat yaşamasını sağlama.
terfîh-i raiyyet: Emri altındakilerin rahat yaşamasını sağlama.
terkîb-i bent *(F.):* Kafiyeleri başka başka birkaç kısımdan meydana gelen ve her parçanın sonunda ayrı kafiyeli bir beyti bulunan bir nazım şekli.
tersâ *(F.):* Hristiyan.
terütaze *(F.):* Pek latif, pek körpe.
tesadüf *(A.):* Rastlama, rastlantı.
tesadüf-i hasen: Güzel rastlantı.
tesellâ *(A.):* Avutma.
teselsül *(A.):* Zincirleme, zincirleme gitme.
teseyyüb *(A.):* Kayıtsızlık, ihmalcilik.
te'sir *(A.):* Nişan bırakma, içe işleme.
tesîr-i azîm : Büyük bir etki bırakma.
tesir-i itikâd: İnancın etkisi
teskin *(A.):* Sakinleştirme.
tesliye *(A.):* Teselli verme, avutma.
tesliye-bahşâ-yı adem: Yokluğun teselli vermesi.

tesmîm *(A.)*: Zehirleme, zehirlenme.
teşbih *(A.)*: Benzetme.
teşekkül *(A.)*: Şekillenme, oluşma.
teşne *(A.)*: Susamış.
teşne-i dîdâr: Yüze susamış.
teşrif *(A.)*: Şereflendirme, şereflendirilme.
teşrifat *(A.)*: Protokol; resmî ziyaretlerde vs. uyulması gereken adetler, usuller.
teşviş *(A.)*: Endişe.
teşyî (A.i.): Uğurlama, yolcu etme.
tetkik *(A.)*: İnceleme.
tetvîc *(A.)*: Taç giydirme, taçlandırma.
tevakkûf *(A.)*: Durma.
tevâzu *(A.)*: Alçak gönüllülük.
tevcîh *(A.)*: 1. Çevirme, yöneltme. 2. Bakma.
tevcih-i nigâh: Bakışı yöneltme.
teveccüh *(A.)*: Güler yüz gösterme.
teveccühât *(A.)*: Teveccühler, güler yüz ve yakınlık göstermeler.
teveccühât-ı esmâ: İsimlerin tecelli etmesi.
tevekkeli *(A.)*: (Olumsuz fiillerle) Boşuna, sebepsiz, rastgele.
tevekkül *(A.)*: Gerekli tedbirleri alıp gerisini Allah'a bırakma, kadere razı olma.
tevellî *(A.)*: Birine yanaşma, birini dost tutma.
tevellâ-yı vücûd: Varlığı dost edinme, ona alışma.
tevhid *(A.)*: 1. Allah'ın varlığına ve birliğine dair yazılan manzume. 2. Allah'ı birleme.
tevlîd *(A.)*: Doğurma, meydana getirme.
teyakkun *(A.)*: Yakından bilme, tam bilme.
tezâhür *(A.)*: Meydana çıkma, belirme, belirti.
tezallüm *(A.)*: Sızlanma, yanıp yakılma.
tezâyüd *(A.)*: Çoğalma, artma.
tezelzül *(A.)*: Sarsılma.
tezkîr *(A.)*: Hatıra getirme [Allah'ı].
Tezkiretü'l-bünyân *(A.)*: "Yapı Kitabı". Mimar Sinan'ın yazdığı bir kitap.
tezvîr *(A.)*: Yalan dolan.
tezyin *(A.)*: Süsleme, süslenme.
tıfl *(A.)*: Küçük çocuk.
tıfl-ı nâz: Naz çocuğu.
tımarhane *(F.)*: Akıl hastahanesi.
tırâzîde *(F.)*: Süslenmiş, donatılmış.
tırâzîde-i damga-yı adem: Yokluk damgasının süslenmesi
tıynet *(A.)*: Yaratılış, mizaç.
tıynet-i pâk: Temiz yaratılışlı.
tîg *(F.)*: Kılıç.
tiğ-i zekâ: Zekâ kılıcı.
timsal *(A.)*: Sembol, simge; örnek.
tîr *(F.)*: Ok.
tîr-bârân : Ok yağmuru, yağmur gibi çok ok.
tîr-i hışm : Öfke oku.
tolga: Savaşçıların veya itfaiyecilerin başlarına giydikleri demir başlık.
tûde *(F.)*: Yığın, küme.
tûde-i âlâm: Elem yığınları.
tuğ: Eskiden mirliva, sancak beyi, serasker vezir, sadrazam vb devlet büyüklerine rütbelerine göre çeşitli sayılarda verilen, at kuyruğu kılından yapılmış sorguç, rütbe gösteren alâmet, sembol, bayrak.
tuğyan *(A.)*: Taşma, taşkınlık, coşkunluk; isyan, asilik.
tulû *(A.)*: Doğma, doğuş.
tulu'-i haşr: Kıyametin kopması
tulû-yı kibriyâ: Büyük doğuş.
Turan *(F.)*: Türklerin yer yüzünde yaşadıkları bütün ülkelerin toplamı, yani birleşik tek ve büyük Türk vatanı demektir. Bu anlamda mekân (vatan)'la birlikte yer yüzündeki Türk soyundan gelen insanların birliğini ve bütünlüğünü ifade eder.
turfe *(A.)*: Tuhaf görülmemiş; turfa.
tükme *(F.)*: Düğme.
tükme-i zer-târ: Altın iplikle dikilmiş düğme.
tünd *(F.)*: Sert, şiddetli, haşin.
türâb *(A.)*: Toprak.
türâb-ı Kerbelâ: Kerbelâ toprağı.
türbe *(A.)*: Mezar, mezar üzerine çatılmış yapı.
türbe-i Halid: Eyüp Sultan Hazretlerinin türbesi.
türbe-dâr *(F.)*: Türbeyi bekleyen ve ona hizmet eden kimse.
tütsü: Dinî merasimlerde çevrenin güzel kokmasını sağlamak yahut ilaç yapmak amacıyla yakılan kokulu madde.

- U -

ubûdiyyet *(A.)*: Kulluk, birine aşırı bağlılık
ufk *(A.)*: Ufuk.

ufk-ı i'tilâ: Yükseliş ufku.
ufk-ı sabah: Sabah ufuğu.
ufk-ı şimâlî: Kuzey ufku.
ufk-ı temâşa: Seyredilen ufuk.
ufkî *(A.):* Yatay, ufuk ile paralel olan.
uhrevî *(A.):* Ahiretle ilgili, manevî.
ukalâ *(A.):* 1. Akıllı kimseler. 2. Akıllı olmadığı halde bilmiş geçinen kimse.
ukbâ *(A.):* Ahiret, öbür dünya.
ukde *(A.):* 1. İstenip de ulaşılamayan bir konudan dolayı içe dert olan şey. 2. Düğüm.
ukde-i efkâr: Düşünce düğümü
ukde-i pîrâhen: Gömleğin düğümü.
ukûs *(A.):* Akisler.
ulemâ *(A.):* Âlimler, bilgin kişiler.
ulûhiyet *(A.):* İlâhlık, tanrılık.
ulûm *(A.):* İlimler, bilgiler.
ulûvv *(A.):* Yükseklik, büyüklük, yücelik.
ulûvv-ı cenâb: Âlicenaplık, cömertlik.
ulvî *(A.):* Yüce, büyük.
ulviyât *(A.):* Yücelikler, manevi bakımdan yüce olan varlıklar.
umde *(A.):* İlke, prensip.
umk *(A.):* Derinlik.
ummân *(A.):* Büyük deniz, okyanus.
ummân-ı hurûşân: Coşkun deniz.
umumî *(A.):* Herkese ait; genel.
umumiyetle: Genellikle.
umûr *(A.):* 1. İşler, hususlar. 2. Önem verme, aldırma.
umûr-ı saltanat: Saltanatın işleri.
unsuriyât *(A.):* Unsurlar, elementler.
uvnân-ı şeref *(F.):* Şeref unvanı.
uşşâk *(A.):* Âşıklar.
uzlet *(A.):* Bir yana çekilip kendi kendine tenhada yaşama, yalnızlık köşesine çekilme, inziva.
uzv *(A.):* Bir topluluğu, bir bütünü oluşturan üyelerden her biri.
uzviyet *(A.):* Canlılık, organizma.

- Ü -

ülfet *(A.):* 1. Alışma, kaynaşma. 2. Tanışma, görüşme. 3. Dostluk, ahbaplık.
ümem *(A.):* Ümmetler.
ümîd *(F.):* Umut.
ümîd-i bülend: Yüce umut.
ümîd-i vatan: Vatanın ümidi.
ümmet *(A.):* Bir peygambere inanıp bağlanan cemaat, tâife.
üns *(A.):* Alışıklık, alışkanlık.
üns-i mavtın: Alışılmış, benimsenmiş olan yurt.
üryân *(A.):* Çıplak, çırılçıplak.
üslûb *(A.):* Tarz, yol, biçim; ifade tarzı, ifade biçimi.
üstâd *(F.):* Bir ilim veya sanat alanında üstün yeri olan kimse.
üstâd-ı hoşkâm: Arzularına ulaşmış üstad.

- V -

va'd *(A.):* Söz verme
va'd-ı mülâkat: Buluşmak için söz verme.
va'de *(A.):* 1. Bir iş için önden belirtilen zaman. 2. Vaat, söz.
va'de-i şehâdet: Şehitlik vaadi.
vahâ *(A.):* Çöl ortasında suyu ve yeşilliği olan yer.
vâ-hayfâ *(A.):* Eyvah, yazık.
vahdet *(A.):* 1. Birlik, Allah'ın birliği. 2. Allah'a yakınlığı.
vahdet-gâh *(F.):* Yalnız kalınacak yer.
vâhime *(A.):* Kuruntu kurma niteliği.
vâhî *(A.):* Boş, manasız, ehemmiyetsiz (şey).
vahîm *(A.):* Sonu tehlikeli, korkulu.
vahşet *(A.):* Vahşilik, yabanilik; korku, üzüntü.
vahşet-i sahrâ-yı adem: Yokluk çölünün vahşiliği.
vahşet-zâr *(F.):* Issız yer.
vahşiyâne *(F.):* Vahşîcesine, vahşetlice.
vakar *(A.):* Ağır başlılık, temkinlilik.
vakâyi *(A.):* Vak'alar, olaylar.
vakf *(A.):* Bir malı veya mülkü -satılmamak kaydıyla- bir hayır işine bırakma, bağışlama.
vakf-ı vücûd et-: Kendini adamak.
vâkıa *(A.):* 1. Gerçek, gerçi, her ne kadar. 2. Vuku bulmuş, olmuş bir iş
vâkıf : 1. Bir şey vakfeden. 2.Bir şeyi elde eden; haberli olan.
vakur *(A.):* Ağırbaşlı, temkinli; olgun, bulunduğu makamın izzetini koruyarak davranış gösteren.
vâlih *(A.):* Şaşakalmış, şaşırmış.
vâreste *(F.):* Kurtulmuş, serbest, rahat.

vasl *(A.):* Kavuşma, birleşme.
vâsıl *(A.):* Erişen, ulaşan, kavuşan.
vatan-ı aslî *(F.):* Asıl vatan, cennet.
vâzıh *(A.):* Açık, meydanda, kapalı olmayan.
vebâl *(A.):* Günah, suç.
vecd *(A.):* 1. Kendinden geçme. 2. Tasv. Kendini kaybedercesine ilâhi aşka dalma.
vecd-âver *(F.):* Büyük heyecan veren.
vechen (A.): 1. Vechile, bir suretle, bir yönden. 2. Yüz bakımından.
vedîa *(A.):* Emanet.
vefakâr *(F.):* Vefalı.
vehm *(A.):* Kuruntu.
vehm-âlûd *(F.):* Kuruntu dolu.
velâyet *(A.):* Velilik.
velhâsıl *(A.):* Sözün kısası.
velvele *(A.):* Şaşkınlık; gürültü.
vesâvis *(A.):* Vesveseler, kuruntular.
vezir *(A.):* Mülkiye rütbelerinin son derecesi olan rütbeye ulaşmış kimse.
vezir-i âzam: Padişahın vekili olan birinci vezir, sadrazam.
vicdân *(A.):* İnsanın içindeki iyi ile kötüyü ayırdeden duygu.
vicdân-ı ümmet: Halkın vicdanı.
vilâdet *(A.):* 1. Doğum. 2. "Mevlit".
vîran *(F.):* 1. Yıkılmış, yıkık. 2. Kederli, üzgün.
virane *(F.):* Yıkılmış veya harap olmuş yer.
visâl *(A.):* Uylaşma, kavuşma.
vuku bul-: Gerçekleşmek, ortaya çıkmak.
vuslat *(A.):* Bir şeye ulaşma, [sevgiliye] kavuşma.
vuzuh *(A.):* Açık ve belli olma; açıklık.
vücûd *(A.):* 1. Bulunma, var olma, varlık. 2 İnsan bedeni.
vücûd-ı âdem: İnsanın varlığı; insan bedeni.
vücûd-ı Ebâ Eyyûb-ı Ensârî: Eyyüb-i Ensârî'nin bedeni.
vücûd-ı insânî: İnsana ait vücut; insanî varlık.
vükelâ *(A.):* Vekiller, Osmanlı Devleti zamanında kabine üyesi.
vürûd *(A.):* Varma, yetişme.
vüs'at *(A.):* Genişlik, bolluk.
vüzerâ *(A.):* Vezirler.

- Y -

yâd *(F.):* Hatırlama, anma.
yağma *(F.):* Zorla, mal kapma, çapul.
ya'sûb *(A.):* 1. Arıbeyi. 2. Baş, reis.
yâdigâr *(F.):* Yadigar, bir kimse ya da nesneyi hatırlatacak şey; hatıra.
yâdigâr-ı Mustafâ: Peygamberimizin hatırası.
yâdigâr-ı ecdâd: Ata yadigârı.
yağız : 1. Esmer, siyah. 2. Gövdesi kızıl, ayakları ve yelesi kara olan at. Doru at.
yâl ü bâl *(F.):* Boy bos düzgünlüğü.
yampûrî, yampiri : Yan, çarpık; yan yan ve çarpık giden.
yâr *(F.):* Dost, sevgili.
yâr-ı can: Sevgili.
yâr-ı gâr: Mağara arkadaşı; Hz. Ebu Bekir.
yâr-ı müsâid: Uygun sevgili.
yârân *(F.):* Dostlar, sevgililer.
yatağan: Namlusu kavisli, iki yanı kesici, bir çeşit yakın muharebe bıçağı.
yaylı: Üstü ve yanları kapalı, dört tekerlekli, altında yayları olan, atla çekilen bir tür binek arabası.
yegâne *(F.):* Tek, biricik.
yeis, ye's *(A.):* Ümitsizlik, elem, keder.
yekdiğer *(F.):* Diğeri, öteki.
yekpare *(F.):* Bir parça, tek parça.
yeksân *(F.):* Bir, beraber.
yek-ser *(F.):* Bir baştan bir başa.
yetîm *(A.):* Yalnız, tek, babası veya ana-babası ölmüş olan.
yetîm-i tarih: Tarihin yetimi.
Yezid: Emevi devletinin kurucusu, Muâviye'nin oğlu. Muaviye oğlu Yezid'i 673'te veliaht ilan etti. Buna Hz. Hüseyin, Abdullah bin Ömer ve Abdullah bin Zübeyr karşı çıktılar. Kûfe halkı Hz. Hüseyin'i halife tanıyıp ona biat edeceklerini bildirdiler. Kûfe'ye gitmek üzere Mekke'den yola çıkan Hz. Hüseyin, Yezid'in desteklediği Basra valisi Ubeydullah bin Ziyad tarafından 681'de Kerbelâ'da şehit edildi. Yezid'in hilafeti sırasında Müslümanlar fitne içine düşmüştü.
yümn *(A.):* Uğur, bereket
yümn-i na't : Na'tın bereketi.

- Z -

zaaf, za'f *(A.):* 1. Zayıflık, kuvvetsizlik. 2. Meyil, gönül akışı, bir şeye karşı duyulan aşırı istek.
za'f-ı hâl : Zayıf düşme, halsiz düşme.
zabit *(A.):* Subay.
zabitân *(A.):* Subaylar.
za'f *(A.):* Zayıflık, kuvvetsizlik.
za'f-ı tab' : Yaratılış zayıflığı.
zafer *(A.):* Maksada ulaşma, başarma.
zafer-i fütuhât: Fetihlerin başarısı.
zâhid *(A.):* Dinin îcaplarını harfiyen yerine getiren, hal ve yaşayışta kanaati esas alan kimse.
zâhife *(A.):* Sürüngenler, yerde sürünen hayvanlar.
zahir *(A.):* Görünür, orada.
zahire *(A.):* 1. Gerektiği zaman harcanmak üzere ambarda saklanan yiyecek, hububat. 2. Görünüş.
zahm *(F.):* Yara.
zahm-ı rikkat: Rikkat yarası.
zâil *(A.):* Sona eren, devam etmeyen.
zâir *(A.):* Ziyaretçi.
Zâl : Eski Fars kahramanlarından meşhûr pehlivan Rüstem'in babası [burada Şehzâdeyi öldüren Zal Mahmut].
Zâl-i devr-i zaman: Zamane Zâl'i.
zalâm *(A.):* Karanlık.
zalâm-ı bî-dâd: Karanlık zulüm.
zapt *(A.):* Tutmak, hâkim olmak.
zâr *(F.):* Ağlayan, inleyen; ağlama.
zârr *(A.):* Zararlı.
zavâhir *(A.):* Dış görünüş; yüksek yerler.
zebân *(F.):* Dil, lisan.
zebân-ı tezallüm: Şikayet dili.
zebûn *(F.):* Zayıf, güçsüz, aciz.
zefîr *(A.):* Nefes verme.
zeheb *(A.):* Altın.
zehr *(A.):* Zehir.
zehr-i hüsrân: Mahrumiyet ve yokluğun verdiği acının zehri.
zehr-i mâr: Yılan zehiri.
zehr-âb *(F.):* Acı su; zehirli su.
zekâ *(A.):* Çabuk anlama, zihin keskinliği.
zekâ-yı harikulâde: Olağanüstü zekâ.
zelîl *(A.):* Hor görülen, aşağı tutulan, aşağılanan.
zelzele *(A.):* Deprem, sarsıntı.
zemm *(A.):* Yerme, kınama, ayıplama.
zemzem *(A.):* 1. Kâbe yakınlarındaki meşhur kuyu. 2. Bu kuyudan çıkan mukaddes su.
zer *(F.):* Altın.
zer-dûz *(F.):* Sırma işleyici; sırmalı.
zer-efşan *(F.):* Altın saçıcı.
zer-târ *(F.):* Altın tel, sırma
zerrîn *(F.):* Altından yapılmış, altın gibi sarı, parlak.
zevahir *(A.):* Dış görüntü.
zeval (A.i.): 1. Yok olma, yok edilme. 2. Suç, kabahat, mesuliyet. "Elçiye zeval olmaz" 3. Bozulma, yenilme.
zevât *(A.):* Kişiler, şahıslar.
zevce *(A.):* Nikahlı kadın, eş.
zevk *(A.):* Tadım, haz.
zevk-i tiğ: Kılıcın zevki
zevk-âşinâ *(F.):* Zevki bilen, tanıyan.
zevrak *(A.):* Kayık, sandal.
zeybek: 1. Özellikle Batı Anadolu efelerine verilen ad. 2. Bu kimselere has yerel oyun ve bu oyunun müziği.
Zeyd *(A.):* Eski fetva metinlerinde erkeği temsil etmek için kullanılan isimlerden biri. İkinci isim genellikle Amr'dır.
zeyl *(A.):* Ek, bir şeyin devamı.
zeyl-i temâdî: Devam eden ek.
zeyrek *(F.):* Uyanık, zeki, anlayışlı.
zılâl *(A.):* Gölgeler.
zılâl-i ehvâl: Korkuların gölgeleri.
zıll *(A.):* Gölge.
zıll-i hümâ: Mutluluk getirdiğine inanılan devlet kuşunun gölgesi.
zıll-i mürtesim: Resmedilenin gölgesi.
zî- *(A.):* "Sahip" anlamında kelimelerin başına gelerek birleşik sıfatlar yapan ek.
zî-kudret: Kudretli, kuvvet ve iktidar sahibi.
zî-rûh: Canlı, ruh sahibi.
zî-şân: Şanlı, şan sahibi.
zihî *(A.):* Ne güzel ne hoş.
zikr *(A.):* 1. Anma, anış. 2. Söyleme.
zikr-i na't: Naat söyleme
zillet *(A.):* Hor görülme, alçalma.
zîr *(F.):* Alt, aşağı.

zîr-i zemîn: Yerin altı.

zirâ' *(A.):* Dirsekten orta parmak ucuna kadar olan bir uzunluk ölçüsü (70-90 santim arasında değişen çeşitleri vardır).

zîr-ü-zeber *(F.):* Alt üst.

zîver *(F.):* Süs, bezek.

ziyâ *(A.):* Işık, aydınlık.

ziyade *(A.):* Artan, fazla kalan.

ziynet *(A.):* Süs.

zu'm *(A.):* Batıl, boş inanç.

zu'm-ı fâside: Yanlış, boş inanç.

zuhûr *(A.):* Görünme, meydana çıkma, başgösterme.

zulmet *(A.):* Karanlık.

zulmet-i kabr: Kabir karanlığı.

zücâc *(A.):* Sırça, cam, şişe.

zücâc-ı sanat ü fikret: Fikir ve sanat şişesi.

zühd *(A.):* Her türlü zevke karşı koyarak kendini ibadete verme.

zühhâd *(A.):* Zahidler.

zühre *(A.):* Çoban yıldızı, Venüs.

zül *(A.):* Alçalma, horluk, hakirlik.

zülâl *(A.):* Saf, soğuk, hafif, güzel su.

zülâl-i feyz: Bereket zülâli.

zülf *(F.):* Saç.

zülf-i müşgîn-i semen-sâ: Sevgilinin yasemin gibi misk kokulu saçı.

zülf-i perîşân: Dağınık, karmakarışık saç.

zülf-i semen-sâ: Sevgilinin yasemin gibi saçı.

zümrüdüanka *(F.):* Masallarda adı geçen ve gerçekte var olmayan büyük bir kuş, anka.

zümrüt, zümürrüd *(A.):* Cam parlaklığında, yeşil renkte, saydam bir süs taşı.

zümürrüd-fâm *(F.):* Zümrüt rengi, yeşil.

züppe: Giyiniş, konuşma ve davranışlarda toplumun gülünç ve aykırı saydığı yapmacıklara ve aşırılığa kaçan.

züvvâr *(A.):* Ziyaretçiler.

züvvâr-ı kirâm: Şerefli, asîl ziyaretçiler.

9.5x16.5 Ebat • 1. Hamur Kâğıt • 768 Syf.
-Osmanlı Türkçesi- ISBN: 975-454-023-3

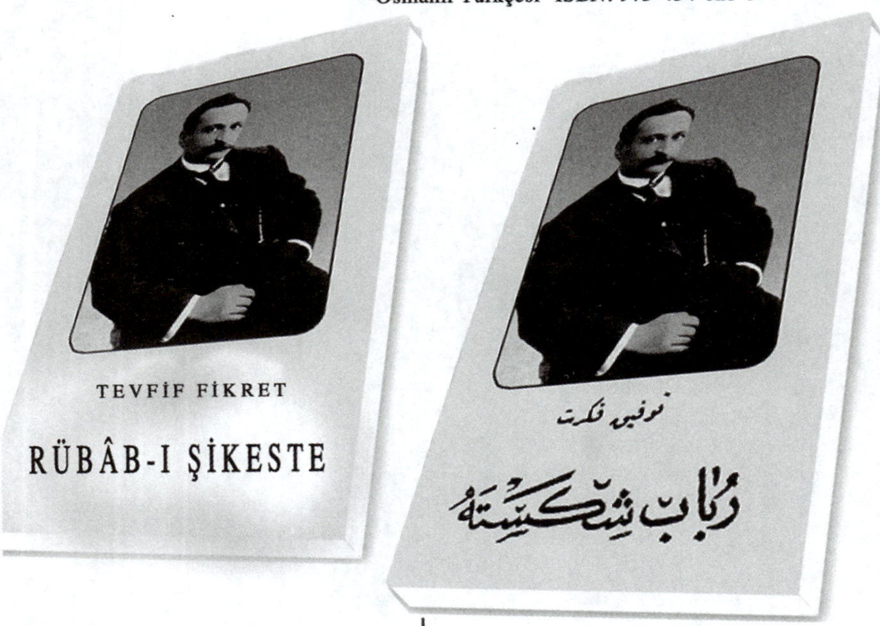

• 9.5x16.5 Ebat • 1. Hamur Kâğıt • 482 Syf.
-Osmanlı Türkçesi- ISBN: 975-454-034-9

چوزوملمه لی

عثمانلی تورکجه سی

متنلری

Hazırlayanlar:

Prof. Dr. Mustafa ÖZKAN

Enfel DOĞAN - Fatih KEMİK - Mustafa ULUÇAY

ÇAĞRI YAYINLARI

Divanyolu Cad. Işık Sok. No: 10

34400 Sultanahmet - İSTANBUL - TÜRKİYE

Tel: (212) 516 20 80 -81 Fax: (212) 516 20 82

www.cagriyayinlari.com

e-mail: cagri@cagriyayinlari.com

Çağrı Yayınları: 79
Yardımcı ders kitapları: 2

ISBN: 975-454-089-6

Kapak: Ferhat ÇINAR
Sayfa Tasarım: Sevim KURT
Baskı: Enes Ofset 2003 İstanbul

ایچنده کیلر

پنبه اینجیلی قافتان

بویوك قبه‌لی سه‌رین دیوان ، بوکون داها سا کن ، داها کولکه‌لیدی . په‌نجره‌لرندن سوزوله‌ن ماوی ، مور ، سنجابی بهار ضیالری ، چینیلرینك یشیل دەرینلکلرنده بیریکیور ، قویولاشیوردی . یوکسك ایپك شیلته‌لره دیز چوکمش یورغون وزیرلر، اوکلرنده‌کی خالینك رنکلی نقشلرینه باقیورلر، اوزون، بیاض صاقالنی ضعیف الیله طوتان اختیار صدراعظمك سونوك کوزلری ، غایت اوزاق ، غایت قارانلیق شیلر دوشونویور کبی موجود اولمایان نقطه‌لره دالیوردی.

— جسور بر آدام لازم، پاشالر ... دیدی، بز اونك صیرمالره، آلتینلره، الماسلره غرق ایده‌رك کونده‌ردیکی ایاچیسنه ال ئوپدورمه‌دك ؛ آنجاق دیز ئوپمه‌سنه مساعده ایتدك . شبهه‌سز اوده مقابله ایتمکه قالقاجق .

— شبهه‌سز .

— هیچ شبهه‌سز .

— مطلقا ...

قبه آلتی وزیرلرینك تماميله کندی فکرنده اولدیغنی آکلایان صدراعظم ، دوشوندیکنی داها آچیق سویله‌دی :

— او حالده بزدن ایلچی کیده‌جك آدامك چوق جسور اولمسی لازم ! اویله بر آدام‌که ئولومدن قورقماسین . دولتك شانسه دوقوناجق حرکتلره قارشی قویسون . ئولوم قورقوسیله ، اوغرایاجغی حقارتلره بویون اکمه‌سین...

— أوت !

— های ، های .

— چوق دوغرو ...

صدراعظم ، صاقالندن چه‌کدیکی النی دیزینه دایادی . دوغرولدی . باشنی قالدیردی . پارلاق طوغلری ئورپه‌رەن وزیرلره آیری آیری باقدی :

— هایدی اویله ایسه ... بر جسور آدام بولك ، دیدی ، خواجکاندن ،

اندروندن ، دیواندن بنم عقلمه بویله کوزی‌پك بر آدام کلمه‌یور. سزده دوشونك باقالم .

قوجا دولته سسسز ، کوچوك بر دماغ اولان دیوان، دوشونمکه باشلادی.

*
* *

بو ایلچی ، یدی سنه صوکرا تقدیرك « یاووز ! » نامنده‌کی یامان سیلله‌سیله غرورینك ، جزاسنی بر آنده کوره‌ن اسماعیل صفوی‌یه کونده‌ریله‌جکدی ؛ ا بوتون شرقده جهانکیرلکی قوران بو سرسری ، قارشیسنده دولتی تمثیل ایده‌جك آدامه قارشی شبهه‌سز بر چوق مناسبتسزلکلر یاپمغه قالقیشاجق ، مناسبتسزلکلرینه مقابله ایده‌نی احتمال قازیغه ووراجق ، ده‌ریسنی یوزه‌جك ، عقله که‌لمه‌دك قابا بر وحشتله ئولدوره‌جکدی . صدراعظمك صاغنده‌کی، ده‌میندن بری بر مزار طاشی کبی حرکتسز دوران ، قیرمیزی طوغلو قاووق، یرندن اوینادی . یاواش یاواش صولنه دوندی .

— بن تام بو ایلچیلکه مناسب بر آدام بیلیورم، دیدی ؛ باباسی بنم یولداشمدی ؛ آما دولت مأموریتی قبول ایتمز .

— کیم ؟

— محسن چلبی .

صدراعظم بو آدامی طانیمایوردی . صوردی :

— بوراده‌می اوطورویور ؟

— أوت .

— نه ایش یاپییور ؟

— بر آز زنکیندر . وقتنی اوقومقله کچیریر . طانیمازسکز افندیم. هیچ بویوکلرله الفت ایتمز . اقبال ایسته‌مز .

— نه‌یه ؟

— بیلمه‌م آما ، بلکه « زوالی وار » دییه .

— توخاف ...

— فقط چوق جسوردر : دوغرودن آریلماز ؛ ئولومدن چه‌كینمه‌ز ؛ بر چوق دفعه غزا ایتمشدر ؛ یوزنده قیلیچ یارالری واردر .

— بزه ایلچی اولمازمی ؟

— بیلمه‌م .

— بر كره كندیسنی كورسه‌ك ...

— بیلمه‌م ، چاغیرنجه آیاغكزه گه‌لیرمی ؟

— ناصیل گه‌لمه‌ز ؟

— گه‌لمه‌ز ایشته ... دنیایه متی یوقدر . شاهله گدا نظرنده بردر .

— دولتی سه‌ومه‌زمی ؟

— سه‌وه‌ر صانیرم .

— او حالده بزده كندیمز ایچین ده‌كیل ، دولتنه خدمت ایچین چاغیریرز .

— تجربه بویورورك افندیم ...

صدر اعظم ، او آقشام كتخداسنی محسن چلبینك اسكدارده‌كی أوینه كونده‌ردی . دولته ، ملته دائر برایش ایچین كندیسیله قونوشاجغنی ، یارین مطلقا تردد ایتمه‌یوب گه‌لمه‌سنی یازیپوردی .

صباح نمازندن صوكرا سرایئك سلاملغنده ، هند قوماشندن آغیر پرده‌لی ، كوچوك ، لوش براوداده كاتبنك بیراقدیغی كاغدلری اوقورکن ، صدر اعظمه محسن چلبینك گه‌لدیكنی خبر ویردیلر .

— گه‌تیرك بورایه ... دیدی .

ایكی دقیقه گه‌چمه‌دن اودانك صدف قاقمالی جویز قاپیسندن پالا بییقلی ، ایری ، لوند ، شن برآدام كیردی . اینجه سیاه قاشلرینك آلتنده ایری كوزلری پارلایوردی . بلنده‌كی سلاحلق بوشدی . بوتون قوللرك تكاپوسنه ، سجده‌سنه آلیشان صدر اعظم ، برآن ، اته كنه قاپانیلماسنی به‌كله‌دی . اوطوردیغی مور چوخا قاپلی سدیرك دائما ئوپوله‌ن آغیر صیرما صاچاغنده‌كی یوماق ، آلتیندن ایچی بوش كوچوك برقافا كیبی شاشقین دورویوردی . صدراعظم ، سویله‌یه‌جك برشی

بولامدی . بویله کوکسی ایله‌ریده، قاباریق ، باشی یوقاری قالقیق بر آدام عمرنده ایلك دفعه کورویوردی . قبه‌وزیرلری بیله حضورنده ایکی بوکلوم دورورلردی .
محسن چلبی ، غایت طبیعی برسسله صوردی :

— بنی ایسته‌مشسکز ؛ نه سویله‌یه‌جکسکز افندیم ؟

— شی ...

— بویوروکز افندیم .

— بویور اوغلم ، شویله براوطورده ...

محسن چلبی چه‌کینمه‌دن ، صیقیلمادن ، ازیلوب بوزولمه‌دن غایت طبیعی بر حرکتله ، کندینه کوسته‌ریله‌ن شیلته‌یه اوطوردی . صدر اعظم ، حالا النده طوتدیغی قیوریق کاغدلره باقارق ایچندن : « نه بیچیم آدام ؟ عجبا ده‌لیمی ؟ » دییوردی .
حال بوکه ... خایر ، بوچلبی غایت عقللی برانساندی ! مرده ، نامرده محتاج اولمایاجق قادار برثروتی واردی . چاملیجه اورماننك آرقاسنده‌کی بویوك ماندیرا ایله بویوك چیفتلکنی ایشله‌تیر ، ناموسیله یاشار ، کیمسه‌یه ایوالله ایتمه‌زدی .
فقرایه ، ضعیفلره ، غریبلره باقار ، سوفراسنده هیچ مسافرا کسیك اولمازدی .
دینداردی . آما متعصب ده‌کیلدی . دین ، ملت عشقنی قلبنده دویانلردندی .
دولتنك بویوکلکنی ، قدسیلکنی آ کلاردی . یکانه مفکوره‌سی : « اللهدن باشقا کیمسه‌یه سجده ایتمه‌مك ، قوله قول اولمامق » دی ... علمی ، کمالی هرکسجه معلومدی . ابن کمال ، اوندن بحث ایده‌رکن « بنی اوقوتور ... » دیردی .
شاعردی . لاکین عمرنده داها برقصیده یازمامشدی . حتی بویله مدحیه‌لری اوقومازدی بیله ... یشی قیرقی که‌چیوردی . اوکنده آچیلان اقبال یوللرندن داها هیچ برینه صاپمامشدی . بو آلتین قالدیریملی ، مینه چیچکلی ، جنتی آندیران نورانی یوللرك نهایتنده دائما « کیرلی براته‌ك محرابی بولوندیغنی بیلیردی .
انسانلق اونك نظرنده چوق یوکسك ، چوق بویوکدی . انسان ارضك اوزرنده اللهك برخلفیدی . الله ، انسانه کندی اخلاقنی ویرمك ایسته‌مشدی . انسان ،

هر موجودك فوقنده ایدی . قویروغنی صاللایا صاللایا افندیسنك پاپوچلرینی یالایان كوپكه تبصبص پك یاقیشیردی ؛ آما انسانه ... محسن چلبی، هر تورلو ذلتی هضم ایده‌رك اقبال تپه‌لرینه ایكی بوكلوم طیرمانان ماسقارا حریصلردن ، عزت نفسسز كوله‌لردن ، زاحفه‌لر كیبی یرلرده سوروننه‌ن ملوث اسیرلردن نفرت ایده‌ردی . حتی بونلری كورمه‌مك ایچین مردمكریز اولمشدی . یالكز محاربه زمانلری غربا بولوكلرینه قوماندانلق ایچین میدانه چیقاردی . حضورده سربست، طبیعی اوطوروشی، صدراعظمی چوق شاشیرتدی . آما قیزدیرمادی :

— تبریزه برایلچی كونده‌رمك ایسته‌یورز. طرفمزدن سن كیده‌رمیسك اوغلم؟

— بنمی ؟

— أوت .

— نه مناسبت ؟

— آرادیغمز كیبی بر آدام بولامایورزده ...

— بن شیمدی‌یه قادار دولت منصبنه كیرمه‌دم .

— نیچین كیرمه‌دك ؟

محسن چلبی، برآز دوردی . یوتقوندی . كولومسه‌دی :

— چونكه بن بویون اكمم ، ال اته‌ك اوپه‌مم ، دیدی . حال بوكه زمانك دولتلیلری، موقعلرینه هپ بویون اكوب ، ال اته‌ك ، حتی آیاق اوپوب ، بیك تورلو تبصبصله ، ریاله ، تكاپوله چیقدقلرندن اطرافلرینه دائما هپ بو ذلیل ماضیلرینك چیركین حركتلرینی تكرارلایانلری طوپلارلر. كوزده‌لری، ندیملری، حمایه ایتدكلری، هپ دنی ریاكارلر ، اخلاقسز مداهنلر ، ناموسسز ماسقارالر ، حیثیتسز دالقاووقلردر ! مرد ، دوغرو ، عزت نفس صاحبی ، حر، وجدانك سسنه قولاق ویره‌ن بر آدام كوردیلرمی همان غرض اولور ، محوینه چالیشیرلر. كدك احمد پاشا نیچین خنجرلندی ، پاشام ؟

— ...

صدر اعظم ، یاوشجه دیشلرینی صیقدی . کوزلرینی سوزدی . طوتدیغی کاغدی بوروشدوردی . حدتله‌نه‌مه‌یوردی . آما حدتله‌ندیکی زمانلرده‌اولدیغی کبی یاناقلرینه بر تیتره‌مه گه‌لدی . وزیرکن ده‌کیل ، حتی داها بکلر بکی ایکن بیله قارشیسنده اقرانلرندن کیمسه بویله دوم دوز لاف سویله‌مه‌مشدی . تکرار « صحیا ده‌لیمی؟ » دیه دوشوندی . ده‌لی ده‌کیلسه ... بونه کستاخلقدی؟ بودرجه کستاخلق ، « نظام عالم » مخالف ده‌کیلمیدر ؟ کوزلرینی داها بدتر سوزدی ؛ ایچندن « شونك باشنی ووردورسام ... » دیدی . قاپچیلره باغیرمق ایچین آغزینی آچاجقدی . آنسزین وجدانینك ـ نه‌ره‌سی اولدیغی بیلنمه‌یه‌ن بر یردن گه‌له‌ن ـ ده‌رین سسنی ایشیتدی : « ایشته سن ده تعصب ، ریا ، تکاپو یوللرندن یوکسه‌له‌نلر کبی سرپست ، دوز برلافی چه‌کمه‌یورسك ! سن ده قارشیکده مرد برانسان ده‌کیل ، آیاقلریکی یالایان بر کوپك ، ذلتینك آلتنده ایکی قات اولمش بر ماسقارا ، برردیل ایسته‌یورسك ! » سوزوك کوزلرینی آچدی . آووجنده صیقدیغی کاغدی یانینه قویدی . تکرار محسن چلبی‌یه باقدی . اورتاسنده گه‌نیش برقیلیچ یاراسنك ایزی پارلایان یوکسك آلنی .. آل یاناقلری .. یکی تراشلی بیاض ، قالین بویی .. بر آز بویوجك ، ایکری بورنی ، اینجه صاریغی ... طبیقی شهنامه صحیفه‌لرنده کوروله‌ن اسکی قهرمانلرك رسملرینه به‌کزه‌یوردی . اوت بو ، آلننده یاراسی کوروه‌ن قیلیجك یه‌دوشوره‌مه‌دیکی جانلی برقهرماندی . انصافلی صدراعظم ، وجدانینك روحنه عکس ایده‌ن سسنی غرورینك قارانلغیله بوغمادی . « تام بزم آرادیغمز آدام ایشته ... » دیدی . بوقادار پرواسز برآدام دولتنه ، مقتنه یاپیلاجق حقارتی‌ده چه‌کمه‌ز ، ئولومدن قورقارق ، کوردیکی حقارتلره ایوالله دییه‌مه‌زدی . قاووغنی خفیفجه صاللادی :

— سنی تبریزه ایلچی کونده‌ره‌جکز .

محسن چلبی صوردی :

— قتکزده بوقادار نشانجیلر ، کاتبلر ، خوجالر وار . نیچین اونلردن انتخاب ایتمه‌یورسکز ؟

— سن شاه اسماعیلك كیم اولدیغنی بیلیورمیسك ؟
— بیلیورم .
— دولتكی سه‌ویورمیسك ؟
— سه‌ویورم .
حكیم صدراعظم دوغرولدی . آرقاسنه باقدی :

— پك اعلا اویله ایسه ... دیدی . بو آدام ، « ایلچی‌یه زوال یوق » قاعده‌سنی قبول ایتمه‌ز. بزمله‌رقابت دعواسنده‌در. ارمیدانندەحقمزده یاپامادقلرینی بزم كونده‌ره‌جكمز ایلچی‌یه یاپمق ایسته‌ر . احتمال اشكنجه ایله اعدام ایده‌ر . چونكه اللهدن قورقوسی یوقدر . حالبوكه ایلچیمزه یاپیلاجق حقارت، دولتمزه دیمكدر . بزه اویله بر آدام لازمكه حقارت كورونجه باشندن قورقماسین ... بو حقارتی عینیله اعاده ایتسین ... دولتكی سه‌وه‌رسه‌ك بو فدا كارلغی قبول ایده‌جكسك ؟

محسن چلبی ، هیچ دوشونمه‌دی :

— ایتدم افندیم ، فقط بر شرطله ...
دیدی .
— نه كبی ؟

— مادامكه بو فدا كارلقدر ، فدا كارلق اجرتله اولماز ؛ حسبی اولور . دولته قارشی اجرتله یاپیلاجق بر فدا كارلق ، نه اولورسا اولسون ، حقیقتده شخصی بر قازانجدن باشقا برشی ده‌كیلدر . بن معاش ، منصب ، اجرت فلان ایسته‌مه‌م . فخری اولارق بوخدمتی كورورم . شرطم بودر !

— فقط اوغلم ، بوناصیل اولور؟ اونك ایلچیسی غایت آغیر كیینمشدی . آتلری ، خدمه‌لری مكمللدی . بزم ایلچیمزك آتلری، خدمه‌لری ، اثوابی داها محتشم ، داها آغیر اولمق ایجاب ایده‌ر ... بونلر ایچین مطلقا خزینه‌دن سكا بر قاچ بیك آلتین ویره‌جكز .

محسن چلبی دوردی . اوكنه باقدی . صوكرا باشنی قالدیردی :

— خایر ، دیدی ، خزینه‌دن بر پول آلمام . ایجاب ایده‌ن محتشم طاقملی

آتلری ، سوسلو خدمه‌لری بن‌کندی پارامله دوزه‌جکم . حتی ... صدراعظم، کوزلرینی آچدی. حتی صبرتمه‌شاه‌اسماعیلك عمرنده‌کورمه‌دیکی آغیربرشی کییه‌جکم.

— نه کییه‌جکسك ؟

— صیرماکش طور اوغلنده‌کی دیباسی هنددن ، خارجی وندیکدن گمله «پنبه اینجیلی قافتان» ی آلاجغم ...

— نه ؟ ... اوقادار پارایی نه‌رده بولاجقسك ، اوغلم ؟

صدراعظمك شاشمغه حقی واردی . برآی أول تماملانان، اوزه‌ری‌الك‌نادر پنبه اینجیلرله ایشله‌نمش بو قافتانك نامنی استانبولده دویمایان یوقدی . وزیرلر ، ایلچیلر طور اوغلنه مراجعت‌ایتدکجه او ، فیئاتنی آرتدیرییوردی. محسن‌چلبی، بو مشهور قافتانی نصیل آلاجغنی آکلاتدی :

— چیفتلکمه ، اویمی ، رهنه ویره‌جکم ؛ تجاردن اون‌بیك آلتین بورج طوپلایاجغم . ایکی بیك آلتین آتلرله خدمه‌لره صرف ایده‌جکم . کری‌یه قالان سکیزبیك آلتینه‌ده بو قافتانی آلاجغم .

صدراعظم، بوحرکتی معقول بولمادی :

— گه‌لدکدن‌صوکرا بوقافتان، سنك‌ایشکه یاراماز. یالکیز بردبدبه آلتیدر. مالریکی الکدن چیقاراجقسك . فقیر دوشه‌جکسك .

— خاییر، سکیز بیك آلتینه آلاجغم قافتانی آلتی آی صوکرا طور اوغلو بندن یدی بیك آلتینه کری آلیر . یدی بیك آلتینله بن چفتلکمی رهندن قورتاریرم. کری‌قالان بورجلریمی ئوده‌یه‌مه‌زسه‌م، وارسین‌بابامك یادکاربیراقدیغی ماندیرام دولته فدا اولسون ... دولتدن هپ آلنمازیا ... برآزده ویریلیر !

— ...

محسن چلبیله قونوشدقجه صدراعظمك‌حیرتی بوییوردی. قلبی راحتلاندی. ایشته کستاخ ، توره‌دی بر حکمداره حدینی بیلدیرمك ایچین کونده‌ریله‌جك‌تام برآدام‌بولونمشدی. کولویور، آغیرقاووغنی‌صاللایوردی. دیوانك‌نازك ، قورقاق، حسابجی چلبیلری جانلریلهماللرینی چوق سه‌وه‌رلردی . بونلردن بری ایلچی کونده‌ریلسه دولتنك حیثیتندن زیاده آلاجغی احسانی دوشونه‌جك ، حقنده‌روا

کوروله‌ن هر حقارتی قبول ایده‌جکدی. صدراعظم، محسن چلبی‌یی یکه آلیقویق ایسته‌دی. موفق اولامادی. کیده‌رکن اونی تا صوفیه قادار تشییع ایتدی.

آلتی آی ایچنده محسن چلبی، بویوك چیفتلکنی، ماندیراسنی، اوینی، دوکانلرینی، باغچه‌سنی، بوستانتی رهنه قویدی. تجاردن پارا طوپلادی. آتلرینی، خدمه‌لرینی دوزدی. بونلرك هپسی حقیقةً امثالی کوروله‌دك درجه‌ده محتشمدی. دونوشده، یدی‌بیك لیرایه اعاده ایتمك شرطیله، طور اوغلندن مشهور پنبه اینجیلی قافتانی‌ده آلدی. کنج قاریسیله ایکی کوچوك چوجوغنی اقرباسندن برینك اوینه بیراقدی، آلتی آیلق نفقه‌لرینی اللرینه ویردی. صوکرا امرنامه‌سنی قوینته قویارق یوله دوزولدی. قوناق قوناق ایله‌ریله‌دکجه بویکی ایلچینك دبدبه‌سی، داراتی هله اینجیلی قافتانك شهرتی بوتون آنادولودن گه‌چه‌رك شاه اسماعیلك دیارینه‌طاشیوردی. محسن چلبی بر کون تبریز قلعه‌سنه بویوك بر احتشاملە کیردی. بو کوچوك پای‌تختك سوسه، داراته، رنکه، زینته مفتون خاقی، استانبول ایلچیسنك قافتانی کورونجه شاشیردی. شهر، سرای، بوتون انجمنلر، قافتانك حکایه‌سیله دولدی. شاه اسماعیل «پنبه اینجی» یی یالکیز ماصاللرده ایشیتمش، داها ناصیل شی اولدیغنی کورمه‌مشدی. کندیسنك داها کورمه‌دیکی شیئه صاحب اولان بو زنکین ایلچی‌یه قارشی نفسنده ده‌رین بر غرض دویدی. اونی حقارتی آلتنده ازمکه‌قرارویردی. حضورینه‌قبول‌ایتمه‌دن‌أول تختنك آرقاسنه جلادلرینی‌حاضرلاتد- یردی. تختنك اوکنده‌کی دیبا شیلته‌لری، ایپك سجاده‌لری قالدیرتدی. صاغنده وزیرلر، صولنده محاربلری دورویوردی.

... محسن چلبی، گه‌نیش صوما کی کمرلی آچیق قاپیدن سربست آدیملرله کیردی. یورودی. باشی هروقتکی کیبی یوقاریده، کوکسی هروقتکی کبی ایله‌ریده ایدی. قویننذن چیقاردیغی مکتوبی ئوپدی. باشنه قویدی. صوکرا آلتین تختك اوستنه — آللی، یشیللی، ماویلی، مورلو ایپك یبغینلرینه صاریلمش، صیر- مالرله، طوغلرله، سانجاقلرله، باغلانمش کیبی – غریب برییرتیجی قوش سکونیله تونه‌یه‌ن شاهه اوزاتدی. آیاغی ئویولمه‌یه‌ن شاه، غضبندن صاپ صاری که‌سیلدی.

گوزلرینك بیاضلری قایب اولدی . نامه‌یی آلدی . محسن چلبی، تختك اوگندن چه‌کیلنجه شویله بر اطرافنه باقدی. اوطوراجق برشی یوقدی . کولومسه‌دی . ایچندن : « بنی مجبوراً آیاقده ، حرمت وضعیتنده طوتمق ایسته‌یورلر غالبا ...» دیدی. بر آن دوشوندی. بوحقارته ناصیل مقابله ایتمه‌لیدی ؟ همان صیرتندن پنبه ایچیلی قافتانی چیقاردی . تختك اوگنه یره سه‌ردی . شاه‌اسماعیل ، وزیرلری ، قوماندانلری آبدالاشمشلر ، حیرتله باقیورلردی . صوکرا بو قیمتدار قافتانك اوزه‌رینه باغداش قوردی . ایچه دیو ، اژدرها رسملری نقش اولونمش سیوری قبه‌یی ، یالدیزلی کمرلری چینلاتان گور صداسیله :

— نامه‌سنی ویردیکم بویوك تورك ملتنك دولتیدر ، دییه هایقیردی . دنیا یاراتیلدیغندن بری اونلردن کیمسه قول اولمامشدر . خلقتدن اعتباراً حاکم اولان ملتمزك ایلچیسی ، هیچ براجنبی پادشاه قارشیسنده دیوان دورماز . چونکه کندیلری قادار دنیاده اصیل برکیمسه یوقدر . چونکه ...

محسن چلبی ، قابا تورکجه نطقنی باغیردقجه ، فارسی بیلمه‌یه‌ن شاه‌قیزاریبور ، صاراریبور ، مورارییور ، الندەکی نامه ، هیجانندن تیرتیر تیتره‌یوردی . تختك آرقاسندەکی جلادلر، قیلیچلرینی چه‌کمشلردی . محسن چلبی باغیردی ، چاغیردی. مقربلر ، وزیرلر ، جلادلر ، محاربلر حکمدارلرینك صبرینه ، تحملنه شاشیورلردی. حتی ایچلرندن برقاچی میریلدانمغه باشلامشدی . محسن چلبی، سوزینی بیتیرنجه مساعده فلان ایسته‌مه‌دی، قالقدی . قاپی‌یه دوغرو یورودی . شاه اسماعیل دوکمش، طاش که‌سیلمشدی. چالدیرانده قیریلاجق غروری بوکون، بوتك تورکك آتشلی نظری آلتنده اریمشدی. محسن چلبی، دیشاری‌یه چیقارکن، کندیسی کیبی حیرتدن دوکان ندیملرینه :

— شونك قافتانی ویریکز . دیدی .

محاربلردن بری قوشدی. تختك اوگنده سه‌ریلی قافتانی طوپلادی . تورك ایلچیسنه یه‌تیشدی :

— بویوروك ، قافتانكزی اونوتویورسكز .

محسن چلبی دوردی . چیقدیغی قاپی‌یه دوغرو دونه‌رك شاهك ایشیده‌جكی یوكسك بر سسله :

— خایر اونوتمایورم ؛ اونی سزه بیراقیورم . سرایكزده بویوك بر ملتك ایلچیسنی اوطورتاجق سجاده‌كز ، شیلته‌كز یوق ... دیدی .

.... گه‌چدیكی یوللردن كیجه كوندوز دورت ناله دوندی . اسكداره كیردیكی زمان محسن چابینك جیبنده تك بر آقچه قالمامشدی. سوسلو خدمه‌لرینه دیدی:

— أولادلرم ! بینديككز آتلری ، خاشالری ، طاقملری ، اوستكزده‌كی اثوابلری ، بلكزده‌كی مرصع خنجرلری سزه باغیشلایورم . بكا حقكزی حلال ایدییورمیسكز ؟

— ایدییورز ؛ ایدییورز . آنا كزك آق سودی كبی

جوابنی آلنجه اونلری باشندن صاودی . گه‌نیش بر نفس آلدی . أوینه اوغرامادن ده‌گیز قییسنه قوشدی . برقاییغه آتلادی . صدر اعظمك قوناغنه كیتدی. نامه‌یی شاهه‌ویردیكنی، هیچ برحقارته اوغرامادیغنی، شاهك مساعده‌سنه تنزل ایتمه‌دن خبرسزجه قالقوب استانبوله دوندیكنی سویله‌دی. ذاتاً صدراعظم، اونك وظیفه‌سنی حقیله ایفا ایده‌جكندن صوك درجه امیندی. یوللره، دره‌بكلرینه، عشیرتلره دائر بعض شیلر صوردی. چلبی، قالقوب چه‌كیله‌جكی زمان :

— بن صاتین آلمق ایسته‌یورم اوغلم ، قافتانك بوراده‌می ؟ دیدی .

— خایر ، گه‌تیرمه‌دم .

— عجمستانده‌می صاتدك ؟

— خایر ، صاتمادم .

— چالدیردكمی؟

— خایر .

— یا ، نه یابدك ؟

— هیچ !

— . . . .

صدر اعظم اصرار ایتدی؛ تکرار تکرار صوردی . قافتانك نه اولدیغنی
بر تورلو آکلایامادی . محسن چلبی، یاپدیغیله افتخار ایده‌جك قادار کوچوك
روحلو ده‌کیلدی . او آقشام اسکداره دوندی. ایرته‌سی کونی یدی بیك آلتینه
کری آلمق ایچین کندیسنی بولان ص ... طور اوغلنده قافتانی نه یاپدیغنی
سویله‌مه‌دی . ... ورپنبه اینجیلی قافتانك «ناصیل،
نه‌رده، نیچین ... سراینده‌کی ماجرا ، تاریخك
قارانلیغنه قاریش ... محسن چلبی، بوقافتان ایچین
کیردیکی بورجلر ... ادلرینی رهندن قورتارامادی.
اینجیلکدن یدکار ... قوزغونجقده مینی مینی بر
باغچه آلدی . اونی ... غنك ا کمکنی چیقاردی.
بولونجه‌یه قادار اس ... پك فقیر، پك آجی ،
پك محروم بر حیات ... ن ا کدی ، نه‌ده بوتون
ثروتی بر آنده یره ... ر گوزه‌للکلر یاپارق
بوشی بوشنه پوهپولاند ... عمر سیف‌الدین

سس

کونلرجه نه کوردم نه ده بر کیمسه‌یه صوردم ؛
« یارب ! هله قلب آغریلرم دوردی ! » دییوردم .
حس وار می بو عالمده نقاهت کبی طاتلی ،
کوکلم ، بو سه‌وینجك خلجانیله قاناتلی
بر تازه نور عالمی سیر ایتدی فلکده .
موسم متخیل ، وقت آقشامدی بیکده .
آقشام ... لکه‌سز ، صاف ، آبی بر یوز کبی آقشام .
تا قارشی بایرلرده طوتوشمش ایکی اوچ جام ،

ساكن قويى ، شن جبهه‌لى قصريله كوچوك صو ،
آرده‌نده وطن سمتنك اورمانلرى قويتو .

بر نشئه‌لى هنكامه‌ده چپ چوره ياماچلر ،
هپ عين تحسسله ميلله‌نمش آغاچلر ،

دالغين دويبور روزكارك آهنكنى دال دال ،
باقدم ، سوزلوب كه‌چدى آچيقدن ايكى صاندال .

بر لحظه‌ده ، بر پانجور آچيلمش كبى يازدن ،
بر بسته‌نك انكين سسى يوكسه‌لدى بوغازدن !

جوشمش يينه بر عشقك اوزون خاطره‌سيله ،
عكس ايتدى اويانمش تپه‌لردن صيراسيله ؛

داغ داغ او كوزه‌ل سس ، بوتون اطرافى كزيندى ؛
كورمش و كه‌چيرمش ده‌كيزك قلبنه سيندى .

آنى بر اوزونتويله بو رؤيادن اويانديم ،
تكرار او آله‌و كوملكى كيمش كبى يانديم .

هر يردن او ، هم عينى كوزه‌للكله كوروندى ؟
صاندم . بيته‌ن كون بنى رام ايتديكى كوندى .

يحيى كمال

كتابه

حسرتله همشيره ، غمله يولداشدى
ييللرجه كوكسمه صيغمادى طاشدى
قلبمده چارپينتى ، كوزمده ياشدى
ييللرجه نه طوردى ، نه ديندى عشقم !

نه بر كلى واردى ، نه كلعذارى
كوكلمدن عبارت قالدى مزارى
نه بنى آووتان بر ركذارى
آكلايك نه قدر حزيندى عشقم !

أزلكن مبدئى ، ابدكن صوكى
او زمان آكلادم نه اولديغنى
بر فانى پشنده غيب ايتدم اونى
ربنى آرايان بر ديندى عشقم !

كمال الدين كامى

منزوى

برصوك بهار آقشامى ... ساحللرده‌يم
غملى بر هيكل كبى قايالرله بن .
داغنيق صاچلرمدن پرواسز أسه‌ن
روزكارلرك ألنده بر قيريق نيم .

أنكين بكا ياد ايده‌ر كيمسه‌سزلكى ،
كوز ياشلريله دوشه‌ر دالغه‌لر قومه .
ايصسز بر يولده‌يم كه خسته روحمه
هركس يابانجى : كيمدن صورايم كيمى ؟

كوكلر أسمر وده‌رين ، صولر دالغه‌لى ،
ساحلدن اوزاقلاشدى صوك يولجيلرده !
أنكينلرى ديكله‌يور يالكز كناردە
صارارمش باغچه‌سيله ويران بر يالى .

... يولى قارلر صارمادن برقيش آقشامى
بنى ساحللرده بول ، أى كوزه‌ل سلطان !
آكلات كه بو يوللرده بنى اونوتان
روحك باشـقه بر خيال آوقاسنده‌مى ؟

دومانلرله ئورتوله‌ن بر ده‌كيز كيبى
جانلانيور أك حزين دالغه‌لر بنده .
بكله‌يورز يوواكى شيمدى باغچه‌كده
بن كيمسه‌سز ، آغاجلر كيمسه‌سز كيبى ...

فاروق نافذ

کیت بهار

چکیل ، بو کولکه‌لی یولده کزینمه ! بهار ، باقیشلرك یینه پك سرخوش ...
یا کیلوب کوکلومه مسافر اینمه ، قاپیسی کلیدلی ، محرابی بوم بوش :

معبددر اوراسی میخانه دکیل !

ضیالر ، قوقولر ، سسلر ، چیچکلر ... عمرکك هر کونی بر باشقه دوکون !
بلبللر قوینکده عشقی چیچکلر ، کللر دوکولورلر کوکسکه بوتون ...

کرچکدن کوزه‌لسك ... افسانه دکیل !

آلتینلی باشکده پاپاتیه نیچین ؟ صاری صاچلرکه پنبه کل طاقین !
کیت بهار ، کوکلمده عبادت ایچین دیز چوکه‌ن قیزلری قورقوتما صاقین !

قلبمه کیرمه . او ، کاشانه دکیل !

کیت بهار ، کیت بهار ... اوزاقلرده کول ، دکزه رنککدن بیراق هدیه !
افقلرده کزین ، سمایه سوزول ، قلبمه صوقولمه : « پیمانه ! » دییه ،

کوردکلرك قندیل ... پیمانه دکیل !

خالده نصرت

قالدیرملر

یعقوب قدری‌یه

I

سوقاقده‌یم ، کیمسه‌سز بر سوقاق اورتاسنده ،
یورویورم ، آرقامه باقمادن یورویورم .
یولمك قارا کلغه قاریشان نقطه‌سنده
صانکه بنی بکله‌ین بر خیال کورویورم .

قارا کوکلر کول رنکی بولوطلرله قاپانیق ،
أولرك باحاسنی قوللایور ییلدیریملر .
بو کیجه یاریسنده ایکی کیشی اویانیق :
بری بنم ، بری‌ده اوزایان قالدیریملر .

ایچمده داملا داملا برقورقو بیریکییور
صانییورم هرسوقاق باشنی کسمش دیولر .
سیم سیاه جاملرینی اوزریمه دیکییور
کوزلری چیقاریلمش بر اعما کبی أولر .

قالدیریملر ، اضطراب چکنلرك آننه‌سی ،
قالدیریملر ، ایچمده یاشامش بر انساندر .
قالدیریملر ، دویولور سکون ایچنده سسی ،
قالدیریملر ، ایچمده اوزایان برلساندر .

بکا دوشمز جان ویرمك یوموشاق برقوجاقده ،
بن بو قالدیریملرك ایسته‌دیکی چوجغم .
آمان صباح اولماسین بوقارا کلق سوقاقده ،
بوقار کلق سوقاقده بیتمه‌سین یولجیلغم .

بن کیده‌یم یول کیتسین ، بن کیده‌یم یول کیتسین ،
ایکی یانمدن آقسین برسیل کبی فنرلر .
طاق طاق آیاق سسمی آچ کوپکلر ایشیتسین ،
یولمده بر طاق اولسون ظلمتدن طاش کمرلر .

نه ایشیقده کزه‌یم ، نه کوزه کورونه‌یم ،
کوندوزلر سزه قالسین ، ویرك قارا کلقلری .
ایصلاق بریورغان کبی ایجه بورونه‌یم ،
اورتك اوستمه اورتك ، سرین قارا کلقلری

اوزانیویرسه کووده‌م طاشلره بویدن بویه ،
آلسه بوصوغوق طاشلر آلتمده‌کی آتشی .
دالوب سوقاقلر قادار اسرارلی بر اویقویه
اولسه قالدیریملرك قارا سودالی اشی ...

II

باشی براملہ صاتان قهرمان کبی
آتیله ، کمیککله سوقاقلرك مالیسك .
قورولوب اوزرینه بر تخته‌راوان کبی
صوکسز مسافه‌لرك اوستندن آشمالیسك .

بختك قالدیریملره دوشدیکی کوندن بری
قاینامش روحلریکزبر دردك بوتاسنده .
سنك کولکه‌کی ایچمش اونك کوز بیکلری ،
اونك طاشی اریمش سنك قافا طاسکده .

ایکیکزکده نه اش نه آرقاداشکز وار ،
سکوت کبی کیسه‌سز ، چیغلق کبی حرسکز .
دنیاده صاقیناجق بر قورو باشکز وار
اونی‌ده نه طرفه اولسه کوتورورسکز .

عمریکز طاش اولسه‌ده کیده کیده یورولور ،
بر کون أولومه چیقار بویولك قیودیملری .
نه قالدیریملر قادارسنی آکلایان اولور ،
نه سنك آکلادیغك قادار قالدیریملری ...

III

بر سیاه قادیندر که قالدیریملرده کیجه
دالغین برخیال کبی آتکنی سوروکلر ،
کوزلرم اونك قارا کوزلرینه ده کنجه :
آی قالدیرم چوجوغی ، هایدی دوش پشمه دیر .

اوندن بر تماس کبی روزکار بنی بورورده
قوجاقلامق ایسترم اونی قوینمه آلوب .
بر تورلو یتیشه‌مم نجره قادار یورورده ،
هیهات اوبر اینجه روح ، بنسه آتدن بر قالب .

آرقامدن بر قهقهه دویسام یارالانیرم ؛
اونی بر باشقاسنه رام اولویور صانیرم
کورسه‌م پنجره‌لرده صویونان بر قارالتی .

وارسین بو کون بر آجی دویماسین کوز یاشمدن ،
بکا راحت بر دوشك سرنجه یرك آلتی
بیلیرم ، قالقمایاجق ، بر یار کبی باشمدن . . .

نجیب فاضل

يولجى

... سن كه ساحلده گزه‌ن قيزلرك أڭ صولغونيسك،
اخروى بلده كه صوڭ يولجى دونه‌ركن نى آڭ !ـ

گولپيوردڭ قايالقلردن اينه‌ركن بڭا سن ،
بن كه هر گولگه‌نڭ عكس ايتديگى بر غملى صويم .
هر گون آلتنده زهردن آجى روز گارلر أسن
غربت آقشاملرينڭ باغرى يانيق يولجى سى يم .

بر خزان آقشامى قيرلرده اونوتدم نيمى ،
دوگدى قلبمده بوتون ماتمى بر سيسلى قيشڭ ؛
گيجه يوللرده براقدم قيريلان دگنگمى ،
رهبرم يوق ، نى دوندورمه يولمدن، صاريشين!..

أريه‌ن روحمى يورغون باقيشڭ دولدورسون ،
قوملر اوستنده گزه‌ن سوگيلى قيز، نرده يوواڭ ؟
سن كه ساحلده گزه‌ن قيزلرڭ أڭ صولغونيسڭ ،
اخروى بلده كه صوڭ يولجى دونه‌ركن نى آڭ !

فاروق نافذ

ازمير يوللرندن

بلكه شيمدى ، سكا صوڭ سوزلرمى يازمادن
كوزلرم قاپاناجق . . بلكه وار داها بش اون
دقيقه‌لق بر زمان . . . . دوشوندم حضورنده
ابدى بر آقشامڭ . . . دوشوندم كه ، بابامڭ

دیزی دیبنده کچن
المزده قالان نه ؟
اوکنده اکیله‌جك . . .
چالن سساری دویایم ؟
براقك اوویایم

یکرمی ایکی سنه‌دن
صورارم سکا ، آننه ،
نیچون اوکونه ده‌کین
بوکونده بر ، یارینده ؟
ازمیر قاپیلرنده . . .

کمال‌الدین کامی

ازمیره تحسر

آننه دکیز نرده یالیمز نرده ؟
بنی اویوتوردك دیزکده آننه .
بو بهار ازمیرده کیرمزسه اوردو ،

هانی «کیده‌جکز یاقینده» دیرده
کچن‌ده آبلام ده اویله دییوزدی .
قانعام سوزکزه سزك ده آننه .

یشیل بر بهاره بوروندی داغلر
کیملرك ایشنه یارایور آننه !
هرآقشام کونشك باتدیغی یرده

بلبللی باغچه‌لر ، اوزوملی باغلر ،
او باغلر نره‌ده ، باغچه‌لر نرده ؟
کوزلرم ازمیری آرایور آننه !

شیمدی برقوش اولسه‌م، قنادم اولسه‌،
بر باشمه بیله کیده‌رم ، آننه !
سویله‌مم مملکتی باغیشلامادن ،

ازمیره کیدن یول ، اکر بو یواسه ،
بر چتین بیلمجه صورسه‌م پاشادن ،
مطلقا ازمیری ایسترم آننه !

کمال‌الدین کامی

أولونك اوداسنده

بر اودا ، یرده بر موم ، پرده‌لر ایندیریلمش ،
یره دوشن بر کوملك باواش یاواش دیریلمش ؛
جیرجیپلاق دوارلرده چیویلرك کولکه‌سی ،
آرتق نه چیتیردی وار ، نه‌ده بر آیاق سسی .

یاتییور یاتاغنده ، دیم دیك ، اوپ اوزون، أولو؛
اوستی بوینه قادار بر چارشافله اورتولو .
بزك اوستنه چیقمش آیاقلرینك ایزی ،
مومك آله‌وی کبی صاپ صاری دونوق بکزی .
صوك نفسله کوکسی بوش ، ألی اوزانمش یانه ،
کوزلری رنکلی بر جام ، صانکی میخلی طاوانه ؛
صارقیق دوداقلرینك اوجنده بر چیزکی وار،
کوچوك بر چیزکی، کوچوك، تیتره‌ین برآن قادار؛
صارقیق دوداقلرنده ، آصیلی تیتره‌ك بر آن،
بللی که بر دنبره کیتمش چیرپینامادن.
بو بنم کندی أولوم ، بو بنم کندی أولوم ،
بکا کلدیکی زمان بویله کله‌جك أولوم . . .

نجیب فاضل

بر کمی یلکن آچدی

برکمی یلکن آچدی خیال اقلیملرینه ،
جوارندن چیغلقله یورغون مارطیلر قاچدی ؛
روزکار سوروکله‌نیرکن درینلردن درینه
خیال اقلیملرینه برکمی یلکن آچدی .

بیاض یلکنلرنده أولکون برقیزیللغك
تیتره‌ك صوك عکسلری دالغالاندی بایرسز ؛
طوپلانیرکن کوکلرده بولوطلر ییغین ییغین
خیرچین برفیرطینایی دوشونویوردی دکز .

انقلرده صولارکن آلتون شفق کللری
یاباّنجی عالملردن سعادتلر، أمللر،
احتراصلر بکله‌ین کیمسه‌سز کوکللری
کبزلیجه صیقیوردی قیزغین دمیردن اللر.

اك قاتی یوره‌کلینك بیله بوصباح ایکی،
ارج داملا یاش قورودی صولغون یاناقلرنده؛
آجیلان یولجیلرك هپسی حس ایتمشدی‌که
بوکون‌ده ایریشیلمز اودیاره، یارین‌ده...

مادام‌که او اقلیمه ایریشمك امکان یوق،
نه‌دن بویله وقتسز انکینلره چیقیشلر؟
بولوطلر طوپلانیور، افقده دالغالر چوق،
قیش کلیور، یلکنلر امین بر یرده قیشلار!

یولجیلر دییورلرکه: - ایریشمك امیدی آز؛
بیلیرز دالغالرك هربری برمزارلق.
بلکه‌ده ایچمزدن هیچ بری آیاق باصماز،
لکن یولنده أولمك، بوده بربختیارلق!

افقك دورت دیوارینه قانادینی وورارق
روزکار سوروکله‌نیرکن درینلردن درینه
کوموش یلکنلرینی یوکسکده صاوورارق
برکمی یلکن آچدی خیال اقلیملرینه.

علی ممتاز

اوتل اودالری

بر مرحمتدر یانان ، داراجق اودالرك
ایسلی لامبالرنده ، ایسلی لامبالرنده .

کیرلی بر عکس قالمش کاوب کچن هر یوزدن
کوفلی آینالرنده ، کوفلی آینالرنده .

آتیلان البیسه‌لر بوغازلانمش بر آدام ،
قیریق ماصالرنده، قیریق ماصالرنده .

بر سری سوروکله‌یور تولبکلر تیپیر تیپیر
ایزبه صوفالرنده ، ایزبه صوفالرنده .

آتییور صیزیلرك چیپلاق دیوارده نبضی
چیوی یارالرنده ، چیوی یارالرنده .

دوبولوبور زمانك تخته‌یی کمیردیکی
طاوان آرالرنده ، طاوان آرالرنده .

آغلایك آشناسز ، سسز ، جان ویره‌نلره
اوتل اودالرنده ، اوتل اودالرنده ...

نجیب فاضل

روزکار

ایچریمده یوجه بر داغ کیزلیدر ،
روزکار دونه دونه چیقارمی بیلمم .
یارم ایجه اوزون ، سازبکزلیدر ،
باشمی کوکسنده صیقارمی بیلمم .

هی ، نه کیمسه‌سزدر بو اوزون یوللر ،
کوزلوم یوللرده برنی قوللار ؛
بریاودو قوش کبی کوکلی یوللار
کوکلم بو کیدیشله بیقارمی بیلمم .

ایچلنسه‌م ، ایچلنسه‌م برخیال قورسه‌م ،
کوکلره یاصلانوب چیغلق صاوورسه‌م ؛
ایچمده‌کی داغی داغلره وورسه‌م
بو وورووش کوکلی ییقارمی بیلمم ...

نجیب فاضل

آی

بوتون کون قیرلرده ، دکز کنارلرنده دولاشدق . کونش، خیاله مساعده ایتمیه‌جك طرزده هرشیئی واضح وبراق کوستردیکی ایچین، یالکز کوزلرمزله یاشادق وهیچ اکلنمه‌دك .

آغاجلرك توزلی یاپراقلرنی ، قایالر اوزرنده دوروب صولویان کرته‌ن کله‌لری، دکزك کیرلی صولری آلتنده جام قریقلرینی ، پاصلی تنکه‌لری ، اسکی پابوج تعشلرینی سیر ایتمه‌نك نه قدر چابوق روحه کسل ویردیکنی تجربه ایتمه‌ین وارمی ؟ کونشلی قیرلرده کچن بر کزینتی کونندن صوکره ، آقشام اوستی اوه محزون ونومید دونمه‌نك ممکن اولمادیغنی تجربه‌لرمله بیلیرم . کونش ، بوتون کون، انسانه دوغرو فقط آجی شیلر سویله‌ین برآرقداشدر . اونك ایشیغنده اکلنمه‌نك ومسعود اولمه‌نك هیچ امکانی وارمی ؟ .

نهایت آقشام اولدی . قراکلق باصدی . قارشی قارشی‌یه اوتورمش ایکی انسان ، آرتق یوزلرمزی کورمیور، یالکز سسلرمزی دویویوردق . بردن، آرقه‌مزده غریب بر فیصیلتی‌یی آکدران بر خشیرتی دویار کبی اولدق . باشمزی چویردك : ایکی

یویوك فستیق آغاجی آرقەسندن قیرمزی بر آی ، صانکه یاپراقلره سورونەرك یوکسلیوردی . بردن اطرافزده دنیانك بوتون منظرەلری دکیشدی : صانکه ژاپونیالی بر رسامك سیاه مرکبله چیزدیکی مبهم ونا تمام بر عالم ایچنده ایدك . آرتق هرشیئی صراحتله کورمك اضطرابندن قورتولمشدق . یاکاش کورمك وتخیل ایتمك امکاننك سرخوشانی وجودمزی ، یواش یواش بر آفیون دومانی کبی اویوشدوریوردی. اطرافزده، کوندوزك بوتون اویوزآغاجلری یرینه زنکین بر اورمان وجود بولمشدی. قارشیده یمك ییەن فقیر عائلەنك کیرلی قیزلری ، یوزلرینه ووران آی ایشیغی ایچنده بر مرصع خیال اولمشلردی . دکزك بولانیق صولری بوشالمش و اونك یرینه شیمدی ساحلك قوملری اوزرنده ضیادن برمایع صاللانوب شرق سویلیوردی . دنیانك کوزللکندن قورقنه باشلامشدق . زیرا آیدن آقان بویونك سعادتیله روحلریمز چاتلایەجق قدر دولمشدی .

آی ! آی ! یالانجی آی ! ذکادن خراب اولانلری دیکلندیرەن خیال کبی، کونشدن بوکالانلری‌ده تسلی ایدن سنسك !

احمد هاشم

مسلمان ساعتی

استانبولی یکیلشدیرن ویرلیسنی شاشرتان استیلالرك اك کیزلیسی واك تأثیرلیسی یبانجی ساعتلرك حیاتمزه کیریشی اولدی. « ساعت » دن قصدیمز ، زمانی اولچن آلت دکل ، فقط بالذات زماندر . اسکیدن کندیمزه کوره یشایشمز ، دوشونشمز ، کینشمز و کندیمزه کوره ، دیندن ، عرقدن وعنعنەدن حیات آلان برذوقمز اولدیغی کبی ، بواسلوب حیاتە کورەده «ساعت»لرمز و « کون » لرمز واردی . مسلمان کوننك باشلانغیجنی شفقك پارلتیلری ، ونهایتنی آقشامك ضیالری تعیین ایدردی . معددن

صاغلام قپاقلر آلتنده محفوظ طوتیلان اسکی معصوم ساعتلرك یلقوانلری بورغون بوجك آیاقلری طرزنده، کونشك، سما اوزرنده‌کی سیریله آز چوق مناسبتدار بر حسابه تبعاً، مینه‌نك رقملری اوزرنده یورورلر وصاحبلرینی، زماندن تقریبی بر صحتله، خبردار ایدرلردی. زمان نامتناهی باغچه وساعتلر، اوراده آچان، گاه صاغه، گاه صوله مائل، کونشدن رنکارنك چیچکلردی. اجنبی ساعتی ابتلاسندن اول بو اقلیمده، ایکی اوجی کیجه‌لرك قرا کلغیله سیم سیاه اولان وصیرتی، مختلف اوقاتك قرمزی، صاری و لاجورد آتشلریله یول یول بویالی، عظیم برجنوار حالنده، بر کیجه یاریسندن دیکر بر کیجه یاریسنه قادار اوزانان یکرمی‌درت ساعتلك «کون» طانیلمزدی. ضیاده باشلایوب ضیاده بیتن، اون ایکی ساعتلك، قیصه، خفیف، یاشانمه‌سی قولای بر کونمز واردی. مسلمانك مسعود اولدیغی کونلر، ایشته بو کونلردی؛ شرفلی کونلرك وقایعنی بو ساعتلرله اولچیدیلر. کرچه، فلکی حساباته کوره بو «ساعت» ابتدائی و خطالی بر ساعتدی، فقط بو ساعت، خاطراتك قدسی ساعتیدی. زوالی ساعتك عادات و معاملاتمزده قبولی و اذانی ساعتك کری صفه دوشوب جامعلره، تربه‌لره و موقتخانه‌لره براقلمش متروك بر «اسکی ساعت» حالنه

کلیشی ، حیاتی طرز رؤیتمز اوزرنده وخیم بر تأثیری حائز اولمامش دکلدر. کیده‌ن ساعتلر بابالریمزك اولدیکی ، آننه‌لریمزك اولندیکی ، بزم‌دوغدیغمز ، کروانلرك حرکت ایتدیکی واردولرك دشمه‌ن شهرلرینه کیردیکی ساعتلردی. بونلر ، حیاتی اطرافمزده سربست براقان کنیش، لاقیددوستلردی . کلن یبانجیلر ایسه حیاتمزی بوزوب اونی مجهول بر دستوره کوره یکیدن تنظیم ایتدیلر وروحلریمز ایچون اونی طانیلمز بر حاله کتیردیلر . یکی «اولچو» برزلزله کبی ،زمان منظره‌لرینی اطرافمزده زیر وزیر ایده‌رك ، اسکی «کون»ك بتون سدلرینی خراب ایتدی و کیجه‌یی کوندوزه قاته‌رق سعادتی آز ، مشقتی چوق ، اوزون، بولا‌یق رنکده بریکی «کون» وجوده کتیردی. بو ، مسلمانك اسکی مسعود کونی دکل ، بدمستلری ، اوسزلری ، خرسزلری و قاتللری چوق ویر آلتنده ممکن اولدیغی قدر فضله چالیشدیریله‌جق کوله‌لری صاییسز اولان بویوك مدنیتلرك آجی ونهایتسز کونیدی . اونوتولان اسکی ساعتلر ایچنده اکسیکلکی اك زیاده حسرتله تخطر ایدیلن ساعت آقشامك اون ایکیسیدر . آرتق «اون ایکی»،صولغون یشیل سما آلتنده، ایلك یلدیزه قارشی مؤذنك مسلمانلره خطاب ایتدیکی، سوقاقلرك لاجورد برسیسله قپاندیغی ، ایشقلرك یاندیغی ، سینیلرك قورلدیغی

و براصه‌لرك محزنلردن چیقوب اوچوشدیغی او مؤثر وتیترك ساعت دکلدر . آقشام تلقیسندن قوپه‌رق ، كاه او كله‌نك حرارتنده وكاه كیجه یاریلرینك قرا كلغنده موهوم بر زمانی بیلدیره‌ن بو ساعت ، شمدی حیاتمزده رنكسز وشاشقین بر نقطه‌در . یکی ساعت ، مسلمان آقشامنك محزون ومشعشع دقیقه‌سنی داغتدیغی كبی ، یکرمی درت ساعتلك یبانجی « كون » ك كتیردیكی معیشت شكلی‌ده بزی فجر عالمندن مهجور براقدی . بشقه مملكتلرده فجری یالکز قیردن شهره سبزه ومیوه كتیره‌نلرك احمق كوزلریله مضطربلرك شیشكین قپاقلری اچنده‌ن باقان قرمزی و پریشان كوزلری طانیر . بو زواللیلر ایچون فجرك پارلتیلری ، یکیدن بویونه كچیریله‌جك اولان حیات ایپینك قاتلی الملكنی آیدینلاتان بر ضیادر . حالبوكه فجر ساعتی ، مسلمان ایچین رؤیاسز براویقونك نهایتی ویبقانه ، عبادت ، نشئه وامیدك باشلانغیجیدر . مسلمان یوزی ، قوش سسلری وچیچك قوقولری كبی فجرك اك كوزل تجلیلرندندر . قبه ومناره‌لری او آلاجه ساعتده كورمه‌مش اولان كوزلر ، طاشه الك آلهی معنایی ویره‌ن او محیر العقول معماری‌یی آكلامش دكللردر . اسمر جامعلر ، فجردن اعتباراً سماوی بر آلتون وسماوی بر چینی ایله قاپلانیر و اسلام اوسته‌لرینك ناتمام اثرلری او ساعتده تماملانیر . بتون معبدلر ایچنده كونشدن

ایلك ضیا آلان جامعدر. باقر اوقلی مناره‌لر ، کونشی اك اول کورمك ایچون هوالرده یوکسه‌لیر. شمدی هیهات ، اسکی «ساعت» له برابر آقشامده فجرده بیتدی. بر چوقلرمز ایچون فجر ، آرتق کیجه‌در ، و بر چوقلرمزی کونش ، یکی وعجائب بر اویقونك آتشلرندن، اللر کلیدلی ، آغز چارپلمش ، باجاقلر بوزوق چارشافلره دولاشمش ، قیورانیر کن بولیور. آرتق کچ اویانیورز. چونکه حیاتمزه صوقولان یکی وفنا کونك اشیکنده چوملمش، کین، آرزو، حرص وحسدسورولرینك بزی آتش صاچان کوزلرله بکله‌دیکنی بیلیورز. آرتق فجری یالکز کومسلرمزده‌کی دارغین ومغرور خوروسلره براقدق. شمدی مسلمان اونده‌کی ساعت ، بشقه بر عالمك وقتلرینی کوسترر کبی، بزم ایچون کیجه اولان ساعتلری کوندوزو کوندوز اولان ساعتلری کیجه رنکنده کوستریور. چولده یولنی شاشیرانلر کبی بز شمدی زمان ایچنده غائب اولمش کیمسه‌لرز.

احمد هاشم

بر یولجی‌یه

دور یولجی ! بیلمه‌دن کلوب باصدیغك
بو طوپراق بر دورك باطدیغی یردر.
اکیلده قولاق ویر ، بو ساکت ییغین
بر وطن قلبنك آتدیغی یردر.

بو ایصسز ، کولکه‌سز یولك صولنده
کوردیکك بو تومسك ، آناطولوکده
استقلال اوغرنده ، ناموس یولنده
جان ویره‌ن محمدك یاتدیغی یردر .

بو تومسك ، قوپارکن بویوك زلزله ،
صوك وطن جزئیده کچرکن أله
محمدك دوشمانی بوغدیغی سیله
مبارك قانی قاتدیغی یردر .

دوشونکه ، حشر اولان قان ، کمیك ، أتك
یاپدیغی بو تومسك ، آمانسز ، چتین
بر حربك صوکنده بوتون ملتك
حریت ذوقنی طاتدیغی یردر .

نجم‌الدین خلیل

بن

یر یوزنده یالکز بنم سرسری ،
یر یوزنده یالکز بن دربدرم .
دنیاده هرکسك وارسه بر یری
بنده بوتون دنیا بنمدر دیرم .

نه آنامی کوردم ، نه قارداشمی ،
بیللرجه کزدیردم بودیك باشمی ؛
أولسه‌م کیمسه قویماز مزار طاشمی
کندمه بن بیله حیرت ایده‌رم .

کوکلم نه دردلیدر ، نه‌ده بختیار ،
نه باشقه‌سنه یار ، نه کندینه یار ؛
جانم ایسته‌نجه ، بن ، دیار دیار
کولکه‌مك پشندن یورور کیده‌رم ...

نجیب فاضل

صاچلرك

صاچلرك دوكولسون آچيق كوكسكه ،
مرمر اوزرندن كچن صو كبی .
برانجه بايغينلق چوكر كوكلكه ،
ياز وقتنك كوندوز اويقوسی كبی .

صاچ تل تل ، اورتولر هپ تول تول دوشر ،
كوزلرك ده كديكی يره كل دوشر ؛
صوكنده سكاده بر كوكل دوشر
كوكلك شيمديكی دويغوسی كبی .

ديللرده دوكولوب صاييلير صاچك ،
صيجاق نفسلرله باييلير صاچك ،
تولسو كبی قلبه يايیلير صاچك
قاراران كوزلرك بوغوسی كبی ...

نجيب فاضل

اسلوب حقنده بر ملاحظه

چوجقلغمده ، خيالمه كوستردیكی بر جهان منظره‌سيله كاه بنی غشی وتخيل ايچنده براقان، كاه اعصابمه سوق ايتديكی رعشه‌لرك قوتيله كوزلرمی ذوقدن ياشارتان بر شعر مجموعه‌سنی ، بچن كون، سنه‌لردن صوكره تكرار آلمه آلنجه ، آجی بر حيرت ايچنده قالدم :

کتابك محتویاتی، صولان قابدن وصاراران کاغددن فضله، داها چوق فضله أسکیمش، ییپراعشدی . صانکه کوزله کورولمز بر طاقم معنوی کووه‌لر ، أثرك روحانی ماده‌سنی کمیروب توزه دوندیرمشدی.

شعرك چیقینتیلرنده کوز آلان اسکی آیینه‌لر سونمش، آیدینلقلرك یاندیغی نقطه‌لرده ، کوچوك قر کاق چوقورلر پیدا اولمشدی .

أولوم، بالخاصه کتابك اسکیدن اك چوق یحیلکنی یاپان قسملرینی وورمشدی: صفتلر، تشبیهلر ، استعاره‌لر ، ـ بوجك قولکسیونلرنده، طوپلی ایکنه ایله طوتدیریلان أولو کلبکلر کبی ـ صحیفه‌لرك سطحی اوزرنده ، رنکلی بر نعش حالنده‌ دوریوردی. مکر بونلر، ادبی اثرك بوزولمغه وچورومکه اك مساعد زینتلری ایمش ! داها دونکی شاعرك اسلوبنه سوردیکی آلاجه‌لی رنکلرله بر هفته ایچنده ، صولوق بر اسکی البسه زواللیلغنه دوشرکن ، صفتسز ، تشبیهسز ، استعاره‌سز « هومیروس » ، صاف بر بللور اهرامی کبی، حالا کونشك ایشیقلرینی کونشه عکس ایتدیروب دوریبور.

احمد هاشم

شاعرك دعاسی

بن بر کناهکاردم که ، بیلمزدم نه‌در ئولوم ؟
بیك بر تورلو دویغویه معکس اولمشدی کوکلم !
یری ، کوکی ، خلقی کوریوردم کندیمده ،
بوساخته اعتقادی ییللرجه بکندم‌ده !
بر کون بیله صورمادم کندیمه : کیمم ؟ نه‌یم ؟
یالکز صنعت عشقنه طاپان بر دیوانه‌یم !
حسمه ، خیاله ساده او عشق حاکمدی ،
دوشونمه‌دم بر لحظه بنی یاراتان کیمدی ؟
نه دنیا سلطنتی ، نه جنت ، نه‌جهنم ،
یالکز قلبی ترنم ایتدی بنم افسانه‌م !...

بر اوچوروم قورقوسی دویمازکن بوکیدیشده ،
ایچیمدن صارصیلارق کندیمه کلدم ایشته :

بونه ؟.. بودالغالرده خومورداياں ديولر نه ؟
بونه ؟.. افقلرده‌كی بو وحشی آله‌ولر نه ؟
اوشن باقيشلرده‌كی بو محزون كولـكه نه‌در ؟
بونه ؟.. بوكورديكم ير ، بوويران ئولـكه نه‌در ؟
ربم !.. بو وطنممی ؟ بوميدر ىنم يوردم ؟
بن‌كه اونك كوكسنده حضور ايله اويوردم !..
بوميدر بكا عشق ، شعری الهام ايده‌ن ايده‌ن ير ؟
نه غافل بر اويقويه دالمشم ، بويسه اكر !...

بوآقشام هرطرفده بر روحانی حزن وار ،
برسس بكا دييوركه : شاعر ! اللهه يالوار !
سن‌كه حسلی قلبكله آشناسك هر دردە ،
برصنعتكار كوله‌رمی محيطی اينيلده‌رده.؟
كيدوب كلمه‌يه‌نلرك ماتملرينی حايقير ،
ياخود، علوی برسكوت ايچين ربابكی قير !...

بوكيجه ، قاراكاتی ده‌لن مناره‌لرك
باغرنده دالغالانان يانيق سسلر نه درين .
كيرپيكلرم ياشاردی ، دوشدم يكی بر وجده ،
ييلديزلرك آلتنده ايتدم اللهه سجده !
تاكريم ... نه‌قادار حزين ، نه‌قادار قارا يازيم ،

ايلك دفعه حضوركده ديزچوكن بو نيازم
يوردينك ماتمنی چكن برعاشق سسی ..
شوكوكلركه يالواران سسلرك صوك معكسی ،
بن‌سه ظلمت ايچنده آرييورم برآز نور ،
پريشان مناجاتم البت قبول اولنور !...
ييلديزلر غايب اولييور ، شمدی كوك داها درين،
برغريبلك صارييور بوتون افقنی شهرك ،
صيبريليركن كيجه‌نك آغير آغيرسيسلری ،
صباح اذانلرينك كلييور عكسلری !...

يوسف ضيا

وطن دستانى

او قادار دولوكه طوپرغك شانله
يوجه داغلريكه چوكن دومانله
بر دكل ، صانكه بيك وطن كيبيسك
كوكلرده يازيلي دستان كيبيسك

هپ بويله بولوتلر ايچنده باشك ،
كچمه‌ده عصرلر ؛ تازه‌در ياشك ،
هلالى قوجاقلار هر وطنداشك ،
او قادار لوندسك ، فدان كيبيسك .

چيچكسك ، بايبليز قوشلر قوقوكدن،
مژده‌لر فيصيدر اركه‌نه قوندن ،
هر دالك بر ياى كه زومرود اوقندن ،
بو سسه كوكلدن حيران كيبيسك .

أى بتون جهانه بدل تورك ايلى ،
تاريخ ، بر نهركه جوشقندر سيلى ؛
آچديغك جنكلرك يوقدر أولى ،
سن اوكا نسبتله عمان كيبيسك .

بريادن هپ بويله طاشدك ، كوپوردك ؛
فقط نه درجه ازيلدكسه دون ،
بر ياندن جفالى بر عمر سوردك ؛
او قادار ده طونجدن قالقان كيبيسك .

بر انسان نهايت كميكله أتدر ؛
أك بيوك حريت جمهوريتدر ؛
بو أته ، كميكه جان حريتدر ؛
ديمك كه شيمدى سن بيك جان كيبيسك.

أى آنا طوپراغى ، أى آناطولى ،
حمد اولسون هر يانك بركت دولو ؛
آچيلدى اوكده ترقى يولى !
جنتده بر يشيل ميدان كيبيسك ،

يكى بر آى توردك آلبايراغكه ؛
مدنى حياتك نور ايرماغنه ؛
كيردك الك صوكنده عرفان باغنه ؛
ازلدن صوصامش جيلان كيبيسك .

خالد فخرى

کلمه‌لرك حیاتی

هیچ برشی لسان قدر بر آغاجه مشابه دکلدر. لسانلر ـ طبق آغاجلر کبی ـ موسم موسم رنکنی غائب ایدن ئولو یاپراقلرینی دوکرلر وتازه‌لرینی آچارلر. لسانك یاپراقلری کلمه‌لردر.

ادبی بر متنی اوقویورکن ، دها دونه قدر زنده بر معناسی اولان (ملك) کلمه‌سنك ، بوکون تماماً حیاتیتی توکنمش، رنکسز وشکلسز برلفظ حالنه کلدیکنی حس ایتدم . بو کلمه شیمدی تورکجه‌ده صوغوق برنعشدن باشقه برشی دکلدر .

ملك نه‌در ؟

ادبیاتده‌کی معناسنه کوره ، ملك بر قادیندرکه کوزلری ماوی، صاچلری صاری وبیاض انتاریسنك اتکلری اوزوندر. خرستیان صنعتنده ملك، لپسقه صاچلری طوپوقلرینه قدر اوزانان، بویوك کوکرجین قنادلی ، محجوب بر کنج قیز صورتنده تمثیل ایدیلیر ودائما النده صور بوعندن اوزون بر موسیقی آلتی اولدیغی حالده ، کوکده بیاض بلوط ییغینلرینك کنارندن تبسم ایتدیریلیر.

بو ورم چهره‌لی ماورائی کوزلك انموذجی، قادین قیافتنك صوك انقلابنه قدر دوام ایده‌بیلمشدی. فقط قادین‌صاچلری، بربر مقاصیله قیصالوب، اتکارك یاریسی‌ده برزی نفسیله اوچارق دیزلری چیپلاق براقدیغی کوندن صوکره ، ملك، بردن ، ماضینك سیلیك شکللری آراسنه دوشمشدر.

شیطانی بر علوك تماسیله، طرف‌طرف آتش قیرمزیلغنه بویانان معاصر قادین چهره‌سی یاننده ، اوزون صاری صاچلی وماوی کوزلی (ملك) ، شمدی آبدال بر خلایق چهره‌سندن دها فضله جاذب دکل .

احمد هاشم

بوز اشك

ایرماقدن صو طاشیان چوجوقلر داغ یولنده بر اختیار آدامك یاتدیغنی خبر ویردیلر . بر بوز اشك ده ، باشی بوش اورالرده دولاشیوردی . حسمن خوجا « واروب باقالم » دیدی .

آقشام یاقندی . ایکی دره‌نك برلشدیکی بو باتاق ، چوقور ، صیتمالی اراضی‌یه چه‌لتیکلردن قالفان قوقولی ، آغیر بر دومان یاییلیور ؛ کوده‌لری یاریلمش ، یانمش ، بش اون یاشلی ، جانسز سوکود آرقاسنده کونش ، بولانیق بر ایشیق اوزاته‌رق آرقلرك دورغون صولرینی یر یر پارلاتیوردی . بو آیدنلق پارچه‌لر ، کول رنکلی ، رطوبتلی اووا اورتاسنده بولوطلو بر کوكك یاریقلرینه بکزییور ، یاواش یاواش بولانیور ، سونیور ، اورتولویوردی .

اوچ کویلو ، عارضه‌لی ، اوچورملی بر پاتیقه‌دن آغیر آغیر بر بری آرقاسندن چیقیورلردی ؛ ایچلرندن بری صاقاغیلی بر آت کبی ، فنا فنا اوکسورویوردی .

اولا بوز مسکبی کردیلر . فوندالرك اورتاسنده ، توزلو ، طوپراقلی بر یر بولمش ، غالبا بر چوق بینمش ، یانمش ، اوینامش ، شیمدی ممنون بر أدا ایله یان کلوب اوطوروبور ، باتان کونشی لاقیدانه سیر ایدییوردی . خوجا « هدی نره‌سك یولجی » دییه سسلندی . أوته‌ده ، آرقه‌سنی قورو بر آحلاطه دایامش ، اختیار ، مجالسز بر آدام ، صیق صیق صولویور ، کانلره فرسز کوزلریله باقیور ، آلریله کوکنی کوستره‌رك اشارتلر ایدییوردی . « نه‌ن وار ، نه اولدك دایی ؟ » سؤاللرینه سسدن زیاده نفسه ، صولوغه بکزه‌ین اوفوروکلو بر خیریلتیله آکلاشلمایان جوابلر ویرییوردی .

کویلولر ، ئولویور صانه‌راق ، چومه‌لمشلر ، بکله‌شیورلردی . لکن ، أییله‌شیور ، جانلانیوردی . آباتی صریقلی ، مور جبه‌لی ، فقرا قیلیقلی بر اختیاردی. سرت ، قر بر صاقالك أورتدیکی چهره‌دن میدانده دوران قسمی ، صیجاق اووالرك کونشیله قاورولمش ، بوروشوقلر ، قیوریملر ایچنده قالمشدی . صارقیق ، شیش قاپاقلرینك آلتنده بیاضه یاقین آچیق ماوی ، اوفاجق کوزلری واردی‌که انسانه بر چوجوق باقیشیله متصل ، دیم دیك باقیوردی . یاواش یاواش بو چهره‌یه بر رنك ، بو کوزلره بر فر کلیوردی . عینی وضعیتده ، صرتی آخلاطه دایالی ، ئولکون صداسیله بر شیلر سویلیور ، غالبا اوزاقلردن کلدیکنی ، اوزاقلره کیده‌جکنی آکلاتیوردی .

حسمن خوجانك « اودایه کوتوروك ، یاتسین » تکلیفی اوزرینه یاردیم ایدوب ، مرکبه بیندیردیلر . ایکی طرفندن طوتارق دوشمه‌سنه میدان ویرمیورلر ، طاشلر ، طوپراقلر قایدیره‌رق ، بیك مشکلاتله ایلیورلردی .

کونش کیتمش ، آرقلرده‌کی صولر پارلاماز اولمشدی . اطرافی قاپانان دیك ، سیوری داغلر دومان وبولوط صاریلی قوجامان باشلرینی بربرینه دایایارق چوقدن اویقویه وارمشلردی . کوی ، قیالرك قات قات کولـکه‌لرینه کوموواو نه ، پنجره‌لرنده بر ضیا ، نه یوللرنده بر سس ، قارانلقده بکله‌یوردی ،

کلنلرك شماطه‌سی اوزرینه قاپیلردن تك توك چهره‌لر اوزاندی، آخورلرده اینکلر بوکوردی. حسمن باغریبور « نرده‌سیکز به ، هله چیقیك ، مسافر کلدی ! » دیبه خبر ویریبوردی. شیمدی، اللرنده‌کی یانار چیرالریله هرطرفدن ، بردونلو بر چوق انسانلر چیقیور، دومان و ایشیقدن مرکب برهاله ایچنده ، کوشه‌لره آیدینلقلر داغیتارق کوبره ییغینلرینه خاره‌لر قوشـدوره‌رق شاشقین شاشقین مسافر اوداسنه دوغرو کلیورلردی .

بوراسی ، أك یاقین قصبه‌یه ایکی کون اوزاقده ، آنادولینك چیپلاق ، یولسز ، ویران بر کوییدی . بر ولایتدن دیکرینه کچن آرابه‌سز یولجیلر ، بعضاً ، هوالر چوق قوراق کیدوب قیزیل ایرماق کچید وبردیسه شوسه‌یی بیراقیرلردی . ایشته ، سنه‌ده بو وسیله ایله بش ، اون کیشی ، بش اون فقیر ، بویله حزنلی بر ساعتده یورغون آرغین کلیر ، قاپولری وورووردی . او زمان مختار حسمن کویلیلردن اکرام کیمك صیراسیسه اوکا خبر کونده‌ریر ، کندیسی ده ، اوجاغنده یاز قیش ، سونمه‌مه‌جه‌سنه چیرا کوتوکاری آله‌وله‌نن مسـافر اوداسـنه یولجی‌یی یرلشدیریردی . کوی ، دنیا احوالنی بوکاوب کچیجی ، جاهل انسانلرك کتیردکاری یالان یا کلش خبرله اوکره‌نیردی .

خسته سا کنله‌شمشدی . « کوکس ، دیبوردی ، بویله ، ایکیده بر طوتار » . کویلیلردن بری اوجاغك چه‌نکه‌لنه بر باقراچ آصمشدی . چیرالرك آله‌وی وورمش ، ایچنده‌کی بر صابون کوپوکی کبی رنکارنك قاباریبوری . ایندیردیلر ؛ اختیاره بر طاس ویردیلر . اوفوره اوفوره ذوقله ایچیوردی . سـوت هنوز بیتمشدی که عنادجی بر ایچقیریق طوتدی ، بوتون ووجودینی صارصیوردی . او ، هر صدمه‌ده بر « الحمدالله » دیبوردی . کویلیلر ، تا قارشیسنه باغداش قورمشلر ، قونوشمغه فرصت آرایه‌راق صبرسزجه بکلیورلردی ؛ کنجلر قاپی اوکنده ، مریض مسـافردن برشی آکلایامیورلردی . ایچقریق کسیلمیور ، بالعکس صیقلاشیور ، سرتله‌شیوردی . خسته بر آرالق اللریله « کلیك ، یاقلاشك » دیبه اشـارتلر ایتدی . حسمن اوکده ، دیکر اختیارلر آرقه‌ده اطرافنی آلدیلر . کنجلر مراق ایچنده ، فقط یاقلاشمغه جسـارت ایده‌میه‌رك قاپیده دورویورلردی . غالبا یولجی زورلقله بر ایش آ کلاتیوردی ؛ بلکه‌ده وصیت ایدیبوردی . حسمنك ایکیده برده « مراق ایتمه ، کوکلنی فرح طوت ، بز باقارز » دیدیکنی دویویورلردی . بردن ، علی‌العجله ، اختیارلر یره ، منده‌ره أکیلدیلر . صوکره سس‌سز قالقدیلر .

حسمن « حقه قاووشدی » دییه میریلداندی . اوجاقده ، کوتوکاردن بری چارپیلدی ، کسکین بر آیدینلقله ئولونك یوزینی پارلاتدی ، سوندی . دیشاریده بر اینك اوزون اوزون بوکورویوردی .

بوالجی ، صوك آرزوسنی آکلاتمغه وقت بولمشدی . کمرنده دیزیلی سکز آلتونیله آلتنده‌کی بوز مرکبی جنازه وقف ایدییوردی . مزارلقدن دونن کویلولر ، اللرنده قالان بو لیرالرله مرکبی نه یاپاجقلرینی ، بو أمری ینه ناصیل کتیره‌جکلرینی کسدیرمیورلر ، آصمه‌نك آلتنده برله‌شوب سویله‌شیورلردی . نهایت بر دفعه قضایه واروب حاکمدن دانیشمغه قرار ویردیلر . هفته ایچنده حسمن ، مرکبی یاننه آلوب یوله چیقه‌جقدی .

حیوان بر اهمیت کسب ایتمشدی ؛ اوکنه بول یم دوکواویور ، مصر صاپلری ییغلیوردی . بو ، دینی بر وظیفه کبی ، شکایتسزجه ، حرمتله ساعتی ساعتنه یاپیلیوردی . کویلولر صیق صیق خاطرلایورلر ، « بوز أشك صویه کوتورولدیمی ؟ آرپاسی دوکولدیمی ؟ » دییه بربرلرندن صورویورلردی .

بر صباح ، حسمن خوجایی آلاجه قاراناقده هپ بردن دکرمنك اوکنه قادار کوتوردیلر ، سلامته‌دیلر . بوز أشك آرقه‌ده کیدییور ؛ یکی دوغان صیرما تللی بر کونش پالاننك صولوق لچه‌سنی قدیفه کبی پارلاتیوردی .

بو نه اوزون ، نه جن صیقیجی بر یولدی . دورغون صولردن فیشقیرمیش پرنج باشاقلریله آرقلر بوینجه کیدەن کور قامیشلرك یشیللکی یاماچلر آردنده کورونمز اولونجه قوراق ، دوز بر طوپراق ، ایکی کون هیچ بر کویه ، هیچ بر دکرمنه ، حتی ایکی جیلز سوکودوك کولکه‌لەدیکی بر صو باشنه بیله اوغرامادن ، ایصسز ، قاوروق ، دوام ایدوب کیدییوردی . صوکره دیك ، قایالی بر یوقوش ، قورقونچ بر بوغاز آشیلیور ، تپه‌سنه یاقلاشدقجه سرین بر روزکارله برابر لطیف بر منظره باشلایوردی .

قیصه ، بر قیلنج صیرتی کبی پارلایان اینجه بر دره‌نك کنارنده ، آیوالقلر ، ألمالقلر اورتاسنده یم‌یشیل ، صولاق وفیضلی کوزه کولویوردی ؛ تلغراف دیرکلرینك صیرالاندیغی بیاض ، دوز برشوسه قیوریله قیوریله دونه‌رك داغلره طیرمانیوردی.

حسمن ، خانده لچیردیکی کیجه‌نك صباحی ، ایرکندن حکومته یوالاندی . مینی مینی قصبه‌نك بالقونلی ، قله‌لی ، غازینویه بکزه‌ین قوجامان بر قوناغی واردی . لکن اکمال ایدیله‌مه‌مشدی . صیوانامیان کرپیچ دیوارلر یر یر آچیلمش ، قومرولره یووا اولمشدی . اوست قات پنجره‌سز ، صیواسز ، تحته اورتولرله بکلیوردی ، کنارده بطال بر کیره‌چ اوجاغی ، برآز اوته‌سنده عمله‌نك چالیشدیغی زماندن بقیه بر صوندورمه ، الان ، اویله ، حالیله دورویوردی . بنا چوقدن خرابلاشمشدی .

جاکتسز ، قالپاقسز بر ژاندرمه چاووشی نه ایسته‌دیکنی صوردی . خوجا تا باشندن ، ایرمقدن صو طاشیان چوجقلرك کلوب نصل خبر ویردکلرندن طوتدوره‌رق آکلاتیوردی . حکایه‌سی داها یاری‌یی بولمادن قارشیسنده‌کی لاقیدانه اوزاقلاشمش ، دره‌ده یوزن اوردکلره اکمك آتیور ، کوشه‌ده ، چارداغك آلتنده نارکوله‌سنی هوپورده‌تن بر صاریقلی‌یه « نه او ، حاجی افندی ، صباح کیفیمی ؟ » دییه سسله‌نیوردی .

قاضینك اذنله استانبوله کیتدیکنی اوکره‌نن حسمن ، بر دقیقه‌ده قائمقامه ایشنی آکلاتمق ایسته‌دی . قوندورلرینی قاپیده چیقاروب پارماقلرنی میدانده بیراقان ییرتق چوراپلی آیاقلریله ، چه‌کینه چه‌کینه ، اللری قارننده یورودی . حکایه‌یه باشلادی .

قائمقام ، آرقه‌سنده چیویدی دالغالانمش برکتن جاکت ، بیقلری بویالی ، دیش‌سز ، خیم‌خیم بر آدامدی . ایشك تمامنی دیکله‌مك تحملنی کوستره‌مه‌دن چاغیرك چاووشی دییه سسلندی .

بش کوندر، حسمن خوجا اوکونه کلن آدامه دردینی آکلاتارق ، قصبه‌ده دولاشیوردی . ژاندارمه چاووشی نه مرکبی آلیور ، نه ده کندیسنی براقیوردی . نهایت حالنه آجیان بری چیقدی : « کیتسین ده ایکی هفته صوکره کلیر ، ایشی قاضی‌یه بیراقلم » دیدی ، قاندیردی . ذاتاً بورانك قاضیسی نامليدی ؛ قاباق قاضی دیرلردی ، هر ایشی حل ایدر ، هر کور دوکومی چوزردی . آرقه‌سنه طورونجی بر مشلح کییه‌رك ، قیرمزی شمسیه‌سیله چارشدن بر کچیشی ، قوجامان کووده‌سنی طوتارق اولور اولماز شیلره بر کولوشی واردی‌که خلق بایيليردی .

عینی یوللردن ، عینی حالده بوز مرکب ترکه‌یه باغلی دوندیلر . حسمن خوجانك وأیی بسلنمسی ایجاب ایدن أشکك بوغازینه اوراده ، قاتیغیك وآربه‌نك بهالی اولدیغی قصاده خیلی مصرف ایدیلمشدی . مجلس قوران کویلولر بونی « مبارك یره باغلی ، باقق بورجمز » دییه چوق کورمه‌دیلر . حسمن ده یورغونلیغندن شکایت کتیرمه‌یور ، حتی اوغورینه چالیشمق اوکا بو محنتلرینی اونوتدورویوردی .

لکن ایکنجی سفرك هفته‌سنده ، ینه مرکب آردنده دونمکه مجبور اولدی. قاضی هنوز کلمه‌مشدی ؛ ژاندارمه چاووشی خوجایه چیقیشمش ، « هودوك حریف ، عجله‌ك نه ! » دیمشدی . کویلولر ، وقف ایدیلمش بر حیوانك ایشده قوللانیلوب قوللانیلمیه‌جغنده شبهه ایدییورلر ، بوز أشکه ایلشمیورلردی .

اوچونجی یولجیلغك عودتی ، ینه أویله ، مرکب آرته‌ده اولدی . اوزاقدن کسکین کوزیله بری بوز أشکك کری کلدیکنی کورمش، کویه یایمشدی . خلق شیمدی متحیر، مراقلی بکلیوردی. حسمن داها اینمه‌دن فرحلی بر صدا ایله « نه ایتدك به ، شاهد کوتوره‌جکدك » دییه بر حمله‌ده

مسئله‌یی آكلاتدی . صحیح ، نصل دوشونه‌مشلردی ؟ زیانی یوق ، مركبی قاضی قبول ایده‌جك، جحتنی یاپاجقدی ؛ هفته‌یه اوچ كیشی كیدرلر ، ایجاب ایدرسه یمین ده ایده‌رلردی ...

بوز أشك اراصیره یاپدیغی یوكسز سیاحتلره مقابل اوكونه دوكولن بول یمدن یه یه سمیرییور ، صویه كوتورولوركن قوشویور ، خیرچینلاشیوردی . بویله ایكی بوچوق آی چكمشدی .

نهایت صوك سفر حاضرلانیوردی . دكرمنك اوكنده سلامتله‌نیرلركن یكی دوغان كونش بو كوچوك قافله‌نك قالدیردیغی توزلری پارلاتیور ، یالدزلی بر بولوط ایچنده یوقوشه طیرمانان كویلولر كریده قالانلره صانكه یوكسه‌لیور ، كوكلره قالقیور كبی كورونویوردی .

بوز أشك بر دها دونه‌دی . كوی خلقی ، یایپلان جحتلره ، باصلان مهرلره باقارق مركبك انعامنی ، اكراملر كوره كوره یاواش یاواش ، یوكسوز و أذیتیسز تا جازه قادار كیده‌جكنه ، اور ده زمزم طاشیه‌جغنه قانعدیلر . حتی حسمن ، كجه رؤیاسنده أشكك پالانی یشیل بر قادیفه‌یه قاپلی كورمش ، بوسبوتون اینانمشدی .

ذاتاً ، هپسی ، وظیفه‌لرینی یاپماقدن متولد بر سونجله صیق صیق مركبك لافنی ایدییورلر ، آخورده كندی كندینه قالنجه ، ایكی طرفه باشنی صاللایوب ذكره باشلادیغنی آكلاتیورلر ، بربرلرینی قاندیرییورلردی .

لكن وقعه‌نك ییلنده قصبه‌یه برنجی صاعقه كیدن حسمن آبدلاشمش كبی دونمشدی : پازار یرینك تام علبه‌لق زماننده اوزاقدن بر « صاوولك دكه‌سین ! » نداسی دویولمش ، خلق ایكی‌یه آیریلمش وقاباق قاضی ، آلتنده بوز مركب ، آرقه‌سنده معهود طورونجی مشاج ، ایری كونه‌سنی صارصان بر سرعتله أطرافه سلاملر طاغیته‌رق چكوب كیتمشدی .

رفیق خالد

پری قیزیله چوبان حکایه‌سی

— ضیا کوك آلپ بك افندی‌یه —

چوق اسکی بر زمانده ؛
— اوغوز خان حکمدارمش —
ایشیتمشدم «توران» ده
بر پری قیزی وارمش .

بو نازلی پری قیزی ،
بو کوزه‌للك ییلدیزی ،
هر کوکلده بر صیزی
براقه‌رق یاشارمش .

ایصسز داغلرده کزر ؛
یوقمش ایزندن أثر ..
بعضاً کوروندیکی یر
بر سحرلی پیکارمش .

یوزی پنبه بر شفق ،
کولسه ، کللر آچه‌جاق ..
یاشارمش ایلدن اوزاق ؛
دوستلری چوبانلرمش .

بو قیز اویله کوزل که :
چیلدیرتیر عشق بلکه !
او قادار مخیل که :
عقللره ضررمش !

جفا ایمش عادتی ؛
هیچ یوقمش مرحمتی .
سومه‌ین بو آفتی ،
سوه‌ندن بختیارمش .

وورولورمش قلبندن ،
بر کره اونی کوره‌ن .
عاشقلری ، تخمینا ،
کور صاچلری قادارمش .

کنجلرك یوزی صولمش :
کوزلری یاشله دولمش ..
عشقی بر آفت اولمش ،
بوتون جهانی صارمش ...

...

اولو خاقان ، اوغوز خان ؛
بو قیزی مراق ایدەر :
کورمك ایستر یاقیندن .
چاغیرتیر یانینه ... دیر :

سەویملی قیز ، کوزەل قیز !
داغ باشلرنده ، یالکز ،
یاشیورسك ؛ بو نەدن ؟
بو کوزەللککله سن
بر سحرلی کونشسك !

سویملی قیز ، کوزەل قیز !
تك یاراتماز تاکریمز
کیمسەیی طبیعتده .
وار بر أشیك البته ،
سنده برینه أشسك !

قیز بویله تك یاشامق
یاراشیرمی ـ هله یاق ـ
سنك کبی کوزەله ؟
کل ، قاریش آرتق ایله ؛
نسامز کوزەللشسین !

...

قیز دیرکه ، اولو خاقان ،
بن ده سودم بر زمان !
وقتیله کنج بر چوبان
سوکیلمدی ، أشیمدی ،
یالکزم فقط شیمدی .

داغلرده بختیار ، شن ،
سویشەرك یاشارکن
ـــ بیلمم که بر کون نەدن ؟ ـــ
بر سوز اونی اینجیتدی ؛
بکا داریلدی کیتدی .

نه کندی کلدی کری ،
نه دویولدی خبری ..
ایشته او کوندنبری
حس‌سزم ، قیدسزم ؛
تك یاشایان بر قیزم !

خاقان ـــ دوشونور براز ـــ
دیر : بو دوغرو اولاماز !
سنك کبی کوزەل قیز ،
دائما بویله یالکز ،
داغ باشنده یاشارمی ؟

قیز دیرکه : چاره واری ؟
بن بر اشسز کونشم ،
کوسترك نرەده اشم ؟
سوەنلر بنی ، بلکه
شو کنیش کوکلردەکی
یلدیزلردن داها چوق .
فقط ایستەدیکم یوق .
اینانیك بوکا سزده :
بولوناماز ایچیکزده !

خاقان دیرکه : نه ضرر !
بولونماسەده ، آرار ؛
شبهەدن قورتولورز .
سن جواب ویر ؛ بولورز
ایستەدیککی بلکه !..

قیز دیر : او حالده پکی !
کیملرسه بنی سوەن ؛
— خبر ویرك شیمدیدن —
دەنەیم اونلری بن
بر سحرلی اویونله !

ایچلرندن اکر ، کیم
جواب ویررسه .. بنم
او ، اولاجق سودیکم ؛
بن یاشارم اونکله !

بو خبر ، دالغه دالغه
داغیلیر اورطەلغه .
عاشقلر ، اوزاق ، یاقین
یوللاردن آقین آقین .

کلیرلر .. زواللیلر ،
— هپ بردن کنج ، اختیار —
طاپیلوب امیدلره ؛
طوپلانیرلر بر یره .

پری قیزی ، کوزەل قیز ؛
افقه دوغان بر یلدیز
کبی ، یوکسك بر غرور
ایچنده کلیر ، دورور .

سیلکیننجه آنسزین ،
دەکیشیر شکلی قیزك :
قوش اولور ، چیچك اولور ،
بعضی کلبك اولور ،
بر کل اولور آچیلیر ،
اینجی اولور صاچیلیر ..
بر بولوطه بورونور ؛
بیك شکلده کورونور ...

عاشقلری ، هپ بردن ،
شاشیروب قالیر بوکا .
بو اوکناز جواب ویرن،
بو سحرلی اویونه .

قیز : « آرتق ، نه چاره ! » دیر .
خاقانه وداع ایدر .
آیریلاجغی زمان :
تا اوزاقدن بر چوبان ؛
— کوزلری دولو یاشله —
خلجانله ، تلاشله
قوشار ، حضوره کیرر :
« رخصت اولورسه أکر ،

« طالعمی دینه‌یم !
« صورمایك ؛ کیمم ، نه‌یم ؟..
« بر سودا هواسیله ،
« بر هجرانك یاسیله
« آشه‌رق یوجه طاغلر ،
« کزه‌رکن دیار دیار ،

« آنسزین بو خبری
« دویونجه دونده‌م کری .
« بر سه‌وینجلی دویغویه
« قاپلدم .. کوکل بو یا !

خاقان دیرکه اوزمان :
کستاخلق ایتمه چوبان !
بو قیز ، سنك افقکه
دوغه‌جق کونش ده‌کیل !
بر زواللی چوبانه
لایق اولان آش ده‌کیل !

دوغریسی شو تکلیفك
بو پری قیزی ایچین
بر لکه‌در ، بر ذل‌در .

قیز دیر : اوده کوکل‌در .
انجیتمه‌ییکز صاقین ؛
بن راضی‌یم براقك !
دوریرلر قیزله چوبان
قارشیلقلی اوزمان :

سیلکیننجه آنسزین ،
ده‌کیشیر شکلی قیزك :
قوش اولور ، اوچوب قونار
خاقانك اوتاغنه

چوبان باقار ، آه ایدر :
اوده بو سری مکر
بیلیورمش اسکیدن .

بر قفس اولور همه‌ن ،
بو کوزه‌ل قوشی آلیر
او آنده قوجاغنه.

— بو برنجی امتحان . —
بونی قازاندك چوبان !

قوش سیلکنیر آنسزین ،
ده‌کیشیر شکلی قیزك :
اینجی اولور بو سفر ؛
صاچیلیر بر بر
خاقانك آیاغنه .

قفس ده هر یرندن
داغیلوب دوشر همه‌ن ؛
بر صدف اولور ، آلیر
اینجی‌یی قوجاغنه .

— بو ایکنجی امتحان —
آدك نه سنك چوبان ؟

اینجی یانار آنسزین ،
دکیشیر شکلی قیزك ؛
هر اینجی بو سفرده
بر باشقه چیچك اولور .

جانلانیر همان ، پرده
بوش قالان صدفلرده
برر کابك اولور .

بر یانده ، اویله رنك رنك
آچیلیرکن چیچکلر ؛
بر یانده تیتره‌شه‌رك
دولاشیر کابکلر ..

— بو صوکنجی امتحان —
طانیدم سنی چوبان ،
آکلادم شیمدی کیمسك !

سن بنی تا أسکیدن
سه‌ووب صوکره ترك ایدن
وفاسز سودیکمسك !

بونی آرتق أیی بیل :
أش اولمام ممکن ده‌کیل
سن کبی وفاسزه !

چوبان ؛ کوزنده یاشلر ؛
اوزمان نقله باشلار
ماجراسنی قیزه :

« سودا ، او بر پری‌در ؛
« قرار ایتمز یرنده .
« کوکل که سرسری‌در ،
« دولاشیر ایزلرنده ؛

« سودا ، او کیزلی بر اوق ؛
« کوروئمز قاناتادن .
« قاووشمانك طادی یوق ،
« آیریلغی طاتتادن .

« بن که : پك چوق آغلادم ؛
« کزدم هجرانه کیدن
« یوللری آدیم آدیم .

« تنی آرتق یکیدن
« هجرانه آتما ، کوزه‌ل !
« یتر آغلاتما ، کوزه‌ل !

« او ، هر درده تحمل
« کوستره‌ن ده‌لی کوکل ؛
« که ایدر دنیایه ناز .
« هر دقیقه بولونماز

« بر حالده ، بر قرارده .
« سودیکی زمانلرده
« کل یاپراغندن اینجه !..

« بر ستم ایشیدنجه
« یارالانیر دریندن ،
« اینجنیر هر یرندن .

« بر کوندی : یاندی ایچم ؛
« داغیلدی هپ سونجم ..
« الوداع آرتق !.. » دیدم .
« تحمل ایده‌مدم
« بر سوزه ، بر ستمه .
« دوشون که ، ترك ایتمه
« ینه عشقمدی سبب !
« سرسری ، دنیایی هپ
« دولاشدم آدیم آدیم ؛
« بر تسلی آرادم :
« بولامادم کیمسه‌ده ،
« بر کناه ایتدمسه‌ده ؛
« شیمدی ایشیت آهمی ،
« باغیشلا کناهمی
« دوشدیکم عشقه ، کوزه‌ل !
« سبب یوق باشقه ، کوزه‌ل !

« ده‌کیزی کچدم ، داغ آشدم ؛
« خیلی سنه دولاشدم ؛
« بختم قارا ، صاچم آق ؛

« نه شکله کیرمشم باق !
« باشمك تاجی کوزه‌ل !
« حالمه آجی ، کوزه‌ل !

اوغوز خان ، آرتق یتر ،
بو غملی سوزلرله — دیر —
بنی آغلاته‌جقسك !

شبهه ایتمه که چوبان ،
سودیککك هر زمان
عفوینه مستحقسك !

وارمی قیزم ، سن ده باق ،
بر باشقه آش اولاجق
سنك کبی کوزله !

آلویرر بو آیریلق ؛
کلیك برله‌شیك آرتق ؛
هایدی ویرك آل آله !

پچسین نشئه ، أکلنجه
ایچنده هپ کونیکز .
تمام قرق کون ، قرق کیجه
یاپیلسین دوکونیکز !

***

ایشته : همه‌ن اوکونی
باشلایان بو دوکونی
« فلك » دیدیکلری پیر
کورونجه ، کیرمش ده‌نیر
یکیدن بر یاشنه !

بو دوکون اویله اوزون ،
سوڭجلی بر دوکون که ؛
بو ، او شرفلی کون که :
داریسی یوردیمزك
کوزه‌للری باشنه !

اورخان سیفی

« يشيل كيجه » دن

تدريسات ابتدائيه برنجی شعبه مديری بصری بك قوص قوجا براعدادی مدیرينك بو جهالتنی عقلنه صيغديرامادی . قارا صاقالنك سيرەك قيللری آراسندن آبلاق يانافلرينك قيزارديغی كورولويوردی . پارماقلرينی پيانويه باشلاركبی بر وطعيتده يازيخانەسنك كنارينه دايايەرق باغيرا باغيرا اعتراضه باشلادی :

— نه بويوردیكز نه بويوردیكز ؟ صاقين ياكلش ايشيتمش اولمايم!.. مسلم اولان عرفانكزه رغماً بو قدر بسيط بر مسئلەده بو درجه عظيم ذهوله قاپيلماكزه دوغروسی حيرت ايتدم .. تعريفكز برقاچ جهتدن محتاج تنقيددر . أولا شونی بيليكزكه أوسقومرو دولماسی اصلا وقطعا تازه باليقدن ياپيلماز .. ثانياًسه أوسقومرونك ايچی بيچاقله اويولماز ... قاباقمی بوياهو بالق ؟

قولتوغنك ياپلرينی صارصان قهقهەلرله كولدی ، كولدی . صوكرا اوكندەكی اوراق بيغيننك آراسندن ياصصی بر جدول تختەسی بولوب چيقارارق دوام ايتدی :

— بالق شيمدی برده بنده كز تعريف ايدەيم . . خاطر كزده قالمازسه قارنه كزه نوط بويوروك . . شو جدولی أسقومرو فرض ايدەلم . باليغی شويله الكزه اليرسكز .. أولا باشندن صوكرا تاقويروغندن قيرارسيكز . ثانياً شو وضعيتده ايكی آووجكزك آراسنه ياتيريرسيكز.. باشلارسيكز كوزنەمه خاموری يوغورور كبی خفيفدن صيوازلامغه ، اوغوشدورمغه .. آنجق پك فضله صيقارسه كز بالغك قارنی دەشيلير.. بومنوال اوزره أسقومرويی برخيلی يوموشاتدقدن صوكرا ...

بصری بك بردن بره سوزینی کسدی ، جامکانلی بر بولمه ایله قلم اوداسندن آیریلان و آنجق مقام یازیخانه‌سیله، براوراق دولابی وزیارتجیلر ایچون ایکی أسکمله آلابیلن مینی مینی اوداسنك آرالق قاپیسنه کوزلرینی دیکدی. قوریدورك قارانلغنده‌ایکی کوزلك جامنك پارلادیغنی کورمشدی. سرت برسسله :

— کیم وار اوراده ؟ دییه باغیردی .

تیتره‌ك بر أل قاپی‌یه ایکی دفعه ترددله ووردی . اودایه اسکی ردینغوتلی ، صاری مشین پوطینلی ، ماوی اطلاس کوملکلی یکرمی بش اوتوز یاشلرنده ضعیف بر کنج کیردی . خفیف چیچك بوزوغی منتظم ، سویملی بر یوزی ، اینجه قارا بر صاقالی واردی . قاپانمش بر صیراجا یاراسی بوینی خفیفجه صاغه چارپیتمشدی . ردینغوتنك که‌وشه‌مش دوکمه‌سنی ایلیکله‌یوب فسنی دوزه‌لتدکدن صوکرا .بردن بره تمنا ایتدی ؛ قاپینك یاننده دوردی .

شعبه مدیری معارفله پك آز علاقه‌سی اولان بر مسئله‌دن بحث ایدرکن یاقالاندیغنه قیزمشدی . عینی سرت سسله صوردی :

— کیمسك ، نه‌ایسته‌یورسك ؟

صاقاللی کنج برکره دها تمنا ایتدکدن صوکرا آلچق سسله :

— قوللری دارالمعلمینك بوسنه مأذونلرندنم ؛ دیدی . دون چکیلن قرعه‌ده طالعك بر عجیب جلوه‌سنه اوغرادم . هیچ ایسته‌مه‌دیکم بریره دوشدم . لطف و کرم معیتپروریلرینه التجایه کلدم .

بصری بك بردن بره چیلدیرمش کبی ماصه‌یه بر قوتلی بومروق ایندیردی و آواز آواز باغیرمغه باشلادی :

— اللهم بو دارالمعلمینلیلری ، بنی قودوراسونلر دییه‌می خلق

ایتدك ؟ بوقاچنجی بر ؟.. دوندن بری هیچ دکلسه اوتوز کیشی کلدی . سویله‌یه سویله‌یه دیلده توی بیتدی . . استانبول یوق . . یا تعیین ایدلدیککز یره کیده‌جکسکز ویا استعفا .. آکلاشیلدیمی ؟

اللرینی و کوزلوینی صیوالری چاتلامش کیرلی طاوانه قالدیره‌رق دوام ایتدی :

— اولولر اولوسی رم .. شونلرك بشنی اونی آکسیلك یاراتاید کده آرتدیردیغك مالزمه ایله نابخته قافالرینه برآز اذعان ، یورکلرینه برآز انصاف صوقایدك . . توبه توبه یاربم ، توبه توبه یاربم . . بوآداملر انسانی کفرباز ایدوب کناهه‌ده صوقویورلر .

صاندالیه‌ده اوطوران معاونی غیر اختیاری کولمکه باشلامشدی .

بصری بك بودفعه اوکا خطاب ایتدی :

— نور دیدمم قارده‌شیم . . سکا آکلاتایم‌ده سن حق ویر . . دولت بوآدمری بیللرجه یدیروب ایچیریور ، کیدیروب قوشاتیور ، جناب حقك حضرت آدم علیه‌السلامی طوپراقدن خلق ایتمه‌سی کبی بونلری هیچ یوقدن آدم صورتنه صوقوب اورتایه چیقاریور . وهر برینی لیاقتلرینك اون قات فوقنده مستوفی معاشلرله أولاد مملکتی مظلهٔ جهل وضلالتدن شهراه نور وهدایته چیقارمغه مأمور ایدییور . . حالبوکه دها کندیلری جهل وغفلت اویقولری ایچنده . کندی آدم اولمایان غیری ناصیل آدم ایدر ؟ یاهو بوسوز منظوم دوشدی. اویله یا « کندی آدم اولمایان غیری ناصیل آدم ایدر » « فاعلاتن ، فاعلاتن ، فاعلاتن فاعلن » .. کوزل دکلمی ؟

بو تصادف بصری بکی ممنون ایتمش و حتی بر درجه‌یه قدر خفیفله‌تمشدی . مصراعی اوکنده‌کی جیغارا قوطوسنک آلتنه قید ایده‌رك دوام ایتدی :

— نه سویله‌یوردم افندم ؟ ها أوت .. بو نانکورلره لیاقتلری فوقنده وظیفه ویریلیر . فقط هیهات که افندم نره‌ده بن نره‌ده ؟ هیچ بریسی تعیین ایدلدیکی یردن ممنون اولماز . « استانبول‌ده استانبول » دیبه آصیلیر .. هانی بر آختاپوطلر واردر .. بر صاندالك کنارینه أل آتدیلرمی سوکه‌بیلیرسه‌ك سوك .. أللرینك برینی کسرسك .. اوته کیلریله یاپیشیرلر .. بو حریفلرده کأن او آختاپوطلر ... استانبولدن چیقارابیلیرسه‌ك عشق اولسون ... نظارت جلیله بونلرك صایغیسزلقلرندن بیزار اولدی وقرعه اصولنی احداث ایتدی .. دون قرعه‌لر چکیلدی . بو سنه مأذونلرینك بشی استانبوله اوتوز ایکیسی ده ولایتلره تفریق اولوندی .. أفندم دونذن بری برهجومدر باشلادی . حریفلر خداعلیم صولوق آلدیرمایور ... هیچ بری کندینه دوشن یردن ممنون دکل . هپسی لطف و عاطفتکزه صیغینیرلر .. حتی غدردن و حقسزلقدن شکایته جرأت ایدنلر اولدی .. دوشونیکز برادر .. قرعه اصولیله یاپیلان ایشده غدر ناصیل موضوع اولور . کویا نظارت جلیله التماسلیلرك پارماقلرینه برر چیفت کوز طاقیورمش ده اونلرده طوربادەکی کاغدلری اوقویوب اوقویوب اویله سچمشلر .. زهی غفلت !..

بر آز اول تصادفاً موزون دوشن لاقیردی کی بوینه تصادفاً سانح اولان « کوزلی پارماقلر » تشبیهی ده بصری بکی کیفله‌ندیرمشدی .

شعبه مدیری ینه قولتوغنك یایلرینی صارصان، شیشمان قارنی هوپلاتان قهقهه‌لرندن بریله کولمکه باشلادی.

قاپینك یاننده ردینغوتنك دوکمه‌لریله اوینایان صاقاللی کنج فرصتی قاچیرمامق ایسته‌دی. قیصه فاصله‌دن صوکرا یکی بر کوپورمه وباغیروب چاغیرما فصلنك باشلاماسنه میدان ویرمه‌مك ایچون عجله :

— معروضات حقیرانه‌می لطفاً سمع مروته آلیرسه کز ... دییه درد آکلاتمغه چالیشدی.

فقط هیهات! بصری بك ینه برآل حرکتیله اونك سوزینی کسدی. یالکز بو دفعه سس وخطاب طرزی‌ده کیشمش، فقیر قیافتلی دارالمعلمینلی‌یه قارشی مشفق، خیرخواه بربابا طوری آلمشدی:

— اوغلوم، أولادم، نور عینم، بز کأن سزك پدرلریکز مقامنده‌یز. شو استانبول سوداسندن وازکچیك.. همان خرجراهکزی آلوب مقام مأموریتکزه کیدك.. سزه اصابت ایدن بر آرانمقله بولونماز بر یردر.. آب وهواسی، مناظر طبیعیه‌سی فوق‌العاده‌در. اهالیسی ملك کبی انسانلردر. فوق‌العاده امتزاج ایده‌مه‌یه‌جك اولورسه کز بکا یازارسکز. همان بر یولنی بولوب سزی ترفیعاً استانبوله آلدیریرم. استانبول قاچمایور یا. سایهٔ رسول‌اللهده دائما لواءالحمدیمز آلتنده‌در.. کیده‌جکك یرده مبارك، اوجوز بر یردر. بش اون پارا صاحبی اولور، قیلیغکی، قیافتکی دوره‌لتیرسك ...

صاقاللی کنج آرتق دایانامادی:

— کیم اولدیغی‌می ، نره‌یه تعیین ایدیلدیکمی بیلورمیسیکز که کیده‌جکم یرك ایی اولدیغنی تأمین بویوریورسیکز ؟ دیه صوردی .

بصری بك بردن بره شاشالادی :

— نره‌یه‌می تعیین ایدیلدیکز ؟. شو شیئه تعیین ایدلمدیکزمی جانم ؟ دیه ککه‌له‌مکه باشلادی . فقط ایچندن چیقامایاجغنی آکلادی ، یوزینه همان همان سویملی بر ادا ویرن صاف بر قهقهه قوپاردی . قارشیسنده اوطوران مسافرینه :

— حیات مأموریتده صاقالمزی آغارتمغه باشلادق .. حالا شودروغ مصلحت آمیزه کندیمزی آلیشدیرامادق . یالان سویله‌مه‌دن انسانلری اداره ایتمك قابل اولمایور برادر ..

هانی کلینلك قیزلری ناصیل سوسله‌رلر ؟ بزده منحل مأموریتلری اویله سوسله‌یوب پوسله‌مکه آلیشدق .. نه یاپارسك نور عینم کیمسه بکه‌نوب آلمایور .. دوندن بری دارالمعلمینلیلره تعیین ایدیلدکلری یرلری ثنا ایتمکه ماکنه کبی آلیشدقده ...

پیشکین قهقهه‌لرینه رغماً بصری بکك اوتاندیغی ، سیره‌ك صاقا ـ للرینك آلتنده یاناقلرینك الما کبی قیزاردیغی کورونویوردی .

صاقاللی کنج جسارتله‌نمشدی . کولومسه‌یه‌رك :

— بك افندی حضرتلری ، دیدی ، سوزلریکز ظن و تخمین بویوردیغکزدن چوق داها زیاده نفس‌الامره مقارندر . طشره‌ده‌کی مأموریتلرك الك کوتوسی فکر ومشرب عاجزانه‌مجه ، استانبولده کیلرك الك ایسندن دها ایدر .

بصری بك حیرتله باقدی :

— شو حالده نیچون اعتراض ایدییورسکز ؟

— بنده کز اعتراض ایتمدم که ... هنوز آغزیمی آچمامه مساعده بویورمادیکز ..

— جانم قرعه‌ده طالعك بر عجیب جلوه‌سنه اوغرادم دییه‌ن سن دکلیدك الله عشقنه ؟

صاقاللی کنج آرتق کولدیکنی صاقلامغه لزوم کورمه‌یور ، کوزلکنك آرقاسنده زواللی سیلیك ومتواضع شخصندن اومولمایاجق قادار پارلاق ومستهزی کوزلرله باقیوردی :

— بنده کز طشره‌یه دکل استانبول مکتبلرندن برینه تعیین ایدلدم . شکایتمك سببی بو ...

بصری بك حیرتندن النده‌کی جدولی یره آتدی :

— فسبحان الله . . بر یاشمه دها کیردم . . آرقاداش انسان قیطلغنده‌ا بونجه ییلدر بو مقامی اشغال ایدییورم . . « بنی استانبوله تعیین ایتدیلر » دییه شکایته کلنی ایلك کورویورم .. دیمك سن کندی آرزوکله طشره‌ده مأموریت آلمق ایسته‌یوردك‌ده طالعکه استانبول چیقدی .. ایشته استهزای شئون دییه بوکا دیرلر ..

— استرحام چوق بسیط .. نره‌سی اولورسه اولسون راضی‌یم . الویریرکه استانبول حدودلری خارجی اولسون .

— آرقاداش بن بو ایشی چوق مراق ایتدم . کل بکا شونك حکمتنی ایضاح ایت ..

صاقاللی کنج بوینی بوکدی ، پنجره‌دن اوزاقلره باقه‌رق سویله‌مکه باشلادی :

— بز کیم ، استانبول کیم ؟ طشره‌یه کیدرسه‌ك بلکه آدام صیراسنه کیره‌رز . هله بعض کویلر واردر .. بن آنادولی‌یی ایی‌بیلیرم .. اهالینك قیلیق قیافتی اویله‌درکه فقیرك بو قیافتی کورسه‌لر : « یکی کوزکی‌میدر ؟ میراثمی ییمشدر .. یوقسه بریردن‌می چالمشدر ؟ بو نه شیقلقدر ؟ » دیه شاشیریرلر .. حرمت ، رعایت ایدرلر . بن حالده بر معلمك استانبول مکتبلرندن برینه معلم کیتدیکنی بر کوز اوکنه کتیرك .. اولا مکتبك قاپیجیسی قیلیغمی کورونجه مکتبه دیلنجی کیرییور صانوب ایچری صوقمامغه قالقار . صوکرا ینه چولوق چوجوق قارشیسنده : « افندیلر .. وقتکزی قایب ایتمه‌ییك .. تحصیل علم وعرفانه سعی ایدك .. سزده بنم اوکره‌ندکلریمی اوکره‌نیرسه‌کز بنم مرتبه‌مه ایریشیرسکز » دیه بر نطق ویریرسه‌م استانبول چاپقینلری بکا کولمزلرمی ؟

بصری بك :

— یاهو آرقاداش سن جوهرلی بر کنجه بکزییورسك .. نه حلاوتلی بر ناطقه‌ك وار .. سنك آرقاداشلرکله‌ده خیلی مشرف اولدم .. مبارك‌چوجوقلر ایچنده فاعل‌ومفعولی یرنده منسجم لاقیردی سویله‌ینه راست کلمه‌دم .

— یوق افندیمز یوق .. آرالرنده جداً دکرلی کنجلر واردر . بنده‌کز فی‌تاریخنده بر آز واعظلك ایتدمده ...

— نه دییورسك ؟

— فقیر دارالمعلمینه کیرمه‌دن اول مدرسه تحصیلی کوردم . رمضان آیلرنده جره چیقاردم .. وعظ ایدردم .

بصری بك ممنونیتله :

— یا !!! دیدی ، توکلی دکل .. کوروشدیکمزه ممنون اولدم . کل آرقاداش ، اوطور باقالم شویله .. برأنفیه چکرمی یز ؟ « اهل دل بربرینی بیلمه‌مك انصاف دکل »

صاقاللی کنج کوستریلن یری و اوزاتیلان قوطویی نزاکتله رد ایتدی :

— مساعده بویوروك بك افندی .. ذات عالیکز مروتاً استرحامی قبول بویورورسه‌کز ..

— پکی دنلا پکی .. سنك الکده استانبول کبی بر اولدقدن صوکرا کیمکله ایسترسه‌ك بجایش ایتدیریرز .. سن بکندیککی آل ..

— آرقاداشلردن بری آیدینده « صاری اووا » قضاسنه تعیین ایدلمش . کیتمك ایسته‌مه‌یور . بکا بجایش تکلیف ایتدی ..

— پك مناسب خوجام ، پك مناسب .. آرامقله بولونماز بریر .. صاری اووا چوق مبارك برقضادر . علما وفضلا یاتاغیدر ..

— بزم آرقاداش‌ده اوراسنك چوق متعصب بریر اولدیغنی سویله‌یوردی . تقریباً اون ایکی خانه‌یه بر جامع ، مسجد ویا مدرسه اصابت ایدرمش . . بلدیه کیجه‌لری سوقاق فناری یاقدیرمازمش . . سوقاقلر أولیا قاندیلندن شنلك کیجه‌سی کیمش ..

بصری بك بللی بایرسز ایچنی چکه‌رك :

ــ نه مبارك یر ، دیدی . هرحالده اویله زوپپه‌لرك بارینا جغی برقصبه دکل . هرحالده اونی یاشاتمازلردی .

ــ آرقاداشم‌ده اویله سویله‌یور . مکتبلره کلن مینی مینی ابتدائی طلبه‌لرینه صاریق صاردیریرلرمش ..

« بن اوراده ناصل یاشارم ؟ » دییور .

ــ چوجوقلرك صاریغندن اوکا نه‌یمش؟ باق یدیکی نانه‌یه‌چابقینك؟. فقط هرحالده‌سن اوراده راحت ایدرسك .. حتی سنك یرك‌ده‌اولسه‌م تکرار صاریق صارارم منلا .. یارین آرقاداشکله برابر کل .. ایشیکی بیتیره‌یم . چابوجاق امریکی چیقارتایم ..

ــ الله عمرلر ویرسین .

ــ سنك اسمك نه منلا ؟

ــ علی شاهین .

ــ پك اعلا خوجام ... اوغورلر اولسون ..

شاهین‌افندی یردن برسلام ویره‌رك اودادن چیقدی . مردیوه‌ندن اینرکن ممنونیتندن کولومسه‌یوردی . قاپیده‌معلملرندن بریله‌قارشیلاشدی :

معلم ــ ناصیل اولدی ایشك شاهین افندی ؟

دییه صوردی :

أسکی مدرسه‌لی کولومسه‌یه‌رك جواب ویردی :

ــ دعاکنز برکاتیله ایستدیکمدن اعلا بریره کیدییورم .. ازمیرده‌کی صاری اووایه .. سوقاقلری قیرمزی اولیا قاندیللریله ، چوجوقلرینك

باشی یشیل صاریقلرله دونانمش برصوفتا یاتاغی .. حسن جمالی تعیین ایتمشلردی .. قبول ایتمدی .. مع‌مافیه چوق اصابت اولدی . حسن جمال آتشلی برانقلابجیدر . فقط صوفتالرله اوغراشه‌جق قوت‌وثباتده بر کنج دکلدر .. صوفتایی آنجق صوفتا یره وورابیلیر . طالع یاردیم ایدرسه یاقینده صاری اووا بلدیه‌سنی فضولی مصرفه صوقاجغم .

— نه کبی ؟

شاهین افندی بویوك برشی سویلر کبی آغزینی معلمك قولاغنه یاقلاشدیردی .

— سوقاقلری تربه قاندیللرندن محروم براقمغه چالیشاجغم .. بلدیه اونلرك یرینه‌فنار یاقدیرمق مجبوریتنده قالاجق .. مع‌مافیه بوکا مقابل اهالی‌یی مهم برمصرفدن قورتاراجق ..

— ؟؟؟ !!!

— سکز اون یاشنده‌کی چوجوقلرینه صاتین آلدقلری صاریق مصرفندن . .

رشاد نوری

عروضه وداع

ایلك حسرتیله کنجلکمك ایلك ألملری
أی پاسلی تللرنده کولن ، آغلایان عروض ،
أی أسکی دوست ، یادلیدملم أسکی دملری ،
مادام‌که صوك صداکی دغیتمش ، یورولمشز .

آقشام ، غروبه قارشی توته‌ن بر بخوردانك
حزنیله شاهد اولما نهایت زوالکه !
ایران یولیله ـ زهره تاجك ، نغمه کروانك ـ
شاهانه کلدیکك کبی ، شاهانه کیت ینه !

آکلات آله‌وی بر چوك اوستنده آنسزین
بللور سسکله هیچقیرارق دوغدیغك کونی !
بیك بر دریاده بیك بر الهی کوزه‌ل قیزك
آکلات ناصل ترنمك ایکله‌تدی کوکلنی !

بز شیمدی باشقه بر آهنکه باغلی‌یز .
عاشق سازیله کلدی أرنلر بو مجلسه .
یالکیز ، بوکون سنك کبی ئولکون صدالی‌یز ؛
زیرا بو سازده پارچالانیر کولملك ایسته‌سه..

خالد فخری

بو كونك چوجوقلرينه

افقى پنبه كورەن كوزلرك صاقين روحك ناصيەكدە غروب ايتمەسين :
بو كونكى بولوطله سياه اولماسين او زمان تيترەمز كورلەين سسك .
پروازه مستعد ، سمايه ياقين بر خير خواهى اول اما هركسك
حسلرك چامورده تباه اولماسين وجدانكدن باشقا پناه اولماسين .

انسانلغك خيلى دوشديكى كونده بشرك ضعفنه ايدوب مرحمت
كلشسك ، اورنكار ايشته اوككده ، الچالما اونلرله ، كنديكى كوزەت !
أى كنج ! دقت ايتكه سنك كوكلكده فضيلته باغلان ، حقه حرمت ايت ،
عشقكدن باشقا بر كناه اولماسين نظركده هر شى مباح اولماسين .

ظلمتده بارينير بلكه بر زمان
روحى بدبين ايدن حيلەيله يالان ،
حقيقت دوغاجق كونشدر اينان .
ممكنمى بو كيجه صباح اولماسين .

ابراهيم علاءالدين

سمرجى حكايەسى

اشكلرك جانى يوكدن يانار ، آمان ، ديرلر ،
نەدر بوچكديكمز درد ، اوچيفته چيفته سمر !
بريله اوغراشيوركن كلير چاتار او برى ؛
كليركه طاش كبى خائن ، هم اسكيسندن ايرى .

سمرجی اوسته کبرسه‌یدی .. دکمیك کیفه !
أوت ، کبرملیدر انکسار ایدك حریفه .
زاواللی اوسته کوچر بر کون عاقبت ، آنجاق ،
مقامی ویله اوزون بویلو نرده بوش قاله‌جق ؟
چیراقمی ، قالفه‌می ، کیم وارسه یاصلانیر کوشه‌یه ؛
طاقیم بچر طورور آرتیق کلن کیدن اشکه .
آدام مکر عجمیمش ، سمرسه خیلی هنر ؛
صیره‌یله بیطری بویلار زاواللی مرکبلر .
بوتون او بللر ، اوموزلر چورور چورور اویولور ؛
صوکنده هر برینك صیرتی یم یشیل أت اولور .
« کیدن سمرجی‌یی ، دیرلر ، بولورمی‌یز شیمدی ؟
یا بویله قالفه دکل ، باس بابایغی معلمدی .
ناصیل‌ده قدرینی وقتیله بیلمدك ، توخاف ایش :
سمر دکلش او رحمتلینك کی دولتمش ! »
نصیحتم سکا : هرزه‌یله اشتغالی بیراق ؛
آدامغك یولی نردنسه ، بول‌ده کیرمه‌یه باق .
آدامیسین : ابدیاً جهانده حرسین ، کز ؛
یولاو طاقوب سنی برکیمسه‌جك سوروکلیه‌مز .
آدام دکلیسین اوغلم : کوکللیسین سمره ؛
کفر صاوورمه بویون کسدیکك سمرجیلره »

محمد عاکف ...

ئولن سوکیلی

هرشیئه آلیشیلیر . خسته‌خانه‌ده کچیردیکم اون سکزنجی کیجه ایدی . آرتیق اودانك چیپلاق هیبتلی دووارلری ئوستمه آبانیوردی ، آرتیق قوغوشلرده نقاهت

خسته‌لرینك حزنلی وغریب تورکولریله ایچلنمیوردم ، آرتیق ، کیجه یاریلرندن صوکرا ، بوتون قوغوشی صاران قالین سکوت ، بکا ، بر تابوت اوستنه چوکن ابدی کیجه‌نك سسزلکنی خاطرلاتمیوردی . آرتیق ، سرطبیب معاوننه :

— دوقتور ، بینمك شوراسنه بر بیاض چنکل طاقیلیور . یوز کیلو آغرمش کبی باشمك ایچینده‌کی أتلری آشاغی چکیور ، کوله‌جکسکز جدی سویلیورم ، بو چنکل وار و بینمی هر کیجه دیشلیور . دیمیوردم ، تداوی ایدلمشدم .

آرتیق هر شی بکا ساده کورونیدی : خسته‌خانه‌نك طیشنده قالان عمریمی ، سودیکم یوزلری ، منظره‌لری ، سسلری و قوقولری اونوتمشدم . اودامه بری کیردیکی زمان ، قرمزی موشامبایه سورتونن قورقاق بر آیاق سسی ، که‌زمه سینمش بایلتیجی لوقان روحی قوقوسی ، بیاض کوملکلرینه صاریلن دوقتورلرك پنبه یوزلرنده‌کی حاکمانه سکونت ، قوغوشده طیفلر کبی آغیر آغیر قیمیلدانان ، صالنان ، کوچ آدیم آتان خسته‌لر بکا یابانجی دکللردی .

دوقتور دیدی که :

— ایی اولدیکز ، برقاچ کون صوکرا بورادن چیقاجقسکز ، پرهیزیکزده کسیلیور . فقط سزه صوك اخطار : صوغوق قانلیلق ! عقلکز ارمز دکل عضویتده جملهٔ عصبیه قادار اهتمامه محتاج بر شی یوقدر . اکر بو اهتمامی یاپمازسه‌کز قورقکز ، بینکزه طاقیلان او بیاض چنکلی بر داها اورادن چیقارامازسز و سز ، بو خسته‌خانه‌نك دائمی مسافری اولورسکز .

یالکز قالنجه دوقتورك کلمه‌سنی تکرارلادم . صوغوق قانلیلق ! صوغوق قانلیلق ! اونلرجه بسیط بر شی ، دوغارکن قازانیلمش بو خاصه ، فقط . . . نم ایچون أتلریمك آراسنه قرق آیاق کبی صوقولمش ، طیرمالایه طیرمالایه یوروین ، قوشوشان سیکیر اختلاجلرندن عمرمده بر ثانیه قورتولمق نه کوچ ، نه کوچ . . . خسته‌خانه‌دن چیقنجه نه یاپاجقدم ؟ دوس دوغری أویمه کیتمك ، قاپی‌یی آچان اختیار خدمتجیمه ازبرلنمش امرلر ویرمك ، اکر میسکین سامعه‌سی بونلری ایشیتمزسه ، تترەك پارمقلریله آووجلایوب بکا دوغری ایکدیکی پورسوك قولاقلرینه باغیرمق ... صوکرا بوش بر ئەوك روحه چوکن مستبد سکوتی ایچنده یاواش یاواش ، ئوست قاتده‌کی اودامه چیقوب کندیمی اوزون قولتوغه براقیویرمك . یا ، اونك اوداسنك ئوکندن کچرکن تترەمیه‌جکمیدم ؟

آناختارنی آتدیغم ، کلیدینی هیچ سوکه‌مك قرارنی ویردیکم بو اودا ، بنم اودامك آلتنده ، بر مصرلینك مومیالی صندوقه‌سی کبی ایدی قابالی‌می قالاجقدی .

کندی اودامی‌ده خاطرلامغه چالیشیوردم : صوك کیجه ، ترلی شاقاقلریمی قولتوغك صوغوق دیرسکه دایایه‌رق ، اوراده نه هیچقیرمشدم ، او ساعتدن صوکرا قافا طاسمك ایچنه صاقلانان خائن اوغولتودن قورتولمادم . قاریولامك باشنده‌کی کوچوك ماصه‌ده ، قیرمیزی آباژوری چارپولمش لامبا ، اوکنده‌کی داغینق کتابلر ، بوش جیغارا قوطولری و ایشلمه‌لی اورتویه یاییلمش کوللر ، کوللر ...

اودامده یالکز یاشامغه محکوم قالالیدن بری ، بنم ایچون هرشی هیچ ! اودایه دونجه نه یاپه‌جقدم ؟ هایدی ، سویله‌سین ، دوقتور بونی بکا اوکره‌ته‌بیلیرمی ؟ پنجره‌مك قارشیسنه دیکیلن بیقیق قلعه دووارلرینك آرقه‌سنده ، اوزادقجه قورقونج قارانلقلری قوجاقلایان انکین بوشلغه باققدن باشقه ؟

ألبت ، اوموزمدن قدرا بر أل ایتمش کبی ، کتبخانه‌مه دوغری سنده‌له‌یه‌جکم . اورتا کوزی چکه‌جکم ، تتره‌یه تتره‌یه کوچوك بر قوطو چیقاراجغم آه ... دوقتور دیبورکه : « اونی هیچ خاطرلامایکز ، هیچ ، هیچ ، بر کره خاطره‌سی ذهنکزه یاپیشیرسه خسته‌لغکز نکس ایده‌ر ، آکلادیکزمی ؟ اونی هیچ خاطرلامایکز ، یاساق ! » پکی ، اونی هیچ خاطرلامامق ایچون هانکی قوتله چارپیشمالی ؟ ایشته کوچوك قوطویی آچیورم ، کوزلرم قوطونك سیاه آستارینه صاپلانیور ، آرامادان بولیورم : اینجه بوروجوك تقلیدی کاغد ... ایچنده ... تللری بری برینه طاقیلمش ، دوکوملنمش ، بوروشوق بر چورده صاچلر ، صاچلر ، اونك صاچلری ... بر طاووسك تویلری کبی ، آووجمده پاریلدایور ... صوکرا بونی تتره‌ین اللرمله آچیورم ، پارلاق صاچلر ، اینجه صاچلر ، یوموشاق صاچلر ، پارماقلرمك آراسندن آقیور ، قوطویه دوشویور ، اونی ینه آووچلایورم ، صیقیورم ، صیقیورم ، « اونی خاطرلامایکز ، یاساق ! » قابلمی ؟ بو صاچلرك قوقوسی بکا ، او قلعه‌نك دیبنده ، کوکسمه آتشنی ابدی براقان طاتلی باشنی اونوتدیررمی ؟ صاری کوزلرنده کیزله‌نن وعدی قاپمق ایچین یالواردیغم کیجه‌لری ، صوکرا دیزلرینه قاپانه‌رق منتدارلقله تشکر ایتدیکم چیلغین آنی ، اونك او چوق تبسملرینی ، کوچوك ، ظریف دوداقلرینی آنمازمی‌یم ؟ نهایت ، ازدواجك حر قوجاغنده بنم اولان ، کولکه‌سدن داها یقین وجودی ، کندی کوکسمه چارپدیغنه ایناندیغم عزیز قلبی اونوتورمی‌یم ؟ بو قلب صوکرا ناصل سوندی ؟ بو وجود صوکرا ناصل توکندی ؟ او زمان دوقتورلر :

— زوجه‌کزه چوق ، پك چوق اعتنا ایدیکز .

دیمشلردی . همان چاملیجه‌یه چکیلدك . دیزینك دیبندن آیریلمایوردم ، حرمانیه‌سنك آلتنه بنده کیرییوردم ، وجودینك ایصلاق تری اللریمه یوزیمه یاپیشیوردی ، اوندن خسته‌لغنی بکاده ویرمه‌سنی یانه یاقیله ایسته‌یوردم ، برابر ئولومه حاضردم ، راضی ایدم .

کیجه‌لری صیق صیق اوکسورویوردی ، برقاچ کره آغزندن او مشئوم صوبوشاندی ، کوکسی ، صاچلری و آووچلری تر ایچنده ایدی ، سسی اینجه‌لمشدی ، بر : « سویله ، قوزوم ، هپ سن سویله ، بن دیکله‌یه‌یم » دیبشی واردی .

صوکرا یوزی صاراردی ، موراردی ، صولوق دوداقلری تتره‌مکه باشلادی ، صیق صیق ایچقیریغی طوتیوردی ، کیجه‌لری رؤیاسنده بردنبره صیچرایور ، فنا خیالتلردن اورکویوردی . بر کیجه باغیردی : « قاچ کشیسکز ؟ بو بیاضلری چیقاریکز ! » ایرتسی کون مجالسز و بیتکیندی ، شاقاقلری چوقورلاشمش ، یناقلری چوکمش ، برونی سیوریلمشدی . او صاری کوزلر ؟.. ایکی درین چوقوره کومولو ، دونوق و بولانقدی . اوکون اللرینی طوتدیغم زمان ، صوغوق بر تر پارماقلریمی طوندوردی . الك شدتلی تجسمله قولنی یوقاری‌یه قالدیردم ، قوپاریلمش بر دال کبی دوشوردی . تنفس دوراقلامشدی . کوزلرینه اکیلدیکم زمان ابدی آیریلق چیغلغنی قوپاردم .

او کوندن صوکرا وجودمه ییلانلر صاریلدی ، سیکیرلریم بنی کده‌له‌یه کده‌له‌یه ایصیرییوردی . برقاچ کره هایقیردم ، تابوت اودن چیقارکن باشمه بر آجی داداندی ، شاقاغمك آلتنه بیاض بر چنکل آصیلدیغنی ، بینمك اتلرینی چکیشدیردیکنی دویویوردم : « بو چنکلی چیقاریکز ! » دیه حایقیردم ، یرلره قاپاندم ، خسته‌خانه‌یه طاشیدیلر .

بو قورقونج خاطره‌یی دوشونورکن‌ده پارمقلریمه او اینجه ، بوکلوم بوکلوم ، یوموشاق ، پارلاق صاچلر دولانیوردی . بونلری آییقلامق ، پارماقلریمی قورتارمق ایسته‌یوردم ، موفق اولامیوردم ، صاچلر ، صاچلر ، صاچلر ... هیخ خ ... ایشته او چنکل . بیاض چنکلی کورویوردم ، قافا طاسمك ایچنده ، صاللانیوردی . هیخ خ . ایواه ، هانی ایی اولمشدم ؟ خایر ، ایشته بینمك الیافنی کیره‌رك آشاغی‌یه چکیوردی . هایقیرییور ، هایقیرییور ، هایقیرییوردم :

— کلیکز ... بو بیاض چنکلی چیقاریکز .

دوقتور همان اودامه کیردی ، ئوفکه ایله یوزومه باقدی :

— بن سزه اونی خاطرلامایکز دیمه‌دم می ؟

صوکرا یوزیمی تحکمله روشدیره‌رق امر ویردی :

ـ قالقیکز ، برابر باغچه‌یه چیقالم ، هوا آلیکز ,

بنم اوزرمده بویوك نفوذی واردی ، اطاعت ایتدم ، قولنه یاصلاندم . قوغوشك قاپیسنه چیقدم ، تازه صباح کونشی ، کوزلرمك دیبنی یاقدی . دوقتور :

— باقیکز ، طبیعت نه کوزه‌ل ! دییوردی .

— سوکیلیسی ئولمه‌ینلر ایچون ، جوابنی ویردم .

پیامی صفا

اوزومجی

« ولد چلبی افندی‌یه »

بویوك آطه‌ده ، تموز ابتداسی . اوکله اوستی . کونشك أرییوب طوپراقلری ، یاپراقلری قاووریوب قاووردیغی، یالایوب پارلاندیغی بر کون. کوکدن دوکولن صیجاق یاناقلری، یاقییور، کوکسلری أزییور، نفسلری طیقایور . أل‌له طوتوله بیلیر بر آله‌و حالنه کلییور. اورتالق کوزلری قاماشدیره‌جق درجه آیدینلق .. قارشیده‌کی چاملر یانیق ، سیاه برر لکه کیبی طورویور. بوقادار نوره طایانه‌مایان کوزلر سونویور وقاپانان کوز قاپاقلری آلتنده قیمیلدانمق ایسته‌میوردی . یر ، کوك بر قور حالنده ایچین ایچین یانییوردی .

بایغین ، کنیش سکوتك ایچندن تا اوزاقلردن ، ایسکله طرفندن، عکسلر حاصل ایده‌رك قورقونچ ، وقور برصدا کوکره‌دی :

قاآرپوووز !.. قارپوز ! ..

کوشکلرك جاملرینه چارپه‌رق، چاملرك تپه‌لرندن آشه‌رق ، قیزغین برقارتال مهابتیله‌طاغلرك صیرتلرندن اوچان‌بوسسدن ، اورکن‌بر کومه کوکرجین قارشیکی چاملقدن هوالاندی .

قاآرپوووز !...

بوصدایه نظام طرفندن دهادیك ، دها ایری برسس عکس صدا کیبی جواب ویردی :

چاآوووش !...

سکوت !... صانکه بودیك ، قالین ، بویوك سسك عظمتندن موجودات برثانیه ایچون ، اورکمش ، تیتره‌مشدی . سکوتك آلتنده سینمش طوران طاغلره، دکیزلره بوایکی سسك یوکسکلکی حاکمدی .

چاآوووش !!.. چاووش !...

سسی‌قادار یوکسك وجودی، دکیرمی‌وقیرصاقالی، آچیق ویانیق کوکسی، قالین توزلقلی بالدیرلری، صاف چهره‌سی آرقاسنده سکسان اوقتا چکن ایچ ایچه کچمش‌ایکی کوفه‌سیله بورجلیت هیکلی شیمدی قارشیمده طورویوردی :

— بابا، سن قوماندا ایدر کیبی اوزوم صاتیبورسین . سسك کورله‌یور !

— باغیرمیبورم‌که ...

اوزومنی ویردی . یوقاریکی تپه‌یه طیرمانمغه باشلادی . اطرافی چینلاتییوردی :

چاووش !...

بن بوسته ، بوسنی حاصل ایدن جوهره مفتونایم .

شیمدی یانمزده‌کی زقاقدن بر صـاتیجی داها کچییور : برآز دها اوزاقدن « چالی فاصولیه ، کمر یاطلیجـان ! » ســسلری آلچاقلرده پایتاقلانه‌رق یایبلییور . بونلرك اوستنده اوچان « چاآووووش!... » آوازینك یاکنده بو بییرانمش چاتلامش ســسلر نه قادار عاجز ، نه قدر پست قالییوردی .

أوك آرقا پنجره‌سنه قوشدیم . اوزومجی تپه‌یه وارمشدی . یولك کنارنده‌کی قایانك اوستنه کوفه‌سنی قویدی . أللرنی بلنده‌کی قیزیل قوشاغك اوك طرفنه صوقدی . آچیق کوکسی ، چیپـلاق ، سرت بالدیرلریله برقرت آیده‌سی وضعیتنده طووردی . متکبر ، قالین قاشـلری آلتنده متحکم آغیر دونن ایری کوزلرندن فیرلایان نظرلریله ، مرمره‌نك طالغالرینه ، قارشیکی ساحله ، ماوی کوکی ، لاجورد دکیزیله ، آلتون کوپوکی رنکنده کونشنك ایشیغیله ماوی کوزلو ، صاری صاچلی برقیزه بکنزه‌ین سویملی ، سوکیلی یوردینك طاشنه ، طوپراغنه درین درین باقدی ... بوباقیشده‌کی اسرار ، بوباقیشده‌کی فریاد ، مملکتی ایچون :

« الله ! دیدم ، یاتاغانه دایاندم ؛

« بن سنکچون آل قانلره بویاندیم . »

بیتنك مغرور برمألی ایدی .

پنجره‌نك اوكنده بوجانلی قلعه‌يی خيرتله ، حرمتله سير ايدييور؛ بونك قرعه نفری حالنده اوستنده ماويلی ، قيرمزيلی يمنی صاريلمش قالبسز ، پوسكولسز فسی ، آياغنده ييرتيق چاريغی ، صيرتنده آلاجه ميتانلنك اوستنده قويون پوستندن طاغارجغی اولديغی حالده صيرابی بوزماماق ايچون برقوزوكبی سكيرته‌، محاربه حربيه نظارتنك بويوك قاپوسندن ايچری كيرديكنی كورويوردم .

بوكون اوچوق بكزكله ، ييرتيق چيكنكله بر وطن قربانی تسليميتيله كيرديكك دولت قاپوسندن ، عسكر اوجاغندن ، يارين يكی لباسكله ، قيزيل فسكله برآمر قورومیله چيقارسين ! اوزمان ، بوكونكی ضعيف ، يارين قوی برقهرمان اولور ؛ باصديغك يرلری تيتره‌تيرسين !.. آتك ديزكيننی قاورايوب ، قيلجكی چكديكك ، تفنككی اوموزكه اوروب ، سونككی طاقديغك وقت بوكونكی كويلو ، يارين قورقونج برعسكر اولور؛ عاصيلری سينديرير سين !.. تارلاكی چاپالار ، داواركی كوده‌ركن حقارت كورورسه‌ك بوكونكی قويون ، يارين ييرتيجی برقاپلان كسيلير؛ يوواكی بوزانلری أزه‌رسين !.. سنی بويله برآن ايچنده دكيشمش كورنلر صانيرلركه بو صاغلام وجود ياليكيز عسكر اباسی كيمك ، بوسرت پنچه‌لر ياليكيز سلاح قوللانمق ، بوقالين سس ياليكيز سپر اولمق ايچون يارادلمشدر .

سنك او طابور حالنده بر پولاد كتله‌سی قاتيلغنده يورو‌ركن طاقنديغك او صلابت ، او وقاری كوروبده ، سكا كوكنمه‌مك ، سنی سومه‌مك قابل دكيلدر .

سن كوربوز نينه‌نك ، كور وتميز ســودینی دها أمركن عظمت نفس ، ثبات وتحمل ، اطاعت وتحـكم كبی آمر اولمق ایچون یارادیلمش برجنسك فضیلتلرینه مالك اولمش‌سین بو حاكمیت اســاسلرینی باشقا ملتلر مكتبلرده ، مدرسه‌لرده آڭلارلر . ســكا بو مزیتلری نینه‌نك ایری ســیاه باقیشی ، بابانك كوكره‌ین دیك ســسی ، قرآنك اسرار انكیز آهنكی اوكره‌تمش .

یبرتیق پوطوركله‌ده وقورسین ؛ محكوم اولسه‌ك‌ده حاكمســین ؛ تملقدن زیاده تجبره میالسین ؛ فكر گده عزمك كبی ثابتسین ؛ سرت‌سین ، سرتلكـگده قابالقدن ، باياغیلقدن زیاده آمریت قوتی ، نجابت لاابالیلكی واردر . حدتله ییلدیریم كبی كورله‌دیكك حالده رقتله بربولوط كبی آغلارسین ؛ صافیتده برملك ، اصرارده برديوسين ... اونك ایچون دنیاده أشی بولونماز برملت اولمش‌سین . دوشوندیكك زمان برآرسلان تمكینیله آغیر وسـ كن طورورشڭدن ، قیزدیغك وقتكی عزم وشدتك آكلاشیلماز . اوزون كیرپیكلرك آلتنده اوتانغان وطورغون دوشونن ایری كوزلرڭ بركره آچیلماسین ؛ قالین قاشلرك بركره چاتیلماسین ؛ اوزمان وارلغك ، بنلكك كوپورور ، طاشــار ؛ اوزمان جبروتك ، حشمتك پارلار ، یوكسلیر . اوزمان جبار اولورسون . بو عجیب سر خلقتكی بیلمه‌ینلر ، یا گیلیرلر .

بویوكلره قرشی صایغیك بالذات صاییلمغی سودیككدندر ؛ مطیع اولماڭ ، مطاع اولمق ایسته‌مه‌كدندر .

اینجه ایشلره آلیشمغه وقتك اولماسه بیله، زوربازویه باغلی تشبثلردن لذت آلیرسین. قارا طوپراقدن، آق اتمككی چیقاریرسین.

فکرکده معنّد، محبتده معنّد، محاربه‌ده معنّدسین. یکیلکه چابوق آلیشمازسین، فقط بر دفعه‌ده آلشیرسه‌ك بیراقمازسین. صافسین؛ سنی چکه‌مه‌ینلر بوبورله‌نمکله دکل، اکثری سکا یالتاقلانمقله سنی اضرار ایدرلر. آیاقلرك، قوللرك بربوغا کبی آغیر قیملدارکن طورندن توکنمه‌ین برتحمل، بیلمایان برعزم آشکار اولور. اوانکین دکیزه بکزه‌رسین که یاواش یاواش جوشان وجوشونجه‌ده پك خیرچین اولورسون.

مادی منفعته اهمیت ویرمزسین. پاره دینیلن معدن پارچه‌سنه اعتبار ایتمزسین. صوجك بودر. مسرفلکی اصالت ایجابی صایارسین وقارك بنلککه غلبه ایدر. جانانکی جانکه ترجیح ایدرسین. اکثری باشقالری ایچون یاشار؛ باشقالری ایچون چالیشیر؛ باشقالری اوغورینه ئولورسون. باشقالری سنی بکنندیکی حالده سن کندیکی سومزسین. نه زمان کویکده، اوککه بر اوکلك قویوب ما کنه‌باشنه کچه‌جك، نه وقت ألنه پرکار آلوب ماصایه یاصلانه‌جقسین؟. نه زمان دکانك دستکاهنده سرمایه‌کك فائضنی حساب ایده‌جکسین؟... سندن بونی بکله‌یورلر، سکا بوقصوری بولویورلر ... فقط وقت قالییورمی؟ کیسه‌کی طولدورمق ایچون دکیل، قارنکی طویورمق ایچون قوللاندیغك

صاپانك دميرینی تارلانك اورتاسنده بیراقوب تفنكك جلیكنه صاریلمیورسون ... اوسرحددن بوحدوده قوشویورسون .. بولغارستانده ئولویور، یونانستانده ئولویور، عجمستانده ئولویور، صربستانده ئولویور؛ یالیكیز یوردكده، كویكده، ئولهمیورسون. سوكیلیك عایشهجكی طویه اویهمیور، یاوروك محمدجكی سوه سوه بویوتهمیورسون ...

براوولو چنارسینكه قیریلیر، ایكیلمزسین؛ ئولور، ایكلهمزسین.. قانكله چوراق قوملقلری صولاركن اتمككی آلینكك تركه باطیریر، یر، ینه دوشمان قارشیسنه یارهلركله برابر هریرده بر استحكام كیبی چیقارسین ... سن ظالم هیئتنده برمظلومسین؛ نینه كك، آناكك بوجاغنده برغریب؛ آناكك، باباكك قوجاغنده بریتیمسین !...

طول آنالرله طولواولان شو آناطولی براوكی نینه قادار سكا جفا كاردر .. سن شرقك قیننه كیرهمهین بر قیلیجیسین؛ دوكوله، دوكوله تاولانیر، اوروله، اوروله قیریلیرسین. ینه هرپارچه كدن برقیویلجیم، هرقیویلجیمكدن برشیمشك چیقار. الهی برقوتك، ابدی برفیضك وار، أی تورك !...

۱۳ تشرین اول ۱۳۲۷

مفتی اوغلی احمد حكمت

مهلقا سلطان

مهلقا سلطانه عاشق یدی کنج   کیجه شهرك قپوسندن چیقدی ؛
مهلقا سلطانه عاشق یدی کنج   قارا سودالی برر عاشقدی .

بر خیالت کبی دنیا کوزه‌لی   کیردکندن بری رؤیالرنه
هپسی مسحور او معما کوزه‌لی   کیتدیلر کورمکه قاف داغلرنه .

هپسی صیرتنده عبا ، کونلرجه   کیتدیلر ایچلری هجرانله دولو ؛
هر کونك افقنی صاردقجه کیجه   دیدیلر : «بلکه صوك آقشامدر بو !»

بو امل غربتنك یوقدر اوجی   دائما یوللر اوزار ، قلب اوزولور ؛
عمری اولدقجه یورور هر یولجی   وارمادن منزله بر یرده اولور .

مهلقانك قارا سودالیلری   واردیلر چیقدیغی یوق بر قویویه ،
مهلقانك قارا سودالیلری   باقدیلر قورقولی کوزلرله صویه .

کوردیلر «آینه‌ده بر کیزلی جهان   افقی چپ چوره أولوم سرویلری ...»
صاندیلر دوغدی ، ایچندن بر آن   او اوزون کوزلو ، اوزون صاچلی پری!

بو حزین یولجیلرك الك کوچوکی   بر زمان باقدی او ویران قویویه
ونه‌دن صوکره کوموش بر یوزوکی   پارماغندن صییروب آتدی صویه .

صو چکلمش کبی رؤیا اولدی !   ایردیلر یولجیلغك صوك دمنه ؛
بر خیال عالمی پیدا اولدی ،   کوچدیلر هپ او خیال عالمنه .

مهلقا سلطانه عاشق یدی کنج   سنه‌لر کچدی هنوز کلمدیلر ،
مهلقا سلطانه عاشق یدی کنج   اورادن کلمیه‌جکمش دیدیلر !

یحیی کمال

کلەبك

ماوی بر کولکه وچدی پنجرەدن : باقدم : آواره بر کوچوك کلەبك ؛
یاراماز کلدی کیم بیلیر نرەدن ؟..

بللی یورغوندی ؛ بر وزملی چیچك کبی سرپیلدی لامبانك یاننه ؛
بر دومان اوچدی ، کیتدی تیترەیرك ...

آغلادم قیدی یاوروجق جاننه . سویله ای ماوی کولکه ، سویله أکر
بر اولومدن ده چوق فناسه بکا ،

شو قاراکلق شو کیمسەسز کیجەلر ؟

علی جانب

سوقاق فنەری

اولو بر جامدن آغلایان قورقو اینییور سرسری و بوش کیجەیه ؛
قالدیریملر بوتون سکوت ، اویقو ...

هر دیوار ، هرقووووقده شیمدی نەیه بر بویوك کوز نیاز ایدەر ، آغلار
« بتسون آرتیق بو کیزلی شبهه ! » دییه ؟

قورقارم ... صاقلانیر هیولالر ... بکا دیر : « ایشته بر صحیفه ، اوقو ،
صاری کولکەمده خسته قلبم وار ! .. »

اولو بر جامدن آغلایان قورقو . .

٦ کانون ثانی ١٣٢٨

علی جانب

بیراق بنی حایقیرایم

بن أك حقیر بر انسانی قارداش طویان برروحم   بنده أسیر یاراتمایان بر تا کریه ایمان وار ؛
پاچاورالر آلتنده‌کی یوقسول بنی یارالار ؛
مظلوملرك انتقامی اولمق ایچون طوغمشم .   وولقان سونر ، لکن بنم آلولرم أکسیلمز ؛
بورا کچر ، لکن بنم کوپوکلرم کسیلمز .
بیراق بنی حایقیرایم ، صوصارسام سن ماتم ایت ؛   اونوتما که شاعرلری حایقیرمایان بر ملت
سونلری طوپراق اولمش أوکسوز چوجوق کبیدر ؛
زمان اوکا قان طاملایان دیشلرینی کوستریر .   بو زواللی سورو ایچین نه مرحمت ، نه حقوق :
یالکز بر سرت باقیشلی کوز ، یالکز آغیر بر یومروق !..

(توركك سازی ، İst. 1330, s. 91 - 92)
محمد امین

آلا کییك

چوجوقدم ، اوفاجقدم ،
طوب اوینادم ، آجیقدم .

بولدم یرده بر أریك ،
قاپدی بر آلا کییك .

کییك قاچدی اورمانه ،
بیندم بر آق طوغانه .

طوغان یولی شاشیردی ،
قاف طاغندن آشیردی .

آتدی بنی بر کوله ،
کولدن چیقدم بر چوله .

چولده بولدم ایزینی ،
قوشدم ، طوتدم دیزینی .

کییك بنی کورونجه ،
دوشدی بویوك سونجه .

ویردی بکا بر ألما ،
دیدی : « دیکلنمه ، طورما

طاغدن یورو ، قیردن کیت ،
« آلتون کوشکم » ه چابوق یت ،

سنی بکلر أزلی
اورده « دنیا کوزلی »
بیك ییللق چله طولدی ! »
بونی دیدی سر اولدی .

* * *

یدم سرلی ألمایی ،
کوردم کیزلی دنیایی .
کوندوز اولدی کیجه‌لر ؛
آق صاقاللی جوجه‌لر ،

قورقونج دیولر خورتلادی .
جنلر جرید اوینادی .
کسیك باشلر یوروردی ،
صاچلرینی سوروردی .

برده بقدم ملکلر
باشلرنده چیچکلر ،

دیولره آل باغلیور ،
کیزلی کیزلی آغلیور ،

قلیجمی چیقاردم ،
پریلری قورتاردم .

قورتاردیغم پریلر
آدیم آدیم کریلر ،

قانادینی آچاردی ،
سلام ویرر قاچاردی .

* * *

آز اوز کیتدم ... طولاشدم ،
(آلتین کوشك) ه اولاشدم .

بر قاپیسی آچیقدی ،
اوته کی قاپانیقدی .

قاپالی یی آچه‌رق ،
آچیغه ووردم قاپاق ،

آت اوکنده أت واردی ،
ایت اوت یمز ، آغلاردی .

اوتی آته یتیردم ،
أتی ایته یدیردم ،

آچدم بر ألماس اوطه ،
دیو شاهی اویقوده
کوردم ، کسدم باشنی ،
دیدم : « أی عفریت ، هانی
نرده « دنیا کوزه‌لی ؟ »
دیدی : « ألکده ألی ! »

دوندم ، باقدم بر قیرغیز
ألبسه‌لی کوزه‌ل قیز

طورمش باقار یانمده ،
شیمشك چاقدی جانمده .

کولدی ، دیدی : « تورك بکی
طانیدکمی کیمکی ؟

کیمسه بنی بو دیودن
آله‌مازدی ، آنجق سن

قایا دلدك ، طاغ یاردك ،
کلدك ، بنی قورتاردك . »

آه او ایمش آکلادم ،
سونجمدن آغلادم ،

دیدم : « توران ملکی !
تورکك یوجه دیلکی !

یوز میلیون تورك بوآنده
سنی بکلر تورانده ،

هایدی چابوق واره‌لم ،
قارا کلنی یاره‌لم ،

سونوك اوجاق جانلانسین
یوقسول اولکه شانلانسین ! »

ایندك ایتی اوقشادق ،
آت صیرتنه آتلادق ،

کچدك نیجه طاغ ، قایا ،
کلدك دمیر قاپی یه .

قاپانمه‌سی چوق بیلدی ،
« آچیل ! » دیدم آچیلدی .

یول ویرنجه کیزلی یورت
آلدی بزی بر بوز قورت ،

قاف طاغندن کچیردی
تورك ایلنه کتیردی .

ضیا کوك آلب

« سوزده قیزلر » دن

ترامواىه ینوب داوود پاشایه کیدنجه‌یه قدر، یوللرده قارشیسنه بردن بره باباسی چیقه‌جق اولورسه نه حاله کله‌جکنی دوشونویور ، حقیقةً ایچی ایچنه صیغمایوردی . بوتون وجودی تیتره‌مه ایچنده . روحی درلو درلو خاطره‌لر ، امیدلر ، آرزولرله قاینایوردی . ترامواىدن اینر اینمز ، تعریف ایدیلن یوللرده اویله قوشمغه باشلادی که اطرافنده‌کی اُولری وانسانلری یردن کسیلمش ، بوشلقده صاللانان کولکه‌لر حالنده کوردی ، وجودنده قوشمغه بو قدر استعداد اولوشنه کندی‌ده شاشدی .

اوکا داوود پاشا مهاجرلری یرینی کوستردیلر .

نره‌یه کیردیکنی ، نره‌لردن کچدیکنی بیلمه‌دن ، تلاشلی تلاشلی ، اوکنه چیقان آدمه النده ظرفی کوستره‌رك یورودی . قالابالیقلردن بیریکمش انسان کومه‌لرندن قاریشیق و بوغوق سسلر آراسندن کچدی . نهایت آرادینی مأموری بولدی ، ظرفی ویردی ویالواردی : بابام بوراده ایمش ، ایکی سنه‌دن بری بری‌بریمزی کورمیورز ، رجا ایدرم ، کندیسنی چاغیریکز ! » دیدی ، صوکرا آرقه آرقه‌یه علاوه ایتدی :

— چاغیریکز ، چوق ایيلك ایده‌جکسکز ، بویوك ایيلك ایده‌جکسکز... چاغیریکز ، قوزم رجا ایدرم چاغیریکز ، هم برآز چابوق اولکز ...

مأمور تذکره‌یی اوقودی ، مبروره‌نك تلاشنه اهمیت ویرمیه‌رك ساکن بر ذهن غیرتیله خاطرلامغه اوغراشدی .

— احسان ... احسان افندی مغنیسالی ...

دییه میریلدانیوردی ، مهاجر کومه‌لری آراسنده ، اکمك داغتمقله اوغراشان یاشلیجه بر آدامه سسلندی :

— آزیجق بورایه کل ...

چاغیردیغی یانته کلنجه صوردی :

— مغنیسالی احسان افندی وارمی بزده !..

اوته‌کی تردد ایدییوردی : کنج قیزك متهیج یوزینی کوره‌رك دها بویوك بر جهد ایله خاطرلامغه چالیشدی :

— مغنیسالی احسان ... هله برآز مساعده ایتده شو بزم اکمك یوقلامه‌لرینه باقایم ...

آز صوکرا ألنده برقاچ دفترله کلدی، خبرپالانمش صحیفه‌لر قاریشدیردی ، آرادی ، آرادی دفترلرك هپسنی قاپایوب قولتوغنه صیقیشدیره‌رق جواب ویردی :

— أوت ، مغنیسالی احسان افندی ...

مبروره باغیردی :

— وارمی ، بوراده‌می ؟

— خایر ، بوراده دکل ، بش آلتی آی بوراده ایدی ، صوکرا ...

— صوکرا ؟ آمان چوق چابوق سویله‌ییکز ...

— صوکرا چیقوب کیتدی آما ، نره‌یه بیلمیورم .

مبروره بر ئوورتوکبی صاللاندی .

الندە ظرفی طوتان مأمور ، هیچ ده کیشمه‌یه‌ن صوغوق قانلیلغیله امر ویردی :

— اویله ایسه بوراده‌کی باشقه مغنیسالیلره صور . احسان افندی حقنده معلومات آل نره‌یه کیتدیکنی اوکره‌ن ، شمدی خبر کتیر .

مبروره‌یه دونه‌رك دیدی که :

— سزده اودامه کیکز ، برآز بکله‌ییکز ، بوراده یورولورسکز .

هوا قاراریبوردی . کیجه‌نك ایلك اسمر کولکه‌لری میدانی دولدوردی . مبروره ، مأمورك آرقه‌سندن یورودی .

هر وقت مأموریت اودالری کبی ، ساده و داغینیق دوشه‌لی بر یره کیردیلر . مأمور یازیخانه‌سنك باشنه کچدی ، برآز دها لاابالیجه سؤاللرله قیزی اویالامغه باشلادی .

اوته‌کی مأمورك تحقیقاتی اوزون سوره‌مشدی ، کاوب خبر ویردی :

— بزده مغنیسالی هیچ یوق ، فقط احسان افندینك نره‌یه کیتدیکنی اوکره‌ندم . زیتون بورننده فابریقه‌یه ایشجی یازلمش .

— زیتون بورونمی ؟ نره‌سی بو .

— مقری کوینه کیتمه‌دن . شمندوفر دورور .

— بوندن صوکرا شمندوفر وارمیدر ؟

مأمورلرك ایکیسی‌ده کولوشدیلر .

— یارن کیدرسك جانم ، عجله‌سی نه ، فابریقه‌ده چالیشیورسه راحتدر ، مراق ایتمه .

مبروره آیاغه قالقدی ، برآز دوشوندی ، صوکرا :

— أوت يارين كيتمەلىيم ... ديبه ميريلداندى ، مأموره تشكر ايدەرك يورودى ، كنج مأمور ديدى‌كه :

— كيدەجككز يراوزاقسه بوكيجه سزى بورايه قبول ايدەبيليرز . بلكه يورغون و ... براز ... چوربايه فلان احتياجكز ...

— خاير خاير ... كيدەجك يرم وار ... تشكر ايدەرم .

خدمەلردن برى اودايه لامبه كتيريركن ، مبروره باغچەيه فيرلادى ، برى برينى چلمەلەين آديملرله ايستەديكى حالده قوشمغه موفق اولەمەيەرق سوقاغه يورودى .

جاده قالاباليقجه . باصيق دكانلرك ألكتريقلرى التنده يورغون انسانلر بيريكيورلر ، چيقيينلرينى پارماقلرينه طاقاراق داغليورلر . بونلرك ايچنده تك توك كنج قادينلرده واردى .

ترامواك قادينلر طرفنده ياپا يالكزدى . بايزيددن تكرار حربيه ترامواينه بينديكى زمان، شاقاقلرينه كسكين بر صيزى ياپيشدى وصاچلرينك ديبى صيجاق برتر له نملندى ؛ حرارتى واردى .

شيشليده‌كى أوه ساعت دوقوز بوچوغه دوغرو كيدەبيلدى . كوشك خلقى صوفراده بولدى.

نظميه خانم ، بردن بره يرندن صيچرادى ، كنج قيزى اوپدى . اندن طوتارق خدمتجى‌يه سسلندى :

— چابوق طاقم كتير . مبروره خانم چوق آجيقمشدر .

مبرورەيه دونەرك صوردى :

— دكلى قيزم ؟

— مع‌الاسف آچ دكلم يولده چوق طيقاندم .

— يورولدكمى ؟

— أوەت .

مبروره صوفرايه اوطورەرق كوندوزكى سركذشتنى آكلاتمغه باشلادى .

صوفراده نظميه خانمله نوينندن باشقه كيمسه يوقدى ، آنا قيز ، مبرورەنك اكلاتديغى وقعەلرى جان قولاغيله ديكلەيورلردى .

حكايه بيتنجه ، نظميه خانم ديدى كه ؛

— اوح ، اوح ... اميد چوق ... هرحالده احسان افنديك صاغ اولديغى اكلاشيليور . يارين صباح ، ايركندن زيتون بروننه قدر كيدەرسك قيزم .

— او ... ألبته ... حتى ، كيجه اويقو بيله اويومیەجغم .

— بو قدر مراقلانمق ایی دکل. پدرك صاغ اولدیغنه بن هیچ شبهه ایتمه‌یورم . بورادەده یابانجی یرده دکاسك . سن‌ده بنم قیزمسك . بو ایلك خاجان کونلری کچسین ، باق أومزده‌کی حیاتدن نه خوشلانه‌جقسك . بوراده بزم هفته‌ده بر قبول کونمز واردر ، کنج قیزلر ، فلان کیرلر ، قونوشور ، اویون ویناز ، دانس ایدر ، موزیك یاپارلر ، هیچ جانك صیقیلماز . سن‌ده کنج بر قیزسك . بوکوندن صوکرا استقبالك سنك الکده ... بویله جمعیتلرده بولونمق فرصتنی قاچیرما . بن بیله قوجا قادینکن بو أکلەنتیلردن خوشلانیورم .

نظمیه خانم شن بر قهقهه ایله اوکنده دوران یاریم شراب قدحنه پارماقلرینی اوزاتدی :

— حالا بونسی اولامیورم . سن ایچمزمیسك ؛ شراب یورغونلق آلیر .

— بنم باشمه اغری ویرر .

نوین ، مبروره‌یی تصدیق ایتدی :

— بندن ده آل او قدر ، شامپانیا دورورکن شراب ایچیلیرمی ؟

— هیچ ایچمه‌دم .

— هیچ ایچمه‌دکمی ؟ صاحیمی سویله‌یورسك ؟ قطعیاً ایناناماز ...

— أوه‌ت .

— ایناناماز دییورم . شامپانیا کنجلك ایچکیسیدر .

— اولابیلیر .

نوین حیرتله بوینی بوکرکن ایچری بهیج کیردی . دوغروجه یمك ماصه‌سنه کلدی ، باغیردی
— تبریك ایدك بنی .

هر کسك بر شی کوزلرله باقدیغنی کورنجه دها فضله باغیردی :

— کچیکمه‌یك ، تبریك ایدك . قلوبده مجلس اداره رئیسی اولدم .

نظمیه خانم اهمیت ویرمدی . کنج قیزلر ، بری شن بری غملی ، علاقه‌لی کوروندیلر . بهیج ، ظفرینی آکلاتدی .

— سیرت رأیینی بکا ویردی ، محسن بر رأی قایب ایتدی . رئیس بن اولدم ، شانسه باقیکز : انتخابدن صوکرا بر باقارا پارتیسی یاپدق ، ایلك اوچ الده یتمش لیرا ایچری کیتدم و باغیردم : « بر أل اوچیوز لیرا ، چیقان وارمی ؟ » ماصه بوشالدی . حامدله قارشی پارشی‌یه قالدق . ایلك کاغدم دوردلی قوپه ، بر کاغد داها ایسته‌دم بش ! حامد اوچیوزی صایدی . بانقه دن یکی چیقدن کاغدلر ...

نوین آیاغه قالقدی :

— نم یکرمی بشی ویر . سن شمدی ینه قایب ایدرسك .

— بو آقشام قلوبه کیم کیدر ؟ ذاتاً اویونجی‌ده یوق . اعضا بر اجتماعه دعوتلی . بن کیتمه‌یه‌جکم .

نظمیه خانم ، قیزینه دیدی که :

— تقویمك اوستنه بر ییلدیز اشاره‌تی چك . بر سنه‌دن بری ، پنجشنبه‌لردن بشقه قلوبه کیتمه‌دیکی بر بو آقشامدر .

بهیج مبروره‌نك صندالیه‌سنه یاقلاشه‌رق کنج قیزه برآز اکیلدی :

— بونسوار مبروره خانم ، ناصلسکز ؟

— مرسی ، ایجه‌یم .

— دون کیجه ، صباحه قارشی یاتاغمه کیره‌رکن ، اسکی (آرشیو) لری قاریشدیرمق عقلمه کلدی ، کاغدلر آره‌سنده نه بولسه‌م بکه‌نیرسکز ؟

— تخمین ایده‌میورم .

— سزك رسمکزی .

مبروره ، پك مراق ایتدی :

— ناصل رسم ، ناصل رسم ؟

— کوچوکلك رسمکز . ارکك البسه‌سیله چیقمش .

— آ ... چوق تحف ... نم بویله رسمم اولدیغنی هیچ خاطرلامیورم .

نظمیه خانمله نوین‌ده براز شاشدیلر :

— بزده بیلمیورز .

بهیج ، صوفرانك اطرافنده‌کی صندالیه‌لردن برینه ترس اوطوره‌رق قاشلرینی چاتدی ؛

— رسم یوقاریده ، اودامده . کوچوککن مکتبده آلدیغم آفرینلرك صاقلی بولوندیغی ظرفك ایچنده چیقدی .

مبروره‌یه دونه‌رك دیدی که :

— یمکدن صوکرا اودامه کلیرسه‌کز ، اوچ یاشنده‌کی رسمکزی کوروسکز .

مبروره سسنی چیقارمادی . نظمیه خانم آیاغه قالقه‌رق باغچه‌ده اوطورمایی تکلیف ایتدی . هپ بردن چیقدیلر .

هوا یوموشلق و طاتلی. چاملرك اینجه یاپراقلری آره‌سنده آله‌نن کوزه‌ل قوقولو بر روزکار، یوزلرینی اوقشادی. ساده واسرارسز بر کیجه‌یدی، دوشونجه‌دن زیاده نشئه ویریبوردی.

نوین دیدی :

— بهیج رسمدن بحث ایتدی ده عقلمه کلدی. اون کون اولی بر فوطوغراف چکدیردم، آلمایی اونوتدم، یارین کیدوب آلایم، اوچ آیدن بری هیچ فوطوغرافیمی چکدیرمه‌دمدی. عجبا دکیشدمی ؟

مبروره، کندی کندینه سویله‌نیر کبی میریلداندی :

— تحف شی ... بن ارکك البسه‌لی کوچوکلك رسمم اولدیغنی بیلمیوردم، مراق ایتدم.

بهیج مبروره‌نك اوکنده دورارق دیدی‌که :

— ایسترسه‌کز شمدی کوستره‌یم، کلیکز بنمله ...

— سز بورایه لطفاً کتیرسه‌کز ؟

— معذور کوریکز، بن بر کره اودامه چیقارسه‌م بر دها اینه‌مم، پك یورغونم.

نظمیه خانم سوزه قاریشدی :

— مبروره، کیت کور باقالم، رسمی بزه‌ده، کتیر، بزده کوره‌لم.

— پکی ...

کنج قیز، آیاغه قالقدی، بهیجله برابر کوشکه کیردیلر.

پیامی صفا

احمد حکمت

تورك اوجاغنده عزیز خاطره‌سی یاد ایدیلن احمد حکمت، بویوك بر ادیب اولدیغی قدر امثالسز بر معلم ایدی. غلطه سرای لیسه‌سنده، یکرمی ایکی یکرمی اوچ سنه اول اونی دیکله‌مش اولانلردن بری اولمقله مباهی‌یم. اصیل چهره‌سی، محرم وملهم بلاغتی اوکا، اوزرنده نادر برنفوذ قدرتی ویرمشدی. نیجه یوکسك اهلیتلری یأسه دوشورمش اولان شو موضوعسز ادبیات درسنه قیمت ومعنا ویره‌ن ایلك وصوك انسان، بن انجین، احمد حکمت اولمشدر.

احمد حکمتك ادبیات درسلری ادعاسزدی. هنوز بیقلری ترله‌مه‌مش مخاطبلرینه تورکجه‌یی دوغرو یازمغی اوکرتمکدن داها یوکسك بر غایه‌سی یوق کبی‌دی. فقط استادك اصل درسلری، بسیط سلوب قاعده‌لرینی آکلاتیرکن، صدد خارجی اولارق سویلدیکی سوزلرك ایچنده کیزلی ایدی. او زمان کلمه‌لرك آره‌سندن غریب بر شفق سوکردی وروحلرمزی طاتلی بر آیدینلغه بوغاردی.

بو قیمتسز سطرلره، اونك شعله‌سندن اوزاق بر عکس ویره‌بیلمك امیدیله، خاطرمده قالان فکرلرندن برینی بورایه حرمتله نقل ایدیورم:

بر گون، بزه بیلمم نه‌دن بحث ایدرکن، دیمشدی‌که:

«فکرك شکلدن اول حاضرلاندیغی حسنی ویره‌ن اثرلرده شعر معجزه‌سنك تکوننه امکان یوقدر. آهنك وقافیه‌نك تصادفلرندن دوغمایان فکرلر صنعته مال ایدیله‌مز.»

سنه‌لردن صوکره، صوربون مدرسلرندن و عصرك اك بویوك حکیملرندن شارتیه‌نك برکتابنده تأییدینی بولدیغم بوظاهراً بسیط فکر، بزده (توفیق فکرت). فرانسه‌ده (سوللی پرودوم) نوعندن اخلاقی، اجتماعی و فلسفی شاعرلرك، طاشیدقلری قوجه قنادلره رغماً، بر تورلو سمایه دوغرو هوالانامایشلرینك سر وحکمتنی بکا داها اوزماندن ایضاح ایتمش اولدی. بو فکر، عینی زمانده، بکا، صنعت وادیسنده تصلفدن ایکرنمکی‌ده اوکرتدی. بلاهتك سرایتنه قارشی روحی صیانت ایچین. حیات بنی، شیمدی‌یه قدر داها مؤثر و داها صحی بر دستورك وجودندن خبردار ایده‌مامشدر.

احمد هاشم

یولجیلق

صوصامش روحمله مسافه‌لره ،
نه خاطره‌لرك یالواران سسی ،
رؤیا بسته‌له‌ین اسکی بغچه‌لر ،
اضطرابی طاشان کیجه‌لرمه .
سرین شفاسنی دوکر هر کیجه
روحمی مجهولك افقلرنه .
باشقه بر نشئه‌ده سویله‌یور بکا
و امیدلرمك سرنی کیزله‌ر ،

هیچ برشیء باغلاماز بنی بو یره ؛
نه آغلاچلرینك قویتو کولکه‌سی .
نه لامباکه صولوق بر ایشیق سرپر
أسن روزکارلرله یانان دریمه
چاغران بر ألدر صانکه کیزلیجه ،
شیمدی قدحمده باشقه شراب وار ،
خولیامك افقنی دوکن دالغالر .
کونشلی افقلر ، انکین دکیزلر .

احمد حمدی

سن و بن

ایچمه ، ایلك یودومده زهرله‌ر سنی ،
هر آقشام قوینده اویوتور بنی ،
سن یکرمی یاشکله بر بهارسك که ،
دوشنن آلنمده بم هر چیزکی

سکا افقلر « گل » دییه باغیریر ،
سنی کور سسیله حیات چاغیریر ،

بختك قدحمه دوکدیکی شراب .
هر صباح آلنمدن اوپر اضطراب .
کولکه‌کده نشئه‌نك روزکاری أسر
بهاری اولمایان بر قیشه بکزر .

أللرنده چیچك و هایقیرارق ؛
بنی ده چیکنه‌یوب کچدیکك طوپراق.

احمد حمدی

قلبم

بوش دهلیزلرنده نه ضیا نه سس... انزوا ، قورقودن قیصیق بر نفس
کبی دالغه دالغه اورپریر ، اریر .

هرشی بو باقیمسز ، اسکی سرایده بر صوکسز الملی خاطرلاتمه‌ده .
دویلان ، سزیلن یالکز کدردر .

داللرده ایکله‌رکن روزکارك نیی ، مهتابده یوکسلن بر فیسقیه‌یی
بیهوده دوشنور ویران بر باغچه ؛

و صولرده سکوت خاره‌لنیرکن ، بوشلقلری سوزن پنجره‌لردن
قیزیل خیالتلر چکر هر کیجه .

یالکز زمان اولور بعضی آقشاملر ، بر قادین چهره‌سی ، یانارکن جاملر
بر لحظه بلیریر لوش آینه‌لرده ؛

- بر اسمر چهره که هپ سزه بکزه‌ر - صوکره یاواش یاواش غیب اولوب کیدر
اوزاقلاشان بر سس کبی روزکارده .

احمد حمدی

آننه‌م ایچون

« بر کونمز بیله سنسز کچمزکن
شمدی مزارکه حسرتز آننه ... »

ایصسز بر مزارلق ، کیمسه‌سز بر یر ، کولکه‌سنده ، اولو لوش بر معبدك
بر بیغین طوپراقله بر پارچا مرمر سریله حشر اولمش اورده ابدك .

بر ییغین طوپراقده بر پارچا مرمر ، اوستنده یازیلی یاشکله آدك ؛
باش اوجکده ماتم رنکلی سرویلر حزنیله تیتره‌شیر صانکه حیاتك .

سنی کومدك آنده بیللرجه اول ، کوز یاشلرمزله بو ایصسز یره ،
کیمسه‌سز بر آقشام ؛ ضیایه بدل ماتم داغتیرکن خسته قلبلره .

کیمسه‌سز بر آقشام ، أزلدن یورغون حزنیله أریرکن دجله‌ده سس‌سز ،
اوکسزلك دنیلن آجیله وورغون ، بر باشقه اولویدك بو طوپراقده بز .

احمد حمدی

یاپراق

آکییوردم بهاری : چیرپینلرق دوشدی بر کولکه شی آووچلرمه
باقدم : اولمش ، زواللی بر یاپراق ...

أی خزان آرتیق انتقام آلما ، شـیمدی ظلمتلریله هایقیراجق
سـکا خسران باقیشلی ماوی سما !

بو خزان بللی چوق فدان قیراجق ، اورته‌جك داللریله یوللرمی . . .
سن فقط سویله ای کوزه‌ل یاپراق ،
سویله چهرمك قادار اولوم صاری می ؟

علی جانب

فراری

سکا چیرکین دیدیلر ، دشمانی اولدم کوزه‌لك
طوپلادك صاچدیغی آلتونلری یوزلرجه الك ،
سکا کافر دیدیلر ، دیش بیله‌دم حقه بیله .
قهبه‌لندكده غرض باغلادم اخلاقه بیله .

سکا چیرکین دیمه‌دم بن ، سکا کافر دیمه‌دم؛
یاشادك بش سنه قلبمده مسافر دیمه‌دم ؛
نجه دینك کبی کفرك ده مقدسدی سنك .
بو فرار عقلکه نردن نه زمان اسدی سنك ؟

زلفکك یای کبی قوتلی چلیك تللرینه
سن بر آهو کبی داغدن داغه قاچسه‌ك ده ینه
طاقلان کوکلم عصرلرجه پشکدن کیده‌جك ،
سنی عشقم جاناورلر کبی تعقیب ایده‌جك !

۱۹۲۵

فاروق نافذ

ملك الموت

هانکی جیلان سنی کسمشده چوجوقکن ممه‌دن،
اوچ یوز اولك کوبی طاقش صاچکك تللرینه ،
هانکی قاپلان سکا سود ویرمش اوز آننه‌ك یرینه
سوریورسك بو مزارلقده ایچك تیتره‌مدن .

سیره‌چیق ، سودیکم ، آقشاملری قربانلرکی ؛
آه او طاش قلبکه برکون هیجان ویرمك ایچون
یاریپور باغرینی هرکس سکا کوسترمك ایچون .
ینه کوی خاقی سبیل ایتدی بوییل قانلرینی .

بر چیچك رقتی سینمشده ایپکدن تنکه
سن کویك دردینه بیکانه یاشارکن کوله‌رك ،
صوکره کوکسده چلیکدنمی دوکلمش او یوره‌ك؟
کومویور جان ویرن اولادینی یوزلرجه ینه .

بر اولوم ملتهی حالنده اسرکن نفسك
اختیارلر یانیپور ، کورپه چوجوقلر یانیپور ؛
عمری بر دال کبی عاشقلرکك صالانیپور
سن کویك صیتمه‌لی باغرنده جهنممی، نه‌سك؟

هانکی جیلان سنی کسمشده چوجوقکن ممه‌دن ،
اوچ یوز اولك کوبی طاقش صاچکك تللرینه،
هانکی قاپلان سکا سود ویرمش اوز آننه‌ك یرینه؟
سوروپورسك بو مزارلقده ایچك تیتره‌مه‌دن .

۱۹۲۳

فاروق نافذ

ملی نشیده

— ۱ —

بز کیملرز ؟.. بز « آلتای » دن کلن أرلرز. « چاملی‌بل » ده اوغولدارز؛ جوشار ، کورله‌رز.
بز ثویله بر ملتز که أزلدن بری حق یولنده ، یالین قیلیج ، هپ سفربرز .
« ظفر » بزم شاخه قالقمش کحیلانمز ؛ آتیلدیغی دوردوراماز نه داغ ، نه ده‌کیز ...
قلاکتلر پنچه‌مزده اویونجاق اولور ؛ یانغینلرله بوتون جهان آل سانجاق اولور .
تاك یرندن ییلدیزیملر صاچان سسمز کون باطیسی اوزرنده شویله دویولور :
قیرطینه‌لر یولداشی‌ده نعره صالان تورك ! هی قوجه تورك ؛ تا کریسندن قوت آلان تورك !

— ۲ —

یورویور ، باشمزده « آی ـ ییلدیز » یمز ، کنج ، اختیار ، قادین ، ارکك ، اوغول ، قیزیمز...
صویمزده نه قهرمان قارده‌شلر واردر : تورکمن ، اوغوز ، باشقیر ، تاتار و قیرغیزیمز...
ده‌میر داغلر ده‌لمش اولان « بوز قورت » لرزکه «اورخون» ده وار « کولتکین » دن قالما یازیمز...
حمله‌مزدن یره کچر قانلی سرایلر . بزجه بردر کدالرله بایلر ، کرایلر ...
مدنیت شیمشکندن کلیر خیزیمز ؛ صورما : کیمدر قاناتلانمش بو کنج آلایار ؟
بونلر بوتون نوره دوغرو آقین ایده‌ن تورك ! هی قوجه تورك ، اوزاقلری یاقین ایده‌ن تورك !

انیس بهیج

آی پشنده

— وطن ماصالی —

وقتیله ، آنطولی‌ده حکم سوره‌ن پادشاهلردن برینك دنیا کوزه‌لی بر قیزی دوغمش... ایپك صاچلری طوپوقلریه قدر اوزون ایمش و کسدکجه اوزار ، تللرندن آطاسلر دوقونور ، دیبالر اوروتلور ، آزالوب اکسیلمزمش . کولدکجه یاناقلرنده کوللر بیتر ، ایمیکلره قونور ؛

اطریانی چیقار ، قوپاردیجه اوره‌رمش . آغزی بر طاتلی ، باللی میوه ایمش ، انسانك یدکجه جانته جان قاتار وألینی سوردیکی دال آسما و دوداغی طوقوندیغی صو شراب اولور ، کوزینی چویردیکی طوپراقدن فیض ، برکت فیشقیریر و باشینك اوستندن کونش چکیلمزمش ... پادشاه ، بو مثلسز سلطانه آطه‌لر ده‌کزینك کوزه‌ل بر کورفزنده صوماکی مرمردن بر قصر یاپدیرمش و دیمش که :

— قیزمك صاچلرندن ایپك دوقومق ایچون اطرافه تزکاهلر قورولسون ! یاناقلرنده بیتن کوللری سوزمك ایچون ایمبکلر دیزیلسین . آغزینك میواسی قوتولره باصدیریلسین و باقدیغی یری قاپلایان ذخیره‌لر ایچون آمبارلر یاپیلسین ! ألینی سوردیکی داللر اوزوم ویره‌جکی و طوداغینی دوقوندردیغی صولر شراب اولاجاغی جهتله ده کوپلر حاضرلانسین وپکمز اوجاقلری یانسین .

دیدیکی کبی یاپیلمش ، طلسملی سلطان سراینه قورولمش وآز زمانده شهر ، جهانك کوز دیکدیکی ، ایمره‌نوب قیصقاندیغی ، قوشوب یرلشدیکی بر ایشلك لیمان اولمش . کورفزه کمیلر طولر ، طاغلره کوشکلر قورولور ، آلیش وریش کلیش کیدیش ، ساز سوز ، اوراده هرکس زنکین ، صحتده و بختیار اولورمش . بازار یرلری شال ، خالی یوکلی قاطرلری ، اوزوم وانجیر طاشیان دوه‌لری کوچ آلیر ایسکله‌یه ییغیلان ذخیره‌یی کمیلر کوچ کوتورورمش ... آلتون جبلردن طاشار صانکه ثروت کوکلردن سرپیلیرمش !..

دیرکن ، کونك برنده ده‌کزك اوبور قییسینده‌کی بر سرکرده ، قولاقدن مدحینی دیکلیه دیکلیه بوسلطانه عاشق اولمش وبو شهره صاحب اولمایی قورمش ... « عسکرلرم حاضر اولسون »

دیمش ، اوقلرینی زهرلی صولره باتیرسینلر ، قالقانلرینه بر قات دها چلیك قاپلاسینلر و زرهلرنه بورونوب میدانه طوپلانسینلر ، فیض و برکت دیارینه آقین وار ! »

بر صباح ، بو حرب قافله‌سی ، اطرافه اوق آتارق ، اولوم صالارق او برکت بلده‌سینه کیرمش واهالی‌یی اسیر ایتمش .. عسکرلر آمبارلری یاغمه ، اشیایی تالان ایدرلرکن سرکرده ، صوماکی سرایه قوشمش وطلسملی سلطانك قارشیسینه چیقمش :

— سن بنمسك ، دیمش ، آرتیق ایپك صاچلریکی بن طارایاجغم ، کل یاناقلریکی بن اوپه‌جکم ، آغزیکك باللی میواسینی بن ییه‌جکم و کوزیکك باقدیغی طوپراغك فیضندن اوزوملرندن وشراپلرندن بن فایده‌لاناجاغم .

فقط باقمش که او کول یناقلر آرتیق کولمیور و کل ویرمیور ، او طاتلی دوداقلرده میوا بیتمیور ، او ایپك صاچلر اوزامیور ، او کوزلر بر یره باقمیور ، او طلسملی ألار بر داله سورونمیور و صولر شراب اولمیور ... سلطان بر طاش کبی دونمش ، آرتیق حیات اثری کوسترمیور !

سرکرده دورت طرفه آداملر صالمش ، سحربازلر چاغیرمش ، عجوزه‌لر آراتمش ، کاهنلر بولدورمش ، بو درده بر چاره آرامش ، او زمان دیمشلر که :

— ای سلاحلی ! بو سلطانه صاحب اولاق و بو بلده‌ده برلشمك ، برطلسم واردر ، اونی اله کچیرمکله قابلدر وبو بر زور ایشدر .

سرکرده هایقیرمش :

— سویله‌یك هر نه ایسه یاپایم ، هر طرفی قانه بولایه‌یم ، اوکه کلن یری آتشده یاقایم ، ایجابنه باقایم !

بومجلس قورولو ایکن وقت کیجه ایمش ، باش کاهن یرندن آغیر آغیر قالقمش، سرکرده‌نك آلندن طوتاراق پنجره‌یه یقلاشمش و یوکسك بر داغ تپه‌سنده ، تاکوکارك ایچریسینده ایشیل ایشیل پاریلدایان کسکین یوزلو بر کوموشدن اوراغی ، هلالی کوستره‌رك :

— بونه وارمق بونی طوتمق ، بونی قیرمق لازمدر ؛ تا که شهر سنك اولسون ، سلطان آرتیق سکا کولسون ... او یرینده طوردوقچه بویرلرده ایجیر ، اوزوم دره‌مزسك بوغدای اکوب بیچه‌مزسك ، اپك اوروب کییه‌مزسك ، شراب ایچوب کزه‌مزسك ، راحت یوزی کوره‌مزسك !..

سرکرده‌نك مزراغی اوزون ، فقط عقلی قیصه ، زرهی آغیر ، فقط قفاسی خفیف ایمش ! باقمش که آی پارچه‌سی پك اوزاقده دورمیور ، او یوکسه‌جك داغك یاماجنده ، بر باشینه قرانلقده بکجیسز بکله‌یور :

— بومی ، دیمش . زور دیدیکك هیچ ن ایش ! شیمدی کیدر ، او داغه بن طیرمانیرم و او آیی یاقالایوب دیزمه طاپاپاراق ایکی پارچه ایدر ، صوراتینه فیرلاتیرم !

کاهن دیمش :

— قولای کورمه ، زور ایشدر ، یقین طورور ، اوزاقدر ؛ کچوك طورور ، بویوکدر ؛ تك صانیرصك ، چوق اولور ؛ هلال دیرسك بدر اولور ؛ بیلدیز قدر بکجیسی وار؛ بیلدیرمدن سلاحلیدر ، بولوت قابی حصارلیدر ، أله کچمز بر طلسم او ...

سرکرده دیکله‌مه‌مش ، همان قوشمش ، بورو چالمش ، عسکرلرینی طوپلامش ، و باشلامش یاماچلره طیرمانمغه ، آیه طوغری اوزانمغه ... فقط نه ممکن ؟ طاغ آردنده بر داغ داها ، نه آشیلماز برزخلر ، نه قورقولو بوغازلر ، نه کوندوزلری صیجاقلر کیجه‌لری آیازلر ، چیقدقچه چیقیورسك . دوشه قالقه یورویورسك ، فقط صوکی کلیور ، « ها یاقلاشدم! » دیدیکجه ، انسان آی ایرمیور ؛ « ایشته اوچی ! » دیدیکجه کوموش اوراق یاقاسینی ویرمیور . سرکرده عنادجی ایمش ... یاماچلره بیك مشکلاتله طیرمانیر ، تکرمکر یووارلانیر ، ینه قالقار ، ینه دوشر ،

ینه فقط کوزی ییلماز قوشارمش ... طیرناقلری سوکلمش ، دیز قاپاغی یاره‌لی ، قارغیسیه
دایانمش آیه باقار ، صالارمش !

نهایت بر کون کلمش ، نه کورسون ؟ بر اووا ، صانکه کوکدن بر پارچه آی اوراده ، اوکینه یره یاتمش دورویور ، حرکتسز اویویور ... فقط یوکسك یرلر فیرطینالی اولور دیرلر ، بردنبره بر قاصیرغا قوپارق بولوتلری یره چارپمش ، قیالری تارتاقلامش ، ییلدیرملر ، شیمشکلر ، بر آفتدر باشلامش ... کوك مالنی صاقلامش ، بوتون ییلدیزلر صف صف اولمش ، حرب ایتمش ، آی پارچه‌سی قهرمانلر ، سرکرده‌یی پوسکورتمش ! اودو قوپمش ، عسکرلر ، مزراقلرینی آتاراق چالا تابان یاماچلردن آتیلمشلر و بیك زورلقله آشدقلری طاغلردن هایقیراراق تکر مکر یوارلانوب چیقدقلری یره ینه تکرار دونوب کلمشلر !

سرکرده قفاسندن یاره‌لی ، بر قیانك اوستنده هونکور هونکور اغلارمش :

— بو ایش بنم کارم دکل . قاصیرغالری ینه‌رك بولوتلری آشامام ، کوکه چیقوب ییلدیزلری برر برر وورامام ، قابل دکل ؛ آیی طوتوب ایکی پارچه قیرامام ، بو طلسمی بوزامام ! بورالرده طورامام !

ایشته بو طلسملی وقعه‌یی متعاقب او سلطانك اییك صاچندن بر قیرمزی بایراق اوروب اوستنه بر کوموش آی ایشله‌مشلر و او شهره اشارت اولمق اوزره‌ده او اییك قوجاغینه تك پارلاق ییلدیز قویمشلر .

آی کوکده دوردقچه ، یعنی دنیا دوردقچه بو بایراق ده او برکت بلده‌سنده دیکیلی دورمش !

رفیق خالد

آت

بیك كه‌مله باغلانان یاغیز آت شاخه قالقیور ؛   کیتدکجه یوکسه‌لن باشی الاهه قالقیور .
صوك ماجرایی دیکله‌مه‌مش وارسا آکلاتك ؛   ضبط ایتمك ایسته‌ینلر او مغرور ، اصیل آتك
بیهوده‌در هر عضوینه بر حلقه بولسه‌دا   بوشدر کوپوکلی آغزینه که‌ملر وو ولسه‌ده .
جوشدقچه بویله سیل کبی باغرنده حسلری ،   بر کون باشنده قالمایاجقدر سه‌یسلری ،
صوك شانلی ماجراسنی تاریخه آکلاتك   زنجیر ایچنده باغلی دوران قهرمان آتك .
کیتدکجه یوکسه‌لن باشی الاهه قالقیور ؛   عصرك باش اکدی صاندیغی آت شاخه قالقیور !..

فاروق نافذ

بیك آتلی ، آقینلرده چوجوقلر كبی شندك ؛
آق طولغالی بكر كی هایقیردی : ایلەرله !
شیمشك كبی بر سمته آتیلدق یدی قولدن ،
بر كون دولو دیركبن بوشنان آتلریمزله ،
جنتده بوكون كللری آچمش كورور زده ،
بیك آتلی آقینلرده چوجوقلر كبی شندك ؛

بیك آتلی او كون دیو كبی بر اوردویی یەندك !
بر یاز كونی كەچدك طونادن قافلەلرله ...
شیمشك كبی تورك آتلرینك كچدیكی یولدن .
بردن یدی قات عرشه قاناتلاندق او خیزله ...
حالا او قیزیل خاطره تیترەر كوزیمزده !..
بیك آتلی ، اوكون دیوكبی بر اوردویی یەندك !

یحیی كمال

أفەنك حكایەسی

أفه تحقیق هیئتنك كلدیكنی وكندیسنی دیكلیەجكنی سویلەدیكی زمان ، كوزلرنده درین بر دقتله ، كنج ضابطه باقدی ؛ صوكرا آیاغه قالقارق كندیسنی یوقاردن آشاغی، جدیتله ، سوزدی . قره كوزلرنده نه تلاش نەدەهیجان واردی . سدیرك اوستنده باغداش قوردیغی یردن یاواش یاواش قالقدی ، چوبوغنی براقدی . بر شی سویلەمەدن اوردن چیقدی . كنج ضابط ، یورورکن ، غریب برطرزده برقاچ دفعه باشنی صاللادیغنی كورمش وسببنی آكلامەدن دوشونمشدی . كندیسی هرحالده أفەدن چوق تلاش ایچنده ، چوق هیجانلی ایدی وبوغریب ملاقاتدن داها چوق قورقیوردی بوملاقاتلر تارلالری چیكنتمش، چیچكلری قورومش، انسانلری دوكولمش خرابه وفاجعه ازمیرینی بلكه قورتارەجقدی . اونك ایچون نەقادار ایی اداره

ایدیلمك لازمدی . کندیسی غالب ژه‌نراللرك ، آمیراللرك نهایت دیکله‌مکه کلدکلری بو اسـلام مشهدینك کوللری اوزرنده دیکله‌دیکی آداملری ، برر برر تحقیق هیئتنك اوطه‌سنه کتیردیکی زمان قاپی‌نك آرقه‌سـندن کندی قلبنك آزغین کومبورتوسنی ، آتشـلی طوپ سسلری کبی کورله‌ین بیننده کندی کندینـه حاضرلادیغی وایچندن سویله‌دیکی مقدمه‌لری دیکله‌دی؛ کندیسی حساس، متفکر براستانبول کنجی ایدی. اضطراب وعصیان اوکا ادبی نطقلر ، محترص ، چیلغین تلقینلر ، مأیوس مراقبه‌لر وچاپراشیق نظریه‌لر تلقین ایدییوردی. ازمیر خلقنك خلق مدافعه‌سنك آناختارلرندن بری اولان بوبسیط ، فقط عجائب قهرمان أفه بومسئله‌یی نه قادار بارد وسـاکن تلقی ایتمشدی . عجبا اوکا برشیلر اوکرتمك ، نه نقطهٔ نظردن مقصـدینی مدافعه ایتمك لازم کلدیکنی سویله‌مك لازمی ایدی؟ ذهننده أفه‌نك آغزینه‌قویه‌جغی نطقی حاضرلرکن أفه‌نك سـدیرك اوستنده براقدیغی پنبه‌لی ، صاریلی قاسناق ایشله‌مه‌لی توتون کیسه‌سنه، اونك یاننده براقدیغی صیرماایشله‌مه‌لی چوره‌سنه ، اوزون آغاج چوبوغنه دالیوردی .

ذهننده ژه‌نه‌راللری آغلاتاجق قادار قوتلی بولدیغی مدافعـه‌نك اورته‌سـنده ، قاپی آچیلدی ، أفه کیردی ؛ أك پارلاق ، أك مزین چیکنلی طاقمنی کییمش ، فسنك اوستنی بیك بر داغ چیچکی اویالرله سوسله‌مش ، قالین ، قوی وجودی ، طبانجه‌لر ، کوموشلو خنجرلر، بیچـاقلرله دولمش ، آرقه‌سـنه ماوزرینی آصمشدی . آتش آلمایه‌

حاضر کورونن بوسلاح مجمعی اوستنده باش ینه بارد وسلا کندی .
آیدین باغلرینـک کونشی آنجق سـویملی برماتلق ویره‌بیله‌جك قادار
مرمر کبی بیاض تنلی ، منتظم خطلی ، اینجه بورونلی ، قوی یوزینك
اوستنده درینـدن بقان قارا کوزلری سیاه آلهوه بکـزیوردی مینتانك
اوستندن کورولن داها بیاض قالین بوینی اوزرنده تقاسی چوق متوازن
چوق یرنده ، چوق أرکك کورونیور ، برقادین کبی تازه دوداقلری .
اوستندن کوچوك سیاه بیقلری ، برآز فضله آچیلان کوزلرینك اوستنده
اینجه قلمله چکیلمش کبی اوزانان قاشلری یالکـز باقانلره نه قادار
کنج برانسان قارشیسنده اولدیغنی احسـاس ایدییوردی . یکرمی بر
یاشـنده اولدیغی سویله‌نیلن أفه‌ده بوتون بوطراوتلی وقوی کنجلکه
رغماً قارشیسنده‌کنه نه کنج ، نه اختیار ، هیچ برزمان ویاش حسی
ویردیرمه‌ین براولغونلق واردی .

سوقاقده لاقیدی‌بی آچا بیلمك ایچین :

— أیپجه اوزاق کیده‌جکز ، أفه‌م ، دیدی .

أفه‌نك کوزلری ثابت وسـا کن قدرتی بوزمادن ، دوداقلری
تبسمه بکـزر برشیله آچیلدی :

— زده اولدیغنی بیلیورم ، دیدی کنج ضابط نه قادارچالیشدی
ایسه نه أفه‌یی فضـله سویلته‌بیلدی ، نه‌ده اوکره‌نمك ایچین کنـدی
حاضرلادیغی موضوعدن بحث ایده‌بیلدی .

أوه کلدکاری زمان ضابطك هیجانی أللرینی تیتره‌ته‌جك درجه‌یی

بولدی ؛ فقط صوفاده اوطه قاپیسنی آچوب ده أنه‌یی هیئتك یاننه صوقدقدن صوکرا أفه‌نك غریب سکونی سرایت ایتمش کبی ساده‌جه قاپی‌نك یاننده‌کی صندالیه‌یه اوطوردی ، بکله‌دی .

هیئتك اوتوردیغی بویوك اوطه‌نك هرطرفنه عشاق خالیلری اورتمشلردی . اورته یرده مستطیل بویوك یشیل اورتولو ماصه‌نك اوکنده آرقالری پنجره‌یه چوریلمش درت دولك درت بویوك عسکری بویوك اونیفورمالریله اوتوریورلردی . کنج کاتبلر ، ضابطلری آراسنده برآز خوش برهواده مغرور دوران درت باش ، قوتلی چیزکیلریله دیم دیك طوران باشلری ، دره‌دنوطلری ، تحت‌البحرلری طیاره‌لری ، بیك قدرت وشوکتلریله غالب وذی قدرت ملتلرك گوزلریله أفه‌یه باقیورلردی؛ فقط گنج أفه اونیفورمادن، اوردودن، چلیك وآتشدن دها قوی،هپسنك قارشیسنده یشیل باشی گوکلرده‌قالقان گنج برچینار قادار بونلره قارشی لاقیددی .

أفه ایلرلرکن صاغده اوتوران یوزی طراشلی ، اسمر یاناقلی ، قالپاقلی برعثمانلی ضابطی وقور بر اراده ایله أفه‌نك تحلیل ایده‌مدیکی برحس صاقلایارق قالقدی ، أفه‌یه یاقلاشدی . یاواشجه سلاحلرینی آزالتماسنی سویله‌دی . أفه برچوجوق سکونی ایله ماوزره‌ینی قاپی‌یه دایادقدن صوکرا طبانجه‌لرینی ماصه‌نك اوستنه بیراقدی . صوکرا ماصه‌دن بر آرشون اوته‌ده ، گوزلرنده نه غیظ ، نه عصیان ، نه‌ده قورقو ایله ، ژه‌نراللره باقدی وپوروزسز برسسله ، اصیل برطورله:

— صفا کلدیکز ، پاشالر ، دیدی .

أوت ، ایشته بونلر چاناق قلعه‌ده تورك عسکرلرینك دوکو-
شدیکی دولتلرك پاشالری ایدی و پاشا اولدقلری ایچین أفه باشنه بیك بر
طاغ چیچکلی اویاسنی طاقمش ، یکی جبکنی کیمشدی . بونك ایچین
آیدین داغلرنده هرهانکی صیرمه‌لرله کینمش ، آیدنده اولان بیتی
اوکرنمکه کلمش پاشالره یاپاجغی تأثیری یاپدی و کندیسنه کوستردکلری
صندالیه‌یه ساده‌جه اوتوردی .

پاشالردن بر یتك آکلامادیغی بر شیلر میرلدانماسندن صوکرا ،
عثمانلی ضابطی :

— آیدینده اولانلری آکلات ، أفه ، دیدی .

— ازمیری یونانك باصدیغنی دویمشدم ، دییه باشلادی . دکانلری أولری
صویمشلر ، چولوق چوجوق اولدورمشلر ، قادینلره صاتاشمشلر . بونلری
چوقدن دویدق ؛ فقط بزم داغده قویونلریمز واردی ، چوباندق ،
بونلری دویدق ؛ ینه قویونلریمزی اوتلاتدق .

چفتلکلره کیرمشلر ، اختیارلری صاقاللرندن سوروکله‌مشلر ، کنجلری
پارچالامشلر ، مال ملك نه وارسه کول ایتمشلر ، حیوانلری آلوب
کوتورمشلر . بونلری دویدق ؛ ینه داغده قویونلریمزی اوتلاتدق .

ایچری‌یه دوغری یورویورلرمش ، طوپراق اوستنده نه توتون
فدانی ، نه بوغدای باشاغی بیراقمشلر . زیتونلکلر ایتمش ، یاغلر چکنمش ،
آغاجلردن انجیر ، بادم ، یمش دوکولمش ، قوقمش ، کیمسه‌لر مالنك

باشنده قالمامش ، قصبه‌لر بر محشر اولمش . بز ینه داغلرده قویوتلر-یمزی اوتلاتدق .

بر گون آرتق چوق یاقین کلمشلر ، کویمزدن ایکی ساعت اوته‌ده مندرس کوپروسنك باشنه قدر یونان نوبتجی قویمش دیدیلر ؛ بز او وقت کویده دوشونمکه باشلادق . بر جمعه کونی نمازدن چیقمش ، قیزانلرله أوه کیتمشدك . آقشامك آلاجه قارا کلغنده کویه گیررکن صیرتلرده قوزولری اوتلاتان قیزلر آلایله اوکمزه چیقدیلر ؛ باش اورتولری پارچالانمش ، صاچلری یولونمش ، اوستلری باشلری طوپراق وقان ایچنده ، هپسی بر آغزدن آغلایوردی . عمم قیزی کزبان ییرتیق باش اورتوسنی چیقاردی ، صورا‌تمزه آتدی :

— أفه ، دیدی ، یونان ازمیره گیردی ، صوصدیگز ؛ دین قرده-شلریمزی صویدی ، صوصدیکز ، نه قان ، نه جان ، نه عرض قالدی ، صوصدیکز . بورنگزك دیبینه کلدی ، ینه باشگزده اویا ، الگزده توفنکلر داغلرده اکلندیکز . بزی بوگون مندرس کوپروسنك یاننده‌کی یونان نفرلری یقالادیلر . قویونلریمزی آلدیلر ، بوینمزدن آلتونلریمزی قوپاردیلر ، اوستمزی پارچالادیلر ...

قادینلر هپ برآغزدن چیغریشمغه باشلادیلر . عمم قیزی کزبانك انتاریسی پارچه پارچه ، گوکسندن قانلر آقیوردی .

— داها نه‌یاپدیلر؟ دیه قیزانلرهپ برآغزدن هایقیردی. امامك قیزی :

— نه یاپدیلر دییه صورماییك ، داها نه یاپاجقلر دینه صورك ؛ دیدی . اوده باش اورتوسنی صوراتمزه فیرلاتدی .

— آليك بونلري ، اورتونك ، ويرك توفكلري قامالري بزه ؛ قيزلريمزك عرضني بوندن صوكره بز قورويا جغز ، ديدي .

او وقت بن قادينلرك هپسني أولرينه يوللادم . قيزانلرله كويك اشيكنده ، ايرتسي گون اوكله وقتي ، مندرس كوپريسنده كي كوپكلري تپه‌له‌مكه عهد ايتدك .

گيجه عمم قيزي كزبانك كوچوك قيز قارده‌شي يانمه كلدي :

— شابقه‌سنك آلتندن سياه پرچملري فيرلامش ، ديشلري ديشارده ، قارا قورو يونانلي‌يي صاع براقماسين ، دييور ديدي .

مندرس كوپروسي باشنده ، طبانجه ، توفنك ، قاما ، بچاق ، بز عرض خائنلريني تپه‌لركن اطرافمزه بوتون ياقين كويلردن زيبكلر يتشدي ؛ بر طرفدن بولوط گبي يونان عسكرلري ميدانه چيقدي ؛ فقط قيزانلرك بچاقلرندن يك چابق اوردك گبي قاچديلر . بن أولولر آره‌سنده سياه پرچملي ، ديشلك يونانلي‌يي آرادم ، آرادم يوقدي . بزده اوواده اوجاني يونان بولوطنك آرقاسنه دوشدك . آيدينه ياقلا - شديغمز وقت اذان اولمشدي . قصبه‌نك اتكنده سلاحلريمزي بيراقدق ، اوطوردق . قيزانلرله نه ياپاجغمزي بيلمه‌يوردق .

بردنبره آيدينك اوستندن آله‌ولر ، دومانلر يوكسلدي ، ايچردن توفنك سسلري ، قادين چولوق چوجوق چيغريشلري ، يونان نعره - لري كليوردي .

روزكار گبي قصبه‌يه دالدق . مسلمان محله‌لري چيغريشارق ، چاغيرداياراق يانيوردي . سوقاقلرك اوستنده آلودن داللر وار ، آلتنده

أولرك پنچره‌لرندن بوغچه‌لر ، خاليلر آتيليور، آشاغيدن يونانلي آلوب قاچييوردي . سوقاقلر اورتاسنده باش اورتوسي پارچه‌لانمش بر نينه‌يي بوينده‌كي آلتونلردن ياقالامش بر يونانلي طاشدن طاشه سوروكله‌يور ، گوگسي آچيق گنج بر قيزك ، ايكي أليله غرتلاغني صيقاركن بر يونانلي دوداقلريني اوپييوردي . آناسني بوغان عسكرلري شو قادار بر قيز ايصيريركن بر نفر صاري صاچلي باشني ديپجيكله أزييوردي .

آله‌و ، توفنك ، دومان ، قان و چيغريش ايچنه بزده روزكار گبي، جهنم گبي گيردك .

أفه آياغه قالقمشدي . ژه‌نه‌راللر ترجمه‌يي ديكله‌ميور ، ساده أفه‌نك يوزينه باقيورلردي . يوزي بوروشمادن ، تقلص ايتمه‌دن ميليونلرجه ياشه گيرمشدي . سياه گوزلري ، سياه بر قاينار صو منبعي گبي ايدي . ياناقلري قورو ايدي ، فقط گوزلري تماماً سياه ياشدي . نره‌يه باقيورردي ، بيلمه‌يورلردي . فقط بو سياه ياشلر اورتاسنده آيدين واردي .

أفه‌نك سسي او قادار آلچالمشدي كه ، او قادار آلچالمشدي كه آغزندن چيقان كلمه‌لر سسسز گبي ايدي ؛ فقط أك واضح وقدرتلي بر ايصليق گبي هر كلمه سس اولارق دكل ، جانلي بر فاجعه خيالي گبي بر اردو اولسه گوروله‌جك وايشيديله‌جكدي .

نهايت صيره‌مه‌لي چوره‌سيله ، آلننده ديزيلن ترلري سيلدي . گوزلري اسكي قورو پارلاقلغني آلدي . اسكي معتدل سسيله حكايه‌سني بيتيرييوردي :

— اوچ ساعت ، پاشالر ، اوچ ساعت انسانلرك ياپمادیغني ياپدق

صوڭرا يونانلر كيتدى ، يانغين سوندى . بزده قيزانلرله كنديمزى بولدق .

برشى اولمامش گبى ژه‌نراللرك بردن بره گوزلرينك ايچنه باقه‌رق:

— اللهه يصمارلادق ، پاشالر ، ديدى .

هپسى أفه‌نك ألنى صيقديلر . أفه گيرديكى گبى گوزلرنده نه‌غيظ ، نه عصيان ، نه‌ده قورقو واردى . قاپى‌يه قدر كنديسيله يوروين عثمانلى ضابطنك ألنى صيقاركن اسمر ، سرت ياناقلرنده ايكى صيره ياش ديزلمش اولديغنى گوردى . بودفعه يالكز اوكا عينى سا كن سسيله:

— كزبان ، كزبان ، كنديمى مندرسدن چايه آتدى ، ديدى بكا امامك قيزيله خبر يوللادى :

— أفه ، ديمش ، سياه پرچملى ، ديشلرى ديشارده يونان‌نفرينى اولدوروبجه‌يه قادار ، آيديندن يونانلرى چيقاريبجه‌يه قادار قاماسنى قيننه قويماسين ، برزيبك صاغكن يونان آيدينده پادشاه اولورسه بنم قانم‌ده اونك بوينده اولسون !

ضابطك آووجى أفه‌نك آووجنه ياپيشنجه ايكيسنك دامارلرنده‌كى قان بربرينه قاريشمش ، بربرندن گچمش گبى اولدى .

ضابط تحقيق هيئتنه كلن سياه فراجه‌لى قادينلرى اودايه آليركن أفه ديشارده جان گوزلرينه طوپلانمش گبى كنديسنه دوغرو كلن گنج ضابطه :

— جمعه آقشامى كويه بويورك ، قيزانلرله سزه قوزوچويره‌لم ، ديدى .

خالده اديب

خان دووارلری

یاغز آتلر کیشنه‌دی ، مشین قیرباچ شاقلادی ،
بردقیقه آرابا یرنده دوراقلادی .
نه‌دن صوکره صارصیلدی آلتمده دمیر یایلر ،
کوزلریمك اوکندن کچدی کروانسرایلر ...
کیدییوردم ، غربتی کوکلله دویا دویا ،
اولو قیشله یولندن اورتا آنادولویه .
ایللك سوکیه بکزه‌ین ایللك آجی ، ایللك آیریلق !
بوره‌کمك یاقدیغی آتشله هوا ایلیق ،
کوك‌صاری، طوپراق‌صاری، چیپلاق‌آغاچلر صاری...
آرقه‌ده زنجیرله‌نن یوکسك طورووس داغلری ،

اوکده اوزون بر قیشك صولدوردوغی أتکلر ،
صوکره دونن ، دونرکن ایکله‌ین تکرلکلر ...

أللرم طاقیلیرکن روزکارلرك صاچینه
آصیلدی آرابامز بر داغك یاماجنه

هرطرفده یوکسکلك ، هر طرفده ایصسزلق ،
یالکز آراباجینك دوداغنده برایصلیق !
بوایصلقله اوزایان ، دونن ، قیوریلان یوللر ،
اویقویه وارمش کبی کورونن ییلان یوللر
باشنی قالدیرارق بوشلنی دیکله‌یوردی ،
کوکلر بولوطلانییور ، روزکار سرینله‌یوردی .
سرپیلمه‌یه باشلادی بریاغمور اینجه اینجه
صوك یوقوش نقطه‌سندن دوزلکه چوریلنجه

نهایتسز براووا آغارتدی بکزیمزی ،
یوللر برشرید کبی اقفه باغلادی بزی .
غربت بنی متصل چکییوردی کندینه
یول، هپ یول، دائما یول ... بیتمه‌یور دوزلك ینه .
نه‌جوارده برکوی وار ، نه برأوك خیالی ،
صوکم عدمدر دییور انسانه یولك حالی .
آرا صیرا کچیور برآتلی ، ایکی یایان ،
بوزوق دوزه‌ن طاشلرك اوستنده طیقیردایان
تکرلکلر یوللره برشیلر آکلاتییور ،
اوزون یوللر بوسسدن سیلکینه‌رك یاتییور ...

کندیمی قاپدیرارق تکرلکك سسنه
اوزانمشم ، قالمشم یایلینك شیلته‌سنه .

برصارصینتی ... اویاندم اوزون سوره‌ن اویقودن
کچیوردی آرابا یوله بکزه‌ر برصودن .
قارشیده حصار کبی نیکده یوکسه‌لییوردی ،
صاغ صرفدن چنغراق سسلری کلییوری :
آغیر آغیر اوکمدن کچدی دوه کروانی ،
برکنارده کوروندی بلده‌نك ویران خانی .
آلاجه برقارا کلق صارماده‌یکن هریری
آتلریمز چوزولدی ، کیردك خاندن ایچری .
بردوا بولمق ایچین باغرنده‌کی یارایه
طوپلانمشدی غریبلر شیمدی کروانسرایه .
برنقطه‌ده برلشمش وطنك دورت بوجاغی ،
غربت چکن کوکللر قوشانمشدی اوجاغی .
بریاریمنی کوردیمی کوزلر همان دالییور ،

کوکسلر چکیله‌رك نفسلر دارالییور ،
شیشه‌سی ایس باغلامش برلامبانك ایشیغی
هریوزه چیزییوردی بر حزن قیریشیغی .
کیت کیده برر آیت کبی درینلشدیلر
یوزلرده‌کی چیزکیلر ، کوزلرده‌کی چیزکیلر ...

یاتاغمك یاننده أسمر بردووار واردی ،
اوستننده یازیلرله خطلر قاریشمشلردی :

فانی برایز براقمش بورده یاتمشسه کیملر ،
آیغین بایغین مانیلر ، آچیق صاچیق رسملر ...
اویقویه وارمق ایچین بو حزین کونده ، أرکن ،
قاپانمایان کوزلرم دووارلرده کزه‌رکن
بردن بره قیپ قیزیل برقاچ سطرله یاندی ،
بودورت‌مصرع دکلدی ، صانکه دورت داملا قاندی.
بن غریب چیزکیلرله اوغراشیرکن باش باشه
راستلامشدم دوارده برشاعر آرقاداشه :

اون ییل وار آیریلیم قیناداغندن
بابا اوجاغندن یار قوجاغندن
برچیچك دیرمه‌دن سوکی باغندن
حدوددن حدوده آتیلمشم بن
آلتنده‌ده بر تاریخ : سکز مارت اوتوز یدی ...
کوزم امضا برنده باشقه بر آد کورمه‌دی .
آرتق بختك آچیقدر ، اوزون ایتمه ، آرقاداش ،
نه‌حدود قالدی بوکون نه‌عسکرلك ، نه صاواش ،
آرایه کیتدی دییه ایچلنمه بهاریکه ،

حدوددن كوتورديكك شان يتيشير ياريكه ! . .
ايرتهسى كون باشلادى كون دوغمادن يولجيلق ،
صوغوق برمارت صباحى... بوزطوتويورهرصولوق.
بولوطلرك آردنده كون ياغمادن سوريور ،
هويوكلر بر داغ كبى اوزاقدن كورونويور ...

ياغمزدن كچيور آغير آغير كاروانلر ،
بردره بكى كبى قورولمش أسكى خانلر .
بز بوصوكسز يوللرده واريورز ، كيت كيده ،
ايكى داغ اورتاسنده بوغولان بر كچيده .

صيق بر پويراز بنى تيترهتيركن ايچمدن
كچيدى آنلاتجه شاشيردم سوينجمدن :
آردمده قالان يرلر آكلاشيركن بهارله
اوكمدهكى أراضى ئورتولو شيمدى قارله .
بوكچيد صانكه يازدن قيشى آييرييوردى ،
بوراده صوك فيرطنه صوك دالى قيرييوردى ...
يابلمز توكهتيركن يوللرى عينى خيزده .
صاوروليله باشلادى قارلر أطرافمزده .
قارلر أطرافى بياض برقارا كلفه كومدى ،
قاردكل ، كوك يوزندن ياغان بياض ئولومدى ...
كوكلمده جان ويريركن كويه وارمق أملى
آراباجى هايقيردى : « ايشته عربلى بلى ! »
تاكرى ياردمجى اولسون غيرى يولده قالانه ،
بز منزله وارارق آتلرى چكدك خانه .

بزدن اول بورايه اينن اوچ درت آرقاداش
ئورمشديلر طوتوشان اوجاغه قارشى باغداش .

چیتیردایان چالیلر درت جانه جان قاتییور ،
کیمی حایدود ، کیمی قورت ماصالی آڭلاتییور...

کوزلریمه چوکرکن آغیر اویقو سیسلری
چیچکله‌یور دوواری اوجاغك عکسلری .
بوعکسله دوواردە چیزکیلر بلیریور ،
قلبمه آتش کبی شوسطرلر کیریور :

کوڭلمی چکسه‌ده یارك خیالی
آشمایه قدرم یتمز جبالی
یولجی‌یم برقورو یاپراق مثالی
روزکارك اوڭنه قاتیلمشم بن

صباحلین کوك یوزی پارلاق ، افق آچیقدی ،
کونشلی بر هوادە پایلمز یوله چیقدی ...
بوغربتدن غربته کیده‌ن یولك اوستنده
بن ئوچ موسم ده کیشمش کورویوردم ئوچ کونده .
اوزون بریولجیلقدن صوڭره اینجه صوده‌یدق ،
برخانده ، یورغون آرغین ، طاتلی بر اویقوده‌یدق .

کون دوغارکن بر ئولوم رؤیاسیله اویاندم ،
باش اوجمده کوردیکم شو سطرلره یاندم !

غریبم نامم کرم دیرولر
اصلیمی ایل آلمش حرم دیرولر
خسته‌یم دردیمه ورم دیرولر
مرعشلی شیخ اوغلو صاتیلمشم بن

بر كتابه قوقوسى دويولويور يازيكده ،
قورقارم ، يايا قالدڭ بوغربت چيقمازنده .
أى مرعشلى شيخ اوغلو ، أوليالر آداغى ،
بحتكه لعنت اولسون آشمادكسه بو داغى !
آز دكلدر ، وارمادن سنك كبى يوردينه ،
پوست ويره‌نلر يابانك حايدودينه ، قوردينه !..

آرابامز طوتاركن أرجيه‌شك يولنى :
« خانجى ، ديدم ، بيلدكمى مرعشلى شيخ اوغلنى ؟»
كوزلرى اوزون اوزون بورقولو قالدى بنده ،
ديدى :
— خانه صاغ ايندى ، ئولو چيقدى كچنده !

ياشاران كوزلرمده هرشى آرتق ده كيشدى ،
بزم غريب شيخ اولدى بورادن كچه‌مشدى ...
كوكلمى مرعشلينك ياقدى قارا خبرى .

آرادن ييللر كچدى ، ايشته اوكوندن برى
تعزمان بولده برخان راستلاسه‌م أبركيليرم .
چونكه سزده كيزله‌نن دردلرى بن بيليرم ،
أى كوپرى حدوده باغلايان ياسلى يوللر ،
دونمه‌يى يولجيلره آغلايان ياسلى يوللر !
أى غريب چيزكيلرله دولو خان دووارلرى ،
أى خانلرك كوكلمى صيزلاتان دووارلرى !...

فاروق نافذ

اوچك قوشلر

اوچك قوشلر اوچك دوغديغم يره ؛
اورمانلر قوينده بر سه‌رين دره
شيمدى داغلرنده مور سنبل واردر .
ديكه‌نلر ايچنده صارى كل واردر ...

او چاى آغير آقار ، يورغونمى بيلمه‌م ؟
ياسلى كلين كبى محزونمى بيلمه‌م ؟
مهتابى خسته‌مى ، صولغونمى بيلمه‌م ؟
يوجه داغ باشنده سياه تول و ردر ...

اورده كه‌چدى بنم كوزل كونلرم ؛
دستان عمريمى اوقور ديكلردم ؛
او دملرى آكوب بو كون ايكلردم ؛
ايچمده اورالى بر بلبل واردر ...

اوچك قوشلر اوچك... بورده وفا يوق
فريادمه قارشى عكس صدا يوق ؛
اويله آقار صولر ، اويله هوا يوق ؛
بو يانغين يرنده صوئوق آول واردر ...

رضا توفيق

غربتدن صله‌يه كيدركن

بابامك أولومی ايچون

«كيدوبده گلمه‌مك وار ، گلوبده كورمه‌مك وار..»
ديبه آغلاديغك كون كوزومده ياندى آننه ؛
او كسوز گوكلمده ينه بر درد اوياندى آننه !

تسلى ايده‌مه‌يور بنى نه كل ، نه بهار . .
شو اوكوزلك آجيسى درين . . چوق درين آننه ،
أڭ صوڭرا ايشته چيقدى سويله‌دكلرك آننه ! . .

أجلك قانلى يوزى صيريتيور باشيمده ؛
بيلمه‌يورم وارلغم آله‌ودن بر گولگه‌مى ؟
نيچين سوروكله‌ر بنى ، بيلمه‌يورم بو گمى !

دومانلى بر خاطره تيتره‌يور كوز ياشيمده !
حايقيرييور گوكلمه أنكين ده‌كيزلر ، داغلر :
« كيدوبده كلمه‌مك وار ، كلوبده كورمه‌مك وار..»

استانبول ـ عشاق ، ١٩٢٤

عمر بدرالدين

سیحان ساحللرنده

برقایا اوزرندن
سحرلی ، جوشغون جوشغدن
آقوب کیدەن سیحانه
دالدم‌ده غریب ، محزون ؛
دیدم : کوزەل آدانا
وداع ، بو آقشام ، سکا !..

بیاض برغروب واردی ..
سیحانك بللور سسی ،
طبیعت رؤیسنك
سودالی بربسته‌سی ...
دیدم : روحمی صارسین
کوزەل آدانا ، یاسك ...

یشیل ، ایپکلی تولل
سەریلمش افقه قادار ..
دالغالاندی ، أسنجه
طاتلی ، سەرین برروزکار ..
دیدم : آه ، بوصوك کیجه ،
کوکده آیی سەزنجه ...

اویانیرکن ییلدیزلر ،
اووا سکوته واردی ؛
صولرك دوداغنده
کیزلی بردعا واردی ...
دیدم : قالدم آغکده !
سحر وار طوپراغکده !..

آدانایه وداع —

کیزلی بردعا واردی ...
دیدم : قالدم آغکده !
سحر وار طوپراغکده !..

بیاض صاچلی طوروسلر
بولوطلره اوزانمش ..
اونلری کورەن انسان ،
براعتلایه قانمش ..
دیدم : دویارمی خسران ،
بویرلردن فیض آلان ؟

نفتی یوللردن کچدك ؛
طورونج باغچەلرندن
أسەن سەرین روزکارك
عطریله بایغیندم بن ..

دیدم : ئولمەز بر یاره
نصیبی بودیارك ..

*

باقدم کلدیکم یوله ؛
سیحان شیمدی اوزاقدی ..
شن یولجونك روحنه
برهجران رنکی آقدی ..
دیدم : کوزەل آدانا ،
وداع ، بوآقشام سکا !..

شکوفه نهال

غمزك أولومى

اوصباح آنا مكتبنك باغچه سنده فوق العاده بر تلاش و جانليلق واردى. طلبه بايرامى كونيدى. ايلك و اورتا مكتبلر قافله قافله مارشلر سويله يه رك سوقاقلردن كچيور، شهرك اوزاق مسيره لرينه داغيليورلردى.

الك اختيار طلبه سى آلتى ياشنده اولان بو آنا مكتبنك او قدر اوزاقلره كوتورولمه سنه امكان يوقدر. اونلر بايراملرينى - كندى مينى مينى و پايتاق آديملريله - يكرمى دقيقه چكن بردره كنارنده ياپاجقلردى.

حاضرلق دهشتدى. باغچه رنك رنك ألبيسه لرله جانلى بر چيچك تارلاسنه دونمشدى. اركك چوجوقلريكى پوطينلرينى سيليورلر، قيزلر بربرلرينك صاچلرينى دوزه لتيورلر، چوزولمش قوشاقلرينى باغلايورلر، دوكمه لرينى ايليكله يورلردى. آلتى ياشنده بر قيز طاش مرديوه نك باصامغنه اوطورمش، درت ياشنده بر اوكسوز آرقاداشنك سوكوك كوملكنى ديكمكه چاليشيوردى.

نهايت حاضرلق بيتدى، قافله يوله دوزولدى. بر أللريله طابورده آرقداشلرينك ألنى طوتويورلر، اوته كيله - رنكلى پاكتلر، مينى مينى سپتلر ايچنده - يه جكلرينى اويونجاقلرينى طاشيورلردى.

سوقاقلرده فضله كورولتو و انتظامسزلق اولماسين ديه معلمه لر چوجوقلره مارش سويله تمكه باشلامشلردى. بويوكلر كوكسلرينك بوتون قوتى، قلبلرينك بوتون سونجيله باغيريورلر، كوچوكلر يورومكده اولديغى كبى شرقى سويله مكده ده كرى قاليورلر، اكلنجه لى

بر قاریشیقلق اولویوردی .

طابورسوقاقلردن کچرکن پنجره‌لر آچیلیور، قادین باشلری صارقیور، دکانلردن صاتیجیلر چیقیوردی .

***

بو آنا مکتبنك بوتون کزینتیلرده اولدیغی کبی آلای باشنی ینه «غمسز» چکیوردی .

غمسز صاری تویلی اختیار بر محله کوپکیدی. انسان کبی آکلاییشلی فقط انساندن داها وفاکار بر مخلوقدی .

غالبا سرسری، قلندرمشربی ایچون اوکا محله‌ده غمسز دیمشلردی. فقط حقیقتده او - کوپکلرك اك غملیسی ایدی، برقاچ سنه‌أول بویوك بر ماتمه اوغرامشدی. درت یاوروسنك بردن زهرله‌ندیکنی، کوزینك اوکنده قیورانه قیورانه أولدیکنی کورمشدی . اونلری کوتوره‌ن سوپرونتو آراباسنك آرقاسنده اوزاق محله‌لره کیتمش، بر هفته کری دونمه‌مشدی .

اونك‌ده بر یرده بر قضا أجلنه اوغرادیغی ظن ایدنلر اولمشدی. فقط قلندر ومتوکل کورونوشنه رغماً او چوق کوزی آچیق بر کوپکدی. جنسنك دوشمانلرینی أیی طانیر ، حتی بعضاً اونلره ایناڼیور ، زهرلی اکمکلرینی ییور، طوزاقلرینه دوشویور کورونه‌رك آلای بیله ایدردی. بناءً علیه اونك بر یرده أولوب قالماسنه امکان یوقدی. نیته کیم بر هفته صوکرا تکرار محله‌یه دونوب کلمشدی . یالکز بر آز داها اختیار ودوشکون ، اوزون صاری تویلری بر آز دها چامورلی ، باجاقلری بر آز داها بره‌له‌نمش اوله‌رق ...

بیلمم یالان، بیلمم دوغرو، محله قادینلری اونك ایچون بر وقعه آكلاتیرلردی. غمسز كویا چوجوقلرینك أولومندن صوكرا یاشامق، ایستەمەمش... بلدیه قولوبەلرینك قارشیسنده دوروب بوینی بوكمش، یالواریر كبی كسیك كسیك اولویەرق چوجوقلرینی أولدورن یەجكدن ایستەمش... حتی بردفعه زهرلەنمش فقط أولمەمش... چوق اضطراب چكدكدن، چوق سورونَدكدن صوكرا تكرار آیاغه قالقمش...

غمسز چوجوقلرینك أولومندن صوكرا محلەیه داریلمش، آنا مكتبنك آرقاسندەكی ویرانەیەچكیلمشدی. سوقاقده همان هیچ دولاشماز، یالكز زمان زمان مكتبك باغچەدیوارندن ایچری آتلار، چوجوقلرله اوینار، اوكله وقتی اونلرك آرتیقلرینی یردی.

چوجوقلره بویوكلردن فضله امنیت ایتدیكی، اونلردن اساسلی برضرر كلەیەجكنی بیلدیكی ایچونمیدی؟ یوقسه اونلركده ـ كندی أولمش كوچوكلری كبی ـ معصوم ومدافعەسز مخلوقلر اولدیغنی حس ایتدیكی ایچونمی بویله یاپیوردی؟

معلمەلر بوآلتون صاریسی كوزلرنده محزون بر وفا ایله باقان، چوجوقلرك هرنازینه، هرجورینه تحمل ایدن اختیار سوقاق كوپكنی قوغمامشلر، بالعكس كیزلی كیزلی حمایه ایتمشلردی. حاصلی غمسز مكتبك خدمەسی، قاپیجیسی نوعندن برامكدار، كوچوكلرك الك سوكیلی برآرقاداشی اولمشدی.

آنا مكتبلری انسان جمعیتلرینك كوچولتولمش نمونەلری كبیدر. اورادەده فقیرلك، قیلیقسزلق، عائلەیه عائد برلكه الخ كبی سببلرله

سوسیه‌ته خارجنده برقیلان یاخود وقتسز بر انزوا میلیله اوندن‌قاچان «یالکز»لر واردر. غمسز بالخاصه بو کوچوك «یالکز»لرله آرقاداشلق ایدر، باغچه‌نك بر کوشه‌سنده اونلرله آغیر آغیر دولاشیردی.

کوچوك قلبلرنده سویله‌نیله‌مه‌یه‌جك دردلر و انفعاللر طاشیانلر اونك چامورلی آیاقلرینی ألمری ایچنه آله‌رق قونوشورلردی.

غمسز حالنه کوره خسته باقیجیلیغی بیله ایتمش، بر کون باغچه‌ده قوشارکن یره یوارلانان برمینی‌مینیك بره‌له نمش دیزینی دیلیله یالامشدی.

قافله آرتق محله‌دن چیقمش، یشیل تارلالوك آراسندن کچن بر اینجه پاتیقه‌یه دوشمشدی. غمسز الك اوکده مغرور و متوکل طوریله یورویوردی. فقط نه‌دنسه بو کون اونده برنشئه‌سزلك، آکلاشیلماز بر دورغونلق واردی.

***

نهایت بایرام برینه وارلدی. بوراسی کولکه‌لر ایچنده سرین بر ایرماق کناریدی. صولرك ایچنه یشیل سوکودلر صارقیوردی.

کوچوکلرك ولوله‌سندن چاییرده‌کی قوشلر اورکوب قاچمشدی. شیمدی کون اونلرکدی. قوشوشه چیغریشه اطرافه داغیلیورلر، آغاچلره طیرمانوب چمنلرده یوارلانیورلردی. آقشامه دها دنیا قدر زمان اولدیغنی حساب ایده‌مه‌یه‌رك قوتلرینی، نشئه‌لرینی اسراف ایدیپوزلر، حتی ییه‌جکلرینی، یمشلرینی یمکه باشلایورلردی.

غمسزده بر آرلق جانلانمش، چوجوقلرله برابر اوینامق ایسته‌مشدی. فقط بردن بره دوردی، باشنی قالدیره‌رق آجی آجی اولودی. صوکرا

یاواش یاواش اوزاغه چکیلدی، ایکی بویوك طاشك آراسنه قیوریلوب یاتدی.
غمسز خسته یدی . چوجوقلر درحال بونی فرق ایتدیلر . یمك
کوتوردیلر . او ویریلن ییه جکلری یمه یور، آرا صیرا تیتیزله شیور ،
یالکز براقالری ایچون یالواریر کبی دیشلرینی چیقاره رق خفیف خفیف
باغیریوردی .

غمسزك اضطرابنی وباقیشلرنده کی پریشانلغی معلمه لرده کوردیلر .
— یاقلاشمایك چوجوقلر... حیواندر بو.. بلکه قودورمشدر، دیدیلر.
چوجوقلرك آلدیرمادقلرینی کوره رك خدمه لردن برینی نوبتجی
براقمغه مجبور اولدیلر .

***

بویوجك طلبه لردن بری — آلتی یدی یاشلرنده بر قیز — بردن
بره بر شی خاطرلایارق باغیرمغه باشلادی :
— ایواه غمسزی زهیرله دیلر ... بو صباح بر شی آلمق ایچون
بقاله کیتمشدم ... کوشه باشنده سوپرونتولکده غمسزی کوردم...
اوته کی کوپکلرله برابر برشی ییوردی ... مطلقا زهرلی اکمك ییدی.
معلمه لر اختیار کوپکدن بویله بر احتیاطسزلق بکله مه یورلردی .
فقط چوجوغك دیدیکی دوغرویدی . غمسز بوتون زهرله نن کوپکلرده
کورولن اختلاجلرله قیورانمغه ، چارپینمغه باشلامشدی .
چوجوقلرك نشئه سی بردن بره سونمش، چاییره بر اسکی مزارلق
سکوتی چوکمشدی . بعضیلری صیزلدانوب آغلایورلردی . یاپیلاجق

برشی یوقدی .

مکتبك پك سوكیلیسیده اولسه ، بر كوپك یوزندن بربایرامك كوچوكلره زهر اولماسنه مساعده ایدیله‌مزدی . معلملردن بری :

— چوجوقلر قورتاییك.. سز بیلمزسكز.. غمسز بر كره‌داها زهرله‌ندیده قورتولدی ... اوكا برشی اولماز ... هایدی اویونكزه دییه باغیردی .

كوچوكلری یاری زورله داغیتمغه باشلادیلر . بعضیلری آغلامغه دوام ایدیبور ، بعضیلری خوجانك سوزلریله كندیلرینی تسلی ایده‌رك: « غمسز غیرتلیدر ... برشی اولماز » دییوردی . حتی كوچوك اللرینی آچه‌رق اونك ایچون دعا ایدنلر بیله واردی .

معلمه‌لر نهایت باشقه بر چاره دوشوندیلر . بایرام یرینی ایكی اوچ دقیقه اوزاقده بر باشقه آغاجلغه نقل ایتمك ... بطانیه‌لر ، پاكتلر طوپلاندی وقافله غمسزی یالكز براقه‌رق ، حركت ایتدی .

***

چوجوقلرك آراسنده درحال كیزلی برتشكیلات یاپیلمشدی. اوچ بش دقیقه‌ده برطله‌دن ایكیسی غیب اولویور، كیزلیجه غمسزی كورمكه كیده‌رك اوندن خبر كتیرییوردی. حوادث درحال كوچوكلرك آراسنده یاییلیور ، الك مینی مینیلر بیله بونی معلمه‌لردن صاقلایوردی .

بر ساعت صوكرا ینه فجیع بر خبر كلدی . غمسز أولمك اوزره ایدی . صاقلاندیغی طاش قوغندن چیقمش ، متمادیاً چارپینیوردی . آغزی ، كوزی ، آیاقلری قان ایچنده‌یدی . آرتق نه امر ، نه‌تهدید چوجوقلری ضبط ایده‌مه‌دی . هپ بردن آغلاشوب باغریشه‌رق

قوشمغه باشلادیلر . معلمه‌لر ایکیسنی اوچنی زورله یاقالاسه سکزی اونی قورتولوب قاچیوردی .

مع‌مافیه آرتق کوپکه یاقلاشمادیلر . غمسزك چیرپینماسی قورقونج بر شیدی . کاه یرده دءبه‌له‌نیور ، آیاقلریله طوپراقلری قازیور ، کاه قانلی آغزینی کوك یوزینه قالدیره‌رق ، تهدید ایدر کبی ، مشئوم بر سسله اولویوردی . نهایت صوك بر غیرتله طوپارلاندی . ایچنده‌کی آتشی تسکین ایچون ایرماغه دوغرو قوشمغه باشلادی .

***

ایرماق کنارنده‌کی اینجه تحته کوپرونك یاننده بش یاشنده ایکی مینی مینی قیز واردی . بونلر کوپکك توزی دومانه قاته‌رق کالدیکنی کورونجه قورقدیلر . تحته کوپرودن قارشی‌یه کچمك ایستدیلر . فقط بریسی تلاش ایله ایرماغه دوشدی ، چیرپینمغه باشلادی .

غمسز بوقضایی کورونجه بردن‌بره دوردی . یولنی دکیشدیردی . تحته کوپرویه قوشدی . چوجوغك آرقاسندن صویه آتیلدی . اونی آغزیله اتکندن یاقالادی . معلمه‌لر یتیشنجه‌یه قدر اونی صویك یوزنده طوتدی .

صوکرا آرتق طاقتی کسیلمش کبی کندینی براقدی . بر ایکی کره‌دالدی ، اطرافنده‌کی صولری کوپورتدی وأولدی . قاص‌قاتی کسیلمش وجودی صویك ضعیف آقینتیسنه اویه‌رق یاواش یاواش اوزاقلاشدی .

رشاد نوری

فاره یاوروسی ، کدی خوروس

بر کوچوك فاره ؛ یاورو ، تجربه‌سز ،
بن نه کوردم بو کون بیلیرمیسکز ؟
کورمه‌مشدم ، دوروك ده آکلاته‌یم :
دیدم چیقوب ایرکن ،
دولاشمق ایسته‌رکن ،
ایکی حیوان ... سویملی ، نازلی بری ؛
صداسی تیز غیت ؛
صانکه قوللر برر قانات ، چارپار .
خوروسك حالی یاورونك کوزینه
یا دییوردی دوام ایدوب سوزنه ،
کورمه‌دم اویله وحشینه قیلیق .
اودوم قوپوب سسدن ،
نه طاتلی یوز دیرکن ،
دیکریله ... او نازلی بر حیوان
متواضع باقیشلی ، روحی صیجاق ،
طوری ساکن ، کوچوك تولاقلری وار ؛
اینجه قویروقله ، خوش یوزیله بزه
هایقیروب قورقو آلماسایدی بنی ،
او زمان باقدی آننه یاورسنه ،
دوشمه اصلا کوروشمه قایغوسنه .
باغیران بالعکس ضرر ویرمز ؛
دیدی آقشام کورونجه آننه‌سنی :
اویله شیار که هیچ نشانه‌سنی
نه‌یه ایش وقتی کزمه‌یوب یاتایم
شو داغدن آشدم بن ؛
کوروندی آز اوته‌دن
پك خشونتلی ، پك یامان دیکری
باشده بر قوجه أت .
طیبقی یلپازه ؛ برده قویروغی وار .
بویله چیرکین فنا کورونمشدی .
یا او کوزلر ناصل ده دونمشدی !
صوکره بردن قوپاردی بر چیغلق !
او آنده قاچدم بن .
کوروشمك ایسته‌رکن ،
بزه چوق بکزه‌یوردی آننه ، اینان ،
جلدی تویلرله قاپلی ، کوز پارلاق ،
بزی البت بیلیر ، سوەر ، آکلار .
به‌کزه‌یور چونکه ... آه او بر کوه‌زه ،
صوراجقدم طانیردی بلکه سنی .
دیدی : یاوروم ، اوسودیکك کدی‌در ،
چونکه دوشمانلرك او ، اك بدی‌در ،
بزه اوندن اوزاقلق الویرمز .

کدی لکن وجودیمزله دویار ؛ حال و طوریله بویله کوزده بویار .
عمرك اولدقجه سن صاقین قانما ؛ باقارق شکله یاوروم آلدانما . .
سراج الدین

پازار اوله ....!

« حسن » بکی کیم طانیماز ؟.. زمانك یکانه کولر سیماسی! طبیعتك ساخته بر نمایش ایله ایکی آرشونلق کووده سنه ربط ایتدیکی قوجامان بر قفا اوزرینه آبانی صاریلی ، موسمنه کوره قاتمرلری آره سنه فولیه ، زرین ، سنبل ، کل ، حتی فسلکن دالی طاقیلی ، دائما یانپوری طوران بر فس قوندیرك ، رنکی اسمر کنیش بر آلن آلتنه قاره ایکی ابروی سرتیز ، حال وقالندن هر وقت ممنون اولدیغنه دلالت ایدن لمعه دار ، اوزون کیرپیکلی ایکی چشم سیاه ، متناسب بر برون ، قسم فوقانیسی متناظر غیطان بیقلرله مجهز آز بیوجك بر آغیز ، یاصصی بر چکه ، فقط اینجه بر کردن رسم ایدك . حتی کیدیروب قوشا - دەرق برازده چکی دوزن ویرك ، کورمکه ، فوطوغرافیسنه حاجت قالماز .

نەزمان تصادف ایتسەم یوزندەکی آثار تبسمی تروتازه

بولوردم . حال مجذوبانه خاص بر صفوت نظر ایله اطرافنه باقه‌رق هر دکانه هر صاتیجی‌یه ایشنه ، مالنه کوره :

— بازار اوله ، بقال باشی ،

— بازار اوله بالقجی ،

— بازار اوله آشجی بابا ،

دییه‌رك یورور کیدر . اصناف . عادتا (حسن) بکی اغور عد ایتمش ، آنك بازار اوله‌سنی خیرلی بر مفتاح بالله‌مشدر . شرق ، بیلك درلو معتقداد آره‌سنده صافیت وجدانیه‌سندن امین اولدیغی مجذوبیدن ده استمداد ایتمك درجه‌سنده معنویاته دوشکوندر . دون ، بونك حاله موافق بر شکلنی دها کوردم : اوستی باشی تمیز ، اختیارجه بر قادین ، غالبا یا اوغلی ، یا طورونی میدان حربده اولاجق که ایشیدیلیر درجه‌ده آشکار بر بسمله چکه‌رك ، (حسن) بکه یاقلاشدی ، دیدی که :

— اوغلم ، حسن بك صالف[۱] اوله‌جقمی ؟

حسن بك لاقید ، متبسم ، النده‌کی اینجه آیلاندورز دالنی صاللایه صاللایه ایلریلیه‌رك :

— بازار اوله خانم آننه !

زواللی قادین اوقدر سوینديکه اوموزلرینی اوقشایه اوقشایه :

---

[۱] صلح

— بو پازارمی اوغلم ؟ ..

دیه ایکنجی براستفساره دها قویولدی . فقط هیهات ! جواب آله‌مادی ... چونکه حسن بك فیچیسنی بردوش ایتمك اوزره بولنان برینه طوغری ایلریله‌مش ایدی . قادینك :

— بو پازارمی ؟

سؤالی آغزنده قالدی ، بكك طاتلی سسی :

— پازار اوله ترشیجی !

دیه عكس ایتدی .

نه مطابق بر تصادف حسن ، نه‌قدر مسكت بر جواب معنیدار !

لكن قادین اورالرده‌می یا ! آرقه‌سندن بر مدت دها باقدقدن صوكره یانده‌كی كنج حبشی‌یه :

— آنلره معلوم اولور اما سویله‌مزلر . ومیزله [۲] آ كلاتیرلر .

. . . .

دیدی اما حسن بكك اوته‌كی سوقاقدن حالا سس كلیوردی :

— پازار اوله قصاب باشی !

. . . .

---

[۲] رموز

احمد راسم

بورا ایله کونش

صوك بهار ابتداسی بر کوندی :
بورا چیقمش ، کونشله بر تپه‌دن ،
تپه‌لر سیسلی ، هر طرف ساکن
آتلی بر یولجی کوردیلر کیدییور ؛
مانتو کیمش ، باشنده باشلغی وار .
قورقار البت .. دیدم یا بن . کوزدی ،
دیدی : بندن قاچان شو یولجی‌یه باق !
ایسته‌سه‌م دوکمه ، قوپچا ، هپسی کیدر ،
أسه‌یم شیمدی آکلاسین سرسم ؛
اوکا لکن کونش کولوب دیدی که :
کیره‌رم بحثه بن سنکله بوکون
أمکك برهوا اولوب کیده‌جك .
سن چالیش ، صوکره بن‌ده بر دنه‌یم .
هایدی اطرافی قاپلا ، قوش ، صالدیر ؛
بورا شدتله کوکره‌یوب یورودی ؛
هر طرف قاپ قارانلق اولمشدی ؛
قیریلوب دال ، آغاج بوتون یاتدی .
نه‌یی بولدی ایسه یولده ایتدی سقط ،
او صاوورمش بوهپ صاریمشدی ؛
بورا بر کون سوروب آچیلدی هوا ،
صیرا کلمشدی عاقبت کونشه ،
هر طرف حزن ایچنده ئولکوندی .
باقیورلردی بر صباح ایرکن .
اودادن چوق کچنده یوق ؛ لاکین
بللی یاغموردن احتراز ایدییور .
قورقار البت ، امین دکل هوالر !
بورا ، مستهزیانه بر سوزدی .
مانتو کیمکله صانکه قورتولاجق .
او زمان مانتودن قالیرمی اثر ؟
مانتو صیرتنده دورماز ایسته‌رسه‌م ،
صولتك پك شدید اولور بلکه ؛
أسمش اولساك خشونتکله ، بوتون
زورله ممکن دکلدر ایش کورمك !
سنمیسك حقلی ، بنمی ؟ اوکره‌نه‌یم .
نه قادار وارسه توز ، دومان قالدیر !
ارضی مدهش ایکیلتیلر بورودی .
اووا چیغلقلرله دولمشدی .
اوچدی داملر ، سفینه‌لر باتدی ...
یولجی قالمشدی مانتوسیله فقط .
قویتو برلر بولوب باریمشدی .
مانتو صیرتنده یولجینك حالا ،
نه قادار طاتلیلقله کیردی ایشه :

ایصیتوب کائناتی یوکسلدی ؛ مانتو سیاحه پك آغیر کلدی .
چیقاروب خورجه درعقب قویدی ؛ بو صواری‌یی طاتلیق صویدی .
آکلا یاوروم نه حقلی دعوادر : طاتلیلق ، زورلقدن اولادر !

« لافونته‌ن » دن
سراج الدین

بوزغون

مسلمانی ، تورکی دشمن سورومش
(آلتون طاغ) اوستنی دومان بورومش
روحلرله ملکلر افقه یورومش ؛
باشنی چویروب باقان قالمامش ،
تا گری قورقوسنی دویان قالمامش :

آغلا ، کوزم آغلا ! هجران یاراشیر ،
وطنسز أرککه ، زندان یاراشیر !

(حق کونشی) میدر قارشیمده باتان ؟
نازلی نینه‌م میدر یرلرده یاتان ؟
(سنمیسك سنمیسك أی غریب وطن !؟)

ایللره صاتلمش عرضك ، یاشماغك ،
خراب ایدلمش اوتاغك ، باغك :

آغلا ، کوزم آغلا ! هجران یاراشیر ،
أرککسز وطنه دشمن یاراشیر !

أی اوکسوز اوجاغم ! زواللی آنا !
قیدیلرمی سکا ؟ قیمادن جانه ؟
قارەمی سورولدی أسکی برشانه ؟
ربك مکاننه صنم آصیلمش ،
بم بیاض آلنکه نەلر یازلمش !

آغلا ، کوزم آغلا ! فغان یاراشیر ،
قیغوسز ایمانه خسران یاراشیر !

نەابتدیلر سکا ، نه اولدی بکا ؟
قولاغمی ویردم اوررولان چاکه ،
برغریبلك کلدی ، چوکدی هریانه ،
اسلام دیارنده قرآن آغلیور ؛
قرآنی باشنده ، توران آغلیور !

آغلا ، کوزم آغلا ! فغان یاراشیر ،
بلبلسز باغکه خزان یاراشیر !

روم ایلی طوتوشدی ، وطن داغلدی
ـ تورك قوزولرینه آلتون آغلدی ـ
جان ممه‌لرندن قانلر صاغلدی
قوجاغنی آچوب صاران نره‌ده ؟
ارطغرلك اوغلی عثمان نره‌ده ؟

آغلا ، کوزم آغلا ! هجران یاراشیر ،
غنجه‌سز بلبله فغان یاراشیر !

اوتان ای تورك اوغلی ، حالـگدن اوتان !
بونیمی دیله‌دی سندن قایی خان ؟
بویله‌می امر ایتدی اولو یارادان ؟
خداوندکاری صوران یوقمیدر ؟
فاتح تربه‌سنه واران یوقمیدر ؟

آغلا ، کوزم آغلا ! هجران یاراشیر ،
قورومش سینه‌یه آل قان یاراشیر !

معبدلر دکیشمش ، آتلمش کتاب !
نه‌خانمان قالمش ، نه‌ده براحباب ؟

جبر ایله قاتلمش زمزمه شرلب ؟
قالمامشمی دویان ، آغلایان ، أولن ؟
هرطرفی صارمش سوین ، کولن ؛

آغلا ، کوزم آغلا ! فغان یاراشیر ،
کور اولەسی کوزه طغیان یاراشیر !

آقان صولرندن قانلر چاغلیور ؛
توتمەین اوجاقلر وجدان داغلیور ،
چولوق ، چوجوق ، کلین ، جوان آغلیور ،
دشمن بایراغنی یپرتان آرادم ،
ناموس اوجاغنی قوران آرادم ،

آغلا ، کوزم آغلا ! فغان یاراشیر ،
ایمانسز جهانه طوفان یاراشیر !

۱۸ کانون ثانی ۱۳۲۸
آقا کوندوز

أسکی رمضانلری یاد

— اغلا چشمم ، اغلا ، دورما ... —

أوت ، بیامم بو شرق پارچەسی نرەدن ، ناصل بردن بره عقلمه کلدی : « اغلا چشمم ، اغلا ، دورما ! » سـاعتلر وارکه کندیمه حاکم اولامیەرق متصل اونی تکرارلیور .. أودە هم آشاغی یوقاری دولاشیور ، همدە اونی میریلدانیورم . آه ، اسکی رمضانلر ، چوجوقلغمك رمضانلری ! او زمان رمضان قیشه ، قارلی ، بوزلی کونلره تصادف ایدردی ، کوزلریمی قاپایوب

چوجوقلغمك رمضانلرینی دوشونمك ایسته‌دكجه ایلك اوكجه ، دائما شویله بر منظره كوردم : قارا یلك صاوورد‌یغی پارچه‌لری آلتنده ، كیجه ، تراویحدن چیقان غمسلەلی ، و قوقوله‌ته‌لی بر سیاه جم غفیر ... یرلری خاشیرداتان بر آیاق سسی و آردی آراسی كسیلمه‌ین اوكسوروكار ! بو اولدجه قورقونج و اولدجه هیبتلی منظره‌دن صوكره یاواش یاواش رمضانك بوتون صفحه‌لری خیالمده جانلانمغه باشلار . اولا عرفه كونی خاطرلارم ، ایوبی و عائله مزارلرینی زیارته كیتدیكمز كونی ... اوده رمضان تمیزلكی بیتوب كیلار یراشدكدن صوكره حمام یاپاردی ، رمضان حمامی... بو یكرمی دورت ساعت ، كیجه‌لی كوندوزلی سوره‌ر ، بوتون اوك خلقی ، اوزاق ، یاقین آقرابا ، حتی قومشولرده كیره‌ردی . آرتق باشقه ایش قالمازدی . عرفه كونی اركن‌كار بر طرفدن ، قادینلر اوبر طرفدن ، محقق ، حضرت خالدی زیارته كیتمك معتاددی . تربه‌دن اول مزارستانه اوغراردق ؛ ادرنه قاپیسی خارجنده عائله مزارانی ... اویله خاطرلایورم كه یالكز باشمه اوراجاغی، الآن ، بولمایه امكان یوقدر . بو سرسری و مزار طاشی اورماننك قویو ، اوغولتولو ، اوجری بر كنارنده اعمار وتزیین كورمه‌مش یوصونلی قبرلر ... اوراده اوقور ، اوفلر ، یوره‌كمزده عینی زمانده بر كه‌نیشلك و قسوت دویه‌رق ، غالبا وظیفه‌مزی یاپمقدن متولد بر فرح وثولومه یقین بولونمقدن متحصل برملال ، آهسته آهسته آرابه‌لریمزه بینردك . بو نه بویوك ، نه اوجی بوجاغی بولونماز بر سروستاندی ... تا ایوبه قادار لوشلق ، اوغولتو و یالكزلق ایچنده ، قونوشمق جسارتنی بولامیه‌رق ، عادتا پرخشوع ، كلیردك . اوراده بزی حیات بردن قارشیلار ، قوجاقلاردی: اویونجاقجی دكانلری ، شكرجیلر ، قهوه‌لر و دیلنجی قافله‌لری ... تربه‌نك آولوسنه نه كوجلكله ، ایتیشه قاقیشه كیریلیردی ... ایكنه آتسه‌ك یره دوشمزدی ، فقط قومرولر ینه دولاشه‌جق یر بولور ، او كون داری ییمكدن قورصاقلری هكبه كبی شیشردی . خانملر تربه‌یه كیرمزلردی ، دیشاریده حاجت پنجره‌سنده اوقویوب كری دونرلردی . اركاركله كیتدیكم زمان تا كوموش ایشله‌مه‌لی صندوقه‌یه قادار ، پر حرمت وطاعت یورور ، ایكلیه ایكلیه ، حتی كوزیمزدن یاشلر كله‌رك اللهه یالواریر ، شكر ایده‌ر وكری كیده‌رك دیشاری اویله چیقاردق . او زمان صدقه صیراسی كلمش اولور ، اطرافمزی پلاسپاره‌لر كیمش قوجه قاریلر ، قادینلر و چوجوقلر صارار ، هپسنه چیل غروشلر داغیلیردی . انعام صاتان اختیار بر حاجی ، تسبیحجی‌یه و داری داغیتانلره‌ده اوغرار ، اونلركده كوكللرینی آلیردق . صوكره اون قاپانی جاده‌سندن ، جبالی‌یی ، بالاطی یكه‌رك بر اكلنجه‌لی غلبه‌لك یول باشلاردی . بن اك چوق اوراده اكله‌نیردم : كوركلی یهودیلر وآتقیلی قیزلر سیر ایده‌رك ...

كچن سنه ، اون ییللق بر فاصله‌یی متعاقب ، عرفه كونی ینه تربهٔ خالدی زیارته كیتدم : آولی بوم بوشدی ، شادروانده صولرك سسی و قووقلرده قومرولرك دم چكیشی ایشیدیلیور ، قاپیده تك بر آرابه ، بنم آرابه‌م بكلیوردی . كوكلم حزن ایله ، اوكسوزلكله دولدی . بو قادار آز

زمانده بو نه بویوك تبدلدی ! بز اورایه قار فیرطینه‌لری ایچنده قوشار ، کیده‌ردك ؛ شیمدی ؛ بهار و کونش ایچنده بیله کلن یوقدی ! نه دییه‌یم : آغلا چشمم ، آغلا ، دورما !..

***

رمضانك اوز بشندن صوکره ، ینه بویله ، بوتون ، أو خلقنك اهمال ایده‌میه‌جکی بر زیارت داها واردی : حرقهٔ شریف زیارتی . بونك ایچون‌ده ترتمیز حاضرلانیر ، یوله کوکللریمز ذکر وعبادتله طاشقین ، اویله چیقاردق . فاتحی کچه‌رك بعضی دار سوقاقلردن دولانه دولانه نهایت بیاض بر جامعك اوکنه واریردق . انسان ییغینلری آراسندن یول بولوب قاپی‌یه یاناشمق نه کوچ ایشدی . . نهایت ، زور زار ، کیرر ، بم بیاض حاصرلی یوللردن یورویوب یشیل آطلسدن بر مبارك بوخچه‌یه یوز ، کوز سوره‌ردك . دیشاریده خلق قایناشیردی ، فقط بو حجره‌ده واوكا منتهی دهلیزلره اخروی بر سکون حکم سوره‌ردی چیقارکن بر مدت ، ینه کری کری یورردك . ایشته

او زمان چوجوقلغمك أك هیجانلی بر دمی باشلادی : آولوده اوزون اوزون پول شیشه‌لره دولدیرلمش رنکرنك بویالی صولر صاتارلردی . بونلر نه ایدی ؟ معناسی ، خوشلنی نره‌سنده ایدی ؟ اونی الآن بیلمیورم ، تخمین ایده‌میورم . غایت ابتدائی بر نوع اویونجاق ویا سوسدی ، فقط دورك بوتون چوجوقلری اوکنده دیکیلیر ، قالیر آلمانجه کیتمزدی . بکا :

— هایدی ، اوچ دانه سچ باقالم ؟

دیرلردی . بر مور ، بر طورونجی ، برده صاری سه‌چردم ؛ یول بکا اوزون کورونوردی ، آه ، بر أوه واروب اویناماغه باشلاسه‌م ... فقط بو شیشه‌لرك اویناماغه هیچ بر منتی یوقدی . همان صولرینی موصلوغه بوشالتیردم ؛ کری‌یه بنکلی ، دالغالی و آغز طرفی قیریق نقیل ، پچمیسز جاملر قالیردی و ألمی ، بر یریمی کسمه‌سین دییه اونلری‌ده اوصولجه‌جق آلوب آتارلردی . فقط او بش ، اون ، دقیقه‌لق هیجان نه کوزه‌ل شیدی و یکی بر رمضانی و یکی بر حرقهٔ شریف زیارتنی بکا نه صبرسزلقله بکله‌تیردی !

کیم بیلیر ، شیمدی ، اوراسی‌ده نه بوم بوشدر ... بلکه او رنکلی شیشه‌لری یاپان وآلان‌ده قالمامشدر . آه ، نه دییه‌یم : آغلا چشمم ، آغلا دورما !

***

رمضان ایچنده بنی بر دفعه سلیمانیه جامعنه تراویحه و قدر کیجه‌سی‌ده آیاصوفیه‌یه کوتورویورلردی . سلیمانیه ... او نه اولو معبددی ، او نه جوهرلی بر مسلمان جماعتیدی ،

مؤذنلرده‌کی او نه سسدی و خلق سجده‌یه واریرکن او نه هیبتلی بر غلغله ایدی ! سلیمانیه جامعنده بر تراویح نمازی ... بونی آنادولینك هر رمضاننده بیلمزمیسکز نه تحسرله آکار ، آراردم ! اسکی استانبولك جامعلری و رمضانلری ... بونی بیلن ، بونی طادان مسلمانلر ولایتلرك رمضانلرینی نه دار نه هیبتسز ونه شعشعه‌سز بولورلر ... یا قدر کیجه‌سی آیاصوفیه ! بوتون بزم أوده‌کیلر ، او کیجه ، کوکلرك آچیلوب اوستمزه نورلر یاغدیغنی کوره‌بیلمك ایچون پنجره اوکلرنده قرآن اوقورلر ، نماز قیلارلر ، تابصباح عبادت ایده‌رلردی . بزده آیاصوفیه‌یه کیدردك . بن متمادیاً یا‌ نمده کیلره :

— ترلی دیره‌که کیده‌لم !

دییه یالواریردم ، أوت ترلی دیره‌ك بویله خاطرمده قالمش ، بر صوماکی دیره‌کدی‌که ایچنده بر مجلا اویوق واردی ، اورایه دیزلرمدن طوتوب قالدیررلر ، پارماغمی صوقاردم . صوکره برربرر ، هر کرسینك اوکنده دوروب آیاقده دیکلردك ./ بعضاً یا نمده‌کیلر بویوکارم ، یا قرآن اوقویان حافظك سسنی ، یاخود وعظ ایدن خواجه افندینك علمنی بکه‌نیرلر ، بر یر بولوب اوطورورلردی . بن‌ده دیز چوکردم . بو بیکلرجه خلق ، بو قوجامان ستونلر ، بو یوکسك قبه ، بو طوپ قندیللر ، بو کور سسلر بنم مینی مینی روحم و مینی مینی جثه‌م ایچون او قادار بویوك ، او قادار آغیر ومدهش کلیردی‌که عادتا أزیلدیکمی بر قرنجه کبی چیکنه‌نوب بیتدیکمی حس ایدر ، قورقار ، صوقولور و بعضاً ده اویوردم .

آه ، بویله دین وعبادت ایچنده عنعنه‌لره باغلی بویومك نه خوشدر ... ناصل شعشعه‌لی ماضیلر بزی مملکتمزه باغلار وهر خاطره بر صیزی کبی یوره‌کمزی یاقه‌رق وطن سوکیسنی ودین مربوطیتنی ایچمزده صاغلاملر ... حالبوکه ، آرتیق بابالر یاورولرینك ألندن طوتوب سلیمانیه‌یه تراویحه قدر کیجه‌سی آیاصوفیه‌یه کوتورمیورلر ، دینمزك عظمتنی کوربه ذهنلره نقش ایتمیورلر . نه دیمه‌لی ؟ آغلا چشمم ، آغلا دورما !

/

* * *

رمضانده بر کیجه‌ده ، بنی یك سوه‌ن رجالدن برینك قوناغنه افطاره کوتورورلردی ، طوپه بش قاله قاپیدن کیره‌رك ، دائما بویله ، حسابلی کلمك عادتدی . اوشاقلر همان قوشوب بزی یوقاری قاته چیقاریرلردی . خانه صاحبی زیارتمدن ممنون اولوردی ، فقط ، اوروج کینی ، بو مسرتنی بیلدیرمز ، تشریفاتله ، رسمیتله آیاغه قالقار :

— شویله بویوریکز شویله تشریف ایدیکز ؟

دیبه باش کوشه‌ده بر کوستررده . هرکس تسبیح چکردی ، لاقیردی اولمازدی . اوداده‌کی ساعتلرك طیقیردیسی نه جانلی ، نه قوتلی ایشیدیلیردی ... دیرکن ، بردن ، جاملری زینقیرداته‌رق طوپ پاطلاردی ، ینه تشریفاتله یمکه اوطورولوردی . شوندن ، بوندن قونوشولوردی ، فقط هنوز بتمله حسبحال و ملاطفه صیراسی کلمزدی . قهوه‌لر ایچیلیر ، نمازلر قیلینیر ، تکرار قهوه‌لر ایچیلیر ، نمازلر قیلینیر ، تکرار قهوه‌لر کتیریلیر و اوندن صوکره‌ده مسافرلرك چوغی چکیلیردی . آرتیق صالونده دورت ، بش ذات ، صمیمی و اسکی دوستلر قالیردی . کلسین بتمله محبت ... غالبا کندیمه خاص ، خوش ونشئه‌لی بر طرز مصاحبتم واردی‌که هم أو صاحبی ، هم‌ده مسافرلری پك زیاده متلذذ اولورلردی . او زماندن شعره ، أدبیاته مرقم اولدیغی ایچون هپسی‌ده کاتب وعالم اولان بو آداملر بکا شعر اوقوتورلردی ، هیچ اونوتمام شناسینك بر توحیدی واردی ، تمامی خاطرمده قالمامش آما ایچنده‌کی « ... لامکاندر اولاماز » کلمه‌لرینی نه‌دنسه دوغرو تلفظ ایده‌مزدم و بونی هر تکرارمده سامعین ذوقلرندن بایلیرلردی . بو اثناده ساعت اوچی بولوردی ، تیاترویه کیدیلیردی . بن و زمانده ، جانیلر ایله دیدیشن معصوم رولاریله عاشقدم !

شیمدی زه‌ده بویله چوجوقلرله حسبحالدن ذوق دویان یاشلیلر ... یاشلیلرك درد ، قساوت باشلرندن آشمش ، نه رمضانده نه بایرامده چکه‌لرینی بچاق آچیور . نه دییه‌لم : آغلا چشمم ، آغلا ، دورما !

***

ایشته چوجوقلغمك رمضانلرندن بویله طاتلی و جانلی خاطره‌لر ذهنمده نقش اولوب قالمش ... یا ینه رمضان ایچنده صوکنه دوغرو ، البسه آلمغه کیدلدیکی کون ... یا بایرام صباحی ؟ آه ، بونلری بکا هیچ خاطرلاتمایکز ؛ بن ینه شرقیمه دونه‌یم :

— آغلا چشمم ، آغلا ، دورما !..

رفیق خالد

مولود و فرداسی

(...) قصبه‌نك انجیر باغچه‌لرنده یاتان برکویلی بکجی کیجه‌یاریسی ، مطرد ، منتظم برخیشیلدی ایله اویاندی . اورتالق سس‌سزدی ، یالکز ال ایله بیله دلینه‌میه‌جك قدرقاتی کوروتن قاراکلغك اورتاسندن او

اوزون ، متمادی و مطرد سسلر کلیوردی اولا یاتدیغی یردن یالکز
قولاقلریله دکل، بوتون وجودی‌ایله دیکله‌دی منتظم ومتمادی براهتزاز،
منتظم و متمادی بر خیشیلدی یواش یواش یاقلاشیوردی . بو بویوك
بر اردو یورویشـنه بکزه‌یوردی . بردنبره بکجی تویلرینی اورپردن
برقورقو ایله برزمان نفس آلامادی ، صوکره سورونه‌رك باغچه‌نك
چیت دیوارینه یاقلاشدی ، دیکنلر آراسندن مبهم بر بیاضلقله‌اوزانان
یوله باقدی ، یولك اوزاقلرنده قاراکلغی قورشونیلشدیرن بر بیاضلق،
بردومان واردی. اویورویش اوردونك قالدیردیغی توز و دومان‌ایدی.
شمشك کبی برقورقو ایله بیننده اورولدی . دورمادن حتی چاریقلرینی
کیمه‌دن یالین آیاق قصبه‌یه دوغرو تارلا یوللرندن قوشمغه باشلادی .
هیچ شبهه‌سی قالمادی، یونان اوردوسی قصبه‌یی باصمغه کلیوردی، بر آن
اول قصبه خلقنی خبردار ایتمك ایچون دورمادن،نفس آلمادن‌قوشدی،
قوشدی .

عینی آقشام قصبه‌نك میدان جامعنده مولود واردی . عمرافندی
برتجارت ایشی ایچون‌شهره کیتمشدی. کلثوم خالا فناری یاقدی. علیه
ایله مولوده کیدن غلبه‌لغه قاریشدی .

ایلولك صوکی ایدی ، هواده ایلیق وطاتلی بر سکونت واردی .
کوك یقین ، ییلدیزلر پارلاق وچوق ، هپسی شعشعه‌لی بر صیجاقلقله
قصبه‌نك سیاه برکومه‌کبی ییغیلان داملرینی بلیرسز ومبهم بر آیدینلقله
سچدیریپورلردی . سیاه میدانده بیاض جامع نارین مناره‌سیله وکوزل
وازلی کوك آلتنده خولیالی ویوموشاق خطلرله بلیریور ، هرطرفدن

اللرنده فنار جامعه کیدن اهالی نورطاشبان بر مظلم خیالت کبی قیملدانیورلردی .

جامعك قاپوسنده‌کی بو ایشیقلی قارالتیلر اسکی پرده‌سنی قالديروب ایچری‌یه دالارکن تصورسز بر چوجوق کوکسنك بلوری بر وجد و کوزللکله تکرار ایتدیکی «الله اکبر» لر کوکده‌کی نورلرکبی آلهی بر حرارتله بو یلیق هوا و یارم ایشیقلر ایچنده کچن خیالتلرك قلبنه دوکولیوردی .

علیه هر سیاه قارالتی کچرکن اونده اوزون وسوکیلی بر اندامك خطلرینی سزییور ، هر ایشیق اوکا قلبنی یاقان عزیز کوزلرینی خاطرلاتیوردی . کوکك کوزلری اوکا طوسون بکك کوزلرندن باقیور ، مظلم خیالتلر اوکا طوسون بکك برر کولکه‌سی کبی کلیوردی . ½

مناره‌نك ازلی ترانه‌سی ، جامعك خولیالی وخفیف نورلری ، بخوردانلردن جیقان مقدس وبایلدیجی قوقولر ، بوتون بو کوزل عبادت دنیاسی علیه‌نك باکر روحنك هیجاننده أولومه کوتورن بر استغراق لرزه‌سی یاپمشدی . بنلکی تمامیله ایلك کونش کورن بر غنجه ، معجزه ایله کوزلری آچیلان بر کور کبی دنیایی ایلك دفعه شیمدی‌یه قدر سزمه‌مه‌دیکی یکی هیجانلر ، مجهول لذتلر وعزیز اشکنجه‌لرله حس ایدییوردی .

علیه قفسك آرقه‌سنده اکثریسی یورکی عزیز بر أولونك حسرتیله قانایان قصبه قادینلریله یاتسو نمازینی قیلدی . مولود اشرافدن لطیف آغانك چناق قلعه‌ده شهید اولان ایکی اوغلنك هرسنه اوقونان مولود-

لرندن بری ایدی . کندی شهیدلرینه مولود اوقودامیان زواللی آنالر بو مبارك (آیین) ك عنایت و شفاعتندن کندی شهیدلرینه رحمت پایی چیقارمق ایچون کلمشلردی .

مولودی تصادفاً قصبه‌دن کچن بر استانبوللی دده اوقویوردی . قفسك آرقه‌سندن جامعك ایچی صاری ومبهم نورلر وکولکه‌لر ایچنده کورونیوردی . طوپ قندیللك آلتنده باشلری اوکلرنده ، ییرانمش ، پارچه پارچه اولمش ، رنکا رنك منتانلری ، پوطورلری ، باشلقلری ایله اهالی بخوردانلردن یوکسه‌لن دومانلر ، قندیللردن اینه‌ن اوزون ، تتره‌ك ایشیق حزمه‌لرینك ایچنده بویوك ومخلد براثرك آهنك ورنکنی خاطرلاتیورلردی . دده ایشیغك تأثیریله قفسلرك آرقه‌سنده اوزاق ورؤیایه بکزه‌ین بر ضیا ایچنده کرسی‌ده اوطوریوردی. صاری یوزی چکه‌سنه دوغرو اینجه‌له‌ن ، سیرك وبیاض صقاللی براختیاردی سکه‌سنك آلتنده تواضعله اکیلن باشی ، بول خرمایسنك قیوریملری آلتنده دیندار وظریف برخشوعله دوشن ضعیف واختیار اوموزلری مولودك آهنکیله یواش یواش صاللانیوردی . بوتون بو تموجله قندیللر ، عبادت ایدنلر ، هوانك ایشیقلری وبخور دومانلری حتی جامع ، طوتولامیان الهی بر وجد ایچنده هم آهنك دالغالانیوردی .

اختیار دده‌نك سسنده عصرلرك کتیردیکی بومولوی حرثنك اینجه حساسیتی ، هرپرده‌ده درجه درجه یوکسه‌لن ، بویوك بر صنعتك سکون وساده‌کی چرچیوه‌سندن چیقان برهیجانی واردی . علیه‌بوقدر دریندن حس ایتدیکی برشی خاطرلامیوردی .

چوجوقلغنده سلیمانیه‌ده بایزید قبه‌لری آلتنده‌کی رمضان کیجه‌لرینک جامع آولولرنده ، ماهیه‌لر آلتنده‌کی محله چوجوقلریله قونوشوب اویناديغی دقیقه‌لرك ، ورم آننه‌سنك خبر کلمه‌ین باباسنك حسرتیله لوش وچیپلاق اودالرنده ، کیجه قندیللرینك کولکه‌سنده یاناقلرندن دوکولن کوز یاشلرنده‌کی غریب اسرارك هواسی بو آقشام حافظه‌سنده اویاندی ، سوندی .

بو دده‌نك درین یوزی ، کوزل سسی اونی اللهه تماس ایدن بر عزیز وجدیله صارصمشدی . حالبوکه بو کوزل جامعك دورديغی میدانده دها قاچ کون اول باشقه بر آدم وظیفه‌سی قدسی اولان بر دین آدمی اوکا جهنم و عذاب دقیقه‌لری یاشاتمشدی . نصل اولورده بوقدر بشری ، بو قدر مرحمت و ایلکله دولو بر دیندن حاجی فتاح افندی اوقدر کابوسه بکزه‌ین بر عذاب واشکنجه چیقاریيوردی :

دده ولادتله باشلادی :

آمنه خاتونده محمد آنه‌سی
اول صدفده دوغدی اول دردانه‌سی
چونکه عبداللهدن اولدی حامله
وقت ایرشدی هفته و ایام ایله

. . . .

دده‌نك امثالسز برشرق حزن واسراریله ، الك غریب وقلبی یاقان بر موسیقی ایله باشلادیغی بو سطرلرده دنیانك الك بویوك سری اولان

ولادتی بر چوجوق ، برشاعر ساد کیسی ایله اویله بر نقل ایدیشی واردی‌که علیه‌نك فن کتابلرنده قاباطوامریله کوردیکی‌شی ازلی وبشری برمعجزه طاتلیلغی ایله قلبنی صاردی .

حضرت آمنه‌نك عصرلردنبری خلقه الك طاتلی برموسیقی وشعرله نقل ایدلن و ینه بو عصرلردن بری بیریکن هیجانلرله تقدیس اولنان بو ولادت حکایه‌سنی علیه‌ده اوته‌کی آناطولی قادینلری کبی قلبندن کلن صیجاق یاشلر یاناقلرندن دوکوله دوکوله دیکله‌دی . بر قادینك قدسیتنی ، حیاتك وطبیعتك الك درین بر علامتی اولان ولادتك نهایتسز اضطراب و سعادتنی ایلك دفعه بر قادین کبی آکلایوردی ، حضرت آمنه‌نك لخوسه یاتاغنده‌کی بشری آجیلرینی ، کوکلردن اینه‌ن ملك صفلرینی ، « سندس » آدلی ملکك دوشه‌دیکی نور دوشه‌کنی روحنك کوزیله کوریبوردی

دده‌نك اختیار سسی اسرار و سعادتله دولو بر قادینك خولیاسنی نه نفیس بر اینجه‌لکله حکایه ایتدی :

دیدی کوردم اول حبیبك آنه‌سی
بر عجب نور کیم کونش پروانه‌سی
برق اوروب چیقدی أومدن ناکهان
کوکلره‌دك نور ایله دولدی جهان

ایشته بشریتك بوتون اشکنجه‌لرینی تمثیل ایدن ولادت بوتون عذاب ومشقتیله بشریته برشی ویرن هرهانکی یارادیجی بر مخلوقده

صبیی اولارق نهایتسز بر حرارت واهتمام ، آنجق بر آق قوشك قنا-
دلرینك اوقشامه‌سیه ویره‌بیله‌جكی نوازش و رقتی - اولدیغی كبی -
باكر روحیله علیه دویدی .

قادین وآنا روحنك ، وجودینك اك بویوك سرینی علیه‌نك بو
كیجه اولانجه وجدیله، اولانجه قابلیتی ایله دویمش اولماسنك آناختاری
طوسوندن قالان بر آنك خیالی ایدی . تحف ، و فكری و بلكه‌ده
صرف روحانی بر براقلقله فیرطنه‌لی حیاتنده بوكزیده حسك هیچ بر
زمان حقیقت اولامامسی احتمالنی ایچنی چكه‌رك دوشوندی .

خالده ادیب

قوشمه

دون ینه كونز كچدی برابر ،
كیجه‌ده یاننده قالاسم كلدی !
دوروشی اوتانغاج ، باقیشی دلبر ،
واللهی چاپقینی آلاسم كلدی !

یوره‌كم باغلاندی هر برسوزینه ،
قارا قاشلرینه، قارا كوزینه ،
سیاه كاكلی دوكمش یوزینه ،
اوزانوب برقچ تل چالاسم كلدی !

كولدكجه كوكله اینجیلر دوكدی ،
باقدقجه افقمده شفقلرسوكدی ،
ایچیمه برطاتلی بایغینلق چوكدی ،
قوینده رؤیایه دالاسم كلدی !..

یوسف ضیا

ایوب سلطانده رمضان كیجه‌سی

جامعلرده آخره‌تی ، سوقاقلرنده اجدادمزی خاطرلاتان اسكی رمضانك قدسیتنی
دون كیجه ایوب سلطانده بولدم .

***

مؤمنلرك اوستنده طوپ قنديللر داملا داملا تيتره‌شيوردى . براق بر سس ، بز توركلر ايچون اسرار دولو قرآن لســانه محبتدن و ايماندن قوپان اخروى بر آهنك ويريورردى . وجودلرينى معنويتك وحدينه صاليويرمش مؤمنلر ــ جامع اشيكندن چيقار چيقماز تاجر ، مأمور ، اويونجاقچى ، كبابجى ، ضابط ، ايراد خوار ديه هپسى برر صنفه بولونه‌جك انسانلر ــ اوراده يالڭز عينى شيئه اينانير برر قوللدى . هپسى بر آراده سجده‌يه قاپانيور ، بو نورلو آلتنده ، مقدس بر سكوت ايچنده بر آن روحيله يالڭز قاليوردى .

شو ساعتده عينى سوره‌لرك هر مملكتده دورلو مقاملره بورونه‌رك بيكلرجه جامعده تكرار ايدلديكنى دوشوندم . بيكلرجه جامعده مليونلرجه مسلمانك روحنده بو سرين و طاتلى آخرت روزكارى أسيور ، باشلرنده بويله قنديللر تيتره‌شيور ، قبه‌لر ديزلرينك و آلينلرينك ، خاليلرده ، حاصيرلرده چيقارديغى بو سسلر عكس ايديور . . . كعبه ، بوتون بو حركتلرك قبله‌سى و قلبى اولان كعبه ! يوز ميليونلرجه انسانه بيك اوچ يوز رمضاندر ويرديكى شو وجدى ، شو وجددن دوغمه دورلو دورلو معمارى شاه اثرلرينك ياشاتان كعبه ! سكا انسانلرك اڭ ممتازى اولان محمد ، هيچ بر ناسوتى دهانك هيچ بر آبده‌يه ويره‌مه‌ديكى معنايى حيرتبخش بر ساده‌لك ايچنده ناصل نفخ ايتمش ! . . سنده‌كى كوزه‌للكى واونده‌كى بويوكلكى دون كيجه نه ياقيندن سه‌زدم ! كنديني انسانلردن آييرمايان ، بزه آكلاتديغى اللهه بزم كبى طاپان ، بزم كبى سجده ايدن محمدك قلبى مكر نه شمشعه‌لى بر عشق احتوا ايدرمش ! ارضه كونش دوغار كبى اونك قلبنه الله دوغمش ! و قلبنه دوغانى بزه نه قوتله دويورمش ،

***

كوزه‌ل سسلى امام و مؤذنلرك ادا ايتديكى عبادتدن صوكره مؤمنلر طوپ قنديللرك آلتندن آغير و سس‌سز ديشارى‌يه چيقديلر ! أللرينك برنده پاپوچلرينى طاشيورلردى . اوبركنده ، آره صيره آلنلرنده كزديردكلرى برر منديل واردى .

پيغمبر محمدله فاتح محمدك عصرلرينى دوشونديرن مقدس آولويه حشمتلى بر كيجه سكوتى اينمشدى . دالغالى مرمرلرده مسلمانلرك آياق سسلرى ــ بيتكين برر خيريلتى حالنده ــ بر قاچ دقيقه سوروكلندى . نهايت آولوده شرفه‌لردن و محيانك تيتره‌ك هيئتندن

اینن ایشیقلرك بریکدیردیکی بر یاری شفافلق قالدی . اورته یرده‌کی سدك یشیل پارماقلغی ایچندن طاشان قوجا چنار ، داللرینك بر قسمنی جامع کمرلرینه ، بر قسمنی‌ده تربه رواقنه یاصلامش ، قیپیرد مایوردی . یالکز تپه‌سنده ــ کیجه‌دن دها سیاه بر لوشلق صورغوجی حالنده بلیره‌ن ــ اك یوکسك اینجه داللردن اوزاق و خفیف بر فیصلتی چیکسه‌له‌یوردی . و بو ، سکه‌لرك آلتنده‌کی مرمر کوشه موصلقلرندن آقان صولره قاریشدقجه آولوده اصیل و متواضع ، شن و ملول بر آهنك ادامه ایدییوردی . بلبللر صوك دملریله بو صو ، مرمر ، یاپراق و سکون عالمنه آیری بر لذت ویریوردی . یدی یووارلاق فانوسك آلتندن کچدم . تربه پنجره‌سنه یاقلاشدم قلمك و رنکك آکلاتامایاجغی اوچوجی بر جلوه‌یله ایشلدایان انفس چینی عالمی ایچنده محصور پنجره‌نك پارماقلغنه آلنمی دایادم .

چینیلرینی قندیل ایشیقلرینك یر یر رنیلداتدیغنی ایچ دووارلرك اورته یرنده مرمر چرچیوه‌لر ایچنه اویولمش ایکنجی مدخلك اوته‌سنده صحابه‌نك تربه‌سی یکپاره بر نور کبی تجلی ایتدی . او مدخلك صوم صدف پارمقلقلی قاپیسی اورتولمش قیورم قیورم کوموش تربه پارماقلغنك باش و آیاق اوجلرنده‌کی ایکی یوکسك و بیاض مشعله دونوق و معظم یانیور . آلتم قاعده یاواش یاواش ایصینان پارماقلقده ؛ شاقاغم ، اویمالرده کندلنمش صول أملك قرلنه دایلی قالارق فانیلکك بو نقطه‌سندن بقایی دویا دویا سیر ایتدم . وجودمك آغیر آغیر غیب اولدیغنی روحمك قات قات آچیلدیغنی حس ایتدم .

***

آخرت و دنیا قورقوسنی اوغوشدوران بر وجد ایچنده قدیم مزارلغه دوغری چیقدم . بو دنیاده‌کی شانلری یاری ییقیق ، صوغوق یازیلری قاراکلقده یوق اولمش برر طاشدن عبارت قالان اجدات اولکه‌سنده غریب بر تسلی و بر قوت بولدم . بزم کبی دوشوندکدن ، حیاتی ، نشئه‌یی سودکدن ، کولوب آغلادقدن صوکره توز اولان او انسانلرك طاش قاووقلرینی کندیلرینی اوقشار کبی سودم . کندی أتلرندن کندی کمیکلرندن کندیلرینه یاپدقلری بو بسیط سوسلر آلتنده اویله راحت اویویوشلری واردی که ایمره‌ندم . اونلر کبی اولاجغم زمان قورقوسز ، ریاسز دوشوندم . اونلر دولتلرینك ، ملتلرینك هرحالده بزدن ایی کونلرینی کورمشلردی . بول و راحت یاشامشلردی . یاصدقلری طوپراغك بر کون اولوب صاوصیلاجغنی عقللرینه بیله کتیرمه‌دن ایچنه راحت یرلشمشلردی . سزك انکین کونلریکزی بر دها بولمق تجلیمزده یوقسه بیله سزدن اولدیغمزی و کندیمزك اولارق قالاجغمزی‌ده کوستره‌مزمی‌یم دییه دوشوندم !

بعضی سرویلر آغیر آغیر کوتوردەیوردی . آرەلرندن آلتون بر ساق اوستنده نوردن بر کل ـ ایوبك محیاسی ـ او قدر کوزەل کوزوکویوردی کە ...

اوزاقلرده قوربغه ایصلقلری حلقەلانیوردی . اوتلرده اورکك کدیلرك فوسفورلی کوزلری آرقاسندن قورقونچ سسلر چیقاران کوپکلرك نظرلری بر آن پارلایوب غیب اولویوردی .

یاواش یاواش طاشلر وسرویلر دها واضح سچیلمکه باشلادی . خلیجك آغیر صولرنده علودن بر چین اژدرهاسی کبی قیوریلان ایشیق عکسلری خفیفجه صولغونلاشدی . وصولر باصلی برطونج صفحه کبی کورولدی . زیرا آی ، بولوطلرك آلتندن دونوق صاری بر چیزکی حالنده بلیرمشدی .

قاووقلی بر طاشـه یاصلانوب استانبولی سیر ایتدم : ایوبدن سلطان احمده قادار یوزلرجه مناره و بر چوق محیا ! بوتون سفالت منظرەلرینی ، ایچندەکی بوتون آوجیلری ، یابانجی وارلقلری ، اورتن یالکز تورکك واسلامك شانی ، ظفرینی قراکلقلرده ایشیقدن بر داغ هیبتنده کوکاره دوغری اعلان ایدن استانبول ! تورکلرك بر افقدن اوبر افقه قادار کندیلری ایچون نورلرله چیزدیکی لایموت استانبول !.. آه ، او استانبولی قوجاقلایەبیلسەیدم ، اوپسەیدم ؛ اوپسەیدم . او قاووقلی طاشك دیبنده بو استانبول ایچون بر قاچ کوز یاشم قالدی .

روشن اشرف

هر کسك ایچدیکی صو ...

— اسکی بر چین ماصالی —

« لینغ ـ یو » غایت عقللی ، غایت اختیار بر فغفوردی . او قادار ترقی‌یی سەوەردی‌کە خلقك ماضیله هیچ بر علاقەسی قالماماسنی تأمین ایچون بوتون چینك اسکی کتابلرینی ، اسکی کتبخانەلرینی یاقدیرمشدی . چینلیلر عادتا اونك الوهیتنه بیله ایناننیر کبی اولویورلردی . دیرلردی‌کە « لینغ ـ یو دنیاده اللهك دهاسندن بر نمونەدر ! » قاوغا ، کورولتو چیقوب محلەلرك ، کویلرك ، آسایشی

بوزولماسين ديبه آفيون طاوالارينى شنلنديرمش ، اسرارى ، خاشيشى مباح اعلان ايتمشدى . دورى رؤياسز يورغون بر اويقو كبى كچيوردى . هركس كندى دالغەسنده ياشيور ، « دنيا وار ايمش ياكه يوق ايمش نه امورك ! » فلسفەسى عادتا بر نص تلقى ايديليوردى . فقط بر صباح فغفورك آفيونى پاطلادى . سرايڭ نهايتسز باغچەسنده ، بوينوزلريڭ اطرافنده آللى ، ماويلى ، يشيللى ، صاريلى ، مورلو بيكلرجه كلەبك اوچوشان بيللور بر كوشكده « دنيا ومافيها » يه دائر دوشونويور ، يڭى دستورلر ، يڭى حكمتلر تاصارلايوردى . حضورينه بر ماندارين كيردى . سجدەيه قاپاندى .

— افندمز ، باش منجم كلدى . مطلقا سزه بر شى عرض ايتمك ايستەيور !

ديدى . فغفور لينغ ـ يو ذاتاً دها سايەسنده استقبالده نه اولاجغنى بيليردى . ديردى كه : « سبلرى دوغرى كورەبيلەنڭ نتيجەده شبهەسى قالماز . » اوڭ ايچون باش منجمدن دائما كندى تخمينلرينى ديكلردى . شيمدىيه قادار او هيچ بويله خبرسز كاوب برشى سويلەمەمشدى .

— توحاف ، ديبه باشنى صاللادى ، عجبا نه سويلەيەجك ؟

— غايت مهم برشى‌مش ، افندم ! »

فغفور دوشوندى . ايشلر طيقيرندەيدى . اويله مهم برشى وقوع بولاجغى يوقدى .

— كلسين !

بويوردى . حضوره كيرەن باش منجم رسمى سجدەسندن قالقدقدن صوكره :

— آه افندم ، غايت قورقنچ بر فلاكت بزى تهديد ايدييور ! »

ديدى . فغفور دنيانڭ هر شيئنه واقفدى . تعجب ايتدى . كورونورده محاربه ، قيطاق ، اختلال ، فيضان كبى برشى يوقدى .

بادم كوزلرينى سوزەرك :

— ياڭليورسڭ !

ديدى .

— خاير افندم ، محقق بر فلاكت !

— محاربەمى ؟

— خاير !

— اختلالمى ؟

— خایر .

— یا نه ؟

— بر یاغمور ، افندم !

— یعنی فیضان !

— خایر ، یالکز یاغمور ...

ففغور لیاقتلی باش منجمنك صاچمالایاجغنه احتمال ویره‌مزدی . تکرار اونی بر سوزدی . مراقله صوردی :

— بر یاغمور نیچون فلاکت اولسون ؟

— بو یاغمور چوق سوره‌جك !

— سورسون .

— صوییندن کیم بر داملا ایچرسه ده‌لی اولاجق !

— . . .

ففغور دوشوندی . حقیقةً فلاکت قورقونجدی . استخراجنده یاکیلوب یاکیلمایاجغنی باش منجمه تکرار صوردی . زوالای عالم بوندن صوك درجه امیندی . قورقوسندن تیرتیر تیتریوردی . سرایده همان بوتون مانداریننر طوپلاندی . کونلرجه مذاکره‌لر ، مشاوره‌لر ایدلدی . نهایت دها بو اوغورسز یاغمور باشلامادن سرایك بوتون صارنیچلرینك کویلرینك ، وازولرینك ، مخزنلرینك احتیاط اولارق تمیز صولرله دولدورولماسنه قرار ویرلدی .

آرادن بر هفته کچدی ، باش منجمك خبر ویردیکی یاغمور خفیف خفیف یغمیه باشلادی . برکون ، ایکی کون اولدی . دینمه‌دی .. خیزلاندی . بارداقدن بوشانیرجاسنه یاغدی دوردی . هر طرفی سیل آلدی . نهرلر ، چشمه‌لر ، اولوقلر طاشدی . عادتا مبنی مبنی بر طوفان ! باش منجمك خبر ویردیکی فلاکت حقیقةً عیناً ظهور ایتدی . کیم بو یاغموردن بر داملا قاریشمش بر صویی ایچرسه همه‌ن چیلدیرییوردی . اون بش یکرمی کون ایچنده بوتون خالق چیلدیردی . یالکز ففغورله معیتی ارکانی سرایه صاقلانیلمش صولردن ایچیورلر ، عقللرینی باشلرنده طوتابیلیورلردی . اوغورسز یاغمور دینمه‌دی . مملکتده چیلدیرمایان کیمسه قالمادی . عمومیتله ده‌لیرن خلق ایشی اویله آزیتدیلرکه ... آرتیق نه مانداریننر ، نه سردارلر ، نه حاکملر سرایدن سوقاغه چیقابیلیورلر ، نه ایچردن طیشاریه مرام آکلاته‌بیلیورلردی . بر جورجونادر کیدییوردی . ففغوری او زمان دوشنمك آلدی . بونك صوکی نه اولاجقدی ؟ أوت بر کره ده‌لی اولان

آرتیق عقللانامیوردی . ظیر دەلی خلق باغچە سورلرینك اطرافندە طوپلانمش ، كیجە كوندوز ، زورنالرلە ، داووللرلە قولاقلری ییرتان بر كورولتی قوپاریورلر :

— دەلیلرە باقك ، یوها ، یوها ...

دییە احتیاط صولردن ایچوب عقللی قالانلرە دیللرینی چیقاریورلردی. بركون كلدی كە ارزاق فلان تدارکی امكانسزلاشدی . لاف آكلایان ، سوز دیكلەین قالمادی . اطاعتك ، وظیفەنك ، بویوكك ، كوچوكك نە دیمك اولدیغی اونوتولدی . قانونلر شقا اولدی . ادارە بوزولدی . اوغورسز یاغموروك صویوندن ایچمیوب عقللی قالانلرك فلاكتی چوق دهشتلیدی . حیاتلری تهلكە ایچندە كچیوردی . بر آووج كیشیدیلر . میلیونلرجە دەلیلرك ماسقاراسی اولدیلر .

فقط « لینغ ـ یو » غایت عقللی ، غایت اختیار بر فغفوردی . ایشە یارامایان ضرر كتیرەن « عقل » ك « دەلیلك » دن خیرلی برشی اولامایاجغنە قانعدی . بر صباح چیلغین خلقك تجاوزندن اكنجەسندن اوركمش معیتنە :

— « هركسك ایچدیكی صودن همەن ایچكز ! » امرینی ویردی . ماندارینلر ، حكیملر ، فیلوزوفلر ، حاكملر :

— آمان افندم . عقللریمزە ، علملریمزە یازیق اولور ...

دییە قارشی كلمك ایستەدیلر .

اختیار فغفور :

— « هركس دەلی اولدقدن صوكرە برقاچ كیشینك عقلنە لزوم یوقدر ! »

دیدی . اوغورسز یاغموروك صولرندن دولدورتدیغی ایلك پیالەیی كندی یووارلادی . او آندە افقلری صارصان قهقهەلری آتدیلر ، سوروك طیشاریسندەكی جورجونایە قاتیلدیلر . كل زمان كیت زمان بو عمومی جورجونانك آدی « اجتماعی انتظام » اولدی . خلق ایچندە تكرار عقللانانلر « دەلیدر » دییە تیمارخانەیە طیقیلدی .

تا ایشتە او وقتدن بری بوتون حكیملر ، بوتون فیلوزوفلر دیرلركە : « چینلیلر دنیانك اك عقللی ، اك ذكی ، اك ساكن ، اك چالیشقان بر ملتیدر . »

قالامش ، ٥ ایلول ١٩١٩

عمر سیف‌الدین

سنك شوحالكى سعدى نه‌خوش حكايه ايدر ..
ايشيتديكك اوله‌جقدريا ... نه يسه ، ديكله‌ييور :
قلندرك برى كويدن صباحلين فيرلار ،
آرارنصيبنى ؛ عودتده قيرده آقشاملار .
فقط كونش بانه‌رق ، اورته‌لق قارارديغجه ،
كورور كه : يرده ياتيلماز ، همان چيقار آغاجه .
حريف آغاجده ايكن بر ايكيلتيدر ، ايشيدير ..
باقاركه : بر كوتوروم تيلكينك يابيق سسيدر .
زواللى ، پوسته‌كى اولمش ، باجاق يوق ايشليه‌جك ؛
بوغازسه ايشله‌مك ايستر .. نه‌ياپسين .. ايكليه‌جك !
براز كچنجه ، قوى ديشلرنده بر جيلان ،
اينر ياقينده‌كى وادى‌يه قارشيدن آرسلان .
يوقارده چيقماز اولور ، شيمدى ، يولجينك نفسى ؛
طبيعتيله طورور خسته‌نك‌ده ايكله‌مسى !
ييوب شكارينى آرسلان طالنجه اورمانه ؛
سوروكله‌نير ، ياناشير تيلكى سوفره‌نك يانه ؛
طويار افنديسنك آرتيغيله ، صوكره يانار .
حريف دوشونمه‌يه باشلار ايدرده حاله نظر :

« جناب حق نه‌قادار مرحمتلی، کورملی که :
آجم ! دیمکه عملمانده بر طوبال تیلکی ،
آیاغنه کونده‌ریبور رزقك اك مکملنی . .
اوحالده چکملی انسان چالیشمه‌دن النی .
دکرمی قوشمایه آقشام ، صباح ، یالان دنیا ؟
دولاشمایان دولاشاندن عقللی .. کوردکیا :
خورول خورول اویویور قحبه تیلکی ، سندن طوق !
توکل ایتملی اویله‌یسه شیمدیدن تری یوق .
یازیق بو آنه‌قدر چکدیکم صیقینتیلره ! ... »
صباح اولنجه ، حزین طاغ باشنده برمغاره
تاصارلایوب ، ابدی اعتکافه نیت ایدر .
برنجی کون باقیبر : یوق نه برکلیر ، نه کیدر !
ایکنجی کون باصار آچلق ، اریر اریر سوزولور ؛
اوچنجی کون اویوشوق بر سینك اولور بوزولور .
اولومی ، اویقومی هرنه‌یسه عاقبت اوزانیر ؟
فقط ایشیتدیکی بر سسله سیلکینیر ، اویانیر :
« دولاشده ییرتیجی آرسلان کسیل بری مسکین !
نیچون یاتوب ، کوتوروم تیلکی اولمق ایسترسین ؟
ألك ، قولك طوتویور کن چالیش ، قازانمه‌یه باق ،
که آرتیغنکله کچینسین سنك‌ده بریاتالاق . »

محمد عاکف

سلیمان نظیفك مزاری

سلیمان نظیفك كچن سنه ٲولدیكنده طبیعی هیچ‌بریمزك شبهه‌سی یوق . فقط بوشایان‌حیرت انسانك آرتق یاشامادیغی فكرینه آلیشمق‌ده نه مشكل ! حالا، بزه بر اویون یاپمق ایچون برطرفده كیزلندیكنی ونرده ایسه بر قاپو آرقه‌سندن سسنك كوزلیه‌جكنی ظن ایدییورم . أنذی قدرتلرك همجنسی اولان بوآدمك ٲولمه‌سی، روزكارك مؤبداً دورمه‌سی كبی انسانه غیر طبیعی كورونیور .

مع مافیه اونی طانیمش اولانلرك بودقیقه‌ده وهمی‌وخیالی نه اولورسه اولسون، سلیمان نظیف آرتق یاشایانلرك دنیاسندن اوزاق ، برآلتی‌عالمنك ساكنلری آره‌سنده بولونیور . قوجه بر دكرمنی حركته كتیرمكه كافی بر قدرتی. بعضاً بر تك جمله‌نك زنبركارینه صیقیشدیرمغی بیله‌ن او قاصیرغه‌لر قارده‌شی ، احتمال شیمدی طوپراقلر آلتنده یا بر زلزله‌یه انقلاب ایتمشدر ویاخود ، یارین ییلدیرملرله كوله‌شه‌جك قوجه برچنار حالنده فیشقیرمغه حاضرلانیور .

سلیمان نظیفك مزاری حالا یاپلمامش . بونی، مزار یاپمق ایچین برهیئتك یكی تشكل ایتدیكی خبرندن اوكره‌نیورز . اللی آلتمش غروش اوفاق پاره میراث براقمش اولان بوبیوك تورك ادیبنك مزارنی بوندن صوكره‌ده یاپماسه‌ق پك اعلا اولور. بوكبی آج ٲوله‌نلرك چورومش‌كمیكلرینه مرمردن بركوشك یاپمغه قالقیشمقدن نه‌چیقار ؟ صدقه‌یله دیكه‌جكمز ایكی طاش ، اوطونج لسانك، كندی‌صاحبنه یاپدیغی طنان مزاردن داها كوزل ودها صاغلامی اوله‌جق ؟

سلیمان نظیف

پارلتی

آتش كبی برنهر آقیوردی ووردقجه بونهرك اوكا عكسی
روحمله اوروحك آره‌سندن ، قاچدم اوباقیشدن اودوداقدن
بحث ایتدی دربندن اوكا حالم باقدم اوكا سسزجه اوزاقدن
عشقك بواومولمز یاراسندن ، ووردقجه بوعشقك اوكا عكسی ...

احمد هاشم

قرنفیل

بارك دوداغندن كتیرلمش
بر قطره علودر بو قرنفیل
روحم آجیسندن بونی بیلدی

دوشدكجه وورولمش كبی یر یر
قیزغین قوقوسندن كلبكلر
كوكلم اوكا پروانه كسیلدی .

احمد هاشم

غربت

I

بر قوش طانیوردم كه ، بهارده
صاقیملر آچان باغچه‌مك اوستنده اوچارده
آقشاملرك اوپردیكی بر سسله اوتردی .

بسبللی ، بو اقلیمه یابانجی ،
نردن قوپاراق كلدیكی مجهول ،
اندامی اوزون ، تویلری پارلاق ، سسی وحشی
بر قوش .

آقشامله یاتان كویده صدالر دورولنجه ،
مهتابه یاقین ، كولكه‌لی بر نقطه بولونجه ،
هجرانله قیصیلمش ، هیجانلرله بوغلمش
بر سسله اوتردی .

اوتدكچه اوغولداردى سسنده
آواره قوشك دويدغى حسرت
بر بيلمه‌ديكم قطعه‌ده ، بر داغ تپه‌سنده ،
بيك بر چولك آردنده قالان يوردنه دائر .

اوتدكچه او ، حسرتله كنيشله‌ردى ، دوياردم ،
قورقونچ اوچوروملر كبى روحمده درينلك .
هر كون دها بر پارچه ياقيندن سويشيردك :
بن شاعر ، او شاعر .

بر كون جامى آچدم كه ، افق بر قارا پرده ؛
صحرايى بياضلر بورومش ، يوللر اويوشمش ؛
كوردم كه ، او غربت قوشينك كزديكى يرده
جانسز بر آووچ توى ياتيور... باقدم. اوقوشمش

II

اى كوزلرينك چوره‌سى مور ، بكزى طوتشمش ،
آقشاملاديغم يوللرى يالكز كزه‌ن آفت !
قاچ ييل كچه‌جك ، بويله حزين ، بويله خبرسز ،
سن مرمره‌نك كول كبى دورغون بر اوجنده ،
بن بويله آتلمش كبى يوردك بر اوجنده ،
سن بندن اوزاق ، بن سكا حسرت ؟

صارمش بنى غربت ،
صارمش بنى مجنون دييه زنجير كبى داغلر ؛
بر تربه‌كه روحم ، كلن آغلار ، كيدن آغلار !

هرشی بکا بیکانه بو یرده ،
هرکس کبی هرشی :
سس‌سز دره‌لر ، صولغون آغاجلر ، صاری کللر ؛
دیلنمش آغیزلرله طوتوق دیللی کوکللر ...
حتی بکا انسانلره نسبتله یاقیندر
باغچه‌مده اولن قوش ،
باغچه‌مده کفنسز کوملن قوش .

هرکس بکا بیکانه بو یرده ...
بر یرکه ، سونلر ، سویلنلردن اثر یوق ؛
برمنده قدح قیردیغمز سوکیلیلر یوق ؛
یوق ... یوق !

III

قارشمده خیالك ، دییورم‌که ،
بر فیرطینه‌نك قهرنه قربان
قوشلر کبی ، دردکله بوکون ، دارماداغینیدر
قلبمده کونش، سوکی، امل ، نشئه ، نه وارسه ...

قارشمده خیالك ، دییورم‌که ،
بر کون بو دوداقلر بنی حسرتله آکارسه ،
- ربم نه دوداقلر :
کول بکزکك اوستنده برەر داملە قیویلجیم !
بر کون بکا آغلارسه بوکوزلر ،
بیهوده دکلدر ، بونی بیلسین ؛

بيلسين كه بوكون ، بر سن اذيتده دكلسك :
غربت يايينك اوقلرى كچمش‌ده ايچندن ،
كونلرجه اوزاقده ،
يورغون برى عزلت كبى يالكز ياشامقده.
يورغون برى عزلت دنيلن قبره كومولدى :
اولمدن اولدى .   ١٩٢٣

فاروق نافذ

حوض

آقشام ينه طوپلاندى درينده ...

جانان كوليور اسكى يرنده
جانان كه كوندوزلرى كلمز
آقشام كورونور حوض اوزرنده ،

مهتاب كمر تازه بلنده
اوستنده سما كيزلى براورتو
ييلديزلر اونك كلدر النده ...

احمد هاشم

يولجى ايله آرابه‌جى

— غربت عدمدن قارا ، حسرت اولومدن آجى ، نه زمان توكنه‌جك بو يوللر آرابه‌جى ؟
— هنوز بكا يولك صوكى بودر ديمه‌دى ، بن عمرمى خرجادم ، بو يوللر توكنمه‌دى ،

— آتلرى خيزلى سور كه كويه پك كچ وارماسين ، نشانليمك كوزلرى يولارده قارارماسين .
— دوشدكم يوللر كبى صوكسزدر بنم طاسه‌م ، بكله‌ينم اولسه‌ده راضى‌يم قاووشماسه‌م ...

— بر كره كورسه كوزم كويك آيدينلغنى ، كول باغلار ايچريده بو قيزيل قور ييغينى .
— سنك‌ده يولك بيتر ، دينه‌ر كوزكده ياشلر ، بنم اوغورسز يولم بيتديكى يرده باشلار .

فاروق نافذ

چوبان چشمه‌سی

دریندن درینه ایرماقلر آغلار ،
ای صویك سسندن آكلاین باغلار ،
اوزاقدن اوزاغه چوبان چشمه‌سی ،
نه سویله‌ر شو داغه چوبان چشمه‌سی ؟

« كوكلنی شیرینك عشقی ضارنجه ،
« او خیزله داغلری فرهاد یارنجه
« یول آلمش حیاتك افقلرنجه ،
باشلامش آقمه‌یه چوبان چشمه‌سی ... »

او زمان باشندن آشقینلی دردی ،
قاچ یانیق یولجی‌یه صوغوق صو ویردی
مرمری اویاردی ، طاشی دلردی .
دكدی قاچ دوداغه چوبان چشمه‌سی .

وفاسز «اصلی» یه یول كوسترن بو ،
قورویان كوزلره یاش كوندرن بو ...
« كرم » ك سازنه جواب ویرن بو ،
صیزمازدی طوپراغه چوبان چشمه‌سی .

لیلا كلین اولدی ، مجنون مزارده ،
آتشدن قیزاران بر كل آرارده ،
بر صوسز یولجی یوق شیمدی داغلرده .
كزر باغدن باغه چوبان چشمه‌سی .

نه شاعر یاش دوكر ، نه عاشق آغلار ،
بیهوده سسله‌نیر ، بیهوده چاغلار ،
تاریخه قارشدی اسكی سودالر ؛
بر صوله ، بر صاغه چوبان چشمه‌سی .

فاروق نافذ

قار موسیقیلری

— وارشووا ۱۹۲۷ —

بیك ییلدن اوزون بر كیجه‌نك بسته‌سیدر بو ،
بر قویتو مناسترده دعالر كبی غملی ،
بر ارغنون آهنكی یایلاقده دریندن .
بیك ییل سوره‌جك ظن ایدلن قار سسیدر بو ،
یوزلرجه آغیزدن قورو حالنده دواملی ،
دویدمسه‌ده ذوق آلمادم اسلاو كدرندن .

ذهنم بو شهردن، بو دوردن چوق اوزاقده ، طنبوری جمیل بك چالیور اسكی پیلاقده ...
بردن بره مسعودم ایشیتمك هوسیله ، كوكلم طولو استانبولك اك اوزلی سسیله ،
صاندم كه اوزاقلاشدی یاغان قار وقاراكاق ، اویقومده بوتون بر كیجه كورفه‌زده‌یم آرتق ...

یحیی كمال

روس كیمدر، موسقوف نه‌در ؟..

تام ایكی بچق عصر ... أوت ، تام ایكی یوز اللی سنه اولدی ، عرق ودینمزك بو اك بیوك واك بی امان دشمننه أولوم میدانلرنده صیق صیق تصادف ایدییورز . بوگون هیچ بر ترك ومسلمان عائله گوستریه‌مزكه بر ویا متعدد اولادینی موسقوف محاربه‌لرینك برنده شهید ویرمامش اولسون !.. او معركه‌لرك بیكلرجه داستان گریانی ، دیار اسلامك ایصسز كوشه‌لرنده ، ایكی یوز اللی سنه‌دن بری ایقاظ انین . . . ایكی یوز اللی سنه‌دن بری ایقاد كین ایدییور .

مملكتمزده تو تمیناء جاقلرك هر بری دیگرینه بر روس محاربه‌سنده بسته‌لنمش بر فغان ساكتی تكرار ایدر .

کویلرده، تارلالره نیچون خراب اولدقلرینی صور: جواب ویررلرکه اعمار ایدن بازوی سعی بر موسقوف جنگنده قیرلدی!...

بودیارك شرقنده، شمالنده بر آووج طوپراق بولنمازکه ترکك، موسقوف اليله دوکولمش مبارك قانی ایچمش اولماسون!..

بودیارك غربنده، جنوبنده بر خانمان گورلمزکه جدار تارماری ترکك، روس سلاحیله اوزاقلرده ئولمش بر اوغلنه ایصال تسهف ایتمکه چالشان آه وواهنی دیکله‌مش بولنماسون!..

موسقوفك صلحی مغفل، سکوتی عقور، مداراسی خائن، یاردیمی مهیندر.

ای ترك اوغلی!.. سکا طمرلرکده‌کی قانی اهدا ایدنلر، قانلرینك صوك قطره‌لرینی موسقوف محاربه‌لرنده دوکدیلر. سن بوگون، یارین نه اولورسه‌ك اول، فقط اونوتماکه اوشهدلرك ابدی بر یتیمی‌سك!.. بودین، بو دولت، بو وطن گبی، بو غیظ، بو کین، بو انتقام‌ده اونلرك سکا بر میراث مبارکیدر. دنیاده بر روسیه و بر

روس قالدقجه بو حقكه و بو وظيفه‌كه حرمتكار اول :

حقك أولديرمك ، وظيفه‌ك ، اقتضا ايدرسه همان أولمكدر ، ترك اوغلی !..

سليمان نظيف

صوك شرقلی

(...) آقاده‌ميسی كنجلريله بر كون اسلوبلر حقنده كوروشيوردق. بر خانم سليمان نظيفك اسلوبندن آلديغی تأثيری بزه شو تمثال ايله آكلاتمشدی :

— « بو اسلوبی بر آدم شكلنده تصور ايتديكم زمان كوزمك اوكنه محتشم بر قبيله رئيسی كليور. هر طرفندن صيرمه‌لی پوسكوللر صارقان مطنطن برمشلحه صارلمش اولان بو آدمك چهره‌سی اسمر و صاقاللیدر؛ كوموش و آلتون زنجيرلره طاقيلی مرجان و ياقوت قاقمه‌لی بر مقوس قلنج يانندن صارقيور؛ بياض ديشلرنده حيات شمشكلری چاقيور و كوزلری چوللرك آتشيله يانيور؛ آرقه‌سنده صبرسزلقله يری اشه‌ليان، اوچ سياه كوله‌نك زحمتله ضبط ايتمكه چاليشديغی ياغيز بر آت، كوپوكلر ايچنده متماديا افقلره دوغرو كيشنه‌يور. »

مهيج اولومنه حالا آغلاديغمز امثالسز استاد، حقيقة، سياه يالطوسی و يووارلاق شاپقه‌سی آلتنده، بر قبيله رئيسنك آسيائی

حشمتنی طاشیردی . شرق مدنیتنك سرحدینه وارمش اولان او شانلی سواری ، بر تورلو آتی ، مزراغی وقلیجیله غرب مدنیتنك دمیر کوپروسندن کچه‌مامشدی ، زیرا آتی چلیك لوحه‌لرك کورولتیسندن اورکمشدی .

اسلوبنك سطحی تدقیقندن آکلاشیلیرکه :

سلیمان نظیف بر شرقلی ذهنیتیله « بلاغت » قاعده‌لرینه بیوك بر ایمان ایله ایناناں صوك بویوك ادیبمزدی . « سوز » ك قدرتنی کلمه‌لرك آهنکندن ، ندالرك عظمتندن وتضادلرك شمشکلرندن بکلردی . فقط محیرالعقول بر حیات منبعی اولان بو آدم ، آتشدن پارماقلریله کلمه‌لره دوقونجه اونلری غریب بر سیاله‌یله جانلاندیرمه‌سنی بیلیردی . جانسز قاموس اونك ألنده بر شعله کبی یاناردی .

سلیمان نظیف ، انسانلر آراسنده‌کی اسکی طبقه فرقلری کبی ، کلمه‌لر آراسنده‌ده بر صنف فرقنك موجود اولدیغنه قانع ایدی . سفلی عد ایتدیکی برطاقم کلمه‌لروار دی که اونلری اسلوبنك اشیکنه باصدیرمزدی : بو کلمه‌لر ، روزمره حیاته عائد ، هر کسك قولایجه سویله‌یوب آکلادیغی کلمه‌لردی . اصیل کلمه‌لر صنفی ایسه تاریخه ، جغرافیایه ، قوزموغرافیایه ، فلسفه‌یه عائد اولانلر تشکیل ایدر . بو خصوصیت اسلوبنه آثوری بر کاهن لسانی چشنیسنی ویرردی .

سلیمان نظیف، الفبا ایچنده بالخاصه « آ » حرفنه مفتوندی. انتخاب ایتدیکی اکثری کلمه‌لرده بو حرف قوتله حاکمدر. اونکچون اسلوبی بر خطابت لسانی کبی دریندن درینه کلن غریب بر آواز ایله دولو ایدی. اونی اوقویان آدم باغیران بر آدمی دیکلیورم ظن ایدردی و او کنده مطبعه حروفیله باصیلمش بر صحیفه‌نك دورردیغنی اونوتوردی.

سلیمان نظیفك لسانده جنسی احتراصات یر بولمزدی. اونکچون «قادین» اسمنك کچمه‌دیکی بو اسلوبده شافعی بر خشونت محسوسدر. کماله ایرمش ارکك کوزللکنك اك کوزل بر نمونه‌سی عد ایدیلمکه لایق اولان کوزل باشی اك حساس و اك متنوع بر ذکایی طاشیمقله برابر، استاد ـ قدیم « بدیع » ه صادق قالمق ایچین اوله جق ـ یکی جغرافیایه اعتبار ایتمز و دنیایی دارالتان تللی و یا تلسز تلغرافدن، شمندوفردن، اوطوموبیلدن خبردار کورونمکه هیچ تنزل ایتمزدی. اونکچون لسانده « ارض » « آفریقا » « آسیا » « شمال » « جنوب » کبی کلمه‌لر، اسرارانکیز بر اوزاقلق و بر نامتناهیلك حسنی ویریردی. « آ » حرفنك تسلسلیله یوقاری‌یه دوغرو بر انکشاف آلان اسلوبی، دیکر طرفدن دومانلی و حدودی مجهول الفاظك تأثیریله افقی بر اتساع آلیردی. بناءً علیه بولسان، بعضاً فکره هیچ افتقار ایتمکسزین،

صرف کلمه‌لرك سحریله، سیما و دکنزك باش دوندیریجی اعتلا ووسعتنی آلمغه موفق اولوردی.

سلیمان نظیف «کلمه» لرك سرداری ایدی. «کلمه‌لر»شمدی اوکسز، باشی بوش بر سوروودر.

احمد هاشم

توران

نبضلرمده ووران طویغولرکه تاریخك
بر دیرین سسیدر، بن صحیفه‌لرده دکل،
کزیده، نجیب عرقمك اوزاق وَیرقین
بوتون ظفرلرینی قلبمك طنیننده،
نبضلرمده اوقور، آکلار، ایلرم تبجیل.

صحیفه‌لرده دکل، چونکه آتیلا، چنکیز
ظفریله عرقمی تتویج ایدن بوناصیه‌لر،
اوتوزلو چرچیوه‌لرده، او افترا آمیز
محیط ایچنده کورونمکده کیرلی، شرمنده؛
فقط شرفله نمایان سزار وَاسکندر!

نبضلرمده اوت، چونکه علم ایچون مبهم
قالان اوغوزخانی قلبم طانیر تماميله
طمارلرمده یاشار شان واحتشامیله
اوغوزخان، ایشته بودر کوکلی ایدن ملهم:

وطن نه‌تورکیادر تورکلره، نه‌تورکستان؛
وطن بویوك وَمؤبد بر اولکه‌در: توران...

ضیا کوك آلپ

معمار سنانك قبرینی زیارت

« تذكرةالبنیان » كی اوقودقدن صوكره بوسبوتون ایناناجغم كلیوركه ، قبریكی رسم ایده‌نده سنسك ، ای معمارلر سلطانی سنان !.. زیرا سنی سندن باشقه بوقدر وضوحله نقل ایتمك كیمك حدی ؟..

« سلیمان زمان » ك افقلره و اقلیملره صیغمایان ملكی قدر اوجسز بوجاقسز دها كی دائما :

ایروب عهدی سلیمان زمانك
آچیلدی بختی مور ناتوانك
آنك دورنده ایتدم نیجه خدمت
نظر قیلدی بكا اعیان دولت .

كبی بر تواضع خلعتنه نصل بورودكسه قبرك ده اویله ... بر حشمتلی تواضع ایچنده شیرین بر وقار و ادبله طوپلانمش ... بورمالی قاووغی آنجق باریندیرابیلن ایكی باصیق قبه‌نك مرمر كولكه‌سنده دهاك دیكله‌نیور ...

كرچه سلیمانك بر طاشنه بیله اسمكی حك ایتمه‌مشسك ... فقط قبرینی شاه اثرینك اتكی اوجنه بر امضا كبی آتمشسك !

عادی بنالرك اوستنده بیله اسمنی یونتقله فخر ایدن بو اوكونمه عصرینك جوجه‌لرینه نه قدر یابانجسیسك ای قوجه سنان !

كوكك قبه‌سنی ، دیدیكك كبی « پركارسز » قوران الله سكا كندی جلوه‌سندن برشی علاوه ایتمش. سن اللهك پیغمبره بر هدیه‌سی و توركره بر التفاتیسك : حشمتنه بو دنیا دار كلن سلیمان ربك حضورنده سجده‌یه وارسین‌كه ملكنه سنك كبی بر لطف نصیب اولدی !.. زیرا ، سن اولماسه‌ك دنیا حزینه‌لرینه صاحب ، حیراته مراقلی « آرزوی شاهانه » تفسیرسز و تجلیكاهسز قالیردی . ایچنده فحش وریادن بشقه برشی قالمامش ضلالت شهرینه اسلام هدایتنی كتیرن مشعلكش كرچه فاتحدر . فقط بو شهرده‌كی ضلالت سیماسنی لایموت قبه‌لرك زاهد عظمتی آلتنده تارومار ایدن سنسك ! بونك ایچون هنریكه پیغمبر محمدله جنكاور محمدده حیران قالسه‌لر یریدر .

***

بر دانه‌سی بر وطن خلق ایتمكه كافی كلن جهانكیرلر دورنده ای تك باشنه بر مدنیت عالمی قوران ذیشان ایكی بلدهٔ خلفا دهاكك مطلعی اولدی. فقط مغربدن مشرقه قدر تورك اولكاسنه صنعتك ایشیق صالدی . و دهاكك فتح ایتدیكی دیارلر سلیمانك دولتندن ده پایدار ! بودین ، بوسنه ، صوفیه ،

حجاز و بغداد حکمداریکی بو کون ساده‌جه خاطرلایور . فقط سنی ازبر ایتمش. زمان اونك سلطنتنی طوپراغه دوشن وجودی کبی اوفالادی . فقط سنك سلطنتك شهسوار آتلرینك بر کون کلوب چکه‌بیلدیکی هر یرده حالا بریا ! بونکله برابر محقق ینه بر حزن ایچنده‌سکدر ؛ زیرا سن اونلری تورك ملتنه شان و یاد اولسون دییه قوردکدی ؛ منتك وشوقك اوکا ایدی ! ..

نه وجده کلمش بر عشقك وار : ملك سلیمان صانکه بر سرخلی و زر افشانلی طوماردی . اوکا سن بر قبه‌لر دیوانی یازدك : جامعلرك برر مناجات کبی خروش ایچنده !.. مدرسه‌لرکله خانقاهلرك برر توحید جاذبه‌سنی حائز ... سرایلرك برر قصیده‌یی آکدیرییور ... تربه‌لرکده برر مرثیه ملالی وار ... صاییلسه ، احتمال باقی کاغده ، سنك ارضه یازدیغك قدر چوق و بویوك منظومه‌لر یازمامشدر .

سن بر بابا ایدك ؛ دینه معبدلر ، عرفانه مدرسه‌لر ، اوردولره کوپرولر ، شهرلره صولر ، شهزاده‌لره ، وزیرلره سرایلر ، أولولره تربه‌لر ، محتاجلره عمارتخانه‌لر ، خسته‌لره حاملر وشفاخانه‌لر قوردك ... هپسنه بردن نصل یتشدك ! توکلی تورکلر سکا : « قوجا سنان ! » دیه‌دیلر !.. بو « قوجه » کله‌سی سنی دوشونجه ملتك حیرتندن نامکه یاپیلمه بر قبه حالی آلیور !

ینه ده سبحان‌الله ، قبرکده بیله بر لحظه تواضعدن آیرلمامشسك : صنعتنده سلیمانك حشمتی آشکار ... فقط روحکده یاووزکاری بر شاهانه ساده‌لك جایکیر !..

***

سنك استانبوله وادرنه‌یه نظر ایدیشکده‌کی معناده عجبا نه لذت واردی ؛ اونی سنکله فاتحلردن بشقه هانکی فانی طادا بیلیر ؟

بو شهرك ایکی یوز مناره‌سنده بش وقت اذان اوقونورکن ، بیلسه‌م سن نصل بر حظ دویاردك ؟ چونکه اللهه یوللانان بو ندالره قدمه قوران سنسك !

***

آکلاشیلان سلیمانیه بیله کوزیکی دویورمامشدی . سلیمیه‌یی دها که تاج یاپدك ! دیبورسك‌که : « خلق جهان دائرهٔ امکاندن خارج دیدکاریلك بری آیاصوفیه قبه‌سی کبی بویوك قبه دولت اسلامیه‌ده بنا اولونمامشدر . کفرهٔ فجره‌نك معمار کچینلری « مسلمانلره غلبه‌مز واردر » دیو طعن آمیز کلمات ایده‌رلردی . زعم فاسده‌لرنجه اول قدر قبه دوغوره‌ق غایت مشکلدر . نظیره ممکن اولسه ایده‌رلردی . » دیدیکلری بو حقیر قلبنده عظیم عقده اولوب قالمش ایدی . مزبور

جامع شریف بناسنه همت ایدوب بعون‌الله الملك المنان دولت سلطان سلیمده اظهار قدرت ایدوب بو قبه‌نك آیاصوفیه قبه‌سندن آلتی زراع قدن و درت زراع دوزن زیاده ایله‌دم . » ای « سر معماران » همتکه و قدرتکه بیك عشق اولسون !.. سکا بونی سویله‌تن روح بر وقتلر هر تورکده واردی !..

* * *

نهایت کندی تکوینك حضورنده بویك أکیلدی . قاوزعك باشکه آغیر کلدی . ألکده پرکار تیتره‌مکه و عصا سنده‌له‌مکه باشلادی . کندکده طبق بر یاز کوننده کبی آغیر آغیر چکیلدك . فقط زاهد نفسلرله دولو ظمتلی کوکسکه قیاس ایتدیکم قبه‌لرك حشره قدر بر قرار اولسون !..

هر بری بشقه اویغالرله سوسلی مرمر قفسلر آردسندن تجلی ایدن مرمر دستارك یوز تاجه بدل !.. سنی حامد فاتحه وسلیمه کیتدیکی کنجلك هنکامنده کورمه‌لیدی !

داراجق مزارکده ، حاشا ، بر انتها غرابتی یوق ، حالا بر ابتدا مهابتی وار ...

رنکی اوچوقلاشوب یوصون کبی قالان مصراعارندن برنده ساعی :

روحی ایچون فاتحه احسان ایده پیر و جوان

دییور !.. سنك بوکا احتیاجکمی وار ، ای الله یولجیسی !.. سن که ، ایلکه دوغامش کبی ، حالا ، یانانلره سبیلکدن صولر داغیتدیریبورسك !..

سلیمان سنك کبی بر معماره نائل اولدیغنه شکر ایتسین ، سن سلیمان کبی بر قدرشناسك اوجاغنده یتشدیککه حمد ایت ، أی معمارلر سلطانی سنان !..

روشن اشرف

(توكوروك)

بسم الله الرحمن الرحيم

فتلك بيوتهم خاوية بما ظلموا .....

ترجمه‌ی

« ايشته سكا ، اونلرك ، كندی يولسزلقلری يوزندن،
ايپ ايصسز قالان يوردلری !.. »

لچنلر وارسه اسلامك شو چيكنه‌نمش ديارندن ؛
شو يوز بيكلرجه يوردك قانلی ، زائرسز مزارندن ؛
يوركلر پارچه‌لار برنوحه ديكلر رهكذارندن .
بوماتم ، كيم بيلير ، قاچ منكسر قلبك غبارندن
خروش ايتمكده ، صوك اميدينك صوك انكسارندن ؟

أوت ، صوك انكسارندن كه يوقدر جبرك امكانی :
باتوب كيتمش نظرلر بكله‌مكدن فجر نازانی !
ناصيل ، ای يولجی ، بيك لعنت كلوب ازمزكه وجدانی؛
دوداقلر ، چاك چاك اولمش ، ايچركن زهر خسرانی ،
اوزاقدن باقدی ـ قوشمق نرده ! ـ ميليونلرجه يارانی !

بوایصسز آشیانلر برزمان جاندن معززدی ؛
بوطاملر بویله بایقوش سسلرندن چین چین اوتمزدی ؛
شو قوربغه‌لر سه کن وادیده ، جیلانلر قوشوب گزدی؛
شوجوشمش، آغلایان ایرمق نه‌خندان کولکه‌لر سزدی؛
بوتون ماضی‌یی برطوفان، فقط، هپ بوغدی، هپ‌ازدی!

وفاسز یورد ! أوز اولادك ایچون اولسون، وفا یوقمی ؟
نه‌دن قلبك قارارمش؟ بیك اوجاقدن برضیا یوقمی ؟
الهی ، کیمسه‌سزلکدن بونالدم، آشنا یوقمی ؟

وطنسز ، خانمانسز برغریبم .. ملتجا یوقمی ؟
بوتون یوقلقمی هر یر ؟ باری بر « یوق! » دیر صدایوقمی؟

*
* *

کیتمه ای یولجی ، برابر اوطوروب آغلاشه‌لم :
ألمم بریورکك کاری دکل ، پایلاشه‌لم :
نه یاپوب یأسمی قهر ایلیه‌یم ، بیلمم که ؟
اویله دهشتلی محیطمده دونن ماتم که ! ..
آه ! قارشیمده وطن نامنه بر قبرستان
یاتیور شیمدی .. ناصل یرلره کچمز انسان ؟
شو مزارلرکه اوزانمش کیدیور ، ای یولجی ،

نەدن باشلادی یوکسلمەیە، باق، نردە اوجی !
بونە هجران مؤبد، بونە خسران مبین..
ازیلیر روح سما، پارچەلانیر قلب زمین !
آزاجق قوزجالا طوپراقلری، سیرایت نە چیقار :
دیچیك آلتندە أزیلمش، پارەلانمش قفالر !
نەدن رنك هویتلری اوچمش یوزلر !
کیم بیلیر هانکی شناعتلە اویولمش کوزلر !
« مدنیت » دینیلن وحشتە لعنتلر ایدر،
نیجە یکپارە کسیلمشدە صیریتمش دیشلر !
سونکولنمش، قانی طوکمش نیجە بیکلرلە بدن

نیجە باشلر، نیجە قوللرکە جدا جسمندن !
بشیکندن آلنوب پارچەلانان مخلوقات ؛
صوکرە، ناموسنە قربان ایدیلن بونجە حیات !
بەبیاض صاچلری قطرانلرە باتمش دەدەلر !
کوکسی باطە ایلە قیریلمش ممەسز والدەلر !
تکی بیکلرجە کسیك کوکدەیە عائد کومەلر :
صاچ، قولاق، أل، چکە، پارماق.. بوتون انقاض بشر !
باقالم، یاوروسی اوغرارمی، دیوب، قارنندن،
جاناوارلر کبی شیشلردە قیزارمش نیجە جان !

ایشته بونلر اوفلا کتزده‌لردرکه ، دوشون ،
قورومش اوت کبی طوغراندی بیچاقلرله بوتون !
مسلمانلقلری بیچاره‌لرك اویله بوبوك
برجنایت که : جزالر اوکا نسبتله کوچوك !

ای ، بوطوپراقده برر نعش پریشان بیراقوب ،
یوکسه‌لن ، موکب ارواح ! صاقین ارضه باقوب ؛
صانمایيك : شوق شهادتله جوشان برقان وار ..
بزده لشدن دها حسسز ، دها قوقمش جان وار !
باقمایيك ، هم توکوروك چهرهٔ مرداریمزه !

توکوروك : بلکه برآز دویغو کلیر عاریمزه !
توکوروك جبههٔ لاقیدینه شرقك ، توکوروك !
قوشقولانسین ، کورەلم ، غیرتی خلقك ، توکوروك !
توکوروك ملتی آلچاقجه اوران ضربه‌لره !
توکوروك اونلره آلقیش داغیدان قحبه‌لره !
توکوروك اهل صلیبك او حیاسز یوزینه !
توکوروك اونلرك اصلا کووه‌نیلمز سوزینه !
مدەنیت دەیلن مسخره مخلوقی کوروك :
توکوروك ماسکه‌لی وجداننه عصرك ، توکوروك !

هله اعلانی زماننده شو ملعون حربك ،
« بزه افکار عمومیه‌سی لازم غربك ؛
اوده اللهی بیراقمقله اولور . » هرزه‌سنی ،
خلقه ایمان کبی تلقین ایله ، دینك سسنی
صوصدوران آبدالك ادرا کنه بول بول توکوروك ! ..

ینه هجران ایله چیلغینلغم اوستمده بو کون ...
بکا وحدت کبی بریار مساعد لازم !
آرتیق ای یولجی براق .. بن ، یالکز آغلایه‌یم !
۲۲ صفر ۱۳۳۱
۱۷ کانون ثانی ۱۳۲۸
محمد عاکف

خسته

« وقعه حلقه‌لی زراعت مکتبنده کچمشدی »

— نجه ، دوقتور، اونی سز برصویه‌رق دیکلیکز؛
خسته‌لق چونکه دکل اویله اهمیتسز .
ساده برنزلهٔ صدریه‌می علت ؟ نرده !
چوجوغك حالی فنالاشدی شوصوك گونلرده .
عملیاته چیقارکن صنف اون کون اول ،
بوده کلزمی، دیدم: « کیم‌دیدی، اوغلم، سکا، کل؟

نوبت اوستنده آدام قاچمالی یورغونلقدن ؛
هادی یاوروم، هادی سوزدیکله‌ده برپارچه اوزان.»
او زماندن بریدر ضعفی ترقی ایدییور ؛
کورونن : برداها قالقیماسی آرتیق پك زور .
اویقو یوقمش؛ کیجه هپ اوکسوریبورمش؛ آتشك
اولمیورمش آزیجق دیندیکی ...
— بن ذاتاً ایشك ،
برآی اول بیلیوردم نه وخیم اولدیغنی ...
بکا اخطاره نه‌حاجت، آ بکم ، شیمدی بونی ؟
مع‌مافیه یکیدن برباقالم دقتله :
حکمی قطعی ویره‌لم ، ایتمه‌یه کلمز عجله .
— چاغیرك خسته‌یی کلسین .
قابینك پرده‌سنی ،
آچه‌رق کیردی اواثناده دوزلتوب فسنی ،
بر اوزون بویلو چوجوق .. لکن اوبرلوحه‌ایدی!
اویله برلوحهٔ رقت که اونوتمام ابدی :
رنکی اوچمش یوزینك، کوزلری چوکمش ایچری ؛
الماجقلر ایکی باشدن چیقیوپرمش ایلری .
اوشاقاقلر کوچه‌رك جبهه‌یی یاندن صیقمش ؛
قیرلامش آلنی ، طامارلرده برابر چیقمش !
بت بکز کول کبی اولمش اوچه‌رق نور شباب ؛

او یاناقلر ایکی صولغون کله دونمش ، بی‌تاب !
او دوداقلر موراروب قاولامش آرتق دریسی ؛
اوزامش صاچ کبی کیرپیکلرینك هر بریسی !
قفا بر یوك کسیلوب بوینه ، چوکمش باغری ؛
ایکی دکنك کبی یوکسلمش اوموزلر یوقاری .
— اوطور اوغلم ، سنی دقتلیجه بر دیکلیه‌لم . . .
صویون اولجه فقط . .

— سز صویيکز ، یوق حالم !
صویدی بیچاره‌یی اوچ بش کیشی بردن ، او زمان
آلدی بر هیکل عریان سفالت میدان !
بو کمیك کولچه‌سنك دیکلنه‌جك بر جهتی
یوقدی ، ظنمجه طبیبك جوشه‌رق مرحمتی ،
« باقماسه‌ق خسته‌یی نومید ایدرز بلکه . » دیه ؛
چوجوغك کوکسنه یاقلاشدی براز دیکله‌مه‌یه :
— اوکسور اوغلم . . نفس آل . . آلمه نفس . . اولدی ، کیین ؛
باقه‌یم نبضکه . . اعلا . . سکا یاوروم ، قوده‌ئین
یازه‌یم اوکسوریورسك ، او ، کسر یك أیدر . .
آرسینیق حبلری آل ، سویلرم اجزاجی ویرر .
هادی کیت کندیکه أیی باق . . .

— نصل ایتدك دوقتور ؟

— ایده جك یوق، چوجوق آرتق بوله کیرمش، کیدیور!
صول طرفدن رئه‌نك ذروه‌سی تکمیل چورومش؛
خسته‌لق سیر طبیعیسنی آلمش یورومش.
دور ثالثده‌کی آثاری او ملعون مرضك
وار تماميله، دکل هیچ بری اکسیك عرضك.
بوتون اعراض، شهیقیله، زفیریله ...

— یتر!

خسته‌نك چهره‌سی میدانده‌یا! انسانده مکر
اولماسین حس دینیلن شی .. او دکل لکن بز
بونی «تبدیل هوا» دیرده نصل کونده‌ریرز؟
شورده اوچ‌بش کونی‌وار.. کونده‌رەلم: یولده‌أولور..
«کیت!» دیمك، هم، دوشونورسه‌ك نه‌بویوك برذلدر!
هادی کوندرمیه‌لم .. وارمی فقط امکانی؟
کیمه درد آکلادیرز؟ بولسه‌ك آ درد آکلایانی!

— سوزیکنز طوغری مدیربك؛ نه‌یاپوب‌یاپملی؛ تك
بو چوجوق کیتملیدر. چونکه، امیم، بك بك،
دها بر هفته یاشار، صوکره سرایتده اولور؛
بویله بر خسته‌یی کوندرسه‌ده مکتب معذور.
— بر مبصر چاغیرك.

— بویورك افندم .

— بکا باق :

خسته‌نك کیتمسی هرحالده موافق اوله‌جق .

« سکا تبدیل هوا توصیه ایتمش دوقتور ،

کزمش اولسه‌ك آچیلیرسك .. » دییه برفکرینی صور .

« ایسته‌مم !» دیر او ، فقط دیکله‌مه ، اقناعه چالیش :

کیم بیلیر ، بلکه‌ده بیچاره چوجوق آکلامامش ؟

*

* *

— شیمدی تبدیل هوا وارمی بنم ایستدیکم ؟

براقك حالمه آرتق بنی راحت أوله‌یم !

اوچ بوچوق ییل بکا قاتلاندی بومکتب ، اوچ کون

دها قاتلانسه قیامتمی قوپار ؟ هم نه ایچون

بنی ییللرجه بارینديرمش اولان بر یردن ،

«أوله‌جکسك !» دییه قوغمق ؟ بوقوغولمقدر . بن ،

کیمسه‌سز بر چوجوغم ، نرده کیدر یر بولورم ؟

ایتمه‌یك ، صوکره سوقاقلرده پریشان اولورم !

آنام أولمش ، بابامك بیلمیورم هیچ یوزینی ؛

قارده‌شم وار ، اوده لکن بکا دیکمش کوزینی :

صانکه آتیده‌کی موهوم رفاهم کیده‌رك ،

اونی یالقاندیغی خسرانلر ایچندن چکه‌جك !

قارده‌شم ، قوردیغك آمالی ده‌ویرمكده أولوم ؛
بنی گوم حفرهٔ نسیانه ، بن آرتیق أولدم !
هانكی بردردم ایچون آغلایه‌یم ، بیلمیورم .
دوكدیكم یاشلری چوق كورمیكز : مغدورم !
او قدر سعی بلیغك بو سفالتمی صوكی ؟
بری اولجه اگر سویلمش اولسه‌یدی بونی ،
چالیشوب عمریمی چیلغینجه هبا ایتمزدم ،
بن بو مستقبله ماضیمی فدا ایتمزدم !
مرحمت بیلمه‌ین انسانلره باق ، یاربی ،

قوغیورلر بنی بر سائل آواره كبی !
— سنی بر كره قوغان یوق، بو سوزك بك حقسز .
«ایسته‌مم، یوللامایك» دیرسه‌ك اگر، قال، یالكز...
خسته‌سك ...
— هم ورم ! سویله ، نه وار صاقلایه‌جق ؟
— یوق جانم اویله دكل ...
— اویله‌یا، هر كس احمق !
براقیرلرمی اگر كیتمه‌مش اولسه‌م عجبا !
طوغریدر ، كیتملی‌یم ... قوشدیریكز بر عربه .

صوك صنفدن ایکی وجدانلی رفیقك قولنه
دایانوب چیقدی او بیچاره سفالت یولنه .
آته‌رق آرقه‌یه بر لمحهٔ لبریز الم ،
اونی تبعید ایده‌جك پایطونه یاقلاشدی « ورم ! »
طوتدی بیندیردی چوجوقلر صاره‌رق هر یرینی ،
اوپدیلر گریهٔ ماتم دوکه‌رك کوزلرینی :
— چکیویر طوغریجه استاسیونه ...
— یوق یوق ، بنی تا ،
کوتور استانبوله بر یرده براق که : غربا ،
— کیمسه‌نك اونلره آلدیرمدیغی بر صیره‌ده —
اوزانوب أولمه‌یه بر شیلته بولورلر اوراده !

محمد عاکف

یعقوب قدری

نور بابا مناسبتیله

« نور بابا » حکایه‌سنك انتشاری ، یعقوب قدری‌یی روزمره حیاتمزك ایلك صف وقایعنه چکدی . شخصی بیك تورلو مناقشه‌لرك موضوعیدر ، اسمی هر آغزده دولاشیور . دنیله بیلیر که بوتون استانبول «نور بابا» نك باده‌سیله سرخوشدر . فقط خلقك یکی طانیمغه باشلادیغی بو اسم ، بز آشنالری ایچین ، اون اوچ سنه‌دنبری ، بر انسانه مقدر اوله‌بیله‌جك اسملرك اك

کوزلی واك سحرليسيدی . يعقوب قدری ، اوتوز بشی کچن نسله منسوبدر . بوکون تورك حساسيتنه رقيبسز حاکم اولان بونسل ، ادبياتده يعقوب قدری‌يی يتيشديرمش اولمقله شان وشرفندن امين وواراغندن مبالغه ايله مغروردر. فرانسز حکيمی «ايپولیت تەن »، اثری صنعتکاره وصل وربط ايدن علاقه‌نك صيقليغنه دائر نه سويله‌مش اولورسه اولسون ، بزده ، يعقوب قدری‌يه کلنجه‌يه قدر ، بالخاصه ادبياتده ، اثرله مؤثر ، يکديکرينه هيچ بکزه‌مين آيری شيلردی . هر محرر ، يا قالين سس چيقاران بر جوجه ويا دودوك سسلی بر ديودی ؛ سسدن بويه انتقال ايديله‌مزدی . بجه‌لری ييرتيجی بر قورتدی ، کيجه‌لرك قارانلغنده آرسلانلرك سسنی تقليد ايتديلر ؛ بجه‌لری لش ييبجی مردار قوشلردی ، بهارده بلبلر کبی ارتديلر . کورلر عالمك بهار وخزانندن بحث ايتديلر ؛ چيليزلر (قوت) ی اوکرتمك ايسته‌ديلر ؛ تمساحلر کوز ياشلری دوکديلر ؛ آلچاقلر فضيلتدن دم ووردیلر . قلم وکاغد بونلرك باشليجه واسطه‌لريدی . حالبوکه اثرينك هرسطرينی ، انسانلغنك آلتونلرندن نسج ايدن يعقوب قدری‌ده شخص واثر ، يکديکرينه آيدينلقلری قاريشان ايکی مشعله‌در . يعقوب قدرينك هيچ بر يکيلکی اولمسه‌يدی بيله ، اثرينك صنعتکاری اولمق يکيلکی ، اونك ايچون ادبياتمزده کافی بر عنوان شرف

اولوردی . بویوك بر خاندانك صوك چوجغی یعقوب قدری ، وجود تشكلی اعتباریله ، انكلیز حكایه‌جیسی (وەلس) ك قرده یاشادیغی آكلاتدیغی انسانلره پك بكزر : بزدن میلیونلرجه دفعه داها متكمل ، دها ذكی و دها عالم ولان (قریلر) ده ، دماغ بزمكی كبی كمیكدن بر محفظه ایچنده اوله‌جق یرده یوموشاق بر زار ایچنده ایمش . دماغ تكمل ایتدكجه باش بویور ، او صورتله كه تا ایلك قریدن بری او كره‌نك اوستنده كچن بتون وقایعك تاریخنی ، كتابده یازی كبی ، دماغنده جمع ایدن (بویوك قری) ، بر كوچوك آرابه درونده كوتوروان عظیم ، تیترك ، بیاض بر باشدر . یعقوب قدرینك نحیف بر وجود اوستنده طاشیدیغی بیوك باشی ، اینجه بر ساق اوزرنده ایری ، سیاه بر خشخاشی آكدیرر . باش ، وجودی بیوب آزالتمش كبیدر . ظن ایدیلیر كه ، بیوك بر چنار شكلنده كوكلری عصرلرك ایچنه دالاك (قره عثمان) عائله‌سی ، بر كون بو نحیف چیچكی آچه بیلمك ایچون هوالره عظیم داللرینی صالمشدی . بویوك آغاچ ، بو كسكین قوقولی سیاه چیچكی یتیشدیرمكدن دها ایی نه یاپا بیلردی ؟ بو چیچك نحیفدر ، چونكه تفرعاتك بیاغیلغندن صیرلمش ، متكامل اشكالك بدیعیتی قانوننه تبعا كوزللكك یالكز اساسلی عنصرلرینی احتوا ایدییور : یعقوب قدری ده یاغ اریمش ، كمیك اینجه‌لشمش و وجود ،

كرانبها روحك اطرافنده اينجه آلتوندن اوروملمش بر محفظه حالنه كلمشدر . يعقوب قدرينك بويوك باشنه دنيانك كورلكلرى ، قديفه سياهلغنده درين ، حليم وعين زمانده خشين ايكى بيوك كوزدن كچر . سسى صيتمه دن يانان سسلر كبى كنيش ، صيجاق ، مونس وشهوانيدر . يعقوب قدرينك بتون صنعتى ده حظوظك محصوليدر . (ارنلرك باغندن) ده كى اوحسرت و شكايت وفراغت ذوقلرندن دكل ، فقط فانيلره مقدر اولان اعظمى ذوقك بياغيلغندندر . يعقوب قدرى صانكه باشقه بر عالمده ، زنكين بر ضيافت سفره سندن قالقمش وبودنيايه طوق ويورغون كلمشدر . خالص وآهنكدار بر تورلجه ايله آكلاتديغى بوتون او مهيج عالملر ، بر اخروى شفقك مخمور بياضلغنده كورولمش رؤيالره بكزيبور .

احمد هاشم

ارنلرك باغندن

— ١ —

بيللر يارلردن ! يارلر بيللردن وفاسز . قارابخت بر قاصيرغه كبى ، بونه باش دونديريجى ايش ؟ كيجه لر كونلرى كونلر كيجه لرى قوواليور ! جفالر جفالرى قوللايور . صاچلريمزده آقلر آقلرى ، آلنمزده چيزكيلر چيزكيلرى دوغوروبور . توكل

کوچ ، عصیان وخیم ؛ فلك هیچ رحم ایتمیه‌جکمی ؟ هیهات، عزیز دوست ، اونی دوندوره‌ن قارا بختك قاصیرغه‌سی ...

« باغچه‌لر بوزولدی ؛ یووالر داغیلدی؛ یوللر سیلیندی ؛ جهان ویران اولدی . » یاشلی کوکل ، شیمدی بویله دییور؛ هرشیئی کندنینه أش کورییور . بوده باطل حسلردن بری... جهان نه‌وقت معمور ایدی ؟ باغچه‌لرده نه‌وقت کللر آچدی ؟ نه‌وقت یووالرده بلبللر اوتدی ؟ یوللردن نه‌وقت یارلر کالدی؟ اومدق، بکله‌دك، دوشوندك . هانکی شی اومدیغمزه اویغون دوشدی؟کوردیکمز دوشبوندیکمزه بکزه‌دیمی؟ کلنلر بکله‌دیکمزه ده‌کدیمی؟ اومسعود وعلوی ساعت هانکی ساعتدی‌که، ایچنده ایکن : « گچمه ! دور ! » دیه حایقیردق؟ هیچ بری، عزیز دوست ، هیچ بری ! بلکه هپسنی گچسون ، کیتسـون دییه بکله‌یوردق ؛ زیرا اونلر ، بری برندن چیرکین ، بری برندن واهی ساعتلردی . کیمی بر داملە کوز یاشیله ، کیمی تك بر « ایواه » ایله ، کیمی بر اسنه‌مه‌یله ، کیمی یالکز سکوتله دولوب کیتدی . اونلر ، برر برر تکرار کلسین ایسترمیسك؟ خایر ، خایر ، خایر ، دکلمی ؟ ناصل‌که اك عزیز أولولرك بیله دوندیکنی ایسته‌میورز . عدمده أزیجی وغاصب برقدرت وار. هپمز اوکامتوجه بکله‌یورز . نه‌قدر یارآیجی وقادر روحلرعاقبت اوکارام اولدی. دنیایی اعدام محکوملریله دولو برزندانه‌بکزه‌تن حکیم دوغرو دوشونمش . هپمز ایچین عاقبت اومشئوم شفق

سوكه‌جك . اينانكه شيمديدن يوله چيقان قافله‌نك ايچنده‌يز . براز اوته‌ده سياستگاه كورينيور . بوسياستگاهده ييللرجه سوره‌ن اشكنجه‌لرله جان ويريليور . دوغديغمز كون، ايشته، بونك ايچين آغلادقدى . و « كولديكدى‌ده ! » ديه‌جكسك. أوت ، اوكولوش هنوز براقديغمز جنتك يادى ايدى . ايلك وطندن‌اوخفيف‌ايشيق دائمايوزيمزده‌قالدى. بوخفيف ايشيقدن‌ده محروم اولسه‌يدق، يولمزك قاراكلغنده ، شيمدى‌يه‌دك ، غائب اولوب كيدردك ؛ محنتمز تحملسوز بررادە‌يه واريردى . شكر ربه‌كه ، بونك سايه‌سنده آره صره أيلكله ، كوزه‌للكى سزه‌ر كبي‌اولدق. بزى‌چوق دفعه دشمنلرك طوزاغندن بوقورتاردى؛ هريول دونومنده ، كيجه، اونلره پوصوده راست كلازميدك ؟ براقشام اوستى، كوله‌رك، اوينايه‌رق ، چاله‌رق ، شن‌برآلاى دوست كبي،ناصل اطرافمزى آلديلردى؛ بركون‌ده،خاطر-كده‌مى؟ بزه ، قيرلرده پيكار پريلرى شكانده كوروندیلردى . سن، اونلرله أل‌آله قوشه‌رق، اوينايه‌رق غائب اولدك، بكا، تاايچمدن اوايشيق خبر ويردى‌كه پيكار پريلرى تكين دكلدر ودوردم. لكن برباشقه كون ، پيكار پريلرندن داها مهلك دكيزقيزلرينك سسنه قوشدم . يريمزه دونديكمز وقت سن‌ده بن‌ده صولغون ويورغوندق، وقلبمزبوم‌بوشدى، ووجوديمزده‌كى تردونمشدى. ايشته بوتون كنجلكمز بويله كچدى. دوغديغمزكون ،يوزيمزده كوله‌ن ايشيق سوندكجه واهى وظالم طيفلر بزى طاشدن طاشه سوروكلايوردى .

نه‌دنسه خولیامز بزه کافی کلمه‌دی ؟ بوتون کوزه‌للك کبی بوتون حقیقت‌ده اونده دکلیدی؟ بزه عشق ایچین قادین، وجد ایچین باده لازممی ایدی؟ بزکه الست بزمنده سومشلر ، الست بزمنده مست اولمشلرز . بوواهی ظواهر عالمنده‌کی هر فعلمز اوعلوی سرخوشلغی بوزمه‌دن باشقه برشیئه یارامادی. شیمدی قلبمز بوش، باشمز دولودر. آغزمزده زهر ، کوزلرمزده آتش وار ؛ طاتسز برخمار ایچنده‌یز. وآرتق یولك اورته‌سنی کچدك وصاچلریمزده آقلر آقلری وآلنمزده چیزکیلر چیزکیلری دوغورییور. وأللریمز، دیزلرمز تیتره‌یور واوکمزده‌کی افقلردن فنا هواسی أسییور. سویله کنجلککی نه‌یاپدك؟ سویله کنجلکمی نه‌یاپدم؟ بوندن صوکرا «تخیل» ایتمك آرتق قابل اولمیه‌جقمی ؟ بو تیز وچیرکین سیاحتدن صوکرا ، اوقدر چیرکین شیلر کوردکدن صوکرا سویله ، آرتق اوسسز ، شفیق ، رایحه‌لی وشفاف خیالتلر بزم روحمزی زیارت ایتمیه‌جکمی ؟ اوروح‌که باربار بردیارك مزار طاشلرنده محکوك شیطان وجاناوار رسملرینه بکزه‌ین ییچیمسز ، دکرسز قابا أیزلرله اورتولدی ، کیتدی .

یعقوب قدری

پك حزین بر مولد کیجه‌سی

۱۲ ربیع‌الاول ۱۳۳۱

ییللر کچیورکه ، یامحمد ،
آیلر بزه هپ محرّم اولدی !

آقشام نه کونشلی بر کیجه‌یدی ..
ایواه ، اوده لیل ماتم اولدی !
عالم بو کون اوچ یوز اللی میلیون
مظلومه یامان بر عالم اولدی :
چیکنندی حریم پاکی شرعك ؛
ناموسه یابانجی محرم اولدی !
بیننده اوتن چاکك سسندن
بیکلرجه مناره ابکم اولدی .
الله ایچون ، ای نبیّ معصوم ،
اسلامی بیراقمه بویله بیکس ،
اسلامی بیراقمه بویله مظلوم .
محمد عاکف

شاعر وهلال

سلیمان نظیف مرحومك روحنه — «فضولی» دن الهام —

باقدم هلاله دون گیجه عزلت زمانلری :
بر فیض قاپلامشدی بوتون آسمانلری .

فجر اولمادن ، خشوع ایله دویدم أذانلری ،
صوصدوردی ، غیظ ایچنده ، بوغوق سسلی چانلری .
— «هیچ شبهه یوق که شیمدی سحردر.» دیدم؛ دیدی:
— «أی تورك ، آچیلدی چونکه بویوك رایتك سنك.»

برساق بر نسیم ایله اورپردی گولگه‌لر .
ییلدیزلر أسکی دملره بر نغمه بسته‌لر .
دیکله‌ر امید ایچنده اوزاقلرده اولکه‌لر .
بر گیزلی نور افقلره آتی‌یی مژده‌لر .
— «ظلمتلر ایشته زیروزبردر .» دیدم ؛ دیدی :
— «گوکلرده انکشاف ایدییور فطرتك سنك .»

أسمش بوتون طبیعته گل رنگی بر نفس .
علوی هلال ، بایراغه اولمشدی مقتبس .
یورندمده ایلك بهار ایله جوش أیله‌یور هوس ؛
داللرده شاقرایوب اوچویور بر سوگلی سس ؛
— «بلبل صباحه قارشی خبردر.» دیدم ؛ دیدی :
— «تبریك ایدیلمك ایسته‌نیور شهرتك سنك .»

یاقوت بر نهرده ییقانمشدی تاك یری .
ألماس قیلیج چکر گیبی تورانلی بر پری
تاریخمك یازیلدی مهابتلی سوزلری ...
گوردم هلالی ، فخر ایله دولمشدی گوزلری...

— « الهام ایچون نه زینت وفردر! » دیدم ؛ دیدی :
— « ماضیدن انعکاس ایدییور شوکتك سنك . »

گوردم ، خیال ایچنده ، آتشلرله بر آلای ؛
فاتحلرك نشیمنی بر محتشم سرای ؛
هپ سونگولرله یوکسه‌لیور کهکشانلی آی ؛
برله‌شمش عینی غایه ایچون بای ، گدا ، گرای ...

— « بونلر بوتون نه شانلی بشردر ! » دیدم ؛ دیدی :
— « أی قهرمان حفیدی ، بودر ملتك سنك . »

گویا که بکله‌یوردی اوزاقلر یاقینلری !
هپ قارشی چیقدی یوللره توران قادینلری .
آفاقی تیتره‌تیردی مجاهد آقینلری ؛
غالب ، یالین قیلیجلرك اولمازدی قینلری ...

— « بیلسه‌م عجب بو هانگی ظفردر ؟.. » دیدم ؛ دیدی :
— «قورتاردی أسکی یوردیگی بر صولتك سنك . »

آرتق صباح باشلادی ... غیب اولمایور هلال .
حالا سماده فرق ایدیلیر بر گوموش خیال .
تهلیل اوقوندی ؛ عرشه صعود ایتدی اختفال .
مشرقده دوغدی غربی یاقان « لفظة الجلال » .

— « بونلر مهیب معجزه‌لردر ! » دیدم ؛ دیدی :
— « أی تورك ، اویاندی دین ایله ملیّتك سنك . »

انیس بهیج

شهر آزاد

أسكی شهر آزاد ، افقلر سدچین !
ایشته ییلدیزسز ، قارا کلق برکیجه .
چاتلامش ، مظلم کمرلر ، بر نیجه
غول یبانی ، تتیره‌ین قوبروقلو جن .
ایشته ییلدیزسز ، قارا کلق بر کیجه ،
أسکی شهر آزاد . افقلر سد چین !

بوش کمرلردن چیقان کروان نچین
شهری ترك أیله‌ر بو آقشام کیزلیجه ؟
آرقادن مشعل طوتارکن برجوجه ،
أوکده باش صاللار مکدر بر هجین .
ایشته ییلدیزسز ، قارا کلق برکیجه ،
أسکی شهر آزاد ، افقلر سد چین !

خالد فخری

یولجیلر

طوپلادق یوللرده آلتون ، فیل دیشی :
هندی کچدك اوچ یوز آلتمش بش کیجه ،
أده باصلانمش قیلیجلر ، کیزلیجه
ماورای چینه کیردك قرق کیشی .

يوقدی آرتیق بورقولان دیزلرده تاب .
قارغالر چوکمشدی یوکسه‌ك سدلره ،
بیك بر آقشامدر تهی معبدلره
برصولوق قندیل یاقارکن ماهتاب .

همدم اولدق بر قیریق محراب ایله :
ـ نرده‌یز ؟ یول سیسلی ، کروان کچمه‌یور .
« أسکی شهر آزادی کوزلر سچمه‌یور ،
« قارشی وادیلرده یوق بر کوی بیله ! »

برغریو آشمشدی مظلم منبری ؛
چیقدی بر بیچاره ، مغموم اختیار :
ـ أسکی شهر آزاده ظلمت ـ شهریار ،
« زمرد عنقا شهر آچدقدن بری . »

« قاب قارا کلق برچوقور باشدن باشه .
« هایقیریر بایقوش ییقیق برلانه‌دن .
« بوش کمرلردن کچن روزکار نه‌دن
« بویله چیلغین چارپییور طاشدن طاشه ؟ . . »

ایندی موتائی سکوت اورمانلره ،
سیسلی فیغالرده آرتیق غائبز .
کورمه‌دن ، هیهات ، شهرآزادی بز ،
پرو اولدق سرسری کروانلره .

خالد فخری

کوزلرك

روحمده کیزلی بر أملمی آرار
کوزلریمه باقوب دالان کوزلرك ؟
عقلمه کلمه‌دك بیلمه‌جه صورار ،
بنی خولیالره صالان کوزلرك ،

نکاهك کوکلمه ای پری پیکر ،
لیال حسرتك حزنی دوکر !
قارا کلفلر کبی ییقلیر ، چوکر
ایچمده بر ایدوب قالان کوزلرك .

حضورکده بعضاً بنکم اریر ،
طورك خلوصمدن شبهه کوستریر ؛
بعضاً ده نه اولماز امیدلر ویریر
صبر و قرارمی آلان کوزلرك .

غمزه‌کده ظاهر ای عمریمك واری ،
فسون حسنكك بوتون اسراری ؛
نشر ایدر عالمه رنك بهاری
قویو منکشه‌یه چالان کوزلرك !

سحردر شبهه‌سز بوتون بوشیلر ،
باقیشك ذهنمی پریشان ایلر .
بکا عشق ایاندن افسانه سویله‌ر
عشقه ایناتمایان یالان کوزلرك .

رضا توفیق

فلاکت باغنی کزدم سرسری ،
فریاد وزارمی دویان قالمامش :
آرادم وشاهین یکیت أرلری ؛
یاتدقلری یردن نشان قالمامش !

قاپیلر قاپانمش ، باجالر توتمز ؛
کیمسه جك اوچولده بر قویون کوتمز ؛
آغاجلر قورومش ، بلبللر اوتمز ؛
بایقوشلرده بیله فغان قالمامش !

کالمری صولدورمش کدر یاشلری ،
قارالر بورومش یاسلی باشلری ،
کویلری قوشاتمش مزار طاشلری ،
سسمه سس ویرن برجان قالمامش !

طالعك اویامان قانلی اللری ،
أشندن آییرمش هپ کوزه للری ،
شهیدلرله دولمش غربت ایللری ،
قان آغلامادق برجوان قالمامش !

خاندان کشیلر هپ یوقسول اولمش ؛
دشمن قاپیسنده باغلی قول اولمش ؛

اوناژلی کلینلر شیمدی دول اولمش؛
جمعیت داغیلمش ، جانان قالمامش !
هیچ آ کیلماز اولمش آتالر آدی ؛
بشیکده براقمش آنا اولادی ؛
قیریلمش یتیمك قولی قانادی ؛
ظلم پنجه‌سندن امان قالمامش !

دشمنك ستمی یورکلر أزر ؛
بو قهرایله آدام جانندن بزر ؛
کلشنده یابانجی کوپکلر کزر ؛
أرلر میدانندە انسان قالمامش !

سر حق آشکار هر بهانه‌ده ؛
کل بیترمی آرتق بو ویرانه‌ده ؟
شو خراب اولاسی ماتمخانه‌ده ،
بزدن اوزکه غریب مهمان قالمامش !

هی رضا ! نه عجب سودایه دوشدك ؛
اصلی ، فصلی یوق بر دعوایه دوشدك ؛
وطن اوغرنده بیك بلایه دوشدك ؛
هپ مزارلق اولمش وطن قالمامش !

رضا توفیق

ایصسز ایللرده

دون گیجه یأس ایله کندمدن کچدم ؛
تسلی آرادم خمخانه‌لرده !

بخت دون الندن بردولو ایچدم ،
او نشئه قالمامش پیمانه‌لرده !...

او کسوزم ؛ بوایلده نه یولداشم وار ،
نه آنام نه بابام نه قارده‌شم وار ؛
نه‌یامان طالعم ، دردلی باشم وار
دیلمدن آکلار یوق بیکانه‌لرده !

چولمی‌در بویارب؟. سس یوق،صدایوق،
کلشنلر بوزولمش ، بوی وفا یوق ؛
أولری دولاشدم ، بر آشنا یوق ،
آی بالقیر اوایصسز غمخانه‌لرده!.

غیب اولمش نینه‌مك یشیل مزاری ،
روحمده تیتره‌یور فریاد وزاری .
بو ألم باغنك یوقمی بهاری ؟..
مانم قاناد کرمش بوش لانه‌لرده!...

کولره صوصامش آهولر کلیر ؛
غربت ایللرندن قومرولر کلیر .
بیقیق تربه‌لردن هوهولر کلیر ،
کوکرجین دم چکر ویرانه‌لرده !..

هرنه‌یه دوقونسه‌م زخم رقت وار ؛
نه‌یانه باقینسه‌م رنك فرقت وار ؛
چالقانیر آغلار بر آه حسرت وار ،
صولرله چاغلایان ترانه‌لرده !...

کیم اولدی ، بیلمه‌دم، بوحاله سبب،
آغلارم ، امیدم هبا اولدی هپ ،
بنده‌کی سوزدل وارمی‌در عجب ،
طوتوشوب جان ویرن پروانه‌لرده ؟

هی‌رضا ! ایچکده عشق اودی یانار ؛
براوکماز یارا وار ، دینمه‌یوب قانار ؛
برکون کلیر سنی یتیملر آکار ،
دیللرده دولاشان افسانه‌لرده ! . . .

رضا توفیق

جاناندن آیریلدم ، خسته‌یم جاندن ،
ایللر غربت ایلده یارامی باغلار .
خیلی‌در ، آواره دوشدم وطندن ،
هجرانله باغریمی قایغولر داغلار .

یکنه باغچه‌لرده سیران اولدیمی ؟
کوزه‌للر بزمنده دیوان اولدیمی ؟
بوزولوب‌ده یوقسه ویران اولدیمی ؟
کولکه‌سنده کووه‌م بیتیرن باغلر ؟

فرقی وارمی بندن شیدا بلبلك ؟
بن‌ده مفتونی‌یم برغنجه کلك . .
طوتامام زارینی بودردلی کوکلك ؛
ایچمده کیمسه‌سز براوکسوز آغلار .

سن‌اوکسوزوطن، سن!. سودالی آنا!
کوکلمدن ایکله‌ین هپ سنسك بکا ؟
نه‌نازلی ایدلر ویریردم سکا . .
کچدیمی بوسبوتون شیمدی اوچاغلر ؟

غمکله بوش کچن شوزمانمده ،
اینك عكس ایدر هرفغانمده ،
اسمکی آکدقجه کوش جانمده
روحمه آشنا نینیلر چاغلار .

هی رضا! آه ایتسه‌م شوطاشلو اریر ؛
طالعم نه‌عجب جلوه کوسته‌ریر . .
وطن حسرتیله بکا سس ویریر ،
سکودلی دره‌لر، دومانلی داغلر ! .

رضا توفیق

شاعرلری اوقورکن

جناب شهاب‌الدین، چوجقلغمدن بری سودیکم بر شاعردر . ادبیاته تماماً یابانجی بعضی مناقشه‌لرك کولکه‌سی آلتنده قالان آلیشدیغم چهره‌سی ، بکا ، صوك سنه‌لرده ، بردن سویمسز ویابانجی کورونمکه باشلامشدی . هرکسله برابر، بن ده بو سوسلی و ظریف روحی ساخته‌لکله معلول واسانتی فضله یوکلی بولمغه باشلامشدم . چنلرده ، تنها بر کیجه کزینتیسنده ، اونودولمش ظن ایتدیکم بعضی مصرعلرینك، مهتابدن جسارت آلان تیتره‌ك قیش‌قوشلری کبی، بردن حافظه‌مك اوزاق داللری اوزرنده اوتوشدکلرینی دویدم . روحم رعشه ایچنده قالدی:

دوشمشدی سیه‌برك شبه شبنم سیمین
شبنم کبی تیتره‌دی قمر لیل اوزرنده ، الخ . . .

قوللانیلان کلمه‌لرك بوکونکی دوشکون قیمتی خارجنده ، شعرك آکلاتدیغی کیجه عالمی، کوزلرمزك آلیشدیغی اوکهنه عالم دکلدر : « کیجه بویوك و سیاه بر یاپراقدر . قمر ، و یاپراغك اوزرنده ایری بر شبنم دانه‌سی کبی دورییور . » بو غریب وکوزل شعر منظره‌سی، اسکی اولمق شویله دورسون ، حتی بو ساحه‌ده هنوز وارمادیغمز بر یکیلك وتازه‌لك مرحله‌سنده‌در .

زلفکی بی نظام و بی‌پروا
داغیتیر شانهٔ طبیعت ،
جمع ایدر باکمال استغنا
لمسهٔ شوخ باد نسویت الخ . .

بودرت مصرعله چیزیله‌ن چهره، فرانسز رسامی «هه‌للو»نك الك ظریف قادین باشلرینی بیله کچیور. آلتون صاچلر، پارس ویا ویانه‌نك الك اوسته بر بربری مقاصیله کسیلمش کبیدر. داغیلان صاچلری طوپلایان أل، عصری بر ظرافتك تربیه ایتدیکی الك دیشی حرکتلرله قیمیلدانیور.

یا کلمه‌لر؟.. یا بو فارسی وعربجه‌نك کولنج بر اسرافله استعمالی؟.. بو، ایسته‌نیله‌رك یاپلمش بر هنردر. زیرا اونك یازدیغی سنه‌لرده، برچوق شاعرلر، ساده‌دنیله‌جك بر لسانله یازارلردی. اساساً بر تورك ایچین تورکجه‌یازمق قدر قولای وطبیعی نه اولا بیلیر؟ فقط جناب شهاب الدین، کنج اولدیغی سنه‌لرده، فرانسه‌ده غایت اعتبارده اولان (رومان) مکتبنك ترکیه‌ده بر معقبیدی. (رومان) مکتبی شاعرلری، انکلیزلرك پره‌ره فائیلیتلری، کبی یکی مضمونلری قرون وسطایه مخصوص کسوه‌لر ایچنده کوسترمکی ایسترلر؛ قاموسك الك اونوتولمش کلمه‌لرینی زمرد، یاقوت، اینجی و الماس نوعندن کرانبها مجوهرلر کبی، یکی برخیاله کوره اورولمش آلتون قفسلر اوزرنه بیندیریرلردی. بونلر اسکی دکل، اسکیلکی بدیعی بر اندیشه ایله یکیلشدیره‌ن صنعتکارلردر.

جناب شهاب الدین‌ده عینی (بدیع)ه کوره، نسجی خالص تورکجه اولان بر لسان ایچنده، طنانیتی غریب کهنه کلمه‌لره قصداً موقع ویریردی. چین و ژاپوندن کتیرلمش اسکی مرمرلر، بللورلر، ایپکلر وسجاده‌لرله سوسلی یکی بر صالون نه قدر اسکی ایسه، جنابك شعری‌ده اوقدر اسکیدر.

ادا وتخیلده‌کی تصنعه کلنجه، بوده یکی شعرك الك کوزه‌ل خصوصیتلرندن بریدر. یکی قادین چهره‌لری کبی! کچنلرده بر محررك دیدیکی اوزره، شیمدی بویانمامش بر قادین یوزی، انسانه بر تورلو مدنی بر چهره حسنی ویرمیور.

احمد هاشم

شاعرك صاچلری

— صاچلرك ... شادانه

— صاچلرمله اكلنمه،

براق، اونلر ناصل پريشانسه

اويله قالسين واهتزازمسا

ايشله‌سين هرتلنده برنغمه .

— يارامازه كل دوزلته‌يم آزجق،

هپسی عقلك كبی داغيلمشلر ...

— صاچلرم، سوكيلم، هپ اويله ياشار؛

اونلرك شعريدر پريشانلق ...

— نه اوزون! صانكه دسته دسته ليال !..

هله پارمقلرم كومولدكجه

اوليور پنبه اللرمده كيجه .

اوقدر چوق سياه دكل، قومرال،

يوموشاق برشب محبتكه

آغلايور لبلرنده تازه‌لكی ...

جلال ساهر

شام غريبان

بر آقشام قيرلرده قالدم آواره
پريلرله هر ير مسكوندر صاندم .
حيرتله باقدقجه او وحشتزاره
اسرار حسن ايله مشحوندر صاندم .

يوروكن بنمله داغ طاش يورووردى؛
هر آغاج پيشنده كولكه سورووردى .
ايناندم كه بنى هر شيء كورووردى ؛
حضورمله عالم ممنوندر صاندم .

أزلدن بريدر او اوجرا يره
سرينى بكا ده آچدى مشجره ،
نينينيلر سويله‌رمش بر سرين دره ،
كنجلكم اوراده مدفوندر صاندم .

چاملر ، « قاناد آچمش برهما » كبى !
چايرلر ، « مكوكب بر سما » كبى !
چيچكلر ، « عجائب معما » كبى !
نه كوردمسه شاشدم؛ افسوندر صاندم!

سودالر دميدى: بلبل چيله‌ردى ؛
سروستان ايچنده بر سس كوله‌ردى ؛
چيچكلر قوشلردن بوسه ديله‌ردى .
كائنات عشق ايله مجنوندر صاندم !..

سنه‌نك صوك بهار فصلى كبيدى ؛
طوپراق، بولوت، ياپراق ياسلى كبيدى،
سرويلر قارارمش ياسلى كبيدى ،
دوشـونن قايالر محزوندر صـاندم ؛

مغربى ياقمشدى فرقت آتشى ؛
يووايه دونمشدى هر قوشـك أشى .
داغلره ياصلانوب باتان كونشى ،
يارالى خسته‌در ؛ يورغوندر صانده .

نوش ايتدم كونشك، آقان رنكنى،
روحمى - حظ ايله - ياقان رنكنى ،
افقده كورنجه او قان رنكنى ،
فلكلر بن كبى دلخوندر صـاندم .

صيرا طاغلر موردى، صولرقرمزى .
صولرى بكله‌ردى بر پرى قيزى .
آلننده اوپركن آقشام ييلديزى
يشيل كوزلرينه مفتوندر صاندم .

صو كنارلرنده لاله‌لر واردى ؛
كوللرده آتشين هاله‌لر واردى ؛
اوزاقده عكس ايدن ناله‌لر واردى؛
بر آهو قلبندن ووزغوندر صاندم .

رنك حسن أمه‌ردى آى، اولكر، چمن؛
كونك - جان چكيشه‌ن - صولغون لبندن.
او آقشام هر شيئى پنبه كوردم بن !..
او يرك مهتابى كلكوندر صاندم !..

رضا توفيق

دەوەنك باشی

وقتیله بویوك بر دوەنك بر باشی وارمش ...

باشسز دوە اولمازیا ، ماصال ، نەیسه ؛ بوتون كون.

یاز قیش بو بینسز ، بو چوروك باش

چول ، قیر ، تپه ، داغ ، طاش ،

بیچارەیی بیهودە سوروكلەر و یورارمش ...

بیچاره آغیر كوودە نه یاپسین ، كیمه كوسسون ؟

بر قارغا بولوب دردیی دوكمش ، او دیمش : — واه !

باشدن بویوك الله ... باشه كلمش ؛ چەكەجكسك ...

آرتیق ایشه هوركوچ بیله شاشمش ،

قویروقسه دولاشمش

باشدن باشه انحایی ؛ فقط كیمسەیی الله

باشدن دوشوروب قویروغه باقدیرماسین ؛ ایلكین

بر پارچه دوروب دیكلەین اولمسەدە كیت كیت

عالم ، بو اوزون دردی ایشتمكدن اوصانمش ؛

آرتیق كیمه دیكلەتمكه كیتسه ،

كیم دویسه ایشیتسه .

یوز ویرمەدیكندن دوەجك ساكن وساكت ،

بر خندقه ایتمش ، باشی صوقمش وازانمش ؛

بردن چكیلوب : « هایدی ـ دیمش ـ دوزخه مردار ! »

حقسزلق ایدن باشلری بركون ... قوپاریرلر .

توفیق فكرت

فیرطینا و قار

– انیس بهیجه –

فیرطینا

قودورمشسه‌ك ده‌كیزدن انتقام آل ! افقلردن ظلام آل !
آغاچلر ییق ، بولوطلر چاك چاك ایت ! بوتون دنیایی ایسترسه‌ك هلاك ایت !
فقط یالكز نم سسز و ایصسز
شو حجرمدن چكیل ، خولیامی بوزما ! نم رؤیامی بوزما !
نه‌در تهورك ای باد ، بو بیتمه‌ین فریاد ،
بو صیحه‌لر ، بو غریو ؟ ای دیو ،
قودورمشسه‌ك ده‌كیزدن انتقام آل افقلردن ضلام آل
قیریلسین چیلدیران ضربه‌كدن امواج بوتون ساحللر اولسون محو و تاراج !..
نم یالكز اوزاقلاش مسكنمدن ، چكیل ، كیت روزنمدن !
ای سرسری چكیل ! روحمده منفعل
برشی وار ... آه ، سكون ایسته‌رم ، سكون ! مجنون
قودورمشسه‌ك ده‌كیزدن انتقام آل افقلردن ضلام آل !
بویوك قوشلر ، اوزاق داغلرده قالسین آشیانسز سمالر كهكشانسز !
كوكلرده یانان نجوم سونسون ! كوسته‌ر یكی بر هجوم ، سونسون
مهتاب كوپكای دالغالرده !.. روحكده بر انتقام وارده
بیتمه‌زسه بو جاریینیشله أی باد ، بیهوده ئوكمده ایتمه فریاد ؛
داغلر ، قایالرله كیت قوجاقلاش فقط یالكز نم سسسز محیطمدن اوزاقلاش !
براق ، یانسین شو ساكن حجرمك صولغون شعاعی ؛ براق قالسین شو محزون التماعی !

***

قار

دیشارده یورغون آدیملر .. چالیندی صوكره قاپیم ؛
« عجب كلن بوزمان كیم ؟ » دیدم ، كیدوب آچدم .
كورنجه قلبمی اویناتدی بر كوچوك لرزش :
غریب چهره‌لی ، اعصاردیده بر درویش !
ألنده بوزدن عصا ، قولتغنده برنی وار ؛
اوموزلرنده اوزون ، بم‌بیاض اوزون صاچلر ...

— نه وار ، دیدم ، نره‌دن کلدك اختیار ، نه آدك ؟
نه‌دن بو قورقولی یوللرده بویله کیچ قالدك ؟

— اوزاق ، اوزاق .. دیدی ، مجهول ، اوزاق افقلردن ..
سوروکله‌یور بنی روحمده دویدیغم هجران !

قطبلرك کچه‌رك منجمد ده‌کیزلرینی ،
امیدیمك آرادم هر طرفده ایزلرینی ،

یابانجی یوللرك اوستنده آغلادم ، قوشدم ؛ بهارك عاشقی‌یم « قیش » در اسمم أی دوستم !
— سکا مشئوم بر خبر درویش ،

سوکیلك کیتدی چوق زمان اول ! بللی یورغونسك اختیار ، بکا کل !
مسافر اول بو کیجه ! چیلدیران فیرطینایله کیتدکجه
دیشارده صانکه قاراکافده آرتییور ، مدهش !

بلکه حجرمده مضطرب روحك بولاجقدر براز حضور وسکون ...
اودامده بر کوشه‌نك کولکه‌سنده کیزلندی. اودامده هر یره قسوتلی برسکوت ایندی.
کچدی سس‌سزجه بر زمان آرادن .. دیدم که : ماتمی ، هجرانی بی نهایه اولان
بوعشقك ایسته‌یورم آکلامق فسانه‌سنی ، دیکله‌مك نایكك ترانه‌سنی !
ترنم ایتمه‌یی آرزو ایدرمیسك دوستم ؟ سنی روحمله ایشته دیکله‌یورم :

***

ترنم

صرصرلره همراه ، بویوك داغلری آشدم ، چیغلرله دولاشدم ،
— صاندم که شتابمله بر امیده یاناشدم .

آعصار کلوب کچدی ؛ فقط بولمادی پایان روحمده‌کی هجران !
سرمست اولارق کچمش افقلردن او دلبر ؛ قوشلرله چیچرله برابر ..
— بیامم نه‌یه اولمش بکا مغبر ؟

بیهوده - دیمش - اولماسین آرقامده شتابان ؛ یوق وصلمه امکان !
یوللرده صارارمش داغیلان کللره صوردم ، سنبللره صوردم ،
لب بسته و هجرانزده بلبللره صوردم ؛

ـ بيلمەم كه بولوطلردەمی، كوكلردەمی پنهان ـ ایواه، جواب ویرمەدیلر : نرده او فتان ؟
صوردم كیجه بیلدیزلر اوزاقدن باقیوردی، داغلرده پیكارلر آقیوردی ،
بر كوبلی قادین یرده بر آتش یاقیوردی ..
بردن یره بیلدیزلر اوچوب اولدی كریزان ، مبهوت قادین . صوصدی پیكارلردەكی ألحان!
كزدم ، آرادم هربری برفیرطینا اولدم ؛ بیهوده یورولدم ،
یالكز شونی كوردم ، شونی بولدم ،
یالكز شونی دویمقدەیم ألآن : هجران .. ینه هجران .. ینه هجران !

***

صباح اویاندم ، اودام بوشدی نیم مظلمدی؛ یوقدی هیچ كیمسەدن أثر شیمدی .
بن اویوركن یاتاقده آسوده ، دومانلری جاملری ئورتمش برر بیاض پرده ..
آرادم : اختیار عجب نرده ؟ یوقدی هیچ بر أثر .. قفسلرده
ساده بوزدن عصا قیریقلری وار ، آچیق قالان قاپیمك
كنارلرنده بیاض ، محترم بیاض صاچلر !..

٤ كانون اول ٣٢٩

اورخان سیفی

فكرتك وفاتی

فكرتك وفاتیله بز بویوك بر شاعر ، بویوك بر صنعتكار ، باخصوص پك بویوك بر تورك غائب ایتدك . شاعر فكرتله بر بوتون توركیا افتخار ایدەبیلیر ، فقط انسان فكرت بوتون انسانیتك مدار مباهاتی اولسه كركدر . فكرت اك تمیز معناسیله توركدی : « عرفانم تبدیل تابعیت ایتدی » دیدیكی دقیقەده هیچ شبهه یوق كه اك مدهش عذاب دماغینی حس ایتمشدی ، زیرا او بو مملكتك اویله چیلغین بر عاشقی ایدی كه ، فكری آنجق بو مملكته تابع یاشایه‌بیلیردی . وپك چوق سودیكی بو مملكتی ایسته‌دیكی درجه‌ده كوزەل ، ذكی ، ذوق اشنا ، زنكین ، سوسلو تمیز

کورمدیکی ایچون دیشلرینی غیجیرداتیر ، افقه یومروغنی کوسترر ، سودکلرینی سومدکلرینی نیزهٔ هجوی ایله اویاندیرمق وصیحهٔ عتابی ایله اوتاندیرمق ایستردی . اونك عالم خولیاسنده بوسفورك صولرینه مماثل بر تورکیا و ردی . فکرت پارلاق و سیاه کوزلریله دائما مضطرب و دائما متحیر ، هر طرفده او قصورسز و چامورسز عثمانلی مملکتنی آراردی وبوتون حیات شعر وصنعتی بر اشتیاق وهجران ایچنده یاشیوردی . آرادیغنی کوره‌مینجه روحنده‌کی حرارتی ستمکار و دلشکن کلمه‌لرله طیشاری دوکر ، لك پاك ناصیه‌لرده بیله موهوم لکه‌لر کورور ، چوق کره بغیرحق کوپوروردی . بالقان حربنك الك یأس آور کونلرندن برنده سیرکه‌جی استاسیوننده فکرته راست کالدم . کوزلری صانکه عیب وذلت ایچنده آقان حزن وطنله قیزارمش : « کوردکمی ؟ » دیدی بو تك کلمه‌ده بوتون بر دیوان انکسار مندمجدی . « کوردکمی ؟ » بو آجی استفهام زمینه ، سمایه بوتون خطالره و بوتون محیطلره توجیه اولونیوردی ... فکرت دیلردی‌که هرکس فکرت اولسون . اونك شجرهٔ وقاری اوستنه آشیلانان درین بر تواضع واردی . تواضع کندیسنه اویله ظن ایتدرمشدرکه توفیق فکرت تعدد ایده‌بیلیر . نفسنك منفرد قالمغه محکوم اولدیغندن بی خبردی و کندیسی بزه قادار اینه‌میه‌جکی ایچون چالیشیردی که ، بزی کندیسنه دوغرو یوکسلتسین و بو جهدنده موفق اولامانجه قیزیایر و قیزاردی . کندیسنك بکندیکی یکانه حال بزم یکانه بکنمدیکمز مرد مکر یزلکی ایدی . او صانکه أشسز قالمش بر روحدی . تارك حیات اجتماعیه ایدی . حیات اجتماعیه‌نك فوقنده بر « آشیان » ی واردی که ، اورادن هیچ اینمك ایسته‌مزدی . فیرطنه‌لرله مملو بر بیغین بولوط کبی حصار تپه‌سنه بیغلمشدی . اوراده سنه‌لردنبری بولوطلره صاپلانمش برتیغ ذکا کبی یاشادی . او ارتفاعدن بزم کوچوکلکرمزی دها کوچوك کورییوردی ، بز آرتق فکرت ایچون بر منظره اولمشدق . حضورنده شهردن بحث ایده‌جك اولسه‌کز فکرت اللرینی ایکی پاراوانا شکلنده یوزینه طوتار ، « او ، جهنم ! » دیردی . بوسفورك طالغه‌لری نصل حصارك ساحلنی یالارسه وقوعات ده اویله‌جه ، فکرتك یالکز اندیشه‌سنه تماس ایدییوردی . بزم تاریخمزه اونك آرده‌صره آنجق حمیت و مرحمتی اینردی . « آشیان » حصارك بر کوچك تاجی ، « فکرت » آشیانك تاجدار پروقاری ایدی . شاعر اوراده یاری ایله یاوروسی آره‌سنده بر ولی طبیعتدی ، اطرافنده « صنعت » دن باشقه یاباجی ایسته‌مزدی . فکرت او شاهقه‌ده اویله اخروی بر حیات کچیرییوردی‌که ، « آیشان » خانه‌دن زیده بر تربه اولمشدی ، اورادن اره‌صره برر الهی شکلنده فکرتك الحان دهاسی صعود ایدردی .

همان هر کسدن ایشتدیکم بر سوز : « آه . توفیق بویله اولماسه‌یدی !.. » هر کس آرزو ایدردی‌که فکرت باشقه درلو اولسون. یالکز بر کشی فکرتك حالندن ممنوندی ، اوده بالذات فکرتدی، او باشقه تورلو اولمق ایسته‌میوردی؛ بلکه ایسته‌سه‌ده اولامازدی. اونکله بزم آره‌مزده هیچ اولمازسه حصار تپه‌سی قدر بر مسافهٔ ارتفاع بولنمالیدی .

او شاهقه‌ده زواللی فکرت دونکی صاعقه‌یی بکلیورمش . بدبخت شاعر بر سنه‌یه قریب بر زماندن بری خسته ایدی . یاتاغندن آز چوق اندیشه‌ناك برنظرله شاهقهٔ حیاتك أیشنی و یوقوشنی آیلرجه تعقیب ایتدی . یاربی ، فکرت او یوقوشدن نصل طیرمانارق چیقمشدی ، و ایواه ، او أیشدن ناصل یووارلانیوردی .

فکرت بزم معاصرمزدی ، فقط هیچ شبهه یوق‌که عصرمزك آدمی دکلدی ، بلکه‌ده هیچ بر عصرك آدمی دکلدی . باشلی باشنه بر عصر آدمیتدی. ایواه ، بو عصر آدمیت اللی سنه اولسون یاشایه‌مادی .

شاعر متفکر « کوته » وفات ایدرکن : « برآز نور عرفان » دیمش . امینم‌که روحنی خالقنه اوزاتیرکن فکرت ده ، « براز دها فضیلت ! » تمنیسنده بولندی . هیچ برشیده کوزی اولمایان توفیق محاسن اخلاقه قارشی ناقابل اشباع بر آچ کوزلیلك کوستردی . اونك نظرنده انسان بر « حیوان عفیف » ایدی ، عفتسز انسانه انسان دینه‌مزدی . فکرت ایچون شبهه وتردد یوقدی . یا عن صمیم تصدیق ایدر ، یا عن صمیم انکار ایدردی . حب نفرتی تام و قطعی ایدی . یاریم توجهی آکلامزدی . با هیچ یوزه کوزه باقماز یاخود کوزلرینی سزدن آییرمازدی . وجدانی لسانی ایدی . یاشلاندقجه آرتان متانتی اك متین روحلری تتره‌تیردی . خسته‌لانوبده قوتی غائب ایتدیکی زمان ینه متانتنی تماميله محافظه ایتدی ... کوتولکلری تخریب ایتمك ایچون ییرتیجی اولوردی . نفرتلردن بحث ایدرکن فکرتی بر سرخوشی آرسلان ظن ایدرسکز. محبتلرینی سویلرکن ظن ایدردیکزکه، بر مشفق والده‌در . شمدی آغزنده تهور کوپورور ، شمدی کوزلرنده ترحم یاشاریردی . آجی ویا طاتلی بر تبسم فکرتك دوداقلرینی هیچ ترك ایتمه‌مشدر . تأمین و تقدیسه متساویاً یاقیشان بر خطابت مردانه‌سی واردی . صوك سنه‌لرده هر بری اود کبی آجی صاری بر رنکده کوریوردی . کویا اونك ایچون آرتق کلر و کلرك پنبه‌لکی قالمامشدی .

معمافیه فکرت دائما شاعر و سوزی هرزمان شعردی لسانی کنجلکه مخصوص دور تردد ورکاکتی بیله کچیرمدی . حتی ایلك اثری فصاحت اعتباریله بر نمونهٔ کمالدی . حیات ادبیه‌سنده فکرتك کنجلکی یوقدر و یاشامش اولسه اختیارلغی‌ده اولمیه‌جقدی ، اونك قلم وصنعتی کاهل وکامل طوغمشدی. بو نقطهٔ نظردن فکرته بکزه‌ین ایکی داهی طانیورم : رسمده رامبرانت موسیقده واغنر ...

فكرت چوق دوشونور . بالنسبه آز اوقوردی : بر كتبخانه قوردی دكلدی . كوزلری كتابلردن زیاده افقلرده طولاشیر وافقلردن یورولنجه كندی ابعاد روحنده كزردی . فكرلری - ایشته اعتراف ایدیورم - براز حسیاته ودها زیاده خیالاته استناد ایدەر ، ذكاسی بالخاصه شعر ایله منزروعدی . فقط فكرت كلبكلر ، چیچكلر ، درەلر و بلبللر شاعری دكلدی . اونك حیات شاعرانەسی « لافونتن » ك آغستوس بوجكی كبی یازین افقلره قارشی أوتمكدن عبارت قالامازدی . عینی زمانده او هم قارتاللردن زیاده یوكسلن ، هم ده عمانلردن دها درین بر صنعتكاردی . شاعرلرك آهنكداری اولدیغی حالده بر شاعر الحان اولمقله قناعت ایتمەدی . حسیات وخیالتنه كوزەل بر فلسفهٔ شاعرانه یوكسلكی تأمین ایدییوردی .

جناب شهاب الدین

ای آنا طوپراغی !

چوجوقلرك ، فلاكت صولرینك اك مظلم درینلكلرنده بوغولیور؛ روحلری ، شرحه شرحه یوركلرندن قان صیزارق صوك دفعەسنك قارانلق ، سنك یوموشاق سینه كده طوپلاندیلر !

آچ كوكسكی ، ای قاره طوپراق ، اك خرده طاشك ایچین لیمه لیمه یارەلریله ینه دشمنی سندن اوزاق طوتان شهدا كك ، قهرمان اجدادیمزك یاننده بزه یر حاضرلا !

آق صقاللردن اك معصوم تورك یاوروسنه قدر بوتون چوجوقلرینك عمیق روحلرندن سوزولن آجی یاشلر سنك متروك ، سنك قوراق ، سنك منسی قایاجقلرینی ایصلاتمغه كافی دكلمی ؟

بزه دارغینمیسك ، ای آنا طوپراغی ؟ سنی چیكنەیوب كچن آیاقلرك ، سنی یارالایوب ، طیرناقلایوب تلویث ایدن حیدود اللرك ، سنك كمیكلریكی كمیرن خائنلرك سیئاتنی بومرد ، بی كناه نسلدن صورما!

ای مائی دالغەلر ایچندە اویویان آنا طوپراغی ! جبالکڭ نازلی خطوطی ، موز کولکەلری ، آفاقکڭ رؤیامسی ، تولمسی سیسلری، سماکڭ پنبە ، اینجی سحرلری ، بولوطلریکڭ دلبر ، نازنین رنك ییغینلریلە بزی‌یتیم براقوب هانکی‌یابانجی آرزولرە دوغرو قاییورسك؟ یوموشاق ، وفاکار سینەکڭ آلتی یوز سنەلك چوجوقلرینی نرەلرە فیرلاتیورسك ؟

سنی نە محتشم روما، نەفیلسوف یونان بزلرقدر آتشین، وفاکار؛ اولوملرە قدر سومەمشدر؛ وهیچ برملت مستقبلدە ...!

تورکلکڭ اڭ وجدآور خشوع وتضرعی، تورکلکڭ اڭ منزە آمال واستغراقی اوستکە تیترەر تورکلك یاشار، اولور، أزیلیر، ایکلر هپ سنڭ اوزرکدە !

کیم بیلیر نە درینلکلرە قدر حمیرڭ تورك اولادکدن ، قانلرینڭ اڭ قیمتدار داملەلرینی سینەکە آقیتان تورك شهداکدن ، اڭ طاتلی آن وجانی آیاقلریکڭ دیبندە ویرن تورك عسکرکدن مرکبدر . دها بیکلرجە سنەسنڭ کوکسکدە اولمك ایچین هرغربتزدە تورك آوارە، یتیم‌وارلغنی، یورغون، سرسر کمیکلرینی‌سکا کومکەسوروکانەجکدر.

بوخطرناك کوندە سنڭ ایچین اولمش اولمق مکافات أبدیسیلە قعرکدە دیکلەنن تورکلرڭ شانلی‌فاتحلری نرمین روز کارلرکدە، افقکی تهدید ایدن قارە کولکەلردە طولاشیور ! برکتلۀ حس اولان صوڭ فدائیلریکڭ یوکسك جبهەلرینی ماضینڭ انکینلرندن کلن صامت ، وقور ، معظم ارواح قانادلری اوقشایور ! اکر یاشارسەق آرتق

يالـكز سنك ايچين در ، فقط يوركلريمزك أك اينجه عبوديتلرى دشمن اليله پارچالاناجقسه ياشاميالم ، هپمز ابدياً قاره طوپراقلرده ديكلنه‌لم .

اى آنا طوپراغى! بشيكده يوكسلن معصوم باشلردن مزاره تمايل ايدن كهنه بلاره قدر وبوتون چوجوقلريڭك هويتلرى سنى تهديد ايدن بركون ايچين قانلى صيزيلرله برى برندن آيريليير ، اولومك قديد يوزيى مونس كورورلر .

اى كمالك ، مدحتك آناسى ؛ فاتحك ، سليمك مزارى ! سنك پاك كوشه‌لريكه ، نه‌يه محرميتكه حرمتسز اياقلر باصاجقسه ... بزهپمز ، بويوك انوريمز ، بهادر نيازيمز ، آرسلان اردومزله ، قادين اركك ، بيتمه‌دك يتيملريمزله الڭسياه ، الڭدرين قعريكه كوچه‌لم! فقط يوموشاق كوكسكده دشمن طيرناقلرى حس ايده‌ميه‌جك قدر بزى كيزلى درينلكلريكه كوم ! خاير ، سن اكر آنامز اولمقدن قاچاجقسه‌ڭ ، سن ده بزمله برابر كوچ ؛ سراى طاملرڭ ، اولو قبه‌لرڭ ، اسرارلى اورمانلرڭ ، حتى مائى كولـكه‌لركله كوچ ! قعر ارضك الڭ قارانلق ، الڭ اوزاق قويولرنده اويو ! نه انسانلرڭ خاطره‌سنده ، نه كتابلرڭ قاره يازيسنده نام ونشانك قالسين ! سينه‌كده سنك ايچين روحلرى برلحظه ديديكلنمكدن قالمياجق چوجوقلريڭك قديدلرندن صيزاجق الم قانلريله ، كول اولان معموره‌لريڭك خرابه‌لريله ، هپمزله برابر يوقلغه قاريش !

نور عثمانيه ؛ ١٣٢٤

خالده اديب

فاتح کرسیسنده
بر فقره

شو فقره‌سیله، حقیقت، جناب مولانا،
نکاه عبرته آچمش جهان‌قادار معنی :
«ده‌لیك، ده‌شیك، أوینك، بر زواللی خانه خراب،
کورورده حالنی، هر کون ایدر شویولده خطاب :
«بیقیلماها! بنی اولجه ایته‌دن آگاه؛
چولوق، چوجوق بیترز صوکره هپ، معاذالله!»
بو حسبحال ایله ییللر کلیر، کچر.. دیرکن،
کلیر باقارکه بر آقشام: او آشیان کهن
بیقیلمش، آلتنه آلمش زواللی عائله‌یی!
کورنجه قارشیدن آدمجکز بو هائله‌یی،
ییغینله طاش کسیلن یوردینك خرابه‌سنه
دونرده دیرکه: «بکر آلدانیرمشم، دیسه‌که!
نه‌اولدی بونجه نیازم، ای آشنای قدیم؟
چوجوقلرم اوله‌جقکن بن اولدم ایشته یتیم!
صاقین ییقیلما خبر ویرمه‌دن دیمزمیدم؟
بو میدی سندن، آظالم، بومیدی امیدم؟
حقوقی، عهدی کوزتمك نه‌در، صاقین بیلمه!
یازیق، یازیق سکا صرف ایتدیکم امکلریمه!...»
او طاش ییغینلری برهانی لسان اوله‌رق؛
زواللی آدمه دیر: «حقسز انفعالی بیراق!
کچوب ده قارشیمه فریاد ایدرمیسین شیمدی؟
خبرمی ویرمدم، اما قولاق ویرن کیمدی!
دیوارلرمده یاریق صاندیغك آغیزلردن.

بر زبان تظلم اوزاتدم، ای نادان!
فقط چامورله قاپاردکده هر کون آغزیمی سن،
زیاده سویلیه‌مزدم صوصاردم آرتیق بن!..»

حکایه حالمزك عینیدر، دکلمی؟ اوت!.
شوفرقی واریالکز: بزده یوق دکل قوت.
ییغیل ییغیل سقطاتیله کچمش ادوارك،
ییقیلمش اولسه‌ده برخیلی قسمی دیوارك،
بنای ملتی اعلا ایدن تمل صاغلام.
دیمك که قورتولورز بزبوکون اولورسه‌ق آدام.
اونك‌ده چاره‌سی ال برلکیله غیرتدر.
چالیشمه‌نك اوقادار فیضی وارکه: حیرتدر!

محمد عاکف

قاپاقچی مصطفی

اوردو طونه ساحللرینه کیتدکدن صوکره، استانبول حیاتی فتنه ودسیسه‌یه معروض قالمشدی. او صره‌ده استانبولده، بیرابك یالدیزلی اوطه‌لرنده اوطوران سلیم ثالث ایله استانبول خلقنك افکار و دماغنه حاکم ایکی مهم سیما واردی. آنلرده شیخ‌الاسلام طوپال عطا ایله قائمقام کوسه موسی ایدی. صوکره بو اوچ ذاتك آمالنه و افکارینه تابع، علمادن، کتبه‌دن، حمال واصنافدن مرکب بر خلق استانبول محیطنی تشکیل ایدییوردی.

سلیم ثالث اساساً ضعف طبع ایله متصفدی. سلطان سلیم مملکتك اصلاحاته و ترقیاته محتاج اولدیغنی حس ایدییور، بو خصوصده هیچ بر فداکارلقدن کری طورمیوردی. فقط بوتون اجراآتنی ملتك روحنی دکیشدیرمه‌دن، طرز تفکرینی علم ایله، تربیه ایله اصلاح ایتمدن تطبیقه قالقشیوردی. سلیم ثالثك بو تشبثده موفق اولابیلمه‌سی ایچون دمیر بر أل، أوبجی بر متانت لازمدی. سلیم ثالث‌ده ایسه بو اوصاف موجود دکلدی. سلیم ثالث طبعاً حلیم ایدی. دماغی ذوق و صنعتله نزاهت کسب ایتمش، قلبنك حساس و رقیق اولماسی اك جدی تشبثلرده بیله حسیاته مغلوب اولماسنه سببیت ویرمشدی. سلطان سلیم اصلا حریص دکلدی؛ سودای سلطنت آنده هیچ انجذاب حاصل ایتمیوردی.

سریر سلطنتده اولمه غافل بر آن ای الهامی
سکاده باقی قالماز چونکه بو بر چرخ دوراندر .

بیتی ایله سلطنتك بقاسزلغنی احساس ایدن پادشاه دیکر بر تخمیسنده :

طراوتله شتاده سبزه‌دن خالی قالور داغلر ،
نه سنبل قالدی ، نه شبو ، خزانه واردی هپ باغلر
بصیرت اهلی عبرتله بو حاله دائما آغلر ،
بو چرخ بی‌وفا حالن كوروب كیمدركه دل باغلر ،
كلنلر دار دنیایه مكر كیتمزمی صانمشلر !

صورتنده حیاتك فانیلكندن بحث ایدییوردی . حیاته و سلطنته بو درجه لاقیدی كوستره‌ن سلطان سلیم ، وطننك پریشانلغنی حس ایدییور ؛ وبو تأثراتنی ؛

اویان كه خواب غفلتدن ، كه زیرا ملك پریشاندر .

حقیقتی ایله اطرافی احاطه ایده‌ن ذواته آكلاتمق ایستیوردی . سلیم ثالث ، عثمانلی ملكنده مدنیتك ترقی‌سنه بیله‌رك و آكلایه‌رق وقف وجود ایدنلردندی . عثمانلیلره اسناد اولونان وحشی بوتون فكرلردن سلیمك ، سلیم ثالثك یكانه اندیشه‌سی ایدی . دول معظمه سفیرلری ، پادشاهك بو حالت فكریه‌سنه تماماً واقف بولونیورلردی. حتی انكلیزلره حرب اعلان اولوندیغی زمان، سه‌باستیانی پادشاهك بو حالت فكریه‌سندن استفاده ایتمش ، انكلیز سفیرینك (یدی قوله) یه حبس ایدلمه‌سی مدنیته موافق اولامیه‌جغنی سویله‌مش ، او تاریخدن اعتباراً مخاصم دولتلر سفراسنك حبس ایدلمه‌سی عادتنی تورکیه‌دن قالدیرمایه موفق اولمشدی .

سلیم ثالث بو صورتله غرب افكارینه ، غرب ترقیاتنه مجلوب اولدیغی كبی ، معیتنده بولونان رجال‌ده پادشاهك حسیاتنه توفیق حركت ایدییورلردی. آرتق اونلرده قانع اولمشلردی كه ، تورکلر غربك آداب اسلامیه‌یه موافق ، منافع بشریه‌یه خادم ترقیاتنی اقتباس ایتمدكجه ، كندیلری ایچون آوروپاده یاشامق امكان خارجنده ایدی . بو سببدن مملكتك پریشان ، عثمانلی حیثیتنك منكسر بر حالده بولونماسندن دلخون اولیورلردی . دها طوغروسی ، بر قاچ عصرلق مغلوبیت ، اسكی ظفر و فتوحات مناقبنه آلیشغین دماغلرده ألیم بر تحسر اویاندیرییور ، عصرك سنوحات ادبیه‌سی بو آجیلری تمامیله احساس ایدییوردی . سلیم ثالثله برابر قرناسی‌ده زمانلرینك پریشانلغندن متأثر اولیورلردی . قلباً حس ایتدكلری تأثراتی شعرلرنده بیله كوستریورلر :

بلبلر أوتر ، كللر آچار ، شاد كوكل يوق ؛
هيچ بويله لكن كورمه‌مشز فصل بهارك !

تأملاتيله عصرك حزن و فلاكتنه ترجمان اولمق ايستيورلردى . فقط ايچلرنده ، اصلاحات اجراسنه غير مستعد دماغلرده پك چوقدى . بونلر خلقك احوال روحيه‌سنى قطعياً نظر اعتباره آلميورلر ، برقاچ عصردن برى دوام ايده‌ن عنعناتى كوكندن يقمق ايستميورلردى . خصوصيله علملرينه و معرفتلرينه صوڭ درجه مغرور اولملرى ، مخاصملرينك حدت وغضبنى آرتديرييوردى . حكومتك بو صورتله مغرور كنجلر ألنده بولونمه‌سى ، أسكى رجالنك اغبرارينى موجب اولمشدى . او زمان ، بر قسمى ايشدن أل چكمش ، بر قسمى‌ده منفعتنى وقايه ايچون يكى زومره‌يه قاتيلمه‌يه مجبور اولمشدى .

اصلاحات طرفدارلرينك تجربه‌سزلكلرى ، افكار عامه‌يه لاقيدلكلرى ، مملكت ايچون بويوك بر تهلكه ايدى . بر چوقلرى ، فرصتدن بالاستفاده جمع ثروته انهماك ايديور ، مزين ياليلر محتشم قوناقلر انشاء ايتديرييورلردى . رشوت و سفاهته حدالغايه‌يه واصل اولمشدى . بوغاز ايچنده ماهتاب عالملرى ، ساز وآهنك صفالرى محافظه‌كار اولانلره پك كران كلمكه باشلامشدى . رجال حكومت عيش و عشرتله اسرار اوقات ايديور ، دولتك الك مهم اسرارى اجنبى غزه‌ته‌لرنده كورولييوردى . موسيقينك ترقيسى بوتون رجال حكومتى سرمست ايتمشدى . فقط بو سرمستى آره‌سنده ثروتلر ادخار اولونيور ، رجال دولتدن يالكز برينك مطبخ مصرفى اوچ يوز قرق بيك غروشه بالغ اوليوردى . التماس و حمايه ، اركان دولت بندكانى ثروتلره غرق ايديور . نظام جديدك احداثى ، مملكتده مؤسسات مدنيه تأسيسى عادتا ذوق وسفاهتى تأمينه واسطه تشكيل ايديوردى . رجال حكومتك ذوق و أكلنجه‌يه مألوف ، اسراف و احتشام ايله مشغول اولملرى ، اوته‌دن برى عنعناته آليشقين خلق اوزرنده سوء تأثير حاصل ايتمشدى . وكلادن بر چوقلرى بو حركتلرينك نتيجه‌سنى ادراك ايديورلر ، فقط افكار عموميه‌يه قطعياً اهميت ويرميورلردى . اركان دولتك هر برى ، سريده كنديسنه بر منسوبيت بوليور ، موقعنى بو صورتله تحكيم ايليوردى . سلطان سليم ، اطرافنى احاطه ايدن بو رجال معرفتيله هيچ بر حقيقتى اوكرنمكه موفق اولاميوردى . مهم بر حادثه وقوعنده قرنانك مداهنه‌كارانه سوزلرى سليم ثالثى اغفال ايديور ، والده سلطانك غيرتى ايسه ضعف طبعه مالك پادشاهك طوغرى خبرلرى اوكرنمسنه مانع اوليوردى .

احمد رفيق

کیمدم

— ۱۹۱۸ متارکه‌سنده —

ماضی‌یه صور أجدامی سویله‌ر سکا کیمدی ، بر بیتمز افقدم ، کره وقتیله بنمدی .
طوفانلر ، آلولر بنی بر قامه صانیردی ؛ تاجلر اوچوشور ، طالعلانیر، پارچه‌لانیردی .
قهار آتمك قانلی ، قیوریلجیملی ایزنده ، بر باشقه دکزدم ابدیت دکزنده .
چارپاردی کوکك قلبی هلالك آووجنده ، تیتره‌ردی یرك طالعی صرمی‌نك اوجنده .
کونلر آتمك چیزدیکی یرلردن آقاردی ؛ اوچ قطعه‌ده قورقونج آتمك ایزلری واردی.
اوستندن اوچارکن اونشیبك ، بو قرازك ، اك شانلی ، شهامتلی حکمدارنه ارضك
تك بر باقیشم صانکه عنایتدی ، کرمدی ؛ اکلیلی هدیه‌مدی ، اراضی‌سی هبه‌مدی .
خنچردی خیالم ، بوتون اقوام اوکا قیندی ، باشدن باشه دنیا بر اسیرمدی ، قادینندی .
اعصابنه نبضمده‌کی آهنکی ویریردم . قصد ایله‌دیکم شکلی ویریر ، رنکی ویریردم .
دنیا بیلیر اجلالمی بن بویله دکلدم ؛ بن ، آلتی عصردن بری بر کره أکلدم .

مدحت جمال

بلبل

— بصری بك اوغلمزه —

بوتون دنیایه کوسکوندم ، دون آقشام پك بوکالمشدم ؛
نهایت ، بر زمان قیرلرده گزمش ، کویده قالمشدم .
شهردن قاچمق ایستر‌کن صولر ذاتاً قارارمشدی ؛
پك ایصسز برقارا کلق صوکره دن وادی‌یی صارمشدی .
ایشیق یوق ، یولجی یوق ، سس یوق ، بوتون خلقت
کسیلمش لال . . .

بو استغراقی تك بر نفخه اولسون ایتمیور اخلال ،
محیطك حالی « انسانیـت » لڭ تمثالیدر ، صاندم ؛
دونوب ماضی یه طیرماندم ، نه هجرانلر ، نه لر آ گدم !
طاشارکن حشر اولوب بینمدن آرتیق بیك مسلسل یاد ،
ظلامك سینه سندن فیشقیران ممدود بر فریاد ،
او مستغرق ، اوطورغون وجدی نا گاه اویله جوشدوردی :
که وادیدن بوتون ، بر بر ، انینلر چاغلایوب طوردی .
نه محرق نغمه لر ، یارب ، نه موجاموج دملردی :
آغاجلر ، طاشلر آور پرمشدی ، گویا صور محشردی !

– اشك وار ، آشیانك وار ، بهارك وار، که بکلردك ؛
قیامتلر قوپارمق نه یدی ، ای بلبل ، نه در دردك ؟
او زمرد تخته قوندك ، بر سماوی سلطنت قوردك ؛
جهانك یوردی هپ چیکنه نسه ، چیکنه نمز سنك یوردك .
بو گون بریم یشیل وادی ، یارین بر قیپ قیزیل گلشن ،
گزرسك ، خانمانك شن ، ایچك شن ، کائناتك شن .
خزانسز بر زمین ایستر سه ، شاید روح سربازك ،
افقلر ، بعد مطلقلر بوتون محکوم پروازك .
دکل بر قیده ، صیغمازسك – قانادلاند کمی – ابعاده ؛
حیاتك الڭ مخیـّل غایه در احرار دنیاده .
نه دن اویله یسه ماتملر له ایامك پریشاندر ؟
نیچین بر طامله جق کوکسگده بر عمـان خروشاندر ؟

خاییر ، ماتم سنك حقك دكل . . . ماتم بنم حقم :
عصرلر وارکه ، آیدینلق نه در ، هیچ بیلمز آفاقم !
تسلیدن نصیبم یوق ، خزان آغلار بهارمده ؛
بوگون بر خانمانسز سرسری یم اوز دیارمده !
نه خسراندرکه : شرقك بن وفاسز ، قانسز اولادی ،
سراپا غربه چیکنه تدم ده چیقدم خاك اجدادی !
خیالمدن گچرکن شیمدی ، فکرم هرج ومرج اولدی ،
صلاح الدین ایوبیلرك ، فاتحلرك یوردی .
نه ذلتدرکه : ناقوس ایکله سین بیننده عثمانك ؛
اذان صوصسون ، فضالردن سیلینسین یادی مولانك !
نه هجراندرکه : الك شوکتلی برماضی سراب اولسون ؛
اوقدرتلر ، او سطوتلر خراب اولسون ، تراب اولسون !
چوکوك برقبه قالسین معبدندن ییلدیریم خانك ؛
شناعتلرله چیکنه نسین معظم قبری اورخانك !
نه خیبتدرکه : وحدتکاهی دینك دهوریلوب ، طاش طاش ،
سورونسون شیمدی میلیونلرجه مأواسز قالان دینداش !
ییقیلمش خانمانلر برده اشکنجه یله قیورانسین ؛
سریلمش گوکده لر ، بیگلرجه ، یوز بیکلرجه طوغرانسین !
دولاشسین ، صوکره ، اسلامك حرمكاهنده نامحرم ...
بنم حقم ، صوص ای بابل ، سنك حقك دکل ماتم ! (١)

آنقره — تاج الدین درکاهی — ٩ مایس ١٣٣٧
محمد عاکف

عبدی پاشا بو دین‌ی تسلیم ایتمکدنسه شهید اولمایی ترجیح ایدییور، مدافعه‌نك شدتنی برقات دها آرتدیرییوردی. محاصره آلتنده قالان بتون عثمانلیلر قانلرینك صوك دامله‌سنی آقیدنجه‌یه‌قدر مدافعه‌یه عزم ایدییورلردی.

مدافعه‌نك صوك کونلری پك نومیدانه ایدی. ایلوللك لطیف و پرسکون صباحلری طوپ دومانلری، آلولر، قان سیلابه‌لریله شائبه‌دار اولیوردی. دشمنك اك کزیده رجالی بربربر تلف اولیور، شاهی طوپلرك کورولتیسی آره‌سنده عثمانلی متانتی بتون علوتی ایله تظاهر ایدییوردی. ساعت آلتیدن بری باشلایان هجوملر آنجق نتیجه‌لنمکه باشلامشدی. نهایت آوستریا عسکرلری آیلرجه سوره‌ن تعرضلردن صوکرا بودینك اچ قاپوسنده ندن شهره داخل اولیورلردی. او صباح، عثمانلیلر ایچون یوم ماتمدی. عثمانلی قانلرینك رنك خونینی افقلره ارتسام ایدرکن طونه ساحللرنده طوغان خزان کونشی بریبغین عثمانلی قهرمانلرینك قانلی جسدلرینی یالدیزلایور، بو حزین

انسان ییغینلری آره‌سنده اوزون صاقالی ، متین سیماسیله بودین قهرمانی عبدی پاشانك‌ده جسدی كوروليوردی.

آوستریا اردوسی شهره كیرر كیرمز هر طرفی یغما ایدییور ، بوتون شهر آتشلر ایچنده یانیوردی . او درجه‌ده‌كه،ایلولك اوچنجی كونی صباحی شهر بر یانغین یرینه دونیوردی . شهرده اوطوراجق برأو قالمیوردی. یالکز عثمانلیلر زماننده جامعه تحویل ایدیلن (عروج مریم كلیساسی) ایله برقاچ انبار آتشدن‌مصون قالیوردی. سوقاقلر جسدلرله طولیور ، دیكر طرفدن عسكرلر یغمایه دوام ایدییوردی .

فقط ماجارلر اصل فلاكتی مظفریتدن صوكرا كورمشلردی . اوسنه آجلق وسفالت‌ماجارستانی خراب ایتمشدی . ماجارلرك بر چوغی آجلقدن تلف اولمشدی . آوستریا اداره‌سی‌ماجارلره‌توركلری آراتمشدی . ماجارلر چوق قان دوكمشلر ، مصارف حربیه اشتراك ایتمشلردی . فقط آوستریالیلر اونلره‌ده طبق عثمانلیلره قارشی اولدیغی كبی معامله ایتمشلردی . او درجه‌ده‌كه ،

ماجارلر اسکی تورك اداره‌سنی عادتا مســعود کونلردن عد ایتمکه باشلامشلردی .

عثمانلیلر ایچون بودین ابدیاً ألدن کیتمشدی (۱۰۹۷). عثمانلی پادشاهلرینك محتشم خاطره‌لریله مشحون اولان بوشهر، برزمانلر بویوك سلیمانك قراللر حمایه ایلدیکنی ، محروم حریت ملتلره تاجلر احسان ایتدیکنی کورمشدی . شمدی بر بچق عصرلق مفـاخر انسان نعشلری آلتنده هدر اولیوردی (۲) . سلیمان پاشـا اردوسی ســکدین‌ده‌ده باریتـامیور ، ارزاقی وذخیره‌سی دشمن ألینه کچیور ، « سردارمشارالیه برخوشجه سبکبار » وارادینه طوغرو چکیلیوردی. عثمانلی اردوسنده حزین ، ماتملی برهزیمت علامتی کورولیوردی . اردوده بوتون کوکللر دلخون ایدی . بودینك ضیـاعی قلبلرده آجی تأثرلر براقیور ، بلغراده چکیلن اردوده عصرلرجه تمادی ایده‌جـك برتحسرك عکس صداسی ایشیدیلیوردی :

اوتمه بلبل اوتمه . یاز بهار اولدی .
بلبلك فغانی باغریمی دلدی .

کل آلوب صاتمانك زمانی کلدی .
آلدی نعجه بزم نازلی بودینی !

* * *

چشمه‌لرده آبدست آلنماز اولدی.
جامعلرده نماز قیلنماز اولدی .
معمور اولان یرلر هپ خراب اولدی.
آلدی نعجه بزم نازلی بودینی !

رجعت پك حزین ایدی . اردو ، دشمن ضربه‌لری آلتنده پریشان ایکلرکن ، استانبول موقع احتراصلری ، رتبه دعوالریله چالقانیوردی . عادی برمیرآخور، رجب آغا، رکاب همایون قائممقامی نصب ایدیلیور، بومهم موقعه تعیین اولونمق ایچون « وزیر اعظم سابق ابراهیم پاشانك طرف میری‌یه اموال‌واشیاسی ضبطنده سبق ایدن‌خدمتی» کافی عد اولونیوردی . رجب آغانك‌میرآخورلقدن‌رکاب همایونه صیچراماسی هرکسی حیرتلر ایچنده براقیوردی. درت سنه‌دن بری دوام ایدن هزیمتلر هیچ کیمسه‌ده اثر انتباه حاصل ایتمیوردی .

احمد رفیق

« کوبریلیلو » دن

محمد رابعك اوزاق سفرلره کیتمك ایچون یاپدیردیغی سلطنت قدرغه‌سی غایت ظریف ایدی. قدرغه قرق مترو اوزونلغنده وَقرق سکز کوره‌کله چکیلیردی. هر کوره‌کی اوچ کشی چکر، بوتون قدرغه‌ده‌کی یوز قرق کوره‌کجی بولونوردی. قدرغه‌نك قیچنده محمد رابعه مخصوص کوشك، غایت ظریف ایدی. بو کوشك کمر شکلنده، اطرافی اینجه قسمله مینا کاری آلتونله ایشلنمش، قابارتما‌لرینك اورته‌لرینه عقیق وَنجف طاشلر سرپیلمشدی. صاغ وصول طرفنده، کومه صدفله ایشلنمش دعالرك رنك بوقلمونی قیمتدار طاشلرك رونق والوانیله امتزاج ایدرك بر بدیعه تشکیل ایله‌مشدی. بو دعاده:

حضرت سلطان محمد خان غازینك مدام
بحر و برده یاری حضر و حافظی اه اوله.
یاپدوره دائم سعادتله نیجه اعلی قایق
عمر نوح ایله جهان ملکنده شاهنشاه اوله.

تمنیاتی اظهار اولونیوردی.

کوپریلیلر دورنده، محمد رابع استانبولده بوصورتله پاشادیغی کبی، (ادرنه)ده‌ده متصل سیراندن خالی قالمازدی. ادرنه‌نك سرایلری، عرض اوطه‌لری‌ده استانبولده‌کینك عینی ایدی. بالخاصه (باغچه‌لی سرای) حائز اهمیتدی. محمد رابع بوسرایده اوطورر، سفیرلری بوراده قبول ایدردی. سرای علی العموم اوچ دائره‌دن مرکبدی: ایکیسی، اك کوزل وظریف اولانلری، کندیسنه وخاصکی سلطانه، دیکری‌ده معیتی ارکاننه مخصوصدی.

محمد رابعك ادرنه سرایی استانبولده‌کی سرایدن دها اسکی ایدی. بوسرای مراد خداوندکار زماننده (۷۸۷هـ) طونجه کنارنده انشا ایدلمش، آنجق اون سنه‌ده ختام بولمشدی. قوصوه قهرمانی بوسرایده اوطورمشدی. فقط ییلدیرم بایزید (ادرنه) نك اڭ یوکسك نقطه‌سنده بویوك برسرای انشا ایتدیرمش واوراده اقامتی اختیار ایلمش بولوندیغی ایچون طونجه سرایی متروك قالمشدی. دها صوکرا فاتح سلطان محمد، بایزیدك سراینی ترك ایدرك طونجه ساحلنده‌کی سرایی اعمار ایتمش، ایکنجی سلطان

سلیم‌ده قبریس سفرندن اول (۹۷۵) بایزید اول سراینك انقاضنی قالدیرارق معمار سنانه مشهور وَمحتشم جامعنی انشا ایتدیرمشدی . شهر مراد رابع زمانده شاعرلرك حسیاتنی تحریك ایده‌جك بر انتظام ومکملیتده ایدی . حتی نفعی :

ادرنه شهریمی بو یا کلشن مأوامیدر ؟
آنده قصر پادشاهی جنت اعلامیدر ؟
جویلرمی دور ایدر طرف چمنزارك یاخود
مائی پرواز ایله قطع اولمش یشیل خارامیدر ؟

قصیده‌سیه تصویر ایله‌مشدی . سلطان محمد رابع دورنده ایسه طونجه ساحلنده‌کی سرای فوق‌العاده معمور ایدی . بنا ، اسکی پادشاهلرك ذوقنه کوره انشا ایدلمشدی. محمدرابع بوسرایده‌پارلاق بایرام آلایلری‌اجرا ایلردی ؛ او کون بوتون جاده‌لره قوم دوکولوردی . یکیچریلر ایکی صره دیزیلیرلر، أللری یوقاریده، باشلری اوکه متمایل، سلام وضعیتی آلیرلردی . سلطان محمد ایکی صره عسکر آره‌سندن کچر ، سرایندن جامعی تشریف ایلردی . پادشاهك معیتنده برچوق ضابطان ایله دولت

عثمانیه‌یه تابع پرنسلر، از جمله قریم خانی بولونوردی.
او کون صدر اعظم، مفتیٔ انام، کتخدا، یکیچری
آغاسی، رئیس الکتاب، خزینه دار، هپسی
بارکیرلر اوزرنده، یوکسك قلاویلری،بیاض مجوزه-
لری، کاتبی صاریقلری، اوزون صقاللریله مهیب
و ذی وقار برسو روانسان قافله‌سی اورتاسنده‌ایلریلرلردی.
دها صوکرا، آللرنده اوزون وَ کوموش باستونلرله
چاوشلر، ساتن البسه‌لی متفرقه‌لر، قدیفه اثوابلی
چورباجیلر، ایری بویلو، بللرنده معدنی کمرلر،
صاغده‌کیلر صاری، صولده‌کیلر یشیل البسه کیمش،
وقورانه ایلریله‌ین شاطرلر، باشلرنده اوزون و کنیش
سرغوجلرله صولاقلر، یالدیزلی سلاحلری کوزلر
قاماشدیران پیکلر، وَبوتون بومحتشم ومطنطن قافله‌نك
اورتاسنده، سلطان محمد، باشنده اوچ سرغوجلو قاووغی،
آرقه‌سنده یشیل آستاراوزرینه صیرمه‌لی دیباقابلی سمور
کورکی، زمردلر واَلماسلرله مزین بر اکر اوزرنده کمال
عظمتله آهسته ایلریلردی. عثمانلیلرك ثروت

واحتشامنی کوسترن بو قافله‌ده اك زیاده نظر دقتی جلب ایدن شیلر ، مجوهرات ایدی . بوتون مزینات ، قوشوملر اکرلر ، باشلقلر ، اثوابلر ، قلیج قینلری ، کمرلر وَسرپوشلر اوزرینه مبذول بر صورتده سرپیلن ألماسلر، زمردلر ، فیروزه‌لر وَ یاقوتلردی . بو پارلاق و رنکین طاشلر ، ارکان دولتك و یکیچریلرك آللی ، یشیللی ، مورلی،صاریلی ، ایپك وَدیبا اثوابلرنده‌کی نظرنواز رنکلر اوزرنده کوزلر قاماشدیراجق درجه‌ده شعشعه نثار اولوردی .

احمد رفیق

« برلین خاطره‌لری » ندن

بیلیرسکز که ، همان ، یوز یوز اللی ییلدیر ، بز ،
نه‌و رسه الده وَیروب متصل چکیلمه‌ده‌یز !
عمرلرك، یاووزك بز وفاسز اولادی ،
ضیانت ایله‌مدك یادکار اجدادی .
نه‌یار جاندی او ، لکن بز اولمادق اوکا یار ؛
صوکنده پارچه‌لانوب بوردیمز ، دیار دیار ،
کوچولدی اویله که : یوقدر یاشاتمق امکانی ،
دونوب ده آرقه‌یه ناموسی ، دینی ، وجدانی !

أوت ، بو حسلر ايچون برمزار اولور آنجق ،
قاليرسه الده نهايت بش اون قاريش طوپراق !
انين ايچنده وطن .. قيمايىيك شومظلومه ،
خدا رضاسى ايچون رجعت ايتميك !..

— قورقمه !
جهنم اولسه كلن ، كوكسمزده سوندوررز ؛
بويولكه حق يوليدر ، دونمه بيلمه‌يز ، يورورز !
دوشرمى تك طاشى ، صاندك ، حريم ناموسك ؟
مكركه حربه كيرن صوڭ نفر شهيد اولسون .
شو قارشيمزده‌كى محشر قودورسه ، چيلديرسه ؛
دكزلر اردو ، بولوطلر دونانما ياغديرسه ؛
بوآلتمزده‌كى يردن بوتون يانار طاغلر ،
طاشوب‌ده قاپلاسه آفاقى برقيزيل صرصر ؛
دكلمى جبهه‌مزك سينه‌سنده ايمان بر ؛
سونمه بر ، آجى بر ، غايه عينى ، وجدان بر ؛
دكلمى جنكه قوشان چركسك ، لازك ، توركك ،
عربله ، كرد ايله باقيدر اتحادى بوكون ؛
دكلمى سينه‌ده بردر اوران يورك ... ييلماز !
جهان ييقيلسه ، امين اول ، بوجبهه صارصيلماز !
ناصيلكه يارمه‌دن آفاقى پاره پاره دوشر ،
خدايى بوغمق ايچون صالديران جنون بشر ؛
ناصيلكه نور حقيقتله چارپيشان اوهام ؛

اولور شرارهٔ غیرتله عاقبت کمنام ،
شو قارشیمزده‌کی محشرده اویله حشر اوله‌جق .
یاقینده قورتوله‌جقدر بوجبهه ...
— قورتوله‌جق ؟..
دیمك یقیلمایه‌جق قبله‌گاه آمالم ..
دیمك که اوییورز ...
هایدی آرقداش کیده‌لم !

محمد عاکف

قادینلر سلطنتی

جنجی خواجه سرایك الك نفوذلی رجالندندی . والده سلطانك فسونکارهدیه‌لرینی درآغوش‌ایده‌بیلمه‌سی ایچین‌سلطان ابراهیمه قوت ویرن ، پادشاهك اعصابنی توتسولر وبویولرله دوزه‌لته‌ن، جنجی خواجه‌یدی . جنجی خواجه زغفرانبولوده دوغمشدی . استانبوله فقیر برطلبه اولارق کلمش، مدرسه‌لرده دولاشمش ، بویوجیلکله ، افسونجیلقله شهرت بولمشدی . بر مدت ، شیخ محمد چلبی‌یه‌ده دانشمند اولدی . شیخ افندی ، سلیمانیه مدرسه‌سندن ازمیر قاضیلغنه تعیین اولوندیغی زمان ، احباسی، جنجی خواجه حسین افندی‌یی‌ده برابر کوتورمه‌سنی سویله‌دیلر . فقط شیخ افندی بوکا راضی اولمادی ، جنجی

خواجه‌یی، بدبخت و بی‌چاره، استانبولده یوز اوسق براقدی. جنجی خواجه، آغلایه صیزلایه افندیسنك احباسنه «یاندی یاقیلدی» هپسی بردن شیخ افندی‌یه مراجعت ایدرك:

— شو بیچاره‌یه یازقدر. بوقدر زمان دانشمندیکز اولدی. بیله کتورك.

دیدیلر. فقط شیخ افندی جنجی‌یی شدتله رد ایتدی وشو جوابی ویردی:

— بهی افندی. بزم عرضمز واردر. عورت واوغلانه افسون اوقیان بر سحار نابکاری بیله کتوروب منصبمزده بد نامی اوله‌لم.

جنجی خواجه، محزون و پریشان، استانبولده قالمشدی. جنجی خواجه، ینه صنعتیله مشغول اولدی. نفسنك کسکینلکی سایه‌سنده بیوك بر شهرت قازاندی. قادین، چولق چوجوق، بر چوق خلق، جنجی خواجه‌نك نفسندن استفاده ایدییوردی. نهایت جنجی خواجه‌نك شهرتی سرایجه‌ده دویولدی. بر کون، سلطان ابراهیم، مختل دماغنك تأثیری آلتنده نه یاپدیغنی بیلمه‌دی. قادینلر آراسنده یاشامقدن، قوۀ بدنیه‌سنی ضایع ایتمکدن بی تاب دوشمشدی. بایغینلقلر کچیردی، بوتون سرای خلقنی قورقوتدی. او زمان قادینلر،

والده سلطانه جنجی خواجه‌یی صاغلق ویردیلر، خواجه افندی‌یی درحال سرایه دعوت ایتدیلر.

جنجی خواجه‌نك سرایه دخولی، سعادتنه مبدأ تشکیل ایتمشدی. خواجه افندی، باشنده قوجه بر صاریق، کمال وقار ایله سرایه گیردی، روحانی فیضندن مدد اومان، نظرلرینی کندیسنه مستمندانه عطف ایدن خاصکیلر اورتاسنده سلطان ابراهیمی نفس ایتدی. سلطان ابراهیم بوتون موجودیتی ایله خواجه افندی‌یه تسلیم اولدی. حتی «قوت واهمه وتأثیر اعتقاد امدادیله» ایی اوور اولماز، جنجی خواجه‌یی اك بویوك سعادتلره نائل ایتدی. خواجه افندی مدرسه کوشه‌لرنده سورونورکن دفعةً خارج مدرسی اولدی. شیخ‌الاسلام یحیی افندی: «قانون دکلدر» دییه رد ایتدیکی حالده، سلطان ابراهیم خط همایون اصدار ایتدی. جنجی خواجه‌یه صحن مدرسه‌سی ویرلدی. قوناقلر وسرایلر احسان اولوندی، برقاچ کون صوکرا سلیمانیه مدرسه‌سی، غلطه قاضیلغی وخواجه‌لق‌ده ویریلنجه، بویوجی حسین افندی «جنجی خواجه» لقبی ایله استانبولده شهرت بولدی. استانبولك قوهٔ فکریه‌دن زیاده حمایه ایله یاشامایه آلیشان صافدل ودساس خلقی، درحال خواجه افندینك معنویاتندن استفاده‌یه شتابان اولدیلر. جنجی خواجه، دها صوکرا،

قره چلبی زاده محمود افندی‌یه داماد اولدی. عزل و نصبده بویوك بر نفوذ کوستردی. شیخ الاسلامك بیله صلاحیتنه مداخله ایتدی. باشده سلطان ابراهیم اولدوغی حالده، بوتون سرای قادینلری خواجه حضرتلرینك سوزندن دیشاری چیقامازدی. سرایك دوام سروری، ذوقی واکلنجه‌سی، رفاهی و سعادتی خواجه افندینك نفسنه مفتقردی. جنجی خواجه، سلطان ابراهیمی تسخیر ایدییوردی. پادشاهه توتسولر یاپیور، افسونلر اوقویور، دعالر اوکره‌تیوردی.

احمد رفیق

رباعیلر

ترجیح

دنیاده نه اقبال نه ده ثروت دیله‌رز — حتی نه ده عقباده سعادت دیله‌رز
عشقك کل آچان، بلبل اوتن وقتده — یارانله طرب یار ایله وصلت دیله‌رز

خزان

آخر نه بو جوشش، نه بو ایام قالیر — خاطرده نه جانان نه سرانجام قالیر
صوك فصلمزك شام غریبانده — کل دورنی خاطرلاته‌جق جام قالیر

عمر

بر مرحله‌دن کونشله دریا کورینور — بر مرحله‌دن هر ایکی دنیا کورینور
صوك مرحله بر فصل خزاندرکه سورر — کچمش کله‌جك جمله‌سی رؤیا کورینور

مرارت

دلبسته‌يز احبابه اسيرز ياره — آنلردر آچان كوكلده بيك بر ياره
بيكانه‌لرك قهرنى كورمش دكاز — طعن ايتديكمز نافله‌در آغياره

تغافل

بيلمم نه‌در انفسى نه‌در آفاقى — كيمدر فانى جهانده كيمدر باقى
دنيايى صاران بوشلغى حس ايتمه‌يه‌لم — پيمانه‌يى بوش بيراقه طولدر ساقى

يحيى كمال

بر كونك صوكنده آرزو

يورغون كوزمك حلقه‌لرنده — كالر كبى فجر اولدى نمايان ؛
كوللر كبى... صوكسز، ايرى كالر، — كالر كه قاميشدن دها نالان
كون طوغدى يازيق آرقه‌لرنده !

آلتين قله‌لردن ينه قوشلر ، — تكرارينى عمرك ايده‌ر اعلان ،
قوشلرميدر اونلركه هر آقشام ، — عالملرمزدن سفر ايله‌ر ؟..
آقشام ، ينه آقشام ، ينه آقشام ، — بر صيرمه كلردر صويه باقسه‌م ،
آقشام ، ينه آقشام ، ينه آقشام ، — كوللرده بو دم بر قاميش اولسه‌م !

احمد هاشم

شفقده

دونسه کمی بو عشقك شفقندن
کیتسه کمی اقالیم لیاله ؟
بزدن داها اول ایریشه نلر .
آغلار بو کون اولکی خیاله ...

— دونمکمی ؟ نه ممکن کری دونمك
دوشدیسه کوکللر بوملاله !
برالدر افقلردن اوزانمش
ظلمت بزی چکمکده وصاله ..

احمد هاشم

مقدمه

«قاره عثمان زاده جاویده خانم افندی یه»

ظن ایتمه که کلدی نه ده لاله
آنسه دولودر ، طونمه یانارسك
قارشیکده شو کلکونه پیاله ..

ایچمشدی فضولی بو علودن ،
دوشمشدی بو اکسیر ایله مجنونه
شعرك سکا آکلاتدیغی حاله ..

یانمقده بو ساغرده ایچنلر
دولدورمه اونلکیونه شب عشقی
باشده باش افغان ایله ناله ..

آنسه دولودر ، طونمه یانارسك
قارشیکده شو کلکونه پیاله ..

احمد هاشم

(استبداد ادبی) زماننده : طرز انشاد

شیمدیکیلر بر شیمی !.. بن نه شاعرلرله بولوشدم ، کوروشدم !.. سزه بش اون دانه‌سنك طرز انشادینی یازمیم‌ده عبرت آلك !.. (لمعات) صاحبی (علی روحی) مرحوم عصبی خوشکو ایدی . یوزنده‌کی (بغداد) چیبانك اکلی ندبه‌سی ، صاقالنك بر قسمنی قازیمش ، یاناغنك ده بر قسمنی ییوب چوکرتمش ولملفه برابر وجهاً ینه سویملی ایدی . برکون (کلشن) نسخه‌لرندن برنده مندرج آرمودی دیزیلمش بر منظومه‌یی کورنجه :

— بونلر شاعر دکل ، مناو !

دییه‌رك جمله‌مزی کولدورمشدی .

اثر اسلافه کیدن شاعرلرمز ، بو یولدن قیل قادار انحراف ایتمکی عادتا ارتداد قادار منفور کورورلردی . یالکز (شیخ وصفی) مرحوم ، (ناجی) نك رمورکوریله حرکت ایتدیکی ایچون آنده کوردیکی میل مخصوصه تقلیداً غربك‌ده صنایع شعریه‌ده ایلری وارمش ، دهادن عد ایدیله‌جك شاعرلر یتشدیرمش اولدیغنی بزم یانمزده سویلردی . فقط (هرسکلی عارف حکمت) بکك یاننده سویلیه‌بیلیرمی ایدی ، بیلمزمی ایدی بیلمیورم .

بوندن یکرمی اوتوز سنه اول یاشایان اسکی طرز شاعرلرله یکی طرزده تورمك استعدادینی کوسترن شاعرلر آره‌سنده‌کی اك مهم فرق منظومه قالبلری ، حسیات متخالفه ، اشکال انتخال دکل ایدی . فی‌الواقع هرایکی طرفده (مبانی الانشا) نك ، (بلاغت عثمانیه) نك ، (سفینهٔ بلاغت) ك حتی (تعلیم ادبیات) ك ناطق ومفسر اولدیغی صنایع بدیعیه و بیانیه‌دن صحره‌لی صیره‌سز استفاده ایدییورلردی . فقط کلماتك استعمال و استخدامنده یاواش یاواش آیریلیورلر ، یکیلر استخدام مسئله‌سنده عجمی اولدقری ایچون آز موفق اولدقلری حالده اسکیلرده مضامین ونکاتك قوللانیله قوللانیله ، چالینه چالینه بیپرادیغنه قلباً قانع اوله‌رق یکی مضمون بولمق امکانی درپیش ایدییورلردی. نجه اصل فرق طرز انشاده منحصر قالمش ایدی .

بر آقشام اوستی ، دیوان یولندن آغیر آغیر کیدییور ایدم . آرقه‌مدن برینك قوشارجه‌سنه کلکده اولدیغی سزینله‌دم . دونرکن بورون بورونه کلدك . علی روحی ! کورسه‌یدیکز ، بی چاره‌یی دونکی کندیسنه بکزه‌ته‌مز ایدیکز ! سیاسی او درجه تغیر ایتمش ایدی . ذکایی خارق‌العاده‌سی ایله برابر او ذکایه یاقیشان براز قاچیقلغی اولدیغی بیلدیکم ایچون بردن‌بره چیلدیردیغنه حکم ایتدم . کوزلری حقیقةً دونمش ، چیبان نشانه‌سنك بوزولمکه مقاومت عنودانه‌سنه رغماً یوزینك دریلری طوپلانوب صاقالنی قالدیرمش ؛ بیغلرینه اولاشدیرمش ایدی .

— وای افندم !

بیله دیمکه میدان ویرمکسزین :

— دیکله !

دیه‌رك قوله اوردی. کوزلر دیوریلدی، قوللر آچیلدی، کور بر سس ایشیدیلمکه باشلادی:

« جهانی یاقدی او طلعتله یار جان اوله‌لی

« جهان بر اوله بلا کورمه‌دی جهان اوله‌لی

بو اوچ (جهان) خمباره کبی پاتلایور، کلن کچن بزه باقیور، براز متوهم اولانلری اوزاقلاشدیرییوردی. بن ده اوزاقلاشه‌جغم آما کیم بیراقیر؟ او عین مهابتله دوام ایدییوردی :

« آکیلماز اولدی اساطیر اولین جنون

« جنون عشقله بن خلقه داستان اوله‌لی

بوراده ده (عشق) کلمه‌سنی مکسور اوقویه‌رق، حتی عشقله عینی‌ده چاتلاتدیغی ایچون دونوب دونوب باقانلر، دوداق بوکنلر اکسیك اولمیوردی. مکر دها مدهشی وار ایمش !

« بلا! بلا! دیه عشقکله سوبسو کزه‌رم »

« بونار، نائره افروز خانمان اوله‌لی »

بلا کلمه‌سنی ایشیدنلر قولاقلرینی طیقیورلر، استعاذه ایدییورلر، بنم بلایه طوتولدیغمه آجیورلر کبی کلیوردی.

غزلی بویله بروجه انشاد ایله بتیردکدن صوکره دیدی‌که :

— ایشته بونی (ناجی) ده سویلیه‌مز !

اللهه اصمارلادق !

آیریلدی، ینه قوشار کبی کیدییوروی. آرقه‌سندن بیك شکر و حمد ایله باقیوردم. عین طور، عین صولت ایله برینی دها یاقالادی. بو دفعه قوللرك حرکات مختلفه‌سی کورولیوردی.

بچنلرده (سامح رفعت) بك ده دییور ایدی‌که :

— (هرسکلی عارف حکمت) بك شعرلرینی اوقورکن رقص ایدردی.

ایچلرنده یالکز خواجه (حیرت) بورنندن سویلر کبی (شیخ وصفی) مرحومده مظلوم،

مظلوم اوقوردی . (ناجی) طوق بر ادا ایله أكثريا بيقلرینی بوره بوره انشاد ایده‌ردی . (مستجابی زاده) نككنه انشاد دكل ، آغلامه دیمك دها موفق دوشر .

(عندلیب) ، بر قهقهه ویا قاشلر چاتیق ، كوزلر دونوك ، پوروزلو ، چاتلاغه قریب بر سس ایله باشلار ، جانی ایسترسه آرالقده آغلار ایدی .

(رجائی زاده) ده بر آهنك وقار وار ایدی . او ، ذاتاً تووالتنی یاپمش ، طورینی آلمش اولمقله ألنك بریله ، پارماقلریله ، علی‌الاكثر خفیفجه محتقن كوزلرنده‌كی معنیدار ، متبسم نظرلریله مصراعك ، بیتك خصوصیتنی آكلاتمق ایستردی .

حقی پاشا زاده (جلال) كه - هر زمان ، هر وسیله ایله سویله‌رم - بو عصرك الك طبیعی بر شاعریدر . - مبتلا اولدیغی جنت كثولیه سائقه‌سیله سوقاقده ، دكانده ، بیراخانه‌ده ، هر نره‌ده بولنورسه بولنسون چوق دفعه باغیریر ، (ناجی) یه تقلیداً بیقلرینی بورار‌دی .

(عارف حكمت) بكده حقیقةً بر مهابت انشادیه واردی ، مرحوم طوروب طوروركن چله‌دن چیقمان ارباب دلدن اولدیغی ایچون اثنای مصاحبتده بردن بره بر كورله‌مه پیدا اولور ، آندن صوكره مصراعلر بربری آردنجه چوزولوب عادتا دوكوله‌رك :

— كوم ! كوم !

ایدردی . (منمنلی زاده طاهر) بك بو طرزده ده (اكرم) بكه تقلید ایتمك هوسنده بولونوردی . (نابی زاده) سوز سویلركن خفیف خفیف باشلایوب ینه اویله بیتیریر . (علی علوی) لكنت لسانیه‌سی حسبیله كلەلر اوزرندن سه‌كردی . (تپه دلنلی زاده كامل) بك نزاكت طبعنه یاراشان بر رقت ادایه مالك ایدی . (علی كمال) بكك طرز انشادی خاطرمده قالمامش آما البته بركون تازه‌لرم . (فائق رشاد) بك - كه ادبیات قدیمه‌نك الك حرارتلی طرافداری ایدی . - اولدجه آغیر ؛ فقط ال كوز ایله حتی ازیلوب بوزوله‌رك دوداقلرینه دورلو دورلو وضعیتلر ویره‌رك عادتا مشتیانه اوقور ، (آطنه‌لی ضیا) كه اینجه ، نحیف بر بدنه بیلك قدر اینجه بر كردن ایله برلشمش ، عظیم الجه بر قفادن عبارت كبی ایدی . مه‌لان‌تولیك كوزلرینی بایبلته بایبلته خفیف خفیف سویلر ، متعاقباً كولردی . (جدال سعدی با مدعی) صاحبی اسكدارلی (صافی) نك تأسف ایده‌رم كه طور انشادینی ونوتمشم . اخیراً « مدافعهٔ ملیه » ریاستنده بولنمش اولان اسكدارلی (طلعت) بك ایسه دائما كور سسله وتدلر اوزرینه باصه‌رق مثلا :

« مصحف حسنی بن ختم ایله‌دم »
« زلیخا سورهٔ (یوسف) ده قالدی »

بیت بر جسته‌سنه نیم بر آهنك ایله باشلایوب بیتیریر ، (معلم فیضی) مرحوم آذربایجان

شیوه‌سنی ، ایرانی (رمزی بابا) یه نسبتله پك زیاده تعدیل ایتمش اولدیغی حالده وزندن دوشه‌جك ایمش کبی استعجال آراسنده بردن بره تأنی کوستریردی .

(عبدالحق حامد) بکی بر مصراع اوقورکن دیکلیه‌مدم . (جریدهٔ حوادث) آثار ادبیه محرری مکتوبی شاعر (عصمت) افندی ایله (رضوان) پاشا مرحومك پدری دلی (نزهت) افندینك طرز انشادلری عادتا باغیرمقله مساوی ایدی . (نزهت) افندی برکون (آقسرایده) بر قرائتخانه‌ده سیفاره‌سنی سونجه قوطی‌یی ألمدن آله‌رق وار سسله اویله بر باغیردی ایدی که جابعدن طیشاری‌یه ناصیل فیرلادیغمی حالا بیله‌میورم . آه ! فونوغراف ، غراموفون ، سز نه‌دن یکرمی بش اوتوز سنه اول بویله استعداد کمال کوستره‌مدیکزده بونلر غائب اولوب کیتدی !

بوندن بویله تدقیقاتده بولونه‌جقلره توصیه ایده‌رم، قوتلی نوطه اوکرنسونلر . چونکه شیمدیکی ادای انشاده‌ده بام باشقه ترنملر وار .

(جناب شهاب‌الدین) بکك کندیسنه خاص بر وقار انشادی اولدیغی کبی (سلیمان نظیف) بکك ده شعر اوقورکن طوتدیردیغی هوانك - ظن ایدرم‌که - نوطه‌سی مضبوطدر . برنجیسی هنوز مکتبلی ایکن ، ایکنجیسنی ایسه استانبوله کلدیکندن پك چوق صوکره طانیشمدر .

ابرادیلی ، علائیه‌لی ، آنطالیه‌لی ، آطنه‌لی والحاصل آناطولیلی شعرانك ایچلرنده قافی ، کافی غینه تبدیل ایله مثلا (قدرم) ی (غدرم) ، (کوموش) ی (غوموش) اوقویانلر ، (هلال) کلمه‌سنده‌کی ایکی لامی پك آییری وصل ایده‌رك (حالالی) دیینلر اکثر ایدی .

ای ماضی !.. سن نه قادار خاطر نوازسك !.. سن‌ده بونلردن بر اکثریتی مجتمعاً کوردیکم اویله کونلر اولدی که صفای تخطری بیله شیمدی جهان دکمکده‌در .

انسان بویله بر اجتماعی کوز اوکنه کتیرنجه مطلقا قولاقلرنده سسلرینك بقیهٔ عکوسی چینلایور . شیمدی بیله چینلادی . خیردر انشاءالله ! غالبا صاغ اولانلرندن بری نی آکدی .

عجبا آنلر کیکی‌ده چینلایورمی ؟..

احمد راسم

مردیوه‌ن

آغیر ، آغیر چیقه‌جقسك بو مردیونلردن
أتکلرکده کونش رنکی بر یبغین یاپراق
وبر زمان باقاجقسك سمایه آغلایه‌رق . .

صولر صراردی . . . یوزك پرده پرده صولقده ،
قیزیل هوالری سیر ایت که آقشام اولقده . . .

اکیلمش ارضه ، قانار متصل قانار کللر
دورور علو کبی داللرده قانلی بلبللر
صولری یاندی ؟ نه دن طونجه بکزیورمر ؟

بو بر لسان خفیدر که روحه دولقده
قیزیل هوالری سیر ایت که آقشام اولقده . .

احمد هاشم

بر کیجه

اون دورت عصر اوّل ، ینه بر بویله گیجه یدی ،
قومدن ، آیاقڭ اون دوردی ، بر اوکسوز چیقیویردی !
لکن ، اونه خسراندی که : حس ایتمدی گوزلر ؛
قاچ بیڭ سنه در ، حال بوکه ، بکاشمه ده لردی !
نردن گوره جکلر ؟ گوره مزلردی طبیعی :
بر کرّه ، ظهور ایتدیکی چول الڭ صاپا یردی ؛
بر کرّه ده ، معمورهٔ دنیا ، او زمانلر ،
بحرانلر ایچنده یدی ، بو گوندن ده بتردی .
صیرتلانلری گچمشدی بشریت تیجیلقده ؛
دیشسزمی بر انسان ، اونی قاردشلری یردی !
فوضی بوتون آفاقنه صارمشدی زمینڭ ،
صالغیندی ، بو گون شرقی ییقان ، تفرقه دردی .

دیرکن ، بویومش ، قیرقنه گلمشدی که اوکسوز ،
باشلرده گزن قانلی آیاقلر صویه ایردی !
بر نفخه ده انسانلغی قورتاردی او معصوم ،
بر حمله ده قیصرلری ، کسرالری سردی !
عجزكْ که ، أزیلمکدی بوتون حقّی ، دیریلدی ؛

ظلمك که ، زوال عقلنه گلمزدی ، گبردی !
عالملره ، رحمتدی ، أوت ، شرع مبینی ،
شهبالنی عدل ایسته‌یه‌نكْ یوردینه گردی .
دنیا نه‌یه صاحبسه ، اونكْ ویرکیسیدر هپ ؛
مدیون اوڭا جمعیتی ، مدیون اوڭا فردی .
مدیوندر او معصومه بوتون بر بشریّت ...
یا رب ، بیزی محشرده بو اقرار ایله حشرایت .
حلوان ۱۱ ربیع الاول ۱۳۴۷
محمد عاکف

سمور دوری

بر آقشام ، بو ذوق وعیش عالمنه ایوبلی وویوده قیزی‌ده قاریشدی . وویوده قیزی‌ا کثریا سرایه‌کلیر ، سلطان‌ابراهیمك فالنه‌باقاردی. منتظم سوزسویلر ، کندیلکندن ماصاللر ترتیب

ایتمکده بویوك بر مهارت کوستریردی. سرایك خاصکیلری وویوده قیزینی صیق صیق چاغیریرلر، ماصاللرینی حظ ایله دیکلرلردی.

وویوده قیزی همان همان سرایدن چیقمازدی. هر کیجه سرایه کلیر، سلطان ابراهیمه ماصال سویلر، اکلندیریردی.

او کیجه، سلطان ابراهیم ذوق و نشاط ایچنده ایدی. وویوده قیزی ماصالنه باشلادی:

— اول زمانده بر پادشاه وارمش. اثوابی، سراینك بوتون اشیاسی، یاصدیقلری، پرده‌لری هپ سموردنمش...

دییه دوام ایتدی. ماصال دوام ایتدکجه، سلطان ابراهیمك مراقی آرتدی. کوزلرینك اوکنه سمورلرله مزین مندرلر، سمورلرله مزین دیوارلر و پرده‌لر، و بوتون بو یوموشاق، کوزلره بیله صیجاقلق ویرن سمورلر آراسنده تللی خاصکینك شوخ خنده‌لری، لطیف اندامی بوتون جاذبه‌سیله تجسم ایتدی. فی الحقیقه «سمور ده نفسنده بر جلد معتبر و بین الحکما جوهر حیوانی»، «یاسق و کثافتدن معرا بر جوهر» اولدوغی ایچین، بوتون ثروت و ذوق صاحبلری کبی سلطان ابراهیمك ده تمایلنی جلب ایتدی. آرتق کوزینه سموردن باشقه برشی کورونمیوردی.

کندیسی درحال سموردن، دوکمه‌لری کاملاً الماس، بر قاچ اثواب یاپدیردی. بو اثوابلرك هر بری سکز بیك غروشله میدانه

كليوردی. بونكله‌ده قناعت ايتمه‌دی : عقلنه، وزرادن، وكلادن، علمادن ، حتی اهاليدن سمورطوپلامق كلدی . وزرايه، علمانك معزول وَمنصوبلرينه ، شيخ الاسلام وقاضيعسكرلره امر ويردی: هر بريسی پادشاهه سموردن بر لباس تقديم ايده‌جكلردی .
حال بوكه ، بونلرك ايچنده قدرتی اولمايانلرده واردی . سلطان ابراهيم بونی‌ده نظر دقته آلمادی. سمور اثواب تقديمنه اقتدار سزلقلرينی سويله‌ينلره ديوان چاووشلری كوندردی ؛ اثوابلری تحصيل ايتديردی . قدرتی اولمايان علمايه‌ده دفتردار طرفندن ديوان تذكره‌سی ايله وبيورلدی ايله ديوان چاووشلری كونده‌ريله‌رك جمله‌سی تضييق ايديلدی .
استانبولده وسرايده اساساً سمور صرفياتی واردی . خلقك زنكينلری هپ سموره رغبت كوستردكلری كبی ، سرايده‌ده وزرايه، دولت اركاننه اوته‌دن بری پادشاهلر طرفندن « سراسره قاپلو » سمور كوركلر ويريليردی. سرايك خاصه كوركجی باشيسی واردی. استانبولده، ادرنه‌ده سمور كوركلرك پارچالری وفيئاتلری ديوانجه تعيين ايدلمشدی. مثلا، نظاماً كوركجيلر سكسان سموردن بر كورك وطقسان سمور پارچاسندن بر كورك اعمال ايدرلر ، اسكی سمور كوركلری تكرار تحته ياپامازلردی. شمدی ايسه ، سرايك سمور اسرافاتی بوتون استانبولك صرفياتنی كچمشدی.

وقتيله بر سمور يوز غروشه آلينيركن ، شيمدى بيك غروشه كوج بولونيوردى . سموره دوشكونلك صوك درجه آرتدى. اومرتبه‌ده‌كه ، دورك شاعرلرى :

اولقدر رغبتى وار سمورك
اولدى تحصيلى انك امر عسير
بويله قالورسه اولور ذى قيمت
نافهٔ كلب و قفاى خنزير

ديمشلردى . سمور تجارتندن الكزياده پارا قازانان «مسقو-كافرى» اولمشدى . روسيه‌نك استانبوله سمور اخراجاتى بر مصر خزينه‌سنه بالغ اوليوردى .

سلطان ابراهيم امر ايتدى : سرايده نه قادار قصروكاشانه وارسه ، هپسى سمورله دوشه‌نه‌جكدى . فقط يالكز سمور كافى دكلدى ؛ «حامىٔ دين محمد ، صاحب خلق عظيم» ك قوهٔ باهيه‌سنى تقويه ايچين عنبرده لازمدى . سلطان ابراهيم ، سرايى دولدوران قادينلرك زورلو درآغوشلرينه آنجق عنبرله مقاومت ايديوردى . «جناب شهريارى عنبرى زياده تناول بويوريورلردى . بناءً عليه سمورو بر كيسنه ، برده عنبرو بر كيسى انضمام ايتمشدى .

اوتاريخدن اعتباراً سمورله عنبر ، دولتك تكاليفى عدادينه

داخل اولدی . ایمپراطورلغك بوتون حاكملرینه سمور كوركلر، شمامهٔ عنبرلر كوندرمه‌لری امر ایدیلدی . استانبولده‌كی قاپی كتخدالرندن قهراً و جبراً سمور و عنبر تحصیل اولوندی . بو تكالیف استانبول خلقندن متعدد دفعه طوپلانیلدی. ویر ـ مه‌یه قدرتی اولمایانلردن كیمی عزل ، كیمی حبس ، كیمی اشكنجه ایله پریشان ایدیلدی .

سرایده اوته‌دن بری ایپكلی دوشه‌مه‌لر، صیرمالی یاصدیقلر قوللانیلیردی . شیمدی بونلرك هیچ بری «طبع همایونه موافق» دوشمیوردی . سلطان ابراهیم سمور ایسته‌یوردی . سموردن اولمایان هیچ بر شیئك كوزنده قیمتی یوقدی . سمورسز منصب امید ایتمك ، قطعی بر محرومیتدی . كوشكلرك پرده‌لری بیله سموردن اولاجقدی . سلطان ابراهیمك نظرنده دنیانك الك معتبر، الك نفیس ، روحه الك زیاده فرح ویرن قیمتدار برمتاعی واردی : سمور ...

وزرانك ، اعیانك ، علمانك ، خلقك ، كیمی پادشاهك التفاتنه مظهر اولمق ، كیمی چاووشلرك ظلمندن قورتولمق ایچین سمور و عنبردن باشقه بر شیئه التفات ایتدكلری یوقدی . استانبوله سمور یوكلو بر كمی كلدیكی خبر آلینیر آلینماز ، هر كس كوزینی درت آچاردی . نه اولورسه اولسون ، باشنی بلادن قورتارمق ایچین اونده براز سمور بولوندورمق لازمدی .

احمد رفیق

استانبولی تماشا

کونش دها طوغمامش ، فقط کیجه بر افلاطون کولکه درجه‌سنده خفیفلشمشدی . مرمره‌یی کچمشدك ؛ « اوره‌نوق » ایاستفانوس اوکنده ایدی .

خاطرهٔ لیل اوله‌رق یالکز برالماس دوکمه‌کبی افق‌شمالی‌یه ایلیکلنمش برتك ییلدیز ونظرلرده‌کی رخاوت خواب واردی .

رقیق بولوطلرك یریر سمایه چکدیکی پچه‌لر غربده خفیفلنه‌رك برمنکشه بوغو، شرقده ضیالانه‌رق برآلتون تول اولیوردی . . .

استانبول قارشیمزده متموج ، فسون آلود ، سیسلی وآیدینلق بر هلال مبهم حالنده دکزی قطع ایدییوردی . بخار صباح ایچنده شکللر ، رنکلر أستومپلانیور . یالکز بررسبابهٔ شهادت کبی کنکرهٔ آسمانی کوسترن مناره‌لر فرق اولونیوردی .

شیمدی تماره یولجیلری برر ایکیشر میدانه چیقیورلردی ؛ اویقودن شیشمش کوزلر ، علی‌العجله قورولانمش رطوبتلی یوزلر ، اوچ فیرچه ضربه‌سیله پك آز اصلاح ایدلمش باشلر اوته‌ده بریده بلیرییوردی . بر قاچ دقیقه ظرفنده کوکرته

شاپقه‌لر ، قالباقلر ، کلاهلر ، فسلر ، صاریقلرله طولدی .
سیاحلر آره‌سنده آزچوق هر بویدن ، هر جنسدن برقاچ نمونۀ بشریت واردی . کندی کندیمه دوشوندم :

— قوجه استانبوله بر کوچك استانبول‌ده بز کتوریيورز . ایشته آستانه‌مزك مینی مینی برنسخه‌سی ، برمشهرا جناس . . . پایتخمز آسیا ایله آوروپانك أل أله طوتوشدیغی نقطه‌ده ، عادتا انسانیتك درت یول آغزی کبی برشی ، برموعد تلاقئ اقوام . . . شمالك جنوبه یووارلادیغی ، جنوبك شماله اوزاتدیغی اشخاص واشیا اورادن کچر ؛ هر کچن بریابانجی فکر ، برغریب حس ، یوزده سکز کمرکلی برخاطرۀ اجنبیه براقیر : بونلر آهسته آهسته قعر وجدانمزده بریکیور ؛ افرادمز آره‌سنه کیرییور ؛ فرقلر ، اختلافلر ، مسافه‌لر حاصل ایدییور . معارض امللر ، احتیاجلر ، بری برینه یان باقان فکرلر ، یکدیکریله اویوشا‌میه‌جق حسلر طوغورییور . استانبوللیلر قدر یکدیکرینه آز بکزه‌ین بربلده خلقی وارمیدر ؟ عرق شامی ، عرق ایرانی ، عرق تورانی بتون بوجذور مختلفۀ انسانیت اسکدارده خلیجده ، بشکطاشده قارمه قاریشیق مصادفه ، مصافحه ، معامله ، مجادله ، مصالحه ، منا کحه ایدر . اقطار اربعه‌نك متنوع قانلری درسعادت محله‌لرنده بری برینه قاریشیر ، قایناشیر ،

برلشیر . محله امامی نکاحی علی‌الاکثر ارضك بری برندن اوزاق ایکی بوجاقندن اوزانان اللر آره‌سنه قویارلر ؛ قوانین وراثت ومشابهت مجراسنی غائب ایدر ؛ بوعجیب ازدواجلردن چیقان چوجوقلر قفا طاسلری نه‌شکله گیره‌جکنی ، دماغلری نه‌بیچم آله‌جغنی شاشیرر . همان هر استانبول یاوروسنك وجدانده اجدادندن موروث برخلیطهٔ اجناس واردر . چوقلرینی گوررسکز که اشکال‌ظاهره‌سنده چرکس ، اخلاقنده آرناوود ، ذکاسنده عرب حسیاتنده تورکدر . سوقاقلرده گورولن مدوجزر ملل روحلرده‌ده جریان ایدر . بعضلری استانبول عائله‌لرنده‌کی سوء امتزاجه شاشارلر ، بنجه بعض مستثنی اولرده‌کی حسن ائتلاف شایان تعجبدر . بویله هرفردك شجره‌سی برعلم‌الانساب فهرسی اولنجه هرایکی روح آره‌سنده برطلاق طبیعی بولنمق ضروری دکلیدر ؟ وبوحالده خانه‌لرك چوغی برمحمود پاشا محکمه‌سی حالنی آلماسی نه‌دن استغراب اولنمالی ؟ . . .

سرای برونی طولاشیوردق . گوزلکلر سیلنیور ، قوداقلر قورولیور ، دوربینلر اطرافی کزییوردی . . بتون کنارلری خارهٔ دریا ایله مزین اوچ بیوك آونك بیوت ، یوصونلرله مینه‌لنمش اوچ اهرام ابنیه حالنده استانبول ، غلطه ، اسکدار پیش انظارده یوکسلیوردی .

کونش طوغمش ، چاملیجه آرقه‌سنده بر حریق نور ایقاع ایتمشدی . قره‌جه احمد سرویلرینك سیاه پرده‌سی ، سیاه صاچاقلری آرقه‌سنده افق یانیور .

شکلاً هرنوع قیود معماریه‌دن معاف ، لوناً اندیشهٔ امتزاجدن آزاده بر ر یووا ، بر ر قفس ، بر ر قوطی ، بر ر اویونجاق کبی أولر یکدیکرینی قوجاقلایور ، بری اوته‌کینك تپه‌سندن باقیور ؛ شوراده روبرو اوته‌ده طاق برطاق ، بریده هربنا بر مربع رنك حالنده برمحله‌یه برشطرنج قزح منظره‌سی ویرییور ؛ هر طرف شهر امانتنه دیلنی چیقارییور ، بلدیه مدیرلرینه : « ناسکا ! » دییور : ایشته استانبول . . .

بوساعتده شهرك هرجهتی خلجان انسانیتدن خالی کورونیوردی . سعادتلری ، فلاکتلری ، فاجعه‌لری ، مضحکه‌لری ایله برمیلیون خلقی قوجاقلایان قوجه پایتختك ایچریسنده کولن ، آغلایان ـ باخصوص آغلایان ! ـ حیاتدن هیچ برذره حس اولنمیور ، یالکز استانبول طرفندن برشورش اخشاب ، بك اوغلی جهتنده بر بیغین اشکال متحجره روشنیٔ طلوع ایچنده مرئی اولیوردی .

قاضی کویی جهتنه باقدم . حیدر پاشا خسته‌خانه‌سی کوزومه ایلیشدی . ایچمدن : « آه ، دیدم سلیمیه قیشله‌سندن

قره‌جه احمد مزارلغنه چيقان يوللرك ايشته اك كسديرمه‌سی؟.. »
صوكره غلطه‌يه طوغرو دوندم : ايشته تورك بانديره‌سی آلتنده فرنك مرابحه‌سی سورن بانق عثمانی ، ايشته تيريا كيلری اك غالی فيئاتله زهرله‌ين رژی ... دها بريره ايشته ايچنده هكيم بولنمايان دائرهٔ صحيه ، اوكا مقابل استانبول طرفنده ـ بی شبهه قاعدهٔ تناظره رعايةً تأسيس اولنان و ـ ايچنده عسكر بولنمايان تجهيزات عسكريه دائره‌سی ... صوكره ايشته حربيه ، طبيه ، ملكيه ، حقوق ، نواب ، بيلمم نه مكتبلری كه همتلری شهادتنامه ، ديپلوما ، اجازتنامه ، ناملريله هرسنه خزينهٔ ماليه اوزرينه بيكلرله آچيق بونو چكمكدر !..

شيمدی بك اوغلی جهتنده‌ نچره‌لر كوكلر كبی آچيليور ، قاپانيور ، صانكه هربری چرچيوه‌لديكی حياته كوره حسله‌نيوردی .

ريحتم آرتق غلبه‌لقلانمشدی . كوپرو اوزرنده آره‌لرنده هيچ بررابطه اولمايان برطاقم حياتلر ، عجول ، لاقيد ، زبون ، خودكام يكديكرينه سورونه‌رك ، يكديكرينی متعاقب كچيور ، يكی جامعله غلطه ارەسنده حلقه‌لری لاينقطع دكيشن برزنجير بشر كيديبيوردی .

بك اوغلی طرفنده فعاليت ايكلدييور ، استانبول طرفنده ،

بزم طرفده مخمورلق حالا مندفع اولهمامشدی . . . بو نیچون بویله اولیور ؟ نیچون اونلر ، بتون عناصر غیر مسلمه چالیشین ، ایلرلسین ، انسانلانسینده بزتورکلر ، بز مسلمانلر ابدی برصباح کیفنه محکوم ، دائمی برکه وشکلك ایچنده پاصلانمش اولالم ؟.. حل مسأله ایچون چوق دوشونمکه حاجت یوق : چونکه بز حکومتك نازلی اولادی ، یوز بولمش چوجوغی یز . اوته کیلر اکمکنی غیرتندن چیقاریور ، بز اکمکمزی مطبخ عامرهدن چیقاریورز . اونلرك مسا ـ عیسندن باشقه استنادکاهی یوق ؛ بزم دستکیرمز قوجه بر حکومت ! اونلر یارینی دوشونمکه مجبور ؛ بزده اندیشهٔ فردا یوق ؛ دیرزکه : ادم سزده ، مالیه ناظری دوشونسون؛ مالیه ناظرینك وظیفهسی نهدر ؟ بزی پارهسز براقمق دکلی ؟ بوکون ویارینکی آچلیغمه چاره دوشونمکله مکلف برناظر موجود اولدقدن صکره بن نیچون چالیشهیم ؟ هپمز ایچون دوائر رسمیه صاندالیالری بالارث والاستحقاق اوزرینه قعود ایدیلیر بر یادکار اجداد حکمنده ایدی . هیچ دقت ایتمیوردق که اوصاندالیهلر اوزرنده اویوقلارکن بزی کری یه طوغرو چکن برقوهٔ خفیه واردر . مذاهب سائره اربابی ـ حکومتك

اوکی اوغللری : ــ سوقاقلرده ، میدانلرده ، طاغلرده ، تارلالرده چالیشیر ، قوشار ، ترلر ، چالیشمغی اوکره‌تیر ، چالیشمغه آلیشیرکن بو ــ حکومت غافله‌نك غافل چوجوقلری ؛ ــ قلم اوطه‌لرنده اسنر ، کزینیر ؛ صبرسزلقله ساعات خمیازه‌نك انقضاسنی بکلر ، بویله‌جه یوموشادیغمزك ، اختیارلادیغمزك کوفلندیکمزك فرقنه وارمازدق ، اونلر ایتکلنه‌رك قاقیله‌رق ترقی ایدردی ؛ بز تلطیفلره ، نوازشلره مستغرق اوله‌رق تدنی ایدردك . اونلر سعیك بخش ایتدیکی وقارونجابتله حقیقةً یوکسلیوردی . بز دیوان قلمندن چیقان طغرالی کاغدلرك دستکلمه‌سیله بك ، پاشا ، صیرمه‌لی ، نشانلی بر بوشلق ، برمسخره اولیوردق .

باقکز ، بوکون بتون ملت رتبه و نشانك الغاسی طرفداری اولدیغی حالده اولالر ، بالالر ، پاشالر بر درلو بو مفخر صوریدن وازکچه‌بیلیورلرمی ؟ چونکه پك اعلی آکلایورلرکه دور استبدادده بیك ذلت ، بیك عزت نفس پاره‌سی بهاشنه اوله‌رق قازاندقلری خلعت رسمیه اوموزلرندن دوشیویرنجه غایت چیپلاق بر جهل اوستنده بر چوق لکه‌دن باشقه هیچ بر شیلری قالمیه‌جق . اونیفورمه و نشانلریله بزی

بر قاچ كون دها آلداته‌رق خزينهٔ ماليه‌دن بش اون غروش دها آشيرمنى كار عد ايديورلر . . . فقط بن بو قوف ، بو چوروك ، بوسفيل بقاياى مشئومهٔ استبدادى دكل ، دوائر دولتده بزدن آز اينسكمله اشغال ايتدكلرندن طولانى كنديلرينى مغدور و مظلوم كورن بعض غير مسلم وطنداشلرمزى تعييب ايدرم !

بن بوفكرلره طالمشكن يانمدن بر يولجى قولملى دورته‌رك تيمارخانه‌نك موضوع بولنديغى طوپداشى كبى يوكسك بر نقطه‌يى كوستردى وسؤال ايتدى :

— شوراسى ؟

— اوراسى برغريب موقعدر ، همشهريجكم ، هانكى پنجره‌سنه بورننه طيامش اولسه‌ك ارزو ايتديكك ناموسلو عائله‌نك بتون حريم اسرارينى تماشا ايدرسك ؛ بتون تركيا ـ قپولر ، پنجره‌لر آچيق ، داملر ييقيق اوله‌رق ـ كوزكك اوكندن كچر ...

— سبحان‌اه ، اويله‌ايسه دعا سينمش بر ير اولمالى !..

— اوت ، براز دعا ، وبرخيلى قان قوقوسى !..

جناب شهاب‌الدين

وطن حسلوی

دوشمز یره ، زیرا او بزم بایراغمزدر ، بیك فجر مؤبد طوغیور هر طاغمزدن
کی بیلدیز او ماضیده‌کی بر سوسدر ، امین اول آتیده کونشلر طوغاجق بایراغمزدن !..

***

آلتنده یاتارکن ده بزمدر یرك اوستی ، هر ذره‌سنه قانله خروشان اولورز ده .
طاغلر ، قایالر جسمزه حائل اولورسه ، جاری اولورز دشمنه بز قان اولورز ده .

***

هپ سیللری قان ، طاشلری یکسر کمیك اولسه ، بر صوك نفس انقاضی اولوب بیتسه نسیمی ؛
اولمز بو ، وطن فرض محال ، اولسه ده حتی چکمز کره‌نك صیرتی بو تابوت جسیمی !..

مدحت جمال

پلونه‌ده

صباحه قارشی پلونه جوارندن کچیوردق . آلاجه قارانلقده پنجره‌یی آچدم . پلونه اوواسنی کورمك ارض اوزرنده حقیر بر مزاری بیله قالمایان زوالی بابامك روح منفانشیننی برآز تنفس ایتمك ایسته‌یوردم ؛ ایواه ، یوکسك وزنکین اکینلری اوقشایان کیجه روزکاری ، دیدی که : « باباكك قانی امه‌ن بو طوپراق ، باباكك جسم وروحنه یابانجی آچلقلره سنبلهٔ غدا حاضرلایور . »

شیمدی افق شرق قیزاریور ، قیزاریبوردی ؛ تورك بایراغی کبی آل ، قان کبی آل اولمشدی ؟ بر روح شهید یچون بو افق صباح نه کوزل. کفندی ! « بابا ، سنی بو آغستوس آینك صوك سحرنده پلونه ففنك بو کنیش قانلی مندیلی ایچنده نوقلادم ! »

جناب شهاب‌الدین

چناق‌قلعه شهیدلرینه

شهدا کوکده‌سی ، برباقسه‌کا ، طاغلر ، طاشلر ..
او ، رکوع اولماسه ، دنیاده اکیلمز باشلر ،

یاره‌لانمش تمیز آلنندن ، اوزانمش یاتیور ،
بر هلال اوغرینه ، یارب ، نه کونشلر باتیور !
ای ، بوطوپراقلر ایچون طوپراغه دوشمش ، عسکر
کوکدن اجداد اینه‌رك اوپسه اوپاك آلنی د کر .
نه بویوکسین که قانك قورتاریبور توحیدی ..
بدرك آرسلانلری آنجاق ، بوقادار شانلی ایدی .
سکا طار کلیه‌جك مقبری کیملر قازسین ؟
« کومه‌لم کل سنی تاریخه . » دیسه‌م ، صیغمازسین .
هرج ومرج ایتدیکك ادواره‌ده یتمز او کتاب ..
سنی آنجاق ابدیتلر ایدر استیعاب .
« بو ، طاشکدر . » دیه‌رك کعبه‌یی دیکسه‌م باشکه ؛
روحمك وحینی طویسه‌م‌ده کچیرسه‌م طاشکه ؛
صوکره کوك قبه‌یی آلسه‌م‌ده ، ردا نامیله ،
قانایان لحدینه چکسه‌م بوتون اجرامیله ؛
مور بولوطلرله آچیق تربه‌که چاتسه‌م‌ده طاوان ،
یدی قاندیللی ثریایی اوزاتسه‌م اورادن ؛
سن بو آویزه‌نك آلتنده ، بورونمش قانکه ،
اوزانیرکن ، کیجه مهتابی کتیرسه‌م یانکه ،
تربه‌دارك کبی تا فجره قادار بکلتسه‌م ؛

کوندوزین فجر ایله آویزه‌کی لبریز ایتسه‌م ؛
تولله‌نن مغربی ، آقشاملری صارسه‌م یاره‌که ...
ینه برشی یاپه بیلدم دییه‌مم خاطره‌که .

سن‌که ، صوك اهل صلیبك قیره‌رق صولتنی ،
شرقك الك سوكیلی سلطانی صلاح‌الدینی ،
قلیسج آرسلان کبی اجلالکه ایتدك حیران ..
سن‌که ، اسلامی قوشاتمش ، بوغیور کن خسران ،
او دمیر جنبری کوکسکده قیروب پارچالادك ؟
سن‌که ، روحکله برابر کزر اجرامی آدك ؛
سن‌که ، اعصاره کومولسه‌ڭ طاشه‌جقسین ... هیهات ،
سکا کلمز بوافقلر ، سنی آلماز بوجهات ..
ای شهید اوغلی شهید ، ایسته‌مه بندن مقبر ،
سکا آغوشنی آچمش طورویور پیغمبر .

محمد عاکف

لسانی تورکجیلکك عمده‌لری

شیمدی بوراده لسانی تورکجیلکك عمده‌لرینی صیرالایه‌لم :

(۱) ملی لسانمزی وجوده کتیرمك ایچون ، عثمانلی لسانی هیچ یوقمش

کبی بر طرفه آته‌رق ، خلق ادبیاتنه تمل وظیفه‌سنی کورن تورك دیلنی عینیله قبول ایدوب استانبول خلقنك وبالخاصه استانبول جانملرینك قونوشدقلری کبی یازمق .

(۲) خلق لساننده تورکجه مترادفی بولنان عربی وفارسی کلمه‌لری آتمق ، تماميله مترادف اولمایوب کوچوك بر نوآنسه مالك اولانلری لسانمزده محافظه ایتمك .

(۳) خلق لساننده کچوب لفظاً یاخود معنیً غلطات نامنی آلان عربجه وعجمجه کلمه‌لرك تحریف اولونمش شکللرینی تورکجه عدد ایتمك واملالرینی‌ده یکی تلفظلرینه اویدورمق .

(٤) یرلرینه یکی کلمه‌لر قائم اولدیغی ایچون، مستحاثه حالنه کلن اسکی تورکجه کلمه‌لری دیریلتمکه چالیشمامق

(٥) یکی اصطلاحلر آرانه‌جغی زمان ابتدا خلق لساننده‌کی کلمه‌لر آراسنده آرامق ، بولونمادیغی تقدیرده ، تورکجه‌نك قیاسی اداتلریله وقیاسی ترکیب وتصریف اصولاریله یکی کلمه‌لر ابداع ایتمك ، بوکاده امکان بولونمادیغی صورتده عربجه وعجمجه ترکیبسز اولمق شرطیله یکی‌کلمه‌لر قبول ایتمك وبعض دورلرك ومسلکلرك خصوصی احوالنی کوسترن کلمه‌لرله تکنیکاره عائد آلت اسملرینی‌اجنبی لسانلردن عیناً آلمق .

(٦) تورکجه‌ده عرب وعجم لسانلرینك قاپیتولاسیونلری الغا اولونه‌رق ، بوایکی لسانك نه صیغه‌لری‌نه اداتلری‌نه‌ده ترکیبلری لسانمزه ادخال‌اولونمامق .

(۷) تورك خلقنك بیلدیکی وقوللاندیغی هر کلمه تورکجه‌در ، خلق ایچون مونس اولان وصنعی‌اولمایان هرکلمه ملیدر . بر ملتك لسانی ، کندیسنك جانسز جذرلرندن دکل، جانلی‌تصرفلرندن ترکب ایدن جانلی بر عضویتدر .

(۸) استانبول تورکجه‌سنک صوتیاتی ، شکلیاتی و لغویاتی، یکی تورکجه‌نک تملی اولدیغندن، باشقه تورک لهجه‌لرندن نه کلمه ، نه صیغه نه دات ، نه‌ده ترکیب قاعده‌لری آلینه‌ماز . یالکز، مقایسه طریقیله تورکجه‌نک جمله تشـکیلاتنه وخصوصی تعبیرلرده‌کی شیوه‌سنه نفوذ ایچون بولهجه‌لرک درین بر صورتده تدقیقنه احتیاج واردر .

(۹) تورک مدنیتنک تاریخنه دائر اثرلر یازیلدقجه ، اسـکی تورک مؤسسه‌لرینک اسملری اولمق حسبیله ، چوق اسـکی تورکجه کلمه‌لر ، یکی تورکجه‌یه کیره‌جکدر . فقط بونلر اصطلاح موقعنده‌قاله‌جقلرندن، بونلرک حیاته عودتی ، مستحاثه‌لرک دیریلمه‌سی ماهیتنده تلقی اولونمامالیدر.

(۱۰) کلمه‌لر دلالت ایتدکاری معنالرک تعریفلری دکل ، اشـارتلریدر . کلمه‌لرک معنالری اشتقاقرینی بیلمکله آکلاشیلماز .

(۱۱) یکی تورکجه‌نک بو اسـاسلر داخلنده بر قاموسیله برده صرفی وجوده کتیریلمه‌لی وبو کتابلرده یکی تورکجه‌یه کیرمش اولان عربجه وعجمجه کلمه‌لرک و تعبیرلرک بنیه‌لرینه‌و ترکیب طرزلرینه‌عائد معلومات، لسانک فیزیولوژی قسمنه دکل ، مستحاثات واتسـالیات بحثی اولان (اشتقاق) قسمنه ادخال ایدیلمه‌لیدر .

ضیا کوک آلب

نامق کمال

(ادیب اعظم) عنوانی هنوز برحیات وکنج ایکن بحق احراز ایتمش اولان نامق کمالک بن بوراده نه اثرلرینی تحلیل ایده‌جکم ، نه ترجمهٔ حالنی تفصـیل . آثاری لایعد اینجیلرله طولو برعمّاندر : بر

عمّان ایمان . طالمق جرأتنده بولنورسه‌م بنی بوغار . سطحنده ایسه آنجق برخزان یاپراغی کبی قالیرم . مقصدم اوبی‌پایان دکیزك رنکا رنك افقلری قارشیسنده ، قرق سنه‌دن بری، نوبت بنوبت جوشان وجد واستغراقدن بوراده بر صفحه کوسترمکدر . ادیب اعظمك ، نورانی بر ایز شکلنده مهددن لحده قدر امتداد ایتمش اولان حیاتنی، اك کچوك تفرعاتنه‌قدر ، همان هرکس طانیر ... طانیر وتقدیس ایدر.

نامق کمال کیم ونصل آدامدر ؟ . . کماله کیملرك وکمالك کیملره تأثیری ونفوذی‌اولدی ؟.. کمالی معاصرلری نصل تقدیر ایدرلردی؟.. کمال نه‌یاپدی؟.. بن بوراده بونلری ـ حاشا آکلاتمغه دکل ـ آکلامغه چالشه‌جغم .

زماننده نامق کمالك نصل برسلطان ادب اولدیغنی اوزمانی ادراك ایتمامش اولانلر اصلا تقدیر ایده‌مزلر. برسلطان که رقاب امته تسلّطدن مستغنی ومتنفّر ، یالکز وجدان امّته حکم‌ایدر، برسلطان که اوکنده برملت ، خوف ایله دکل ، هیجان عشق ایله تتره‌ردی . خوف ایله تتره‌ین یالکز بشکطاش و ییلدیز سرایلری اولدی . أوت ، جهانی قرق سکز سنه تتره‌تمش اولان بشکطاش وییلدیز سرایلری ، فقط قبریس ، مدللی ، ردوس وساقز آطه‌جقلرینك ظلّ مرتسملری اوکنده برربع عصر تتره‌مشدی. وبوتزلزل نامق کمالك صوك نفسنی ویردیکی دقیقه‌دن صوکره‌ده توقف ایتمدی .

ادیب اعظمك وفاتنده بن اون طقوز یاشنده ایدم . یوزینی برکره اولسون کوره‌مه‌دن، افولنی ایشیتمك بکا پك آغر کلشدی . حالا المنی طاشیمقده اولدیغم بو محرومیتی نامق کمالك ـ کلمه‌نك ایکی

معناسیله‌ده ـ یگانه نجل نجیبی علی اکرم بکك کرمکار دوستلغی وقیمتدار توجهی تسلیه ایتدی . نامق کمالك اوغلی اولمق شرفیله علی اکرمك باباسی اولمق مظهریتنی نظر شکرانم بو دقیقه‌ده یان‌یانه اوطورمش کوریور . مخدومه‌ده پدرك روحنی ، پدرك روحنده مخدومك خیرالخلفلکنی سلاملارم .

نامق کمال

آننه‌مه

قبریکی اون سنه‌ده آنجق ایکی دفعه زیارت ایده‌بیلدم ، حسسزلکه ووفاسزلغه پك بکزه‌ین بو کناهی اونوتدیرمق وعفو ایتدیرمك ایچون شیمدی سکا اویله بر مزار انشا ایدییورم که ، وطن محبتی فضائل بشریه‌دن معدود اولدقجه و وجدانلرك حریم صمیمیتندن یوکسلن انینلر ، انسانیتك قلبنده جای قبول وجای تحسس بولدقجه طواف اولاجق ...

اعتراف ایدرم که بن بو دردلرمی کاغد اوستنه دوکدیکم کونلر سنی دکل ، سندن دها بیوك ... قصائمیه‌جککی وممنون اولاجغکی بیلدیکم ایچون سویله‌یورم آننه ! .. سندن داها معزز والده اولان وطنمی دوشونیوردم . منحصراً اونی دوشوندم . سن ، کوزلرمك منابع سرشکیله قلممك مداد فریادی قورودقدن صوکره خاطرمه که‌بیلدك .

اون سنه اول جسمکی (بیوك آطه) نك ـ ماتمله استهزا ایده‌جك درجه‌ده شوخ وشائق اولان طوپراقلرینه کومشدم . بوکون‌ده روحکی ـ مقدراتنه بو صحیفه‌لر آغلایان دیار تارمارك قومرینه دفن ایدییورم . سن دنیا یوزنده‌کی بیکسلکلریکی او چوللرده داها آز حس ایدرسك . او چوللر که اُك یوکسك بر افق تماشاسی اولان (ماردین) قصبه‌سنده مزارندن بابام ده ، احتمال که بو دقیقه‌ده بم کبی نوحه نثار اولیور .

آه آننه ! ..

کاشکه بن یالکز سنك اوکسوزك اولسه‌یدم .. ویالکز سنك اوکسوزك اولارق ، قرق سنه اول اولسه‌یدم ده بویله یتیم وطن ویتیم تاریخ قالمسه‌یدم ! ..

نشانطاشی سندن چوق بدبخت اوغلك

سلیمان نظیف

اتحاف

فر آلمشکن طلوع کبریادن، بو کون بیوایه قالمش هر ضیادن،
بو ملکك فرقی یوق بر تنکنادن، نیچون نور ایتمه‌یور آرتق سمادن؟

بوشلك، باغرمده هر کون کاه وبیکاه، دولاشدم «هو!» دییوب درکاه درکاه،
امید ایتدم که بر پیر دل آکاه، دیسین «دستور!» محراب خفادن!

عبا وار، پوست وار، میدانده اثر یوق، خراسان ایللرندن بر خبر یوق،
اوزون یوللرده دوردم هیچ اثر یوق دیار رومه کلمش اولیادن!

او یرلر ایشته بغداد، ایشته آمد، بو کون هر شعله‌دن محروم؛ جامد؛
او یرلردن کلن صوك یولجی حامد، خبردار اولماز اولمش ماورادن!

تجلیکاه ایکن بیکارجه رنده، ملامت سوندی شرقك هر یرنده،
بودورك کرچه صوك صحبتلرنده، نفسلر دیکله‌دك ساز رضادن.

بو منظومه که ای استاد خوشکام، علیدن دولدوروب اکسیر الهام،
اب عشقه صوندك اویله بر جام که یوغریلمش تراب کربلادن.

یحیی کمال

قره بر کون

فرانسز جنرالنك دون شهرمزه ورودی مناسبتیله بر قسم وطنداشلرمز طرفندن اجرا اولنان نمایش ترکك و اسلامك قلبنده و تاریخنده مؤبداً قنایه‌جق بر جریحه آچدی. آرادن عصرلر کچسه وبو کونکی حزن و ادبارمز شوق واقباله منقلب اولسه ینه بو آجی‌یی حس ایده‌جك وبو حزن وتأثری اولاد واحفادمزه نسلدن نسله آغلایه‌جق بر میراث ترك ایده‌جکز.

آلمانیا اوردولری ۱۸۷۱ سنه‌سنده پارسه داخل اولارق -بیوك ناپولیونك نشیدهٔ متحجرهٔ مظفریاتی اولان- طاق ظفر آلتندن کچرکن بیله فرانسزلر بزم قدر حقارت کورمه‌مشدی. و بزم

دون صباح ساعت طوقوزدن اونبره قدر حس ایتدیکمز یأس و عذابی طویمامشدی . چونکه (فرانسز) قنی طاشیان هر فرد ، چونکه یالکز خرستیانلر دکل ، یهودی فرانسزلرله جزائرلی مسلمانلر او ماتم مللی قارشیسنده عینی تلهف وحجاب ایله آغلامش وقیزارمشلردی .

بز ایسه موجودیت ملیه ولسانیه‌لرینی بزم علوجنابعزه مدیون اولان برقسم خلقك های وهوی شماتتیله ماتم معززمزه اك آجی حقارتلرك برر طوقت شکلنده آتلدیغنی کوردك . (بوکا مستحق دکل ایدك) دییه‌میز . مستحق اولماسه‌یدق بو فلاکته دوچار اولمازدق . هر قومك صحائف حیاتنده بر چوق اقبال وادبار صحیفه‌لری واردر . فرانسه قرالی برنجی فرانسوایی (شارلکن) ك محبسندن قورتارمش وقوجه ویانه شهرینی کرات ایله صارمش بر امتك دفتر مقدراتنده بویله بر سطر الیم ده مسطور ایمش .

هر حال متحولدر . عربلرك کوزل بر سوزی وار .

« اصبر فأن الدهر لایصبر » دیرلر .

سلیمان نظیف

غزل

چشمنك نشئه‌سی یوق جام محبتده بیله	لعلنك شعله‌سی یوق غنجهٔ جنتده بیله
باقی یوزنده آچیلان کلده‌کی نوشین آله‌وه	اولامز بویله آله‌و بادهٔ وصلتده بیله
بیك صباح طرب وصله وبریلمز عشقك	اویله عالملری واردر شب فرقتده بیله
محنت عشقنك اذواقنه پایان اولمز	باشلاسه‌م صایمه‌یه بیتمز ابدیتده بیله
جدن اولکی آله‌و باده‌سینك سرخوشی‌یم	بن آییلمم ابدا قبر سکونتده بیله
شوقك اویله سمالر یرادان قدرتی وار	که کونشلر طوغورر ایسته‌سه ظلمتده بیله
صاوریلوب جوه چیقان ذره‌لرم اوزلر اونی	بنی کول ایتسه یاقوب آتش حسرتده بیله

آرارم هپ اونی محیی صورارم هپ اونی بن
آچار آچماز کوزیمی صبح قیامتده بیله

محی‌الدین رائف

شرقی

برلکده بو آقشام ینه می نوش ایده‌لم کل	جوللر کبی دیوانه اولوب جوش ایده‌لم کل
بر آن غم فردایی فراموش ایده‌لم کل	جوللر کبی دیوانه اولوب جوش ایده‌لم کل

أى سرو روان ايله خرام ايتجه بلكله دور ايلسون أجرام فلك هپ أملكله
كل صون بكا بر جام صفا كندى ألكله جولر كبى ديوانه اولوب جوش ايدهلم كل

بن شوق ايله ديدارينى ايتدكجه تماشا سن كوز سوزهرك أيله بنم صبرمى يغما
بر عمره بدل اولسون او بر لحظۀ سودا جولر كبى ديوانه اولوب جوش ايدهلم كل

خايل نهاد

داء الصله

بوشب ده جوشش يادكله آغلادم طوردم ...
كل اى كريمۀ تاريخ اولان كوزل يوردم .

افقلرك نظرمدن نهان اولوب كيدهلى ،
بوخا كدان‌فنانك قاراردى هر شكلى .

كوزمده قالمادى ير ، كوك ؛ باتار ، چيقار ، كيدرم ...
ـ زمينه منكسرم ، اسمانه مغبرّم ـ

كلير بوجـّو كبودك سرائرنده كولر ،
چوجوقلغمده‌كى رؤيايه بكزه‌ين كوزلر .

ظواهرك بنى تعذيب ايدن كوزللكنه ،
تعجّب ايتمه ، ملالم طورورسه بيكانه .

دومانلى طاغلرك ، آغلار كوزمده توتدكجه ،
اولور محاسن غربت‌ده باشقه اشكنجه .

بزم دیار تحسّردن ایتمه‌مشمی گذر ؟..
عجب نه‌دن ینه لاقید أسر نسیم سحر ؟ ..

ویرردی بلکه تسلّا بو عمر مأیوسه ،
چیچکلرندن اوچان عطره آشنا اولسه .

دیمك بو محبس آمال ایچنده بن ابدی
یابانجی‌یم ... بکا هرشی یابانجی‌در شیمدی :

نه روزگرنده شمیم جبالمزدر أسن ،
نه صالغه‌لرده خبر وار بزم سواحلدن .

غریبی‌یم بو یرك شوقی یوق ، حرارتی یوق ؛
طوغان ، باتان کونشك کونلرمله نسبتی یوق .

اولونجا یادمه حسرتفکن فضای وطن ،
سمای شرقی سؤال ایلرم بولوطلردن .

تشرین ثانی ۱۹۲۰ سلیمان نظیف

یوللر

برلامبه حزنیله
قیصدی آلتون افقلرده آقشامك کونشی :
سوندی کوللرده عکس کریه وشی
کیجه‌نك عودت سکونیله ..

یوللر
که کیدر کیمسه‌سز ، تهی ، ابدی ،

یوللر
هپ برر خط پرسکوت اولدی
آقشامك سینهٔ غبارنده .

اونلر
هانکی بربلدهٔ خیاله کیدر
بویله سسز و کیمسه‌سز شمدی ؟

مفتور
ومحترز ینه برنفحهٔ خیال أسییور ؛
بونفحه داللری بی‌تاب وبی‌مجال اویوتور ،
صوکرده ایلر کیاهی‌نالنده ،
صوکرده آغوش افق ایچنده اولور ..

ای قلب !
سنی اولدورمه‌سین بو سایهٔ شب ،
ایشته بردست ساحر ومخفی
سکا نور نجومی ایندیردی .

قورولدی ایشته ، مسافات ایچنده ، لال‌مسا
بتون معابد حس ومعابد خولیا
بوتون معابد مجهولهٔ امید بشر ...

غروب ایچنده بو اشکال بی‌حدود ذهب
زجاج صنعت وفکرتله یوکسلمیلر هپ ؛
بیوك دکزلره بکزر اتکارنده سکوت ،

سکوت نامتناهی ، سکوت نامحدود ،
سکوت عفو وأمل ..

برأل
دریچه‌لرده برآلتون ضیا یاقوب ایندی ،
آقدی آب سکوته بیلدیزلر
بتون صولر ذهبی لرزه‌لرله ایشلندی .

تا اوته‌دن ،
شمدی زر کوزلریله تا اوته‌دن ،
غم ارواحی وجده دعوت ایدر
بوتون معابد مجهولهٔ امید بشر .
بتون معابد وجدك صولوق آلهه‌لری
برر برر اینیور ، کوزلرنده رؤیالر ؛
دوداقلرنده ضیادار ومحتزّ تیتره‌ر
آقشامك بوسهٔ خضوع اثری .

صولوق وکولکه‌لی ، سیمالرنده رنك‌مسا
نقش ایدر بر مهیج رؤیا :
بری یورغون سمای لاله باقار ،
بری برکولکه مشی وغشییله

میاه راکده صمت وخواب ایچنده آقار ؛
بری برارغنون ابعادی
دیکله‌یور ، کولکه‌لرده سربزمین ،
بری آلتون کوزیله ، کویا که ،
سکا ای قلب مبهم وباکی
« کل ! » دییور .
لکن
اینیور
ایشته لیلك ظلام بی‌دادی ...
یوللر ،
آه ای کیمسه‌سز کیدن یوللر ،
یوللرك ای سکوت حزن اثری ،
بوکونك انمه‌دن شب کدری ،
معابد امل وحسده سونمه‌دن بوضیا ،
اوله‌دن اونلرك آلهه‌لری ،
آه کیتمزمی ، کیمسه‌سز ، سسز
یوللر ،
آه کیتمزمی خطساکتکز ،
شمدی زر کوزلریله ، تا اوته‌دن
تا اوته‌دن
غم ارواحی وجده دعوت ایدن
اوزاق معابد پرنور وجدورؤیایه
که جابجا قاپیور باب وعدنی سایه .

احمد هاشم

کین

— کرید مسلمانلرینه —

کوستر سمای مغربه یوکسل ده آلنکی دوك قلب صاف ملته فیض بیانکی .
آل بایراغکله چیق یوره صاغکن ظفرنما ، برکون شهید اولونجه‌ده اولسون کفن سکا..

***

ای مقبر معظم جدادی تتره‌تن دشمن صداسی، صوص ینه یوکسلمه کولکه‌دن!
دشمن ، هلال رایت اسلامه حرمت ایت ! طوپلر بوغار خطابکی داغلرده عاقبت .
داغلر لسانه کلسه‌ده آکلاتسه هپسنی : بیکارجه جان دیریلسه‌ده نقل ایتسه کچمشی ؛
غربك جبین ظالمی عفو ایته‌دم سنی ، ترکم و دشمنم سکا قالسه‌م ده برکشی !

***

بن شوره زار قلبمی کینمله سوسله‌رم . قلبمده بر سلاح ایله فردایی دیکله‌دم .
قبرکده مستریح اویو ای نامدار آتام . اولادیکك بو کونکی آدی ساده انتقام ...

١٥ تموز ١٣٢٦

امین بلند

یاز

آدانك چاملی ، کوزل ساحلی اوستنده، ظریف
بر کوزل لانهٔ سودا ... بو کوچوك کوشك ؛ بو لطیف
یووانك هر طرفنده ، کیجه کوندوز مرغان
پر مسرت اوچوشورلر و اوترلر ؛ او زمان
بو سعادتلی ، مسرتلی کولر یوزلی أوه
متمادی دوکولور هپ اوچوشان بر نغمه .
چاملرك خوش قوقوسیله قاریشان بر روزکار ،
دائما اورده‌کی ساکنلره صحت یوللار .

کون دوغارکن ، بو کوزل ساحله بر بوسه کلیر ؟
صانکه اطلاس صولر اوستنده پریلر کزینیر !

کونشك پنبه افقدن سوزولن انواری ،
باشقه بر بلدهٔ سودادہ آچان ازهاری

بو کوزل لانهٔ خولیایه مسرتله دوکر
و کلیر بوردہ یاتان روحلری شفقتله اوپر .

عاشق اولدم بو ظریف لانه‌یه روحاً کوزلم .
سن ده سودکسه ؛ أوت ، کل ده برابر کزه‌لم .

تحسین ناهید

أولومندن صوکره

آه او کوزلرکه نکاهمده بو کون کریه‌لری .. شهپر ماه کریزان سـوروتن بر یولدن چوریلوب بنده قالان صـوك نظری صانکه برکوکب هجراندی اوزاقلرده باقان ؛
او نظرلر کیجه تنویر غرام ایتمیه‌جك .

اودوداقلرکه بوکون بربوروشوق توزلوچیچك؛. کفت و کوی لب فرقتله یورولمش درده ، کیجه‌لر اشك مکوکبله باقان مشجره‌ده ؛ ماه هجران ایله بلبلله شـه‌رك
او دوداقلر بنی « سیرت ! » دیه یاد ایتمیه‌جك .

آه او أللرکه یشیل کولکه‌لی بر پنجره‌دن اوزانوب کندینه بر کل قوباریرکن دها دون ، ایکی کلبرك خزان اولدی بو کون . بر مکوکب شب رؤیایه وداع ایلرکن
آیریلان أللریمز بر دها برلشمیه‌جك .

پای نازك كه خیلیان تلاقیده سحر — وقتی بر لانهٔ سودایه تردده كیدن
نازلی بر چیفت كبوتردی ، چمنلرده كزر ؛ شبمدی یورغون او یشیل یوللردن
بكله‌ین وعد ملاقاته شتاب ایتمیه‌جك .

آه او كلبرك مشامك ، او صیجاق كونلرده پنبه لیلاقلرك انفاس حریرسندن
تا اوزاقلرده‌كی كلبنلرده طاغینق كللرك آشفته آچیق كوكسندن
طوپولان نكهت روح آوری شم ایتمیه‌جك .

آه او كوزلر بكا توجیه نكاه ایتمیه‌جك ؛ او دوداقلر كیجه مهتاب ایله سویلشمیه‌جك ،
آیریلان أللرمز بر دها برلشمیه‌جك ؛ آره‌مزدن آجی برباد خزان أسدی بوكون ،
أی نهالنده طاغیلمش دوكولن نازلی چیچك .

حسین سیرت

كهكشانه قارشی

سن ای مادركه مرئی ، مستتر ، جامد ویا ذیروح
سنك اولادكم دوشمش مكدر ، مضطرب ، مجروح ،
كذر كاهمده بوش ، قورقونج درین كردابلر واركه
فقط كرچكمی ، تعقیب ایتدیكم شهراه تاریكی
بو موجودات بی پایانی تولید ایله‌دك . بن ده
او آغوش مكوكبدن بو نالشكاه امیده .
ففانم ، ماتمم ، كریه‌مله بن محكومم املایه :
قارا كلق بر درینلك وصل ایدر دركاه مولایه .

او تولید ایتدیكك بیكلرجه ، میلیونلرجه عالملر
بو خاكك عینی ، یا بر فیض مستثنایه مظهرمی؟
او عالملرده آیا بوسبتون بر باشقه یر وارمی ؟

كه آیتدن تونده یاشار سكان سیانی نه‌در بیلمز كچن بر عمر شوقك یادكریانی ،
بر استقبال بی ماضیده اكمال حیات ایلر ؟

قائق عالی

خوان یاغمه

بو سوفره‌جیق ، أفندیلر ، ـ که التقامه منتظر
حضوریکزده تیتره‌یور ـ شو ملتك حیاتیدر ؛
شو ملتك که مضطرب ، شو ملتك‌که محتظر !
فقط صاقین چکینمه‌یك ، ییك ، بوتوك هاپیر هاپیر ...
ییك أفندیلر ییك ؛ بو خوان اشتها سزك ؛
طویونجه ، طیقصیرنجه ، چاتلاینجه‌یه قدر ییك !

أفندیلر ، پك آچسکز ، بوچهره‌کزده بللیدر ؛
ییك ییمزسه‌کز بوکون یارین قالیرمی ، کیم بیلیر ؟
شو نادیء نعام ، باقك ، قدومکزله مفتخر ؛
بو حقیدر غزاکزك اوت ، اوحقده ألده بر ...
ییك أفندیلر ، ییك ؛ بو خوان‌ذی صفا سزك ؛
طویونجه ، طیقصیرنجه ، چاتلاینجه‌یه قدر ییك !

بوتون بو نازلی بکلرك نه وارسه اورطه‌لقده سای ؛
حسب ، نسب ، شرف ، شطف ، اویون ، دوکون ، قوناق ، سرای ؛
بوتون سزك أفندیلر ، قوناق ، سرای ، کلین ، آلای ؛
بوتون سزك ، بوتون سزك حاضر حاضر ، قولای قولای ...
ییك أفندیلر ییك ؛ بو خوان اشتها سزك ؛
طویونجه ، طیقصیرنجه ، چاتلاینجه‌یه قدر ییك !

بویوکلکك براز آغیرده اولسه حزمی یوق ضرار ،
غرور احتشامی وار ، سرور انتقامی وار .
بو سفره التفاطکزدن ایشته آب وتاب اومار .
سزك شو باش ، بین ، جیکر ، بوتون شو قانلی لوقمه‌لر .
ییك أفندیلر ییك ، بو خوان جانفزا سزك ؛
طویونجه طقصیرنجه ، چاتلاینجه‌یه قدر ییك !

ویرر زواللی مملکت ، ویرر نه وارسه : مالنی ،
وجودینی ، حیاتنی ، امیدینی ، حیالنی ،

بوتون فراغ حالی ، اولانجه شوق بالی ،
همن يوتون ، دوشونمه‌يك حرامنی ، حلالنی ...
ييه‌يك أفنديلر ييه‌يك ؛ بو خوان اشتها سزك ؛
طويونجه ، طيقصيرنجه ، چاتلايڭجه‌يه قدر ييه‌يك !

بو حارمانك كلير صوكی ، قاپيشديرك كيدر آياق !
يارين ، باقارسڭز ، سونه‌ر بو كون چيتيردايان اوجاق !
بو كونكه معده‌لر قوی ، بو كون كه چوربالر صيجاق ،
آتيشديرك ، تيقيشديرك قاپيش قاپيش ، چاناق چاناق ...
ييه‌يك أفنديلر ييه‌يك ؛ بو خوان يرنوا سزك ؛
طويونجه طيقصرنجه ، چاتلايڭجه‌يه قدر ييه‌يك !

توفيق فكرت

طوقسان بشه دوغری

بر دور شآمت : يينه چيكننده‌ی يمينلر ؛ چيكننده‌ی ، يازيق ، ملتك اميد بلنده‌ی !
قانون ديه‌يه طوپراقلره سورتولدی جبينلر ؛ قانون ديه‌يه ، قانون ديه‌يه ، قانون تپه‌لنده‌ی ...
بی‌هوده فغانلرينه ، بيهوده انينلر !

ايواه ! اوتوز اوچ ييل او زهير كيريه‌لريله خسرانلری ، بحرانلری ، احوالی ، ملالی ،
اعمال و دواهيسی و صلح و سفريله بر سيل كبی آقمش ، متوكل ، متخالی ...
يازسك نونی تاريخ ابر خط رزيله !

ای بر دم رؤيا كبی كچمش قاره كونلر ، بر لاحزا ايدك سير جحيمكزی تكرار ؛
دونسون بزه ماضی ، او دربن نظرهٔ مغبر ... هيهات ! اوتوزاوچ ييل ، اوتوزاوچ ييل بتون اكدار ؛
هيهات !.. نه بر درس ، نه‌ده بر فكر مقرر !

سيلمز فقط الواحنی تاريخ معاند طوقسان بشی آچ : كولكه‌سی برتاج حريصك
صاقلر متلاشی ، مترّدد ، متمرد او ظاع شب انكيزنی بر بوم حبيسك ؛
حالا او وساوس ، او دسائس ، او مفاسد .

حالا او شبك زيل تماديسى بو اظلام ؛ حالا او جهالت ، او تجاهل و او تجهيل
حالا وطنك حسه‌سى بر تودهٔ آلام ؛ حالا دوشونن باشلره هپ لائمهٔ تنكيل
حالا صريطن ديشلره هپ لوقمهٔ انعام .

حالا طرفيت ، حسبيت ، نسبيت ؛ حالا « بو سنكدر ، بو بنم ! » قسمتى جارى؛
حالا غضب آلتنده حقيقتله حميت هپ دونكى ترنم ، صاييدن ، صيغيدن آرى؛
صوك نغمه‌سى : يالنز ياشاسك سوكلى ملت !

ملت ياشامز ، حقه تحسرله صولوركن صوسسك ديه وجداننه يومروقلر اينرسه ؛
ملت ياشامز ، مجلسى مستحقار اولوركن اغفال ايله ، تهديد ايله تيترر و سينرسه ؛
ملت ياشامز معشر ملت بوغولوركن !

قانون دييورز ؛ نرده او مسجود محيل ؟ دوشمان ديورز؛ نرده بو؟ خارجده‌مى، بزمى ؟
حريتمز وار ، ديورز ، شانلى مبجل ، دوشمان بزه قانون مى ، يا حريتمز مى ؟
بر حمله‌ده بز بونلرى قهر ايتدك اك اول .

بر حملهٔ محموم تغلبله دكشدك حريتى شخصيته ، قانونى غروره ؛
هيهات! اوتوز اوچ ييل كرى دوشدك وبومهلك يولدان شو ندامتلى و غفلتلى مروره
بيشبهه او حماى جنون اولدى محرك .

اى ملته بر سيله اولان ضربهٔ منكر ، اى حرمت قانونى تپه‌ن صدمهٔ بيداد ،
مليتى ، قانونى مقدس طانيان هر وجدان سنى لعنتله ، مذلتله ايدر ياد ...

دوشسون سكا ـ ميال تحكم ـ اكيلن سر ، قوپسون سنى ـ برحق ديه ـ آلقيشلاين اُللر !

توفيق فكرت

فردا

— بوگونك گنجلرینه: —

فردا سنك؛ سنك بو تجدد، بو انقلاب...
هر شى سنك دگلمى كه دانا؟.. سن، اى شباب،
اى عهد نوبهار امید، ایشته منعكس
قارشیگده بر سماى سحر، صاف و بى سحاب،
آغوش لرزه دارى آچیق، بكلیور... شتاب!

اى فجر خنده زاد حیات، ایشته هر كسك
انظارى سنده؛ سن كه حیاتك امیدیسك،
آلنگده بر ستاره نور، بوكه، بر آفتاب،
آفاق طلوع، اوكگده شو ماضئ پرمحن
سوفسوده مؤبداً.

سوفسوده مؤبداً اوجرهم؛ سنك بوگونه
جنت قادار گوزل وطنك وار، شوگورديگك
زير و باتیشی، اینجی شعه رنگى قیدجغ

نه‌دره بیلیرمیسڭ؟ وطنڭ... شمدی صاچلریڭزی

بر گوز بونلرڭ چهره‌سنه — الله اسیرگسین، —

هم بر نظرله باق، تحمل ایدرمیسڭ؟

البته‌ رمیسڭ، شو آنده صاغلق یاتڭ ومحتشم

ییشاڭ رفاریه، بر کره‌لی اول دیرم،

حتی باباڭزی بر آل اوزانسه؟ شو مقبری،

راضی اولورمیسڭ، ههشه طونسونده شو سرسری؟

البته خاییر؟ اومقبر، او ییشاڭ وقور

قدسی بر مثال وطندر... وطن عمور

انسانلرڭ اوموزلری اوستنده یوکسلیر.

گنجلر، بونونله ابد وطن شمدی سزده‌در:

هم شمه سزڭ، وطن ده سزڭ، هر شرف سزڭ:

لاکن اونوتمایڭ که زمانه تنده وطنه

بر خطوه‌ صموت ایله تعقیب ایدر بزی.

ووکده قوشانه، فقط بزه دقتله هر ایری

تعقیبه یول بولانه بو یاکلمانه معاقبڭ

شرمنده عتابی قالیرسه، یازیقده!.. دینه

« فرداسنك » ديدم ، نه اقباللرك ؛ خاير ،
هرشی سنك دكل ، سكا فردا دونيوردر ؟
هرشی دونيوردر سكا ، اى كنج ، اونوتماكه
سنده ده بر حساب آرار آتئ مشكل .
ماضی يه شيمدی سن باقيورسك بر انتباه ،
آتی ده سنده ايله جك بويله اشتباه .
هر عضوی گردباد هوايجه صارصيلان
بر نسلك اوغلی سك ؛ يوق يادايت زماندن زمانه .
عمرك ، اونوتما ، بارقلر عصر فيضيدر :
هر بيلديريمده برگيجه ، برگونگه دوريلير ،
بر افقه اشتلا آچيلير ، يوكسلير حيات ؛
يوكسلمه يه دوشر : يا ترقی ، يا انحطاط !

يوكسلملی ، طوقونمالی آلنك سماره ؛
طويمالی بشر ديدكاری قوسه اعتلاره ...
اوغراشه ، دينه ، دوشونه ، آرايه ، بوله ، قوشه ، آتيله ، باغيره ؛
طوره زمان كيده ، چاليشيه زمانيده !

توفيق فكرت

ینی فاروقه

خلوقڭ وداعی

— سیرکجی : ۲ ایلول ، ۱۹۲۵ —

سن ترەده ، بن واپورده ، پرتکیه
آنیدکه — سن اسقوچ ایدیڭ
سیلی ، یاغمورلو ، قارلی ، بوزلو ، فقط
جدّ و همت ، وقار و حرمته
طولو بیغوڭ تحتنه ،

بن سه نارنده بوسفورڭ کرهٔ ،
کرهٔ ، آواره ، بی خبر ، بیزار ،
بکه جنّت قارار طپاوندار ،
فقط آلودهٔ کلال و کسل
بر کنارنده منحرف ، مقفل
بر حیاتڭ فراسه عزلتنه ، —
نه دوشوندم ، بیلیرمیسڭ ؟ شونه ،
شوتحی طوپراقه الڭ حوکنده ... بازیچه ،

بوش بزده می طوتیجالیدك !.. آریجه
وَ باقیسز خراب اولوب گیده جك

آجی شید ، خلوه ، فقط گرجك !

هانکی برگونده سنکه (طوپیقیو) دیه
گلمیورده ؛ یول اوستی برمبدأ یه ،

برجنار گوردك : اکلی ، بویلو ، وقور ،
بر آغاج ؛ هیچ ایگلمه‌مش ، مغرور ،
قوجه برگووده ؛ بلکه آلتی عصر ،
بلکه اوندنده فضله ، طالقینه ، آجیه ،
قاپیقسیز برگمرسورویه گلمسه ؛
اویله سرلمسه ، اویله یوکسلمسه ،
کره‌جوارنده قیدلر ، طامله
— سرنسر بجده گیر استغفار —
ارش خشیتله سیر ایدر گیدر .
طوپولایه هپ اونك منافعیدر ،
گوزولیه هپ اودر اوزاقلرده ؛

فقط چوق سورجكه ، اوزاقلرده
بومباتیی گوزوده ییه حیلاقه ،
نه بیشیل بر قیلیه ، نه بر یاپراقده ...

قورویور ! آه ، بلکه یارینده ! شوقدر
شرحه بوکرنده بتکه بر خاننه
بالطه نك ، بر غضبلی بیلدیریك
نه‌هدیده ... سویله ، ای چنار ، باغرك
هانگی اوزرلرله یاندی ؟ هانگی سیاه
قورشون ایچكده یه كیردی ؟ خسته ، تباه ،
سنی کیم شیمدی باغلایوب صاره‌جق ؟
کیم شفالر ویروب ده قورتاره‌جق ؟
شو دونه قارغه‌لر باشکده سنك ،
سویله ، بوندیدر ، نه‌هدر نیك ؟

سویله ، ای مضطرب وطن ، بیلیر :
چیکدیکك هانگی قانلی سینه‌در ؟ ..

....

بو گیجه ایشته بویله طاره معوج :

ای شعر زنجی بوغجی ، سن یورو ، گچ .

سن بو منزلده قالما ، صبحا ، آتیل ،

بر ضیا کاروانی بول و قاتیل .

گز ، طولاش کائناتک افکاری ،

— دائما اوکده ، دائما یوقاریده ! —

پر نبالکده ، حیاتده وقوتده

نه بولورسه‌لک بیراقما : صنعت ، فن ،

اعتماد ، اعتنا ، جسارت ، امید ،

هیچ لازم بر بوروده ، هیچ مفید ،

بزه بوله بوله ضیا قوجا قلالر گلنیز :

دو دشمنک اطرافی گوررمکده در .

. . . .

الوداع ، ای سودیکم وطنی ! گیدیک ،

گوندوزک دائما یوزک گبی شن ،

روح صافک قادار بسوسن اولسون :

گیجه‌لک بر حبیب ، جهنه طولسون ...

الوداع ، ای شرقلی یولجی ! حیات

بر قاریسه یول : فقط شوده ، عقباته

اونی هرگونه بر آز بوکر ، اوزاتیر ...

ای شحارنی یولجی ، گونه قصه دره

گیجه بعضاً مخوف اولور ، بلکه

سنه جسور اول ، غیور اول . الک ساکنه

یولجیلره اویقودر . بیوک قوشلر

یکرهنک طالعه ، یوده ، قاجیرغه آرار .

....

ایسته ربودکر هپ جاقیل و دیکنه :

گیجه جکسک یارینه بو یولده سنه ...

گیجه جکسک ، ایاقلرک یورغونده ،

الدک شرح شرحه ، باغرک خونده ،

فقط آلنک آچیق ، یوزک خندانده ،

گوزلرک افقه قیصه دنور آقباله –

بر گلوه منحنیه ، مسحور ...

سن قوشارسک ، او طیفه نورانوره

یاقلاشیرکن اوزاقلاشیر ؛ چیلغینه

F: 18

بر ترانه‌كه سنى قوجاقلارسڭ ،

اوزاقلار ؛ قوللرڭ آچيق ، مسعود ،

آتيلرسڭ ؛ او تا اوزاقده مخوف

بر ژنگلده گيرلير و گوللر ؛

سن قوشارسڭ ، قيزيل ، ازيلك ، مغبر ،

اللرڭ شرحه شرحه ، باغرڭ خوندر ؛

بو سوگوده قشنه ، بو سوگوده يورغونده .

سن يورولديجه يول اوزار ، آرتارده ؛

خيالى ديشلر ، سنى آغزيله ييرتار ؛

جيرتير هر ژنگلده بر پارچه‌ك ...

يينه سن ، بر امل ، اوگكده اوچاره

او اثيرى خيالى فاجعه ايچينده

آتيلير ، ييتيلير ، و اينگلرسڭ .

وارسه اوچسون ، بو گونه دگلسه يارينه

اوشنگلر ، مكدر ، اولما صاقين .

قوشانه البت وارر ؛ دوشنه قالقار ؛

قاره‌دن شنده صو طامله طامله آقار ،

بر ایکی ، صوکره بر گوموش گول اولور ؛
آرایانلر حقی الك صوکنده بولور ...

بونی حرمتله دیکله ؛ ماضینك
بو دریه سمالرنده بیل که سنك
بوتونه آق ساکنك یاشایور .
اوقونوركن سرنوشت عالمی ، حر
بوتونه أسرار اصطفاسنده ،
سکا ، باباڭه ، نوعنك بقاسنده
بحث ایدركن بشر نه اكلاتیجه :
یاشامقده ، یاشاتمقده ... اوده صحه .

توفیق فکرت

ایناعق احتیاجی

بوتون بوشلق: زمین بوش، آسمان بوش، قلب ووجدان بوش ؛
طوتونمق ایسترم ، بر نقطه یوق پیش خسارمده .

بوتون بوشلق : دونر بر هیچیٔ موحش جوارمده ؛
دونر بینم برابر ؛ اختیارم ، صانکه بر سرخوش ،
دوشر ، لغزیده‌پا ، هرساحهٔ امیده برکره ...
بو یالکزلق ، بو بر غربت‌كه بکزر غربت قبره ؛
ایناعق... ایشته بر آغوش روحانی اوغربتده .

قارا کلق : هر طرف ، هرشی قارا کلق ، بر حزین بلدا !
قارا کلق : فهم ودانش ، عقل واستخراج هپ مظلم ؛

بوتون روحمده مزعج برجادیث اولور نائم ،
کشافتدن عبارت بر تجلی عرض ایدر أشیا ،
حقیقت ظاهر اولماز دیدهٔ ادرا که برذره ...
بووهم آلود برظلمت که بکزر ظلمت قبره :
اینانمق ... ایشته برشهراه نورانی اوظلمتده .

توفیق فکرت

پروانه

قلبمده هر دقیقه شو علوی تحرك
منقاد آتشینی طوری ، دائما دوشونه :
اونلر نچین سماده ، نچین بن یوقورده‌یم ؟
گوزلرمه نوره چیقمه‌یه بکار ، بن یالکز آغلایم ؟..
یوکسلمک آسمانه دگوملك ، نه گوزل شی !
بر گوزه تونحسه لطفی وطنه جانلاندیرسه ... ای
عشاقه فیضه دنور ، اولانه آتی ملتك

مجهول الکه‌یه قیجیسی ، آفاق فکرتك
بوکله گیتیر — نه وارسه — بر آز مسکنت فکره ،
بر پارچه روحی ، نتگی ، ادراکی بسلدیه

أشعاريمه خيزي ؛ بو سسه طورماسيه اللك .

گور رايمّا ادكگده أساطير اولك

گوگده دقهاى نارى جبالده قهرمانى ..

وارسيه بولونماسيه بدجبك نام وشانكى .

توفيق فكرت

صباح اولورسه .....

بو مملكتده‌ده بر كون صباح اولورسه ، خلوق ،
أكر بو مملكتك سيسله‌نن شو ناصيهٔ ـ
مقدراتى قوى برألك قوى ، محيي
بر اهتزاز تماسيله سيلكينوب شو طوكوق ،
شو پاصلى چهرهٔ ملت بر آز كولرسه ... — اوكون
بن ئولمه‌مش بيله اولسه‌م ، حياته پك ئولكون
بر ارتباطم اولور شبهه‌سز ؛ — اوكون بندن
اميدى كس ، بنى كوتروم وبوش محيطمده
مرارتمله اونوت ؛ چونكه لنك وپژمرده
نظرلرم سنى ماضى‌يه چكمك ايستر ؛ سن
بوتون هويت وعضويتكله آتيسك :
ترنم أيليور ألا آن قولاقلرمده سسك !

أوت ، صباح اوله‌جقدر ، صباح اولور ، كيجه‌لر
طلوع حشره قدر سورمز ؛ عاقبت بو سما ،
بو مائى كوك سزه بركون آچير ؛ ملول اولما .
حياته نشئه كونشدر ، ملال ايچنده بشر

چوزور بزم کبی ... سز ، أی فضای فردانك
کوچوك کونشلری ، آرتق برر برر اویانك !
افقلرك أبدی اشتیاقی وار نوره .
تنور ... عصرمزك ایشته روح آمالی ؛
سیلك بولوطلری ، سیلکك ظلال أهوالی ،
ضیا ایچنده قوشك بر خلاص مشکوره .
امیدمز بو : ئولورسه‌كده بز ، یاشار مطلق
وطن سزکله شو زندان قاراکلقندن اوزاق !

- ٨ أیلول ، ١٣٢١ -

توفیق فکرت

ملت شرقیسی

چیکنندی ، یتر ، وارلغمز جهل ایله قهره ؛
طوغراندی مبارك وطنك باغری سببسز .
برلکده بوکون بولمالی‌یز دردینه چاره ؛
جان قاردشی ، قان‌قاردشی ، شان‌قاردشی‌یز بز .

ملت‌یولیدر ، حق‌یولیدر طوتدیغمز یول ؛
أی‌حق ، یاشا ، أی‌سوکیلی‌ملت ، یاشا ... وار اول !

گل‌قاردشم ، آننه‌ك سکا محتاج ؛ اوکا قوشمق ...
قوشمق اوکا ، قورتارمق او بی‌بختی وظیفه‌ك .
قارشیکده کوکس باغری آچیق ، ئولکون ، یاتیور باق ؛
اونسز یاشامقدنسه برابر ئولش أهون !

قرآن او کوزل سینه‌یی خنجرلیور ایللر ؛
امدادینه قوشمازسه‌ق أکر محوی مقرر .

ظلمك طوپى وار ، كلهسى وار ، قلعهسى وارسه ،
حقك‌ده بوكولمز قولى ، دونمز يوزى واردر ؛
كوز يومما كونشدن ، نه قدر نورى قرارسه
سونمز أبدى ، هر كيجه‌نك كوندوزى واردر .

ملت يوليدر، حق يوليدر طوتديغمز يول ؛
أى حق، ياشا ، أى سوكيلى ملت، ياشا... واراول !

وقتيله باباك كيمسه‌يه منت‌مى ايدردى ؟
يوق ، قالمادى حاشا سكا ذلت پدركدن .
دنياده شرفدر ياشاتان ملتى ، فردى ؛
سيلكين ، شومذلت توزى اوچسون اوزركدن .

انسانلغى پامال ايدن آلچاقلغى ييق ، أز ؛
بالله ياشامق يرده سورولمكه دكمز .

حقسزلغك أنواعنى كوردك ... بومى قانون ؟
أك غملى سفالتلره دوشدك ... بومى دولت ؟
دولتسه‌ده ، قانونسه‌ده ، آرتق يتر اولسون ؛
آرتق يتر اولسون بو دنى ظلم و جهالت ...

ملت يوليدر ، حق يوليدر طوتديغمز يول ؛
أى حق، ياشا، أى سوكيلى ملت، ياشا... وار اول !

توفيق فكرت

فضولی' دن غزللر

I

آه ایلدیکم سرو خرامانك ایچوندر
قان آغلادیغم غنچهٔ خندانك ایچوندر

سرگشته‌لگم کاکل مشکینك اوجندن
آشفته‌لگم زلف پریشانك ایچوندر

بیمار تنم نرکس مستك المندن
خونین جکرم لعل‌درافشانك ایچوندر

یاقدم تنمی وصل کونی شمع تك اما
بیل کیم بو تدارك شب هجرانك ایچوندر

قورتارمغه یغمای غمکدن دل و جانی
سعیم نظر نرکس فتانك ایچوندر

جان ویر گوکال اول غمزه‌یه کیم بونجه زماندر
جان ایچره سنی صاقلادیغم آنك ایچوندر

واعظ بزه دون دوزخی وصف ایتدی فضولی
اول وصف سنك کلبهٔ احزانك ایچوندر

(دیوان، 143)

II

نیجه ییللردر سر کوی ملامت بکلرز
لشکر سلطان عرفانز ولایت بکلرز

ساکن خاك در میخانه‌یز شام و سحر
ارتفاع قدر ایچون باب سعادت بکلرز

جیفهٔ دنیا دکل کرکس کبی مطلوبمز
بر بلوك عنقالرز قاف قناعت بکلرز

خواب گورمز چشممز اندیشهٔ اغیاردن
پاسبان گنج اسرارز محبت بکلرز

صورت دیوار ایدوبدر حیرت عشقك بزی
غیر سیر باغ ایدوب بز کنج محنت بکلرز

کاروان راه تجریدز خطر خوفن چکوب
کاه مجنون کاه بن دور ایله نوبت بکلرز

صانمه‌کز کیم کیجه‌لر بیهوده‌در فریادمز
ملك عشق ایچره حصار استقامت بکلرز

یاتدیلر فرهاد و مجنون مست جام عشق اولوب
ای فضولی بز اولر یاتدقجه صحبت بکلرز

(دیوان، s. 153)

بنی جاندن اوصاندردی جفادن یار اوصانمزمی ملکلر یاندی آهمدن مرادم شمعی یانمزمی
قو بیمارنه جانان دوای درد ایدر احسان نیچون قیلمز بکا درمان بنی بیمار صانمزمی
شب هجران یانر جانم دوکر قان چشم گریانم اویارر خلقی افغانم قرا بختم اویانمزمی
کل رخسارکه قارشو گوزمدن قانلو آقار صو حبیبم فصل کلدر بو آقار صولر بولانمزمی
غمم پنهان دوتردم بن دیدیلر یاره قیل روشن دیسم اول بیوفا بیلمن اینانورمی اینانمزمی
دکلدم بن سکا مائل سن ایتدك عقلمی زائل بکا طعن ایلین غافل سنی گورکج اوتانمزمی
فضولی رند شیدادر همیشه خلقه رسوادر صورك کیم بونه سودادر بو سودادن اوصانمزمی

(دیوان ، s. 195)

فضولی

﴿ مرور عمری ثنای رسول ایله کچوردم ﴾
﴿ اولنده ایدم آنی ارمغان اهل قبور ﴾
﴿ قصیده در نعت حضرت نبوی ﴾

صاچمه ای گوز اشکدن کوکلمده کی اودلاره صو * کیم بودکلو دوتشان اودلاره قیلمز چاره صو
آبکوندر کنبد دوار رنکی بیلمزم * یا محیط اولمش کوزومدن گنبد دواره صو
ذوق تیغکدن عجب یوق اولسه گوکلم چاك چاك * کیم مرور ایله براقور رخنه‌لر دیواره صو
وهم ایلن سویلر دل مجروح پیکانك سوزن * احتیاط ایله ایچر هر کیمده اولسه یاره صو
صویه ویرسون باغبان کلزاری زحمت چکمسون * بر کل آچیلمز یوزك تك ویرسه بیك کلزاره صو
اوخشـده بیلمز غبـاری محرر خطکه * خامه‌تك باقمقدن اینسه کوزلرینه قاره صو
عارضـك یادیله نمناك اولسه مژگانم نوله * ضایع اولمز کل تمناسیله ویرمك خاره صو
غم کونی ایتمه دل بیماردن تیغك دریغ * خیر در ویرمك قرانلق کیجه‌ده بیماره صو
ایسته‌بیکانك کوکل هجرنده شوقم ساکن ایت * صوسزم بر کز بو صحراده بنه چون آره صو
من لبك مشـتاقیم زهاد کوثر طـالبی * نته کیم مسته می ایچمك خوش کلور هشیاره صو
روضهٔ کوینه هردم دورمیوب ایلر گذار * عاشق اولمش غالبا اول سرو خوش رفتاره صو
صویولن اول کویدن طپراق اولوب دوتسم کرك * چون رقیبمدر دخی اول کویه قویمن واره صو
دست بوسی آرزوسیله اولورسم دوستلر * کوزه ایلك طپراغم صونك آنکله یاره صو

سرو سرکشلك قیلور قمری نیازندن مکر * دامنن دوته ایاغینه دوشه یالواره صو

ایچمك ایستر بلبلك قانن مکر بر نکیله * کل بوداغینك مزاجینه کیره قورتاره صو

طینت پاکینی روشن قیلمش اهل عالمه * اقتدا قیلمش طریق احمد مختاره صو

(سید نوع بشر دریای در اصطفا)

(کیم سپوبدر معجزاتی اتش اشراره صو)

قلمغیچون تازه کلزار نبوت رونقن * معجزندن ایلمش اظهار سنك خاره صو

معجزی بر بحر بی پایان ایمش عالمده کیم * یتمش آندن بیك بیك آتش خانهٔ کفاره صو

حیرت ایلن برمغن دیشلر کیم ایتسه استماع * برمغندن ویردیکی شدت کونی انصاره صو

دوستی کر زهر مار ایچسه اولور آب حیات * خصمی صو ایچسه دونر البته زهر ماره صو

ایلمش هر قطره دن بیك بحر رحمت موج خیز * ال صونوب اورغچ وضو ایچون کل رخساره صو

خاکپاینه یتم دیر عمرلردر متصل * باشنی طاشدن طاشه اوروب کزر آواره صو

ذره ذره خاك درکاهینه استر صاله نور * دونمز اول درکاهدن کر اولسه پاره پاره صو

ذکر نعتن وردنی درمان بیلور اهل خطا * ایله کیم دفع خمار ایچون ایچر میخواره صو

یا حبیب الله یا خیر البشر مشتاقکم * ایله کیم لب تشنه‌لر یانوب دیلر همواره صو

سنسك اول بحر کرامت کیم شب معراجده * شبنم فیضك یتورمش ثابت وسیاره صو

چشمهٔ خورشیددن هردم زلال فیض ایتر * حاجت اولسه مرقدك تجدید ایدن معماره صو

بیم دوزخ نارغم صالمش دل سوزانمه * وار امیدم ابر احسانك سپه اول ناره صو

یمن نعتکدن کهر اولمش فضولی سوزلری * ابر نیساندن دونن تك لؤلؤ شهواره صو

(اومدوغم اولدر که روز حشر محروم اولمیم)

(چشمهٔ وصلك ویره بن تشنهٔ دیداره صو)

(قصیده ایضا)

فضولی

« حدیقة السعدا » دن

(القصه) لشکر اعدا هجوم ایدوب کلدکجه غلوی مخالف زیاده اولوب و وعدهٔ شهادت مقاربت قیلوب زخملرندن چشمه چشمه قانلر کیتمکله شهزاده‌یه ضعف غالب اولوب سست اولدی . روایتدور که اول حضرتك یتمش ایکی زخمی اولوب سمند سبك سیری دخی

کتمکدن قالوب کثرت زخم و افراط عطشدن سست اولوب آثار تزلزل ظاهر اولدی عمر بن سعد شهزاده‌نك ضعف حالن ملاحظه قیلوب قتلنه اقدام ایتدکده حضرت امام اول بدبخته قهر ایله باقوب ایتدی ای ظالم بو امر قبیحه سنمی اقدام ایدرسن اول بدبخت انفعال بولوب کیرو دوندکده شمر لعین پیاده‌لره دیدیکه اطراف و جوانبن طوتوب تیر باران ایده‌لر ینه شهزاده بر حمله قیلوب آنلرك صفن صندیروب بر موضعده قرار طوتدی . روایتدر که اول بدبختلردن بعض یزیدلر مباشر قتل حسین اولوب بعضی متوجه غارت و نهب اهل بیت اولدیلر حضرت امام اول حالتدن واقف اولوب ایتدی، ای آل ابو سفیان طوتهلم که سزده اثر ایمان یوقدر باری قاعدۀ ناموس جاهلیتی که لازمۀ جبلتکزدر ترك ایتمك نه مناسبتدر که قصد عورات ایدرسز اکر مقصودکز بنم قتلم ایسه اول مدعا بندن میسردر . شمر لعین ایتدی ای حسین بو التماسك قبول ایدرز پس لشکری تعرض اهل بیتدن منع ایدوب مباشر قتل امام حسین اولدیلر . روایتدر که اول کمال ضعفله تیغ آبدارندن احتراز ایدوب قتلنه کمسه اقدام ایده‌بیلمزدی عاقبت ایراقدن تیر باران ایتدیلر حضرت امام کوردیکه جولان ایتمکه مجال یوق ناچار مرکبندن اینوب پیاده اولدیکه مرکبنه تیر باراندن بر ضرر یتمیه زیرا یادکار مصطفی و مرتضا اولوب مکرم و محترم ایدی اول بدبختلر حضرت امامی پیاده کوردکده دلیر اولوب قتلنه متوجه اولدیلر اثنای معرکه‌ده بر لعین بدبخت اول آفتاب اوج سعادتك جبین مبارکلرینه که مطلع نور هدایت ایدی بر اوق اوروب مجروح ایتدی حضرت امام اول ناوك خونفشانی چکوب جبین مبارکندن محاسن شریفنه قانلر روان اولوب خضاب اولدقده مبارك النی رخسار شریفنه سوروب مباهات ایدردیکه انشاءالله بو رنکله جدم مصطفی خدمتنه مشرف اولورم و بو حالتده قبله‌یه متوجه اولوب و بارکاه قرب معبوده یوز طوتوب منتظر شهادت اولدی .

فضولی

« باقی دیوانی » ندن

در ستایش فاضل دهر محمد چلبی

اوریشوب باشنه بر تاج مجوهر سنبل | اولدی اقلیم چمن تختنه سرور سنبل
شهلوندانه شکست ایلدی طرف کلهك | کوکسنك دوکمه‌لرك چوزدی سراسر سنبل

اولدی کلشن بنه بر دلبر مشکین مرغول شولقدر ویردی اکا زینت و زیور سنبل
چهره کل سینه سمن چشم مکحل نرکس خط چمن غنجه دهن جعد معنبر سنبل
یازدورب مشکله بوینه حمایل طقدی کندویه ایتمکیچون خلقی مسخر سنبل
صحن کلزاره کلوب ایلدی عرض دیدار ژالهلردن طقنوب کوشینه کوهر سنبل
بکزر اول بوی دلاویزله موی یاره باشلر اوزره نوله کر ایلر ایسه بر سنبل
بنه کومکوك دره بتمش جقه کلدی چمنه نوبهار ایردی دیو ویردی خبرلر سنبل
بدن پاکی ندن بویله اووردی خوشبو اولمسه مسك و کلابیله مخمر سنبل
وار ایسه بجلین عاشق زار اولمشدر کوك کوك ایتمش دوکنوب جسمنی یر یر سنبل
عشق سودالرینه اوغراسه قلمز ایدی موی ژولیده ایله بر تن لاغر سنبل
بنه فرعون شتا جیشنه موسی مانند ایلدی الده عصاسینی بر اژدر سنبل
نو عروس چمنه ماشطه در فصل بهار کیم انك خامهٔ مشکیننه بکزر سنبل
ساقیا زورقی سور باد بهار اسدی بنه سبزهزار اولدی یم اخضر ولنکر سنبل
صحن کلشنده ستوبدر کیجه وار ایسه مکر که طقنمش سحری باشنه کللر سنبل
بورودی کندینك اطرافنی بال و پر ایله بنه طاوس صفت جلوهلر ایلر سنبل
بنه فراش صفت دستنه جاروب المش که ایده خدمت خاك در داور سنبل

فاضل دهر محمد چلبی کم افلاك
باغ فضلنده طقوز دانهلو بر تر سنبل

اولامز رهکذری خاکنه همپا عنبر ایدهمز طرهسنه کندوبی همسر سنبل
کلدی بر هندوی بیچاره صفت اشیکنه غرضی بوکه قپوکده اولا چاکر سنبل
باغ لطفکده مه و مهر ایکی احقر نرکس کرمك کلشننه سنبله کمتر سنبل
خوب اولور عارضك اوستنده او خط مشکین آب ناب ایچره طورر تازه و خوشتر سنبل
بولسه باران سخاکیله اکر نشو و نما قد بالا چکه مانند صنوبر سنبل
ابر جودکدن اکر ایرسه نم انعامك بتوره خاره کل و لاله و مرمر سنبل

کر طوقنسه نفس لطف و دم احسانك — کیده‌ره دود کبودی ویره ازر سنبل
نور بخش اولسه اکر باغه چراغ لطفك — شمع وار ایلیه اطرافی منور سنبل
جرعه ریز اولسه اکر کلشنه جام کرمك — طوته نرکس صفت الده قدح زر سنبل
حالنه عین عنایتله نکاه ایلر ایسك — کوز اچوب ایده نظر نیته که عنبر سنبل
بزمنه کلمك ایله بو نه کرامتدر کیم — دیمیه صیف و شتا بیتوره مجمر سنبل
دانه خط ژاله نقط نفحهٔ مشکین معنا — یازدی لوح چمنه بر غزل تر سنبل

غم کیسوکله اشفته دکل کر سنبل
نه ایچون بویله پریشان اولور اکثر سنبل

وار ایسه طره‌لرك باغ جنان سنبلیدر — قوپمدی باغدن اول رسمه معنبر سنبل
غنچه‌نك جانبی وار اویکینه لعل لبكه — زلفنه قاچ باشی وار اوله برابر سنبل
بادهٔ لعلکه همشیر شراب کلفام — زلف مشکین سمنساکه برادر سنبل
بوی خلقکله کذر ایلسه باغه نسیم — ایده‌مز خلق دماغینی معطر سنبل
لاله رشك رخ کلکونکله یادرکل — غم زلفکله پریشان و مکدر سنبل
نیجه تشبیه ایدم اغزوکه بر ابکم غنچه — نیجه نسبت قلم اول زلفه برابر سنبل
دودلر چقدی ینوب رشك رخك نارنه باغ — جابجا صانمه چمنده کورینن‌لر سنبل
رخلرك اوزره یتور زلف سمنسا کویا — کل تردن ایدینور کندویه بستر سنبل
خط مشکین لب لعلکه مانند اولامز — بولسه کر پرورش چشمنه کوثر سنبل
یاشور زلف و رخك وصفنه دفتر یازه‌یم — کاغد برك کل اولا خط دفتر سنبل
لوح خاطرده خطك نقشنی تصویر ایتدم — اولمدن صفحهٔ کلزاره مصور سنبل
نظم اشخاصه قیاس ایله باقی شعرك — اولامی هر کیه خشکه برابر سنبل
کرچه سنبل چوق اولور کلشن عالمدر بو — لیك رنکین و مطرا اولامز هر سنبل
نوله قدر وشرفك سال سال اولسه مزید — هر ییل ارتورمده دردانه‌یی دیرلر سنبل
کتورب تاکه شهنشاه بهارك توغن — کتوره جند شتا اوستنه لشکر سنبل
سر اعداکه طقه سنك ملامت کللر — اوله دشمنلرك باشنه ششپر سنبل

باقی

معالم اليقين (مواهب اللدنيه ترجمه‌سی) دن

بدر غزاسی

بو بدر غزاسی اسلام غزالرینك اعظمی‌در زیرا اسلامك ظهور و غلبه‌سی بورادن اولمشدر بوندنصکره کفارك بتلری صنوب حق تعالی مشرکینه ذلت ویرمشدر و بو غزایه حاضر اولان مسلمانلره حق تبارك و تعالی عزت ویرمشدر بونلر الله تعالی قتنده ابراردن اولمشلردر روایت ایدرلرکه بدر غزاسنه مبارك رمضانك اون ایکنجی کونی سبت کوننده چقمشلر ایدی تاریخ هجرتدن اون طقوزنجی آی ایچی ایدی ابو لبابه انصاری حضرتن مدینهٔ منوره اوزرینه قودی دخی کندوسی انصار قومیله چقدی بوندن مقدم انصار قومی رسول الله حضرتیله غزایه چقمق واقع اولمامشدی چقنلر جمله اوچ یوز بش نفر کشی ایدیلر سکز نفر کمسنه حاضر اولمامشدی انلروك دخی حصه‌لرین وردی و جمله خلق‌ده اوچ آت وار ایدی بریسی مقدادك ایدی اکه بعزجه دیرلردی بریسی‌ده زبیروك ایدی اکه یعسوب دیرلردی بر آت دخی مرفد غنوی‌نك ایدی حاصلی بو اوچ آتدن غیری اول کون کمسه‌ده آت یوغیدی اما یتمش دوه‌لری وار ایدی جنك جمعه کونی اولدی دیمشلردر بعضلر اثنین کوننده بعضلر غیر کونلرده اولدی دیمشلردر اصل مرادلری قریشك کاربانك بصمق ایدی اول نیتله چقمشلر ایدی تفصیلی بودرکه ابو سفیان اوتوز نفر اتلو ایله شام دیارنده ایدی عمرو بن العاص ایچلرنده بله ایدی شامدن مکه‌یه متوجه اولدیلر برعظیم کاربانله قریشكماللرین کتوررلردی بدر دیدوکلری موضعه یقین کلدوکلری کبی بو خبر رسول الله صلی الله علیه وسلم حضرتنه واصل اولدی اندن اصحابنه بیوردی‌که قریشك بو دکلو مال و منالله قافله‌سی بدر یانته کلمش قافله‌ده چوق یرار کمسنه‌لری دخی یوغمش همان چقوك امیددرکه حق تعالی حضرتی سزه غنیمت نصیب آتمش اوله دیدی اورادن پیغمبر علیه الصلوة و السلام صحابهٔ کرامله چقدیلر ابو سفیان دخی بونلروك چقدوغن ایشیدیجك ضمضم بن عمرو دیدکلری کافره بر مقدار نسنه ویروب مکه‌یه کوندردی‌که واره قریش قومنه رسول الله حضرتنك چقوب اوزرلرینه متوجه اولدوغن خبر ویره قریشی قالدوره کله‌لر کاربانلرین خلاص ایده‌لر اندن بو خبر مکه‌یه واریجق بیك نفره قریب توغلنه‌لو کافر چقدی اشراف مکه‌دن بر کمسنه قالمدی ابو لهبدن غیری جمیع

اکابر قریش چقدیلر ابو لهب کندو یرینه عاص بن هشامی کوندردی پیغمبر علیه الصلوة والسلام دخی اصحابیله روحا دیدکلری موضعه یتشدی اوراده خبر آلدی که اهل مکه کاروانلرینی حمایت ایچون چقمشلر یولده کلك اوزره ایمشلر اندن اصحاب کرامله مشورت ایلدی و بیوردی که حق تعالی حضرتی وعده قلدی که ایکی طائفه‌نك بریسی بزومدر یا کروان یا قریش عسکری اما اصحاب کرام کاروان ایله کیردوکندن حظ ایدرلردی میل‌لری کفارك مال و متاع لرین الغه ایدی اندن ابو بکر صدیق طوروب بر معقول سوز سویلدی اندنصکره عمر بن حطاب رضی الله عنه طوروب بر معقول کلام دخی اول سویلدی اندنصکره مقداد رضی‌الله عنه طوروب آیتدی یارسول الله همان حق تبارك و تعالی سکه نه امر اتدیسه انك اوزینه اول .

باقی

مرثیه

مدد مدد بو جهانك یيقلدی بر یانی | اجل جلالیلری آلدی مصطفی خانی
طولندی مهر جمالی ، بوزلدی ارکانی | و باله قویدیلر آل ایله آل عثمانی
کچرلر ایدی کچنده او مرد میدانی | فلك او جانبه دوندردی شاه دورانی
یلانجینك قوری بهتانی ، بغض پنهانی | آقتدی یاشمزی یاقدی نار هجرانی
جنایت ایتمدی جانی کبی آنك جانی | بوغلدی سیل بلایه طاغیلدی ارکانی

نولیدی کورمیه ایدی بو ماجرایی کوزم
یازقلر اکا روا کورمدی بو رایی کوزم

طوناندی آقلر ایله نوردن مناره دونوب | کشاده خاطر ایدی شوقله نهاره دونوب
کوروندی خلقه درخت شکوفه زاره دونوب | یورردی قوللری یانجه لاله زاره دونوب
طورردی شاه جهان حدت ایله ناره دونوب | اوتاغ خیمه‌لری قارلی کوهساره دونوب
مزین ایدی بدنلرله آق حصاره دونوب | ال اوپمکه یورودی مهر بیقراره دونوب
طولندی کلمدی چونکیم او ماهپاره دونوب | کورنلر آغلدیلر ابر نو بهاره دونوب

بر اژدهای دو سردر بو خیمۀ دنیا
دهاننه دوشن اولور همیشه ناپیدا

او بدر کامل و اول آشنای بحر علوم
فنایه واردی تلف ایتدی آنی طالع شوم
دوکوندی قالدی همان داغ حسرتیله نجوم
کوینردی شام فراقیله طولدی یاش ایله روم
قرا کیوردی قرامانه غصه ایتدی هجوم
او ماهی انجه خیالیله ایتدیلر معدوم
طولندی کردننده هاله کبی مار سموم
قضای حق نه ایسه راضی اولدی اول مرحوم
خطاسی غیر معین کناهی نا معلوم
زهی سعید شهید و زهی شه مظلوم
یقلدی بر یوزینه اصلنه رجوع ایتدی
سعادت ایله همان قرب حضرته کیتدی
کتوردی آرقه‌سنی ییره زال دور زمان
وجودنه ستم رستمیله ایردی زیان
دوکلدی کوزیاشی ییلدیزلری چوغلدی فغان
دم مماتی قیامت کونندن اولدی نشان
غریو و ناله وزاریله طولدی کون ومکان
آقر صو کبی مدام آغلمقده پیر و جوان
وجودالینه آقین صالدی آندی اشک روان
ایا سریر سعادتده پادشاه زمان
او جان آدمیان اولدی خاك ایله یکسان
دیری قاله نه روادر فساد ایدن شیطان

نسیم صبح کبی پرده قویمه آهمزی
حقارت ایلدیلر نسل پادشاهمزی

بر ایکی اکری فساد اهلی نته‌کیم شمشیر
بر ایکی نامۀ تزویری قیلدی قتلنه تیر
کلور ازلده مقدر اولان قلیل و کثیر
هزار قیصرك اوله لباس عمری قصیر
اجلدر آدمه دربند تنك و تار وعسیر
ضروریدر بوکا اوغرار اکر جوانله پیر
یرنی مهد زمین ایلدی او مهر منیر
یرنی کیتدی جهاندن نتاکه مرد فقیر
بو واقعه اولامز خلقه قابل تعبیر
که اردشیر ولایتده اوله عادت شیر

بونك کبی ایشی کیم کوردی کیم ایشتدی عجب
که اوغلنه قیه بر سرور عمر مشرب

فريد عالم ایدی عالم ایدی اعلم ایدی　　محمد امتنه موبی موت عالم ایدی
زیاده ماتم ایدی خیلی امر معظم ایدی　　صلاح و زهدی قوی اعتقادی محکم ایدی
مشایخ ایله مصاحب رجاله همدم ایدی　　کرامتیله کریم الخصال آدم ایدی
نجوم کبی جهان دیده و مکرم ایدی　　وجودی محتشم و شوکتی معظم ایدی
تواضعیله سلامنده خود مسلم ایدی　　عجب او بدر تمامك نه عادتی کم ایدی

حیفلر اولدی آکا هپ اذا ایله کیتدی
حضور حقه دعا و ثنا ایله کیتدی

سپهرك آینه‌سنده کوروندی روی فنا　　قودی بو کثرت دنیایی ایتدی عزم بقا
غریبلر کبی کیتدی او یوللره تنها　　چکیلدی عالم بالایه همچو مرغ هما
حقیقةً سبب رفعت اولدی دشمن اکا　　نصیب اولمسه طکمی بو جیفهٔ دنیا
حیات باقی‌یه ایرشدی روحی ای یحیی　　شفیقی روح محمد ، رفیقی ذات خدا
انیسی غائب ارنلر ، جلیسی اهل صفا　　زیاده ایده یاشم کبی رحمتن مولا

الٓهی جنت فردوس اکا طوراغ اولسون
نظام عالم اولان پادشاه صاغ اولسون

طاشلیجه‌لی یحیی

شهر ایوب

(شهر ایوب) لـ آب وهواسی لطیف ، محبوب ومجبوبه‌سی ممدوحدر . اعیـان واشرافی چوقدر . لکن خلقنك اکثری علمادر . ایوب شهرینك خاص بیاض اتمکی ، قایماغی ، یوغوردی ، شفتالوسی ، قیصی‌سی مشهوردر . وحرم ایوبده‌کی چنـار اغاجلرنده یووا طوتان بالقجیل قوشلری هر سـنه باشلرندن ایکیشر تیی تویی قبهٔ پر انوار ایوب اوزره اهدا وایثار ایدرلر .

اوصاف زیارتکاه حضرت ابا ایوب ، ومقابر علما وصلحا ومشـایخ در جوار او — عارف صمدانی حضرت ابا ایوب انصاری صحابهٔ کرامدن راویٔ حدیثدر . کندیسی انصاردندر . حضرت رسـالت مکه‌دن مدینه‌یه هجرت ایتدکلری زمان جبریل امین ناقهٔ رسول اللهی لجامندن طوتوب چکه‌چکه ابا ایوب سخا کار خانه‌سی اوکنه چوکدیرمشدر . بودلالت اوزرینه حضرت رسولده خانهٔ ابا ایوبدن بشقه بریره مسافر اولمامشـدر . حالا روضهٔ جلیلهٔ نبویه بو ابا ایوب انصاری حضرتلرینك خانه‌سی یرنده‌درکه حضرت ابوبکر صولنده مدفوندر . ایشته ابا ایوب ، حضرت پیغمبرك جاندن سودیکی بریار غاریدرکه او حضرتدن برچوق احادیث شریفه نقل وروایت ایدر . نهایت، امویلردن معاویه خلافتنده ابا ایوب مسلمه ایله ایکی کره قسطنطینیه اوزرینـه سردار اولوب برنده صالح ایله قسطنطین قرالدن خزینه‌لر آله‌رق شامه کلدیلر . دفعهٔ ثانیـه سردار اولان ابا ایوب اسـتانبولی محاصره ایله غلطه‌یی فتح ایدوب استانبولی دخی فتح ایتمك صـددنده ایکن صالح ایدوب ایاصوفیه‌یه کیره‌رك عبادت ایتدکدن صکره اکری قپودن چیقارکن کفار بونلری طاشه طوتوب شهید ایتمشلردر . برروایتده‌ده ابا ایوب اسهالدن مرحوم اولدی دیرلر . بونلر هپ اولجه فصل مخصوصنده بیان ایدلمشدی . اما ۸۵۷ سنهٔ هجریه‌سنده جناب فاتح سلطان محمد خان غازی استانبولی فتح ایدرکن یتمش یدی کبار اهل الله ابا ایوبك قبرینی تجسسه قویولدیلر . آخر کار آق شمس الدین حضرتلری « مژده اولسون ، کم ! علمدار رسـول اولان ابا ایوب انصاری بو محلده مدفوندر » دیه برخیابان اورمانستان ایچره کیردی . بر سجاده اوزرنده

ایکی رکعت نماز قیله‌رق بعدالسلام برسجده دخی ایدوب کویا خواب راحته وارمش کبی قالدی. برچوقلری « افندی قبر ایوبی بوله‌مدیغی ایچون حجابندن خوابه واردی » دیه تعریضلر ایتدیلر. برساعت صوکره آق شمس الدین حضرتلری سجده‌دن باشنی قالدیروب مبارك کوزلری قان چناغنی آ کدیرر برحالده ابوالفتحه خطاباً : « بکم ! حکمت خدا سجاده‌مزی تا قبر ایوب اوزره دوشه‌مشلر ! همان شو محلی قازسونلر » دیُجه فقرای شمس الدیندن اوچ کشی ابوالفتح ایله برابر آق شمس الدینك سجاده‌سی آلتنی حفره آغاز ایتدیلر. عمق اوچ ذراعه واصل اولدقده بریشیل صماقیدن چار کوشه ظاهر اولوب اوزرنده کوفی خط ایله « هذا قبر اباایوب انصاری » دیه تحریرایدلمش اولدیغی کورولدی. اوطاش قالدیریله‌رق ایچنده وجود ابا ایوب زعفران ایله بویانمش کفن ایچنده تروتازه کورولدی‌که صاغ اللرنده برطونج مهرواردی. طاش ینه حالیله قپادیلوب اوسنك سبزکون ستر ایدلدی. بونی مشاهده ایدن عساکراسلام علم عین‌الیقین حاصل ایدوب ترانهٔ توحید وتذکیرایله طولدور-دیلر. صکره جمله مسلمین حاضرین زیارت ایدوب تربهٔ پرانوارلرینك اساسنه باشلادیلر. حالا اوزرنده‌کی قبهٔ پرانوار، جامع، مسجد، مدرسه، خان، حمام، عمارت، چارشو، بازار جمله ابو الفتح غازینك بناسیدر. اما ابوالفتحدن صکره کلان سلاطین کرام عثمانیه نك هر بریسی تبرکاً جوار ایوبه براثر کزین بنا ایدرك اورالرینی جنت آسا برمقام علیین ایلدیلر. تربهٔ پرانواری برقبهٔ رضوان ایچنده قالمشدر. قبرشریفی دهلیزینك روزنلری جامعك حرمنه ناظردر. جمله دیوارلری کاشئ چین ایله مزین برتربهٔ پرنوردر. روضهٔ قبر منوری دائراً مادار شبکهٔ سیم خالص ایله انشا اولنمشدر. سرسعادتی طرفنده علم شریفی وجانب اربعه سنده اولان سیم وزرچراغ شمعدانلر وقندیللر و آدم بوینده مطلا شمعدانلر اوزرنده‌کی شمع کافورلر وبخوردان وکونا کون

کلابدانلر ایله مالا مال بر قبر شریفدر. بونده‌کی حسن خط کلام قدیملرك اشنی روضهٔ منورهٔ حیدردن بشقه برروضه ده کوره مدم . قبر ایوبده اولان اتحاف ومصنع آویزه‌لرك اشی انجق سلطان احمد جامعنده بولنه‌بیلیر . پای شریفنده برصو صهرنجی واردرکه زوار کرام بوصودن ایچرلر . خفقان علتنه بردوای روحانیدر .

اولیا چلبی

نشاطی' دن غزللر

I

کتدك اما که قودك حسرتله جانی بله — استه‌مم سنسز اوان صحبت یارانی بله
دور مجلس بکه کرداب بلادر سنسز — میی زهراب ستم ساغر کردانی بله
باغه سنسز بقه‌مم چشممه آتش کورینور — کل خندانی دکل سرو خرامانی بله
سینه‌دن دردله بر آه ایدین کم دونسون — عکسنه چرخ فلك مهر درخشانی بله
خار فرقتله نشاطیء حزینك واحیف — دامن الفتی چاك اولدی کریبانی بله

نشاطی

II

بلبللر اوتر شوقله ازهار کشاده — پیمانه بکف اولسه نوله یار کشاده
کور لطفنی ساقیء صفا بخش بهارك — بر جامله اولمش کل کازار کشاه
سیر ایت بدن نازکنی چاك قبادن — مستانه اوشه تکمهٔ زرتار کشاده
چوز بند سر زلفی ای شانه که اولسون — دللرده اوان عقدهٔ افکار کشاده
اولسه پرشور بلبل پر شوق نشاطی — اولمقده ینه کل کبی دلدار کشاده

نشاطی

غزل

فارغوز قید جهاندن عاشق دیوانه یوز — آشنایه آشنا بیکانه‌یه بیکانه‌یوز
عشق ساقی غمزهٔ مست و خراب اتسك نوله — جامی آتش باده‌سی آتش عجب میخانه یوز
خوفمزدن چشم دلبر غمزه‌یی ایلر تباه — کوچهٔ عشق ایچره بی پروا یورر مستانه یوز
شمعی پرسوز وکداز اتسه عجبمی شوقمز — تاب دلدن شعلهٔ آب ایلین پروانه‌یوز
ساحر معجز کلامز ساحر شوخز فهیم — نه فسونه راغبوز نه مائل افسانه‌یوز

فهیم

نديم' دن غزللر

I

حدەدن چقمش نزاكت يال و بال او لمش سكا
مى سوزلمش شيشەدن رخسار آل اولمش سكا

بوى كل تقطير اولنمش نازك اشلنمش اوجى
بيرى اولمش خوى بريسى دستمال اولمش سكا

سحر وافسون ايله طولمشدر درونك اى قلم
زلفى هاروتك ديمك ممكن كه نال اولمش سكا

شويله كرد اولمش فرنكستان بركمش بر يره
صكره كلمش كوشۀ ابروده خال اولمش سكا

اول بت ترسا سكا مى نوش ايدرميسن ديمش
الامان اى دل نه مشكلتر سؤال اولمش سكا

سن نه جامك مستيسن آيا كيمك حيرانيسن
كندك آلوردك كوكل نولدك نه حال اولمش سكا

لبلرك مجروح اولور دندان سين بوسەدن
لعلك اوپدرمك بو حالتله محال اولمش سكا

يوق بو شهر ايچره سنك وصف ايتديكك دلبر نديم
بر پرى صورت كورنمش بر خيال اولمش سكا

نديم

II

مرادين آكلارز اول غمزەنك اذعانمز واردر
بلى سوز بيلمزز اما براز عرفانمز واردر

او شوخك صونديغى پيمانەيى رد ايتمزز البت
آنكله بويلەجه عهد ايتمشز پيمانمز واردر

مناسبدر سكا اى طفل نازم حجتن آل كل
بشكطاشه يقين بر خانۀ ويرانمز واردر

كوزل سومكده زاهد مشكلك وار ايسه بزدن صور
بزم اول فنده چوق تحقيقمز انقانمز واردر

قوجوب هرشب ميانك جانله جان قاتماده اغيار
بزى ظالم سن انصاف ايت بزمده جانمز واردر

صيقيلمه بزمه كل بيكانه يوق دعوتليمز انجق
نديما بندەكز وار بر دخى سلطانمز واردر

نديم

تفويضنامه

حق شرلرى خير ايلر — طن ايتمه كه غير ايلر — عارف آنى سير ايلر
مولى كورەلم نيلر — نيلرسه كوزل ايلر

سن حقه توكل قيل — تفويض ايت و راحت بول — صبر ايله و راضى اول
مولى كورەلم نيلر — نيلرسه كوزل ايلر

قلبك اكا برك ايله　　تدبيريكى ترك ايله　　تقديريكى درك ايله

مولا كورهلم نيلر　　نيلرسه كوزل ايلر

خلاق رحيم اولدر　　رزاق كريم اولدر　　فعال حكيم اولدر

مولى كورهلم نيلر　　نيلرسه كوزل ايلر

بيل قاضىء حاجاتى　　قيل آكا مناجاتى　　ترك ايله مراداتى

مولى كورهلم نيلر　　نيلرسه كوزل ايلر

بر ايشى مراد ايتمه　　اولديسه عناد ايتمه　　حقدندر او رد ايتمه

مولى كورهلم نيلر　　نيلرسه كوزل ايلر

حقك اوليجق ايشلر　　بوشدر غم وتشويشلر　　اول حكمتنى ايشلر

مولى كورهلم نيلر　　نيلرسه كوزل ايلر

هب ايشلرى فايقدر　　بر بيرينه لايقدر　　نيلرسه موافقدر

مولى كورهلم نيلر　　نيلرسه كوزل ايلر

دلدن غمى دور ايله　　ربكله حضور ايله　　تفويض امور ايله

مولى كورهلم نيلر　　نيلرسه كوزل ايلر

سن عدلى ظلم صانمه　　تسليم اول اوده يانمه　　صبر ايت صاقين اوصانمه

مولى كورهلم نيلر　　نيلرسه كوزل ايلر

ديمه شو نيچون شويله　　يرنجهدر اول اويله　　باق صوكنه صبر ايله

مولى كورهلم نيلر　　نيلرسه كوزل ايلر

هيچ كمسهيه خور باقمه　　انجتمه كوكل يقمه　　سن نفسكه يان چيقمه

موى كوزهلم نيلر　　نيلرسه كوزل ايلر

مؤمن ايشى رنك اولمز　　عاقل حويى جنك اولمز　　عارف دلى تنك اولمز

موى كورهلم نيلر　　نيلرسه كوزل ايلر

خوش صبر جمیلمدر   تقدیر وکفیلمدر   الله که وکیلمدر
مولی کورەلم نیلر   نیلرسه کوزل ایلر

هر دلده آنك آدی   هر جانده آنك یادی   هر قولەدر امدادی
مولی کورەلم نیلر   نیلرسه کوزل ایلر

ناچار قالەجق یرده   ناکاه آچار اول پرده   درمان ایدر اول دردە
مولی کورەلم نیلر   نیلرسه کوزل ایلر

هر قولنه هر آنده   که قهر وکه احسانده   هر آنده او بر شانده
مولی کورەلم نیلر   نیلرسه کوزل ایلر

که معطی وکه مانع   که ضار کهی نافع   که خافض وکه رافع
مولی کورەلم نیلر   نیلرسه کوزل ایلر

که عبدك ایدر عارف   که ایمن وکه خائف   هر قلبی اودر صارف
مولی کورەلم نیلر   نیلرسه کوزل ایلر

که قلبنی بوش ایلر   که خلقنی خوش ایلر   که عشقه دوش ایلر
مولی کورەلم نیلر   نیلرسه کوزل ایلر

که ساده وکاه رنکین   که طبعن ایدر سنکین   که خرم وکه غمکین
مولی کورەلم نیلر   نیلرسه کوزل ایلر

آز یی آز اویی آز ایچ   تن مزبلەسدن کیچ   دل کلشننه کل کوچ
مولی کورەلم نیلر   نیلرسه کوزل ایلر

بو ناس ایله یورلمه   نفسکله دخی قالمه   قلبکدن ایراغ اولمه
مولی کورەلم نیلر   نیلرسه کوزل ایلر

كچمشله كيرى قالمه　　مستقبله هم طالمه　　حال ايله دخى اولمه
مولى كورەلم نيلر　　نيلرسه كوزل ايلر

هر دم آنى ذكر ايله　　زيركلكى قوى شويله　　حيران حق اول سويله
مولى كورەلم نيلر　　نيلرسه كوزل ايلر

كل حيرته طال بر بول　　كندين اونوت آنى بول　　قوى غفلتى حاضر اول
مولى كورەلم نيلر　　نيلرسه كوزل ايلر

هر سوزده نصيحت وار　　هر نسنه‌ده زينت وار　　هر ايشده غنيمت وار
مولى كورەلم نيلر　　نيلرسه كوزل ايلر

هب رمز و اشارتدر　　هب غمز و بشارتدر　　هب عين عنايتدر
مولى كورەلم نيلر　　نيلرسه كوزل ايلر

هر سويلينى دكله　　اول سويلدنى آكله　　خوش ايله قبول جانله
مولى كورەلم نيلر　　نيلرسه كوزل ايلر

بيل السنهٔ خلقى　　اقلام حق اى حقى　　اوكرن ادب و خلقى
مولى كورەلم نيلر　　نيلرسه كوزل ايلر

والله كوزل ايتمش　　بالله كوزل ايتمش　　تالله كوزل ايتمش
الله كورەلم نتمش　　نتمشسه كوزل ايتمش

ابراهيم حقى ارضرومى

« مثنوی شرحی » ندن

« کز نیستان تا مرا ببریده اند
وز نفیرم مرد وزن نالیده اند »

که نی قامشلقدن کسه‌کارندن بری بنم فریاد وفغانمدن ار وعورت ایکلمشلر وآواز حزینم تأثیرندن اضطرابه دوشموشلردر . نیستاندن مراد وجود انسانینک وطن اصلی ومبدأ اولی اولان مرتبهٔ احدیتدرکه اکا هویت ذاتیه و تعین اول دخی دیرلر ذات بحث دیمزلر زیرا ذات بحت لاتعین عالمیدرکه ذکر اولنان مرتبه‌نك فوقنده‌در . اکا عالم غیب مطلق دخی درلر مرد و زندن مراد عالم ارواح و اجسام و عالم طبیعیات وعنصریات وعالم علویات و سفلیات وعالم قلوب و نفوس‌درکه کمی حقایق فاعله وکمی حقایق قابله‌در و وجود انسانی ذکر اولنان مرتبهٔ احدیتدن نیستاندن نی کسیلور کبی بو نشأهٔ انسانیه پایه‌سنه نزولده علویات و سفلیات مرور وهر برینك تعینی ایله ظهور ایلیوب عالم اصلدن افتراقدن ناشی نی کبی فریاد کنان اولدقده ذکر اولنان عوالم بونك ناله و آهندن متأثر اولمشلر و ضرب زخمهٔ نوحه‌سندن تأثیر عظیم بولمشلردر ببریده اند دیدی جمع ایراد ایلدی نیك کثرت افرادی اعتباریله ویا قاطعك قطعه مزاوله‌یه منوط اولان اعضاسی حسبیله ویاخود صورت مخصوصه‌سنه دخول ایدنجه بر قاچ الدن کچمه‌سی سببیله ویاخود قطع اولنه‌لیدن بری مرور ایدن ازمنه‌یه کوره‌در وکاه اولورکه فاعلی تعظیم ایچون دخی جمع ایراد ایدرلر نتکم قرآنده جعلت و جعلنا و خلقت و خلقنا و نظائری مفرد وجمع ایراد اولندی ولکن بو کلام ارباب ظواهره کوره‌در فاما اهل حقیقت قتنده نکته بودرکه نون متکلم کثرت اسما و صفات حسبیله‌در زیرا قدرتك مقدوره تعلقی مقارنت و توجهات اسمائله‌در . ادنی مرتبه‌ده ارادات و قول صفتلری منظم اولمشدر .

اسماعیل حقی برسوی

قصیدهٔ عدم

جان ویرر آدمه اندیشهٔ صهبای عدم
جوهر جانمی عجب جوهر مینای عدم

چشم امعان ایله باقدقجه وجود عدمه
صحن جنت کورینور آدمه صحرای عدم

غلط ایتدم نه رواجنته تشبیه ایتمك
بشقه‌در نعمت آسایش مأوای عدم

طوتەلم اندەده اولمش نعم کونا کون
اویله محتاج تناولمیدر آلای عدم

کیمسه انجنمدی وصعندن انك ذره قدر
بسلدی بونجه زمان عالمی بابای عدم

وار ایسه اندەدر انجق یوغیسه یوقدر یوق
راحت استرسن اکر ایله تمنای عدم

نه غم وغصه نه رنج الم و بیم امید
اولسه شایان جهان جان ایله جویای عدم

یوق دیدکجه وار اولور یوقمی غرابت بونده
نام هستیمی ندر حل معمای عدم

ایتسه بر کره تلاطم هب ایدر کوننی
غرقهٔ موج فنا جوشش دریای عدم

مادر دهر موالیدیکه طورمز طوغرر
درکنار ایتمکیچوندر انی بابای عدم

چرخك اولادینی باشدن چیقارر دایهٔ دهر
ایتمسه تربیه صق صق انی لالای عدم

هرکسك قسمتی یوقدن کلور اما بلمز
یری وار عالمه من ایلسه سلوای عدم

مردمی نشأت ادمده یوق اولدی کتدی
وجهی وار دینسه بنی ادمه انبای عدم

ایکی کاغددن عبارت نسخ کون ومکان
بری ایفای وجود و بری افنای عدم

سلب ایجاب تعین ایدەرك عالمدن
بر نتیجه ویرر البتده قضایای عدم

میم امکانی محو ایلسه ملا اول
یوخسه نفی ایتمسەده اخریدر لای عدم

شیخه باق کتم عدمدن دیو تقریر ایلر
بلمز اماکه ندر معنیء اخفای عدم

صغمز اول دائرهٔ کون ومکانه نه بیلور
کچمین عرشی ندر ملك معلای عدم

یوق یره زاهد اورر دعوی هستیدن دم
یقه‌سن طوتمشیکن پنجهٔ کبرای عدم

صانورم مصرف وایرادی کلور هب باشه‌باش
اولدی سرای وجوده کوره ضرای عدم

زید وارد ایله صلح اولمدی عمرو عائد
یوغیسه عالمك اصلی نه بو غوغای عدم

قیس ولیلاسی دخی زید ایله عمروی کبیدر
دیه‌جك اولسم اولور اولدخی اسمای عدم

فرقی کویا بو ایکی صورتك عقلمجه بنم
بریسی حب فنادر بری بغضای عدم

نقش نامقله عجب نامق اولورمی خاتم
وار کبی بونده وجود اهلنه ایمای عدم

شیخ افندی سکا دیرمیدیکه وارکدن کچ
وارلغك اولمسه ده سدرهٔ مأوای عدم

خدمت ایت سن اکا وارکله که تاهمت ایدوب
ایلسون اولده سنی عارف معنای عدم

چکمه دنیالق ایچون غم دل نابودیده
وار ایکن ما حصل رزق عطایای عدم

هر کسه بار بلا کندوسنك وارلغیدر
غم و آلامدن ازاده برایای عدم

صرف ایدوب وارکی عقلك وارایسه وار یوغ اول
راحت استرسك اکر ایله تمنای عدم

بز بو محنتکه هستی‌یه کوچکدن کلدك
یوخسه کیم ایلرایدی ترك کهن جای عدم

طورمسه بویله فلك باری ییقلسه کتسه
بر زمان اولسه یری خیمهٔ بالای عدم

آویدن خلقی بو غمخانه‌ده اولدر یوخسه
اولمسه مشکل ایدی تسلیه بخشای عدم

طوغریسی راحت ایدردك کیدوب عالم عدمه
یرینه کلسه آنك ساحهٔ پهنای عدم

بر مراد اولمیجق بن یره کچسون عالم
نجم مهر و مهی اولسون اثر پای عدم

چاك چاك ایلر ایدم جیب قبای عمری
اولمسه ذیلی طرازیدهٔ عنقای عدم

بن او بیزار وجودمکه دل غمزده مه
انس موطن کورینور وحشت صحرای عدم

شفق صبح بقادر نظرمده کویا
موجهٔ بحر سیاه شب یلدای عدم

اویله بیمار غمم کیم اوله‌مم آسوده
جامه خواب اولسه بکا شهر عنقای عدم

دل خرابم بن او هیئنده‌که نسبتله بکا
بیت معمور اولور خانهٔ بیجای عدم

اویله بیمار غم صحن فناده کویا
یاپدی انقاض المدن بنی بنای عدم

اختر مطلبم آفاق فلکدن طوغمز
کونده بیك شی طوغورر لیلهٔ حبلای عدم

دوشمدن سایهٔ کلك املم لوح دله
نقطهٔ کلکیم اولور خالی محیای عدم

جوهری صو کسلور تابش یأسمله اکر
چشم امیدمه دوش اولسه مرایای عدم

یوغ اولور اسمی دخی عین مسماسی کبی
املم اولسه اکر داخل خولیای عدم

بی وجودم او قدر بنکه ارانسق ایکیمز
بن بولنمم بولنور بلکه مسمای عدم

حیرتم چرخه سکون آور طبع تعطیل
وحشتم باعث پیدائیی سودای عدم

وابهم اویله که عکس نکهٔ کرممدر
رنك حیرت آلور آیینهٔ دریای عدم

وحشتم اویله که اولسه نظر انسم اولور
تیر مکردن آهوی سبکپای عدم

یأسم اولمرتبه کیم صورت امیدمدر
مورای فلك که محو هیولای عدم

بولانور کریهٔ خونینم ایله بحر وجود
صارارر آهم ایله سبزهٔ صحرای عدم

اویله دلتنکیء هستی ایلدرنجورم کیم
خون اولور نالهلرمدن دل فردای عدم

بوکا طاقتمی کلور یا چوکا جانمی طیانور
مکر امداد ایده هستیده اجزای عدم

آفرین ای نی کلك هنر عیسی دم
ایلدك نفخهٔ اعجاز ایله احیای عدم

شعلهٔ نفخهٔ جانسوزك ایله لیك یانوب
اولمدن داغ تنم شمع شب آرای عدم

بر غزل سویلسك اولمزمی برای خاطر
نقدر ثقلت ایسه نظم مقفای عدم

خال عنبر شکنك فتنهٔ اجرای عدم
نکه سحر اثرك ناطقه بخشای عدم

جان بولور طرف لسانکله حروف هستی
چاك اولور ناوك غمزهكله سویدای عدم

عرض خندهیه لعل نمکینك جوهر
جوهر حرفه فمك نقطهٔ یکتای عدم

سنی کورسه دوکیلورکن قطرات اشکم
خوف غمزهكله اولور آبلهٔ پای عدم

قوس ابروسنی تورسه یقلور طاق فلك
تیرمژکانی آتسه دترر جای عدم

عاکف پاشا

«ترکیب بند» دن

بر قطره ایچن چشمهٔ پرخون فنادن　　باشن آلهمز بر دخی باران بلادن
آسوده اولم دیرسك اکر کله جهانه　　میدانه دوشن قورتیلهمز سنك قضادن
ثابت قدم اول مرکز مأمون رضاده　　وارسته اولوب دائرهٔ خوف و رجادن
طورسون کف حکمندهٔ ترازوی عدالت　　خوفك وار ایسه محکمهٔ روز جزادن
هر کیم که آرار بوی وفا طبع بشرده　　بکزر آکا کیم دولت اومار ظل همادن
بی‌بخت اولانك باغنه بر قطرهسی دوشمز　　باران یرینه در وکهر یاغسه سمادن

ارباب کمالی چکه‌مز ناقص اولنلر رنجیده اولور دیدۀ خفاش ضیادن
هر عاقله بر درد بو عالمده مقرر راحت یاشامش وارمی کروه عقلادن
حل ایتمدیلر بو لغزك سرینی کیمسه بیك قافله کچدی حکمادن فضلادن
قیل صنعت استادی تحیرله تماشا دم اورمه اکر عارف ایسك چون وچرادن

ادراك معالی بو کوچك عقله کرکمز
زیرا بو ترازو او قدر ثقلتی چکمز

دهرك نه صفا وار عجبا سیم و زرنده انسان براغور هپسنی حین سفرنده
بر رنك وفا وارمی نظر قیل شو سپهرك نه لیل و نهارنده نه شمس و قمرنده
سیرایتدی هوا اوزره دینور تخت سلیمان اول سلطنتك یللر اسر شمدی یرنده
حر اولمق اکر ایستر ایسك اولمه جهانك ذوقنده صفاسنده غمنده کدرنده
جانان کیده رندان طاغیله می اوله ریزان بویله کیجه‌نك خیر اوملورمی سحرنده
خیراومه اکر صدر جهان اولسه‌ده بالفرض هر کیمکه خساست اوله عرق و کهرنده
یلدیز آرایوب کوکده نیجه طرفه منجم غفلت ایله کورمز قویونی رهکذرنده
آنلرکه ویرر لاف ایله دنیایه نظامات بیك درلو تسیب بولنور خانه‌لرنده
آیینه‌سی ایشدر کشینك لافه باقلمز شخصك کورینور رتبۀ عقلی اثرنده
بن هر نقدر کوردم ایسه بعض مضرت ثابت قدم یینه بو رأیك اوزرنده

انسانه صداقت یاقیشور کورسه‌ده اکراه
یاردمجیسیدر طوغریلرك حضرت الله

پك رنکنه آلدانمه فلك اسکی فلکدر زیرا فلکك مشرب ناسازی دونکدر
یا بستر کمخاده یا ویرانه‌ده جان ویر چون بای و کدا خاکه برابر کیره‌جکدر
اللهه صغین شخص حلیمك غضبندن زیرا بومشاق خویلی آتك چیفته‌سی پکدر
یاقدی نیجه جانلر او نزاکتله تبسم شیرك دخی قصد ایتمسی جانه کوله‌رکدر

بداصله نجابتمی ویرر هیچ اونیفورمه   زردوز پالان اورسك اشك ینه اشكدر
بدمایه اولان اكلاشیلور مجلس میده   عشرت كهر آدمی تمیزه محكدر
نصح ایله یوله كلمه‌نی ایتملی تكدیر   تكدیر ایله اوصلانمیانك حقی كوتكدر
نادانلر ایدر صحبت نادانله تلذذ   دیوانه‌لرك همدمی دیوانه كركدر
عفو ایله مبشرمیدر اصحاب مراتب   قانون جزا عاجزه‌می خاص دیمكدر
میلیونله چالان مسند عزتده سر افراز   برقاچ غروشی مرتكبك جایی كوركدر

ایمان ایله دین اقچه‌در ارباب غناده
ناموس و حمیت سوزی قالدی فقراده

اقبال ایچون احبابه سعایت یكی چیقدی   بیلمز ایدك اول بو درایت یكی چیقدی
سرقت چوغالوب لفظ صداقت مودالندی   ناموس تمام اولدی حمیت یكی چیقدی
دشمانلره احبابنی ذم ولدی ظرافت   دلداردن اغیاره شكایت یكی چیقدی
صادقلری تحقیر ایله رد قاعده اولدی   خرسزلره اكرام وعنایت یكی چیقدی
حق سویلین اول دخی منفور ایدی كرچه   خائنلره اماكه رعایت یكی چیقدی
اوراق ایله اعلان اولنور جمله نظامات   الفاظ ایله ترفیه رعیت یكی چیقدی
عاجز اولانك كتم اولنور حق صریحی   محمیلری هر یرده حمایت یكی چقدی
اسناد تعصب اولنور مرد غیوره   دینسزلره توجیه رویت یكی چقدی
اسلام ایمش دولته پابند ترقی   اول یوغیدی اشبو روایت یكی چیقدی
ملیتی نسیان ایدرك هر ایشیمزده   افكار فرنكه تبعیت یكی چیقدی

اویواه بو بازیچه‌ده بزلر ینه یاندق
زیراكه زیان اورته‌ده بیلمم نه قازاندق

هرملت ایچون بر دوزیه عدلكی عام ایت   فكر غضب حضرت معبود انام ایت
یوال چه زمزمی لعنتله اكار خلق   سن كعبه كبی كندیكی حرمتله بنام ایت
انجمه‌مك استرسك اكر ملك فناده   بركیمسه‌یی انجمه‌مكه حصر مرام ایت

بر پرده‌كه يوق نغمه‌كى تقدير ايده‌جك كوش تضييع نفس ايله تبديل مقام ايت
عورت كبى مغلوب هوا اولمه ار اول ار نفسك سنى رام ايتميه سن نفسكى رام ايت
مانند شجر نابت اولور ثابت اولانلر هر قننى ايشك اهلى ايسك انده دوام ايت
نقصانكى بيل بر ايشه يا باشلامه اول يا باشلاديغك كارى پذيراى ختام ايت
اوغرارسه صبا راهك اكر سمت عراقه بغداد ايلنه طوغرى دخى عزم وخرام ايت
مردان سخندانى زيارت ايدوب اندن آداب ايله كيت روضهٔ روحى‌يه سلام ايت
تحسيننى عرض ايدوب اولجه ضيانك بو بيتى حضورنده اوقو ختم كلام ايت

ميدان سخنده يوغيكن سن كبى بر ار
بر شاعر روم اولدى سكا شمدى برابر

ضيا پاشا

• 15.5x20.5 Ebat • 1. Hamur

• 960 Syf. • Lüx Cilt

16x24 Ebat • 880 Syf. • 1. Hamur Kâğıt

ISBN: 975-454-038-1

• 15.5x20.5 Ebat • 1. Hamur

• 2224 Syf. • Lüx Cilt

ISBN: 975-454-000-4

• 15.5x20.5 Ebat • 1600 Syf.

• 1. ve 3. Hamur • 2 Cilt Birarada